2e édition

Peuples et cultures

Une introduction à l'anthropologie sociale et culturelle

William A. Haviland
Université du Vermont

Louis Roy
Collège Édouard-Montpetit

Nadine Trudeau
Cégep du Vieux-Montréal

Avec la collaboration de
Christiane Mignault
Collège Édouard-Montpetit

Traduction
Anne-Marie Mesa
Johanne Tremblay

MODULO

Peuples et cultures. Une introduction à l'anthropologie sociale et culturelle, 2e édition est la traduction adaptation de la deuxième édition de *Cultural Anthropology* (ISBN 0-17-641665-X) de William A. Haviland, Shirley A. Fedorak, Gary W. Crawford et Richard B. Lee. © 2005. Nelson Education. Tous droits réservés. Traduit de l'anglais avec la permission de Nelson Education.

Nous reconnaissons l'aide financière du gouvernement du Canada par l'entremise du Fonds du livre du Canada (FLC) pour nos activités d'édition.

Catalogage avant publication de Bibliothèque et Archives nationales du Québec et Bibliothèque et Archives Canada

Vedette principale au titre :

Peuples et cultures : une introduction à l'anthropologie sociale et culturelle

2e éd.

Traduction de la 2e éd. canadienne de : Cultural anthropology.

Comprend des réf. bibliogr. et un index.

Pour les étudiants du niveau collégial.

ISBN 978-2-89650-706-1

1. Ethnologie - Manuels d'enseignement supérieur. I. Haviland, William A.
II. Roy, Louis, 1964-.
III. Trudeau, Nadine, 1964-. IV. Mignault, Christiane, 1960-.

GN316.H3814 2012   306   C2012-940813-1

Éditrice de développement : Bianca Lam
Éditrice de contenu : Renée Théorêt
Chargée de projet : Nathalie Le Coz
Révision linguistique : Ginette Choinière
Correction d'épreuves : Isabelle Rolland
Maquette et montage : Pige communication
Coordination de la mise en pages : Nathalie Ménard
Couverture : Julie Bruneau
Couverture (crédits photos) : première de couverture (en haut : Richard Vachon ; en bas, de gauche à droite : Catherine Gauthier, Richard Vachon, Gabrielle Rivard, Barbara Jacques) ; quatrième de couverture (à gauche : Louis Roy ; à droite : Richard Vachon)
Recherche photos : Marc-André Brouillard
Gestion des droits : Gisèle Séguin

*Groupe Modulo est membre de
l'Association nationale des éditeurs de livres.*

Peuples et cultures. Une introduction à l'anthropologie sociale et culturelle, 2e édition
(1re édition : 2007)
© Groupe Modulo inc., 2013
5800, rue Saint-Denis, bureau 1102
Montréal (Québec) H2S 3L5
CANADA
Téléphone : 514 738-9818/1 888 738-9818
Télécopieur : 514 738-5838/1 888 273-5247
Site Internet : www.groupemodulo.com

Dépôt légal – Bibliothèque et Archives nationales du Québec, 2012
Bibliothèque et Archives Canada, 2012
ISBN 978-2-89650-706-1

Imprimé aux États-Unis
2 3 4 5   16 15 14 13

AVANT-PROPOS

Le succès de la première édition française de *Peuples et cultures* est largement attribuable à l'importante adaptation du contenu de la seconde édition canadienne de l'ouvrage de William Haviland et ses collaborateurs aux besoins des professeurs d'anthropologie sociale et culturelle du réseau collégial québécois et dans le Canada français. En collaboration avec Christiane Mignault et Élise Massicotte, nous avions revu l'ouvrage initial, afin de le rendre le plus pertinent possible pour les étudiants de langue française. Pour y parvenir, nous avions modifié la structure du manuel, ajouté des photos et procédé à des réaménagements dans le corps du texte, comme dans les encadrés.

Cette seconde édition, revue et corrigée en profondeur, se démarque encore plus du manuel anglais d'origine. Quelques chapitres ont été fusionnés, d'autres scindés et un nouveau chapitre sur la condition féminine et les rapports de genre a été rédigé. À des fins pédagogiques, de nouveaux encadrés ont été écrits par des anthropologues québécois, principalement issus du milieu collégial. Pour nous assurer que cet ouvrage vieillira bien, nous l'avons aussi enrichi de nouvelles thématiques qui, de près ou de loin, concernent l'anthropologie contemporaine. Tout dans cet ouvrage a été revu et mis à jour. Ce manuel possède désormais une identité qui lui est propre. Il est donc normal qu'il s'éloigne sur certains plans du manuel anglais d'origine, mais aussi de la première édition française.

Rendre un tel ouvrage à la fois clair, complet et concis n'est pas chose simple. Mais nous croyons avoir rendu accessibles les notions clés de l'anthropologie sociale et culturelle. Pour aider l'étudiant à bien comprendre la matière, nous avons bonifié les exemples ethnographiques issus de la société québécoise. Trois catégories d'exemples ont été privilégiées : le Québec traditionnel et contemporain, les Autochtones ainsi que les communautés culturelles. Dans cette seconde édition, les enjeux liés aux rapports Nord-Sud, à la mondialisation et au développement occupent également davantage d'espace.

Une fois la lecture de ce livre terminée, l'étudiant aura acquis des connaissances sur l'anthropologie, mais aussi sur de nombreux peuples du monde. Sa perception de la société dans laquelle il vit ne sera plus tout à fait la même.

Avant de conclure, nous aimerions apporter quelques précisions sur certains termes utilisés dans ce manuel. D'entrée de jeu, il faut mentionner que le monde dans lequel nous vivons est complexe et que les mots ne rendent pas toujours justice à cette complexité. Comme dans tous les ouvrages de ce genre, des raccourcis linguistiques ont dû être empruntés. Bien que nous soyons conscients que certaines expressions peuvent porter à confusion, il aurait été difficile de ne pas les utiliser en raison de leur usage généralisé dans la littérature spécialisée.

Nous distinguerons ainsi les populations traditionnelles des sociétés occidentales en sachant très bien que ces deux entités ne sont pas homogènes. Précisons que pour les anthropologues, les premières ne doivent pas être considérées comme plus archaïques que les secondes et que ces dernières ne sont pas plus avancées sur le plan humain que les premières. Dans ce livre, l'Occident désignera l'Europe et l'Amérique du Nord, mais aussi l'Australie et la Nouvelle-Zélande, pourtant situées en Orient. Le Nord, essentiellement constitué de pays occidentaux industrialisés, sera opposé au Sud, principalement constitué de sociétés dites «non industrialisées», où l'on retrouve une majorité de populations traditionnelles. Même si les pays du Sud ne sont pas tous situés sous l'équateur, nous avons privilégié ce terme au détriment d'autres expressions telles que «tiers-monde» ou «en voie de développement». S'il est vrai que certains pays dits «du Sud» sont situés dans l'hémisphère Nord, il apparaît aussi que plusieurs pays de l'hémisphère Sud (tels que l'Argentine ou le Chili) ne peuvent être qualifiés de «pauvres». Quelle que soit l'expression utilisée, il est important de retenir que la réalité des peuples évoqués dans ce livre est diversifiée et que toute forme de simplification demeure hasardeuse. Bien qu'il soit parfois commode de proposer des généralisations, n'oublions jamais que la réalité est tout aussi complexe ici qu'ailleurs dans le monde.

Avant de commencer la lecture de ce manuel, sachez qu'il n'est pas nécessaire de lire en séquence les chapitres de 1 à 12. L'ouvrage a été conçu de manière que vous puissiez y naviguer à votre guise. Il est cependant recommandé de commencer par les chapitres 1, 2 et 3, question de se familiariser avec l'anthropologie et ses principaux domaines d'études.

Désormais, ce livre vous appartient. Si vous avez des suggestions à nous faire, n'hésitez pas à nous les transmettre. Aidez-nous à le rendre le plus clair et le plus convivial possible.

Sur ce, bonne lecture !

REMERCIEMENTS

Ce manuel est le résultat d'un travail collectif. Nous aimerions d'abord remercier Christiane Mignault qui a rédigé le chapitre 2. Ses connaissances en anthropologie physique ont largement contribué à enrichir ce livre. Merci infiniment à Pierre Beaucage et à Dominique Raby qui ont assuré la révision scientifique des chapitres 1 et 7, ainsi qu'à Michèle D'Haïti et Maria-G. Baruffaldi pour leurs commentaires sur le chapitre 9. Merci aussi à nos collègues du réseau collégial qui nous ont fait part de leurs précieux commentaires sur les lacunes à corriger dans la première édition. À cet égard, nous tenons à saluer la contribution des professeurs d'anthropologie du Cégep de Sherbrooke et tout particulièrement Bernard Deslandes.

Pour avoir rédigé de nouveaux encadrés dans cette seconde édition de *Peuples et cultures,* nous exprimons aussi notre profonde reconnaissance à Aline Baillargeon, Michèle D'Haïti, Denis Émond, Martin Latreille, Steven Légaré, Sylvie Loslier, Élise Massicotte, Christiane Montpetit, Dominique Raby et Paul Roy. Nous tenons également à souligner le talent et la gentillesse de ceux et celles qui nous ont offert les superbes photos illustrant les notions abordées et faisant de ce livre un ouvrage unique. Barbara, Benoît, Catherine, Élise, Gabrielle, Gilles, Jean-François, Jean-Marc, Martin, Maude, Paul, René et Sylvie, merci de nous avoir autorisés à publier certaines des photos que vous avez prises sur le terrain. Un remerciement tout spécial à Richard Vachon dont les magnifiques photos se trouvent non seulement en page couverture, mais aussi à plusieurs endroits dans l'ouvrage.

À nos étudiants, mais aussi à nos collègues de travail, notre sincère gratitude pour avoir, session après session, nourri notre passion pour l'enseignement et l'anthropologie.

Un dernier mot pour souligner que cette seconde édition n'aurait pu voir le jour si Modulo n'avait accepté de nous considérer comme les coauteurs de ce livre et non pas seulement comme les adaptateurs de l'édition canadienne anglaise. Nous remercions tout particulièrement Bianca Lam de nous avoir accordé sa confiance. Un immense merci aussi à Renée Théorêt, à Nathalie Le Coz et à Ginette Choinière pour leur grand professionnalisme. Nous partageons avec elles la fierté d'avoir réalisé un ouvrage d'exception. Sans leur regard aiguisé et leur perspicacité, ce livre n'aurait pas la même teneur.

Louis Roy et Nadine Trudeau

William A. Haviland est anthropologue de formation et diplômé de l'Université de Pennsylvanie. Il est professeur émérite à l'Université du Vermont et a publié de nombreuses recherches en anthropologie archéologique, ethnologique et physique qu'il a effectuées au Guatemala et dans les États du Maine et du Vermont. De plus, il a participé à quelques autres publications destinées aux étudiants en anthropologie.

Louis Roy est ethnologue de formation et diplômé de l'Université de Montréal. Il enseigne au Collège Édouard-Montpetit depuis 1993. Depuis une vingtaine d'années, il travaille à des recherches sur le Québec rural. Après avoir étudié l'agriculture dans les Cantons-de-l'Est (Brigham) et la parenté dans Charlevoix (Petite-Rivière-Saint-François), il s'intéresse depuis plus de 10 ans à la migration des citadins vers la campagne et au phénomène de la néoruralité dans le Haut-Saint-Laurent (Havelock). Il a publié des articles dans *Anthropologie et Sociétés*, *Canadian Geographer*, *Canadian Historical Review* et *Recherches sociographiques*. Dans le cadre de ses fonctions d'enseignant, il a aussi réalisé, avec des étudiants du projet Sirius des stages d'initiation à la coopération internationale au Honduras et au Sénégal.

Nadine Trudeau est ethnologue de formation et diplômée de l'Université de Montréal. Ses études l'ont amenée à s'intéresser à la situation des femmes dans un village autochtone du Mexique. Son parcours professionnel est partagé entre l'enseignement et la recherche. Pendant 10 ans, elle a travaillé avec différentes équipes de recherche (notamment au sein de l'INRS) où elle a collaboré à différentes études sur les Autochtones du Québec, ponctuées de séjours sur le terrain auprès des Montagnais, des Algonquins, des Inuits et des Naskapis. Nadine Trudeau enseigne au Cégep du Vieux-Montréal depuis 1994 où elle participe au programme Optimonde, qui inclut un stage dans un pays d'Amérique centrale. Elle a ainsi supervisé des stages étudiants dans des communautés autochtones du Mexique, du Guatemala et de l'Équateur. De 2000 à 2007, elle a enseigné également à des étudiants inuits au Cégep Marie-Victorin.

Christiane Mignault enseigne au département d'anthropologie du Collège Édouard-Montpetit depuis 1988. Elle a une formation universitaire de premier et de deuxième cycles en psychologie comparée. Dans le cadre de sa maîtrise, elle a travaillé sur le développement cognitif de jeunes chimpanzés. Par la suite, elle a continué des études au Département d'anthropologie de l'Université de Montréal. Ses recherches l'ont amenée à se pencher sur le comportement sexuel des femelles chez les macaques japonais. Elle donne actuellement des cours sur l'évolution et l'histoire de la lignée humaine. En 2008, elle a publié, avec Jean-Marc Forget, le livre *L'espèce humaine : un regard évolutif sur nos origines*.

Collaborateurs :

Aline Baillargeon, professeure d'anthropologie, Cégep du Vieux-Montréal
Pierre Beaucage, professeur d'anthropologie, Université de Montréal
Michèle D'Haïti, professeure d'anthropologie, Collège François-Xavier-Garneau
Denis Émond, professeur d'anthropologie, Cégep de Sherbrooke
Martin Latreille, professeur d'anthropologie, Collège Édouard-Montpetit
Steven Légaré, professeur d'anthropologie, Cégep André-Laurendeau
Sylvie Loslier, professeure d'anthropologie, Collège Édouard-Montpetit
Élise Massicotte, professeure d'anthropologie, Collège Édouard-Montpetit
Christiane Montpetit, professionnelle de recherche en anthropologie,
    Direction de la santé publique de l'Agence de la santé et des services sociaux de Montréal
Dominique Raby, professeure d'anthropologie, Centro de Estudios Antropológicos,
    Colegio de Michoacán, México
Paul Roy, professeur d'anthropologie, Cégep du Vieux-Montréal

TABLE DES MATIÈRES

QU'EST-CE QUE L'ANTHROPOLOGIE ?

© David Gillison/Peter Arnold, Inc.

Les anthropologues qui s'intéressent à la variabilité culturelle chez les êtres humains d'aujourd'hui font de l'observation participante. Cette technique de collecte de données amène les ethnographes à travailler sur le terrain. Gillian Gillison, de l'Université de Toronto, discute ici avec des Gimis en Papouasie-Nouvelle-Guinée.

❯ Comment l'anthropologie se distingue-t-elle des autres sciences humaines ?

❯ Quels sont les différents champs d'étude de l'anthropologie ?

❯ Les archéologues sont-ils des anthropologues ?

❯ Quelles approches et méthodes particulières l'anthropologie a-t-elle mises au point ?

❯ Comment cette science peut-elle être utile pour l'analyse de la société actuelle ?

SOMMAIRE

L'ANTHROPOLOGIE, SCIENCE DE LA DIVERSITÉ HUMAINE

Qu'est-ce que l'**anthropologie** ? Les anthropologues doivent souvent répondre à cette question quand ils disent quel métier ils exercent. Contrairement à d'autres sciences, telles la psychologie, la sociologie ou l'économie, l'anthropologie demeure encore une discipline méconnue. Pour la plupart des gens et même pour certains universitaires, l'anthropologie rime avec fouille archéologique, pour d'autres, avec cultures exotiques. D'autres encore croient que les anthropologues sont des spécialistes des os, des primates ou des ruines. Cette confusion est normale, car l'anthropologie a justement un très large spectre d'intérêts.

Le mot « anthropologie » vient du grec ancien *anthrôpos*, qui signifie « homme » et *logos*, « discours ». L'anthropologie a pour objet d'étude les humains dans une perspective très large. La grande portée de cette science est précisément ce qui fait sa particularité parmi les sciences humaines. Pour étudier l'humain dans son ensemble, l'anthropologie considère toutes les populations humaines, tant celles du passé que celles du présent, et analyse tant leur dimension culturelle que biologique. Pour réaliser cet ambitieux projet, l'anthropologie préconise l'étude de la diversité qui caractérise notre espèce. En effet, ce qui est frappant chez l'humain, c'est la très grande variabilité qui existe entre les populations. Très différentes physiquement et culturellement les unes des autres, les populations d'aujourd'hui le sont aussi de celles qui les ont précédées. Quand on sait que notre espèce existe depuis quelque 200 000 ans, que nos ancêtres, les premiers bipèdes, ont vécu il y a près de 7 millions d'années et que l'on compte aujourd'hui plusieurs milliers de cultures sur Terre, on comprend mieux l'ampleur de la tâche qui incombe à l'anthropologue.

Pour répondre aux questions qu'elle pose, l'anthropologie s'est dotée d'une approche à la fois comparative, holistique et multidisciplinaire. Intéressée par tout ce qui touche de près ou de loin aux humains, elle tient à la fois des sciences naturelles et des sciences humaines. Dans son approche, elle considère l'être humain comme le résultat d'une interaction entre sa nature biologique et culturelle. En plus de démentir les préjugés en matière de supériorité raciale ou culturelle, son parti pris pour l'étude des peuples et des cultures du monde en a révélé davantage sur la nature humaine que ne l'ont fait

© Robert Harding Picture Library Ltd/Alamy

Les Yanomami habitent la forêt amazonienne du Venezuela et du Brésil. Chez ce peuple, seules les femmes se parent le visage de fines baguettes de bois qui leur percent le nez et les lèvres. Cette parure qui évoque les moustaches du jaguar leur sert à acquérir sa force et sa ruse.

bien des réflexions uniquement fondées sur l'observation du monde occidental. En fait, le savoir et la compréhension anthropologiques du passé et du présent pourraient même aider l'humanité à mieux orienter son avenir.

LA GENÈSE DE L'ANTHROPOLOGIE

Si certains travaux à caractère anthropologique ont une origine assez lointaine – notamment les comptes rendus de voyages du Grec Hérodote au Vᵉ siècle – l'anthropologie en tant que champ d'études distinct n'en demeure pas moins une création occidentale relativement récente. C'est au XVIIIᵉ siècle, appelé aussi le « Siècle des Lumières », que s'est élaboré le projet d'une « science de l'homme » qui ne serait plus tributaire de la théologie ni de la philosophie, mais qui adopterait plutôt l'approche des sciences naturelles, alors en pleine expansion. Les grands voyages d'exploration, puis des découvertes archéologiques, fourniront à la nouvelle discipline ses premières « données ». Au Canada, l'Université de Toronto, sous la direction de Sir Daniel Wilson, a offert en 1860 le premier cours d'anthropologie en Amérique du Nord. Au Québec, en 1910, Marius

Anthropologie

Étude de la variabilité biologique et culturelle de l'espèce humaine, tant sur le plan synchronique (dans toutes les régions) que diachronique (à toutes les époques).

Barbeau publie la première monographie ethnologique, qui porte sur les Hurons-Wendat, mais le premier département d'anthropologie ne sera créé que 50 ans plus tard, en 1961, à l'Université de Montréal.

Même si les humains ont sans doute manifesté depuis longtemps de la curiosité à l'égard des peuples qui leur étaient étrangers, il reste que durant la plus grande partie de l'histoire de l'humanité, les peuples ont eu peu de contacts avec des cultures autres que la leur, comparativement à ce qui se passe aujourd'hui. Les humains se déplacent depuis la nuit des temps, mais jamais autant qu'au cours des derniers siècles. En l'absence des moyens nécessaires pour parcourir de longues distances, l'observation des cultures lointaines est longtemps demeurée une entreprise difficile, voire impossible. Comme les grands voyages étaient habituellement l'apanage d'une élite restreinte ou de quelques explorateurs téméraires, l'étude des cultures et des peuples étrangers était donc peu susceptible de se développer avant la mise au point de moyens de transport et de communication adéquats.

On n'ignorait pas pour autant que, ailleurs dans le monde, d'autres peuples présentaient des traits et des comportements bien différents. À cet égard, la Bible regorge de références à divers peuples, comme les Juifs, les Égyptiens, les Éthiopiens et les Romains. Cependant, les différences entre ces peuples étaient bien moins prononcées que celles qui existaient entre eux et des peuples lointains, tels les Autochtones de la Nouvelle-Guinée, de l'Amazonie ou de l'Arctique canadien. D'abord guidés par la volonté d'étendre leur empire et d'établir des colonies, les Européens, Espagnols et Portugais d'abord, Français et Anglais par la suite, ont plus tard cherché à enrichir leur connaissance des peuples exotiques. À partir des grandes périodes d'exploration et de conquête par les Européens des diverses régions du monde, comme en l'Amérique à la fin du XVe siècle, les contacts entre peuples occidentaux et non occidentaux sont devenus plus fréquents. Toutefois, ces rencontres ne se sont pas faites sans heurts. Incités par la volonté d'accroître leur domination commerciale et politique sur de nouveaux territoires, les Européens ont longtemps considéré les habitants de ces régions comme des « sauvages » ou des « barbares ». Ils doutaient même parfois qu'ils fussent des êtres humains. Plusieurs ont été combattus, évangélisés sous la contrainte ou mis en esclavage. Les descriptions que les voyageurs, les explorateurs et les missionnaires européens ont mises par écrit des mœurs et des coutumes de ces peuples constituent les premiers « ouvrages anthropologiques », mais, on s'en doute, ces descriptions sont teintées de jugements basés sur des valeurs propres à l'époque et non sur une méthode scientifique rigoureuse.

Au XVIIIe siècle, des scientifiques et des philosophes ont fourni un tout autre point de vue. Fascinés par les peuples exotiques, certains de ces penseurs, comme Jean-Jacques Rousseau, se sont plutôt inscrits dans un courant humaniste et ont tenté de combattre les préjugés entretenus par les Européens par rapport aux populations dites « sauvages ». D'autres, au contraire, comme le célèbre naturaliste Buffon, ont jeté les bases des théories racistes modernes en élaborant la thèse d'une dégénérescence des humains vivant sous les tropiques. L'intérêt croissant pour la diversité humaine s'est manifesté à une époque où l'on tentait de plus en plus d'expliquer la réalité au moyen de lois naturelles plutôt que par la religion. En effet, le XIXe siècle a été marqué par la théorie scientifique de l'évolution de Charles Darwin (*voir le chapitre 2*).

© Bob Krist/Corbis

En des endroits aussi reculés que les montagnes de la Papouasie-Nouvelle-Guinée, l'avènement du tourisme met en contact des populations qui, hier encore, ignoraient leur existence respective. Un Papou cherche ici à vendre des souvenirs à des touristes occidentaux.

Ainsi, dès la fin du XVIIIᵉ siècle, des scientifiques ont cherché dans les comportements de ces peuples «sauvages» des indices leur permettant de mieux comprendre leurs propres origines (*voir l'encadré Les théories en ethnologie*). À la fin du XIXᵉ siècle, s'est imposée l'idée que les différents peuples devaient être décrits et analysés objectivement et non à travers le prisme déformé du regard porté par le conquérant, le colonisateur ou le missionnaire. L'anthropologie est née de ce souci de décrire et d'analyser ces peuples en suivant une démarche scientifique valable, rigoureuse et exempte de préjugés.

D'abord une «science de Blancs» orientée vers les peuples exotiques, l'anthropologie s'est peu à peu intéressée à toutes les cultures, y compris celles du passé et celle des Occidentaux. Aujourd'hui, on compte également des anthropologues issus de toutes les cultures. Leurs points de vue particuliers jettent un éclairage nouveau non seulement sur leurs propres cultures, mais aussi sur les autres, y compris les nôtres.

L'ANTHROPOLOGIE ET SES DOMAINES

Puisque l'anthropologie s'intéresse à tout ce qui concerne l'humain, son champ d'études est très vaste. Celui-ci se répartit en grands domaines, dont les principaux sont l'anthropologie physique, l'archéologie, l'ethnolinguistique et l'ethnologie. Alors que l'anthropologie physique s'intéresse plus particulièrement à la variabilité biologique actuelle et passée de l'espèce humaine, l'ethnologie étudie la diversité culturelle essentiellement contemporaine. L'archéologie s'intéresse aux comportements culturels en reconstituant la vie des sociétés aujourd'hui disparues. L'ethnolinguistique étudie la variabilité du langage humain dans son contexte socioculturel et concentre ses intérêts sur l'évolution des langues et leur utilisation par différentes cultures et sous-cultures (*voir la figure 1.1*).

L'unification de ces différents domaines sous la même discipline se fait dans divers pays, notamment en Amérique du Nord et en Angleterre. Dans d'autres pays, ces domaines sont considérés comme des champs disciplinaires distincts. En France, par exemple, l'ethnologie et l'anthropologie physique sont deux sciences séparées. Au Québec, la tendance est à l'unification des grands domaines en une seule discipline qui prédomine.

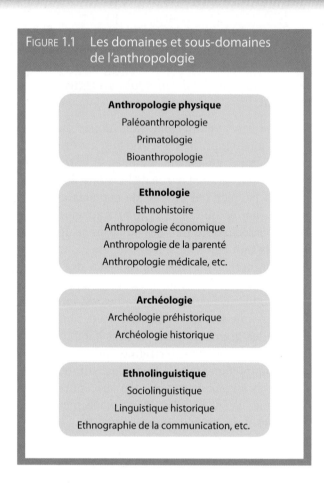

FIGURE 1.1   Les domaines et sous-domaines de l'anthropologie

Anthropologie physique
Paléoanthropologie
Primatologie
Bioanthropologie

Ethnologie
Ethnohistoire
Anthropologie économique
Anthropologie de la parenté
Anthropologie médicale, etc.

Archéologie
Archéologie préhistorique
Archéologie historique

Ethnolinguistique
Sociolinguistique
Linguistique historique
Ethnographie de la communication, etc.

Dans les pays où les anthropologues optent pour l'unification de ces grands domaines à l'intérieur d'un seul département universitaire, l'objectif poursuivi est d'étudier l'humain dans une perspective globale. Peu importe sa spécialité, l'anthropologue se doit de considérer cette perspective. Il lui importe de connaître l'influence que la biologie et la culture exercent l'une sur l'autre. Il lui importe aussi d'analyser l'humain d'aujourd'hui en fonction des processus évolutifs que l'espèce a traversés.

L'anthropologie physique

L'**anthropologie physique** est le domaine de l'anthropologie qui s'intéresse principalement aux caractéristiques biologiques des humains, que ce soit dans le passé ou aujourd'hui. Il est important de noter que malgré cet intérêt marqué pour la biologie humaine, les anthropologues physiques cherchent aussi à comprendre les relations complexes qui

Anthropologie physique
Étude des origines et de l'évolution de l'espèce humaine ainsi que de la variabilité biologique des populations.

© Nir Elias/Reuters/Corbis

Tous parents, tous différents… Bien que très proches sur le plan génétique, les humains affichent des différences physiques parfois étonnantes. Cette diversité s'exprime au niveau de populations entières (Pygmées, Inuits, etc.), mais aussi au niveau individuel. Yao Defen est la plus grande femme d'Asie. En 2010, à l'âge de 38 ans, elle mesurait 2,33 mètres. On la voit ici, devant chez elle, en Chine, avec des amis.

s'établissent entre la biologie et la culture. L'anthropologie physique regroupe plusieurs sous-disciplines, dont la **primatologie**, la **paléoanthropologie** et la **bioanthropologie**. Par l'étude de fossiles, l'observation de primates vivants et des différentes caractéristiques biologiques des humains actuels, les anthropologues physiques tentent de retracer les origines de l'espèce humaine afin de comprendre comment, quand et pourquoi elle a acquis ses traits actuels.

Malgré le caractère distinctif dont ils se réclament, les humains sont des mammifères, plus précisément des primates, et, à cet égard, ils partagent leur ascendance avec d'autres primates, notamment les singes. C'est la raison pour laquelle la primatologie, soit l'étude des traits sociaux et biologiques de nos plus proches parents (singes et prosimiens), peut apporter une contribution intéressante à l'anthropologie. Des primatologues renommés, comme Dian Fossey (les gorilles) et Jane Goodall (les chimpanzés) ainsi que les Québécois Pascale Sicotte (les colobinés et les gorilles des montagnes) et Bernard Chapais (les macaques japonais), ont fait d'importantes découvertes sur le comportement social complexe des primates non humains.

Pour sa part, la paléoanthropologie tente de reconstituer le parcours évolutif de notre espèce. Les paléoanthropologues cherchent à savoir d'où vient notre lignée. Bien qu'une attention particulière soit accordée au continent africain que l'on croit être le berceau de l'humanité, des fouilles sont effectuées un peu partout dans le monde. Les paléoanthropologues tentent ainsi de déterminer les différentes transformations anatomiques qui sont apparues

dans notre lignée à travers les âges, telle la bipédie et l'augmentation de la taille du cerveau. Les travaux de recherche en ce domaine ont démontré que plusieurs espèces d'homininés ont cohabité au cours de la préhistoire, mais que *Homo sapiens*, notre espèce, est la seule qui subsiste aujourd'hui (*voir le chapitre 2*).

Un autre sous-domaine de l'anthropologie physique est celui de la bioanthropologie (ou anthropologie biologique du vivant). Il s'intéresse à la diversité biologique de l'espèce humaine actuelle. Si les humains appartiennent tous à la même espèce, ils présentent néanmoins de nombreuses différences. Alors que certaines sont apparentes, comme la couleur de la peau ou la forme du nez, d'autres sont moins visibles, comme le groupe sanguin et la vulnérabilité à certaines maladies. On remarque donc que les individus varient dans chaque population, de même qu'il existe des variations entre les populations. Parce qu'ils tentent de comprendre d'où proviennent ces variations, les bioanthropologues s'intéressent au patrimoine génétique de même qu'aux facteurs de l'environnement qui peuvent rendre compte d'une telle diversité, et ils cherchent aussi à déterminer si des mécanismes évolutifs peuvent l'expliquer. La bioanthropologie, par exemple, a démontré que les différences de

Primatologie

Étude des primates non humains, de leur biologie, de leur adaptation et de leurs comportements sociaux.

Paléoanthropologie

Étude des fossiles dans le but de reconstituer l'évolution biologique humaine.

Bioanthropologie

Étude de la nature et des causes de la variabilité biologique entre les individus d'une même population ou de populations différentes.

5

nuances de la couleur de la peau s'expliquent en partie par la sélection naturelle. Ainsi, les populations qui ont une peau plus foncée – parce qu'elle contient plus de mélanine – vivent dans les régions tropicales là où le degré d'ensoleillement est élevé, alors que les populations qui ont une peau plus claire vivent dans des milieux moins ensoleillés. Les bioanthropologues ont suggéré que la sélection naturelle avait favorisé les individus à la peau foncée sous les tropiques, car la mélanine protège contre les dangers d'une trop grande exposition aux rayons solaires. À l'opposé, la peau plus claire permet de mieux «capter» la lumière du soleil, là où elle est rare, et de métaboliser plus efficacement la vitamine D.

L'archéologie

L'**archéologie** vise à décrire et à expliquer la culture des populations humaines par l'analyse des vestiges matériels qu'elles ont laissés sur leur passage. Les archéologues s'intéressent aux sociétés humaines du passé en s'efforçant de retracer les objets qui témoignent de leurs comportements. Ils étudient les outils, les habitations, la poterie et d'autres artefacts qui constituent l'héritage de cultures disparues, certaines depuis des centaines de milliers d'années.

Ces objets, pour peu qu'on les analyse méticuleusement selon les méthodes archéologiques rigoureuses, révèlent certains aspects du comportement humain. Sur un site amérindien, par exemple, des concentrations localisées et peu profondes de charbon comportant des traces de terre oxydée, des fragments d'os, des restes carbonisés de végétaux et, non loin, des morceaux de poterie et de pierre fissurée par le feu révèlent des activités de cuisson et de transformation alimentaire. De tels vestiges fournissent de nombreux renseignements sur l'alimentation et les activités de subsistance des groupes humains. Ainsi, l'archéologie peut faire des découvertes sur le comportement de peuples de la préhistoire, ce que ne peut faire l'historien, qui étudie les seuls documents écrits, lesquels existent depuis 5000 ou 6000 ans. La **préhistoire** ne concerne pas uniquement la période d'avant 5000 ans, car toutes les civilisations, tous les peuples, n'ont pas maîtrisé l'écriture au même moment et plusieurs ne l'utilisent toujours pas à l'heure actuelle. Ainsi, les archéologues peuvent également retracer le passé des peuples plus récents qui n'ont pas laissé de traces écrites. De toute façon, les archéologues ne limitent pas leurs recherches à l'étude des sociétés

Offert par Jean-Marc Forget

Les anthropologues qui s'intéressent à la variabilité culturelle dans le temps font de l'archéologie. Ici, l'archéologue Jean-Marc Forget fouille un site où des occupations intermittentes se sont succédé pendant 4000 ans. Certains des matériaux découverts sur ce site situé près de Farnham provenaient de carrières du Vermont, ce qui laisse penser que le lieu était au cœur d'un réseau d'échanges.

sans écriture, ils peuvent également effectuer des fouilles archéologiques pour connaître le passé des sociétés lettrées et ainsi comparer leurs données à celles trouvées par les historiens. Le mode de vie des classes populaires, des paysans et des artisans, par exemple, est souvent passé sous silence dans les chroniques officielles et peut être connu grâce aux recherches des archéologues.

Si les archéologues concentrent leur travail sur le passé des groupes culturels, nombre d'entre eux se consacrent aussi à l'étude d'objets provenant de sites actuels. L'un d'eux, William Rathje, directeur du *Garbage Project* à l'Université de l'Arizona, a mené une étude contrôlée des ordures ménagères afin d'approfondir l'analyse de certaines questions sociales contemporaines. Ce projet visait, entre autres, à éprouver la validité des techniques d'enquête par entrevue, dont font abondamment usage les sociologues, les économistes et autres spécialistes des sciences sociales pour recueillir des données. Les résultats obtenus indiquent une nette différence entre ce que certaines personnes prétendent faire et ce que révèle l'analyse de leurs ordures. Dans les années 1970, des citoyens de

Archéologie

Étude des vestiges matériels du passé pour décrire et expliquer le comportement humain.

Préhistoire

Période durant laquelle l'humain n'a pas laissé de traces écrites.

Tucson (Arizona) ont répondu à un questionnaire sur leur consommation d'alcool. Dans un quartier de la ville, 15 % des répondants ont affirmé qu'ils consommaient de la bière, mais aucun ménage n'a signalé une consommation de plus de huit canettes par semaine. L'analyse des ordures trouvées dans le même quartier a cependant démontré que plus de 80 % des ménages consommaient de la bière et que 50 % jetaient plus de huit canettes vides par semaine.

Au Québec, l'archéologie en tant que discipline universitaire a pris son essor dans les années 1970. Les travaux de Normand Clermont, par exemple, ont beaucoup contribué à l'avancement de cette discipline. Aujourd'hui, des centaines de milliers d'artefacts ont été mis au jour à partir de sites de fouilles partout au Québec, pour connaître en détail la vie quotidienne tant des Amérindiens de la préhistoire que des paysans et des citadins de souche canadienne ou immigrante.

L'ethnolinguistique

Le langage est sans doute la particularité la plus remarquable des êtres humains. Il leur permet de transmettre leur culture de génération en génération. La communication par symboles n'est toutefois pas l'apanage des humains, comme l'ont montré des études sur les sons et les gestes que d'autres animaux – surtout les singes – utilisent à des fins comparables. Cependant, aucune autre espèce n'a mis au point un système de communication par symboles qui soit aussi complexe que le système humain.

On nomme **ethnolinguistique** le domaine de l'anthropologie qui étudie le langage humain. Les ethnolinguistes s'intéressent à la variabilité des langues actuelles et anciennes, et les analysent en fonction de leur contexte socioculturel. Bien que son champ d'intérêt, la langue, soit précis, l'ethnolinguistique n'en est pas moins un domaine très vaste. Ainsi, plusieurs champs d'études ont été créés en ethnolinguistique, si bien que différents sous-domaines sont enseignés dans les principales universités ayant un département d'anthropologie.

Ces sous-domaines, qui ne sont pas nécessairement les mêmes d'une université à une autre, se distinguent surtout par leur intérêt pour les langues du passé ou pour celles du présent. La paléolinguistique traite des théories concernant l'apparition et l'évolution du langage dans l'histoire de l'humanité.

La linguistique historique compare les différentes langues actuelles et anciennes pour en déterminer leur degré de parenté et les moments dans l'histoire où elles se sont séparées. Par exemple, après avoir comparé toutes les langues parlées par les Autochtones d'Amérique, des linguistes historiques ont suggéré que le peuplement de ce continent était peut-être plus ancien ou plus diversifié que ne le laissent croire les preuves archéologiques trouvées jusqu'à présent. Les langues actuelles sont si éloignées des anciennes qu'il est impossible, d'après certains linguistes, qu'elles soient originaires d'un seul peuple qui aurait migré il y a 10 000 ou 17 000 ans (Tankersley, 2000).

Parmi les sous-domaines de l'ethnolinguistique qui s'intéressent davantage aux sociétés actuelles, figure la **sociolinguistique**, qui étudie les différents niveaux de langage utilisé par un individu selon les circonstances ou son groupe d'appartenance social. Ainsi, il semble qu'une personne utilise davantage le niveau le plus «correct» de sa langue lorsqu'elle est à l'école ou qu'elle s'adresse à un public. De même, cet usage serait plus répandu chez ceux qui ont un haut niveau de scolarité ou appartiennent à une classe socioéconomique élevée. L'idée que les termes utilisés par une population soient le reflet de son environnement naturel et social fait également l'objet d'études ethnolinguistiques. Par exemple, les Inuits qui vivent dans l'Arctique ont une cinquantaine de mots pour nommer la neige et ses variantes, alors que les Québécois francophones n'en ont que cinq ou six (neige, poudrerie, poudreuse, «slush», etc.) et que la plupart des populations des régions méridionales n'en ont qu'un seul, souvent emprunté à une autre langue, ou alors aucun.

L'ethnologie ou l'anthropologie sociale et culturelle

Si les archéologues s'intéressent principalement aux cultures du passé, l'**ethnologie** étudie, quant à elle,

Ethnolinguistique
Étude de la variabilité du langage humain dans le temps et dans son contexte socioculturel.

Sociolinguistique
Étude d'une langue en fonction de son contexte socioculturel.

Ethnologie
Étude de la diversité culturelle des populations contemporaines ou récentes.

les cultures contemporaines ou récentes. Contrairement aux archéologues, qui misent sur des vestiges matériels pour comprendre les comportements humains, les ethnologues étudient une population en l'observant «de l'intérieur». Sur le terrain, l'ethnologue n'est pas qu'un visiteur. Il doit éviter de demeurer un simple spectateur pour devenir un véritable acteur. Son travail consiste donc à observer ce que font les membres d'un groupe ou d'une culture donnée, mais aussi de discuter avec eux et de participer à leur quotidien.

Il y a souvent confusion dans l'utilisation des termes décrivant ce domaine de l'anthropologie. En France, le terme «ethnologie» est le plus souvent utilisé, mais comme nous l'avons mentionné, dans ce pays l'ethnologie est une science distincte de l'anthropologie physique qui est tout simplement appelée «anthropologie». Au Québec, c'est l'ethnologie, appelée parfois «anthropologie sociale et culturelle», qui est nommée ainsi. En fait, la plupart du temps au Québec, les ethnologues se font tout simplement appeler «anthropologues».

Quoi qu'il en soit, l'ethnologie entretient des liens étroits avec d'autres sciences sociales, dont la sociologie, puisque l'une et l'autre visent à décrire et à expliquer le comportement humain dans différents contextes sociaux. Cependant, le travail des sociologues repose en grande partie sur des études consacrées à des populations nord-américaines et européennes modernes; par conséquent, les théories sociologiques du comportement humain risquent de déformer la compréhension des cultures traditionnelles et des sociétés non occidentales. Le même constat s'applique à la psychologie dont de nombreuses hypothèses sur la «nature humaine» reposent largement (96 %) sur des études effectuées auprès de sujets originaires de sociétés que des auteurs qualifient de *WEIRD*, pour *Western, Educated, Industrialized, Rich, and Democratic*

(Heinrich *et al.*, 2010). Le but ici n'est pas de discréditer la psychologie, mais bien de reconnaître le caractère non représentatif des sujets (occidentaux) sur lesquels portent maintes études destinées à révéler la véritable nature humaine. La culture distincte des sujets analysés influence leur façon de réagir aux tests auxquels ils sont soumis en psychologie. Parce qu'elle étudie les différences entre les cultures, l'anthropologie a mis au point des outils et des approches susceptibles de se prémunir contre des préjugés culturels. Bien que les anthropologues soient eux-mêmes des produits de leur propre culture, ils cherchent constamment à rester les plus objectifs possible, avant de tenter d'expliquer le comportement humain (*voir le chapitre 3*).

L'ethnologie comporte plusieurs champs d'intérêt. Comme elle cherche à analyser la culture d'un groupe dans son ensemble, elle se doit de comprendre ses différentes dimensions : son système de parenté, ses institutions politiques, son économie, ses croyances religieuses, etc. Des champs d'intérêt particuliers se sont donc créés avec le temps, si bien qu'il existe aujourd'hui plusieurs sous-domaines de l'ethnologie tels que l'anthropologie de la parenté, l'anthropologie économique ou l'anthropologie politique. Dans le présent volume, qui est consacré à l'anthropologie sociale et culturelle, nous étudions la plupart de ces champs d'intérêt.

Parmi ces sous-domaines, figure l'ethnohistoire. Les ethnohistoriens étudient le passé récent de groupes culturels, au moyen de témoignages oraux et de comptes rendus laissés par des explorateurs, des missionnaires et des commerçants. Ils ont également recours à l'analyse des données provenant de documents archéologiques, de titres de propriété,

Dans plusieurs cultures, le maquillage est davantage l'affaire des hommes que des femmes. Les Hulis vivent dans les vallées isolées des régions montagneuses de la Papouasie-Nouvelle-Guinée. Cet homme porte une perruque confectionnée avec ses propres cheveux, qu'il avait coupés et conservés pendant plusieurs mois. Il porte cette parure pour assister à une célébration.

de registres de population et d'autres documents d'archives. L'analyse ethnohistorique des cultures, combinée à la recherche archéologique, offre un bon moyen de comprendre les transformations culturelles. Les ethnohistoriens canadiens et québécois ont exploré les transformations économiques, sociales et politiques qu'ont vécues les Autochtones lorsqu'ils ont pris part à la traite coloniale des fourrures. Au Québec, les travaux de Roland Viau (1997 et 2000) ont permis de mieux connaître la société iroquoïenne.

La recherche ethnohistorique permet aussi de valider la fiabilité des données issues d'autres sources. Par exemple, les anthropologues qui étudient les groupes de chasseurs-cueilleurs ont souvent conclu que les couples mariés vivaient chez les parents de l'époux, selon la règle de la résidence patrilocale. On a ainsi pensé, à propos des Abénakis, un peuple de chasseurs-cueilleurs, que la règle de résidence patrilocale était un trait traditionnel et inscrit dans leur culture depuis fort longtemps. Or, selon les recherches ethnohistoriques, l'adoption de ce type de résidence par les Abénakis est récente et a plutôt découlé de leur participation à la traite européenne des fourrures et à la lutte contre les invasions étrangères, deux activités masculines plus compatibles avec la résidence patrilocale (Haviland et Power, 1994). Avant l'arrivée des Européens, ces peuples semblaient beaucoup plus flexibles dans le choix de la résidence du couple, et l'épouse ne déménageait pas systématiquement chez son mari ou chez ses beaux-parents après le mariage.

Perspective anthropologique

Les théories en ethnologie

par Denis Émond

Au cours du temps, l'ethnologie a établi de nombreuses approches théoriques afin d'interpréter les phénomènes culturels. Les chercheurs ont élaboré un ensemble de règles d'analyse et de concepts permettant de les comprendre. Nous présentons ici un bref survol de ces théories et les principaux penseurs qui les ont conçues ou raffinées. Nous procéderons de façon chronologique, mais il faut reconnaître qu'elles ont souvent coexisté. Bien que chacune d'elles ait prêté flanc à la critique et que les faiblesses de l'une soient souvent les forces de l'autre, nous dégagerons surtout leurs principaux apports et leur complémentarité.

La fin du XIXe siècle voit naître une conception du monde vivant où les espèces se transforment au cours du temps (Lamarck), en fonction de la lutte pour la survie (Darwin). Inspirés par cette vision du monde, plusieurs auteurs, dont les plus importants sont L. Morgan (1818-1881), E.B. Tylor (1832-1917) et J.G. Frazer (1854-1941), l'appliquent aux sociétés humaines. L'évolutionnisme soutient donc que toutes les sociétés se développent et progressent en passant par différents stades et qu'elles doivent franchir les mêmes étapes dans le même ordre pour devenir «civilisées». Ainsi, la culture des peuples considérés comme «primitifs» se transforme graduellement et dépasse le stade de la «barbarie» pour atteindre le niveau de la civilisation. Cette forme d'interprétation aboutissait à une classification ethnocentrique et hiérarchique des sociétés et des cultures humaines tout en n'offrant qu'une seule voie de développement. Cette théorie est désormais rejetée.

Pour expliquer la répartition géographique des variations culturelles, un autre courant de pensée apparaît au début du XXe siècle, c'est le diffusionnisme. Celui-ci considère qu'il existe des cultures, véritables centres d'invention, à partir desquelles se répandent, par contacts ou par emprunts répétés, les éléments culturels. L'école de G. Elliot Smith (1871-1937) tombe dans l'excès en attribuant une origine unique (l'Égypte) à toutes les civilisations, mais celle de F.R. Graebner (1877-1934) propose des interprétations régionales plus nuancées et bien documentées, faisant référence à la notion d'«aire» culturelle. Il en est de même pour l'école américaine (A.L. Kroeber, 1876-1960, E. Sapir, 1884-1939, etc.) qui gravite autour de Franz Boas (1858-1942), figure dominante de l'anthropologie américaine. Ce dernier repousse les généralisations trompeuses du diffusionnisme et propose plutôt d'étudier le processus complexe des emprunts et l'importance des innovations. Son esprit critique et la qualité de ses observations dans tous les domaines de l'anthropologie ont été une source d'inspiration pour élaborer d'autres théories avec plus de rigueur.

À partir des années 1930 naît le culturalisme (dont l'une des variantes fut l'approche dite « culture et personnalité »). Dans cette perspective, R. Linton (1893-1953) établit les rapports entre une culture donnée et une personnalité en identifiant les aspects psychologiques des « modèles » culturels (*patterns*) qui sont intériorisés. Il étudie aussi, avec R. Redfield 1897-1958) et M. J. Herskovits (1895-1963), le phénomène de l' « acculturation », c'est-à-dire les multiples modifications culturelles qui se produisent après un contact entre groupes différents. Le culturalisme vise aussi à dégager les traits de la « personnalité de base », concept introduit par A. Kardiner (1891-1981). À partir de la configuration de certains traits, R. Benedict (1887-1948) essaie de distinguer des sociétés de type apollinien ou dionysiaque, selon qu'elles mettent l'accent sur l'esthétique et l'équilibre, ou sur l'excès et la quête du plaisir. Dans le même état d'esprit, M. Mead (1901-1978) s'applique à démontrer que les attitudes et les rôles attribués aux hommes et aux femmes varient considérablement d'une culture à l'autre et découlent des formes d'éducation et non de la biologie (*voir le chapitre 7*).

Rejetant les trois approches précédentes, le fonctionnalisme considère que les institutions sociales existent parce qu'elles répondent à des besoins fondamentaux, qu'elles favorisent l'intégration des membres du groupe et permettent le fonctionnement de la société. Pour comprendre la culture, il faut donc en étudier les composantes de manière à en découvrir les fonctions. Les sociétés sont donc comparables à des organismes vivants au sein desquels tous les organes jouent un rôle essentiel et complémentaire pour le bien-être de l'ensemble. Les éléments qui ne sont donc pas adaptés à l'ensemble sont considérés comme « dysfonctionnels ». Suivant la même logique, on ne peut pas faire disparaître un élément du système sans le remplacer par un équivalent ayant la même fonction. Pour comprendre le fonctionnement concret d'une société, B. Malinowski (1884-1942) propose le « travail de terrain » et l'« observation participante » comme méthodes d'enquête privilégiées. Quant à A.R. Radcliffe-Brown (1881-1955), il introduit la notion de « structure » en insistant sur les liaisons entre les fonctions et les éléments du système social. Une des limites de cette approche est qu'elle ne permet pas de rendre compte du changement social endogène.

À la fin des années 1950, Claude Lévi-Strauss (1908-2009), propose une nouvelle démarche, le structuralisme. S'inspirant de la méthode linguistique, il considère que les éléments de la culture sont organisés selon des règles précises qui peuvent être décodées et qui démontrent l'existence de structures mentales inconscientes et universelles. En effet, les éléments symboliques qu'on retrouve dans les mythes sont souvent exprimés en paires d'opposition et articulés entre eux selon des règles précises. De la même manière, la façon de classer les gens apparentés donne accès au modèle d'échange matrimonial, défini par la circulation des femmes entre les groupes. Ceci révèle la manière dont la société est « structurée ».

En continuité partielle avec le structuralisme, mais en réaction contre sa vision statique, l'approche dynamiste tente d'accorder une place au changement des sociétés, à leur aspect dynamique. Pour ce faire, elle étudie les contradictions apparentes au sein des sociétés. Ainsi, M. Gluckman (1911-1975) décrit les formes rituelles de rébellion comme une manière d'exprimer l'instabilité politique de la société tout en réaffirmant l'ordre établi. Dans une autre perspective et à partir de la situation coloniale en Afrique, G. Balandier (1920-) analyse le changement social en démontrant le sens des disparités entre la structure politique officielle et les pratiques sociales qui se révèlent sous la forme de contestations, de conflits ou de mouvements religieux.

Entre les années 1950 et 1960, un courant de pensée majeur naît en Amérique du Nord, celui de l'écologie culturelle. Connu aussi sous les noms d'évolutionnisme multilinéaire (Julian Steward, 1902-1972) ou de matérialisme culturel (Harris, 1927-2001), ce courant considère que chaque groupe humain a mis au point un ensemble de stratégies variées, mais comparables, à la fois techniques et sociales, afin de s'adapter à un environnement particulier. On classe les sociétés selon leur « mode de subsistance ». L'adaptation devient donc la fonction évolutive dominante de la culture et affecte toutes les sphères de la vie culturelle articulées à partir d'un « noyau culturel » (*cultural core*).

Élaboré à la fin du XIXᵉ siècle, ce n'est qu'à partir des années 1960 que le marxisme ou le matérialisme historique ou dialectique a suscité un intérêt en anthropologie. Cette théorie part du principe que l'infrastructure économique (liaisons entre les facteurs de production et les rapports sociaux de production) détermine la manière dont les êtres humains exercent le pouvoir et conçoivent leur monde (superstructure politique, juridique et idéologique). Les sociétés se caractérisent donc par leur « mode de production », associé à des formes de domination ou d'exploitation qui sont la source des conflits, la lutte des classes, par exemple. Ces conflits sont à l'origine du changement social. Même si les classes sociales n'étaient pas présentes au sein des sociétés étudiées par les ethnologues, plusieurs chercheurs (C. Meillassoux, [1925-2005], E. Terray,

[1935–], P.-P. Rey et M. Godelier, [1934–]), durant les années 1960 et 1970, ont montré la valeur de ce type d'analyse pour la compréhension des sociétés lignagères, dans lesquelles existent des rapports inégalitaires entre aînés et cadets.

Étant donné la complexité des sociétés modernes, l'importance des changements qui s'y produisent ainsi que les préjugés que le mouvement féministe a fait ressortir, certains anthropologues, comme C. Geertz (1926-2006), ont établi qu'il était impossible d'être objectif et de se soustraire à l'effet de la présence et de la culture du chercheur. De là est né le courant antiscientiste postmoderniste qui considère que l'étude des sociétés échappe à toute forme d'explication théorique. Toutefois, de nouvelles perspectives théoriques ont pris un certain essor par la suite.

Un domaine de recherche, connu durant les années 1960 sous le nom d'ethnoscience, a pris un essor depuis les années 1980. Il s'agit de l'anthropologie cognitive. Cette approche tente de déterminer l'influence du fonctionnement du cerveau et du processus d'apprentissage sur les représentations du savoir culturel, ce dernier étant organisé sous forme de schèmes (ensembles de concepts) et véhiculé en partie par la langue. Comprendre les différences culturelles exige de la part des chercheurs de tenir compte de la manière dont les membres d'un groupe classent les phénomènes qu'ils perçoivent, cette catégorisation étant étroitement liée au langage. Parmi les représentants de cette démarche, on retrouve W. Goodenough (1919-), R.G. D'Andrade (1931-), N. Quinn, C. Strauss, D. Sperber et P. Boyer.

Même si l'on a abandonné les prétentions totalisantes et universelles des approches théoriques du passé et que leur usage se fait de façon plus critique et nuancée, ces approches demeurent toujours une source d'inspiration pertinente. En effet, elles permettent toujours de diriger l'observation et de proposer des méthodes d'analyse rigoureuses.

L'anthropologie appliquée

En raison de son importance croissante, l'anthropologie appliquée est parfois considérée comme un domaine à part entière de l'anthropologie. On devrait cependant plutôt dire qu'il s'agit d'un objectif de la recherche : utiliser les méthodes et les connaissances anthropologiques pour résoudre des problèmes de société.

L'anthropologie appliquée utilise le savoir anthropologique afin de résoudre certains problèmes observés dans de nombreuses cultures. Un chercheur peut être appelé à faire une étude sur le suicide, dont le taux serait très élevé dans une communauté donnée, pour en comprendre les facteurs et contribuer à sa prévention. Si la recherche appliquée est extrêmement importante en ethnologie, elle l'est tout autant dans les autres domaines de l'anthropologie. Les spécialistes en archéologie appliquée peuvent fouiller des sites archéologiques menacés par des activités humaines (la construction de barrages, par exemple) et conclure que ces sites sont trop « sensibles » pour être détruits, parce qu'ils abritent un cimetière ou d'autres lieux patrimoniaux importants. Aussi, les spécialistes en ethnolinguistique appliquée jouent un rôle croissant auprès des groupes autochtones pour la préservation de leur langue et agissent à titre de conseillers en matière d'enseignement bilingue. Les spécialistes de l'anthropologie médicale appliquée, pour leur part, travaillent étroitement avec les guérisseurs autochtones afin de concilier leurs pratiques médicales traditionnelles et la médecine moderne.

Depuis quelques années, l'anthropologie médicolégale ou judiciaire représente un exemple de recherche appliquée en anthropologie physique. L'anthropologue médicolégal ou judiciaire collabore régulièrement avec les policiers et d'autres autorités pour identifier des restes humains en vue de retrouver des personnes disparues ou des victimes de meurtres ou de catastrophes. À partir de restes d'ossements, l'anthropologue peut déterminer l'âge, le sexe et la taille d'une personne décédée et même parfois établir si la personne était droitière ou gauchère, si elle présentait des anomalies physiques ou des traces de traumas. Les os peuvent aussi renseigner sur l'état de santé de la personne et sur ses habitudes alimentaires. Les anthropologues judiciaires travaillent conjointement avec des pathologistes, des investigateurs d'homicides ou des médecins légistes. Ils peuvent aussi aider à localiser et à récupérer des restes humains.

Grâce à ses nombreux romans policiers, Kathy Reichs est l'une des anthropologues judiciaires les plus

© Will & Deni McIntyre/Corbis

L'anthropologue judiciaire Kathy Reichs est connue mondialement pour ses romans policiers à succès et la série télévisée *Bones* à laquelle elle a contribué.

LES APPROCHES ET LES MÉTHODES DE L'ANTHROPOLOGIE

La préoccupation première des anthropologues, tous domaines confondus, est l'étude rigoureuse et systématique des sociétés humaines. Certains qualifient l'anthropologie de science sociale, d'autres la considèrent comme une science naturelle et d'autres encore la classent au rang des sciences humaines. Quoi qu'il en soit, l'anthropologie présente de nombreuses caractéristiques communes à toutes ces sciences, à commencer par la formulation d'hypothèses et l'explication provisoire de phénomènes observables, la collecte de données pour vérifier et confirmer – ou infirmer – ses hypothèses, ainsi que la formulation d'une théorie du phénomène observé.

La méthodologie scientifique propre à une discipline aussi vaste que l'anthropologie peut engendrer des difficultés. Pour formuler des théories utiles sur le comportement humain, les anthropologues doivent travailler à partir d'hypothèses les plus objectives possible et dépourvues de partis pris culturels. C'est ici que réside une embûche majeure, à savoir la difficulté, pour quiconque ayant grandi dans une culture et à une époque donnée, de formuler à l'égard d'autres cultures, d'autres époques, des hypothèses qui soient dénuées de tout préjugé culturel.

L'observation participante et l'approche holistique

L'anthropologie est née, nous l'avons vu, dans un souci de comprendre globalement et objectivement les cultures du monde, pour ensuite les comparer. Pour cela, il fallait établir une méthode. La technique privilégiée par l'ethnologie, créée au début du XIXe siècle par Bronislaw Malinowski (un Anglais d'origine polonaise), est connue sous le nom d'**observation participante**. Malinowski, dont on dit qu'il est le père de l'ethnologie, avait rapidement compris que pour s'imprégner de la culture d'une population et la comprendre de l'intérieur, il fallait vivre auprès d'elle pour une période assez longue en participant le plus possible à sa vie quotidienne. Pour l'ethnologue qui pratique cette méthode, il s'agit d'adopter le régime

Observation participante
Méthode qui permet d'étudier une culture par la participation à sa vie quotidienne.

connues dans le monde. Professeure à l'Université de Caroline du Nord, elle a obtenu un doctorat en anthropologie à l'Université Northwestern. Elle travaille comme anthropologue judiciaire à l'Office of the Chief Medical Examiner, en Caroline du Nord, et au Laboratoire de sciences judiciaires et de médecine légale de la province de Québec. Souvent appelée à témoigner dans des causes criminelles, elle partage son temps entre Charlotte et Montréal. Elle peut aider à démêler des affaires de meurtres en série ou de crimes mafieux ou parfois à identifier des victimes de catastrophes de grande envergure. Lors de l'écrasement d'un avion, par exemple, les corps des occupants peuvent être démembrés et dispersés : les fouilles et l'identification des victimes sont alors complexes. Kathy Reichs a également fait partie de l'équipe d'experts appelés sur le site du World Trade Center à la suite de la tragédie du 11 septembre 2001. Le travail de Kathy Reichs comme anthropologue judiciaire est reconnu dans le monde entier. Elle a voyagé au Rwanda pour témoigner du génocide au Tribunal pénal international de l'ONU. Elle a aidé à identifier des victimes lors des exhumations de fosses communes au Guatemala à la suite de la guerre civile. Elle a aussi identifié des victimes de la Seconde Guerre mondiale et de conflits en Asie du Sud-Est.

alimentaire de cette population, de parler sa langue et d'expérimenter ses coutumes et ses rituels. L'observation participante permet à l'ethnologue de se familiariser avec la plupart des institutions culturelles (politique, sociale, économique, religieuse, etc.) d'une population et de les étudier comme un tout.

L'observation participante est considérée depuis plus d'un siècle comme la marque distinctive de la recherche en anthropologie sociale et culturelle. En ethnologie, «faire du terrain» signifie «sortir de son bureau» pour aller «là où ça se passe». Traditionnellement, les ethnologues quittaient le confort de leur culture pour aller séjourner à l'étranger, pendant plusieurs années parfois. Aujourd'hui, les choses ont quelque peu changé. La durée des séjours s'est raccourcie, laissant davantage de place aux terrains parfois plus brefs et aux visites ponctuelles. Aussi, de plus en plus d'ethnologues font de l'observation participante dans leur propre société, mais à l'intérieur d'une sous-culture différente de la leur, auprès de familles d'origine immigrante par exemple, ou dans une communauté religieuse minoritaire. Dans tous les cas, l'objectif est le même : parvenir à s'intégrer et à se faire accepter dans le but de produire de riches descriptions ethnographiques, à la fois qualitatives et quantitatives. Pour y parvenir, faire preuve de respect à l'égard de ses hôtes et d'ouverture d'esprit constitue un préalable incontournable. Quelle que soit la durée du séjour, l'idée est de gagner la confiance des gens avec qui l'on travaille afin qu'ils se livrent le plus naturellement possible.

L'ethnologue ne peut cependant pas s'intégrer sans limites à une culture donnée. À titre d'exemple, l'observation participante ne signifie pas que l'ethnologue doive prendre part aux luttes d'un peuple en guerre. Toutefois, en partageant le quotidien d'un peuple guerrier, il devrait être en mesure de comprendre le rôle de la guerre dans le schème culturel de ce peuple. Seule une observation rigoureuse lui permettra d'acquérir une compréhension globale de la culture étudiée, sans insister indûment sur l'un de ses aspects au détriment d'un autre.

C'est la mise au jour des rapports entre les divers aspects d'une culture qui permet aux ethnologues de comprendre l'intégralité d'un système culturel. Une telle démarche s'inscrit dans une **approche holistique**, c'est-à-dire globale et contextuelle. Si on veut savoir comment fonctionne le moteur d'une voiture, toutes ses pièces doivent être montées, sinon on n'y parvient pas. Il faut voir le moteur comme un tout si on veut comprendre comment il fonctionne.

C'est la même chose pour les sociétés humaines. Robert Gordon, un anthropologue namibien, insiste aussi sur le fait que la perspective holistique invite à prendre du recul par rapport à la société étudiée, en raison de la complexité des phénomènes humains quand on les aborde d'un point de vue comparatif : «Alors que le sociologue ou le politologue admire la beauté d'une fleur un pétale à la fois, l'anthropologue apprécie la beauté du pré à partir du haut de la montagne. En d'autres mots, nous privilégions la perspective la plus large possible» (Gordon, 1981). Bien que les ethnologues puissent perdre de vue certains détails, parce qu'ils ne se concentrent pas sur chacun, le fait de préconiser une vision globale des phénomènes leur permet de bien saisir le contexte dans lequel ils se produisent. Prenons un exemple concret : du point de vue de l'anthropologie, étudier le phénomène de l'anorexie-boulimie demande de prendre en considération les différentes dimensions du problème plutôt qu'une seule. Bien qu'il s'agisse certes ici d'un problème de poids, donc d'apparence et de santé physiques, ses tenants et ses aboutissants sont multiples. Quiconque aborde la question dans une perspective holistique doit prendre en considération le fait qu'il s'agit ici d'un phénomène à la fois psychologique, social et médical, mais aussi culturel, cette pathologie n'existant pour ainsi dire qu'en Occident.

Les ethnologues n'improvisent pas leur intégration à une culture qu'ils ne connaissent pas ; ils prennent le temps de connaître cette culture au préalable et, une fois sur place, ils cherchent à ne jamais brusquer la population étudiée et sollicitent l'assistance d'**informateurs** ou d'interlocuteurs privilégiés. Un informateur est un membre de cette culture qui sert de guide à l'ethnologue, établit avec lui des liens étroits et l'aide à interpréter les comportements observés. Comme l'enfant qui apprend de ses parents comment se conduire, l'anthropologue sur le terrain a besoin d'informateurs pour l'aider à

Approche holistique

Principe fondamental de l'anthropologie selon lequel les divers aspects d'une culture doivent être appréhendés dans la perspective la plus large possible pour comprendre leurs relations mutuelles et leur interdépendance.

Informateurs

Membres d'une société qui aident l'ethnologue à interpréter ce qu'il observe au cours de son étude de cette société.

élucider les «mystères» d'une culture qui lui est, au départ, étrangère.

Dans l'imaginaire populaire, le travail sur le terrain mène l'ethnologue vers des contrées lointaines où vivent des populations exotiques. Or, si nombre d'ethnologues ont réalisé de nombreuses études en Afrique, en Mélanésie, dans les déserts d'Australie et ailleurs, c'est simplement parce que les peuples non occidentaux ont souvent été négligés par les chercheurs œuvrant dans d'autres disciplines des sciences humaines, dont la psychologie, la sociologie ou l'économie. Les anthropologues, rappelons-le, ont toujours reconnu que la compréhension du comportement humain n'est possible que par la connaissance de toutes les cultures et de tous les peuples, y compris ceux auxquels ils appartiennent.

Une autre des difficultés qu'éprouvent les ethnologues quand ils font de l'observation participante est de rester objectifs et d'adopter un point de vue dénué de préjugés. À la fin du XXᵉ siècle, des anthropologues comme James Clifford, George Marcus et Michael J. Fisher se sont interrogés sur les risques pour eux d'être influencés par les circonstances, leurs préjugés personnels et leurs émotions. Ils se sont également interrogés sur la prise de position que certains anthropologues risquaient de prendre devant les populations étudiées. Demeureraient-ils «neutres» si la population étudiée entrait en conflit ou vivait un rapport de force avec une autre ? Aujourd'hui, de nombreux anthropologues croient que les ethnologues occidentaux ne peuvent pleinement comprendre le point de vue des populations qu'ils étudient; en fait, les voix et les points de vue s'avèrent nombreux dans tout groupe culturel (Conaty, 1995). D'autres soutiennent au contraire que, sans prétendre posséder la seule connaissance valable, le «regard éloigné» de l'ethnologue peut mettre en lumière des éléments qui échappent à celui qui fait partie d'une culture.

Maintenant que les populations étudiées par les anthropologues se décrivent elles-mêmes (Beïdi, [1993]; Saitoti [2005]; Sioui, [1997]), la voix de l'ethnologue n'exprime qu'un point de vue parmi d'autres. Certains anthropologues constatent, comme le fait Judith Abwunza (1997), l'utilité de présenter de nombreuses voix. Au cours d'une étude sur le pouvoir et la résistance des femmes au Kenya, Abwunza a consigné les expériences des Kényanes telles qu'elles les ont décrites. Ce procédé retire à l'ethnologue la responsabilité exclusive d'interpréter les données ethnographiques recueillies,

© Jami Tarris/Corbis

Les anthropologues ont un intérêt particulier pour les peuples traditionnels. Il faut savoir toutefois que ces populations sont de plus en plus en contact avec la modernité. Comme ici, chez les Himbas de Namibie, la fine pointe de la technologie n'altère pas complètement leur mode de vie, dont une grande partie se transmet de génération en génération. Aller faire du terrain chez les Himbas ne signifie nullement retourner vivre dans le passé.

si bien que d'autres connaissances trouvent leur place auprès des siennes dans les comptes rendus.

En se réappropriant leur histoire et leur idéologie, les populations du monde sont devenues autant de partenaires des ethnologues. La recherche-action participative se caractérise par le fait que les groupes étudiés participent à la recherche proprement dite et à l'interprétation des données ethnographiques. Le modèle de la recherche en équipe constitue à cet égard une nouvelle approche stimulante, en vertu de laquelle chaque ethnologue effectue des travaux de recherche dans sa propre spécialité (la politique, le droit, les rituels, la démographie, les stratégies de subsistance, etc.). Une telle évolution de la pratique anthropologique vise à mieux répondre aux besoins et aux vœux des groupes culturels étudiés et à offrir une présentation plus riche et plus complète de leurs points de vue sur le monde. L'anthropologue québécois Pierre Beaucage, dans son récent ouvrage qui relate 30 ans de recherche chez les Nahuas du Mexique faite en étroite collaboration avec une organisation autochtone, en est un bon exemple. Soucieux d'une méthode de terrain rigoureuse, Beaucage donne également la voix aux Autochtones sur leur propre culture (Beaucage et Taller de Tradición Oral, 2009).

Même si elle n'est pas exempte de problèmes, l'observation participante n'en demeure pas moins une méthode qui comporte de multiples avantages.

Contrairement aux questionnaires préétablis que d'autres spécialistes des sciences humaines utilisent, l'observation participante permet d'étudier une population davantage «au naturel». Deux études portant sur un village du Pérou illustrent le contraste entre l'anthropologie et les approches propres à d'autres sciences sociales. Dans une première étude, un sociologue a mené une enquête et en a conclu que les villageois travaillaient tous ensemble sur les lopins de terre que chacun possédait à titre individuel. De son côté, l'anthropologue, qui a vécu dans le même village pendant plus d'une année (au cours de laquelle le sociologue a fait son étude), n'a observé cette pratique qu'une seule fois. Bien que l'entraide soit très importante aux yeux des villageois, ceux-ci n'en avaient pas fait une réalité économique pour autant (Chambers, 1983). Cela ne signifie pas que seule la recherche anthropologique est valable ; on peut simplement conclure qu'une enquête par questionnaires comporte des lacunes, comme toutes les autres méthodes de recherche, peu importe qui s'en sert. Cela ne veut pas dire non plus que les anthropologues n'utilisent jamais de questionnaires. Par contre, lorsqu'ils s'en servent, c'est généralement dans le but de préciser, de clarifier ou de valider des données descriptives obtenues par l'observation participante. À mesure que progresse le travail sur le terrain, les anthropologues structurent leurs observations pour en faire un ensemble cohérent et les complètent parfois à l'aide de questionnaires.

Puisque la culture est constituée d'un ensemble de normes et d'idéologies qu'on ne peut pas observer concrètement, les anthropologues doivent aller au-delà de la simple observation. Pour expliquer un comportement social, l'anthropologue doit déduire un certain nombre de normes à partir de ce qu'il voit et des réponses que lui fournissent des informateurs dans le cadre d'entrevues généralement semi-dirigées, donc propices à la discussion. Pour bien comprendre l'importance de faire la part des choses, examinons les propos de Malinowski au sujet de l'exogamie – c'est-à-dire du mariage hors du groupe de parents – chez les Mélanésiens des îles Trobriand :

> Si vous choisissiez d'approfondir la question auprès des insulaires, vous découvririez que [...] les autochtones sont horrifiés à l'idée de violer la règle de l'exogamie et qu'ils croient que les plaies, la maladie, voire la mort pourraient s'abattre sur le clan incestueux. [Toutefois,] selon le point de vue des libertins du groupe, *suvasova* (c'est-à-dire la non-observance de la règle exogamique) est en fait une expérience érotique particulièrement intéressante et croustillante. La plupart de mes informateurs ont non seulement avoué avoir commis ce délit, mais s'en sont vantés. (Malinowski, 1922)

Selon Malinowski, s'il est vrai que ces «écarts de conduite» se produisaient effectivement, ils étaient beaucoup moins répandus que le voulait la rumeur. Si Malinowski s'était fié uniquement à ce que lui avaient dit les Mélanésiens, il n'aurait pas fait une description exacte de leur culture. Un tel décalage entre les idéaux culturels et le comportement réel des individus s'observe dans toutes les cultures. Pour maximiser la fiabilité de ses résultats, l'anthropologue doit prendre en considération trois aspects lorsqu'il recueille ses données. Il doit d'abord tenir compte de la compréhension qu'ont les individus des normes qu'ils partagent, c'est-à-dire leur perception de ce que devrait être leur société. Il doit ensuite explorer dans quelle mesure les individus croient respecter ces normes, c'est-à-dire comment ils croient se comporter et, enfin, il doit examiner les comportements observables (*voir l'encadré Le mariage, la sorcellerie et l'anthropologue sur le terrain*).

Offert par Martin Latreille

Afin de recueillir leurs données, les ethnologues font de l'ethnographie. Lors de leur séjour sur le terrain, ils sont amenés à partager le quotidien des gens qu'ils étudient. On voit ici Martin Latreille en compagnie de quelques-unes de ses informatrices tunisiennes.

Exemple ethnographique

Le mariage, la sorcellerie et l'anthropologue sur le terrain

par Martin Latreille

Avant d'entreprendre son terrain, l'anthropologue s'informe sur son sujet, élabore une problématique et prépare ses outils de recherche (questionnaires, guides d'entretien, etc.). Il se pose des questions précises auxquelles il cherche des réponses. Parfois, cependant, le terrain l'amène sur une piste de recherche insoupçonnée. Pour ma part, je m'intéressais au mariage, à la famille et à la condition féminine. Je ne croyais pas que mes recherches m'amèneraient à traiter de sorcellerie. Non seulement le hasard m'y a conduit, mais – comble d'ironie – j'ai contribué à renforcer la croyance en son efficacité.

Mi-juillet 2001. Je suis attablé à une gargote d'un village paysan situé aux pieds du massif de la Khroumirie, dans le Nord-Ouest tunisien, où, depuis plus de six mois, je poursuis mes recherches sur le mariage. Comme il arrive souvent depuis que je suis ici, un jeune homme, Sami (tous les noms sont fictifs), m'aborde et m'interroge sur mon sujet de recherche. Je le lui explique. Il me demande alors, avec un sourire espiègle et en regardant autour de lui pour s'assurer de ne pas être entendu, si je connais Moldi. «Moldi ? Non. Qui est Moldi ?»

Moldi est *'arrāf*, sorcier. Des gens, dit Sami, viennent d'aussi loin que l'Iraq pour ses services. Sa spécialité : la prévention du *rbāṭ*. À voix basse, amusé et ponctuant son discours de gestes explicites, Sami me fournit un début d'explication. Je suis aussitôt captivé et intrigué. *Le rbāṭ* (qui veut dire «nouement» littéralement) désigne un sortilège par lequel un homme est rendu impuissant sexuellement. Et la crainte d'être *marbūṭ* («noué, lié»), en Tunisie, hante plusieurs hommes à la veille de leur mariage. Non tant parce que leur incapacité remettrait en question leur virilité (plusieurs ont des rapports sexuels avant le mariage, et il est entendu qu'un homme *marbūṭ* le jour de ses noces recouvrera toute sa vigueur sexuelle s'il subit un rituel à cet effet) que parce que cette incapacité signifie qu'on leur veut du mal, ce qui peut nuire à leur réputation. Le *rbāṭ* est un maléfice jeté sur un homme le soir de ses noces par une personne malveillante, agissant par jalousie, par esprit de vengeance ou par simple malice.

J'ai connu plusieurs hommes qui ont eu recours aux services de Moldi. Mais au mariage de l'un d'eux, j'ai joué un rôle important. C'était au mariage de Wejdi et de Delenda, en août 2002. Wejdi a alors 30 ans et est journalier dans la capitale. Delenda a près de 22 ans et aide ses parents sur la ferme familiale. Tous deux s'aiment d'amour, mais leur mariage s'annonce tendu. Des villageois n'aiment pas leurs familles et pourraient leur vouloir du mal. Les frères de Wejdi ont mauvaise réputation ainsi que la famille de Delenda, dont le père est pauvre et réputé cocu. On dit, en effet, à tort ou à raison, que la mère de Delenda se prostitue. Et comme la croyance veut que la fille hérite des traits de sa mère, certains ne la croient plus vierge. Si elle n'est plus vierge, comment réagira Wejdi le soir du mariage ? La rejettera-t-il ou la gardera-t-il, au risque de se voir traiter de cocu ? Est-il au courant ? Ragots et spéculations vont bon train. Qui plus est, le père de Delenda manifeste son intention d'assister au mariage pour défier les commères et démontrer qu'il est confiant quant à l'honnêteté de sa fille (et de sa femme). Or, il est de coutume qu'un père n'assiste pas au mariage de sa fille, par pudeur et par crainte d'être couvert de honte advenant que celle-ci soit rejetée parce qu'elle n'était déjà plus vierge. Les proches de Wejdi tentent en vain de décourager le père de Delenda ; de quoi alimenter davantage les ragots. Aussi Wejdi craint-il qu'on lui jette un sort.

Wejdi va consulter Moldi, le sorcier, accompagné de ses proches masculins. Avec déférence et cérémonie, on demande à Moldi de prévenir tout *rbāṭ*. On lui verse 100 dinars et deux kilos de viande. Au terme de la rencontre, Moldi rassure Wejdi : au soir de ses noces, il aura toute sa vigueur sexuelle et pourra en toute quiétude consommer son mariage.

Les jeunes hommes que j'interroge au sujet du *rbāṭ* et de Moldi ont un sourire amusé ou, comme Wejdi, un sourire gêné. Car Moldi est aussi respecté que craint (même certains incrédules ont recours à ses services, par prudence). Plusieurs dans la région s'en méfient, voire le haïssent. Car s'il a le pouvoir de prévenir et de guérir le *rbāṭ*, il peut aussi l'infliger. On le soupçonne de «nouer» de futurs mariés pour qu'ils aient recours à ses services – c'est le vieux principe du pompier pyromane. Pour cela, certains préfèrent avoir recours aux services du *meddeb*. Un *meddeb* est un précepteur dont la charge première est d'enseigner le Coran, mais qui pratique à l'occasion certains rituels de protection et de guérison dont celui de prévenir et guérir le *rbāṭ*. De manière générale, le *meddeb*, qui tire sa légitimité de son autorité morale et théologique, jouit d'une meilleure réputation que l'*arrāf*.

Je suis allé voir Moldi pour l'interroger. Peu après les formules de politesse, je suis gentiment mis à la porte. D'autres me renseigneront néanmoins sur Moldi et ses procédés. Pour «nouer» un futur marié, Moldi subtiliserait ou se ferait remettre un objet appartenant aux futurs époux qu'on peut nouer (un cheveu, un bout de tissu, un fil de vêtement, voire une brindille d'un panier, par exemple), et qu'il noue autant de fois qu'il est possible en prononçant une formule (qui inclut le nom des époux et de leurs mères). Pour dénouer, il faut simplement défaire les nœuds en répétant la même formule.

J'ai eu la chance de retourner chez Moldi, le sorcier, le soir du mariage de Wejdi et de Delenda. Ce soir-là, comme prévu, l'ambiance est lourde. Le village est rassemblé dans la cour chez l'époux et ses frères. Les futurs mariés sont assis sur un trône installé sous le porche de la maison, à moins de deux mètres de la porte de la chambre nuptiale. Devant eux, de part et d'autre de la cour, hommes et femmes sont assis séparément. Le père de la mariée, campé sur sa chaise, bras croisés et menton en l'air, a un air défiant, tandis que sa mère semble nerveuse. Un espace est réservé au centre de la cour pour les danseurs. Il n'est pas inhabituel qu'hommes et femmes dansent côte à côte. Mais ce soir, ils dansent de façon trop rapprochée au goût de certains et on trace une ligne au sol : d'un côté les hommes, de l'autre, les femmes. Bientôt, les mariés intégreront la chambre nuptiale, tandis que la foule, restée sur place, attendra que l'union soit consommée. Des hommes, armés de bâtons, prennent position autour de la maison, veillant à ce que personne n'en approche. La tension est palpable. Le moment est arrivé. Wejdi et Delenda entrent dans la chambre. Le mariage va bientôt être consommé. Afin de rapidement dissiper tout doute quant à la vertu de la jeune mariée, il convient de faire vite. Or, les minutes passent et toujours rien. Plus personne ne danse. On attend. Pour une raison que je ne m'explique pas encore, le frère de Delenda, adolescent, s'aventure sous le porche. Il est aussitôt chassé par un des gardiens armés ; sa mère le semonce vertement. Le temps passe. Les musiciens se remettent à jouer. La tension monte d'un cran. Quarante-cinq minutes. Anormal. Le marié entrouvre la porte et demande son cousin. Conciliabule. Le cousin vient alors vers moi et dit avoir besoin de mon aide. Je me demande bien comment je pourrais aider Wejdi ; on me signifie que je suis le seul à posséder une voiture dans le village et qu'il faut aller chez Moldi, le sorcier.

Le frère du marié, deux de ses cousins et moi arrivons chez Moldi après vingt minutes. Il n'est pas là, mais son fils y est et dit qu'il peut nous aider. Il demande les noms des époux et de leurs mères respectives, et assure que tout sera rentré dans l'ordre lorsque nous regagnerons le village. Je suis plutôt sceptique.

Nous retournons au village et descendons le petit sentier qui mène à la maison de Wejdi. Sitôt avons-nous mis les pieds dans la cour que – ô miracle ! – nous entendons les youyous des femmes. Le mariage a été consommé ! Je suis incrédule. Je suis aussitôt assailli par la mère de Wejdi, qui me fait de multiples baise-mains en ne cessant de me remercier et de me bénir. Pendant ce temps, les femmes – parentes, voisines et amies de Delenda – envahissent la chambre nuptiale, où aucun homme, outre le marié, n'est autorisé à entrer. Je demande à Hassan, un cousin de Wejdi et homme influent, le privilège d'entrer. Il accepte et me guide à la porte, me remerciant encore. J'entre. Delenda, rayonnante, reçoit les félicitations des dames. Je la salue d'un signe de tête. Elle fait de même. Wejdi est assis sur une chaise et lace ses chaussures.

– «*Mabrouk* ! Félicitations !» lui dis-je.

– «*Y'aychik*, merci !» répond-il, souriant et soulagé.

Le travail sur le terrain est parsemé de rebondissements…

L'approche comparative et multidisciplinaire

Bien que le travail sur le terrain soit un élément fondamental de l'anthropologue, il ne constitue pas l'essentiel de ses fonctions. Par leur nature très descriptive, les données de l'observation participante servent de base à l'analyse plus théorique. On emploie le terme **ethnographie** précisément pour décrire le travail de collecte des données sur le terrain. La description

> **Ethnographie**
> Travail de collecte de données sur le terrain auprès d'une population.

détaillée d'une culture permet aux anthropologues de formuler des hypothèses plus larges à l'égard du comportement humain. Toutefois, aussi plausibles que puissent être leurs explications, la prise en compte d'une seule société ne suffit habituellement pas pour les valider. Les anthropologues procèdent alors constamment à des **comparaisons interculturelles** qui, comme la perspective holistique, constituent un autre trait distinctif de l'anthropologie. Les comparaisons interculturelles jettent un éclairage intéressant, souvent nouveau, sur des pratiques culturelles que l'on croyait connaître, comme le démontre l'exemple suivant.

Selon une croyance répandue en Amérique du Nord, la production toujours croissante d'appareils électroménagers a entraîné une réduction constante du temps consacré aux tâches domestiques et, par conséquent, une augmentation du temps accordé aux loisirs. Les études anthropologiques menées auprès des chasseurs-cueilleurs ont cependant démontré que ces derniers consacrent beaucoup moins de temps aux tâches domestiques, et même moins à l'ensemble des tâches de subsistance, que les membres des sociétés industrialisées. Les Aborigènes australiennes, par exemple, réservent approximativement 20 heures par semaine aux tâches domestiques, dont la collecte de la nourriture et la préparation des repas. En comparaison, les Américaines qui vivaient en région rurale dans les années 1920, et qui ne disposaient donc pas d'appareils électroménagers, consacraient environ 52 heures par semaine aux tâches domestiques. On pourrait s'attendre à ce que, quelques décennies plus tard, la situation ait changé; pourtant, une cinquantaine d'années plus tard, les Américaines vivant en milieu urbain qui n'occupaient pas un emploi rémunéré passaient 55 heures par semaine à s'acquitter des tâches domestiques, et ce, malgré la présence des lave-vaisselle, machine à laver, sécheuse, aspirateur, robot culinaire et four à microondes (Bodley, 1985).

Cette comparaison a l'effet de jeter un regard nouveau sur des pratiques que l'on croyait bien connaître (*voir l'encadré Le hockey canadien*). Pour le Nord-Américain, l'idée que les tâches ménagères prennent plus de temps à accomplir dans une société moderne et technologique que dans des sociétés traditionnelles est possiblement une surprise. Ces études anthropologiques remettent en question l'idée que qualité de vie rime automatiquement avec modernité et temps de loisirs. Cela a également remis en

© Penny Tweedie/Corbis

Aussi étonnant que cela puisse paraître, les chasseurs-cueilleurs « travaillent » en moyenne moins d'heures par jour que les agriculteurs pour assurer leur subsistance. Bungaway et ses épouses reviennent ici d'un voyage de chasse et de pêche dans la Terre d'Arnhem en Australie.

question l'idée largement acceptée que la quête de nourriture constitue une préoccupation tellement accaparante pour les peuples de chasseurs-cueilleurs, qu'ils ne disposent plus de temps pour faire autre chose.

Plus que toute autre caractéristique, la perspective interculturelle distingue l'anthropologie des autres sciences sociales. Elle révèle d'autres façons de faire les choses et fournit des données comparatives. Voici un exemple: au Canada et aux États-Unis, les nourrissons ne dorment généralement pas avec leurs parents, ni même avec leur mère. Si les Occidentaux considèrent généralement qu'il s'agit là d'une pratique normale, les études interculturelles montrent que la «cohabitation» prévaut néanmoins chez la plupart des populations dans le monde. Dans l'ensemble des sociétés occidentales, la séparation de la mère et du nourrisson pour dormir n'est considérée comme normale que depuis 200 ans.

Des études récentes ont démontré que ce degré inhabituel de séparation entre la mère et le nourrisson dans les sociétés occidentales entraîne des conséquences importantes. Ainsi, cette séparation prolonge la durée des pleurs jusqu'à trois heures

Comparaisons interculturelles

Comparaisons entre un aspect d'une culture et ce même aspect présent dans d'autres cultures.

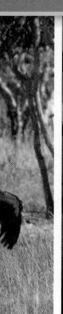

© ROBIN UTRECHT FOTOGRAFIE/HillCreek Pictures/Corbis

La notion de beauté chez les Mursis d'Éthiopie est différente de la nôtre. Les jeunes filles se font percer la lèvre inférieure et y insèrent un plateau (ou labret) de plus en plus grand. En Amérique du Nord, voir une femme allaiter tout en vaquant à ses occupations est chose rare. Pour cette Mursi il est en revanche naturel de garder son bébé près d'elle et de le laisser prendre le sein quand il le désire.

par jour durant les deuxième et troisième mois de vie de l'enfant. La réduction importante des pleurs ne serait pas le seul bienfait de la cohabitation : l'enfant est allaité plus souvent et boit trois fois plus longtemps à chaque allaitement, il reçoit davantage de stimuli sensoriels (ce qui favorise le développement neurologique) et est apparemment moins sujet au syndrome de mort subite du nourrisson. La mère y gagnerait aussi, car elle dormirait alors au moins autant que la mère qui ne dort pas avec son enfant (Barr, 1997 ; McKenna, 1997).

Autant l'anthropologue procède par comparaison, autant il doit déborder largement de sa discipline. Dans le cours de son travail, il doit non seulement mettre à contribution l'apport de l'archéologie, de l'anthropologie physique ou de l'ethnologie, mais aussi avoir recours à d'autres disciplines scientifiques. Par exemple, sur un terrain de fouilles, l'archéologue fera appel à une équipe de spécialistes (géomorphologues, géologues, biologistes, par exemple), et devra s'inspirer des travaux des ethnologues et des paléontologues pour mieux se figurer le mode de vie et l'apparence physique que les humains avaient autrefois. C'est pourquoi on dit de l'anthropologie qu'elle adopte une approche multidisciplinaire. Si l'anthropologie doit toucher à plusieurs domaines en plus de celui qu'elle privilégie, c'est précisément parce que l'humain se présente sous une multitude d'aspects, reliés les uns aux autres pour former un ensemble difficilement dissociable.

Exemple ethnographique

Le hockey canadien

par Boubakar Sangaré

En 1992, dans le cadre d'un stage au quotidien La Presse, *Boubakar Sangaré a séjourné au Québec. Journaliste, il travaillait à l'époque pour un hebdomadaire de Bamako, la capitale du Mali. Son premier contact avec le hockey l'a bouleversé…*

Pour la première fois de ma vie, j'ai assisté mercredi à une partie de ce qu'ici, au Canada, on appelle le hockey. Un match qui a opposé le Canadien à une équipe des États-Unis, dans un stade que je qualifierais d'ultramoderne – je n'en avais jamais vu d'aussi merveilleux – le Forum.

❯

Grande a été ma surprise de voir ces milliers de Québécois de tous les âges, de tous les sexes, envahir métros et bus, rues et ruelles, à destination du Forum, dans le seul but d'assister à cette bizarrerie que constitue pour moi le hockey.

Ça se joue sur un petit terrain semblable à celui du hand-ball, constitué d'une surface blanche et glissante (qui serait de la glace). Deux petits filets se comparant à des cages, une disquette en caoutchouc aussi dure qu'une roche et des joueurs déguisés en gladiateurs, ou mieux, en cosmonautes.

Chacun de ceux-ci, muni d'une sorte de perche ou de pioche. Et au son d'une sirène qui m'a paru être celle de la police, chaque gladiateur, pardon chaque joueur, essaie d'entraîner la disquette dans la cage adverse férocement gardée par un joueur qui a tout l'air d'un robot.

Aussi, cosmonautes, pardon joueurs et arbitres (au nombre de 3) se déplacent en patinant sur d'étranges chaussures munies de lames. Et… c'est parti ! On rit, on s'excite, on applaudit, on meurt de plaisir. J'avais d'ailleurs l'impression que cette partie de hockey était suivie avec beaucoup plus d'intérêt que le référendum du 26 octobre dernier [portant sur l'Accord du lac Meech]. Aussi faut-il noter que le hockey m'a paru très brutal et même très dangereux.

SPECTATEURS DISCIPLINÉS

Cependant, faut-il le préciser, au cours de cette partie de hockey, j'ai beaucoup apprécié l'enthousiasme et la discipline des spectateurs sportifs québécois. J'ose croire qu'ils sont également tolérants. À mon avis, le hockey me semble un sport inodore et… sans saveur : durant cette partie je n'ai rien senti, je n'ai rien savouré à travers cette bizarrerie comparable à un semblant de match de football ; pas de jeux organisés ; pas de planification ; on change constamment de joueurs ; on sanctionne à tort ou à raison…

Combien coûte un match de hockey ? Je parle d'éclairage, de la confection de la glace, des uniformes, de tout ce cirque capitaliste… Que d'argent gaspillé à mon avis.

Au football, on prend un ballon et on joue. Au basket-ball, dans presque tous les autres sports, la pratique est bien facile. Ni rien, ni plus qu'un ballon.

Mais au hockey, tout ce cirque coûte cher. Extrêmement cher.

À mon avis, le sport ne doit rien coûter. Ou, plutôt, ne doit point coûter… tant.

Qu'on arrête le hockey et qu'on aide les pauvres, ici comme ailleurs. Cela est aussi un sport…

Bref, le hockey m'est apparu un sport complètement artificiel. Trop artificiel pour un pays… en récession, un pays de taxes où c'est à peine si on ne se fait pas taxer pour avoir aimé une femme.

L'ÉTHIQUE EN ANTHROPOLOGIE

Le type de recherche que mènent les anthropologues et le cadre dans lequel ils œuvrent soulèvent des questions d'éthique. À qui serviront les conclusions de leurs travaux de recherche et à quelles fins ? À qui revient la légitimité de décider des changements qui devraient – ou ne devraient pas – être instaurés pour « améliorer » le sort des populations menacées par le développement économique ? Aux yeux de qui est-ce une « amélioration » ? Peut-on déplacer des populations pour entreprendre des fouilles archéologiques ? Peut-on, au nom de la science, exhumer des momies et les objets qui les accompagnent pour les exposer dans un musée, sans égard aux descendants de ceux qui les ont vénérés, si lointains soient-ils ? Peut-on tout observer chez une population ? Comment les anthropologues parviennent-ils à rendre compte de leurs conclusions sans pour autant empiéter sur la vie privée de leurs informateurs ? Ces questions et bien d'autres obligent les anthropologues à se pencher sur l'éthique de leur pratique.

Parce que le travail sur le terrain nécessite l'établissement d'une relation de confiance entre l'anthropologue et la population qu'il étudie, la responsabilité première de l'anthropologue concerne cette population. L'anthropologue doit tout mettre en œuvre pour préserver le bien-être physique, social et psychologique de ces personnes et pour respecter leur dignité et leur vie privée. En d'autres mots, il ne doit

Offert par Paul Roy

L'ethnologue québécois Paul Roy que l'on voit ici avec l'un de ses informateurs a partagé le quotidien des Kogis de Colombie à plusieurs reprises. Pour éviter que les données qu'il a recueillies sur le terrain soient utilisées contre les intérêts de la communauté où il séjourne encore à l'occasion, la prudence est de mise tout particulièrement dans un pays comme la Colombie où des conflits armés sévissent pour le contrôle du territoire et des ressources.

pas leur nuire. S'il est vrai que les premiers anthropologues ont souvent fourni aux autorités coloniales le type d'information dont celles-ci avaient besoin pour mieux contrôler les «indigènes», une telle pratique serait rapidement dénoncée aujourd'hui. Depuis longtemps, l'anthropologie s'est dotée de principes éthiques afin d'assurer l'intégrité des personnes étudiées, la protection de leur intimité et de leur vie privée. En soi, les sujets de recherche ne sont pas «non éthiques». Ainsi, une étude sur les mœurs sexuelles des Papous n'est pas à bannir automatiquement. Tout est dans la façon de faire et dans l'utilisation des données.

Les informateurs doivent être partie prenante de la recherche, y consentir et être respectés. Une fois la collecte des données complétée, les chercheurs doivent garantir leur anonymat et leur confidentialité, et doivent aussi veiller à ce que les données recueillies ne «tombent pas entre de mauvaises mains». Toute recherche anthropologique qui se respecte doit avoir été approuvée par un comité de déontologie et,

pour être publiée, doit être évaluée par un comité de lecture qui s'assure de sa valeur scientifique et éthique. L'une des seules obligations que les anthropologues entretiennent envers ceux qui financent leurs études concerne la rigueur scientifique. Les subventionnaires ne peuvent en aucun cas inciter les anthropologues à modifier leurs résultats pour les rendre plus compatibles avec leurs désirs ou leurs objectifs. S'il est clair qu'une étude dévoilant à des promoteurs immobiliers les «faiblesses» d'une population pour qu'ils puissent l'exproprier est non éthique, d'autres cas sont parfois plus difficiles à trancher. Par exemple, que dire des anthropologues embauchés par des agences de publicité afin de mieux connaître les habitudes de vie de gens afin d'en faire des consommateurs éventuels ? Comme en témoigne Anne Darche, vice-présidente à la planification stratégique d'une agence publicitaire et observatrice aguerrie de l'évolution du marketing, l'observation participante pour les études de marketing est désormais un outil publicitaire.

Pour savoir où vont les gens, ce qu'ils veulent acheter et comment entrer dans leur univers, il faudrait donc les comprendre bien au-delà des salles d'entrevues et des allées des magasins et essayer d'aller plus loin que ce que proposent les outils traditionnels comme les sondages ou les entrevues qualitatives. Il faudrait aller chez eux et, comme les anthropologues, les observer patiemment tout en étant à leurs côtés. (Lortie, 1997)

POURQUOI ÉTUDIER L'ANTHROPOLOGIE ?

Comme nous l'avons vu précédemment, les champs d'intérêt de l'anthropologie, ses approches et ses méthodes la distinguent des autres sciences humaines. Son approche est holistique et multidisciplinaire et elle aborde de nombreux enjeux de société tels que la condition des femmes, les rapports interculturels, l'immigration, la famille, les inégalités en matière de santé ou la religion, ce qui en fait une discipline des sciences humaines dont peuvent bénéficier tous les étudiants, quel que soit leur champ d'études. Dans un cours d'anthropologie économique, par exemple, les étudiants apprennent les multiples moyens utilisés par les peuples du monde pour organiser leurs activités de production, d'échange et de consommation, ce qui leur permet de mieux comprendre les nombreuses significations que peuvent prendre les activités économiques. L'anthropologie est aussi utile à des disciplines étrangères aux sciences sociales : les recherches archéologiques et ethnohistoriques enrichissent largement l'histoire et la géologie, et l'anthropologie physique s'appuie sur la biologie tout en y contribuant. Aussi, toute personne qui étudie l'anthropologie, ne serait-ce que brièvement, acquiert une formation plus vaste en raison du regard comparatif proposé.

Les anthropologues ne sont pas les seuls professionnels qui étudient les humains. En outre, leurs découvertes sont souvent liées à celles qui sont faites en psychologie, en économie, en sociologie ou en biologie. Toutes ces disciplines (et beaucoup d'autres) ont pour objectif commun de mieux comprendre les humains. Les anthropologues cherchent des explications globales, plutôt que de se limiter à un aspect social ou biologique du comportement humain. Ils s'efforcent de dresser un portrait détaillé des humains qui en révèle toute la complexité biologique et culturelle.

Les chercheurs œuvrant dans d'autres disciplines commencent à reconnaître les mérites de la méthodologie propre à l'anthropologie, c'est-à-dire l'immersion dans une culture. L'observation participante fournit un modèle de recherche à d'autres disciplines, comme l'enseignement, la géographie, la sociologie et la psychologie. Aussi, l'apport de l'anthropologie enrichit la recherche effectuée et

Les Québécois méconnaissent l'histoire et le mode de vie des Premières Nations. En raison de leur intérêt pour ces peuples, les anthropologues sont susceptibles de contribuer au rapprochement entre les Blancs et les Autochtones. Comme on peut le voir, ces Inuits du Nunavik ont des loisirs qui ressemblent à ceux des enfants vivant dans le sud du Québec.

Offert par Nadine Trudeau

l'expérience acquise dans d'autres disciplines, qui n'auraient pas autant progressé sans cet apport.

Comme plusieurs disciplines des sciences humaines, l'anthropologie est de plus en plus appelée à démontrer sa pertinence dans la vie contemporaine. L'anthropologie, traditionnellement orientée vers l'étude de populations exotiques et traditionnelles a beaucoup à apporter à la compréhension des sociétés occidentales. Par exemple, les Canadiens, et particulièrement les Québécois, sont préoccupés par des problèmes complexes concernant leur identité culturelle, la préservation des langues, la souveraineté, les politiques d'immigration et les revendications territoriales des Premières Nations. L'étude de ces questions peut bénéficier de l'éclairage précis qu'apporte l'anthropologie (*voir l'encadré Le Québec sous le regard des ethnologues*).

Le Québec est une société multiethnique composée de nations autochtones et d'immigrants venant d'un peu partout. À titre de citoyens du monde, nous devons apprendre à vivre en harmonie. En diffusant largement le savoir et la perspective qui lui sont propres, l'anthropologie joue un rôle éducatif important, qui consiste à prévenir les rejets et les malentendus nés de l'ignorance, de la peur et de l'intolérance à l'égard de modes de vie différents. Tout comme le célèbre anthropologue américain Franz Boas a exhorté ses collègues à reconnaître le caractère unique et la valeur de chaque culture, les anthropologues contemporains doivent transmettre cette conception des choses à leurs concitoyens. C'est pourquoi l'anthropologie sociale et culturelle propose à la société contemporaine un cadre de réflexion qui favorise la compréhension, l'acceptation et l'appréciation de l'incroyable diversité culturelle du monde actuel. En d'autres mots, l'anthropologie sociale et culturelle est en excellente position pour promouvoir une ouverture et un respect des différentes cultures dans le monde.

Perspective anthropologique

Le Québec sous le regard des ethnologues

par Louis Roy

Les anthropologues canadiens et québécois travaillant au Canada ne se sont pas intéressés qu'aux Premières Nations. Depuis la fin du XIXe siècle, la société québécoise suscite aussi leur intérêt. Après avoir été initié à la méthode des monographies de familles, mise au point par le sociologue Frédéric Le Play, Léon Gérin (1863-1951) a été mandaté pour faire une étude sur son pays. Dès son retour de Paris en 1892, il s'est dirigé vers Saint-Justin-de-Maskinongé pour entreprendre sa première monographie canadienne. Au terme d'une série de séjours sur le terrain, il a publié, en 1898, le portrait détaillé d'une famille de paysans québécois, *L'habitant de Saint-Justin*. D'autres monographies de familles ont suivi (Gérin, 1948).

En 1914, Marius Barbeau (1883-1969), l'un des pères fondateurs de l'anthropologie canadienne, s'est intéressé d'abord aux Hurons-Wendat, puis a rencontré le légendaire anthropologue américain Franz Boas, qui l'a persuadé de se pencher sur le folklore québécois, nommé à l'époque « canadien-français ». Ses recherches sur le Québec ont porté sur les contes et légendes, les chansons, l'art populaire et traditionnel. Dans les années 1950, Marcel Rioux (1919-1989) a séjourné à l'île Verte, puis dans un village de pêcheurs en Gaspésie. Deux monographies (1954 et 1957) sur la culture de ces collectivités ont par la suite été publiées. Après avoir étudié les Navajos de l'Ouest américain, Marc-Adélard Tremblay, l'un des pionniers de l'anthropologie québécoise (Trudel *et al.*, 1995), a constaté qu'il était impossible de dresser un profil de la vie traditionnelle des régions du Québec, faute de données ethnographiques (Gold et Tremblay, 1984). Dans le but de corriger la situation, il a convaincu Paul Charest et Yvan Breton (1968) de séjourner sur la Côte-Nord et d'étudier la vie que menaient deux collectivités de pêcheurs du golfe du Saint-Laurent. Outre leur grande valeur ethnographique, ces études présentent le mérite d'avoir, pour la première fois, observé l'entrée de collectivités traditionnelles dans la modernité (Charest et Tremblay, 1967). Avant de s'intéresser aux populations d'autres pays, Michel Verdon (1973) et Pierre Beaucage (1970), alors jeunes étudiants, ont aussi jugé pertinent de faire du travail sur le terrain au Québec et de décrire de petites collectivités.

À l'aide des mêmes techniques de recherche qui les ont si bien servis pour étudier les populations tradition-nelles, des anthropologues occidentaux s'efforcent aujourd'hui d'étudier leur propre société. Ils se penchent sur des questions aussi diverses que l'espace domestique (Welzer-Lang et Filiod, 1993), le métro (Augé, 2001), les soirées *raves* (Oudin, 2004), l'itinérance (Declerck, 2003), les jeunes de la rue (Levac et Labelle, 2009), la musique *heavy metal* (Dunn et al., 2006), le tourisme (Urbain, 2011) ou les bandes de motards (Wolf, 1995). Regardons de plus près quelques études portant sur la société québécoise contemporaine.

Dans *Dérives montréalaises*, Gilles Bibeau et Marc Perreault (1995) se servent d'une étude menée sur le terrain auprès d'un groupe de toxicomanes pour décrire l'univers des piqueries et de la toxicomanie à Montréal. En plus de brosser un portrait des toxicomanes, les auteurs se demandent dans quelle mesure les phénomènes dits «marginaux» de ce genre sont vraiment à situer en périphérie des sociétés urbaines contemporaines. Dans une étude plus récente, *La gang : une chimère à apprivoiser* (2003), les deux mêmes auteurs s'intéressent au quotidien de jeunes Québécois d'origine antillaise qui sont membres d'un gang de rue. Leur livre accorde une place prépondérante à la parole des jeunes. Adoptant une position critique à l'égard de la philosophie sociale contemporaine, qui est centrée sur le maintien de l'ordre social et l'exclusion des marginaux, Per-reault et Bibeau suscitent la controverse en soulignant le rôle parfois positif joué par la marginalité :

> Si notre hypothèse s'avère fondée, à savoir que l'appartenance aux gangs forme, par-delà les risques de conduites antisociales, une solution de remplacement aux comportements autodestructeurs des jeunes, la conclusion à en tirer est claire : les forces de l'ordre, les professionnels et la population en général doivent démontrer une tolérance accrue à l'égard des comportements des jeunes marginaux, favoriser les regrou-pements des jeunes et les activités des groupes plutôt que de lutter contre elles, et accepter que les jeunes remuent à la maison, dans les salles de cours, sans les anesthésier au moyen de Ritalin (p. 24-25).

D'autres ouvrages moins médiatisés témoignent de l'éventail des questions auxquelles s'intéressent les anthropologues d'ici, qui ont choisi le Québec comme terrain d'études. Alors que Madeleine Pastinelli (2003) étudie la vie en colocation avec un non-intime à Québec ou le bavardage électronique (2007) et que Denyse Bilodeau (1996) se penche sur les graffitis et les graffiteurs de Montréal, Steve Paquet (2001) donne la parole à des parents ayant un enfant atteint d'un trouble de santé mentale. Plus récemment, Martine Roberge (2010) s'est intéressée aux rumeurs et légendes urbaines à l'ère du Web 2.0 et Charles Gaucher (2009) à la sous-culture des sourds du Québec.

Bien qu'elle ait beaucoup à offrir, l'étude anthropologique de sa propre culture n'est pas dénuée de pro-blèmes. Sir Edmund Leach (1982), une sommité de l'anthropologie britannique, l'explique de la façon suivante :

> Aussi surprenante que la chose puisse paraître, le travail sur le terrain dans un contexte culturel que l'on connaît soi-même intimement réserve de bien plus grandes difficultés que celui que l'on approche selon le point de vue naïf de l'étranger. Lorsqu'ils étudient des facettes de leur propre société, les anthropologues en ont une vision déformée par des préjugés nés de leur expérience personnelle (p. 124).

Malgré tout, ce type d'étude n'est pas impossible si on respecte certaines conditions. Les ethnologues nord-américains qui ont produit les études anthropologiques les plus fructueuses sur leur propre culture sont possiblement ceux qui avaient également travaillé à l'étranger.

Prenons d'abord l'exemple de la monographie de Michel Verdon (1973) portant sur un village du Lac-Saint-Jean. Il suffit de lire quelques pages de cet ouvrage pour s'apercevoir à quel point l'auteur, Québécois pour-tant, décrit le quotidien de ses informateurs tout aussi bien qu'un étranger aurait pu le faire. Or, il appert que Verdon vivait chez les Éwés du Ghana depuis déjà quelque temps lorsqu'il a mis de l'ordre dans ses notes de terrain et rédigé sa monographie. Vu de l'Afrique, le Québec rural apparaissait soudainement très exotique. Après avoir respectivement travaillé chez les Cuivas de la Colombie et les Innus du Québec, Bernard Arcand et Serge Bouchard (1993, 1995 et 2001) se sont pour leur part penchés sur la société québécoise et ses lieux communs. Forts du recul qu'ils ont acquis par rapport à leur propre culture, ils sont parvenus à rendre exo-tiques des choses pourtant familières aux Québécois, tels le gazon, le baseball ou le pâté chinois. Souvent humoristique, leur anthropologie de la vie moderne fait réfléchir et apporte un éclairage résolument nou-veau sur la société québécoise.

La pertinence d'étudier la société québécoise à l'aide des outils de recherche préconisés par les ethnologues se justifie facilement. Plus s'approfondit la connaissance d'autres cultures, plus se transforme la perspective qu'on a de la sienne. Autrement dit, lorsque les autres cultures perdent leur caractère exotique aux yeux d'un observateur, c'est la sienne qui, tout à coup, le devient. Voici ce qu'en pensent Marc Perreault et Gilles Bibeau (2003) :

> L'anthropologue est par profession une personne qui a pris ses distances vis-à-vis de sa société d'origine en allant vivre ailleurs [...] et qui est ainsi devenue, de manière plus ou moins profonde, étrangère dans sa propre société. Le regard sceptique que jette l'anthropologue sur les manières de faire dans sa société d'origine lui vient du fait qu'il sait par expérience que les valeurs et les comportements rencontrés ailleurs sont souvent aussi riches, parfois même plus riches, que [ceux de] sa propre société [...]. L'anthropologue envisage les phénomènes humains, quels qu'ils soient, dans une perspective comparative (p. 355).

Il ne suffit pas que les ethnologues québécois explorent d'autres cultures avant d'étudier la leur ; les Québécois ont tout à gagner en incitant des anthropologues de l'Europe, de l'Asie, de l'Afrique et de l'Amérique latine à venir faire du travail sur le terrain en Amérique du Nord. Le premier étranger à avoir effectué une véritable étude de la culture québécoise est probablement Charles-Henri-Philippe Gauldrée-Boileau. Consul de France au Québec de 1859 à 1862, il a séjourné à Saint-Irénée (Charlevoix), puis publié ses observation en 1875. Considéré comme une société paysanne (*folk society*) au même titre que celles qui sont alors observées ailleurs dans le monde, le Québec sera ensuite visité par de jeunes anthropologues américains en quête d'exotisme. Trois monographies ont découlé de ces projets de recherche : *St. Denis. A French-Canadian Parish* (1939), d'Horace Miner (1985), et *French Canada in Transition*, d'Everett Hughes (1943), qui ont été traduites en français, mais aussi une troisième méconnue, *Isolated Communities. A Study of a Labrador Fishing Village* (1937), d'Oscar Junek. L'introduction du livre de Miner, rédigée par l'ethnologue américain Robert Redfield, est fort instructive sur la façon dont le Québec était perçu à l'époque :

> Le lecteur du livre excellent de monsieur Miner apercevra en quoi cette société paysanne canadienne-française ressemble aux peuples primitifs. Les habitants y vivent selon des règles et des valeurs collectives enracinées dans la tradition [...].Presque tous partagent les mêmes idées fondamentales sur la vie ; ces idées trouvent leur expression concrète dans les croyances, les institutions, les rites et les mœurs des gens [...]. C'est par ailleurs une société où domine la famille, comme dans le cas de biens d'autres sociétés plus primitives, extérieures au monde européen (p. 24).

RÉSUMÉ

L'anthropologie est l'étude des humains dans une perspective très large. Elle se distingue des autres sciences parce qu'elle tente d'expliquer la diversité humaine grâce à l'étude de la biologie et du comportement humain dans toutes les sociétés connues et à toutes les époques, plutôt que dans les seules sociétés occidentales. L'anthropologie est née d'un courant humaniste qui s'opposait aux jugements négatifs et racistes portés par les Européens sur les peuples rencontrés dans le contexte de l'expansion coloniale. Les quatre grands domaines de cette discipline sont l'anthropologie physique, l'archéologie, l'ethnolinguistique et l'ethnologie (ou anthropologie sociale et culturelle). L'anthropologie physique étudie l'être humain en tant qu'organisme biologique. Elle s'intéresse à l'évolution de l'espèce humaine et analyse les variations biologiques que présentent les humains actuels (bioanthropologie) ou leurs ancêtres (paléoanthropologie). Les archéologues étudient les vestiges matériels des sociétés archaïques en vue d'expliquer le comportement humain. Les ethnolinguistes, qui étudient le langage humain, se concentrent sur la description et l'histoire des langues et sur leurs diverses utilisations dans des contextes sociaux donnés. Les ethnologues s'intéressent à la culture, tant actuelle que récente, des sociétés humaines. Ils se rendent sur le terrain pour observer et décrire les comportements humains, et procèdent ensuite à l'étude comparative de traits particuliers d'une culture, comme la religion ou les pratiques économiques. Quant à l'anthropologie appliquée, elle utilise à des fins pratiques le savoir et l'expertise issus de l'anthropologie pour résoudre des problèmes de société.

Les ethnologues ont créé des méthodes et des approches mettant l'accent sur l'étude objective et systématique des sociétés humaines. Ainsi, la méthode de l'observation participante, qui consiste à séjourner auprès de la population étudiée et à s'intégrer à sa culture, permet à l'ethnologue de comprendre une culture de l'intérieur et d'éviter le plus possible les partis pris culturels. Cette méthode permet également d'adopter une approche holistique et de procéder ensuite à des comparaisons entre différentes cultures. Cette méthode, qui n'est pas exempte de lacunes, est une technique propre à l'anthropologie et elle s'est dotée de normes éthiques.

Même si elle touche les sciences naturelles et adopte une approche multidisciplinaire, l'anthropologie n'en est pas moins une véritable science humaine. L'anthropologie a un savoir essentiel à offrir au monde moderne, dans lequel la compréhension mutuelle des peuples qui partagent la planète est devenue une question cruciale.

AUX ORIGINES DE L'ESPÈCE HUMAINE

© Getty Images/James Balog

Puisque les primates sont les plus proches parents des êtres humains, leur étude permet de révéler les caractéristiques communes aux deux groupes et celles qui les distinguent. Si les premières sont attribuables à leur ascendance commune, les dernières font ressortir les traits proprement humains.

❯ En quoi les êtres humains sont-ils différents des autres espèces vivantes ?

❯ Est-ce vrai que l'Homme descend du singe ?

❯ Comment vivaient les espèces qui nous ont précédés ?

❯ Qu'est-il arrivé des autres espèces de notre lignée ?

❯ Quels sont les impacts de notre présence sur Terre ?

SOMMAIRE

- Les origines de l'espèce humaine
- Les humains dans le monde vivant
- Les ancêtres des humains
- L'émergence d'*Homo sapiens*

LES ORIGINES DE L'ESPÈCE HUMAINE

L'étude des origines de l'espèce humaine suscite bien des questions. Afin d'y répondre, différentes disciplines des sciences doivent être mises à contribution. La paléoanthropologie s'occupe d'analyser les ossements de nos ancêtres afin de déterminer les liens évolutifs entre les différentes espèces, alors que l'archéologie s'intéresse plus précisément à l'évolution culturelle de notre lignée. L'étude des primates non humains peut aussi nous fournir des éléments de réponses. Dans le monde vivant, les primates actuels sont les plus proches parents des humains et ils nous permettent de déterminer les caractéristiques que notre espèce partage avec eux et qui sont attribuables à leur ascendance commune. En même temps, la comparaison entre nous et eux permet aussi de faire ressortir nos traits proprement humains.

Comme tous les êtres vivants, les ancêtres des humains devaient en grande partie leur survie à leurs attributs physiques. Si les comportements acquis revêtaient sans doute une grande importance pour eux, leurs activités étaient généralement dictées par leur héritage biologique. Au cours de l'évolution, cependant, les ancêtres des humains ont de plus en plus misé sur les comportements acquis, qui s'avéraient extrêmement efficaces pour s'adapter au milieu. Ils ont ainsi appris à fabriquer et à utiliser des outils, puis à former des groupes sociaux plus complexes que ceux de leurs ancêtres. Plus récemment, ils ont aussi appris à préserver leurs traditions et leur savoir et à les perpétuer par l'utilisation de symboles. En d'autres termes, les humains ont été de plus en plus dépendants de leur culture pour résoudre les problèmes qu'ils affrontaient, alors que le principal moyen d'adaptation de leurs ancêtres était d'abord et avant tout biologique.

On désigne la culture comme l'ensemble des comportements et des valeurs transmis par l'apprentissage et non par les gènes (*voir le chapitre 3*). Cette caractéristique liée à la culture a rendu les humains différents des autres espèces de la planète. Les humains ne font pas que s'adapter à leur milieu, mais ils le modifient afin de satisfaire leurs propres besoins. Si leur utilisation malavisée des technologies ne finit pas par les détruire, ils pourraient bien parvenir, grâce aux progrès du génie génétique, à contrôler leur héritage biologique et à orienter ainsi eux-mêmes leur évolution, posant ainsi d'importants défis sur le plan éthique. La technologie aérospatiale pourrait les amener à coloniser d'autres planètes. Quant à l'informatique, elle leur permet déjà d'organiser un savoir toujours croissant, alors qu'ils tentent de s'adapter tant bien que mal aux changements dont ils sont eux-mêmes responsables, soit les changements climatiques.

L'étude des origines de l'espèce humaine jusqu'à aujourd'hui aide à mieux comprendre l'évolution biologique de la lignée humaine de même qu'à saisir comment l'émergence de la culture a joué un rôle fondamental dans la résolution des problèmes liés à notre existence.

LES HUMAINS DANS LE MONDE VIVANT

On l'oublie parfois, mais les humains sont des animaux. Ils font partie du monde vivant au même titre que les grenouilles ou les insectes. La vie sur Terre a une longue histoire. En effet, notre planète est âgée d'environ 4,6 milliards d'années et les premières traces de vie y sont apparues il y a environ 3,8 milliards d'années. Les humains sont donc de nouveaux venus à l'échelle des temps géologiques, puisque leurs plus lointains ancêtres bipèdes sont nés il y a environ 7 millions d'années seulement.

Les biologistes classent les humains dans le règne animal, plus précisément parmi les vertébrés, dont les premiers représentants sont apparus il y a plus de 530 millions d'années. Les traces de cette parenté sont visibles dans le squelette du corps humain : la présence de vertèbres en étant la principale manifestation. Les humains font aussi partie des mammifères avec lesquels ils partagent certaines caractéristiques, dont la présence de mamelles pour l'allaitement des petits, de trois osselets dans l'oreille interne, de poils au lieu d'écailles ou de plumes. Ils sont aussi homéothermes, c'est-à-dire que la température de leur corps est constante.

Les humains sont également des **primates**, c'est-à-dire qu'ils font partie d'un groupe de mammifères réunissant aujourd'hui plus de 300 espèces. Est-il vraiment pertinent d'étudier des primates autres

Primates

Groupe de mammifères qui comprend les lémuriens, les loris, les tarsiers, les singes, les grands singes et les êtres humains.

Ce lémurien moderne, un maki catta qui vit à Madagascar, est une version nettement plus évoluée des premiers primates apparus sur Terre. Les traits des primates ne sont toutefois pas aussi frappants chez cette espèce que chez les singes, les grands singes et les êtres humains.

© H Lansdown/Alamy

que les humains si on veut comprendre l'évolution de notre lignée ? Oui, car les humains n'ont pas toujours été tels qu'ils sont aujourd'hui et que l'étude des primates peut nous donner des indices sur le mode de vie de nos ancêtres. L'origine des primates remonte à plus de 65 millions d'années, et les humains sont le produit des mêmes processus évolutifs qui ont modelé tous les êtres vivants.

L'apparition des premiers primates remonte à une époque où le réchauffement du climat a favorisé la croissance de forêts tropicales et subtropicales sur presque toute la Terre, y compris les Amériques, l'Asie du Sud-Est, le Moyen-Orient et presque toute l'Afrique. Ce changement climatique a permis l'instauration progressive de conditions propices au passage d'un mode de vie terrestre à un mode de vie arboricole.

L'évolution par l'adaptation

C'est Charles Darwin, un naturaliste anglais, qui a posé au milieu du XIXe siècle les fondements de la théorie du processus par lequel la vie s'est transformée. Darwin a établi le mécanisme de la **sélection naturelle** pour expliquer la transformation des espèces au fil du temps. La sélection naturelle conduit à une meilleure adaptation des espèces. Elle effectue un tri parmi les variations d'origine héréditaire qui existent entre les membres d'une espèce. Ceux qui possèdent les variations les plus avantageuses ont de meilleures chances de se reproduire et de survivre. Au fil des générations, ces traits deviennent plus fréquents dans la population, conduisant ainsi sur des périodes de plusieurs milliers, voire de millions, d'années au développement de nouvelles espèces. Le terme **adaptation** renvoie tant aux transformations d'un organisme qui s'ajuste à son milieu qu'aux résultats de ces transformations, c'est-à-dire les caractéristiques qui permettent aux organismes de survivre dans leurs écosystèmes.

Heureusement, les ancêtres des primates présentaient certaines caractéristiques qui leur ont permis de s'adapter à la vie en forêt. Grâce à leur petite taille, ils pouvaient accéder aux petites branches

des arbres et laisser derrière eux leurs rivaux et leurs prédateurs plus gros et plus lourds. L'accès aux petites branches les a également menés vers de nouvelles et abondantes sources de nourriture. Les primates ont alors pu cueillir des feuilles, des fleurs et des fruits, plutôt que d'attendre leur chute au sol, ainsi que capturer des insectes et même des oiseaux nicheurs et leurs œufs.

Sélection naturelle

Mécanisme évolutif par lequel les sujets dotés des traits génétiques les plus favorables dans un milieu donné survivent et se reproduisent davantage que ceux qui en sont dépourvus.

Adaptation

Transformation d'un organisme qui s'ajuste à son milieu et les résultats qui en découlent au fil du temps.

Charles Darwin.

Darwin et la réalité de l'évolution

Personnage central de la biologie moderne, Charles Darwin a réalisé l'une des découvertes les plus extraordinaires de l'histoire des sciences. Si Galilée a repositionné la Terre dans notre système solaire en affirmant, contre les enseignements religieux de son époque, qu'elle tournait autour du Soleil, Darwin a placé l'homme parmi les autres espèces du monde vivant, lui faisant perdre du même coup son statut d'espèce à part.

Observateur hors pair de la nature, Darwin a passé la plus grande partie de sa vie dans sa maison de Down, en Angleterre, avec sa famille, se passionnant pour l'histoire naturelle. C'était aussi un lecteur avide qui était à la fine pointe des découvertes de son époque. Même s'il voyageait peu, il entretenait une correspondance avec des chercheurs du monde entier. Darwin savait que sa théorie allait ébranler le monde occidental parce qu'elle remettait en question le rôle du Créateur dans le monde vivant et qu'elle osait affirmer que la vie se transformait. Cela allait évidemment à l'encontre des enseignements de l'Église à son époque.

Afin de prouver sa théorie, Darwin a utilisé des preuves issues de différents domaines scientifiques de connaissances. Par exemple, les fossiles constituaient selon lui une des plus grandes preuves de l'évolution. Même si on ne peut expliquer l'idée de l'évolution uniquement par leur présence, les fossiles nous montrent des séquences évolutives, c'est-à-dire les multiples étapes de l'évolution de différentes lignées au fil des temps géologiques. Par exemple, on peut voir que certains traits se sont amplifiés ou ont disparu au fil du temps, comme c'est le cas chez le cheval dont la taille a augmenté considérablement. On peut aussi observer la réduction du nombre de ses doigts. Très populaires auprès de collectionneurs de l'époque de Darwin, les fossiles lui ont ainsi servi à démontrer la transformation du monde vivant au fil du temps. Soulignons qu'à l'époque de Darwin, très peu de fossiles de la lignée humaine avaient été trouvés. Cette situation a changé et nous disposons aujourd'hui de nombreux fossiles qui montrent les changements anatomiques qui se sont produits dans notre lignée. Par exemple, on peut voir comment notre crâne actuel est l'aboutissement d'une série de transformations liées notamment à la diminution de l'appareil masticateur qui ont entraîné le recul de la face, puis l'augmentation de la taille du cerveau. Les fossiles prouvent donc que chaque espèce a une histoire évolutive et qu'elle est passée par différentes étapes avant d'atteindre sa forme actuelle.

La comparaison entre l'anatomie de différentes espèces constitue un autre domaine de preuve utilisé par Darwin. L'évolution est la seule explication vraisemblable qui puisse rendre compte des homologies, ces similarités anatomiques présentes chez plusieurs espèces, comme l'ordre selon lequel sont placés les os des bras des vertébrés terrestres. Ces os sont toujours disposés selon le même schéma : un os long (humérus) formant le bras, deux autres os longs (radius et cubitus) formant l'avant-bras et une série de petits os qui forment le poignet et les doigts. Seule la présence d'un ancêtre commun peut expliquer cette ressemblance anatomique entre des espèces aussi diverses que le crocodile, le goéland, le lion, l'otarie et l'humain. L'évolution a remodelé ces os pour en faire des membres mieux adaptés au milieu dans lequel ces animaux vivent, qu'ils soient terrestres, aériens ou aquatiques. Darwin a donc postulé que ces ressemblances observées entre les espèces avaient été léguées par un ancêtre commun. Ces espèces ont ensuite acquis des formes particulières d'adaptation à leur milieu, tout en conservant un certain schéma anatomique de base. Au même titre, on peut dire que les mammifères sont parents, notamment parce qu'ils ont hérité d'un ensemble de caractéristiques d'un ancêtre lointain commun à l'ensemble de ceux-ci.

Un autre domaine de preuve utilisé par Darwin concerne les organes vestigiaux. Chaque espèce porte en elle les vestiges de son passé et on observe parfois chez certaines des structures anatomiques atrophiées qui n'ont plus d'utilité. Par exemple, pourquoi la baleine a-t-elle un bassin rudimentaire dans son abdomen? Le coccyx chez l'homme et les grands singes est le vestige de la queue d'un ancêtre commun à toutes ces espèces. L'appendice du gros intestin est le reste d'une cavité, le cæcum, qui servait à de lointains ancêtres à mieux digérer les feuilles. Il n'a plus aucune fonction chez l'homme. Comment expliquer la présence de ces organes vestigiaux sinon par le fait qu'ils sont des traces laissées par ses ancêtres? Au cours de leur évolution, ils ont diminué de taille, mais n'ont pas disparu. Ils sont, en somme, des stigmates de notre histoire évolutive.

Génétique et évolution

À l'époque de Darwin, le mécanisme de la transmission des caractères héréditaires n'avait pas encore été élucidé. C'est au XXe siècle que ce domaine scientifique prendra vraiment son essor avec, notamment, la redécouverte des expériences du moine autrichien Gregor Mendel. Aujourd'hui, la génétique est indissociable de l'évolution et elle constitue sans doute la preuve la plus éclatante de la parenté entre toutes les espèces de la planète, autant actuelles que fossiles, puisque toutes les formes de vie ont un code génétique à base d'ADN (acide désoxyribonucléique).

Tous les êtres vivants, qu'ils soient des insectes, des champignons, des chats ou des humains, sont constitués de cellules. Au cœur de celles-ci, dans le noyau, se trouve l'ADN propre à chaque individu. Cette information génétique est contenue dans de petits bâtonnets qu'on appelle «chromosomes» et dont le nombre varie d'une espèce à l'autre. Les humains, par exemple, en possèdent 23 paires. Chacun d'entre nous a hérité de la moitié des chromosomes de sa mère et de la moitié des chromosomes de son père. Les chromosomes contiennent les gènes qui sont de petites unités responsables de la transmission de l'information génétique. Par exemple, certains gènes sont responsables de la mise en place de notre squelette au cours de notre développement, d'autres sont responsables de certains de nos traits anatomiques, comme la forme du lobe de nos oreilles, la couleur de notre peau, la couleur de nos cheveux et notre groupe sanguin. Quand ces gènes varient d'un individu à l'autre, on

les appelle des «allèles». Ces allèles sont responsables des différences qui existent entre les individus d'une même espèce. Lorsque certains allèles ont des avantages spécifiques, ils peuvent alors être retenus par la sélection naturelle. L'évolution est en fait le changement, au cours du temps, de la fréquence de certains allèles dans une population. C'est donc un phénomène quantifiable.

Il arrive parfois que les informations contenues dans l'ADN se transforment sous l'impact de différents phénomènes, comme une exposition à des radiations. Ces transformations portent le nom de «mutations». Ce sont le plus souvent de petits changements dans la molécule d'ADN, mais qui peuvent parfois conférer à leurs porteurs des avantages sur le plan de la survie et de la reproduction. Ceux qui héritent de ces mutations laisseront donc plus de descendants et, ainsi, ces mutations pourront se propager dans la population. On peut voir la sélection naturelle comme un tamis, qui «filtre» les variations présentes dans une population. Seules les meilleures seront sélectionnées et transmises à la génération suivante.

Chez l'humain, par exemple, il existe une variation entre les individus quant à leur capacité à digérer le lactose (le sucre contenu dans le lait) après la petite enfance. Cette mutation, qui permet à certains d'entre eux de digérer le lait toute leur vie, est probablement très ancienne, mais elle a été retenue par la sélection naturelle dans les populations qui ont commencé à pratiquer l'élevage et à consommer des produits laitiers. Les individus qui étaient capables de digérer le lait toute leur vie ont été avantagés dans ces régions, puisqu'ils avaient accès à cette nouvelle ressource alimentaire. C'est la raison pour laquelle on trouve dans le nord de l'Europe la plus haute proportion d'individus capables de digérer le lactose à l'âge adulte. Cela va de pair avec leur régime alimentaire constitué de beaucoup de produits laitiers. La situation est différente en Asie, puisque les produits laitiers n'ont jamais occupé une place importante dans le régime alimentaire des humains de cette région du monde. Il ne s'est donc pas effectué de sélection au fil du temps. La plupart des Asiatiques ne digèrent pas le lait aujourd'hui, mais c'est sans conséquence pour eux. Les humains aussi peuvent donc, tout comme les autres espèces, être touchés par la sélection naturelle. Néanmoins, ils sont les seuls à s'être dotés, avec la culture et la technologie, d'une manière de la contourner.

Perspective anthropologique

Le débat « Évolution *versus* Création »

par Christiane Mignault

Dès que Charles Darwin a découvert le mécanisme de la sélection naturelle qui expliquait comment la vie s'était transformée au fil du temps, il a rapidement compris que sa théorie susciterait des débats passionnés. N'a-t-il pas dit qu'il avait eu l'impression de « confesser un meurtre » en parlant de sa découverte ? Cela a sans doute contribué au fait qu'il ait attendu près de 20 ans avant de la rendre publique. La publication de l'ouvrage *De l'origine des espèces au moyen de la sélection naturelle*, en 1859, n'est pas passée inaperçue. Les premières copies se sont vendues en quelques jours et les attaques contre l'évolutionnisme ont tout de suite commencé en Europe, comme en Amérique. On aurait pu penser que cette résistance à accepter le fait que la vie se transforme et que les êtres humains sont le résultat d'une longue évolution aurait disparu au fur et à mesure que les connaissances dans le domaine de la biologie s'accumulaient, mais c'est plutôt le contraire qui s'est produit. La somme des connaissances dans cette discipline, en génétique notamment, un domaine qui a fourni les preuves les plus convaincantes de l'évolution, a littéralement explosé au XXe siècle, mais cela n'a pas suffi à faire taire certains mouvements qui s'opposent à l'évolutionnisme.

Au XXe siècle, différents mouvements se sont positionnés clairement contre la théorie de l'évolution. Ces mouvements sont appelés « créationnistes ». Leurs tenants font une interprétation littérale de la Bible. Ils croient à la lettre ce qui est écrit dans ce livre, notamment dans la Genèse. Aux États-Unis, la plupart des adeptes du créationnisme sont issus de la branche protestante fondamentaliste. Néanmoins, pour bien comprendre le débat des dernières décennies, il faut souligner une particularité de ce pays. Le premier amendement de la Constitution américaine exige la séparation entre l'Église et l'État. Cela signifie qu'aucune religion n'a le droit d'être enseignée à l'école et que l'État n'a pas le droit d'en favoriser une en particulier. Cela déplaît à plusieurs, particulièrement aux adeptes du parti politique républicain. Il faut aussi noter que certains États américains (l'Arkansas et le Mississippi) ont tout de même voté des lois qui contreviennent à ce premier amendement ou qui visent à « contrôler » l'enseignement de l'évolution. Ces lois n'ont cependant pas toujours été appliquées (Scott, 2009).

Les groupes créationnistes ont pour but de permettre l'enseignement de la création à l'école afin de limiter ou d'encadrer l'enseignement de l'évolution. Un des groupes les plus actifs est celui du mouvement « créationnisme scientifique ». Comme son nom l'indique, son objectif est de trouver des preuves scientifiques aux écrits bibliques. En 1981, dans l'État de l'Arkansas, ce groupe a défendu sa position dans un procès au cours duquel on a remis en question l'obligation d'accorder un temps égal à l'étude de la Création et de l'évolution dans les cours de biologie. Les créationnistes ont perdu cette bataille, puisque le juge a conclu que cela contrevenait au premier amendement de la Constitution : la Création ne peut être enseignée comme science, puisqu'elle est d'abord et avant tout une doctrine religieuse (Krivine, 2006). Le procès, fort médiatisé, a toutefois soulevé beaucoup de sympathie à l'égard des créationnistes, parmi certaines couches de la population.

Depuis les années 1990, ces fondamentalistes chrétiens ont changé leurs tactiques. De plus en plus de leurs adeptes s'intéressent de près au programme scolaire de science. Ils se font élire aux conseils d'établissement des écoles, qui disposent d'une grande marge de manœuvre, notamment dans le choix des ouvrages qui sont à l'étude. Ils militent activement contre l'enseignement de l'évolution et du *Big Bang* (Scott, 2009). Au Kansas, en 1999, ils ont réussi à faire retirer des manuels scolaires toute référence à l'évolution, une nouvelle qui a fait la risée des États-Unis à travers le monde. Ils font coller dans les livres de biologie des étiquettes sur lesquelles il est écrit que l'évolution est une théorie controversée, ou ils obtiennent que les enseignants de biologie soient obligés de lire cet avis à leurs étudiants. La notion d'évolution est aussi retirée des examens auxquels sont soumis tous les étudiants de cet État (Gould, 1999).

Au fil du temps, ces groupes se sont organisés de mieux en mieux et ils ont élaboré un nouveau plan d'attaque. Comme ils savent que toute demande en lien avec la religion sera rejetée par la Cour, ils proposent une solution de rechange à l'évolutionnisme : le « dessein intelligent ». Cette théorie stipule que la vie sur Terre est trop complexe pour avoir évolué au hasard des mutations. Selon les défenseurs de cette théorie, l'évolution existe, mais elle est l'œuvre d'une force suprême. Ils ne font pas directement mention de Dieu cependant. Tout est fait pour donner à leur théorie un aspect scientifique, car ils veulent justifier sa place à l'école. Toutefois, ce dessein intelligent est tout sauf une science. Une vraie science ne peut se limiter à dire que ceci ou cela est faux. Elle doit formuler des hypothèses vérifiables et il est impossible de vérifier directement que «quelque chose» pilote l'évolution. Aucun article scientifique en lien avec le dessein intelligent n'a d'ailleurs jamais été publié dans une revue reconnue avec une évaluation par des pairs. Est-ce à dire que l'évolutionnisme est parfait? Une science ne peut jamais affirmer posséder la vérité. En réalité, le dessein intelligent constitue plutôt une pseudo-science. Par contre, les preuves en faveur de l'évolution continuent de s'accumuler. De nouveaux fossiles sont découverts chaque année. Ils démontrent indéniablement que la vie se transforme. Quant à la place qu'occupe la sélection naturelle dans cette transformation, elle est sans doute très importante, mais il n'en demeure pas moins que d'autres mécanismes évolutifs ont contribué à façonner le vivant et, plus particulièrement, notre espèce.

Malgré leurs actions, les adeptes de cette théorie n'ont pas réussi à convaincre le juge Jones, à Philadelphie en 2005, que le dessein intelligent est une science au même titre que l'évolutionnisme. Lorsque des parents ont porté plainte contre leur école où on exigeait que le dessein intelligent soit enseigné avec l'évolution, le juge Jones a conclu qu'il s'agissait d'un moyen détourné d'enseigner la religion à l'école.

Soulignons enfin que le contexte politique américain a fait en sorte que le débat entre évolution et création a reçu beaucoup d'attention au cours des dernières années. L'élection de présidents fondamentalistes et la montée du Tea Party, la branche de droite du Parti républicain, contribuent à ramener continuellement ce débat dans l'arène politique. Ces créationnistes sont bien organisés: ils produisent des émissions radiophoniques ou télévisées. Ils ont aussi des sites Internet. Ils participent à la vie communautaire dans leurs quartiers et se présentent aux conseils d'établissement des écoles. Cela leur permet de diffuser leur message. Les professeurs de sciences n'ont pas été formés pour «vendre» leur matière. Ils ont cependant dû s'organiser afin de contrer ces attaques, car elles ont eu un impact direct dans leur salle de classe. Néanmoins, avec la montée de la droite religieuse américaine, le débat est loin d'être clos. Tous les politiciens actuels ont dû prendre position sur la question de l'évolution. S'il a d'abord été un débat plutôt américain, le débat «Évolution *versus* Création» est en train de devenir mondial. Plusieurs pays européens ont dû faire face à des demandes de la part de mouvements religieux fondamentalistes, de même que la Russie et le Kenya. Ce débat est donc loin d'être clos (*The Economist*, 2007).

L'adaptation anatomique

L'étude des primates anciens et modernes a permis de dresser une liste de traits qu'on peut leur attribuer. Néanmoins, comme ces traits peuvent varier d'une espèce à l'autre, les primatologues préfèrent utiliser l'expression «tendances évolutives» pour les désigner.

La dentition

Les primates étant des mammifères, ils sont dotés de dents différenciées, qui leur permettent de manger des pousses, des feuilles, des insectes et des fruits charnus et même de la viande. Contrairement à d'autres mammifères, comme les rongeurs ou les carnivores, ils ne requièrent pas de dents spécialisées pour se nourrir. Ces dents sont les incisives (placées à l'avant), qui servent à saisir et à couper la nourriture, les canines (derrière les incisives), servant à déchirer et à déchiqueter, les molaires et les prémolaires (les dents jugales), à la broyer et à la mastiquer.

Les organes des sens

L'adaptation des primates à la vie arboricole a entraîné des changements structurels et fonctionnels de leur appareil sensoriel. Une fois perchés dans les arbres, les primates se trouvent à l'abri de nombreux prédateurs et ils ont davantage besoin d'une bonne vision que d'un flair bien développé pour repérer la prochaine branche à atteindre. Par conséquent, l'odorat des primates s'est affaibli en même temps que leur vision a acquis une acuité remarquable.

Les déplacements dans les arbres exigent une aptitude à évaluer la profondeur, l'orientation et les distances, de même que la nature des objets occupant l'espace, comme des lianes ou des branches. Une autre tendance évolutive observée chez ce groupe concerne donc la vision. L'aptitude à voir le monde en trois dimensions, c'est-à-dire à percevoir la hauteur, la largeur et la profondeur, nécessite que les yeux soient placés côte à côte, sur le même plan, afin que les champs visuels gauche et droit se superposent.

Les primates passent généralement beaucoup de temps dans les arbres. Ce singe-araignée d'Amérique du Sud dispose d'une adaptation particulière : une queue préhensile qui lui permet de se suspendre dans les arbres.

Offert par Catherine Gauthier

Cette superposition des champs visuels, appelée «vision stéréoscopique», combinée à la perception des couleurs chez les tarsiers, les singes et les grands singes, semble avoir favorisé l'augmentation de la taille du cerveau, dans l'aire visuelle, et la complexification des terminaisons nerveuses.

Par ailleurs, les membres des primates se terminent par cinq doigts ou cinq orteils extrêmement flexibles, qui rappellent ceux que possédaient leurs ancêtres vertébrés. Au bout des doigts et des orteils se trouvent des coussinets sensibles que recouvrent des ongles plats, qui permettent aux primates de s'agripper lorsqu'ils vont de branche en branche. Le pouce et le gros orteil sont opposables aux autres doigts, ce qui facilite la prise des aliments et permet de saisir des branches et de manipuler des objets.

L'analyse *a posteriori* montre que le fait que les primates primitifs aient conservé leurs mains à travers le temps s'avère utile pour leurs descendants. Leurs mains non spécialisées, mais capables de saisir des objets, ont en effet permis aux ancêtres des humains de fabriquer et d'utiliser des outils et, par conséquent, de modifier le cours de leur évolution.

Les primates arboricoles ont également acquis un sens du toucher plus aigu. L'aptitude à sentir et à saisir les objets leur a permis d'éviter de tomber et de buter contre des obstacles durant leurs déplacements rapides dans les arbres.

Le cerveau

Le trait le plus remarquable de l'évolution des primates a été la forte augmentation de la taille du cerveau par rapport à la taille corporelle. Les hémisphères cérébraux – le siège de la pensée consciente – sont devenus beaucoup plus volumineux. Chez les singes, les grands singes et les êtres humains, ils recouvrent complètement le cervelet, qui est le siège de la coordination musculaire et de l'équilibre du corps.

La vie arboricole des primates est sans doute l'une des raisons principales d'une telle transformation. Un animal qui vit dans les arbres est en interaction constante avec son milieu. Son cortex reçoit simultanément de l'information provenant de ses mains, de ses pieds, de ses yeux, de ses oreilles et de terminaisons nerveuses associées à l'équilibre, au mouvement, à la température, au toucher et à la douleur. Le cortex a manifestement dû se développer considérablement pour recevoir, analyser et coordonner ces perceptions, puis transmettre les réponses adaptées des nerfs moteurs jusqu'aux récepteurs appropriés. En étant plus volumineux, le cortex a non seulement facilité la survie quotidienne des primates, mais il a aussi ouvert la voie à une activité cérébrale accrue, c'est-à-dire à la pensée, qui a joué un rôle déterminant dans l'émergence de l'humanité.

Les bonobos présentent des différences de comportement intéressantes par rapport aux chimpanzés communs. Ils sont moins agressifs et manifestent des comportements sexuels dans toutes sortes de situations.

Le squelette

Le squelette procure aux vertébrés leur forme ou leur silhouette générale, soutient leurs tissus mous et protège leurs organes vitaux. L'ouverture du crâne, où passe la moelle épinière pour rejoindre le cerveau, fournit un précieux indice sur l'évolution des espèces. Chez les primates, cette ouverture s'est peu à peu déplacée vers le bas du crâne plutôt que directement vers l'arrière, comme chez les chiens et d'autres mammifères. Ce déplacement a permis à la colonne vertébrale de se rattacher au centre de la base du crâne, ce qui est plus avantageux pour un animal qui adopte, au moins de temps en temps, la position debout. La tête se trouve ainsi en équilibre au sommet de la colonne vertébrale, au lieu de se projeter vers l'avant.

Chez la plupart des primates, le museau s'est résorbé au même rythme que l'odorat. Un museau plus petit gêne moins la vision stéréoscopique et favorise un rapprochement graduel des yeux. Une paroi osseuse fermant complètement l'orbite des yeux est présente chez la plupart des espèces de primates et leur offre une plus grande protection que chez les autres mammifères.

Chez les primates, la clavicule se trouve immédiatement sous le crâne et le cou. Elle sert de traverse aux bras, qui retombent de chaque côté plutôt que devant le corps, et permet à l'animal de les balancer et de les écarter du tronc. Les êtres humains et les grands singes disposent à cet égard d'une grande liberté de mouvement des bras, ce qui leur permet de se balancer ou de se suspendre aux branches des arbres.

L'adaptation par le comportement

Très importante pour les primates, l'adaptation anatomique n'a toutefois pas été la seule façon de composer avec le milieu. Les études des singes et des grands singes actuels montrent que le comportement social acquis joue un rôle important dans l'adaptation. D'autres facteurs contribuent à l'apprentissage, dont une longue période de dépendance, de même que la présence d'un seul petit par portée chez la plupart des primates. Des liens prolongés rendent possible l'acquisition de comportements plus complexes.

Les primates actuels présentent une grande variété de comportements. Néanmoins, l'observation du comportement des espèces plus étroitement apparentées à l'espèce humaine (notamment les chimpanzés et les autres grands singes) ou d'espèces comme les babouins, lesquelles se sont adaptées à des milieux similaires à ceux où ont vécu les ancêtres des humains il y a des millions d'années, donne des indices sur les origines du comportement culturel humain. L'étude des grands singes africains, en particulier, peut apporter des réponses aux questions que se posent les archéologues à propos du comportement de nos ancêtres. Les grands singes africains regroupent trois espèces : le bonobo (ou chimpanzé nain), le chimpanzé et le gorille.

Pour bien comprendre le mode de vie des primates, il faut réaliser des études à long terme, puisque les grands singes ont une espérance de vie relativement longue pour des mammifères. Bien les connaître nécessite de les étudier sur de longues périodes et même, idéalement, en permanence afin de saisir toutes les subtilités de leur comportement. La première de ces études a été entreprise en 1960 par une jeune Anglaise du nom de Jane Goodall. Les recherches que son équipe et elle ont effectuées sur les chimpanzés sauvages de la Tanzanie ont mené à d'étonnantes découvertes sur leur comportement. Il ne faut cependant pas oublier qu'aucun primate actuel ne présente le comportement de nos plus lointains ancêtres. En fait, les chimpanzés ne sont pas les ancêtres de l'homme, contrairement à la croyance populaire. Ils partagent toutefois avec les humains un ancêtre commun. La grande ressemblance entre leur patrimoine génétique et le nôtre, estimée à plus de 98 %, en est la plus grande preuve. Les chimpanzés actuels sont donc le résultat de l'évolution, tout comme nous. Le milieu où ils se sont développés étant différent de celui de nos ancêtres, les pressions sélectives qu'ils ont rencontrées n'étaient donc pas les mêmes. On croit en effet que le milieu forestier où habitent les chimpanzés a subi peu de changements depuis plusieurs millions d'années, alors que celui où ont évolué les ancêtres des humains a subi d'importantes modifications. Il est devenu plus sec notamment.

Le comportement des chimpanzés

Comme tous les primates, les chimpanzés sont des animaux sociaux (Goodall, 1986). Si leur structure sociale s'est d'abord avérée difficile à étudier, on sait aujourd'hui que, en milieu naturel, les chimpanzés forment des communautés composées d'une cinquantaine d'individus ou plus. Toutefois, ils demeurent rarement tous ensemble. On les trouve seuls ou en petits sous-groupes constitués soit de mâles, soit de femelles avec leurs petits, soit de mâles, de femelles et de petits ensemble. Au cours de leurs déplacements, plusieurs sous-groupes se réunissent parfois pour manger, mais ils finissent tôt ou tard par se séparer en plus petites unités. Il n'est pas rare, alors, que la composition des nouveaux sous-groupes soit différente. Chez les chimpanzés, les femelles sont généralement exogames, c'est-à-dire qu'elles quittent leur groupe natal au moment de leur maturité sexuelle. Les mâles, pour leur part, demeurent dans leur groupe natal. Plusieurs d'entre eux partagent donc des liens de parenté. De plus, chaque communauté de chimpanzés entretient des relations plutôt tendues avec les communautés voisines. Les mâles patrouillent les frontières de leur territoire, et de véritables guerres sont parfois observées entre des communautés, conduisant quelquefois à l'anéantissement de l'une d'elles.

Dans la société des chimpanzés, les relations sociales sont généralement harmonieuses, mais il existe une hiérarchie qui les influence. La plupart du temps, les mâles adultes dominent les femelles. Le rang hiérarchique de chaque mâle est déterminé par différents facteurs, mais il est certain que sa force physique et sa capacité à créer des alliances sont déterminantes pour atteindre un statut élevé. Le mâle alpha, qui a le statut le plus élevé du groupe, conserve parfois son titre pendant quelques années, jusqu'à l'arrivée d'un usurpateur. Les «coups d'État» existent bel et bien dans la société des chimpanzés (De Waal, 1995a).

Le toilettage, c'est-à-dire le nettoyage rituel de la fourrure d'un autre chimpanzé pour en retirer des brindilles et, occasionnellement, des parasites, est un passe-temps courant chez les chimpanzés, comme chez d'autres espèces de primates. Bien plus que simplement hygiénique, le toilettage constitue un geste d'amitié, d'intimité et d'apaisement. La sociabilité dans le groupe, un trait important que présentaient sans doute les ancêtres de l'espèce humaine, s'exprime par des accolades, des contacts physiques et l'accueil enthousiaste des autres chimpanzés faisant partie du même groupe. La communication vocale et visuelle – notamment les cris d'avertissement, de menace et de rassemblement – facilite la protection du groupe et la coordination des efforts collectifs.

Les mâles et les femelles interagissent constamment et, comme les êtres humains, ils ne sont pas soumis à des saisons de reproduction fixes. Cependant, l'activité sexuelle – initiée indifféremment par le mâle ou la femelle – se limite chaque mois à la période de fécondité de la femelle. Une fois sa grossesse amorcée, la femelle se désintéresse de toute activité sexuelle jusqu'au sevrage de son petit, vers l'âge de quatre ans. Dans un sens, les chimpanzés ont un comportement sexuel très permissif, et on a déjà observé 13 ou 14 mâles s'accoupler une cinquantaine de fois en une seule journée avec la même femelle.

Aussi, les mâles dominants ne sont-ils pas les seuls géniteurs du groupe. Ils tentent cependant de monopoliser les femelles en période de réceptivité sexuelle, mais ils ont habituellement besoin de leur coopération à cette fin. La femelle exerce son choix sur la question en s'esquivant, voire en partant à la recherche d'un mâle dans un groupe voisin. Cependant, un mâle alpha peut, dans une certaine mesure, monopoliser les femelles, et certains parviennent même à le faire avec plusieurs femelles en même temps.

Un autre aspect intéressant observé par Jane Goodall est sans doute celui des différences entre individus en ce qui a trait au comportement. Effectivement, tout comme les êtres humains, chaque chimpanzé a sa propre personnalité. Certaines mères, par exemple, sont affectueuses et protègent leurs petits, alors que d'autres sont beaucoup moins attentionnées. De même, certains mâles ont un tempérament doux, tandis que d'autres sont plus violents.

Les jeunes chimpanzés, comme les jeunes enfants, ne disposent pas d'une réserve de réactions innées à des situations complexes. Ils doivent apprendre par essais et erreurs et par facilitation sociale, observation, imitation et répétition.

La fabrication et l'utilisation d'outils font partie des nombreux comportements que les jeunes chimpanzés apprennent auprès des adultes. Les chimpanzés ne se contentent pas de transformer des objets pour les utiliser à des fins pratiques, mais ils les adaptent aussi en vue d'actions déterminées. Ils peuvent également ramasser, voire préparer, des objets en prévision d'une utilisation future dans un autre lieu. Ils peuvent même se servir d'objets comme outils pour résoudre des problèmes inédits. On a ainsi observé des chimpanzés utiliser des tiges de graminées, de petites branches qu'ils avaient effeuillées ou de longs bâtons pour «pêcher» des termites. Ils inséraient le bâton dans une termitière, attendaient quelques minutes et le retiraient pour manger les termites qui s'y étaient aventurés.

Les chimpanzés transforment beaucoup d'autres objets en outils, notamment des feuilles pour recueillir de l'eau dans le creux d'un tronc d'arbre en vue de la boire. Les pierres et les cailloux leur servent aussi de marteaux et d'enclumes pour ouvrir des noix ou casser des fruits durs. De tels comportements, que les petits apprennent de leur mère et des autres adultes du groupe, illustrent peut-être les premières formes d'adaptation dans le passé qui ont conduit au comportement culturel des êtres humains.

Si les fruits, les végétaux et les invertébrés (différentes espèces de termites) constituent l'essentiel du régime alimentaire des chimpanzés, ceux-ci tuent et mangent aussi d'autres animaux, un comportement rarement observé chez les primates. La chasse est pratiquée par les deux sexes, mais les mâles s'y adonnent beaucoup plus fréquemment. Au cours d'une chasse, les chimpanzés peuvent passer jusqu'à deux heures à observer, à suivre et à pourchasser leur proie. De plus, contrairement à la pratique courante chez les autres primates où chaque individu cherche seul sa nourriture, les chimpanzés font équipe pour piéger et tuer leur proie, le colobe rouge, une autre espèce de primates, étant leur proie favorite. La forme la plus perfectionnée de ce travail d'équipe est employée pour chasser d'autres primates. Après avoir isolé de son groupe une victime potentielle, trois adultes ou plus se placent de façon à bloquer les voies de fuite possibles, pendant qu'un autre s'avance vers la proie pour la tuer. Une fois la victime mise à mort, les chimpanzés procèdent à un partage stratégique de la viande en faveur des alliés mâles et des femelles.

Au cours des dernières années, l'attention des chercheurs s'est portée vers des comportements particulièrement intéressants pour les anthropologues : les comportements culturels. En effet, puisque plusieurs groupes de chimpanzés sont sous la loupe des chercheurs depuis longtemps, on peut maintenant étudier les variations entre ces groupes. Ainsi, les chercheurs ont pu établir l'existence de traditions culturelles propres à chaque groupe. Par exemple, certains groupes capturent les termites à l'aide de bâtons courts, alors que d'autres préfèrent des bâtons plus longs. De même, le régime alimentaire de certains groupes de chimpanzés ne contient pas de termites, alors qu'il y a pourtant des termitières sur leur territoire (Whiten et Boesch, 2001). Les chercheurs ont aussi remarqué que les femelles utilisent plus souvent des outils que les mâles.

Récemment, de nouvelles découvertes ont montré l'ampleur de la flexibilité comportementale des chimpanzés. Depuis 2001, les chimpanzés de la troupe de Fongoli au Sénégal, qui vivent dans des milieux secs et ouverts, ont commencé à être étudiés par Jill Pruetz et Paco Bertolani. Ces chimpanzés manifestent parfois des comportements qui n'ont jamais été observés chez leurs congénères qui vivent en milieu forestier. Ils les ont vus fabriquer des «lances» à partir de branches d'arbres afin de capturer des galagos, de petits prosimiens nocturnes qui dorment le jour dans le creux des arbres. L'extrémité d'une branche est amincie et ces outils sont vigoureusement insérés dans les cavités afin de transpercer les proies (Pruetz et Bertolani, 2007). Aussi, ces chimpanzés se rafraîchissent en prenant des bains et en allant dans des grottes pendant les grandes chaleurs. Ils se déplacent même la nuit lors de la pleine lune afin de profiter de la fraîcheur (Pruetz et Bertolani, 2009). En plus, leur structure sociale diffère de celle des groupes observés en milieu forestier. Ils se déplacent en groupes plus nombreux, par exemple.

Chaque nouvelle découverte sur les chimpanzés témoigne d'un degré d'intelligence et d'une aptitude à la pensée abstraite qui étaient demeurés insoupçonnés jusqu'ici chez les primates non humains. D'autres recherches, notamment celles de Biruté Galdikas sur l'orang-outan des forêts tropicales de Bornéo, ont confirmé que les chimpanzés ne sont pas les seuls primates non humains qui ont ces aptitudes.

Un autre grand singe reçoit beaucoup d'attention de la part des chercheurs. Il s'agit du bonobo (ou chimpanzé nain). Ce n'est que depuis 1980 que certains groupes sont étudiés par des primatologues, notamment l'équipe dirigée par T. Kano. Le bonobo se distingue anatomiquement du chimpanzé commun par sa plus grande gracilité, son front plus large et ses poils plus longs sur le sommet de sa tête. Les bonobos pratiquent aussi beaucoup plus la bipédie. Environ 25 % de leurs déplacements se font sur leurs deux jambes. Au-delà de ces différences anatomiques mineures, le bonobo manifeste surtout un comportement très différent de celui des chimpanzés, malgré

une structure sociale similaire. Les bonobos femelles jouent un rôle très important au sein des groupes. Elles occupent un haut rang hiérarchique, surclassant même les mâles de leur groupe, et elles aident leurs fils à atteindre un statut social élevé. Certains chercheurs soulignent que les bonobos sont peu agressifs, mais d'autres rapportent que les femelles sont parfois violentes. Néanmoins, les bonobos ont trouvé une façon intéressante de régler la plupart de leurs conflits : le sexe. Dans la société bonobo, tous les individus (même les jeunes) manifestent des comportements sexuels non liés à la reproduction. On croit que ces comportements servent à réduire les tensions entre les individus. C'est sans doute pour cette raison qu'on dit souvent des bonobos qu'ils font l'amour au lieu de faire la guerre (De Waal, 1995b).

Bien que l'étude des grands singes puisse aider les êtres humains à mieux se connaître, toutes ces espèces sont en voie d'extinction, et précisément à cause des activités humaines. La déforestation est actuellement le plus grand danger qui les menace.

© Frans Lanting/Corbis

Les chimpanzés de la troupe de Fongoli au Sénégal nous montrent la grande flexibilité comportementale de cette espèce. Ils manifestent des comportements jamais observés dans d'autres troupes, comme prendre des bains dans des rivières.

LES ANCÊTRES DES HUMAINS

Les études en génétique, en biochimie et en anatomie confirment que les chimpanzés, les bonobos et les gorilles sont les plus proches parents actuels des êtres humains. Ces trois espèces sont même plus près de l'espèce humaine qu'elles ne le sont des orangs-outans. Sur le plan génétique, les êtres humains, les chimpanzés et les bonobos partagent plus de 98 % de leur patrimoine. C'est pourquoi on estime que ces lignées doivent provenir d'une souche ancestrale commune et qu'elles se sont séparées il y a 7 à 9 millions d'années. De plus, les fossiles révèlent que l'évolution des êtres humains a emprunté une voie autonome depuis au moins 4,4 millions d'années.

On croit que le premier trait distinctif de notre lignée qui s'est manifesté est la bipédie, mais la raison pour laquelle elle s'est manifestée n'a pas encore été clairement définie. Toutefois, il est certain que ce mode de locomotion procure des avantages certains. Par exemple, la bipédie est sur le plan énergétique plus efficace que la quadrupédie pour parcourir de longues distances. Aussi, en libérant les bras et les mains, ce mode de déplacement permettait aux lointains ancêtres des humains de cueillir rapidement des aliments et de les consommer ailleurs, de manier des objets pour éloigner d'éventuels prédateurs terrestres, et même de mieux les repérer, et de transporter leurs petits plus facilement. Enfin, en réduisant la surface du corps exposée aux rayons du soleil, la bipédie facilitait la régulation de la température corporelle. Toutefois, aucune hypothèse n'explique entièrement son apparition. Certains chercheurs, comme Yvette Deloison (2004), envisagent même que la bipédie serait antérieure au développement de notre lignée. Selon elle, ce trait aurait donc été présent chez l'ancêtre commun aux gorilles, chimpanzés et humains.

Les premiers homininés

Dresser un portrait global de l'évolution de la lignée humaine n'est pas facile. Même si les espèces qui font partie de l'arbre évolutif des humains sont présentées en succession à la figure 2.1, cela ne reflète pas la réalité. L'évolution humaine, comme celle des autres espèces, ne peut être représentée par une échelle linéaire. De plus en plus de paléoanthropologues insistent sur le fait que l'arbre évolutif

Perspective anthropologique

Hominidé ou homininé ?

par Christiane Mignault

Depuis une dizaine d'années, de plus en plus de chercheurs proposent d'utiliser le terme *homininés* pour désigner les humains et leurs ancêtres, alors qu'auparavant, le terme *hominidés* était le plus utilisé. Comme la classification des organismes est une question de perspective, elle évolue avec le temps. Il ne faut donc pas se surprendre que la nomenclature se transforme elle aussi. Pourquoi avoir proposé d'utiliser le terme *homininés* au lieu de *hominidés* ? Ce sont des données issues du domaine de la génétique qui ont fait effectuer ce choix à certains chercheurs, qui voient dans l'étroite parenté génétique entre les êtres humains, les chimpanzés et les gorilles, la preuve que les trois groupes font partie de la même famille soit celle des hominidés (*Hominidae*). Ils ont ainsi proposé d'attribuer le nom *homininés* à la sous-famille regroupant les êtres humains et leurs ancêtres. Les gorilles, les chimpanzés et les bonobos, quant à eux, sont classés dans deux autres sous-familles (gorillinés et paninés). D'autres scientifiques continuent toutefois d'utiliser l'ancienne classification. Selon eux, les différences entre le comportement des êtres humains, d'une part, et celui des chimpanzés et des gorilles, d'autre part, suggèrent un écart trop important entre les deux groupes pour les classer dans la même famille. Examinés sous cet aspect, les chimpanzés et les gorilles appartiennent à la famille des grands singes (pongidés), et seuls les êtres humains font partie de la famille des hominidés. Dans ce chapitre, nous avons cependant préféré utiliser le terme *homininés* pour faire référence aux humains et à leurs ancêtres.

Une reconstitution de *Sahelanthropus tchadensis*, âgé de 7 à 6,5 millions d'années, découvert au Tchad en 2001.

© Publiphoto/Photo Researchers, Inc.

Une autre découverte importante a été réalisée en 2000, au Kenya. *Orrorin tugenensis*, âgé de 6 millions d'années, était un meilleur marcheur que les australopithèques, selon certains; ce qui laisse croire que la bipédie est peut-être un mode de locomotion très ancien. Des traces d'activité arboricole sont aussi présentes chez cette espèce.

Tous ces fossiles sont extrêmement fragmentaires, mais on a reconstitué environ 45 % d'un sujet provenant d'un site d'Éthiopie. Appartenant à un autre genre, *Ardipithecus*, le fossile date de 4,4 millions d'années. Baptisée Ardi, cette femelle pesait environ 50 kg et mesurait 1 m 20. Les autres fossiles trouvés sur ce site appartiendraient à au moins 35 individus. *Ardipithecus* présente des traits surprenants pour un fossile aussi âgé. On croit qu'il utilisait la bipédie pour se déplacer au sol, mais qu'il était très à l'aise dans les arbres, notamment à cause de son gros orteil opposable. Ses canines étaient aussi réduites, une caractéristique qui l'éloigne des chimpanzés modernes. De surcroît, celles des mâles différaient peu de celles des femelles. Cela peut laisser penser que la compétition entre les mâles n'était pas aussi intense que chez les chimpanzés. Enfin, cette espèce a évolué dans un milieu forestier. De plus en plus de fossiles démontrent que les homininés ont évolué dans ce milieu plutôt que dans la savane (Gibbons, 2009).

Les descendants d'*Ardipithecus* appartiendraient à l'une ou l'autre des espèces du genre *Australopithecus* (*voir la figure 2.1*). Les plus vieux fossiles d'**australopithèques** remontent à 4,2 millions d'années, alors que les plus récents ne sont âgés que de 1 million d'années (Wolpoff, 1996). Ils ont été découverts principalement sur les côtes de l'Afrique orientale, de l'Éthiopie à l'Afrique du Sud, et, plus à l'ouest, au Tchad.

Aucun de ces homininés primitifs n'avait la taille des êtres humains actuels, ils avaient cependant

des **homininés** est en fait un buisson à plusieurs branches qui ont toutes été élaguées avec le temps, mise à part la branche qui a conduit à l'espèce humaine. Cela signifie que plusieurs espèces ont en fait cohabité à certaines époques (Tattersall et Matternes, 2000).

À la recherche des traces des plus anciens homininés, les paléoanthropologues ont vu leurs efforts aboutir à des découvertes majeures depuis le début du XXIe siècle. Néanmoins, ces découvertes ne livrent tout de même que des renseignements fragmentaires sur l'évolution de la lignée humaine.

La divergence entre les grands singes et la lignée humaine

La mise au jour de *Sahelanthropus tchadensis* (surnommé Toumaï), au Tchad en 2001, âgé de 7 à 6,5 millions d'années, constitue sans doute l'une des plus grandes découvertes de la paléoanthropologie. Sa petite boîte crânienne rappelle celle d'un grand singe, mais ses canines sont petites et sa face présente des traits humains. Par certains traits, Toumaï rappelle le chimpanzé, par d'autres, le gorille, et même la lignée humaine. Seules d'autres découvertes permettront de mieux connaître sa position dans l'arbre évolutif des humains.

Homininés

Sous-famille des hominidés qui comprend les êtres humains et leurs ancêtres potentiels.

Australopithèques

Genre d'homininés bien connus, qui ont vécu il y a 4,2 millions à 1 million d'années et qui comptent plusieurs espèces.

FIGURE 2.1

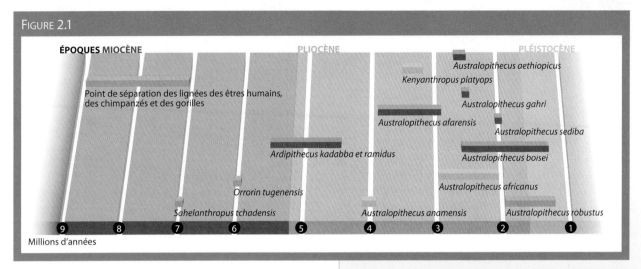

une musculature plus développée. Leur dentition s'apparentait davantage à celle de l'homme moderne qu'à celle des grands singes, mais leurs dents étaient toutefois plus grosses que celles des humains actuels. En outre, l'état de leurs molaires indique que ces primates mastiquaient la nourriture à la façon des homininés, c'est-à-dire en la

Les plus anciens fossiles d'homininés sont présentés ici par leurs noms scientifiques, selon l'époque à laquelle ces différentes espèces ont vécu. *Australopithecus aethiopicus*, *A. boisei* et *A. robustus* sont des australopithèques robustes (plusieurs paléoanthropologues préfèrent leur attribuer le genre *Paranthropus* au lieu du genre *Australopithecus*). *A. afarensis*, *A. africanus* et *A. anamensis* sont des australopithèques graciles. *Orrorin tugenensis* a récemment été ajouté à la liste et daterait de 6 millions d'années. La nomenclature exacte de ces espèces fait toujours l'objet de débats.

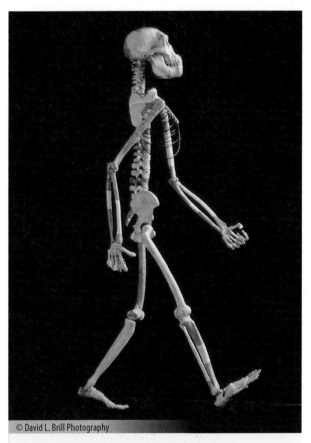

© David L. Brill Photography

On a retrouvé suffisamment d'ossements de Lucy, une *Australopithecus afarensis* dont l'espèce a vécu entre 3,3 millions et 2,6 millions d'années, pour en faire une reconstitution. Les os de ses hanches et de ses jambes indiquent qu'elle était bipède.

broyant plutôt qu'en recourant à un simple mouvement vertical des mâchoires. Contrairement à ce que l'on observe chez les grands singes, il n'y a pas d'espace entre les canines et les dents voisines de la mâchoire inférieure. Les australopithèques présentent certains autres traits simiens. Le rapport entre la taille du cerveau et celle du corps, qui permet une estimation approximative de leur intelligence, suggère que celle-ci devait être analogue à celle des chimpanzés et des gorilles modernes. De plus, l'apparence du cerveau est plus simiesque qu'humaine, ce qui laisse croire que l'organisation cérébrale qui a mené à la condition humaine n'était pas encore apparue (Falk, 1989).

Les fossiles d'australopithèques ont par ailleurs révélé deux choses étonnantes. D'abord, il y a au moins 4 millions d'années, ces homininés étaient déjà bipèdes. Ensuite, ces homininés ont adopté la bipédie bien avant que leur cerveau se développe et gagne en volume.

Si ces homininés étaient des bipèdes accomplis, les os des bras, des mains et des pieds indiquent qu'ils n'avaient pas entièrement renoncé à grimper aux arbres. Ce pourrait être parce que les arbres constituaient toujours de bons refuges contre les prédateurs terrestres. De plus, les arbres offraient toujours de la nourriture et un endroit où dormir la nuit venue.

41

Perspective anthropologique

Le rire : le propre de l'humain ?

par Steven Légaré

Le rire est un comportement humain indiscutablement universel. Alors qu'il est l'une des premières manifestations vocales émises par les enfants, il ne semble guère influencé par l'imitation ou la transmission culturelle ; des enfants nés sourds et aveugles reproduisent ce comportement dans les contextes appropriés, et ce, sans avoir pu le percevoir ou l'apprendre des autres. Longtemps considéré le propre de l'homme, nous savons dorénavant qu'il n'en est rien. Plusieurs analyses visant à comprendre l'origine de ce comportement supposent en effet une homologie (une parenté évolutive) entre le rire humain et les vocalisations qui accompagnent l'expression faciale exhibée par les primates en contexte de jeu social et de chatouilles. Caractérisée par l'ouverture béante de la bouche et de la couverture des dents par les lèvres, cette expression s'accompagne souvent chez les primates d'une respiration rapide, où inspiration et expiration se succèdent en *staccato*. Compte tenu de son existence au sein du répertoire comportemental des grands singes et de l'humain, le rire serait donc apparu il y a au moins 14 millions d'années, soit avant la séparation de la lignée des hominidés (Polimeni et Reiss, 2006).

Si le rire humain partage des origines communes avec les vocalisations émises par les grands singes en contexte de jeu, il s'en distingue toutefois par trois principaux aspects. Premièrement, en contraste avec le caractère haletant du rire chimpanzé, le rire humain est purement expiratoire. Cette propriété acoustique résulterait directement du mode de locomotion bipède, qui libère des contraintes respiratoires associées à la quadrupédie. Bien qu'on reconnaisse au rire une structure sonore stéréotypée (*Ha ! Ha ! Ha !*), celui-ci peut se manifester sous des déclinaisons très variables. En effet, il peut prendre la forme tant d'un renflement nasal accompagné d'un léger sourire exécuté la bouche fermée, que d'un fou rire incontrôlable où le corps entier se convulse, le diaphragme se contracte violemment, la respiration est perturbée, la tête se gorge de sang et des larmes sont sécrétées. À noter que la signature acoustique du rire est exempte d'influence culturelle. Autrement dit, des individus issus de cultures diverses peuvent émettre des rires semblables et, inversement, la variabilité des types de rire émis par des individus d'un même groupe culturel est très étendue (Apte, 1985).

Deuxièmement, chez l'humain, le rire peut être prémédité ou simulé. Effectivement, en plus d'être une réponse au jeu physique et aux chatouilles, le rire s'avère également un outil social remplissant des fonctions aussi diverses que l'apaisement, la manipulation, la séduction et la subversion, pouvant être déployé dans des contextes agressifs, nerveux ou hiérarchiques. Cette originalité humaine résulte de capacités cognitives sophistiquées, mais surtout d'une motricité fine des muscles du visage (en particulier de la bouche), laquelle a été un préalable à l'acquisition du langage articulé au cours de l'hominisation. Cette faculté d'un contrôle conscient des muscles faciaux est également à la source de la convergence – et de la potentielle interchangeabilité contextuelle – du rire et du sourire chez *Homo sapiens*, et ce, bien que ces comportements aient des origines évolutives distinctes. Alors que le rire humain provient de l'expression faciale primate manifestée en contexte de jeu social, le sourire, quant à lui, origine davantage de la grimace de peur observée chez les primates non humains (Van Hooff et Preuschoft, 1997).

Enfin, le rire humain peut être suscité par l'humour (physique ou verbal). Restreintes chez les grands singes au domaine du jeu, les stimulations à l'origine du rire se sont étendues, chez l'humain, à la sphère des idées, entrouvrant la voie à la naissance de l'humour. Aujourd'hui, celui-ci présente une remarquable variabilité culturelle, variabilité qui, à première vue, semble constituer un obstacle aux tentatives de retracer l'histoire de son développement. Or, l'ethnologie, outillée pour pouvoir dissocier les caractères universaux des particularismes culturels, est en mesure de déduire l'ancestralité de certains types d'humour par rapport à d'autres. À cet égard, elle nous informe que l'humour physique, la moquerie, l'exagération et l'ironie constituent probablement les formes d'humour les plus anciennes, puisque universelles (Vaid, 1999). En revanche, l'humour fondé sur des ambiguïtés phonologiques, lexicales et syntaxiques, retrouvé seulement au sein de sociétés possédant l'écriture, est forcément plus récent. Il en va de même pour l'humour noir, absurde ou surréaliste, comme en témoigne leur contingence culturelle (Shultz, 1976).

En conclusion, l'étude du rire démontre que les comportements, tout comme les traits anatomiques, peuvent avoir des bases évolutives, tant chez les animaux que chez l'humain, malgré l'influence majeure que peut avoir la culture sur les actions de celui-ci. Autant l'humour verbal est un construit culturel dont les manifestations varient à travers le monde, autant le rire constitue un produit de la sélection naturelle, qui nous rappelle l'étroite parenté que nous partageons avec les autres primates.

Homo habilis

Des changements climatiques importants se sont produits il y a environ 2,5 millions d'années. La planète a alors subi un important refroidissement. Cela s'est traduit en Afrique australe et orientale par un temps plus sec. Des sédiments datant de 2,5 millions à 1,5 million d'années ont préservé des restes fossiles d'un nouveau genre d'homininé de petite taille, qui s'est développé à cette époque. Celui-ci avait un corps presque identique à celui des premiers australopithèques, à l'exception des dents, plus petites, et du cerveau, plus gros par rapport à la taille de l'individu (Lewin, 1987). En outre, l'intérieur du crâne indique un certain développement, dans l'hémisphère gauche, de l'aire associée au langage. Si cela ne prouve en rien que ces homininés pouvaient parler, il s'agit néanmoins d'un indice probant que leur capacité de traiter de l'information était supérieure à celle des australopithèques. Puisqu'une forte augmentation de la taille du cerveau accompagnée d'une réduction de la taille des dents et de la mâchoire constitue d'importants signes de l'évolution du genre *Homo*, mais qu'elle n'a été observée chez aucune espèce d'australopithèque, il semble que ces homininés, appelés aujourd'hui **Homo habilis**, évoluaient vers une forme plus humaine.

L'augmentation de la consommation de viande chez ces homininés est une donnée de première importance. Le cerveau humain dépense de 20 à 25 % de toute l'énergie dont dispose un adulte, soit une proportion deux fois plus élevée que chez les autres primates (Leonard, 2003). Comme la viande est plus énergétique que les végétaux, elle aurait donc joué un rôle crucial dans l'expansion graduelle des capacités cérébrales. De plus, les besoins en nutriments du tissu nerveux qui forme le cerveau sont beaucoup plus prononcés que ceux de tout autre tissu du corps humain. Ces besoins peuvent être comblés par un régime alimentaire végétarien, mais la valeur nutritive totale d'une quantité donnée d'aliments végétaux demeure inférieure à celle de la même quantité de viande. Aussi, la consommation de viande, en plus de l'apport de produits végétaux, a-t-elle permis d'assurer une nutrition de grande qualité pour approvisionner en énergie le cerveau plus développé.

La viande que consommaient ces hommes ne provenait probablement pas toujours d'animaux qu'ils avaient tués, mais principalement de carcasses qu'ils trouvaient ou qu'ils volaient à d'autres prédateurs. *Homo habilis* ne chassait donc pas, mais il était charognard. On le sait grâce aux marques que les outils de pierre ont laissées sur les os des carcasses qui couvrent généralement celles des crocs des prédateurs qui avaient tué l'animal. *H. habilis* n'avait manifestement pas la priorité lors du festin. Puisque les morceaux des carcasses étaient habituellement éparpillés, les premiers homininés n'ont donc pu s'approvisionner de façon constante qu'en faisant au sol ce que les vautours font en vol : sillonner de vastes territoires à la recherche d'animaux morts (Blumenschine et Cavallo, 1992). La bipédie leur permettait de le faire sans trop de fatigue ni de gaspillage d'énergie. Si l'émergence de la bipédie n'a rien à voir avec la quête de carcasses, elle a tout de même permis aux ancêtres des humains d'adopter un nouveau mode de vie dans la savane.

À défaut d'avoir des dents de carnivores, les homininés avaient besoin d'outils coupants pour trancher la viande. Les plus anciens outils du genre ont été trouvés en Éthiopie et datent d'environ 2,6 millions d'années. Auparavant, les seuls outils avaient sans doute été de lourds bâtons servant à déterrer des racines ou à éloigner des animaux, de grosses pierres faisant office de casse-noix ou de projectiles contre les ennemis, et peut-être de simples accessoires faits de fibres tissées ou nouées pour transporter des choses.

Homo habilis
Espèce la plus ancienne du genre *Homo*, ancêtre probable d'*Homo erectus*.

Les plus anciens outils identifiables font partie de l'industrie oldowayenne. Ils étaient fabriqués à partir de galets auxquels on retranchait quelques éclats. Les instruments ainsi fabriqués, de même que les éclats très tranchants obtenus, ont constitué les premiers outils. Ils servaient à couper la viande et à casser des os longs, comme le fémur, des carcasses trouvées pour en extraire la moelle. Ces éclats et le bloc de pierre duquel ils proviennent constituent ce qu'on appelle aujourd'hui des **outils oldowayens**. L'apparition de ces outils marque le début du **Paléolithique**, mot qui signifie littéralement « âge de la pierre taillée ».

Les outils, la viande et le cerveau

La fabrication d'outils de pierre et la consommation de viande ont revêtu une importance énorme pour l'évolution humaine. Non seulement ces deux innovations ont-elles donné accès à une source sûre de protéines de qualité, mais elles ont également contribué à la croissance de la taille du cerveau. Comme les animaux herbivores doivent manger de grandes quantités de nourriture, ils y consacrent donc le plus clair de leur temps. Par contre, les carnivores n'ont pas besoin de manger autant ni aussi souvent. Ainsi, les homininés qui mangeaient de la viande avaient peut-être davantage de temps à consacrer à l'exploration et à l'exploitation de leur milieu. À l'instar des lions et des léopards, ils avaient le temps de se reposer et de s'amuser.

La consommation de viande par ces homininés a peut-être eu une incidence sur le partage entre les membres du groupe. À l'exception des chimpanzés, les singes et les grands singes adultes modernes partagent rarement leur nourriture avec d'autres adultes. Alors qu'ils partagent peu la nourriture végétale, les chimpanzés mâles adultes partagent presque toujours la viande, souvent avec les femelles. Aussi, il se peut que la consommation accrue de viande par *Homo habilis* ait favorisé le partage de la nourriture entre les sexes.

En somme, une combinaison de facteurs, tous associés d'une façon ou d'une autre à la présence accrue de viande dans le régime alimentaire, ont exercé de fortes pressions sélectives en faveur d'un accroissement des capacités cérébrales d'*H. habilis*. À partir de cette époque, les données montrent une croissance constante de la taille du cerveau, par rapport à celle du corps, et un développement accru de la culture, chacun de ces deux phénomènes stimulant vraisemblablement l'autre.

Homo erectus

Malgré leur vaste dispersion (Afrique, Europe et Asie), les fossiles d'*Homo erectus* – dont les plus vieux datent de 2 millions d'années – n'indiquent pas plus de variations physiques que chez les populations humaines modernes. Certains chercheurs classent cependant dans cette catégorie les seuls spécimens asiatiques et réservent le nom d'*Homo ergaster* aux spécimens africains. Ces fossiles indiquent que le corps d'*H. erectus* était très semblable à celui des êtres humains actuels, si ce n'est qu'il présentait une musculature plus forte. En outre, l'écart de taille entre les sexes était beaucoup moins prononcé que chez *Homo habilis*, ce qui pourrait indiquer une diminution de la compétition entre les mâles pour avoir accès aux femelles. *H. erectus* présentait une dentition parfaitement humaine, quoique relativement plus grande selon les normes modernes. Son cerveau était pour sa part beaucoup plus gros que celui d'*H. habilis* et comparable aux cerveaux modernes les plus petits. Par conséquent, il n'est pas surprenant qu'*H. erectus* ait surpassé ses prédécesseurs au chapitre du développement culturel. En Afrique, le galet taillé oldowayen a cédé la place au biface, un outil taillé sur les deux faces. Ce dernier caractérise la **culture acheuléenne**, qui a débuté il y a 1,8 million d'années.

La diversification de l'outillage durant cette période confirme la capacité croissante d'*H. erectus* à s'adapter à différents milieux. Les premiers hachereaux, frappés de coups réguliers qui leur donnaient un tranchant plus large et plus acéré que les galets taillés, étaient sans doute des outils universels, pratiques

Outils oldowayens

Les plus anciens outils de pierre, apparus il y a 2,6 millions d'années.

Paléolithique

Âge de la pierre taillée, qui débute avec l'apparition des premiers outils faits d'éclats de pierre.

Homo erectus

Espèce du genre *Homo* qui a précédé différentes espèces dont l'*Homo neanderthalensis* et l'*Homo sapiens*.

Culture acheuléenne

Industrie lithique associée à *Homo erectus* et caractérisée, entre autres, par des bifaces et des hachereaux. L'industrie acheuléenne tient son nom du site où elle fut identifiée pour la première fois, à Saint-Acheul, en France.

pour préparer les aliments, gratter les peaux et se défendre. Par la suite, *H. erectus* a mis au point des hachereaux dépourvus de pointe pour tuer des animaux et en découper les carcasses. Une variété de grattoirs lui servait en outre à préparer les peaux pour en faire des couvertures ou des vêtements. Les divers assortiments d'outils trouvés dans différentes régions indiquent à quel point *H. erectus* a su s'adapter à chacun de ces milieux.

Afin de ne pas gaspiller inutilement la matière première, *H. erectus* a cherché à en maximiser l'utilisation en fabriquant un plus grand nombre de petits outils. De plus, il a développé de nouvelles techniques pour produire des outils plus minces, plus droits et plus coupants. L'utilisation d'un percuteur en bois pour tailler la pierre lui a permis d'obtenir des marques d'éclat peu profondes, au lieu des arêtes inégales des premiers outils. En préparant d'abord une surface plane sur un bloc de pierre auquel il enlevait des éclats, *H. erectus* est parvenu à produire des outils encore plus coupants et plus acérés.

On attribue la découverte du feu à *H. erectus*. On a trouvé des traces qui dateraient d'au moins 700 000 ans, comme l'atteste la présence d'un foyer dans une caverne en Thaïlande (Pope, 1989). Néanmoins, il est difficile de déterminer à quel moment des homininés sont parvenus à fabriquer du feu. Ils ont sans doute entretenu des feux d'origine naturelle

d L. Brill Photography

Une expérience faite sur un éléphant mort de cause naturelle a démontré l'efficacité des outils de tradition acheuléenne. De simples éclats de silex ont percé sans difficulté le cuir épais, alors que des hachereaux ont permis de sectionner de grands muscles. Outillés de la sorte, deux hommes peuvent découper 45 kilos de viande chacun en 1 heure.

pendant longtemps avant d'être capables de le faire. Les études menées auprès d'êtres humains actuels indiquent que, sommairement vêtus, ils peuvent endurer relativement bien des températures allant jusqu'à 10 °C, à condition de bouger. En deçà de cette température, les extrémités refroidissent et deviennent douloureuses. Aussi, la dispersion des premiers êtres humains dans des régions où la température descendait régulièrement sous les 10 °C, comme en Chine et dans la grande partie de l'Europe, n'a sans doute pas été possible avant la maîtrise du feu. Des observations paléontologiques montrent qu'*H. erectus* aurait atteint des régions aussi nordiques que celle de Dmanisi, en Russie, il y a 1,8 million d'années, ce qui laisse croire que l'utilisation du feu est survenue assez tôt dans l'histoire de l'humanité. Cependant, la capacité de faire du feu est sans doute beaucoup plus récente.

En plus de le tenir au chaud, le feu a permis à *H. erectus* de cuire sa nourriture, une étape importante de l'adaptation culturelle humaine. L'utilisation du feu a diminué l'effet de la sélection naturelle, qui favorisait jusque-là les individus dotés de mâchoires massives et de grosses dents (la nourriture crue doit être mastiquée plus longtemps), et a ouvert la voie à une réduction de la taille des dents et de la structure faciale adjacente. La cuisson a permis d'éliminer les substances toxiques présentes dans de nombreuses plantes et d'inactiver les substances inhibant la digestion, ce qui facilitait d'autant l'absorption des vitamines, des minéraux et des protéines dans les intestins. Enfin, elle a rendu digestibles les glucides complexes, c'est-à-dire des aliments à haute valeur énergétique. Par conséquent, la cuisson s'est répandue et a rendu plus comestibles les ressources de base disponibles.

Comme les outils auparavant, le feu a permis une meilleure exploitation des ressources du milieu. Il a peut-être servi – sinon à *H. erectus*, du moins à ses descendants – à faire fuir les prédateurs qui vivaient dans les cavernes afin d'en prendre possession. Il leur a alors permis de chauffer et d'éclairer ces refuges sombres et froids. Il a même modifié les activités d'*H. erectus* en l'encourageant à profiter de la tombée de la nuit pour faire le bilan de la journée et préparer les activités du lendemain, ce qui suppose, bien sûr, la maîtrise de quelques rudiments linguistiques (Goodenough, 1990).

À mesure que se sont améliorées ses compétences technologiques, *H. erectus* s'en est remis de plus en plus à la chasse pour se procurer de la viande. La découverte, dans un marais du nord de l'Allemagne, de lances perfectionnées datant de 400 000 ans confirme que ces homininés étaient devenus des chasseurs. La complexité des techniques de chasse de l'époque reflète non seulement une plus grande compétence technologique, mais surtout un meilleur sens de l'organisation. Par exemple, les sites d'Ambrona et de Torralba, en Espagne, ont révélé l'emploi de techniques de chasse en groupe pour rabattre divers gros animaux (y compris des éléphants) vers un marécage (Freeman, 1992).

H. erectus, enfin, offre une démonstration plus claire que jamais des interactions que nouent des facteurs culturels, physiques et environnementaux. Le volume et la complexité accrus du cerveau ont favorisé le développement de l'organisation sociale et des technologies.

Homo neanderthalensis

Les **Néandertaliens** sont des homininés bien connus. On les retrouve en Europe, en Asie centrale et au Moyen-Orient où ils ont vécu de 200 000 à 26 000 ans. Ils avaient un cerveau plus volumineux que celui de l'homme moderne, mais une physionomie très différente de celui-ci. Le nez et l'arcade dentaire très avancés servaient, au moins en partie, à soutenir la large dentition. Les yeux étaient surmontés d'un bourrelet osseux proéminent, et l'arrière du crâne présentait une masse osseuse à laquelle se rattachaient les puissants muscles du cou. Les muscles de leur corps étaient très développés, alors que leurs bras et leurs jambes étaient plus courts que ceux des humains modernes. On croit qu'ils étaient plutôt trapus, une conséquence probable de leur adaptation au climat froid dans lequel ils ont évolué.

Pour survivre au climat arctique qui prévalait alors en Europe, les Néandertaliens dépendaient largement du feu. Ils vivaient en petits groupes ou en unités familiales, dans des cavernes et en plein air, et communiquaient sans doute par la parole. La mise au jour de sépultures semble témoigner de rituels complexes. De plus, la découverte des restes d'un amputé, en Irak, et d'un homme arthritique, en France, donne à penser que les Néandertaliens prenaient soin de ceux qui étaient invalides. Ce serait là une première manifestation de préoccupation sociale.

Les techniques de chasse se sont améliorées en même temps que l'organisation sociale et la fabrication d'outils et d'armes. L'industrie lithique des

Néandertaliens (sauf les derniers, dont la technologie était comparable à celle d'*Homo sapiens*) se nomme **Moustérien**, d'après le nom du site où les premiers outils ont été découverts à la grotte du Moustier en Dordogne, en France (Mellars, 1989).

Les outils moustériens sont généralement plus légers et plus petits que ceux qui les ont précédés. Alors qu'auparavant on fabriquait peu d'outils à partir d'un bloc de pierre, les artisans néandertaliens, dotés d'un cerveau plus performant et d'une dextérité plus grande, ont réalisé des progrès notables dans le façonnage de la pierre taillée. Une technique particulièrement utilisée par eux était la technique de débitage «Levallois». Essentiellement, celle-ci permettait de produire un gros éclat mince à la forme prédéterminée à partir d'un bloc de silex. En effectuant d'habiles retouches sur les éclats obtenus, on a pu garnir davantage le coffre à outils moustérien en fabriquant une variété d'outils travaillés sur une seule face tels que des racloirs, des pointes, des denticules, des encoches, etc. D'ailleurs, des analyses menées sur certains de ces outils suggèrent que ceux-ci ont été emmanchés, du moins en partie, sur des tiges de bois pour former des lances, par exemple. L'accès à un éventail d'outils plus élaborés a permis à leurs utilisateurs de mieux tirer parti des ressources alimentaires et de se doter de vêtements et d'abris de plus grande qualité.

Néandertaliens

Homininés ayant vécu principalement en Europe, dont l'aire de répartition s'étendait depuis le Portugal à l'ouest jusqu'à l'Ouzbékistan à l'est, et de l'Allemagne au nord jusqu'à Israël au sud. Les populations qui ont vécu entre 200 000 et 26 000 ans avaient des traits associés à ceux des Néandertaliens *stricto sensu*.

Homo sapiens

Nom attribué à l'espèce humaine actuelle, qui signifie littéralement «homme sage». Les *H. sapiens* se caractérisent notamment par un large volume cérébral (la moyenne étant de 1350 cm^3, mais la variation d'un individu à l'autre peut être importante), une face plus droite (orthognathe) et un menton proéminent.

Moustérien

Véritable complexe industriel intégrant différentes traditions culturelles qui lui sont propres, il est associé presque exclusivement aux Néandertaliens répartis en Europe, en Israël et en Asie centrale. Il se manifeste par différents outils dont les pointes Levallois, des grattoirs et aussi des racloirs.

Reconstitution d'un Néandertalien. Les Néandertaliens avaient des arcades sourcilières proéminentes de même qu'une grande cavité nasale. Leur face était aussi plus avancée que celle des humains modernes. Leur cerveau était plus volumineux que le nôtre.

celles des Néandertaliens. Mellars et French (2011) ont comparé l'occupation de différents sites européens de trois périodes temporelles différentes. Selon eux, cette suprématie numérique à elle seule peut rendre compte du déclin des Néandertaliens. Enfin, l'analyse du matériel génétique des Néandertaliens a donné lieu à des débats au cours des dernières années. Des différences assez importantes sur le plan génétique ont été observées entre Néandertaliens et humains modernes. Cependant, Green (2010) a comparé l'ADN de Néandertaliens avec celui de différentes populations d'humains modernes. Il appert que de 1 % à 4 % du génome des populations venant d'Europe, de Chine et de Nouvelle-Guinée serait issu d'un métissage ancien entre leurs ancêtres et les Néandertaliens qui pourrait remonter à 100 000 ans.

Le génome néandertalien a aussi été scruté à la loupe par des généticiens, puisque de l'ADN de cette espèce est assez bien conservé pour réaliser certaines analyses génétiques.

Homo floresiensis

La découverte de cet homininé en 2004 a bouleversé le monde de la paléoanthropologie. Cette espèce, qui a vécu sur l'île de Flores, en Indonésie, de 95 000 à 12 000 ans, possédait une caractéristique unique, sa petite taille (environ un mètre), et était dotée d'un très petit cerveau (moins de 400 cm^3). Les chercheurs sont divisés quant au statut de cette espèce. Certains ont d'abord pensé que les premiers restes trouvés appartenaient à un humain moderne atteint de microcéphalie, mais depuis, les restes de quelques individus ont été trouvés présentant les mêmes caractéristiques, ce qui rend cette hypothèse moins probable. *Homo floresiensis* aurait comme ancêtre *Homo erectus*. Ce dernier serait arrivé à Flores sur des embarcations de fortune. Avec le temps, un mécanisme évolutif connu, mais peu répandu, le nanisme insulaire, aurait affecté cette espèce. Sa taille aurait donc grandement diminué afin de s'adapter aux pressions sélectives subies dans ce milieu où les ressources alimentaires étaient peu abondantes. Le nanisme insulaire est connu chez les animaux et ceux de l'île de Flores n'y ont pas échappé. On y trouve, par exemple, des stégodons, une sorte d'éléphants

Cette meilleure adaptation culturelle n'est certainement pas étrangère au fait que le cerveau de cet homininé avait atteint, et même dépassé, la taille du cerveau de l'humain moderne. Ce cerveau évolué a non seulement rendu possible une technologie plus perfectionnée, mais aussi une pensée abstraite beaucoup plus complexe. Celle-ci s'est exprimée dans des sépultures, des objets à valeur apparemment symbolique, comme des pendentifs, ainsi que des gravures et des incisions qui nécessitaient sans doute une explication linguistique quelconque. La plus ancienne flûte connue (fabriquée à partir du fémur d'un ours) et l'utilisation courante d'ocre, un pigment rouge, constituent d'autres signes de préoccupations d'ordre esthétique (Bednarik, 1995).

Enfin, on ignore encore ce qui est arrivé à cette espèce. Est-elle disparue sans laisser de descendants ? C'est ce qu'on a longtemps cru et les facteurs proposés pour expliquer cette disparition ont été très divers : une guerre entre eux et les humains modernes d'Europe qu'ils ont croisés, une épidémie apportée par ce nouvel arrivé, etc. Aucune preuve directe ne soutient ces hypothèses cependant. La dernière hypothèse en date propose que les populations d'humains modernes aient tout simplement été plus nombreuses, de 9 à 10 fois plus en fait, que

Une employée du Musée des sciences de Londres tient le crâne d'une femelle adulte de l'espèce *Homo floresiensis*. Le statut de cette espèce, au crâne particulièrement petit, est actuellement chaudement débattu.

© Stephen Hird/Reuters/Corbis

nains. Les *H. floresiensis* chassaient et fabriquaient des outils sophistiqués malgré leur petite taille. Ils utilisaient aussi le feu. Ils se sont éteints après une éruption volcanique survenue il y a 12 000 ans. On sait cependant avec certitude qu'ils ont vécu en même temps que des êtres humains anatomiquement modernes (Wong, 2005).

L'ÉMERGENCE D'*HOMO SAPIENS*

Qui sont les ancêtres des *Homo sapiens*, aussi appelés «humains modernes», espèce à laquelle nous appartenons? Les paléoanthropologues ne s'entendent toujours pas sur le rôle que une, quelques-unes ou toutes les populations d'homininés plus anciennes ont pu jouer dans l'évolution d'*H. sapiens*. Il y a 200 000 ans, des homininés avaient déjà colonisé certains continents. On les trouvait donc en Europe (où vivaient les Néandertaliens), en Asie (où se trouvaient les *Homo erectus*) et en Afrique (où vivaient les *Homo erectus* africains aussi appelés *Homo ergaster*). Où seraient apparus les premiers *Homo sapiens*? Les chercheurs sont divisés sur cette question.

Certains adhèrent à la «théorie multirégionale», qui voit une continuité anatomique entre les fossiles des populations d'*Homo erectus* d'Asie et d'Afrique et ceux des humains modernes. Avec le temps, ces populations asiatiques et africaines auraient donc évolué vers une forme moderne. Cela signifie, par exemple, que les *Homo erectus* asiatiques se seraient

lentement transformés en humains modernes. Effectivement, on peut parfois voir une continuité entre certains traits des *Homo erectus* et les populations asiatiques actuelles, notamment en ce qui a trait à la présence d'incisives en forme de pelles, une caractéristique trouvée chez les *Homo erectus* asiatiques. En ce qui a trait aux Néandertaliens, qui vivaient en Europe, on ne croit pas qu'ils se sont transformés en humains modernes. Cependant, tel que nous l'avons mentionné précédemment, il est possible qu'ils aient laissé quelques traces dans le génome des Européens.

Le modèle alternatif est celui de la théorie du remplacement, aussi appelé «modèle de l'origine africaine». Il repose sur des données issues de la génétique moléculaire des populations humaines modernes vivant dans diverses régions du globe. Les tenants de ce modèle croient que les *Homo sapiens* se sont développés en Afrique à partir d'une lignée d'*Homo erectus* locale. Les humains modernes auraient donc une origine africaine. Ils auraient ensuite migré et remplacé les populations rencontrées en Europe et en Asie. C'est la raison pour laquelle on a nommé ce point de vue la «théorie du remplacement». Pour la soutenir, les chercheurs invoquent les faibles différences génétiques observées entre les peuples des différents continents, qui supposent qu'ils partagent un ancêtre commun qui aurait vécu récemment.

Enfin, certains croient que la vérité se situe probablement entre ces deux hypothèses. Il se pourrait que les humains modernes soient effectivement nés en Afrique, mais qu'ils aient pu se métisser avec les populations locales, comme les *Homo erectus* ou même les Néandertaliens, qu'ils auraient rencontrées lors de leurs migrations.

Le Paléolithique supérieur

Le **Paléolithique supérieur** correspond à la dernière partie de l'âge de la pierre, soit la période culturelle associée à l'*H. sapiens*. Les premiers représentants européens des *H. sapiens* sont parfois appelés «hommes de Cro-Magnon», du nom de l'abri de Cro-Magnon en France où ils ont d'abord été trouvés. On donne aussi le nom d'«humains anatomiquement modernes» aux *H. sapiens*, mais plus particulièrement à ceux qui datent de 130 000 ans (Palmer, 2007).

Comme pour toute population humaine, les *H. sapiens* du Paléolithique supérieur présentaient de nombreuses variantes physiques, mais, de façon générale, leur physionomie était comme celle des hommes actuels. Comme on l'a mentionné précédemment, la spécialisation de l'outillage et la cuisson des aliments ont contribué à cette modernisation, car elles ont rendu peu à peu inutiles les fonctions de mastication et d'attendrissement que remplissaient les grosses dents et les mâchoires robustes. La sélection naturelle semble avoir favorisé une réduction des muscles de la mastication, puis des os auxquels ces muscles sont rattachés.

© Corel

Le fait que certains peuples du Paléolithique supérieur chassaient du gibier, comme ce bison, beaucoup plus gros et plus puissant qu'eux, de même que le raffinement de leur art, reflète bien l'ampleur de leurs aptitudes intellectuelles. Les dessins animaliers comme celui-ci attestent non seulement les compétences techniques de l'artiste, mais également sa connaissance de l'anatomie de l'animal.

À ce stade de l'évolution humaine, la culture est devenue une force plus puissante que la biologie. Comme le suggère l'ossature plus fine des peuples du Paléolithique supérieur, la forte corpulence n'était plus un facteur de survie. Les innovations technologiques ont favorisé une complexité accrue de l'activité cérébrale, et cette complexité elle-même a ensuite permis aux peuples modernes de mettre au point des techniques encore plus perfectionnées. De la même façon, la pensée abstraite et le comportement symbolique semblent s'être développés davantage. Grâce à l'intelligence, l'adaptation culturelle allait désormais prendre le pas sur l'adaptation physique.

Pendant le Paléolithique supérieur, l'intelligence de l'homme moderne lui a permis de fabriquer des outils qui surpassaient les attributs physiques des prédateurs et de se donner de meilleurs moyens d'organisation sociale et de coopération. Toutes ces innovations ont maximisé l'efficacité de la chasse, de la pêche et de la cueillette qu'il pratiquait. L'adaptation culturelle a en outre pris un caractère régional très spécifique, ce qui favorisait la survie dans les milieux les plus divers. Au lieu de fabriquer des outils universels sommaires, les populations du Paléolithique supérieur ont mis au point des outils adaptés aux ressources de leur milieu respectif et à la succession des saisons, selon qu'elles vivaient dans la savane, en forêt ou près de l'océan. Cette polyvalence a également permis le peuplement de régions jusqu'alors inhabitées, notamment l'Australie (il y a 60 000 ans) et les Amériques (il y a au moins 12 500 ans).

L'art constitue un aspect culturel important du Paléolithique supérieur. Aucune espèce n'avait jamais produit, semble-t-il, des représentations figuratives de cette qualité auparavant. Ainsi, le degré de maîtrise artistique atteint était tout à fait remarquable. Dans certaines régions, on gravait des figures animales sur les outils et les armes, on fabriquait des pendentifs et des figurines de femmes avec des os et de l'ivoire, et on sculptait l'argile. Les représentations les plus spectaculaires demeurent les peintures rupestres découvertes en Espagne et en France, de même que les peintures et les gravures faites sur les parois rocheuses d'abris découverts en Afrique australe. Créées à l'aide de pigments minéraux, ces

Paléolithique supérieur

Dernière partie de l'époque de l'âge de la pierre (paléolithique).

œuvres savamment exécutées dépeignent des êtres humains et des animaux du Paléolithique supérieur.

Certains archéologues croient que les artistes cherchaient à représenter ce qu'ils voyaient lorsqu'ils étaient en transe. Outre des animaux, les artistes peignaient divers motifs géométriques, comme ceux que le système nerveux humain produit spontanément au cours d'une transe. L'art rupestre australien – dont certains éléments sont antérieurs à l'art rupestre européen – est également associé à l'état de transe et comporte des motifs similaires. Puisque les mêmes motifs géométriques apparaissent aussi dans des grottes d'Europe, il semble donc qu'ils illustrent des visions produites par des états seconds de la conscience. Les œuvres d'Afrique australe et d'Australie s'apparentent à des formes d'expériences spirituelles, tout comme l'art rupestre d'Europe.

Le peuplement du Nouveau Monde

Les Amériques comptent parmi les derniers territoires à avoir été occupés par les humains modernes. Les données d'ordre génétique et linguistique indiquent que le peuplement du Nouveau Monde n'a pas du tout été simple (*voir la carte 2.1*). Les peuples autochtones des Amériques parlent un plus grand nombre de langues que ceux des autres continents.

Au moins cinq groupes génétiques ont été dénombrés parmi les peuples préeuropéens et les groupes

---

CARTE 2.1   Les déplacements des peuples du Paléolithique

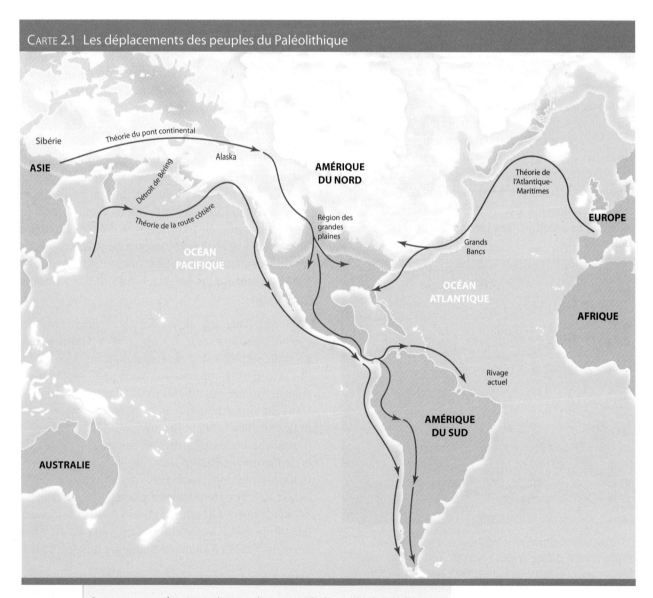

Cette carte montre les routes qu'ont peut-être empruntées les peuples du Paléolithique pour accéder au Nouveau Monde.

autochtones qui leur ont succédé. Les Amériques ont-elles été le théâtre de nombreuses migrations ou d'une seule? La réponse est loin d'être claire et cette question suscite de nombreuses controverses. L'hypothèse la plus ancienne est celle du peuplement en provenance de la Sibérie. La dernière période glaciaire a connu trois épisodes au cours desquels le niveau de la mer aurait suffisamment baissé pour que la Sibérie, l'Alaska et le Yukon ne forment qu'une seule masse terrestre, appelée Béringie. Des peuples du Paléolithique supérieur y vivaient, comme le faisaient d'autres peuples en Asie: ils suivaient et chassaient des animaux au fil de leurs migrations saisonnières et ils se déplaçaient pour y cueillir les plantes saisonnières utilisées pour se nourrir, faire des infusions ou se soigner. La découverte d'ossements et de petits outils dans les grottes Bluefish, au Yukon, confirme que des êtres humains s'y sont trouvés il y a de 15 000 à 12 000 ans. On a aussi découvert en Alaska, en 2011, les restes de la crémation du corps d'un enfant âgé d'environ 3 ans sur un site qui daterait de 11 500 ans. Enterré dans les restes d'une habitation utilisée pendant l'été, son corps aurait été déposé sur des restes osseux de différents animaux, comme des écureuils et des saumons. L'habitation aurait été abandonnée peu après. On a aussi trouvé sur ce site plus de 350 artefacts lithiques (Potter *et al.*, 2011).

On ignore encore à quel moment précis des groupes en provenance de la Sibérie seraient arrivés dans les Amériques. On sait par contre qu'il y a plus de 11 200 ans, une culture paléoindienne du Nouveau Monde, appelée Clovis, se trouvait principalement dans le sud-est des États-Unis, mais elle couvrait en fait un territoire bien plus vaste. Des traces de cette culture datant de plus de 10 000 ans ont d'ailleurs été trouvées au Québec, en 2003, par l'équipe de l'archéologue Claude Chapdelaine, de l'Université de Montréal, dans la région du mont Mégantic.

Certains chercheurs se demandent cependant si ces Clovis sont vraiment arrivés les premiers en Amérique, par la Béringie. En effet, en 2011, on a découvert au Texas des restes pré-Clovis et près de 15 000 artefacts enfouis sous des restes Clovis, qui dateraient de 13 200 à 15 500 ans. Serait-il possible que les Clovis aient tout simplement évolué à partir d'une autre culture? Selon certains chercheurs, cela est envisageable d'autant qu'on n'a jamais trouvé en Asie les restes de cette fameuse culture.

De surcroît, on a trouvé en Amérique du Sud, sur le site de Monte Verde, des traces d'occupation datant de 12 500 ans. Des peuples ont aussi exploité les ressources de la mer à Quebrada Jaguay, au Pérou, il y a 11 000 ans. Pour que des individus atteignent Monte Verde en si peu de temps, il a fallu qu'ils contournent les glaciers qui recouvraient le Canada. La façon la plus plausible de le faire aurait donc été de longer en bateau la côte ouest des Amériques. Il est cependant difficile de vérifier une telle hypothèse, puisque les anciens rivages de cette côte sont aujourd'hui souvent submergés. Des éléments en faveur de déplacements maritimes le long de la côte ouest ont cependant été découverts aux îles Channel près de la Californie, là où on a trouvé plusieurs restes lithiques en lien avec un mode de vie maritime (Erlandson *et al.*, 2011). Ces populations exploitaient les ressources sauvages, comme les oies, les cormorans, les mammifères marins et des poissons. Les trois sites étudiés dateraient de 12 200 à 11 200 ans. Cependant, après le retrait des glaciers de l'Amérique du Nord, des sites comme celui de Debert (Nouvelle-Écosse), qui a été occupé il y a 10 600 ans, montrent que des populations installées au sud ont rapidement remonté vers le nord. Ces populations ont ensuite formé les Premières Nations ancestrales du Canada.

Le peuplement de l'Amérique représente donc un casse-tête pour les chercheurs qui s'intéressent à cette question. Les éléments de preuve selon lesquels le Nouveau Monde aurait été habité il y a plus de 11 200 ans s'accumulent lentement. Rien, dans ce qui précède, ne permet donc de confirmer l'ascendance asiatique des peuples Clovis. La technologie qui se rapproche le plus de cette culture provient de la France et de l'Espagne du Paléolithique supérieur, et non de l'Asie. Selon Bruce Bradley et Dennis Stanford, (2004) de la Smithsonian Institution, il se peut que des peuplades européennes du Paléolithique supérieur se soient rendues facilement jusqu'aux Grands Bancs de Terre-Neuve, dont certains étaient alors émergés. Dès lors, la migration vers l'ouest était à peu près inévitable. Recensé depuis peu, un groupe génétique présent seulement en Europe a été identifié chez quelque 20 000 Autochtones d'Amérique du Nord et chez certaines populations préeuropéennes.

Le Néolithique

Le Néolithique (littéralement «âge de la pierre nouvelle») tire son nom d'une nouvelle technique, celle du polissage de la pierre qui permet d'obtenir un meilleur tranchant. Il débute il y a environ 11 000 ans au Proche-Orient, dans une région appelée «le

Croissant fertile», qui recoupe aujourd'hui des régions de la Turquie, de l'Irak, de l'Iran, du Liban et de l'Égypte. Cependant, cette période correspond à bien plus qu'une nouvelle technique lithique. Elle est liée à un ensemble de transformations qui vont avoir un impact décisif sur notre espèce. Pendant tout le Paléolithique, les ancêtres des humains étaient des prédateurs : ils puisaient directement dans leur environnement les ressources nécessaires à leur survie, d'abord par la cueillette, puis par la chasse et la pêche. Le Néolithique est associé à deux découvertes qui vont changer tout cela : les débuts de l'agriculture et de l'élevage. Les humains deviendront alors les producteurs de leur alimentation. Cette transformation ne sera pas brutale cependant et elle s'étendra sur quelques milliers d'années. Néanmoins, elle aura des conséquences importantes. La maîtrise de la production alimentaire permettra la naissance des premières agglomérations, qui deviendront plus tard les premières cités. Çatal Höyük, qui se trouve en Turquie, contient les restes de l'une des premières cités du Néolithique. Ce site archéologique a permis de comprendre à quoi ressemblaient ces agglomérations. Les maisons fabriquées avec des briques de boue étaient construites collées les unes contre les autres. Il n'y avait pas de rue en tant que telle, ni même de passages piétonniers. On y circulait par les toits. Chaque maison était dotée d'une ouverture sur le toit duquel on accédait à l'intérieur en utilisant une échelle de bois. Les murs des habitations étaient recouverts de plâtre. On croit que les gens avaient une vie religieuse intense. Par ailleurs, les défunts étaient enterrés dans les maisons, souvent sous le foyer. On a aussi trouvé sur ce site plusieurs figurines féminines.

La sédentarisation aura des impacts importants pour l'humanité. Elle permettra d'augmenter la production alimentaire, mais, du même coup, exposera nos ancêtres à la famine pendant les années de mauvaise récolte. On verra apparaître de nouvelles maladies, qui profiteront de la proximité entre les animaux domestiqués et les humains pour prendre leur essor, comme la rougeole. Les premiers artisans feront leur apparition et la spécialisation des tâches ira en augmentant, créant dans son sillage les premières inégalités sociales (Diamond, 2000).

L'espèce humaine a parcouru un long chemin depuis les derniers millions d'années. En dépendant de moins en moins d'un mode de vie biologique, l'humain a vu la culture se tailler une place unique dans son histoire. Il a même réussi à contourner en partie la sélection naturelle en développant les connaissances dans le domaine de la médecine. Mais il ne faudrait pas penser que les humains sont à l'abri de l'influence de la sélection naturelle. Nous ne pouvons pas prévoir le futur. La médecine ne pourra pas toujours nous permettre de prévenir les épidémies. De plus, il demeure que les humains présentent des variations génétiques entre eux, qui sont sans doute neutres à l'heure actuelle, mais qui pourraient s'avérer avantageuses dans d'autres circonstances. La sélection naturelle pourrait alors avoir un impact sur notre espèce.

Enfin, la suprématie culturelle de l'homme pourrait comporter des coûts. En effet, l'espèce humaine s'est dotée d'une culture qui a l'immense pouvoir d'anéantir la planète entière ou de lui permettre de contrôler sa propre évolution (*voir l'encadré L'humain, un danger pour l'évolution de la vie sur Terre*). Que feront les humains de ces connaissances dont ils disposent ? Sauront-ils être dignes de leur nom d'hommes sages ?

Perspective anthropologique

L'humain, un danger pour l'évolution de la vie sur Terre

par Christiane Mignault

Bien qu'ils soient de nouveaux venus sur la planète, puisque apparus il y a moins de 200 000 ans, les humains modernes ne sont pas une espèce ordinaire. En fait, ils ont tellement modifié la géologie de leur planète que Paul Crutzen (2002), un météorologue qui s'est intéressé aux modifications de la couche d'ozone, a suggéré en 1990 de nommer Anthropocène la période géologique depuis l'invention de la machine à vapeur.

Le néologisme a été spontanément accepté par plusieurs chercheurs. La déforestation massive liée à l'agriculture, l'urbanisation massive, les grands projets, comme la construction de nouveaux barrages, ont modifié la géologie de la planète (Kolbert, 2011).

Tout au long de l'Anthropocène, l'*Homo sapiens* s'est mis à exploiter sauvagement les ressources de son environnement. Avec sa technologie qui se développe à une vitesse difficile à imaginer il y a encore 50 ans, il déboise la planète à une vitesse folle, même si le rythme a diminué depuis 1990 (les pertes se chiffrant à 13 millions d'hectares pas année, selon la FAO en 2010). Par sa dépendance aux énergies fossiles, il contribue à l'effet de serre qui est en train de dérégler le climat de la planète, causant ainsi l'extinction de milliers d'espèces. Selon l'Union internationale pour la conservation de la nature, la situation actuelle est dramatique : 21 % des mammifères seraient menacés d'extinction, de même que 30 % des amphibiens et 12 % des oiseaux. Le braconnage, la surpêche, les collectionneurs d'animaux rares contribuent aussi à ce massacre. La situation n'est pas différente pour les plantes. L'humain est donc devenu un facteur d'évolution. Il décide, volontairement ou non, quelles espèces pourront survivre.

Pour le meilleur et pour le pire, les humains d'aujourd'hui vivent désormais sur une planète qu'ils ont transformée. Leur environnement physique est devenu plus pollué, le climat se transforme. L'homme a aussi construit un environnement artificiel où il vit. La technologie y occupe dorénavant une place prépondérante. Est-ce que le corps humain sera capable de survivre et de s'adapter à toutes ces transformations ? Les ancêtres des humains ont évolué dans un milieu très différent. On peut dire que l'environnement artificiel créé par l'homme est à des années-lumière de celui de leurs ancêtres lointains. Bien peu de temps s'est passé pourtant depuis le Néolithique, qui a sans doute été l'un des éléments de mutation importants dans la courte histoire de l'homme, un clin d'œil dans l'histoire de la vie sur Terre qui a 3,6 milliards d'années. Notre corps diffère bien peu de celui des humains de cette période. Il s'agit toujours d'un corps de Cro-Magnon (Barrette, 2000). Le rythme fou des sociétés modernes n'est peut-être pas ce qu'il y a de mieux pour lui. Certaines maladies physiques et mentales en découlent sans doute. Les maux de dos qui affligent plusieurs personnes ont certainement un lien avec notre trop grande sédentarité et le fait que nous passons un temps considérable en position assise. L'obésité est d'abord apparue en Occident et elle est en train de se répandre sur l'ensemble de la planète. Le régime alimentaire de plusieurs populations s'est aussi radicalement transformé depuis 50 ans : sucre, sel et gras sont dorénavant trop présents dans notre assiette. La consommation de viande a beaucoup augmenté en Occident, celle du bœuf entre autres. On estime qu'elle pourrait être responsable de bon nombre de maladies qui nous affligent, comme le cancer colorectal. Comment les humains feront-ils face à ces nouvelles pressions sélectives qu'ils ont eux-mêmes créées ?

De surcroît, l'homme a inventé une nouvelle méthode pour modifier le vivant. Il est devenu en quelque sorte « maître de l'évolution » en concevant de nouvelles techniques. Avec les débuts de l'élevage et de l'agriculture, il y a 10 000 ans, au Néolithique, il a appris à choisir et à sélectionner les animaux et les plantes qui présentaient les traits désirés, contribuant ainsi à modifier ces espèces pour créer, par exemple, des dizaines de races de chiens. Aujourd'hui cependant, il est capable de le faire beaucoup plus efficacement grâce à l'essor du génie génétique. L'homme ne fait plus rien à l'aveuglette, car il intervient directement dans le matériel génétique des espèces. Il crée de nouveaux organismes qui n'auraient jamais vu le jour sans son intervention, en omettant même de se poser des questions relatives à leurs impacts. Il songe même, si ce n'est pas déjà fait, à bricoler son propre matériel génétique pour l'améliorer. Tout cela pose évidemment des défis sur le plan de l'éthique. À quand les premiers surhommes ?

En conclusion, l'évolution culturelle, devenue le principal moyen d'adaptation de l'espèce humaine, lui a permis de s'affranchir des contraintes qui agissent sur les autres espèces du monde vivant. Elle lui a permis de modifier son environnement comme nulle autre espèce ne l'a fait jusqu'à aujourd'hui, à un tel point qu'on propose le nouveau concept d'Anthropocène pour le souligner. Elle a aussi permis sa fulgurante augmentation démographique. En 2011, la population mondiale a atteint 7 milliards de personnes. Que lui réserve l'avenir si elle continue d'en faire à sa tête, comme si elle était seule sur la planète, sans se soucier du reste du monde vivant ?

RÉSUMÉ

L'anthropologie s'intéresse aux primates non humains dans le but de comprendre les modalités et les causes spécifiques de l'évolution humaine. Après avoir adopté la vie arboricole, les premiers primates ont connu diverses transformations (dentition, organes sensoriels, cerveau et ossature) qui leur ont permis de s'adapter à leur nouveau milieu. De plus, l'acquisition de comportements sociaux a pris une importance croissante. En étudiant le comportement des primates modernes, les anthropologues cherchent des pistes pour reconstituer le comportement des primates qui ont été les ancêtres des êtres humains et des grands singes modernes.

Comme tous les singes et les grands singes, les chimpanzés forment des groupes sociaux structurés. Ils communiquent au moyen de signaux visuels et sonores et apprennent de leurs pairs. Contrairement à la plupart des primates, cependant, ils peuvent fabriquer et utiliser des outils, et même chasser.

Les plus anciens membres avérés de la lignée humaine vivaient en Afrique il y a possiblement plus de 6,5 millions d'années. Ces homininés étaient bipèdes, c'est-à-dire qu'ils pouvaient marcher debout. Les mieux connus sont les australopithèques, qui arrivaient fort bien à trouver leur nourriture dans la savane. S'ils présentaient toujours des traits simiens dans la partie supérieure du corps, leur dentition était indubitablement humaine. Ils présentaient de nombreux traits semblables à ceux des premiers primates, dont certains devaient passer beaucoup de temps au sol et étaient vraisemblablement capables d'adopter parfois la bipédie.

Il est probable qu'une forme d'australopithèque ait mené à une forme primitive du genre *Homo*. Les représentants de ce nouveau genre mangeaient de la viande et fabriquaient des outils de pierre, deux facteurs fondamentaux de l'évolution. La fabrication d'outils a permis à l'*Homo habilis* de préparer la viande pour la manger. En outre, comme elle faisait appel à la motricité fine, elle a par conséquent favorisé le développement du cerveau.

Homo erectus, le descendant suivant du genre *Homo*, possédait un corps presque moderne, un cerveau de taille semblable à celle du cerveau humain moderne et une dentition plus humaine. L'aptitude de cet homininé à se servir du feu lui a procuré d'autres moyens d'exploiter son milieu. L'*H. erectus* a démontré sa compétence technique par la fabrication d'outils plus fins (comme le biface) et, plus tard, d'outils spécialisés pour la chasse, la préparation des aliments et des peaux, ainsi que d'armes pour se défendre. L'*H. erectus* a par la suite mis au point des techniques de chasse qui témoignaient d'un remarquable sens de l'organisation.

Les populations d'*Homo sapiens* ont acquis des traits physiques semblables aux nôtres, à mesure que la masse physique a cédé le pas à des traits plus fins. Elles présentaient une grande faculté d'adaptation culturelle, sans doute parce que leur cerveau, qui avait atteint sa forme moderne, était apte à élaborer des techniques perfectionnées et se prêtait à la pensée abstraite. D'autres homininés ont vécu au même moment que ces populations, dont les Néandertaliens (de 200 000 à 26 000 ans) et les humains de Flores (de 95 000 à 12 000 ans).

Les populations européennes d'*H. sapiens*, de même que les Néandertaliens, affrontaient les températures très froides en se servant du feu, se regroupaient en peuplades et communiquaient par la parole. Les découvertes archéologiques indiquent que ces populations observaient des rituels et prenaient soin des membres âgés ou infirmes du groupe.

Les peintures rupestres découvertes en Espagne et en France et l'art pariétal de l'Afrique australe, qui servaient à des fins spirituelles, témoignent d'une grande sensibilité esthétique. À la fin du Paléolithique supérieur, et peut-être avant, des chasseurs de gros gibier ont franchi le détroit de Béring et ont commencé à essaimer dans les Amériques.

Il y a 11 000 ans, les humains ont changé leur mode de vie grâce à l'invention de l'élevage et de l'agriculture. Ces deux découvertes vont alors changer le cours de leur histoire.

Il existe donc une étroite relation entre le développement de la culture et celui de l'humanité. La culture a visiblement joué un rôle clé dans les mécanismes d'adaptation des humains, dans la mesure où elle a exercé des pressions sélectives pour l'amélioration du cerveau et où un cerveau évolué a favorisé à son tour l'adaptation culturelle. Il semble donc juste de dire que les êtres humains actuels doivent beaucoup au très grand rôle qu'a joué l'adaptation culturelle dans la survie de leurs ancêtres. L'adaptation culturelle a permis aux populations humaines de croître, sans doute très lentement, et d'occuper peu à peu des régions du monde auparavant inhabitées. Chaque fois, les êtres humains ont dû recourir à l'adaptation culturelle pour s'intégrer à leur nouveau milieu de vie.

LA CULTURE

© JTB Photo Communications, Inc./Alamy

Chez les Peuls Wodaabe du Niger, les hommes se maquillent pour charmer les femmes. En juillet, quand les pluies deviennent fortes et qu'on peut se nourrir abondamment, les chefs convient leurs parents au *worso*, un grand rassemblement annuel. À la tombée du jour, les jeunes hommes concoctent des philtres destinés à renforcer leur pouvoir de séduction. Ils se couvrent ensuite le visage de poudres colorées. Pendant plusieurs jours, ils dansent jusqu'à l'aube. Le dernier jour, les jeunes femmes désignent le plus bel homme de l'année.

❯ Qu'est-ce que les anthropologues considèrent comme étant la culture et quelles sont ses caractéristiques ?

❯ Pourquoi les humains se dotent-ils d'une culture et comment l'acquièrent-ils ?

❯ Pour quelles raisons les humains font-ils appel à des symboles ?

❯ Pourquoi les humains n'ont-ils pas tous la même culture ?

LA NOTION DE CULTURE EN ANTHROPOLOGIE

Le voyageur qui parcourt le monde observe plusieurs réalités saisissantes. Outre les paysages et les conditions environnementales qui changent selon les régions et les pays visités, c'est l'extrême diversité des populations humaines rencontrées qui attire l'attention. Cette diversité peut être physique, mais la plus frappante et probablement la plus déstabilisante est sans doute celle qui se manifeste dans les façons d'agir et de penser des différents groupes humains. Cette diversité est unique dans le monde des vivants. Même chez les grands singes, nos plus proches parents, les comportements des individus appartenant à une même espèce varient peu comparativement à ce que l'on observe chez l'humain. En fait, aucune autre espèce animale ne présente une aussi grande variabilité d'attitudes et de comportements entre les individus. Parce qu'il est essentiellement régi par l'instinct, le comportement des autres animaux demeure assez prévisible pour quiconque les étudie pendant un certain temps. Chez les humains, la situation est nettement plus complexe, car la majorité de nos comportements ne sont pas régis par l'instinct, mais bien par la culture. Comme les humains ont davantage de latitude dans leurs façons d'agir dans telle ou telle circonstance, ils ne sont pas limités à un type de comportement prédéterminé. Bien que la nature des comportements instinctifs ne fasse pas l'unanimité en anthropologie, comme en sciences humaines, on s'entend généralement pour dire qu'ils sont beaucoup moins présents chez les humains actuels que chez les autres animaux. Comme il est mentionné au chapitre 2, l'évolution culturelle a pris le pas sur l'évolution biologique dans l'histoire de l'humanité. Depuis, les humains n'ont pas cessé d'inventer de nouvelles façons d'agir et de réfléchir afin de s'adapter à toutes sortes d'environnements et de situations. Cet ensemble de comportements, de façons de faire et de penser correspond à la notion de culture en anthropologie. Tout le présent chapitre y sera consacré.

UNE DÉFINITION DE LA CULTURE

Le concept de **culture** a fait son apparition vers la fin du XIXᵉ siècle. En 1871, l'anthropologue britannique E. B. Tylor en proposait la définition suivante : « Ensemble complexe qui comprend le savoir, la foi, l'art, le droit, la morale, les coutumes et toutes les autres facultés et habitudes acquises par les membres d'une même société. » Depuis l'époque de Tylor, les définitions de la culture se sont multipliées, si bien que les anthropologues américains Alfred L. Kroeber et Clyde Kluckhohn en avaient déjà répertorié plus d'une centaine au début des années 1950. Les plus récentes définitions établissent généralement une distinction entre les comportements observés, d'une part, et les valeurs, les croyances et les perceptions du monde qui motivent ces comportements, d'autre part. Autrement dit, la culture n'est pas constituée que de comportements observables ; elle englobe également les valeurs, les croyances et les idéologies qui orientent ces mêmes comportements et qui permettent aux membres d'un même peuple d'interpréter leurs expériences au quotidien.

Une culture comprend à la fois des objets matériels (outils, habitations, etc.), des créations artistiques (peintures, sculptures, etc.), des idées (croyances, vision du monde, etc.), mais aussi de très nombreux comportements observables. Attardons-nous un peu à ces derniers afin de mieux saisir ce à quoi s'intéressent les anthropologues lorsqu'ils cherchent à décrire une culture. D'abord, chacun d'entre nous a des habitudes personnelles qu'il partage à l'occasion avec un nombre très restreint de personnes (famille, groupe d'amis). Ces comportements, qui sont répétitifs et machinaux, nous amènent à faire les choses d'une certaine façon plutôt que par habitude. Au Québec, même si certains le font, manger assis sur le sol ou refuser un cadeau offert par un proche sous prétexte de ne pas l'aimer n'est pas coutume. Il arrive cependant que, pendant un certain temps, de nouvelles façons d'agir ou des phénomènes apparaissent et tendent à se généraliser. On appelle alors « mode » ces comportements ou ces goûts qui touchent un nombre important d'individus et qui créent un engouement autant subit et intense qu'éphémère.

Lorsqu'une mode et une habitude se généralisent à l'ensemble de la population et s'inscrivent dans une longue durée, il faut alors parler de **traditions**. Ces

Culture

Ensemble des valeurs et des comportements appris et partagés par les membres d'un groupe distinct.

Traditions

Ensemble des pratiques culturelles communes à une grande partie d'une population, qui se perpétuent de génération en génération et dont l'expression est prévisible.

dernières ne relèvent plus du comportement éphémère ou adopté par un petit groupe d'individus, mais bien de pratiques répandues qui se perpétuent de génération en génération. Souvent, on ne connaît pas l'origine d'une tradition. En général, elle est un héritage du passé habituellement prévisible et laisse peu de place à l'improvisation. On peut personnaliser la façon de la perpétuer, mais dans une certaine mesure seulement. Au Québec, par exemple, nombreux sont ceux qui savent à l'avance ce qu'ils feront le 24 ou le 25 décembre. Pourquoi en est-il ainsi? Eh bien, parce que les Québécois partagent une culture où la tradition veut qu'à cette occasion, le jour de Noël, se tiennent des rassemblements organisés selon des normes bien définies. Dans le temps des fêtes, il est possible de déroger à certaines pratiques, de ne pas manger de la dinde par exemple, ou encore de décorer un cactus plutôt qu'un sapin, mais peu de gens se soustraient à l'obligation de célébrer en famille et d'échanger des présents, car la tradition le veut ainsi.

Généralement propres à un peuple, les traditions changent évidemment d'une culture à une autre. Un Québécois qui séjourne au Portugal en juin serait surpris de constater que certaines régions y célèbrent la *Sao Jao* (donc la Saint-Jean), mais d'une façon bien différente que la leur. Dans une ville comme Porto, on voit des gens acheter des maillets de plastique et taper délicatement sur la tête des passants qu'ils croisent, provoquant ainsi des «altercations» rituelles en cascade. Dans les rues, des individus se promènent avec des plants de basilic dont les passants viennent sentir les effluves. La journée se termine par un grand feu d'artifice, comme on peut en voir au Québec.

Au Japon, la Saint-Valentin n'est pas soulignée de la même façon qu'en Amérique du Nord. D'abord, seules les femmes sont tenues d'offrir un cadeau à l'élu de leur cœur, mais aussi à certains collègues de travail en gage d'appréciation. Un mois plus tard, lors du jour dit «blanc», les hommes remettent aux femmes l'équivalent du présent qu'ils ont reçus, au travail comme à la maison. À l'origine, le cadeau offert était souvent un objet blanc, comme du chocolat blanc. Aujourd'hui, il est d'usage d'offrir de la lingerie de couleur blanche. Pour les «amoureux» japonais, Noël compte plus que la Saint-Valentin, et se célèbre davantage en couple qu'en famille. Le 24 décembre tout particulièrement, les lieux romantiques et les restaurants sont très fréquentés par les couples d'amoureux. Une invitation à sortir ou à faire une balade la veille de Noël revêt une

signification particulière. C'est l'occasion ou jamais de déclarer son amour à l'être cher.

Nous considérons ici les termes «coutumes» et «traditions» comme des synonymes, bien que certains auteurs tiennent à les distinguer. Si une nuance devait être apportée, on pourrait souligner le caractère routinier de la coutume. En effet, dans la vie de tous les jours, nous sommes amenés à nous comporter selon la coutume. Au Québec, par exemple, lorsque des amis ou des parents se rencontrent, ils ne se font pas trois, mais deux bises. Ils ne s'embrassent pas non plus sur la bouche, mais sur les joues et les hommes se serrent la main. Quand on invite des amis pour un repas, on les reçoit à la maison. Au Japon, dans certains milieux, la bienséance veut que cela se fasse dans un restaurant et non dans une résidence privée. Au Québec, il va de soi de s'attabler avec ses convives et de partager avec eux le repas. Au Sénégal, la *terranga* (hospitalité) veut que les invités soient installés à l'écart, dans une pièce distincte de celle où mangent les hôtes. Ainsi, par respect, on ne les oblige pas à manger à la même assiette qu'eux. Évidemment, les invités sont les bienvenus à la «table» de leurs hôtes, s'ils désirent se joindre à eux. Au même titre que les traditions, les coutumes changent donc d'une culture à une autre. Dans les deux cas, il est nécessaire d'apprendre comment se comporter si l'on souhaite s'intégrer à une société.

LE RÔLE DE LA CULTURE

Au cours de leur évolution biologique, les humains, comme tous les animaux, ont dû s'adapter aux conditions changeantes de leur environnement. Le terme adaptation renvoie autant au processus naturel (sans effort conscient), par lequel tout organisme s'ajuste à son environnement immédiat, qu'aux résultats de ce processus. Les résultats dont il est question ici désignent les traits retenus par la sélection naturelle qui permettent à l'organisme de survivre et de se reproduire.

L'être humain s'est émancipé du besoin de changer sur le plan biologique pour devenir tributaire de l'adaptation culturelle. S'il n'a pas hérité d'un manteau de fourrure naturel pour se protéger du froid, il a toutefois appris à en fabriquer un, à faire du feu et à se construire un abri. Mieux encore, la culture a permis aux humains de s'adapter à des milieux très diversifiés. En modifiant leur environnement par des moyens culturels, ils ont appris, par exemple, à survivre dans le Sahara ou en Arctique. La culture leur a non seulement permis d'assurer leur survie, mais leur a aussi rendu accessibles toutes les niches écologiques présentes sur Terre (*voir le chapitre 4*).

Cela ne veut pas dire que les êtres humains agissent comme ils le font dans le seul but de s'adapter à un milieu particulier. D'abord, les individus ne réagissent pas à un milieu tel qu'il est, mais plutôt en fonction de leur façon de le percevoir ; des groupes distincts peuvent donc avoir une perception radicalement différente d'un même milieu. Ils réagissent aussi en fonction d'éléments extérieurs au milieu : leur propre condition biologique, d'une part, leurs croyances, leurs attitudes et les conséquences de leurs comportements, d'autre part.

La relativité d'un mécanisme d'adaptation constitue une complication supplémentaire : ce qui est bien adapté dans un contexte peut ne pas l'être du tout dans un autre contexte. Par exemple, les pratiques d'hygiène des peuples de chasseurs-cueilleurs – c'est-à-dire la « gestion » de leurs excréments et de leurs ordures ménagères – sont appropriées dans un contexte marqué par une faible population et une certaine mobilité. Ces mêmes pratiques constituent cependant une grave menace à la santé publique au sein de populations denses et sédentaires. Dans un même ordre d'idées, un comportement bien adapté à court terme peut devenir nuisible à long terme. Ainsi, l'invention de l'irrigation en Mésopotamie (région qui correspond à une partie de la Syrie et de la Turquie et à la majeure partie de l'Irak actuel) a favorisé à court terme un accroissement de la production alimentaire, mais aussi, à plus long terme, l'accumulation de sels dans les sols. Cette conséquence a contribué à l'effondrement de cette civilisation à partir de 2000 av. J.-C.

À la lumière de ce qui précède, une culture ne peut manifestement pas survivre si elle ne répond pas adéquatement aux besoins de ses membres. Son utilité est multiple. Elle doit notamment gérer la répartition des moyens de production, puis définir les modalités de distribution de la nourriture et des autres biens et services nécessaires à la survie (*voir les chapitres 4 et 5*). La culture doit aussi veiller à la continuité biologique d'une population en encadrant la reproduction de ses membres à l'aide d'une institution comme le mariage. Par les soins prodigués aux enfants et l'enseignement qu'on leur inculque, elle contribue, dans le cadre de la famille, à faire en sorte que les jeunes deviennent des adultes fonctionnels (*voir le chapitre 6*). Elle sert aussi à préserver l'ordre public entre ses membres, mais également entre ces derniers et les étrangers (*voir le chapitre 8*). Très souvent, elle porte ses membres à trouver un sens à leur existence, notamment par l'entremise de croyances et de pratiques religieuses (*voir le chapitre 9*). Finalement, la culture doit par-dessus tout pouvoir se transformer pour s'adapter aux conditions changeantes de la vie (*voir le chapitre 11*).

LES CARACTÉRISTIQUES DE LA CULTURE

L'observation et la comparaison de nombreuses populations dans le monde ont permis à l'anthropologie de cerner les principales caractéristiques de la culture. Ainsi, on dit de la culture qu'elle est acquise, partagée par le groupe dans lequel chacun évolue, repose sur des symboles, forme un ensemble intégré et se transforme. Examinons chacune de ces caractéristiques.

La culture est acquise

La culture ne se transmet pas par les gènes : elle s'acquiert. Le bébé naissant ignore tout, ou presque, de sa culture. Des études ont démontré que le fœtus humain commence l'apprentissage du langage dans le ventre de sa mère, car il perçoit les sons, mais que le véritable processus d'acquisition de la culture, appelé **enculturation**, ne débute qu'à la naissance. À l'exception des quelques réflexes et comportements instinctifs dont ils héritent à la naissance, les humains doivent tout apprendre pour assurer leur survie et fonctionner en société. Ils apprennent à parler, à marcher, à suivre les règles de leur groupe, à faire les gestes nécessaires afin d'assurer leur subsistance, à intégrer les valeurs et les idéologies qui sont véhiculées par leur groupe. La liste des apprentissages que les humains font est infinie et, bien sûr, elle diffère d'un groupe culturel à un autre. Les animaux aussi acquièrent des connaissances, mais leur capacité d'apprentissage est limitée et n'est pas incluse dans un tout aussi complexe et intégré que l'est la culture. Même des éléments liés à la biologie chez les humains comportent aussi leur part d'apprentissage. Les humains ont les mêmes

Enculturation

Processus par lequel la culture est apprise et transmise d'une génération à une autre.

© Robert Estall/Alamy

Les Touaregs sont des éleveurs nomades qui ont appris à survivre dans l'immensité désertique du Sahara. Chez ce peuple, ce sont les hommes qui portent le voile. On les surnomme les hommes bleus du Sahara, en raison de leurs vêtements habituellement indigo. Chose impensable au Québec, chez les Touaregs, hommes et femmes évitent autant que possible de manger ensemble. Comme dans plusieurs cultures de l'Afrique du Nord et de l'Ouest, le rituel du thé, servi fort et très sucré, donne lieu à tout un cérémonial.

besoins biologiques que les autres animaux, c'est-à-dire se nourrir, dormir, s'abriter de même que trouver la sécurité et se reproduire. Il y a toutefois une différence entre les besoins proprement dits, qui sont innés, et les moyens appris pour les satisfaire. Comme le démontrent les exemples suivants.

La plupart des animaux mangent et boivent dès qu'ils en ressentent le besoin ou quand la nourriture est disponible. Les êtres humains, en revanche, se nourrissent et boivent généralement à des moments prescrits par leur culture et ressentent la faim à l'approche de ces moments. L'heure, la composition et le déroulement des repas varient d'une culture à l'autre. Pour ajouter à la complexité, la nourriture ne sert pas qu'à combler les besoins nutritionnels. Lorsqu'elle s'inscrit dans un rituel ou une activité religieuse, elle «établit une relation d'échange, de coopération et de partage et crée un lien émotif à caractère universel» (Caroulis, 1996, p. 16). C'est donc par l'enculturation que la façon socialement appropriée de combler les besoins biologiques est transmise. Ainsi, la perception qu'a un Québécois de la meilleure façon de dormir est sans doute très différente de celle qu'en a un Équatorien. À la longue, cette perception est profondément enracinée dans les habitudes des individus de telle sorte qu'ils pourraient avoir de la difficulté à dormir dans un endroit ou selon des manières jugées normales par d'autres. Par exemple, chez les Quechuas de l'Équateur, on dort à plusieurs dans le même lit ou sur le même matelas (les jeunes enfants dorment ensemble et les poupons avec leurs parents), et tous dans l'unique chambre de la maison. Un Québécois habitué à avoir sa propre chambre et son propre lit

aurait de la difficulté à trouver le sommeil s'il était subitement «parachuté» dans un pareil contexte. Les Quechuas disent se sentir «inconfortables» s'ils ne dorment pas avec leurs enfants et les enfants sans leur frères et sœurs. Les mères se montrent particulièrement «horrifiées» de savoir que les Nord-Américaines dorment dans des chambres séparées de leur nourrisson.

Si les collectivités humaines parviennent à fonctionner, c'est que les individus s'entendent pour faire les choses d'une façon prédéterminée. Grâce à la culture, nous savons comment agir convenablement avec les gens qui nous entourent et nous pouvons nous-mêmes anticiper leur comportement. Concrètement, la culture facilite la vie en société parce qu'elle suggère à ses membres des attitudes à adopter dans telle ou telle circonstance et qu'elle permet de donner un sens aux actions des individus qui vivent dans une même collectivité. Examinons quelques exemples.

Devant une file d'attente, dans un commerce ou ailleurs, il est rare que les humains décident de façon imprévisible de se placer à un endroit plutôt qu'à un autre. S'ils se plaçaient n'importe où, cela pourrait causer du mécontentement et du désordre. Au Québec, l'usage veut que l'on se mette à la fin de la file et que l'on attende patiemment notre tour d'être servi. À Dakar, au Sénégal, par exemple, il n'y a pas de file d'attente à la banque. Quand on y entre, il faut chercher du regard une personne qui nous fera un signe discret de la main. Par ce geste, ladite personne nous signifie que c'est elle la dernière entrée. Donc, pour se comporter convenablement selon la culture sénégalaise, toute personne entrée la dernière dans une banque doit faire un signe à la personne qui franchira les portes de l'établissement après elle.

Il en va de même lorsqu'on entre dans un autobus. Sans être écrites, certaines conventions sociales s'appliquent pour le choix d'un siège. En Amérique du Nord, si l'autobus est presque vide, il est entendu que l'on choisira un siège libre situé à une certaine distance des autres passagers. S'installer directement à côté d'un inconnu assis seul dans une section surprendrait, bien qu'il n'y ait aucune loi qui l'interdise. Quand l'autobus est bondé, cette règle n'existe plus, mais une autre demeure : rarement, les gens vont saluer leur voisin et encore moins discuter avec lui. Pourtant, dans d'autres cultures, s'asseoir près d'un inconnu et engager avec lui la conversation n'est pas rare dans les autobus. Sans être systématique, au Sénégal, il faut s'y attendre. Dans ce pays, adresser ainsi la parole aux étrangers va de soi. S'enquérir de leur humeur et de leur famille relève bien souvent de la simple politesse. À Dakar, la capitale, quiconque hèle un taxi doit prendre le temps de «saluer» convenablement le chauffeur avant de monter à bord de son véhicule. Prendre de ses nouvelles, comme on dit au Québec, est coutumier, même s'il s'agit d'un pur inconnu.

Apprendre les conventions sociales qui s'appliquent dans une circonstance ou une autre afin d'intérioriser les rudiments de sa culture ne va pas de soi et prend du temps. Toute société possède ses agents d'enculturation, outre la famille. Prenons l'exemple de l'enfant québécois qui fait son entrée à la garderie. Dès le premier jour, il commence à apprendre les comportements appropriés en milieu de garde. Il superpose les règles en vigueur dans ce nouveau milieu à celles acquises dans sa famille. Par la suite, s'ajoutent d'autres agents d'enculturation : l'école, le groupe d'amis et les médias. Durant toute sa vie, de nouvelles sources d'apprentissage se présentent faisant en sorte que le processus d'enculturation n'arrête jamais. Des modèles de comportement se transforment et d'autres émergent en même temps que les besoins de la société. S'il est vrai que les jeunes générations ont beaucoup à apprendre, les aînés continuent aussi toujours à apprendre, parfois même de leurs cadets, surtout en période de changements rapides.

La difficulté à distinguer ce qui est inné de ce qui est culturel vient du fait que la plupart des valeurs et des comportements acquis par l'enculturation sont très bien intégrés, au point que les individus ont l'impression qu'ils sont «naturels». Plusieurs

gestes appris par l'enculturation sont inconscients. Prenons l'exemple de la distance que les individus établissent entre eux lorsqu'ils se parlent. Il ne viendrait à personne l'idée que ce trait soit culturel. Lorsqu'on parle à quelqu'un, on se place à une distance que l'on trouve confortable, ni trop loin ni trop proche de notre interlocuteur. Il appert que cet espace, d'une culture à une autre, n'est pas le même. Par exemple, la distance respectée par les Nord-Américains dans ce genre de situation est plus grande que celle gardée par les membres d'autres communautés dans le monde, comme les Brésiliens, les Mexicains ou les Marocains. La règle qui régit cette convention est tellement intériorisée par les individus qu'ils se sentent mal à l'aise si quelqu'un la transgresse. Il en va de même pour plusieurs façons d'agir au quotidien. Si certaines règles sont explicitement apprises, plusieurs autres sont suivies inconsciemment.

La culture est partagée

La culture constitue un ensemble de valeurs, de croyances, de normes comportementales et d'idéaux partagés ; elle est le dénominateur commun qui rend les comportements intelligibles pour tous les membres d'un même groupe. Parce que ceux-ci partagent une identité culturelle commune, ils trouvent «normal» de voir les membres de leur groupe agir de telle ou telle façon et peuvent anticiper le comportement probable de leurs pairs. Les personnes qui émigrent dans une culture étrangère se sentent souvent déstabilisées par les façons de faire des gens, car elles diffèrent grandement de celles qu'elles ont apprises dans leur pays d'origine. La stupéfaction, la confusion et l'insécurité que ressentent les personnes qui arrivent dans une culture dont la plupart des codes leur sont étrangers sont les symptômes d'un phénomène qu'on appelle le **choc culturel**. Même les anthropologues qui travaillent sur le terrain éprouvent parfois un tel choc. Le fait que des personnes utilisent des valeurs et des codes complètement différents des siens déstabilise quiconque ne les a pas appris ou pas encore intégrés. Ce phénomène peut être différent dans le cas d'un touriste, qui n'a pas à se départir de ses références culturelles quand il visite un pays, car il ne s'y installe pas pour

Choc culturel
Stupéfaction, confusion et insécurité que ressentent certaines personnes lorsqu'elles arrivent dans une culture qui leur est étrangère.

y vivre et peut ainsi garder une certaine distance avec les habitants de ce pays. Dans plusieurs cas, les touristes sont ainsi entourés de gens qui partagent leur propre culture ; l'industrie touristique s'emploie alors à ce qu'ils se « sentent comme chez eux ». L'anthropologue ou l'étudiant en stage d'immersion, au contraire, se retrouve seul avec ses codes culturels dans un milieu où ils ne lui servent plus à grand-chose. Habituellement, le choc s'estompe lorsqu'il a apprivoisé les coutumes et la langue de la culture observée et qu'il a appris les comportements appropriés. Il se sent ainsi « appartenir » à cette autre culture et retrouve le confort qu'il y a à « partager » avec d'autres des traits culturels.

La culture, bien que partagée, n'en est pas pour autant uniforme. Des comportements alternatifs sont souvent permis, selon les circonstances, ou « tolérés » par le groupe. Dans la plupart des cultures, mais surtout dans celles qui ont une population nombreuse, plusieurs règles et codes de conduite sont souples. C'est le cas, par exemple, des principes dictés par une religion. Très souvent, dans la pratique, ceux-ci diffèrent d'une population à une autre, mais aussi d'une famille à une autre ou d'un individu à un autre. L'anthropologue remarque rapidement que certaines familles sont plus pieuses que d'autres, qui sont croyantes mais ne respectent pas à la lettre tous les enseignements liés à leur foi. En Amérique latine, par exemple, les fidèles de la religion évangélique ne sont pas censés consommer de l'alcool, mais certains ne respectent pas cette règle. Dans certaines circonstances, des individus prennent la liberté de s'éloigner des codes de conduite de leur culture, sans que cela mène nécessairement à la désapprobation sociale. Il serait très hasardeux pour l'anthropologue de vouloir décrire toutes les pratiques culturelles d'une population comme étant homogènes. La culture de tout groupement humain est complexe et sa description se doit de refléter toutes les nuances avec lesquelles elle s'exprime.

La culture repose sur des symboles

Les anthropologues sont nombreux à affirmer que le comportement humain trouve sa particularité dans l'utilisation de symboles. Pour l'anthropologue américain Leslie White (1959), la culture humaine est née lorsque nos ancêtres se sont mis à attribuer une signification à leurs comportements. Le symbole est une interprétation du monde, un sens donné aux objets, aux lieux, aux gestes et aux idées. D'après l'anthropologue français Claude

Offert par Nadine Trudeau

Un inukshuk est une tour de pierres. En inuktitut, ce terme signifie « celui qui ressemble à un homme ou qui sert d'homme ». Chez les Inuits, les inukshuks jouaient un rôle dans la chasse au caribou. Ils servaient aussi à marquer les limites d'un territoire et à repérer les caches de nourriture.

Lévi-Strauss (1958), la culture est un ensemble de représentations et de pratiques organisées par un ensemble de systèmes symboliques, propre à un groupe donné. D'après lui, les faits sociaux sont imprégnés de significations. Contrairement aux autres animaux, les humains donnent un sens à ce qu'ils font.

Les traits symboliques les plus manifestes de la culture sont sans contredit la langue, la religion et l'art. Les humains communiquent leurs pensées par un système de signes, des sons surtout, mais aussi des gestes et des mimiques, qui n'ont pas de sens en soi, sauf celui qu'ils leur donnent. Par exemple, les syllabes « ga » et « to », qui se prononcent comme le mot « gâteau » en français, ont pour sens « chat » en espagnol. C'est la même chose pour les manifestations religieuses, dans lesquelles certains groupes humains utilisent des gestes, des objets et des lieux qui n'ont de sens que pour eux. Ainsi, la croix, qui symbolise la foi pour les chrétiens, ne représente absolument rien pour les adeptes d'autres religions.

D'origine préhispanique, la danse des *voladores* (danses des hommes-oiseaux) effectuée par les Totonaques du Mexique est une cérémonie des plus symboliques et spectaculaires. Quatre *voladores* grimpent sur un mat de 25 mètres, puis attachés par la taille, se jettent dans le vide la tête en bas. Ils font ainsi 13 tours, l'équivalent des 13 mois du calendrier lunaire. Les 13 tours multipliés par les quatre hommes font 52, faisait ainsi référence à l'année solaire.

Offert par Nadine Trudeau

La croix peut même symboliser l'oppression pour des peuples qui ont été contraints d'adopter le christianisme. L'eau bénite est également un symbole puissant dans le catholicisme. Le lien que font les croyants entre l'eau et ce qu'elle représente est tout à fait arbitraire. L'eau en soi n'est pas plus « sainte » que d'autres liquides, et sa composition chimique n'est pas différente de l'eau qui sort du robinet. C'est la signification que les catholiques lui ont donnée et qu'ils ont transmise d'une génération à une autre qui confère à l'eau bénite l'importance qu'ils lui accordent.

Dans son sens le plus large, le symbole est présent dans toutes les manifestations de la culture, et non uniquement dans les croyances et les pratiques religieuses, l'art ou le langage. Les humains attribuent des symboles à presque tout ce qu'ils font. Lorsque les gens préparent de la nourriture, s'occupent de leurs enfants ou assistent à une match de hockey, ils ne font pas qu'agir, ils réfléchissent à leur façon de vivre et se comportent de manière à être compris par les membres de leur groupe. Nous l'avons vu plus tôt dans ce chapitre, lorsqu'ils mangent ensemble, les humains ne font pas que combler un besoin essentiel à leur survie, ils créent aussi des liens avec les autres, que ce soit leurs enfants, leur famille, leurs amis ou leurs

invités. Les gestes de manger ensemble, de cuisiner un repas pour les autres, de souligner certains rites festifs donnent un sens à l'acte de manger qui va bien au-delà de se nourrir. De plus, comment expliquer que certains mets soient appréciés par des peuples et complètement interdits par d'autres, si ce n'est que par le symbole différent qu'ils y voient ? (*Voir l'encadré Nous et les autres, à la fin du chapitre.*)

Les symboles sont ainsi omniprésents chez les humains. Non seulement existent-ils dans leurs gestes et leurs comportements, dans les sons de leur langue, dans les objets qu'ils fabriquent, mais également dans les parures et les vêtements qu'ils portent (*voir l'encadré Les symboles corporels*).

Perspective anthropologique

Les symboles corporels

par Aline Baillargeon

Quelle qu'en soit la forme, toute transformation du corps est chargée de sens et constitue un langage symbolique qui véhicule des valeurs, des croyances et une certaine vision du monde. Qu'il s'agisse d'un tatouage, d'un *piercing* ou d'une autre forme de parure, une telle modification contribue à l'atteinte de certains objectifs humains, comme paraître plus attirant, se distinguer des autres ou encore se conformer à un idéal esthétique. Les symboles corporels constituent un phénomène universel et exceptionnellement diversifié.

En Thaïlande, les femmes padaungs (ou karens) portent au cou une série de colliers. Amorcée lorsque les fillettes ont entre cinq et huit ans, la superposition des anneaux se poursuit jusqu'à ce que les petites filles deviennent pubères. Le cou de ces « femmes girafes » n'allonge pas véritablement. L'illusion vient du fait que les premières vertèbres cervicales et les clavicules, sur lesquelles les anneaux exercent une pression, semblent faire partie du cou.

Offert par Barbara Jacques

Notre regard posé sur les cultures humaines ne cesse d'être étonné par la richesse des parures qui rivalisent d'originalité. Pour ne reprendre que quelques exemples connus, pensons à la coutume chinoise des pieds bandés qui visait à limiter la taille des pieds des femmes à un maximum de quinze centimètres de longueur. Parfois mutilants, les symboles corporels visent non seulement à embellir le corps, mais ils ont aussi une fonction identitaire, car ils nous renseignent sur la provenance géographique, l'âge, le sexe, le statut social ou l'appartenance ethnique des personnes qui les portent.

DANS LES SOCIÉTÉS TRADITIONNELLES

L'ornement du corps peut être éphémère ou permanent selon la méthode utilisée ou la profondeur à laquelle il est effectué dans la chair. Par exemple, la coiffure et les peintures corporelles constituent des formes d'ornements superficielles, puisqu'elles n'altèrent pas de façon permanente l'apparence du corps. Sur le plan de la coiffure, les humains coupent leurs cheveux, les tressent, les teignent, les crêpent et les ornent d'innombrables éléments décoratifs, tels que des rubans, des coquillages ou des fleurs, qui peuvent être retirés en tout temps. Chez les Hulis de Papouasie-Nouvelle-Guinée, les hommes se peignent le visage de couleurs vives et portent des perruques à l'occasion de fêtes rituelles.

Parmi les formes de modifications permanentes, on trouve le tatouage qui consiste à injecter des pigments de différentes couleurs sous la peau. Cette pratique a des origines très anciennes, comme en témoigne le fossile retrouvé d'un chasseur alpin datant de 5000 ans, qui était décoré d'une quinzaine de tatouages. Plusieurs peuples et civilisations anciennes ont fait usage du tatouage, comme les Égyptiens, les Incas, les Mayas, les Aztèques, les Gaulois et bien d'autres. Une des formes les plus complexes se retrouve chez les Maoris de Nouvelle-Zélande, qui arborent des *mokos*, c'est-à-dire des entailles faciales en forme de spirale, en signe de fierté culturelle.

Plus profonde encore, la scarification provoque des cicatrices en relief qui nous renseignent sur l'identité tribale des personnes qui les portent. En effet, ces marques faites sur le visage permettent de distinguer les ethnies les unes des autres, notamment lors de guerres tribales. Les marques tracées sur le corps indiquent, entre autres, le statut sexuel et social des femmes en âge de se marier ; elles ont aussi une fonction érotique, car elles accroissent la sensibilité cutanée et le plaisir des caresses. Une autre forme de marquage permanent est le perçage corporel, qui consiste à perforer la peau à des fins décoratives. La partie du corps la plus universellement percée est le lobe de l'oreille, suivie de près par le nez et les lèvres qui supportent souvent de lourds bijoux.

Enfin, on observe de véritables mutilations corporelles, comme l'insertion, dans la lèvre supérieure ou inférieure, d'un disque labial, ou labret, qui a la forme d'un plateau de bois. Au Zaïre, les Mangbetus, comme les Mayas d'Amérique, allongeaient les crânes des enfants issus de la noblesse, en les plaçant dès la naissance dans des appareils de contraction.

Pour les hommes Bumi d'Éthiopie, il est d'usage de procéder à des scarifications sur le visage ou sur le torse afin de rendre hommage à leur bravoure.

© Robert Estall Photo Agency/Alamy

© Remi Benali/Corbis

Chez les Surmas du Soudan, les jeunes filles en âge de se marier se font percer la lèvre supérieure et extraire des dents de la mâchoire. Pour distendre cet orifice, on y insère des labrets de taille toujours plus grande.

La parure corporelle dans les sociétés traditionnelles est avant tout un marqueur identitaire. Elle permet de distinguer les hommes des femmes, l'appartenance à une classe d'âge ou le statut social et marital. Ainsi, la majorité des scarifications se font lors des initiations et des rites de passage marquant un changement de statut et le passage à l'état adulte. Les ornementations désignent aussi l'appartenance tribale, les signes étant caractéristiques des ethnies et des clans familiaux. Dans l'ensemble, les marquages corporels sont en conformité avec le code culturel et prennent un caractère obligatoire. L'uniformisation de la parure garantit l'homogénéité du groupe. Celui qui ne respecte pas les normes ou ne se fait pas scarifier devient la risée de la collectivité et vit un rejet.

Les parures utilisées dans les sociétés traditionnelles ont été fortement discréditées par la civilisation occidentale qui les a jugées barbares et en a interdit la pratique à la période coloniale. Pourtant, l'Occident n'est pas en reste sur le plan des manipulations corporelles. Songeons à l'usage répandu du corset, en Europe, durant plus de quatre siècles par lequel les femmes, pour préserver une taille fine, enduraient une véritable torture et qui avait des conséquences physiques importantes, comme la déformation de la cage thoracique, des difficultés respiratoires provoquant vertiges et évanouissements et des décès lors des accouchements.

DANS LES SOCIÉTÉS MODERNES

Tout comme les autres sociétés, la culture occidentale accorde une grande importance à l'apparence. En effet, le culte de la beauté y est très valorisé définissant des stéréotypes de minceur et de séduction. Le culte de la jeunesse prône l'effacement de tout signe de vieillissement. Le culte de la santé et de la performance prescrit le devoir de se construire un corps sain et vigoureux par le sport et la musculation. Quant au culte du corps, il entraîne de nombreuses pratiques parfois douteuses, comme le bronzage, l'épilation, la musculation et les cures d'amaigrissement, qui sont toutes intégrées à une industrie fort lucrative.

Ces normes corporelles sont accompagnées d'une forte pression sociale qui nous incite à nous ajuster aux modèles véhiculés par les médias. Selon le sociologue Philippe Liotard (2003), cette mise en conformité est assurée, entre autres, par la chirurgie esthétique qui connaît une popularité croissante dans nos sociétés offrant une panoplie d'interventions visant l'amélioration du corps (augmentation mammaire, effacement des rides, liposuccion, etc.). Cet effet de mode se vit aussi chez les populations non occidentales. Ainsi, des Africaines blanchissent leur peau et se défrisent les cheveux, des Asiatiques se font opérer pour ne plus avoir les yeux bridés et des Latino-Américaines se teignent les cheveux en blond et se font refaire la poitrine. N'est-ce pas là l'expression du besoin de ressembler à un modèle de beauté occidentale ?

Au fil du temps, la société occidentale a favorisé l'homogénéisation de l'apparence. Aujourd'hui, une tendance inverse se manifeste, celle de la volonté de se singulariser, d'exprimer son individualité dans un monde de plus en plus homogène, et ce, tant par l'habillement que par les marquages corporels. L'anthropologue David Le Breton (2002) qualifie cette tendance de rite personnel qui vise à se changer en modifiant son corps.

Pour illustrer les marquages modernes, prenons d'abord l'exemple du tatouage qui est entré en Occident par l'arrivée de voyageurs en provenance de Polynésie. Dès le XIXᵉ siècle, cette pratique est devenue une marque d'affiliation à des groupes sociaux tels que les marins et les soldats, puis s'est transformée en signe de rébellion dans des milieux marginaux, comme les motards et les prisonniers. Aujourd'hui, le tatouage a perdu son image négative et ne démontre plus une affiliation à une sous-culture marginale, mais est pleinement intégré à la culture de consommation.

Il s'est produit sensiblement le même phénomène avec le *piercing*, comme le démontre Philippe Liotard (2003). Ainsi, le *piercing* serait né dans la foulée du mouvement punk, dans les années 70, qui avait scandalisé l'Angleterre par ses ornements jugés provocateurs, comme le tatouage sur l'ensemble du corps, le maquillage morbide avec teint blanc et lèvres noires et les coiffures extravagantes, dont la célèbre crête «mohawk». Les punks exprimaient, par l'usage du «laid», une dissidence brutale d'avec le monde moderne et sont devenus un symbole de décadence. Quelques décennies plus tard, la culture punk a été reprise et transformée en style excentrique. Cette allure branchée, longtemps décriée et réservée au milieu *underground*, a désormais été adoptée par une partie de la jeunesse occidentale.

Plus tard, sont apparus ceux qu'on a appelés les «primitifs modernes». Ces derniers s'intéressent aux marquages et aux rituels tribaux qu'ils font revivre tout en les dotant de significations nouvelles. Concevant le corps comme un lieu de plaisir, ils pratiquent le *bodyplay* qui consiste en des jeux de suspension, des marquages au fer rouge et des scarifications inspirées du sadomasochisme pratiqué dans les milieux homosexuels américains (Liotard, 2003).

Plus récemment, ce sont les marquages extrêmes qui ont fait leur apparition dans des sous-cultures marginales. L'exemple le plus frappant est celui des implants sous-cutanés d'objets dans le but de sculpter le corps pour lui donner de nouvelles formes, comme des cornes, des crêtes, des bosses ou des pointes. Parmi les autres pratiques extrêmes, notons le *branding*, ou la production de dessins par brûlure au fer rouge ou au laser, le *stretching* qui consiste à élargir suffisamment un *piercing* pour y insérer une pièce de plus en plus volumineuse, le *peeling* par lequel des surfaces de la peau sont enlevées, la langue est coupée en deux pour lui donner l'allure de celle du serpent, les dents sont taillées et bien d'autres modifications qui défient l'imagination. Ces

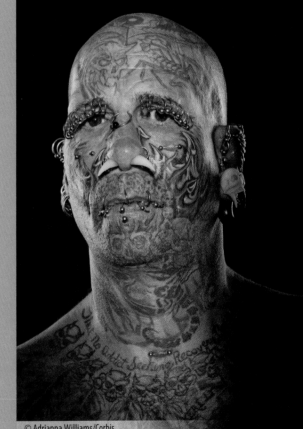

© Adrianna Williams/Corbis

Dans les cultures traditionnelles, l'art corporel a tendance à demeurer constant, tandis qu'en Occident les modes et les styles varient davantage. Les Occidentaux ont la possibilité de choisir leur style et d'adhérer ou non aux modes en vigueur. Couvert de *piercings* et de tatouages, cet homme tente de se démarquer du citoyen ordinaire.

interventions sont pratiquées par des anatomo-sculpteurs, qui prennent le relais des médecins qui refusent de pratiquer des mutilations corporelles. Le but poursuivi est d'explorer les limites du corps et d'en créer une nouvelle image. Ces marquages extrêmes provoquent de fortes réactions d'incompréhension et de désapprobation. Selon Liotard, ceux qui les pratiquent sont perçus comme des personnes ayant des problèmes de santé mentale qui cherchent à détruire leur corps.

Qu'est-ce qui motive ceux qui pratiquent ces marquages extrêmes ? Farouchement anticonformistes, ils expriment une volonté d'échapper aux conventions et d'éviter la banalité des styles. Ils poursuivent des idéaux qui valorisent la transgression, mais surtout l'exploration d'une nouvelle esthétique créative en jouant avec l'inhabituel et le marginal. Il s'agit aussi d'une quête d'identité à travers un corps choisi et la participation active à la construction de soi dans le but d'affirmer son identité, d'une tendance qui corrobore pleinement le caractère individualiste des sociétés modernes. En fait, nous assistons à une véritable mutation culturelle caractérisée par l'éclatement de l'idéal esthétique conventionnel et l'élaboration de nouveaux marquages extrêmes défiant l'imagination et les limites du corps. Il se crée ainsi un univers de possibles aspects corporels impensables il y a quelques décennies.

La culture forme un ensemble intégré

À des fins de comparaison et d'analyse, les anthropologues ont l'habitude de décomposer une culture en plusieurs éléments distincts, les plus courants étant la religion, la parenté, l'économie et la politique. Bien que le choix de ces distinctions soit arbitraire, l'anthropologue qui ne se penche que sur un seul trait d'une culture se trouve tôt ou tard confronté à la nécessité d'en étudier les autres aspects, car les différents traits d'une culture forment généralement un ensemble cohérent. Les éléments d'une culture donnée sont souvent soudés les uns aux autres, les uns colorant les autres. Si un trait culturel change, il y a de grandes chances pour que d'autres soient aussi affectés.

Prenons l'exemple de la vache sacrée en Inde. Hors de son contexte, le caractère sacré de l'animal est difficile à concevoir. Quiconque séjourne en Inde est rapidement frappé par l'omniprésence des vaches dans les rues des villes. Ce qui étonne, c'est non seulement le fait qu'elles soient nombreuses à errer librement, mais aussi qu'on semble en prendre davantage soin que des humains. Elles ne sont pas maltraitées ni chassées des endroits où elles s'installent quels que soient ces endroits. Si elles se trouvent en pleine rue, par exemple, les automobilistes doivent les contourner ou attendre qu'elles partent d'elles-mêmes. Il faut savoir qu'en Inde, pays de contrastes, richesse et pauvreté se côtoient. Dans les grandes villes, il n'y a pas que les animaux qui arpentent les rues sans domicile fixe. Il y a aussi des familles, dont l'unique bien est une vache qui donne à boire aux enfants le matin. Selon l'anthropologue américain Marvin Harris (1989), les vaches sont plus utiles vivantes qu'à l'abattoir. Vivantes, elles donnent du lait, du yogourt, du beurre, de l'urine et de la bouse. Leur caractère sacré leur évite d'être utilisées comme viande à boucherie. L'Inde est un pays très densément peuplé où le végétarisme nourrit plus efficacement la population. En apparence inutiles pour les étrangers, les vaches revêtent au contraire une grande importance pour les Indiens. Encore aujourd'hui, les vaches servent parfois d'animaux de trait. Précieusement ramassés, leurs excréments, inodores une fois séchés, servent non seulement d'engrais, mais aussi de combustible pour des très nombreux Indiens vivant à la campagne.

Offert par Richard Vachon

Quiconque séjourne en Inde est frappé par l'omniprésence des vaches en milieu urbain, là où les Occidentaux n'ont pas l'habitude de les voir. Non seulement elles errent, mais leurs excréments sont parfois aperçus séchant au soleil, à des fins d'utilisation ultérieure. Leur caractère sacré étonne.

Prenons maintenant l'exemple de la parenté dans la société traditionnelle chinoise. On sait que généralement la culture chinoise valorise de façon très importante la lignée masculine (Rocha da Silva, 2006). La naissance d'un garçon est considérée comme un cadeau pour les parents, car, selon la tradition chinoise, les garçons héritent de la terre et des biens de leurs parents et s'occupent d'eux lorsqu'ils deviennent vieux. Les filles, une fois mariées, vont vivre avec leurs beaux-parents. La langue chinoise possède donc des termes qui distinguent la lignée maternelle de la lignée paternelle, reflétant ainsi l'importance accordée à cette distinction. Si en français, on utilise les termes «oncle» et «cousin» sans distinguer le côté de la parenté où se trouvent les individus désignés, il en va autrement en chinois (mandarin ou cantonnais), où les termes diffèrent selon la descendance des personnes. Il en est de même pour tous les termes relatifs à la parenté. L'importance de la lignée paternelle, qui se mesure dans la langue et qui a des racines économiques, touche également la vie religieuse des Chinois. En effet, dans cette société, la tradition veut que seuls les garçons puissent subvenir aux besoins de leurs parents, même lorsqu'ils sont morts et vivent dans le monde des esprits. D'après le confucianisme, code moral et religieux qui a perduré en Chine même après l'arrivée des religions taoïste et bouddhiste, la naissance de garçons est une obligation envers les esprits des défunts. Avec le confucianisme, l'organisation patrilinéaire a même

> Les Chinois accordent une grande importance à la famille.
> À la différence du français, la langue chinoise (mandarin et cantonnais) utilise des mots différents pour distinguer la parenté maternelle de la parenté paternelle, car dans la culture chinoise, cette distinction est significative, alors qu'elle l'est moins pour d'autres populations. Cette distinction se traduit non seulement dans la langue, mais également dans la vie économique, politique et religieuse.

été la doctrine d'État jusqu'en 1912 (Rocha da Silva, 2006). Cet exemple illustre bien l'importance de la lignée paternelle, qui est non seulement liée à la vie familiale, mais également à la vie économique, politique et religieuse, ainsi qu'à la langue.

Les éléments qui composent une culture sont pour la plupart interreliés. Ils sont souvent dépendants les uns des autres et fonctionnent comme un ensemble structuré. On ne peut comprendre des traits culturels sans s'intéresser aux autres dimensions de la culture auxquels ils sont liés. C'est ce que disent les anthropologues lorsqu'ils soulignent qu'une des caractéristiques de la culture est qu'elle forme un ensemble cohérent, qu'elle est intégrée.

À la lumière de ces exemples, on pourrait croire que les divers traits d'une culture doivent toujours être en parfaite harmonie, un peu comme une machine dont tous les rouages doivent être compatibles et complémentaires pour assurer son bon fonctionnement. Jusqu'à un certain point, cette analogie peut s'appliquer à toutes les cultures. La modification importante d'un trait d'une culture suscite habituellement des changements sur d'autres plans, parfois de façon très marquée.

Il faut reconnaître que toute culture, pour bien fonctionner, a besoin d'un certain degré d'harmonie, mais une parfaite harmonie n'est pas essentielle pour autant. Il faudrait plutôt parler d'un effort de cohérence imprégnant toute culture. La culture fonctionne plutôt bien tant que ses éléments constitutifs sont relativement cohérents. Par contre, l'abandon de cet effort de cohérence risque de déclencher une crise. En Chine, une crise a en effet été déclenchée lorsque le gouvernement a mis en application sa politique de l'enfant unique, en 1979. Cette politique, dont l'objectif était la baisse de la fécondité, a eu de nombreuses conséquences imprévues. Le régime communiste de Mao Zedong, qui prônait résolument l'égalité des sexes et qui croyait que les femmes tireraient avantage de cette politique en les libérant de l'obligation d'avoir de nombreuses grossesses, n'avait pas mesuré l'enracinement profond et étendu des valeurs liées à la lignée paternelle. Les mesures, souvent coercitives, qui encourageaient les familles à n'avoir qu'un seul enfant ont eu l'effet de diminuer les naissances certes, mais surtout celles des filles. Sans être prévue à cette fin, la politique de l'enfant unique a eu pour conséquence un déséquilibre démographique entre les sexes, étant donné la préférence traditionnelle des Chinois pour les garçons. Elle a entraîné de nombreux avortements, abandons et cas de négligence envers des bébés-filles de telle sorte que, 15 ans plus tard, il y avait en Chine 116 garçons pour 100 filles. Même si depuis les années 1995, le gouvernement chinois a réagi aux effets non voulus de cette loi en diminuant les mesures coercitives de sa politique, il reste que le ratio hommes/femmes est déséquilibré en Chine et les chiffres n'indiquent pas qu'il en sera autrement dans les prochaines années (Rocha da Silva, 2006).

La culture se transforme

Toutes les cultures changent avec le temps. Aucune n'est immuable, même celles que nous qualifions de «traditionnelles» en raison de leurs différences avec les sociétés modernes. Les changements se produisent en réaction à des évènements, comme une crise ou le contact avec une culture étrangère (*voir le chapitre 11*). Dans chaque culture, les jeunes sont souvent les porteurs du changement. Dans la culture nord-américaine, par exemple, les modes vestimentaires changent fréquemment.

Les dernières décennies ont vu les hommes et les femmes exposer de plus en plus des parties de leur corps – à la piscine, mais aussi dans la rue, au travail, à l'école – parce que la culture l'a permis. L'utilisation du corps en photographie et au cinéma a connu une permissivité croissante. Simultanément, les pratiques et les attitudes sexuelles des Nord-Américains sont devenues de moins en moins restrictives. Au Québec, comme ailleurs en Occident, on parle maintenant de plus en plus des problèmes associés à l'hypersexualisation des jeunes filles (Poulin et Laprade, 2006 ; Durand et Noël, 2005).

Bien que les cultures doivent être en mesure de changer pour demeurer bien adaptées, les changements culturels, s'ils sont trop intenses et rapides, entraînent souvent des conséquences inattendues et parfois néfastes (comme nous l'avons vu avec l'exemple de la politique de l'enfant unique en Chine). La sécheresse qui frappe régulièrement les peuples de l'Afrique subsaharienne en est un autre bon exemple. Cette région est habitée par des peuples de pasteurs nomades qui vivent de l'élevage du bétail et qui se déplacent avec lui pour le faire paître et boire. Pendant des milliers d'années, ces peuples ont mené leurs troupeaux en tirant le meilleur parti de vastes régions arides et ont ainsi réussi à survivre à un grand nombre de sécheresses. Malheureusement pour eux, leur mode de vie nomade déplaît aux gouvernements des États de la région, parce qu'il amène ces peuples à traverser des frontières internationales. Puisque les nomades échappent à leur autorité, ces gouvernements ont entrepris de les sédentariser. Cette perte de mobilité a entraîné des problèmes de surpâturage, que les gouvernements ont aggravés en poussant ces peuples à s'intégrer à une économie de marché. Ceux-ci ont commencé à élever des troupeaux beaucoup plus nombreux que ne l'exigeaient leurs seuls besoins, de façon à pouvoir vendre l'excédent. La dévastation qui en a résulté, là où il n'y avait jamais eu de surpâturage ni d'érosion, a rendu les sécheresses catastrophiques et menace depuis lors l'existence même de ces anciens nomades. Lorsque survient une crise politique ou un conflit armé, les individus deviennent incapables de faire face à la situation et de subvenir à leurs besoins. Si l'on greffe à cela les problèmes environnementaux associés au réchauffement de la planète, on obtient la crise majeure de la faim qui secouait tout récemment encore la Corne de l'Afrique.

Le mode de vie des Premières Nations du Canada a connu divers bouleversements au cours de leur

Offert par Maude Pelland-Tessier/Optimonde

Cet autel maya offre un bel exemple de syncrétisme religieux, c'est-à-dire de fusion de plusieurs systèmes de croyances. On y retrouve des symboles catholiques, mais aussi des vestiges de la croyance en des esprits que pratiquent encore de nombreux Autochtones du lac Atitlan, au Guatemala.

histoire, principalement à cause de l'expansion coloniale des Européens en Amérique du Nord. Ceux-ci ont incité de nombreux peuples autochtones à renoncer à leurs modes de subsistance traditionnels au profit de la traite des fourrures. Lorsque le commerce des fourrures s'est effondré, les Autochtones ont été ruinés. À la même époque, les populations de bisons ont fortement décliné, et les colons européens convoitaient les territoires de chasse traditionnels des Premières Nations. Tous ces facteurs ont laissé sans ressources de nombreuses communautés. La réaction des gouvernements a été de déplacer (parfois de force) les Autochtones dans des réserves aux maigres ressources et de les obliger à pratiquer une agriculture à l'européenne. Les représentants gouvernementaux, secondés par les missionnaires de l'époque, ont retiré (de nouveau par la force) les enfants autochtones de leur famille pour les placer dans des pensionnats afin de les «civiliser» (*voir le chapitre 11*). Toutes ces mesures ont complètement bouleversé les cultures amérindiennes. Les descendants de ces peuples réclament aujourd'hui leur patrimoine et exigent la reconnaissance de leurs droits. Ils reprennent peu à peu le contrôle de leur destin grâce au règlement de leurs revendications territoriales, à des programmes

sociaux compensatoires et à l'autonomie gouvernementale (*voir le chapitre 8*).

Tout comme les Premières Nations d'Amérique du Nord, les peuples du monde restent rarement indifférents devant l'impérialisme culturel. Certains se rebellent et luttent afin de préserver leur culture. D'autres, s'ils n'ont pas la marge de manœuvre nécessaire, intègrent des traits culturels imposés à ceux de leur culture d'origine. On appelle **syncrétisme** la nouvelle expression qui résulte de ce mélange. Le catholicisme pratiqué par les Autochtones d'Amérique latine à la suite de leur évangélisation par les Espagnols à partir du XVe siècle est un bon exemple de syncrétisme. En effet, plusieurs éléments de leurs croyances religieuses d'origine persistent malgré le fait qu'ils sont pour la plupart de fervents chrétiens. D'après les anthropologues, le syncrétisme est une réaction de défense des peuples devant les changements culturels imposés.

Syncrétisme

Mélange de pratiques et de croyances issues de différentes cultures. C'est ce qu'ont fait les populations qui ont intégré certains traits religieux d'autres groupes avec lesquels ils ont été en contact (de gré ou de force).

LES UNIVERSAUX DE LA CULTURE

S'il est vrai que chaque culture est unique, les anthropologues reconnaissent aussi que les cultures présentent des traits universels, c'est-à-dire communs à toutes les cultures. Par l'étude comparative de différentes cultures, les anthropologues cherchent à cerner les caractéristiques de base que la plupart partagent. Parmi les universaux de la culture, figurent la vie en famille, le mariage (officiel ou non) et le partage de nourriture entre adultes. On note également que tous les peuples humains cherchent des réponses à des questions existentielles et qu'ils disposent d'une manière ou d'une autre de leurs morts. Ces traits sont parfois difficiles à établir, car aussitôt leur universalité constatée, on remarque qu'ils s'expriment avec une grande variation d'une culture à une autre. Par exemple, on sait que toutes les sociétés prennent soin des défunts, c'est-à-dire qu'elles ne les laissent pas se décomposer là où ils sont morts, comme le font les autres animaux. Par contre, une fois ce constat fait, on observe une très grande diversité des pratiques funéraires dans le monde (crémation, enterrement, embaumement, momification, disposition des restes dans différents lieux, prières, etc.). Parfois, les anthropologues ne s'accordent pas sur le caractère universel de certains traits, car il existe des exceptions. Le tabou de l'inceste en est un exemple. Ce tabou qui interdit les relations sexuelles entre un parent et son enfant ainsi qu'entre un frère et une sœur existe dans toutes les cultures, à l'exception de quelques-unes où sont permises les unions entre frères et sœurs (*voir le chapitre 6*). Il arrive aussi que les mariages entre pères et filles soient permis dans des sociétés où on ne fait pas le lien entre la paternité et les enfants à naître. Il faut préciser aussi que, dans certains cas, le tabou de l'inceste s'applique à des membres de la famille étendue (oncles, cousins, grands-parents) ainsi qu'à d'autres personnes (beaux-parents, parents adoptifs, membres du même clan, etc.). La majorité des anthropologues, dont Claude Lévi-Strauss, croient que le tabou de l'inceste est universel. Toutefois, certains anthropologues préfèrent utiliser le qualificatif de quasi universel.

LA SOCIÉTÉ ET LA CULTURE

On confond souvent les termes «culture» et **société**. Une société est un groupe de personnes qui vivent dans la même région géographique, parlent la même langue et sont interdépendantes notamment sur le plan économique. Comme la plupart des sociétés, le Québec compte de nombreuses cultures distinctes. Certaines sont originaires de l'Amérique du Nord (Inuits, Innus-Montagnais, Cris, etc.) et de l'Europe (Français, Anglais, etc.), d'autres viennent d'Afrique du Nord (Marocains, Algériens, etc.), d'Asie (Chinois, Vietnamiens, etc.), des Antilles (Haïti, etc.) ou d'Amérique latine (Chiliens, etc.). Les liens de dépendance entre les membres d'une même société s'observent dans leurs rapports économiques notamment. De plus, les membres d'une société sont liés les uns aux autres par un certain sentiment d'identité commune. Les immigrants qui s'installent au Québec ne se considèrent pas tous comme appartenant à la culture québécoise. Ils reconnaissent généralement faire partie de la société québécoise, mais hésitent à dire qu'ils adhèrent entièrement à sa culture, soucieux de perpétuer leur propre culture d'origine. Cette difficulté pour les immigrants à s'identifier à la culture québécoise est d'autant plus manifeste que les Québécois affichent une certaine ambiguïté quant à leur identité. Cela étant dit, les termes «culture» et «société» sont souvent utilisés comme des synonymes quand la majorité des membres d'une société partagent un ensemble de traits culturels et de valeurs.

Pour survivre, une société doit réussir à préserver un équilibre entre les intérêts personnels de ses membres et les exigences du groupe qu'ils forment. Pour ce faire, cette société encourage ceux qui adhèrent à ses normes, en les gratifiant, la plupart du temps, d'un assentiment collectif. Aussi, lorsqu'elle définit les comportements à adopter, toute société doit s'assurer de maintenir un équilibre entre les besoins collectifs et un degré suffisant de satisfaction individuelle, sans quoi une frustration pourrait naître qui risquerait de causer des perturbations sociales. Même si certaines cultures mettent davantage l'accent sur les valeurs individualistes et d'autres sur les valeurs collectives, il reste que toutes doivent trouver un équilibre entre les besoins des individus et ceux de la société à laquelle ils appartiennent. Quand les besoins de la société prévalent indûment sur les besoins personnels, les individus subissent un stress, une tension

Société

Groupe d'individus qui vivent dans la même région géographique, parlent la même langue et sont interdépendants, notamment sur le plan économique.

qui peut se manifester par des comportements jugés antisociaux. Toutefois, s'il est vrai que la primauté des besoins collectifs sur les besoins individuels engendre certains problèmes, l'inverse est également vrai. Dans une société trop individualiste, par exemple, les problèmes d'isolement des personnes vulnérables telles les personnes âgées, handicapées ou ayant un problème de santé mentale, sont plus criants que dans une société plus collectiviste.

Les sous-cultures

Bien que partagée, la culture n'est pas homogène dans un groupe donné. Au-delà des «écarts de conduite» permis aux individus dans certaines circonstances, des variations peuvent s'exprimer à une plus grande échelle dans l'application des règles dictées par une culture. C'est le cas, entre autres, des différences notables qui caractérisent le rôle des hommes et celui des femmes. Chaque culture attribue un sens à ces différences en les expliquant et en édictant des règles à leur sujet. Comme pour la culture, les êtres humains apprennent ces rôles sexuels dès la naissance. Puisque chaque culture décrit et enseigne les rôles sexuels à sa façon, il en résulte de fortes variations d'une culture à l'autre, en plus de celles observées au sein même de chaque culture entre hommes et femmes. Au Québec, par exemple, les femmes sont tenues de surveiller leur langage plus que les hommes et sont mal jugées si elles se permettent de «sacrer» (*voir le chapitre 7*).

Outre les variations culturelles selon le sexe, des variations culturelles apparaissent également en fonction de l'âge. Dans toute société, on ne s'attend pas à ce que les enfants se comportent de la même manière que les adultes, et vice-versa. Certaines variations culturelles sont liées à d'autres facteurs, notamment l'origine ethnique, le travail, les classes sociales, l'orientation sexuelle, la géographie (par exemple, l'est et l'ouest du Canada, les villes et les campagnes), les handicaps physiques ou mentaux.

Même au sein de ces groupes plus restreints où semble régner une culture uniforme, on observe de nombreuses différences. La communauté bouddhiste du Québec constitue à cet égard un bon exemple, puisqu'elle compte environ 42 000 adeptes originaires du Viêt Nam, de la Chine, du Cambodge, du Laos, du Japon, de la Thaïlande, de la Corée et du Tibet. La plupart des bouddhistes résident dans la grande région de Montréal. Ils viennent de pays différents, se distinguent sur les plans linguistique et culturel et se retrouvent dans des situations socioéconomiques très variées. De plus, les bouddhistes se répartissent entre quatre grandes écoles de pensée: le *Theravāda* ou Petit Véhicule (cambodgien, laotien, thaïlandais), le *Mahāyāna* ou Grand Véhicule (chinois, coréen, japonais, tibétain et vietnamien), le *Vajrayāna* ou bouddhisme tantrique (tibétain) et le bouddhisme zen (japonais et chinois) (Gaudet, 2011).

De tels groupes qui, dans une société, fonctionnent selon leurs propres normes de comportement tout en observant des principes communs à l'ensemble de la société forment des **sous-cultures**. Ce terme, soulignons-le, n'évoque aucunement un statut inférieur par rapport au mot «culture». À Montréal, comme à New York, les Juifs hassidiques constituent un exemple de sous-culture ethnique. Aussi différents soient-ils, les Hassidims adhèrent à de nombreuses valeurs que respecte l'ensemble des Québécois (*voir l'encadré Les juifs hassidiques*).

Au Québec, une observation attentive permet de constater que de grandes régions comme le Saguenay – Lac-Saint-Jean, la Gaspésie ou l'île de Montréal se distinguent par certains traits culturels. Outre le vocabulaire et l'accent, on y observe certaines façons de faire et de penser qui se démarquent. Il en va de même de quelques milieux socioéconomiques dont la sous-culture diffère en partie de la culture québécoise dominante.

À Montréal, l'été, il suffit de faire la tournée des «ventes de trottoir» pour constater l'existence de ces sous-cultures. Sur la rue Saint-Laurent, par exemple, on observe des vendeurs et des clients d'horizons culturels très variés. Visiblement, les clients issus des communautés culturelles se déplacent davantage en famille. Cette famille est constituée de plusieurs enfants et d'individus de générations différentes. Sur l'avenue Mont-Royal, la vente extérieure est davantage fréquentée par une certaine «bourgeoisie bohème» du Plateau-Mont-Royal où les enfants sont moins nombreux. Quant à la rue Ontario, elle attire surtout une population issue des milieux populaires où l'on remarque notamment la présence de femmes dans la jeune vingtaine

Sous-cultures

Groupes d'individus qui adhèrent à des normes et qui adoptent des comportements, lesquels diffèrent en partie de ceux qu'observe la majorité des membres de la société au sein de laquelle vivent ces groupes.

accompagnées de leurs enfants et souvent de leur propre mère. Les amuseurs publics chargés d'animer l'avenue Mont-Royal et la rue Ontario ne manquent pas de percevoir la différence dans le comportement des gens, notamment, des jeunes. Pour eux, il ne fait pas de doute qu'il s'agit bel et bien d'auditoires issus de sous-cultures distinctes. Des observations semblables pourraient être faites en visitant les festivals *westerns* en région au Québec (Fortier *et al.*, 2009) ou en comparant les «Noël du campeur» dans les campings de la province (Maroist et Ruel, 2004).

Parce qu'ils se sentent étrangers à la culture dominante et qu'ils éprouvent le besoin de faire partie d'un groupe en marge de la norme, certains jeunes adhèrent à des sous-cultures. À Montréal, dans les années 1990, des jeunes ont créé une nouvelle façon de mendier: le *squeegeeing*. «Pendant que la lumière est rouge, le jeune se faufile entre les voitures et fait signe au conducteur avec son *squeegee*, attendant de recevoir une réponse affirmative de ce dernier»(Foisy, 1999, p. 17). Aperçus dans la rue avec leurs chiens, seuls, en couple ou en petits groupes, ces jeunes sont devenus le symbole d'une marginalité et d'un mode de vie doté de ses propres codes et règles de conduite. Des territoires sont établis, et ceux qui pratiquent le *squeegeeing* à l'occasion savent où ils ne doivent pas aller (Denis, 2003). Une solidarité s'établit entre petits groupes. La rue offre à ces jeunes un lieu où ils peuvent évoluer en marge de la société et l'illusion d'un espace de liberté. Ils perçoivent la rue comme un mode de vie dans lequel il n'y aurait ni stress ni responsabilités (Levac et Labelle 2007). Observée dans le tiers monde depuis plus longtemps, la pratique du *squeegeeing* est ici associée à une catégorie bien précise de jeunes de la rue (Foisy, 1999). Très visible dans les années 1990, cette pratique a fortement diminué depuis le milieu des années 2000. Même si la pratique s'est quelque peu transformée, on dénombre quelque 5000 jeunes sans-abri au Québec, dont un certain nombre pratiquent encore le *squeegeeing*. Une étude effectuée pour l'organisme Refuge des jeunes, par l'anthropologue Christian Levac, lève le voile sur la réalité singulière de ces jeunes et démystifie leur parcours de vie. Certaines de ses observations montrent comment on peut glisser vers la marge, se regrouper avec des gens semblables à soi et éventuellement faire partie d'une sous-culture.

> Ces derniers ont vécu dans des familles éclatées, reconstituées et monoparentales. Leur parcours a été aussi marqué par des évènements traumatiques au sein de la famille tels que la mort et le suicide. Durant leur jeunesse, ils ont été imprégnés de la violence, la toxicomanie, la folie et les écarts de leurs parents. [...] La majorité des jeunes du projet n'ont pas terminé leur secondaire. [...] J'ai rencontré un grand nombre de jeunes de la rue ayant vécu des expériences de placement. Plusieurs d'entre eux, dont la majorité des jeunes de la recherche, se sont croisés dans leur parcours institutionnel et ils se retrouvent aujourd'hui dans la rue. (Levac et Labelle 2007, p. 8-9)

Comme il est mentionné au chapitre 1, les anthropologues s'intéressent à d'autres sous-cultures constituées par les jeunes telles que celles des adeptes du Heavy Métal (McFadyen et Dunn, 2008) ou des graffiteurs (Bilodeau, 1996). À leur façon, ils contribuent à mieux faire connaître des groupes souvent marginalisés, car différents.

Offert par Richard Vachon

Les jeunes qui pratiquent le *squeegeeing* sont associés aux punks, parce qu'ils sont les instigateurs de la pratique et qu'ils se remarquent facilement d'après leur look marginal: cheveux de couleur, *piercing*, bottes doc Marten's et pantalons de style militaire. Aujourd'hui, de moins en moins de jeunes de la rue pratiquent le *squeegeeing* et arborent le look punk.

Une société pluraliste

Cet examen des notions de culture et de sous-culture met en lumière le caractère pluraliste de la société canadienne. Une société pluraliste abrite plusieurs cultures et sous-cultures. Comme la plupart des sociétés modernes, le Québec comprend aujourd'hui une multitude de sous-cultures ethniques. Depuis plus d'un siècle, des personnes issues de toutes les régions du monde ont immigré ici, apportant leurs idéaux, leurs valeurs, leurs croyances, leurs langues, leurs coutumes et leurs traditions culturelles. Bien que ces cultures traditionnelles aient changé peu à peu, les identités canadienne et québécoise doivent largement leur saveur actuelle à l'héritage de ces immigrants.

Le caractère pluraliste de la société canadienne comporte aussi sa part de problèmes. Les membres de groupes culturels et ceux de la société d'accueil ont parfois de la difficulté à comprendre leurs préoccupations et leurs besoins respectifs. Le mouvement souverainiste québécois en offre un exemple patent. Les Québécois francophones ont toujours craint de perdre leur langue et leur culture et de se faire assimiler par le Canada anglais. Ces craintes ont donné naissance à un fort sentiment nationaliste au Québec, créant à son tour un mouvement favorable à l'indépendance de la province par rapport au reste du Canada. Ce mouvement a amené la tenue au Québec de deux référendums sur la question de l'indépendance du Québec, soit en 1980 et en 1995, alors que le camp souverainiste a perdu de peu. Malgré des tentatives répétées de part et d'autre de développer une forme d'alliance et la reconnaissance du Québec comme nation par le Parlement canadien, l'avenir du Québec au sein du Canada suscite toujours de l'intérêt malgré l'apparente désorganisation du mouvement souverainiste et la désaffectation des électeurs parfois observées aux élections fédérales et provinciales.

Exemple ethnographique

Les juifs hassidiques

par Élise Massicotte

En 2006, le Canada comptait 315 120 personnes de religion juive, dont 71 380 vivaient au Québec (Statistique Canada, 2006). La communauté juive a commencé à s'installer au Québec au milieu du XVIIIᵉ siècle, après la Conquête britannique (Anctil et Robinson, 2010). Après plusieurs vagues d'immigration, elle est aujourd'hui très diversifiée et offre un visage complexe et coloré (juifs anglophones de tradition ashkénaze ou francophones de tradition séfarade, par exemple).

Les immigrants de la communauté hassidique sont arrivés au Québec après la Seconde Guerre mondiale (de la fin des années 1940 au début des années 1950). Plusieurs des adeptes du courant hassidique polonais, ukrainien et hongrois étaient des survivants de la Shoah (ou Holocauste). Selon un sondage de 1997 (cité dans Anctil, 2010), le tiers (6250) des membres de la communauté juive hassidique et ultra-orthodoxe actuelle de Montréal (18 500) vivait dans le quartier Outremont, mais aussi à Snowdon (Bauer cité dans Lemay, 2011). Montréal regrouperait donc actuellement, la plus grande communauté hassidique du monde, à l'extérieur d'Israël et de New York (Anctil et Robinson, 2010).

Les Hassidims sont regroupés en huit communautés ayant chacune son rabbin, la plus importante étant la communauté Loubavitch (2000 membres vivent à Snowdon-Hamstead-Côte-des-Neiges). Une petite enclave hassidique (communauté tash) est installée à Boisbriand, au nord de Montréal.

Les Hassidims adhèrent à un leader charismatique (rebbe) et respectent à la lettre ses conseils dans leur vie quotidienne (Anctil, 2010). Leur langue principale est le yiddish, alors que dans le monde, seulement 3 % des juifs ashkénazes le parleraient encore en 2011 (Ringuet cité dans Laurence, 2011). Leur deuxième langue est l'anglais, le français venant loin derrière. Fait intéressant, 22,4 % des Hassidims de Montréal sont nés aux États-Unis (selon une recherche de 2005 citée dans Anctil et Robinson, 2010) et seraient donc moins enclins à apprendre le français. Ils mènent une vie simple et très pieuse (hassid signifie « les pieux »). On dit du mouvement hassidique qu'il est ultra-orthodoxe, car les communautés vivent presque en vase clos. Les règles très strictes prônées par ce mouvement, ainsi que plusieurs de leurs traditions, tirent leur origine de la Kabbale (une tradition mystique inspirée d'un livre, le Zohar). Ces règles n'ont presque pas changé depuis près de 200 ans. Le mouvement hassidique est né en Pologne au XVIIIe siècle, en protestation contre les abus de pouvoir des dirigeants ashkénazes. Ce mouvement orthodoxe est qualifié de « secte » par certains juifs.

Les Hassidims se méfient de la modernité et de la technologie. Les familles hassidiques, plus nombreuses que les familles québécoises, ont en moyenne 5 ou 6 enfants. La croissance démographique de cette communauté est donc très élevée (Anctil et Robinson, 2010). Les hommes vont prier à la *shtibl* (« petite pièce » où se font les prières et autres activités) ou à la synagogue deux fois par jour, alors que les femmes et les enfants la fréquentent surtout pour le sabbat hebdomadaire (du vendredi soir au samedi soir). Lors du sabbat, les hommes ne peuvent utiliser leur voiture, ce qui explique que les synagogues soient situées à proximité de leur lieu de résidence. L'ensemble de la communauté célèbre aussi fidèlement toutes les fêtes importantes. Les hommes participent aussi à des groupes d'études religieuses (académies d'études talmudiques ou *yeshivot*) (Anctil et Robinson, 2010). Les Hassidims administrent leurs propres écoles (écoles privées pour filles ou pour garçons), des *shtibl* ou synagogues et des commerces. Ils achètent leurs aliments dans les épiceries cachères de leur quartier. La communauté hassidique utilise ces services dans le but de conserver ses traditions (Gaudet, 2011).

La communauté hassidique jouit donc d'une certaine autonomie sociale et communautaire. Par ailleurs, elle fréquente plusieurs établissements et utilise divers services qui ne leur sont pas exclusifs, comme les soins de santé (CLSC, hôpitaux, cliniques, etc.), des installations récréatives et sportives, des commerces de proximité (pharmacies, magasins de vêtements, garages, quincailleries), le transport en commun, etc. (Gagnon, 2002).

Les Hassidims ont conservé des habitudes vestimentaires issues du XVIIIe siècle. En raison de leurs vêtements, ils peuvent être considérés comme une minorité dite « visible ». Les femmes doivent être pudiques et sont incitées à porter une perruque (*shaïtel*) ou un foulard couvrant leurs cheveux. Les hommes s'habillent en noir et revêtent un manteau et un chapeau à large bord appelé *shtraïmel*. Ils portent aussi la barbe et des

Même à Jérusalem, ces juifs hassidiques ne passent pas inaperçus. Comme à Outremont (Montréal), ils font partie de ce que les anthropologues appellent une « sous-culture ethnique ».

Offert par Richard Vachon

papillotes, car la Bible leur interdit de se raser. Les hommes portent la *kippa* (calotte brodée blanche, crème ou noire) pour aller à la synagogue (Gaudet, 2011).

À cause de leur habillement, entre autres, les Hassidims sont parfois victimes d'incompréhension, d'intolérance et de préjugés de la part de certains de leurs voisins (Anctil, 2010). Le refus de la communauté hassidique de se conformer à de nombreuses normes de la société québécoise, en choisissant par exemple de vivre en vase clos, cause aussi parfois des frictions, mais la plupart des résidents d'Outremont reconnaissent que les Hassidims participent à la société d'accueil (Roy, 2006).

Un des objets de désaccord a trait aux écoles talmudiques et à la notion d'accommodement raisonnable. Par exemple, l'école Toldos Yakov Yosef fréquentée par 125 élèves, dans l'arrondissement d'Outremont à Montréal, détient un permis d'enseignement préscolaire et primaire, mais pas secondaire. Or, une soixantaine de garçons y passent leurs journées pour y suivre un enseignement strictement religieux destiné aux futurs rabbins. Ils ne fréquentent donc pas une école, alors que la loi québécoise rend la scolarisation obligatoire jusqu'à l'âge de 16 ans.

Toujours à Outremont, le débat sur l'accommodement raisonnable a été soulevé lorsqu'un membre de la communauté hassidique Yetev Lev (400 personnes) a demandé au YMCA de changer les fenêtres d'une salle accueillant une classe de yoga et d'aérobie. Les femmes qui s'y entraînaient étaient visibles de l'autre côté de la ruelle, ce qui choquait le regard des membres de la communauté hassidique. «On pouvait voir des femmes danser, ce qui est contraire à nos valeurs», a expliqué Yossi Klein (Bisaillon, 2006). Le YMCA a obtempéré et fait installer des fenêtres givrées en 2006, après qu'un membre de la communauté hassidique a offert de payer la facture d'un tel aménagement. Cet accommodement a soulevé un tollé suivi d'un débat très médiatisé au Québec qui s'est conclu par la marche arrière du YMCA, en 2007, qui a procédé au «dégivrage» des vitres et à l'installation de stores.

Plusieurs autres exemples de demandes d'accommodements ont été très relatés dans les médias (installation d'un *érouv* [fil tendu au-dessus d'une rue pour marquer un territoire] en 2001, demandes d'heures de baignades séparées pour les hommes et pour les femmes, etc.). Lors de la Commission de consultation sur les pratiques d'accommodements reliées aux différences culturelles (commission Bouchard-Taylor), en 2007-2008, plusieurs propos antisémites (méprisants contre les Hassidims) et anti-islamiques ont été librement exprimés et entendus. Selon le spécialiste des communautés juives du Québec, l'anthropologue Pierre Anctil, ces propos et les divers malentendus liés aux demandes d'accommodements ont contribué à miner les rapports interculturels et interconfessionnels au Québec et surtout à Montréal. Il souligne tout de même l'évolution favorable de ces rapports au XXe siècle et la plus que nécessaire poursuite d'un dialogue intercommunautaire, car «il y a lieu de croire que l'avenir s'annonce prometteur pour ce qui est du rapport entre les Juifs montréalais et leurs concitoyens…» (Anctil, 2010, p. 63).

La plupart des sous-cultures présentes dans la société québécoise s'intègrent à la société québécoise, tout en souhaitant conserver leurs particularités. Les communautés bouddhistes vietnamienne, chinoise, cambodgienne, laotienne et japonaise de Montréal ont pu compter sur l'appui de leurs institutions religieuses pendant leur période d'adaptation à la vie au Québec. Ce qui contribue au dynamisme du bouddhisme au Québec, c'est le fait que les Asiatiques, se sentant loin de leur pays d'origine, désirent renouer avec leur culture par la pratique du bouddhisme (*voir le chapitre 9*). Ces communautés ont apporté leurs propres formes de bouddhisme. Elles célèbrent plusieurs fêtes importantes, dont l'anniversaire du Bouddha et le Nouvel An traditionnel.

Pour pouvoir prier, méditer et enseigner leurs croyances, les adeptes du bouddhisme ont construit des pagodes. Chaque pagode est dirigée par un moine sage et érudit. Les cérémonies ont lieu dans une grande salle de réunion où est placée une statue du Bouddha. On y célèbre aussi des rites liés au cycle de la vie: naissance, mariage et mort. Dans certaines d'entre elles, comme les pagodes bouddhistes vietnamiennes, on y pratique aussi le culte des ancêtres. Ce culte est fondé sur la croyance que l'âme du défunt survit après sa mort et protège ses descendants. Les cérémonies religieuses sont habituellement suivies d'un repas communautaire végétarien offert aux participants (Carle, 1995). On peut aussi trouver, dans les maisons et les commerces, des autels bouddhiques chargés d'offrandes de nourriture, d'eau et d'encens. Ces communautés bouddhistes ont préservé de nombreuses traditions, mais elles ont également su répondre au besoin de leurs jeunes de s'intégrer à la société québécoise.

L'ETHNOCENTRISME ET LE RELATIVISME CULTUREL

La plupart des humains du XXIᵉ siècle savent qu'il existe une multitude de cultures. La question émerge régulièrement : Quelle culture devrait être prise comme modèle ? Au XIXᵉ siècle, la majorité des Européens (et des Nord-Américains venus d'Europe) ne doutaient pas de la réponse : à leurs yeux, leur civilisation constituait le summum du développement humain. Or, à la même époque, les anthropologues ont constaté que chaque culture qu'ils étudiaient se considérait souvent comme celle qui avait les meilleures pratiques et valeurs. Ce point de vue se reflétait couramment dans le nom que s'attribuait chaque peuple et qui signifiait habituellement «nous, les êtres humains», par opposition aux étrangers, généralement dénommés «vous, les sous-humains». Par exemple, le terme «Ju/'hoansi», qui désigne une communauté indigène d'Afrique australe, signifie «peuple authentique». Sur l'autre plan, les termes «Naskapis», «Iroquois» ou «Esquimaux» sont tous des mots en langue algonquienne qui ont une connotation négative. Même si les ethnolinguistes ne s'entendent pas sur la signification exacte de ces mots, plusieurs pensent que *Naskapis* signifie «primitifs», *Iroquois* voudrait dire «assassins» et *Esquimaux*, «mangeurs de viande crue». Ces peuples avaient pourtant une façon de se désigner eux-mêmes qui signifiait «êtres humains». Les anthropologues savent aujourd'hui que toute culture est centrée sur elle-même lorsqu'elle considère les autres ou se compare avec elles. Ce phénomène universel est appelé **ethnocentrisme**.

L'ethnocentrisme est une attitude profondément ancrée par la force de l'enculturation. Les individus apprennent, à force de répétition et de renforcement, les comportements et les valeurs qu'ils doivent adopter, au point qu'il leur semble «anormal» d'agir autrement. Dans certains cas, des peuples vont se croire meilleurs ou supérieurs aux autres, mais la plupart du temps, c'est de l'incompréhension qui se manifeste devant des mœurs différentes. Ces comportements sont alors perçus comme bizarres, répugnants ou totalement dénués de sens.

L'ethnocentrisme est généralement sans conséquence, à moins qu'il ne soit poussé à l'extrême. Il peut empêcher une culture de remettre en question ses coutumes, ses traditions et ses croyances, voire d'envisager de nouvelles façons d'agir. Il peut aussi entraver la capacité de comprendre et d'apprécier d'autres cultures et d'autres modes de vie. Dans ses manifestations extrêmes, il devient un terreau fertile pour les préjugés et le racisme (*voir le chapitre 8*). Les conflits ethniques qui couvent dans le monde sont en partie le résultat d'un ethnocentrisme extrême.

Les anthropologues participent à la lutte contre l'ethnocentrisme depuis qu'ils ont commencé à vivre au sein de cultures traditionnelles et ont constaté que ces peuples n'étaient pas moins humains que les autres. Dès lors, ils ont entrepris d'examiner chaque culture, dans le seul but de déterminer si elle répondait ou non aux besoins et aux attentes de ses membres. Par exemple, si un peuple pratiquait des sacrifices humains, les anthropologues exploraient les conditions qui rendaient cette pratique acceptable selon les valeurs de ce peuple lui-même. Le principe selon lequel une personne doit s'abstenir de juger les pratiques d'autrui pour les comprendre dans leur propre contexte culturel est désigné par l'expression **relativisme culturel**. Le relativisme culturel réfute l'ethnocentrisme et, tout comme l'approche holistique et la comparaison interculturelle, ce principe est devenu une marque distinctive de l'anthropologie sociale et culturelle. Les anthropologues gardent à l'esprit qu'ils n'ont pas pour mission de juger ou de transformer une culture, mais bien d'élucider les motifs de certains comportements. Ce n'est que par cette approche qu'on peut observer sans distorsion les façons de faire d'autrui.

Essentiel, le relativisme culturel n'impose pas de suspendre indéfiniment son jugement ou de défendre le droit de tout groupe culturel à se livrer à n'importe quelle pratique. Les anthropologues cherchent à comprendre les manifestations culturelles en les replaçant dans leur contexte propre, ce qui ne veut pas dire qu'ils les justifient. Il importe

> **Ethnocentrisme**
> Tendance universelle qu'ont les peuples à employer leurs propres références culturelles pour évaluer le comportement et les croyances des autres cultures.
>
> **Relativisme culturel**
> Thèse selon laquelle on doit s'abstenir de juger les pratiques d'autres peuples afin de pouvoir les comprendre en les situant dans leur contexte culturel.

À la vue de cette Indienne, on pourrait être tenté de porter un jugement ethnocentrique sur la condition des femmes en Inde. Parce qu'elle porte un voile pour travailler, on pourrait penser qu'elle est soumise à son mari. Le relativisme culturel nous invite à laisser les membres d'une culture présenter leur point de vue, avant de conclure.

Offert par Benoît Sainte-Marie

surtout d'éviter les jugements prématurés et d'acquérir une bonne compréhension de la culture étudiée. C'est alors, et alors seulement, qu'on peut adopter une attitude critique.

Le relativisme culturel est une approche extrêmement importante en anthropologie, mais qui n'est pas exempt de controverses. De nombreux anthropologues remettent en question leur impartialité. Ils ont en outre du mal à concilier les questions liées aux droits de la personne et le caractère objectif de la démarche anthropologique. Les défenseurs des droits de la personne font valoir que la liberté culturelle ne saurait légitimer des pratiques comme les inégalités entre les sexes ou les sacrifices humains. Les anthropologues essaient tant bien que mal de concilier leur conception des droits humains, leur sens moral et leur responsabilité en tant que scientifiques objectifs.

Si les anthropologues doivent être prudents et mesurer les conséquences qu'entraînerait un relativisme culturel poussé à l'extrême, ils doivent surtout éviter de juger les pratiques d'autres cultures selon des critères ethnocentriques. L'anthropologue Walter Goldschmidt a proposé, il y a plus de 50 ans, une formule encore utile aujourd'hui pour mesurer le succès d'une culture (Bodley, 1990). Sa formule tient en une question importante: Comment une culture donnée parvient-elle à satisfaire les besoins physiques et psychologiques du groupe de personnes qui vivent selon ses principes? Des indicateurs précis permettent d'y répondre: l'état de santé physique et mentale de la population, le taux de violence, de criminalité et de délinquance, la structure démographique, la stabilité et la paix au sein des ménages et le rapport entre le groupe et les ressources disponibles. On peut alors dire que, dans le cas d'un peuple présentant des taux élevés de violence, de criminalité, de délinquance ou de suicide, sa culture fonctionne moins bien que celle d'un autre peuple chez lequel ces problèmes sont moins aigus. Quand les individus ont de la difficulté à s'épanouir et que les moyens traditionnels de composer avec les difficultés ne fonctionnent plus, les symptômes de déclin culturel deviennent frappants (*voir le chapitre 11*).

Perspective anthropologique

Nous et les autres

par Louis Roy et Aline Baillargeon

L'ETHNOCENTRISME

L'être humain est un animal curieux, qui aime regarder chez son voisin pour voir ce qu'il fait afin de se comparer à lui. La culture de chacun détermine bien plus que ses seuls comportements : elle influence aussi sa façon de voir le monde qui l'entoure et, ce faisant, de percevoir la vie des autres peuples. Les connaissances culturelles acquises et les valeurs inculquées dès l'enfance influencent le regard que l'on porte sur les membres des autres cultures qui agissent et pensent différemment de soi. Leurs façons de prier, de manger ou de s'habiller, par exemple, piquent la curiosité et font réagir parce qu'elles intriguent, amusent ou choquent. Comme ces comportements ne sont pas familiers, ils apparaissent étranges, voire difficilement acceptables. La plupart du temps, la signification et la fonction de ces coutumes ou de ces rituels demeurent mystérieuses.

Regarder autrui « de travers », comme on dit en québécois, n'est pas nouveau. Partout dans le monde, les humains montrent une tendance à privilégier leur propre façon de vivre et à déshumaniser certains de leurs voisins. « La plupart des peuples que nous appelons primitifs se désignent eux-mêmes d'un nom qui signifie les vrais, les bons, les excellents ou bien tout simplement les hommes ; et ils appliquent aux autres des qualificatifs qui leur dénient la condition humaine […] » (Lévi-Strauss, 1987, p. 26).

Les « lunettes culturelles » qu'on porte teintent les jugements. Elles incitent chacun à évaluer le comportement des étrangers (donc de l'autre) en fonction de sa propre conception du monde, de ses valeurs ou de sa moralité. Parfois égocentrique, c'est-à-dire centré sur lui-même, l'humain est aussi ethnocentrique, c'est-à-dire orienté vers sa culture. Quand il est confronté aux pratiques culturelles de ses voisins, il fait spontanément preuve d'ethnocentrisme, c'est-à-dire qu'il interprète ces réalités étrangères selon l'échelle de valeurs qu'utilise sa propre culture. D'un point de vue théorique, « l'ethnocentrisme est la tendance à privilégier les valeurs et les normes de son groupe d'appartenance et à en faire le seul modèle de référence pour porter des jugements négatifs et dévalorisants sur les autres ethnies » (Barette, Gaudet et Lemay, 1993, p. 35).

Dans les marchés du nord du Vietnam, les passants se font offrir des plats de chien. Abattus et apprêtés sur place, ces chiens font la joie des gourmets. Puisqu'une telle pratique serait inconcevable en Occident, il serait tentant de condamner ces gens. Un tel jugement serait toutefois une manifestation d'ethnocentrisme. Pour d'autres peuples, il serait tout aussi inconcevable de voir des gens manger du porc.

D'un point de vue plus pragmatique, l'ethnocentrisme constitue un réflexe commode qui permet de donner un sens provisoire à des comportements initialement incompréhensibles. Pourquoi, dans leur pays, les Marocains de sexe masculin se tiennent-ils parfois par la main quand ils se promènent dans la rue avec un ami ? Devant cette pratique, les Québécois sont surpris, voire choqués. En vertu de nos références culturelles, ces hommes se comportent comme seuls les homosexuels le feraient chez nous. *A priori*, ils apparaissent aux Québécois comme des gais, avec tout ce que cela comporte de préjugés. Que fait-on en réagissant ainsi ? Eh bien, on tente de donner une signification à des pratiques culturelles différentes des nôtres, on les interprète à l'aide de l'expérience québécoise, oubliant par le fait même qu'aucune coutume n'est universelle et que chaque peuple possède une manière spécifique de faire les choses. Pour les Marocains, la « distance masculine » que les hommes québécois gardent entre eux apparaît probablement étrange, d'autant plus qu'au Québec les femmes peuvent se tenir par le bras ou s'embrasser quand elles se rencontrent.

Mettre en relief la différence et privilégier sa propre culture sont des attitudes pour ainsi dire normales. Par contre, se forger une image fictive d'une pratique étrangère et lui attribuer une valeur négative peuvent engendrer des attitudes et des comportements inappropriés, comme le racisme. Dans le rapport avec autrui, l'habitude qu'on a prise de considérer les différences hors de leur contexte peut causer des problèmes. L'ethnocentrisme n'est pas toujours fondé sur des comportements qu'on a personnellement observés. Bien souvent, il découle de conduites ou d'usages dont on a simplement entendu parler. En raison de ce phénomène, la prudence est de rigueur. Avant de condamner autrui, il faut apprendre à relativiser ce qu'on entend dire sur lui. Il faut savoir en prendre et en laisser et ne pas toujours se fier à ses premières impressions.

LE RELATIVISME CULTUREL

En anthropologie comme dans la vie quotidienne, il faut savoir éviter l'ethnocentrisme. Pour faciliter ses rapports avec les étrangers, il est important « d'admettre que dans la gamme des possibilités ouvertes aux sociétés humaines, chacune a fait un certain choix et que ces choix sont incomparables entre eux, ils se valent » (Lévi-Strauss, 1984, p. 461).

Afin de faire preuve de relativisme culturel, il importe d'abord de comprendre que les réalités étrangères ont une fonction et une logique qui leur sont propres. Dans cette perspective, chaque culture doit être considérée par rapport à son propre modèle. Pour comprendre véritablement le sort enviable réservé aux vaches sacrées (des zébus) en Inde, il faut absolument envisager cette « sacralité » dans son contexte socioéconomique. Plutôt que de porter un jugement hâtif et affirmer que les hindous soignent mieux leurs vaches que leurs congénères, il faut s'informer et cerner le rôle déterminant que jouent ces animaux en Inde. Il faut relativiser les choses avant de commenter et de critiquer, ce qui n'est pas toujours facile, surtout dans le cas de coutumes aussi singulières que l'excision, par exemple.

Lorsque certaines pratiques « choquantes » demeurent toujours inacceptables, même après mûre réflexion, il est pertinent de faire preuve d'esprit critique envers ses propres traits culturels. Le regard qu'autrui porte sur soi est révélateur. Pour certains visiteurs étrangers, plusieurs des traditions observées ici apparaissent bizarres, voire déplacées et inacceptables. Avant de condamner autrui, il s'avère utile de prendre du recul, de se regarder soi-même et de jeter un regard détaché ou « éloigné » sur sa propre culture. « Nous devons nous persuader que certains usages qui nous sont propres, considérés par un observateur relevant d'une société différente, lui apparaissent de même nature que cette anthropophagie qui nous semble étrangère à la notion de civilisation » (Lévi-Strauss, 1984, p. 464).

Ainsi, tout est question de perspective, de point de vue et de choix culturel. À titre d'exemple, certains Africains qui viennent au Québec considèrent qu'il est immoral de traiter les personnes âgées comme on le fait ici. Pour eux, le concept de foyer pour personnes âgées est carrément inadmissible. Dans leur esprit, il est du ressort des enfants de s'occuper de leurs parents vieillissants, puisque ceux-ci constituent une source inestimable de savoir plutôt qu'une charge. Pour d'autres observateurs qui sont critiqués parce qu'ils incitent leur épouse à porter le voile, l'anorexie, le culte de la minceur et l'hypersexualisation des jeunes filles apparaissent comme de sévères entorses aux libertés fondamentales des femmes. Bien qu'habitués aux vaches sacrées, les visiteurs hindous seraient probablement étonnés de voir des Québécois offrir des cadeaux de Noël à leurs animaux domestiques ou leur faire porter un déguisement pour l'Halloween.

RÉSUMÉ

La culture, selon les anthropologues, est l'ensemble des valeurs, des croyances et des idéaux communs qui permettent aux membres d'une société d'interpréter les évènements vécus et d'adopter les comportements adéquats qui reflètent cet ensemble.

L'adaptation culturelle a permis à l'espèce humaine de survivre et de prospérer dans divers milieux. Une culture doit, pour survivre, satisfaire les besoins fondamentaux de ses membres, assurer leur maintien et préserver l'ordre public tant parmi ses membres qu'entre eux et les étrangers.

Malgré leur diversité, les cultures partagent certaines caractéristiques de base. En plus d'être commune à un ensemble de personnes, une culture est acquise. Les humains apprennent par enculturation les normes de comportement en vigueur dans leur culture.

Les humains accordent une signification particulière à leurs comportements. Ainsi, une culture repose sur des symboles. Par ailleurs, une culture est intégrée, c'est-à-dire que tous ses éléments forment un tout cohérent. Enfin, une culture se transforme pour s'adapter aux nouvelles réalités ou en raison des contacts avec d'autres cultures.

Malgré la grande diversité des cultures dans le monde et à travers les âges, les anthropologues ont noté quelques traits universels ou quasi universels. Même si ces pratiques offrent de nombreuses variantes d'une population à une autre, il reste qu'aucune culture n'y échappe. Parmi elles, figurent le tabou de l'inceste, la vie en famille, l'union entre des époux, le partage de nourriture entre adultes, le besoin de faire appel à des croyances religieuses et le soin donné aux défunts.

Toute société peut abriter plus d'une culture, et tout n'est pas uniforme dans une culture, à commencer par les rôles sexuels. Tous les hommes et femmes dans toutes les cultures ne suivent pas les mêmes règles. Les différences selon l'âge se retrouvent aussi dans toutes les cultures. Les sociétés comportent généralement des sous-cultures qui partagent certaines caractéristiques déterminantes de la culture qui l'abrite, tout en observant un ensemble de règles différentes. Une société pluraliste présente des variations culturelles marquées et abrite souvent divers groupes et sous-groupes culturels distincts qui sont régis par des normes différentes.

L'ethnocentrisme désigne la tendance qu'ont toutes les cultures à interpréter celles des autres en fonction de leurs propres critères. Pour éviter les jugements ethnocentriques, les anthropologues adoptent le relativisme culturel, qui exige d'examiner toute culture selon ses propres règles et ses propres normes. La mesure la moins biaisée du succès d'une culture repose sur des indicateurs révélant l'efficacité d'une société à assurer sa survie d'une façon que ses membres jugent raisonnablement satisfaisante.

LES MODES DE SUBSISTANCE

© Hamid Sardar/Corbis

Pour survivre, les Dukhas, ou Tsaatans de Mongolie, dépendent des rennes qu'ils élèvent. Ces animaux leur fournissent le lait, le fromage et la viande dont ils ont besoin pour se nourrir, mais ils sont aussi un moyen de transport pour la chasse. Le mode de vie traditionnel des Dukhas est cependant menacé. Ils ne seraient plus que quelque 200 à parcourir la taïga mongole. La survie de ce peuple et de leurs animaux dépend des efforts qui seront déployés pour sauver la forêt où ils vivent.

❯ Comment les humains s'y prennent-ils pour s'adapter à leur milieu quand ils vivent, par exemple, dans la forêt tropicale, la toundra ou à proximité d'un désert ?

❯ Que doivent-ils faire pour se nourrir et assurer leur subsistance lorsqu'ils ont à trouver ou à produire eux-mêmes leurs aliments ?

❯ Dans une société industrielle comme la nôtre, comment sont cultivés les végétaux que nous mangeons et comment sont élevés les animaux dont nous achetons la viande au supermarché ?

SOMMAIRE

- **Les stratégies d'adaptation au milieu**
- **La chasse et la cueillette**
- **La domestication des plantes et des animaux, et la sédentarisation**
- **Le pastoralisme**
- **L'horticulture**
- **L'agriculture intensive traditionnelle**
- **L'agriculture industrielle**

LES STRATÉGIES D'ADAPTATION AU MILIEU

Comme tous les êtres vivants, les humains doivent s'adapter à leur environnement, c'est-à-dire aux caractéristiques physiques de leur milieu de vie. Toutefois, comme il est mentionné au chapitre 2, les humains sont des animaux différents des autres à plus d'un égard, ne serait-ce que parce qu'ils font partie des rares mammifères à être omnivores. Mais, ils se distinguent surtout par le fait qu'ils possèdent une culture complexe (*voir le chapitre 3*), qui leur permet de se procurer de la nourriture. Si leurs sources de viande se raréfient, ils peuvent se tourner vers une plante, le soya, et l'apprêter de manière à remplacer la viande. Si leur estomac ne parvient pas à digérer un aliment à l'état brut, ils peuvent le cuire ou le réduire en purée. Lorsque leurs outils font défaut, ils les remplacent ou en fabriquent de plus efficaces pour se faciliter la tâche.

Grâce à leur culture et à la technologie qu'ils ont mise au point, les humains occupent presque tous les habitats disponibles sur Terre, donc l'ensemble des niches écologiques accessibles. Depuis longtemps, ils ont appris à vivre dans l'Arctique, dans les forêts tropicales humides, en haute montagne, dans le désert, la taïga ou la toundra. Ils parviennent à se nourrir dans des milieux où le froid, la neige, le sable ou la pluie font partie du quotidien, mais aussi à surmonter les aléas du climat, dans l'hémisphère Nord comme dans l'hémisphère Sud, sur la mer comme en altitude. Ainsi, quels que soient les défis posés par leur milieu de vie (sécheresse ou humidité excessive, épuisement des sols, froid ou chaleur extrême, etc.), les humains parviennent à satisfaire leurs besoins élémentaires pour rester en vie, notamment boire, manger, se vêtir et se protéger des intempéries.

Au cours de l'histoire, les peuples ont adopté diverses stratégies afin de s'adapter à leur environnement et de se procurer la nourriture dont ils ont besoin pour vivre. Personne ne peut survivre longtemps sans eau ni nourriture. On sait que de 7 à 10 jours sans eau suffisent pour entraîner la mort. Variant généralement selon les caractéristiques de la région occupée et de l'écosystème habité, ces stratégies d'adaptation au milieu sont appelées **modes** ou **moyens de subsistance**. Les cinq principaux modes analysés dans ce chapitre sont: la chasse et la cueillette, le pastoralisme, l'horticulture,

© Vladimir Melnik/Shutterstock

l'agriculture intensive traditionnelle et l'agriculture industrielle.

Puisque la culture est généralement intégrée (*voir le chapitre 3*), le choix d'un mode de subsistance a des répercussions sur d'autres aspects de la culture d'une population. Ainsi, la taille d'un groupe et sa façon d'occuper le territoire, de même que ses coutumes matrimoniales, ou encore ses liens de parenté, sont parfois influencés par le mode de subsistance qu'il adopte. Il serait toutefois trompeur de croire que toutes les populations ayant adopté un même mode de subsistance se ressemblent en tous points, que ce soit sur le plan des pratiques économiques ou de l'organisation sociale. D'ailleurs, les Bochimans Ju/'hoansis dans le désert de Kalahari, en Afrique australe, ainsi que les Naskapis et les Inuits du Québec illustrent bien cette diversité. En effet, nous le verrons plus loin, chacun de ces peuples de chasseurs-cueilleurs a mis au point une façon distincte de subvenir à ses besoins.

Notons également que les stratégies d'adaptation qu'utilise un groupe peuvent se modifier d'une époque

> **Modes** ou **moyens de subsistance**
> Stratégies utilisées pour s'adapter à l'environnement et pour se procurer de la nourriture ou tout autre bien nécessaire à la survie.

Au Maroc, pays aux milieux contrastés, des populations nomades vivent encore aujourd'hui à proximité du désert et dans les régions montagneuses peu propices à l'agriculture. La tente berbère est l'abri le plus répandu chez les pasteurs nomades marocains. Rapidement montée ou démontée, elle s'adapte au climat et convient aux déplacements saisonniers motivés par la recherche de pâturages. Les campements berbères sont généralement installés dans des endroits reculés, mais aussi, parfois, le long des grands axes routiers.

à une autre. Prenons l'exemple des Ojibwés, qui vivaient autrefois sur la rive nord des lacs Huron et Supérieur (McMillan, 1995). Avant l'arrivée des Européens, les Ojibwés vivaient la majeure partie de l'année en petits groupes familiaux. Ils chassaient l'orignal, le chevreuil, l'ours et le castor, et cueillaient des plantes et des fruits. L'automne venu, ils pêchaient. Au printemps, ils entaillaient les érables pour faire du sirop et récoltaient le riz sauvage qui poussait sur les rives des lacs. Cette stratégie de subsistance a permis aux Ojibwés d'adopter un mode de vie semi-sédentaire et de bénéficier d'une certaine abondance (Friesen, 1997). Après l'arrivée des Européens, ils ont été parmi les premiers à participer à la traite des fourrures. Au début du XVIIIe siècle, nombre d'entre eux sont partis vers la Saskatchewan et le Manitoba, en quête de nouveaux territoires de trappe. Sitôt arrivés, ils ont adopté le mode de vie nomade des Prairies, ont chassé le bison et intégré à leur culture des rites locaux, comme la danse du soleil. Les Ojibwés des Prairies n'ont alors pas abandonné complètement leurs anciennes pratiques. Ils vivaient généralement en bordure des prairies, préférant la zone de transition entre la forêt et la prairie. Au printemps, ils retournaient dans la forêt pour recueillir l'eau d'érable et ils continuaient de pêcher le poisson, même si la plupart des chasseurs nomades des Prairies méprisaient ce type d'aliments.

LA CHASSE ET LA CUEILLETTE

Aujourd'hui, on estime qu'un quart de million de personnes tout au plus ont comme principal moyen de subsistance la **chasse**, la pêche et la **cueillette** de végétaux sauvages. Pourtant, il y a un peu plus de 10 000 ans (soit avant les débuts de l'agriculture et de la domestication des animaux), tous les peuples s'alimentaient grâce à une combinaison de ces trois activités. Avant l'apparition de l'agriculture, les chasseurs-cueilleurs avaient l'embarras du choix et pouvaient tirer parti des milieux les plus riches en gibier et en végétaux sauvages. Mais progressivement, les terres ont été envahies par l'agriculture et l'exploitation des ressources naturelles. Si bien que, de nos jours, la plupart des peuples de chasseurs-cueilleurs doivent vivre dans des régions reculées, comme la toundra arctique, les déserts et les forêts difficilement accessibles.

Des sociétés d'abondance?

Depuis longtemps, les Occidentaux tendent à qualifier les populations de chasseurs-cueilleurs de «primitives». Une telle présomption repose sur la notion occidentale de progrès. Bien que généralement considérée comme un fait avéré, celle-ci n'est en réalité qu'un biais d'origine culturelle. Elle incite habituellement à préférer le nouveau à l'ancien et à voir l'histoire de l'humanité comme une marche plus ou moins constante vers le «progrès». Par conséquent, étant donné que la chasse et la cueillette constituent des pratiques plus anciennes et nettement moins axées sur la technologie, beaucoup en concluent qu'elles sont moins «évoluées» que celles des sociétés industrialisées. Plusieurs Occidentaux soutiennent aussi que le mode de vie des chasseurs-cueilleurs est difficile et qu'ils doivent continuellement lutter contre les éléments pour survivre. De nos jours, la chasse, la pêche et la cueillette sont d'emblée considérées comme un mode de subsistance épuisant et hasardeux dont les résultats sont très incertains. Or, comme nous le verrons, la réalité est souvent tout autre, en raison de la générosité de la nature et de la saine gestion que font les chasseurs-cueilleurs des ressources.

La **chasse** et la **cueillette**
Moyen de subsistance fondé sur la collecte des ressources naturelles sauvages, par la chasse, la cueillette et la pêche.

Un examen attentif des populations de chasseurs-cueilleurs d'hier et d'aujourd'hui révèle plutôt qu'elles ont «évolué» à leur façon, et que les aspects de la vie qu'elles valorisent ne sont pas nécessairement les mêmes que ceux valorisés par les sociétés industrielles, dites «développées». Des études ont montré que la vie au sein des sociétés de chasseurs-cueilleurs était loin d'être misérable. Certains anthropologues prétendent même que les chasseurs-cueilleurs ont constitué la première «société d'abondance» (Sahlins, 1976). En effet, les chasseurs-cueilleurs ont une alimentation équilibrée et abondante et ils sont moins exposés à la famine que les agriculteurs. Si leur confort matériel est limité, leurs besoins et leurs désirs le sont tout autant. En outre, ils consacrent beaucoup de temps à la famille et à la vie sociale et spirituelle. Ainsi, bien qu'ils soient souvent contraints de diversifier leurs activités de subsistance, certains d'entre eux, dont les Awa du Brésil ou les Hadza (ou Hadzabe) de Tanzanie, cherchent tant bien que mal à préserver leur façon ancestrale de subvenir à leurs besoins, menacée par l'hégémonie de leurs voisins sédentaires. Chez les Hadza, les hommes passent souvent une partie de la journée à jouer et à discuter, la chasse n'étant pas très accaparante. Pour eux, se convertir à l'agriculture signifierait sacrifier le bon temps qu'ils passent ensemble pour alors travailler sans cesse (Woodburn, 1968).

Lorsqu'ils peuvent pratiquer leur mode de subsistance traditionnel, les chasseurs-cueilleurs ont une vie moins ardue que ce qu'on peut imaginer. En Afrique australe, les Bochimans Ju/'hoansis vivant dans le désert de Kalahari – un milieu peu luxuriant – obtiennent une alimentation supérieure aux recommandations internationales en matière de nutrition en y consacrant en moyenne une vingtaine d'heures de travail par semaine. En incluant le temps passé à la fabrication et à la réparation de l'équipement, leur semaine de travail compte un peu plus de 23 heures (Cashdan, 1989). Lorsqu'ils séjournent en brousse, loin des camps de relocalisation gouvernementaux où ils sont de plus en plus confinés, la vie des Bochimans Ju/'hoansis, comme celle des Autochtones du Québec lorsqu'ils vont en forêt, est empreinte d'une plus grande sérénité. Le travail, la fraternité, le jeu et les rites y sont répartis selon un équilibre qui susciterait l'envie dans de nombreuses sociétés occidentales axées sur les loisirs.

Il serait faux de croire que les chasseurs-cueilleurs contemporains vivent isolés et sans contact avec les autres cultures ayant adopté un autre mode de subsistance. Les Bochimans Ju/'hoansis, par exemple,

© Roger De La Harpe/Gallo Images/Corbis

Les Bochimans Ju/'hoansis habitent le désert du Kalahari en Namibie et au Botswana. Leur économie traditionnelle repose sur la chasse et la cueillette pratiquées dans un environnement de brousse. Jadis nomades, ces Bochimans ont été pour la plupart contraints de se sédentariser. Même si certains pratiquent encore la chasse, de nombreux hommes doivent désormais prendre un emploi.

interagissent depuis au moins 2000 ans avec des fermiers bantous qui élèvent des vaches et des moutons. De même, les Pygmées mbutis, des chasseurs-cueilleurs de la forêt tropicale d'Ituri, en République du Congo, entretiennent une relation complexe avec leurs voisins, qui sont agriculteurs. Jadis, ils échangeaient avec eux de la viande et d'autres produits de la forêt contre des produits agricoles et des biens manufacturés. Durant certaines périodes de l'année, ils vivent dans le village de leurs voisins bantous, qui les intègrent parfois à leur famille étendue. Sur les quelque 200 000 Pygmées toujours recensés en Afrique équatoriale, seuls quelques-uns auraient conservé leur mode de vie traditionnel, basé sur le nomadisme et la vie en forêt. La plupart sont aujourd'hui sédentaires et établis à proximité d'un village bantou, même s'ils continuent de vivre en grande partie de chasse et de cueillette (Lewino, 2011). Beaucoup d'entre eux ne disposent pas de logement adéquat ni d'accès aux services sociaux de base, comme la santé et l'éducation (AFP, 2011). Comme tant d'autres peuples autochtones de la planète, les Pygmées sont confrontés à la convoitise suscitée par les ressources que recèle leur territoire ancestral. Au Congo, non seulement «leur» forêt

© Lonely Planet Images/Alamy Images

Comme les Inuits et les Bochimans Ju/'hoansis, les Aborigènes d'Australie ont été contraints de délaisser leur mode de subsistance traditionnel. Parmi les ainés, certains ont vécu une partie de leur enfance en brousse. Aujourd'hui sédentarisés, ils estiment important de renouer avec leurs traditions. Au même titre que les Inuits, il leur arrive encore de chasser et de pratiquer la cueillette pour compléter leur alimentation.

fait l'objet d'une intense exploitation forestière, mais ils sont aussi exploités par les peuples voisins. Les nomades, comme les sédentaires, «appartiendraient» en effet à un Bantou, donc aux *Grands Noirs*, comme on dit là-bas. Pour le compte de leur «propriétaire», ils doivent défricher la forêt, cultiver leurs champs et chasser. Dans bien des cas, on parle ici de travail forcé. La situation demeure précaire, mais l'espoir pour ce peuple renaît depuis que le pays a voté une loi en 2011 visant à interdire l'esclavage, l'exploitation, les actes de torture ou les traitements cruels à l'égard des populations autochtones (Lewino, 2011).

Il importe de retenir ceci: les peuples qui, aujourd'hui, assurent leur subsistance par la chasse, la pêche et la cueillette de plantes et de fruits sauvages ne le font pas à défaut de mieux. S'ils ont choisi cette pratique, c'est parce qu'elle leur offre les meilleurs moyens de survie ou simplement parce qu'ils la préfèrent à toute autre. Souvent, ce mode de vie leur apporte une telle satisfaction que, à l'instar des Hadza, ils redoublent d'efforts pour éviter d'en adopter un autre (Hawkes *et al.*, 1997). Quand les circonstances l'exigent, certaines populations de chasseurs-cueilleurs ayant été forcées d'abandonner leur mode de subsistance n'hésitent pas à y revenir. Ainsi, dans les années 1980, quand une récession économique mondiale a poussé à la faillite de nombreuses bergeries en Australie, des Aborigènes ont renoué avec le mode de vie de leurs

ancêtres chasseurs pour s'affranchir de leur dépendance envers l'aide gouvernementale.

Plus près d'ici, plusieurs Autochtones du Canada, qui vivent loin des agglomérations urbaines, continuent de pratiquer régulièrement des activités de chasse, de pêche et de cueillette. Bien qu'elles ne soient plus leur unique source de subsistance, elles y contribuent pour une bonne part. Chez les Inuits du Québec, par exemple, il semble que la viande sauvage compte encore pour la plus grande part de leur diète, et ce, en dépit de l'introduction de nourriture importée du Sud. Grâce à un programme d'aide obtenu en vertu de la Convention de la Baie-James et du Nord Québécois, tous les Inuits du Québec ont accès à de la viande sauvage, y compris ceux qui ne chassent pas parce que leur emploi ne leur en donne pas le temps ou qu'ils sont trop âgés. Ce programme indemnise les chasseurs qui redistribuent une partie de leur gibier déposé dans le congélateur municipal (Lévesque *et al.*, 2000).

Bien que la chasse et la cueillette constituent des choix rationnels dans une réalité écologique et socioéconomique différente de la nôtre, des Occidentaux cherchent à perpétuer l'esprit qui les anime. À Montréal, par exemple, des immigrants asiatiques et des gens issus des milieux défavorisés (Laliberté *et al.*, 2002) pêchent dans le Saint-Laurent pour compléter leur alimentation. Ailleurs en province, la cueillette des petits fruits et la chasse font partie des traditions. Une visite au Festival de chasse du

Haut-Saint-Maurice, à La Tuque, permet de mesurer l'importance culturelle et socioéconomique que revêt la chasse à l'orignal dans plusieurs régions du Québec.

En Grande-Bretagne et aux États-Unis, il est aujourd'hui possible de pratiquer la cueillette en milieu urbain. Dans certaines villes américaines, des circuits sont proposés aux citoyens désireux de cueillir les fruits qui poussent près de la voie publique, mais aussi sur certains terrains privés accessibles. Une association comme Fallen Fruits de Los Angeles offre aux intéressés de les aider à s'organiser pour pratiquer cette activité. En Idaho, l'organisation Backyard Harvest s'est donné pour mission de venir en aide aux familles défavorisées en établissant un partenariat avec des producteurs agricoles. Plutôt que de laisser pourrir dans les champs une partie de leur production qui ne répond pas aux exigences des consommateurs américains (trop gros, trop petits, forme inhabituelle, etc.), des producteurs avisés leur offrent de venir cueillir leurs fruits et leurs légumes et de les emporter (Etling, 2009).

Au Royaume-Uni, les adeptes du *scrumping*, une activité qui consiste à récolter les fruits sur des arbres négligés par leurs propriétaires, possèdent aussi leur propre organisation. Le *scrumping* est une façon d'éviter que les fruits de saison pourrissent sur l'arbre. Les informations circulent entre cueilleurs et les bons plans sont bien gardés. Pour Debra Morall, une adepte: «Les prix des produits alimentaires augmentent et la récession oblige tout le monde à surveiller ses finances. C'est idiot de laisser des fruits pourrir sur un arbre pour aller dépenser une fortune chez l'épicier. Et puis, je veux que mes enfants sachent d'où vient la nourriture» (Callian, 2010).

Au Québec, mais surtout aux États-Unis, les adeptes du *freegan* vont plus loin et perpétuent à leur façon l'idée que la «cueillette» constitue une stratégie d'adaptation comme une autre et qu'elle facilite la survie même en ville. Outrés par le gaspillage généralisé observé en Amérique du Nord, ils fouillent les ordures et pratiquent la «cueillette urbaine des déchets» (ou le *dumpster diving*) afin de se procurer des denrées, mais aussi des biens matériels. En récupérant de manière organisée ce que les épiceries, les hôtels, les restaurants, les écoles ou les maisons jettent aux ordures, les *freegans* obtiennent de la nourriture, des boissons, des livres, de la vaisselle, des appareils électroniques, des vêtements, des meubles, des jouets ou des bicyclettes (Freegan info, 2011). On ne parle pas ici d'individus isolés qui font le tour des sacs à ordures ou des bacs à recyclage pour y dénicher des bouteilles consignées, mais bien de «bandes» organisées de *déchétariens* pour utiliser un néologisme, qu'on appelle également «glaneurs alternatifs».

Les bandes et les campements

Où qu'ils soient, les chasseurs-cueilleurs tendent à vivre au sein de petits groupes, nommés «bandes», rarement composés de plus de 100 personnes (*voir le chapitre 8*). Ces bandes sont généralement constituées de quelques familles qui coopèrent. Elles cohabitent dans de petits campements, plus ou moins permanents, qui constituent le centre des activités quotidiennes de ces populations. Ces campements ne sont pas que de simples haltes où dormir: les individus y vont et viennent toute la journée. Les repas, le travail, les rapports sociaux et le partage de la nourriture s'y déroulent. Au cours d'une année, leur emplacement et leur taille varient. Les individus se déplacent d'un campement à l'autre, pour les visiter ou pour y vivre quelque temps.

Bien qu'il n'existe encore aucune explication pleinement satisfaisante concernant la taille de ces bandes et de ces campements, on croit que divers facteurs écologiques et sociaux entrent en jeu. Parmi ces facteurs, il y a très certainement la capacité de charge du territoire, soit le nombre de personnes que les ressources disponibles peuvent nourrir. Certains chercheurs invoquent aussi les conflits entre les membres d'un groupe, qui justifieraient de le maintenir petit. Par exemple, chez les Bochimans Ju/'hoansis, les individus quittent un groupe pour différentes raisons. Ils le font soit parce que les ressources alimentaires locales sont épuisées, soit parce qu'un conflit a éclaté au sein du groupe ou simplement parce qu'ils veulent visiter des amis ou des parents éloignés. «Les Jus aiment rendre visite et la pratique sert de soupape quand les esprits s'échauffent. En fait, les Jus déménagent quand ils sont à bout de patience bien avant d'être à bout de ressources alimentaires» (Lee, 1993).

À l'époque où les Inuits de l'Arctique étaient nomades, la densité du groupe était aussi sujette à des fluctuations. Toutefois, les mouvements de regroupement et de dispersion suivent un cycle contraire à celui des groupes autochtones voisins. C'est en hiver, lorsque les ressources se raréfient, que les familles se rassemblent dans les régions côtières pour chasser le phoque et d'autres mammifères marins. En raison

L'expression « chasseur-cueilleur » est imprécise, car la plupart des chasseurs-cueilleurs pratiquent aussi la pêche. Même s'ils sont aujourd'hui sédentarisés, plusieurs groupes autochtones du Canada continuent de séjourner en forêt et d'y monter des campements de chasse et de pêche. Ce couple d'Inuits fait sécher et fumer du poisson pour en assurer la conservation.

© Danita Delimont/Alamy

de leur taille, ces animaux peuvent nourrir un grand nombre de personnes. L'expansion de la bande en hiver n'est toutefois pas illimitée et dépasse rarement plus d'une cinquantaine de personnes. La bande doit compter un nombre d'individus correspondant aux ressources fauniques disponibles. Les groupes familiaux réunis en hiver sont soumis à des règles strictes de partage de la nourriture. Ce partage est obligatoire et les contrevenants sont sévèrement punis. Durant la période estivale, les ressources fauniques permettent aux familles d'acquérir une certaine autonomie par rapport à la bande. Généralement, deux ou trois familles nucléaires se côtoient dans les campements d'été répartis sur la côte et à l'intérieur des terres. Comme les conditions estivales favorisent l'abondance de la nourriture, il s'ensuit un certain relâchement des règles de partage. Le strict partage hivernal est alors remplacé par une convivialité quasi quotidienne durant le festin, qui devient le principal moyen de distribution et de circulation de la nourriture (Mauss, 1908).

Le ratio enfants-adultes peut aussi contribuer aux fluctuations d'une population. Si le nombre d'enfants présents dans un campement est très élevé, la collectivité invitera quelques jeunes familles à déménager dans un campement comptant moins d'enfants. À l'inverse, un groupe où vivent peu d'enfants tentera de recruter de jeunes familles. La redistribution des individus constitue donc un important mécanisme de régulation de la densité sociale. Elle assure, en outre, le maintien d'un équilibre entre la taille et la composition des groupes, d'une part, et la variation des ressources, d'autre part.

En plus de s'adapter à leur région et aux saisons, les chasseurs-cueilleurs doivent s'ajuster à la quantité disponible de ressources afin d'en assurer la pérennité. Parce qu'ils respectent la nature et puisent généralement sans épuiser, la taille de la plupart de ces populations semble se stabiliser bien en deçà de la capacité de charge de leur territoire. En fait, le domaine vital de la plupart des chasseurs-cueilleurs pourrait nourrir un nombre de personnes de trois à cinq fois plus élevé que le nombre généralement observé. À long terme, le maintien d'effectifs réduits au sein d'un groupe lui offre une meilleure adaptation

que s'il connaissait une croissance indéfinie. En effet, sa survie serait alors menacée en cas de pénurie d'une ressource vitale comme l'eau. La densité démographique des groupes de chasseurs-cueilleurs excède rarement 1 personne par 2,5 kilomètres carrés, ce qui est très faible.

Toutefois, la seule répartition des familles sur le territoire ou celle des enfants entre les groupes peut s'avérer insuffisante pour limiter le nombre de personnes lorsque les ressources sont rares. Les peuples doivent alors procéder à une régulation des naissances en utilisant différentes méthodes. La plus simple et probablement la plus utilisée chez les populations de chasseurs-cueilleurs consiste en l'allaitement prolongé. En effet, les mères qui allaitent leurs bébés plusieurs fois par jour, jusqu'à cinq ans dans certains cas, réduisent ainsi la probabilité d'une nouvelle grossesse, car les tétées constantes favorisent la production de prolactine qui inhibe l'ovulation. Cela s'avère particulièrement utile lorsque la femme est active et qu'elle n'a pas de graisse excédentaire à éliminer (Small, 1997). Grâce à un allaitement étalé sur plusieurs années, les femmes ont des grossesses très espacées, de sorte que le taux de natalité du groupe reste bas. Chez les Inuits, par exemple, à l'époque où ils étaient nomades et que les ressources étaient très limitées en raison de leur environnement hostile, il n'était pas rare de voir les mères allaiter leurs enfants jusqu'à une dizaine d'années. Dans certains cas d'extrême précarité compromettant la survie chez les Inuits, l'infanticide était parfois pratiqué. Il faut néanmoins préciser qu'à l'époque, dans les sociétés traditionnelles telles que celles des Inuits, la mortalité infantile naturelle demeurait élevée et le recours à l'infanticide était effectué dans des cas de crises seulement, telles des famines à répétition.

La mobilité et le nomadisme

Les chasseurs-cueilleurs récoltent ce que la nature leur offre. Par définition, ils ne pratiquent ni l'agriculture ni l'élevage. Ils doivent donc vivre à proximité des animaux, des plantes et des poissons dont ils se nourrissent, ce qui exige habituellement des déplacements fréquents, donc de pratiquer le **nomadisme**. Une telle mobilité ne relève pas de l'errance, mais se structure plutôt autour d'un territoire fixe. Certains groupes, comme les Bochimans Ju/'hoansis, qui se nourrissent surtout de noix mongongos, un aliment résistant à la sécheresse, suivent des itinéraires annuels établis et s'en tiennent à un territoire limité. D'autres, comme les Naskapis, avant leur sédentarisation, devaient parcourir un territoire plus vaste, modelant leur cycle migratoire sur celui des caribous. Constamment à la poursuite des troupeaux, ils franchissaient alors

chaque année des centaines de kilomètres, de la toundra arctique du Québec et du Labrador jusqu'aux régions boisées plus au sud (Leacock et Rothschild, 1994).

Autrefois, la composition des groupes chez les Autochtones du Canada variait selon la région et la saison. Par exemple, dans les Maritimes, les Micmacs établissaient des campements d'hiver réunissant quelques familles apparentées. Ils chassaient le phoque, le castor, l'orignal et le caribou. L'été étant une période d'abondance, particulièrement pour le poisson, ils formaient alors des groupes de quelques centaines de personnes. De la même façon, les Ojibwés de l'est du Canada vivaient la majeure partie de l'année en petites bandes familiales et chassaient l'ours, le chevreuil et l'orignal. À la fin du printemps, ils se rassemblaient en plus grand nombre sur leurs sites de pêche préférés pour y passer l'été. Les Innus-Montagnais du Québec et du Labrador se regroupaient et se dispersaient aussi au gré des saisons. L'hiver, ils vivaient dans des camps composés d'une quinzaine de membres de familles apparentées, pour maximiser leur effort de chasse sans exercer une pression indue sur le rare gibier. L'été, lorsque les ressources étaient plus abondantes, les familles se réunissaient en grand nombre sur les côtes maritimes, à l'embouchure des rivières (Dominique, 1989).

> **Nomadisme**
>
> Mode de vie d'un peuple qui se déplace selon les saisons, à la poursuite du gibier et des ressources végétales (chasseurs-cueilleurs) ou de pâturages pour les troupeaux d'animaux domestiques (pasteurs).

Les Pygmées akas habitent au Congo et en République centrafricaine. Nomades, ils sont des chasseurs d'antilopes, de porcs sauvages et de singes. Ils pratiquent la pêche, récoltent le miel, les baies et d'autres végétaux. De plus en plus sédentaires, ils entretiennent d'importantes relations socioéconomiques avec les agriculteurs qui les entourent. Comme les Pygmées mbutis, les akas chassent l'antilope au filet.

© Pierre Perrin/Zoko/Sygma/Corbis

Les techniques et l'équipement de chasse peuvent aussi influer sur la composition et les déplacements d'une population. Certains Pygmées mbutis chassent au filet. Comme cette technique nécessite la coopération de 7 à 30 familles, leurs campements sont donc assez étendus. Par contre, les campements des Mbutis qui chassent à l'arc ne comptent que de trois à six familles : la présence d'un plus grand nombre d'archers dans la même zone obligerait chacun à parcourir une plus grande distance chaque jour pour ne pas se retrouver dans la mire des autres. Ce n'est qu'à la moitié de l'été que les archers se réunissent en plus grand nombre, pour participer aux cérémonies religieuses, à l'organisation des mariages et aux échanges sociaux. Ils s'adonnent alors à des parties de chasse en groupe.

La division du travail et l'égalitarisme

Les chasseurs-cueilleurs pratiquent ce que l'on appelle la « division sexuelle du travail » (*voir le chapitre 5*). La chasse et le dépeçage du gros gibier sont des tâches presque universellement masculines. En contrepartie, le travail des femmes comprend habituellement la cueillette et la préparation d'une variété de végétaux ainsi que l'exécution de diverses tâches domestiques. Le travail des femmes au sein des groupes de chasseurs-cueilleurs n'est pas moins ardu que celui des hommes. Les femmes bochimans ju/'hoansies, par exemple, parcourent jusqu'à 10 kilomètres en une journée, 2 ou 3 fois par semaine, pour trouver de la nourriture. De plus, au retour, elles transportent non seulement leur enfant, mais aussi de 7 à 15 kilogrammes de nourriture. Néanmoins, elles n'ont pas à se déplacer aussi loin et aussi rapidement que les chasseurs et elles ont des tâches moins dangereuses. Enfin, elles n'ont pas à consacrer une attention aussi soutenue à ce qu'elles font, si bien qu'elles peuvent se remettre au travail sans peine après une pause.

Tous ces éléments sont compatibles avec les différences biologiques entre les sexes. Il va sans dire qu'une femme enceinte ou qui allaite ne peut suivre le gibier sur de grandes distances, comme le fait un homme. Bien que certaines femmes puissent sans aucun doute courir plus vite qu'un homme, ce dernier est généralement plus rapide qu'une femme enceinte ou qui transporte un enfant sur son dos. De plus, l'ossature pelvienne d'une femme, conçue pour permettre le passage de la tête du bébé lors de l'accouchement, diffère de celle de l'homme. En raison de cette différence anatomique, une femme

Offert par Nadine Trudeau

Chez les Naskapis du Québec, les hommes et les femmes avaient généralement des tâches distinctes. Comme chez la plupart des chasseurs-cueilleurs, les femmes s'occupaient de la cueillette et des tâches domestiques, pendant que les hommes chassaient. Encore aujourd'hui, cette distinction est maintenue. Lors des séjours en forêt, les femmes cueillent des petits fruits et préparent des plantes à des fins médicinales.

n'est pas aussi apte qu'un homme à se déplacer rapidement sur de longues distances.

L'égalitarisme économique est une caractéristique importante des sociétés de chasseurs-cueilleurs. Habituellement très mobiles et sans animaux ni moyens de transport, les chasseurs-cueilleurs doivent être en mesure de se déplacer sans encombre. Leurs biens doivent se limiter à l'essentiel : outils pour la chasse, la cueillette et la pêche, matériaux pour la fabrication d'outils, ustensiles de cuisine, pièges et filets. Ils n'ont pas les moyens d'accumuler des objets de luxe ou des biens non essentiels. Chez les Bochimans Ju/'hoansis, par exemple, le poids moyen des avoirs d'une personne ne dépasse pas 11 kilogrammes. Le fait que tous possèdent à peu près les mêmes biens contribue à restreindre la hiérarchie sociale. L'âge et le sexe sont habituellement les seuls facteurs qui influent sur le statut social de chacun.

Il faut bien comprendre que les différences de statut n'entraînent pas forcément des inégalités. Ce fait est souvent mal compris, notamment en ce qui concerne les relations entre les hommes et les femmes. Dans les sociétés traditionnelles de chasseurs-cueilleurs, rien n'impose aux femmes une déférence particulière à l'égard des hommes. Bien sûr, les femmes sont parfois exclues de certains rites masculins, mais l'inverse est aussi vrai. De plus, les femmes détiennent le contrôle sur le fruit de leur travail.

Elles ne sacrifient pas leur autonomie, même dans les sociétés où les produits de la chasse constituent la majeure partie du menu. C'était le cas chez les Inuits où la chasse était beaucoup plus importante que la cueillette. Les femmes confectionnaient les vêtements et d'autres articles, mais elles cueillaient beaucoup moins de nourriture que dans la plupart des autres sociétés de chasseurs-cueilleurs. Jusqu'à récemment, les femmes comme les hommes pouvaient être chamans. Cependant, les femmes ne pouvaient participer aux festins rituels associés à la chasse, pas plus que les hommes ne pouvaient être présents aux festins rituels des femmes. Les premiers missionnaires arrivés chez les Inuits et d'autres groupes autochtones déploraient que les hommes n'aient aucune envie de contraindre leur femme à l'obéissance. Ils ont déployé beaucoup d'énergie pour convaincre ces hommes que, dans un monde civilisé, les femmes devaient leur obéir.

Le partage de la nourriture entre adultes – rare chez les primates non humains – est une autre caractéristique importante des chasseurs-cueilleurs. Il résulte, entre autres, du fait que les hommes et les femmes rapportent deux types de nourriture différents. Chez les Bochimans Ju/'hoansis, par exemple, les hommes sont soumis à des règles qui déterminent la quantité de viande à partager et les personnes qui doivent bénéficier de ce partage. Par conséquent, un chasseur exerce peu de contrôle sur la viande qu'il rapporte. Pour le chasseur, le partage de la viande est une façon de s'en constituer une réserve puisque, tout obligatoire qu'elle soit, sa générosité lui garantit une part des prochains butins des autres chasseurs. Le partage de la nourriture est un trait culturel des peuples de chasseurs-cueilleurs. Il repose de toute évidence sur une valeur de survie, qui a pour but d'assurer la distribution des ressources nécessaires à la subsistance de chacun.

Les chasseurs-cueilleurs ne cherchent pas à accumuler des surplus de provisions, ce qui, dans les sociétés agraires, constitue souvent un signe de statut supérieur. Toutefois, cela ne signifie pas qu'ils sont toujours au bord de la famine. Leur milieu est leur garde-manger. Sauf dans les climats extrêmes (où on fait quelques réserves pour traverser la saison creuse) ou lors de catastrophes naturelles, les chasseurs-cueilleurs trouvent toujours quelque chose à manger. Parce que les ressources sont habituellement partagées équitablement au sein du groupe, personne ne recherche l'aisance ou le statut que pourrait apporter une abondance de provisions.

En vertu des règles de non-gaspillage qui existent dans les sociétés de chasseurs-cueilleurs, l'accumulation de biens y est considérée comme un signe de déviance bien plus que comme une caractéristique désirable.

La notion de territoire, chez les chasseurs-cueilleurs, favorise autant l'égalité sociale que la distribution équitable des ressources. La plupart des groupes s'installent dans des lieux où l'accès aux ressources est habituellement ouvert : ce qui est disponible pour l'un l'est aussi pour tous. Par exemple, un chasseur pygmée qui trouve du miel dans un tronc d'arbre a le privilège de se servir en premier, mais les autres y auront droit aussi. Les arbres n'appartiennent à personne : le système repose sur le concept de « premier arrivé, premier servi ».

Selon le modèle d'échange en vigueur chez les chasseurs-cueilleurs, les membres du groupe partagent sans attendre de retour direct. Ce modèle tend aussi à la distribution équitable des ressources et à l'égalité sociale. Un homme ou une femme bochiman ju/'hoansi consacre près des deux tiers de sa journée à recevoir ou à visiter famille et amis. Ces rencontres sont autant d'occasions d'échanger des présents. Le refus de partager – pour faire des provisions – serait une faute morale. En partageant tout ce qu'ils ont, les Bochimans Ju/'hoansis préservent l'égalité sociale et s'assurent d'avoir leur part lorsque la chance sourira à d'autres.

LA DOMESTICATION DES PLANTES ET DES ANIMAUX, ET LA SÉDENTARISATION

Alors que, depuis l'aube de l'Humanité, leur mode de subsistance reposait sur la chasse et la cueillette, les humains sont passés en quelques milliers d'années, du statut de prédateurs nomades à celui de producteurs sédentaires. Petit à petit, ils ont accru leur contrôle sur la nature et ont davantage travaillé à la transformer. Survenu indépendamment dans diverses régions du monde (il y a près de 10 000 ans au Moyen-Orient, 9000 ans en Asie et 7000 ans en Amérique), le passage de la chasse et de la cueillette à la production alimentaire a été qualifié de « révolutionnaire ». Il est associé à ce qu'on appelle la « révolution néolithique », c'est-à-dire à la domestication des plantes et des animaux ainsi qu'à l'apparition des premiers villages.

En transformant leur mode de subsistance, les peuples ont changé la nature même de la société humaine. À ses débuts, la production alimentaire n'a sans doute pas donné plus de nourriture, mais elle a permis de compenser les fluctuations saisonnières des ressources sauvages et de procurer une certaine stabilité. Ces nouvelles pratiques économiques ont favorisé l'émergence de nouvelles variétés de plantes et d'animaux qui ont joué un rôle croissant dans la survie de l'espèce humaine. L'essentiel des aliments qui composent aujourd'hui l'alimentation d'une vaste majorité d'humains ont en fait été «sélectionnés» par les premiers agriculteurs, ceux-ci étant originaires du Croissant fertile au Moyen-Orient (blé, avoine, carottes, pois, lentilles, bœuf, raisin, etc.), de l'Asie du Sud-Est (riz, porc, soya, etc.) et de l'Amérique centrale (maïs, tomates, haricots, cacao, etc.). Dans la plupart des cas, avant leur domestication, ces produits (céréales, légumes et animaux) existaient déjà sur ces territoires, mais à l'état sauvage (Peoples et Bailey, 2012).

Quelle soit ou non survenue avant la domestication des plantes et quelles qu'en soient les causes, l'émergence de la vie sédentaire a entraîné la formation de villages permanents réunissant des familles d'agriculteurs à proximité de leurs potagers. La production alimentaire a entraîné un nouveau type d'organisation sociale. En redoublant d'efforts, quelques personnes pouvaient produire de la nourriture pour tout le groupe. Elles permettaient ainsi à d'autres membres du groupe de se consacrer à l'invention et à la production de l'équipement nécessaire à leur nouveau mode de vie. Cette vie sédentaire et la nouvelle division du travail qui en a résulté ont abouti à la fabrication d'outils pour les labours et les récoltes, de poterie pour le stockage et la cuisson des aliments, de vêtements faits de fibres tissées et d'habitations en pierre, en bois ou en adobe.

Si la domestication des plantes et des animaux permet de faire vivre des populations plus nombreuses et plus sédentaires, elle exige aussi de plus longues heures de travail. La transition a fortement modifié les structures sociales. Au début, elle n'a pas modifié les relations sociales égalitaires qui prévalaient chez les chasseurs-cueilleurs. Toutefois, à mesure que les villages ont pris de l'expansion et qu'un plus grand nombre de personnes ont commencé à partager les mêmes ressources, comme la terre et l'eau, la société s'est dotée d'une structure plus complexe. Les groupes multifamiliaux formés autour d'un ancêtre commun, qui ne jouaient pas de rôle important chez les chasseurs-cueilleurs, sont sans doute devenus le nouveau centre de la vie sociale.

LE PASTORALISME

Avant d'examiner les stratégies d'adaptation déployées par les cultivateurs sédentaires, il importe de se pencher sur le **pastoralisme**, l'un des plus saisissants exemples d'adaptation humaine au milieu. Les pasteurs forment des sociétés qui voient dans l'élevage des animaux la façon appropriée de subvenir à leurs besoins. Le pastoralisme offre une stratégie de subsistance efficace dans les régions souvent trop arides, trop froides ou trop escarpées pour l'agriculture, comme l'Atlas marocain (Berbères), le désert du Sahara (Touaregs), la toundra de Sibérie (Nenets) ou le nord de la Scandinavie (Sâmes ou Lapons). Dans ces milieux plutôt hostiles, élever des animaux procure plusieurs avantages. Si la végétation y est souvent rare ou impropre à la consommation humaine (lichens, saules ou joncs), elle constitue tout de même une alimentation de choix pour les animaux d'élevage tels que la chèvre, le mouton, le chameau ou le renne (Peoples et Bailey, 2012). Cela s'avère fort avantageux, puisqu'ainsi humains et animaux ne se disputent pas les mêmes ressources, comme ils le font avec les céréales dans le mode d'élevage commercial pratiqué en Occident (Nanda et Warms, 2010).

Se déplacer pour nourrir ses bêtes

La vie des pasteurs est intimement liée à celle des animaux qu'ils élèvent, tels le renne, le mouton, la chèvre, le chameau, le yak ou la vache. Domestiquées, ces bêtes dépendent des humains pour s'alimenter, s'abreuver et survivre à leurs prédateurs. En plus de leur viande, ces bêtes fournissent aux pasteurs divers produits utiles : peaux, lait, laine, fourrure, etc. Les pasteurs doivent se déplacer en compagnie de leurs bêtes afin qu'elles s'alimentent et se reproduisent. Ils doivent repérer les points d'eau et dénicher les meilleurs pâturages. Alors que certains peuples, comme les Bakhtiyaris ou les Touaregs, pratiquent le nomadisme et suivent constamment leurs bêtes,

> **Pastoralisme**
> Mode de subsistance qui repose sur l'élevage de troupeaux d'animaux domestiques et qui exige habituellement des déplacements saisonniers d'un pâturage à l'autre.

On trouve au Tibet des pasteurs nomades dont l'essentiel des activités de subsistance gravite autour du yak. Dans les hauts plateaux où les arbres se font rares, les excréments de ce bovidé servent de combustible. On utilise sa peau et ses poils pour confectionner tentes, vêtements et cordes. On se nourrit aussi de sa viande en plus de produire du beurre, du fromage et du yaourt avec son lait, que les femmes sont chargées d'extraire chaque jour.

© Jakub Cejpek/Shutterstock

d'autres, comme les Masais ou les Sâmes, s'adonnent plutôt à la **transhumance**, c'est-à-dire à la migration périodique du bétail, accompagné par une partie du groupe seulement. La migration des Masais du Kenya, par exemple, est influencée par différents impératifs environnementaux tels que l'altitude, la distribution des cours d'eau, les pluies saisonnières et la présence des insectes qui transmettent la malaria ou la maladie du sommeil. En novembre, lorsque la pluie commence à tomber, les Masais conduisent leur bétail aux pâturages de la saison humide, laissant alors ceux de la saison sèche se régénérer. Les hommes, mais surtout les adolescents, ayant accompagné le bétail vivront alors dans un campement temporaire jusqu'au début de la saison sèche, en mai. Pendant ce temps, les femmes, les enfants et les aînés demeureront au village pour s'occuper des jeunes animaux et des vaches en lactation (Igoe, 2003). Ainsi, contrairement aux chasseurs-cueilleurs, les pasteurs établissent parfois des campements permanents. La différence fondamentale entre ces deux modes de subsistance repose toutefois sur le fait que les chasseurs-cueilleurs ne contrôlent ni la taille des troupeaux sauvages, ni leur déplacement.

Pour subvenir à l'ensemble de leurs besoins, les pasteurs doivent généralement se tourner vers leurs voisins sédentaires qui pratiquent l'agriculture. Si certains pasteurs, comme les Masais et les Peuls de l'Afrique de l'Ouest, ne vendent leur bétail qu'en dernier recours et vivent à l'occasion dans de véritables petits villages, d'autres, comme les éleveurs de rennes Nenets, se spécialisent dans le commerce des animaux et pratiquent le nomadisme. Lors des transhumances, les troupeaux de vaches et de chèvres

procurent aux Masais l'essentiel de leur nourriture, sous forme de lait, mais aussi de sang prélevé lors de saignées qui n'affectent en rien la vie des bêtes. Pour se procurer les céréales ou les légumes qu'ils ne produisent pas, les Masais transigent cependant avec leurs voisins fermiers. «Comme tous les Masais, je dépends de mon bétail […]. Nous abattons rarement nos animaux, mais nous les vendons pour acheter des aliments comme la farine de maïs et le sucre, pour payer les frais scolaires, les notes d'hôpital ou les médicaments pour nos vaches» (FAO, 2002).

Les Bakhtiyaris, qui vivent au sud des monts Zagros, en Iran, constituent un autre exemple intéressant de peuples pasteurs nomades (Barth, 1960 ; Salzman, 1967). Éleveurs de troupeaux de chèvres et de moutons, leur survie dépend de ces animaux qui leur donnent du lait, du fromage, du beurre, de la viande, des peaux et de la laine. Avec cette laine, les femmes tissent des vêtements, des tentes, des sacs de voyage et d'autres articles indispensables, qu'elles vendent dans les villes. Bien que certains Bakhtiyaris aient des chevaux et que la plupart aient des ânes, ils ne les utilisent que pour le transport de marchandises. Le milieu dur et froid où ils vivent gouverne leur vie et détermine le moment et la direction des déplacements des troupeaux, ainsi que la tenue vestimentaire, la nature des repas et même l'humeur des gens.

Transhumance

Migration saisonnière de certains peuples pasteurs dont une partie des membres accompagne les troupeaux vers de nouveaux pâturages, alors que l'autre partie de la population demeure dans un campement plus permanent.

À l'automne, ils quittent leurs quartiers estivaux des montagnes et, au printemps, ils abandonnent leurs quartiers d'hiver dans les basses terres. Avant que l'hiver atteigne les montagnes, ces pasteurs nomades chargent leurs tentes et leurs autres biens sur des ânes et conduisent leurs troupeaux vers les plaines chaudes qui bordent l'Iraq, à l'ouest. Au printemps, quand les pâturages des basses terres ont séché, ils reprennent le chemin des vallées montagnardes, où l'herbe recommence à verdir. Ils se séparent habituellement en 5 groupes comportant environ 5000 personnes et 50 000 bêtes chacun. Lors de chaque déplacement, les Bakhtiyaris parcourent près de 300 kilomètres. Les hommes et les garçons mènent alors les chèvres et les moutons, pendant que les femmes et les enfants conduisent les ânes chargés de l'équipement et des tentes. Le voyage peut durer plusieurs semaines, car les troupeaux se déplacent lentement et nécessitent une attention constante.

Des animaux d'une valeur inestimable

Le milieu physique ne peut pas expliquer à lui seul la localisation de tous les pasteurs. Certains, comme les Masais et les Peuls, habitent des régions où l'agriculture peut être pratiquée, mais pour différentes raisons, ils refusent de s'y adonner (Peoples et Bailey, 2012). Sur le territoire où habitent les Masais de Tanzanie, des secteurs permettent la culture des céréales. Même si certaines communautés cultivent le sorgho, l'essentiel de leurs activités

de subsistance gravitent autour de l'élevage, et ce n'est pas pour des raisons strictement économiques. En effet, le pastoralisme est non seulement le principe économique de ces sociétés, mais aussi ce qui guide leur système de valeurs. Pour les pasteurs, l'importance que prennent leurs animaux va bien au-delà du simple aliment. Alors que les chasseurs-cueilleurs adulent la nature pour ses plantes et ses animaux sauvages, les pasteurs pour leur part vouent aux bêtes dont ils prennent grand soin un culte comparable à celui que nous vouons à nos animaux de compagnie. Ils les respectent et les vénèrent parce qu'ils constituent une ressource, mais aussi parce qu'ils revêtent une valeur symbolique, voire sacrée. Chez les Masais, par exemple, le bétail est associé à la richesse, mais aussi à la masculinité. Il constitue une source de prestige, joue un rôle dans les relations entre les communautés et fait partie des biens qu'un jeune homme doit remettre à sa belle-famille au moment de son mariage. Dans le cadre de certains rituels religieux, on le sacrifie afin d'obtenir la bénédiction des ancêtres (Peoples et Bailey, 2012).

Les Masais, contrairement aux éleveurs industriels contemporains, ne considèrent pas les animaux comme du «bétail», mais comme des êtres dont il faut se préoccuper. Selon eux, il est inacceptable d'abattre quatre millions d'animaux, comme l'ont fait les Européens lors de l'épidémie de fièvre aphteuse en 2001. Les Masais ne tuent pas leurs animaux infectés, car ils en guérissent et leur chair, comme leur lait, demeure comestible. Pour eux, cette maladie est si commune qu'ils la désignent comme si elle

Les Masais sont des pasteurs qui déplacent leurs troupeaux d'un pâturage à l'autre. Jadis nomades, ils sont aujourd'hui nombreux à devoir se sédentariser. Ils habitent de petites maisons construites à l'aide de branches entrecroisées, recouvertes de bouse de vache et de boue. Ces maisons sont regroupées en cercle, puis entourées d'une clôture formée de branches. Durant la nuit, le bétail est regroupé au centre de ce cercle afin de les protéger des prédateurs.

© DLILLC/Corbis

n'était qu'un vulgaire rhume. Elle n'est pas dramatique, même si les animaux qui en guérissent produisent moins de lait et mettent un certain temps à retrouver leur poids. En Europe, tout comme en Amérique du Nord, une maladie semblable compromet la productivité, car les animaux sont en quelque sorte devenus des machines. Chez les Masais, lorsqu'un animal infecté meurt, ce qui est rare, sa viande est vendue et utilisée pour la consommation humaine. À la différence des Européens, les consommateurs masais pensent que cela ne comporte aucun risque pour leur santé (FAO, 2002).

Tout comme les chasseurs-cueilleurs, les pasteurs sont de plus en plus nombreux à devoir se sédentariser.

Jadis, au Kenya, un système collectif de tenure foncière assurait à chacun l'accès à l'eau et aux pâturages. Depuis la période coloniale, la plupart des terres ont été confisquées et on y retrouve aujourd'hui des fermes et des parcs nationaux destinés à protéger la faune locale, mais aussi à attirer les touristes occidentaux. Il ne reste aux Masais que les terres les plus arides. Incapables de se déplacer librement comme autrefois, plusieurs se résignent à se sédentariser. De nombreux hommes doivent désormais exercer un travail rémunéré. En Scandinavie, les éleveurs de rennes sâmes vivent une situation comparable. Comme les Masais, leur territoire et leur mode de vie traditionnel sont menacés (*voir l'encadré Les Sâmes, peuple pasteur de Scandinavie*).

Exemple ethnographique

Les Sâmes, peuple pasteur de Scandinavie

(d'après Pelto, 1973)

Les Sâmes (anciennement appelés Lapons), dont le territoire est situé dans le nord de l'Europe en Scandinavie, vivaient traditionnellement de la pêche et de l'élevage de troupeaux de rennes. S'ils dépendaient du monde extérieur pour se procurer certains biens matériels, ils pouvaient néanmoins trouver sur place les ressources essentielles à leur mode de vie. Puisque tous avaient accès à ces ressources, il y avait donc peu d'écart socioéconomique entre les individus. Leur culture était essentiellement égalitaire.

Les rennes occupaient une place très importante dans la vie des Sâmes. Ils constituaient une part essentielle de leur identité. Les Sâmes mangeaient une partie de leurs troupeaux et vendaient l'autre dans le but de se procurer des biens qu'ils ne pouvaient produire eux-mêmes. Les rennes apportaient aux Sâmes de la viande, mais aussi le cuir entrant dans la fabrication des chaussures et des vêtements, les tendons utilisés pour la couture, ainsi que les bois et les os servant à la confection de certains objets. Enfin, on employait les rennes pour tirer les traîneaux et comme bêtes de somme quand il n'y avait plus de neige au sol. Ces animaux recevaient beaucoup de soins et d'attention. Les troupeaux n'étaient pas nombreux et toute négligence dans les soins donnés aux bêtes nuisait à la productivité.

Au début des années 1960, les gardiens de rennes ont rapidement adopté les motoneiges (une invention québécoise) pour se déplacer, car ils estimaient que ces nouvelles machines faciliteraient la garde physique des troupeaux et feraient augmenter leur rentabilité. Dès 1967, la majorité des Sâmes de Finlande avaient renoncé aux animaux de trait et seulement quelques familles utilisaient encore les traîneaux de rennes pour se déplacer en hiver. Ceux qui refusaient encore les motoneiges se sentaient désavantagés par rapport aux autres.

Les conséquences de cette mécanisation ont été très profondes et en partie inattendues. Le coût élevé des motoneiges, des pièces de rechange et de l'essence a engendré une dépendance envers le monde extérieur qui était inconnue auparavant. À mesure que la technologie de la motoneige a rendu inutiles les habiletés traditionnelles, les Sâmes ont peu à peu perdu leur capacité d'assurer leur propre survie sans dépendre du monde extérieur. En conséquence, ils ont rapidement eu besoin d'une plus grande quantité d'argent comptant. Pour en obtenir, les hommes ont dû régulièrement quitter leur collectivité pour occuper un emploi salarié, sans quoi ils étaient réduits à devoir compter sur les pensions et l'aide sociale de l'État.

Les Sâmes sont à la fois une minorité ethnique et un peuple autochtone. Comme les Inuits, ils ont subi dès le XVIIIᵉ siècle les pressions colonisatrices et assimilatrices des États scandinaves. Ce peuple est alors entré dans un processus de désintégration culturelle causée par la surexploitation de leur milieu naturel et les politiques d'assimilation mises en place.

© Nik Wheeler/Corbis

Le prix à payer pour accéder à la modernisation en valait-il la peine? En réalité, les motoneiges ont rendu plus difficile, et non plus facile, la garde des troupeaux de rennes. En 1971, la taille moyenne des troupeaux était passée de 50 à 12 bêtes, un nombre insuffisant pour que l'élevage soit rentable. Les motoneiges s'interposaient aussi entre les gardiens et leurs bêtes, si bien qu'elles minaient la relation pacifique qui s'était tissée entre eux. Surgissant des bois sur ces machines bruyantes, les hommes effrayaient les rennes, qui se dispersaient alors sur de vastes étendues. Au lieu d'aider les rennes à trouver leur nourriture en hiver, de secourir les femelles et leurs faons et de les protéger contre les prédateurs, les hommes ne venaient désormais près des bêtes que pour les abattre ou les castrer. Bien entendu, les rennes ont éprouvé de plus en plus de méfiance à l'égard des hommes. Ils sont peu à peu redevenus sauvages, se dispersant à la moindre occasion vers des zones plus inaccessibles.

Il ne s'agit pas uniquement d'un problème économique. En effet, dans la culture traditionnelle de ce peuple, le fait d'être éleveur de rennes constitue l'essence même de la masculinité. En plus de s'appauvrir, les hommes qui ne possèdent plus de troupeaux se sentent dévalorisés. Par ailleurs, cette société autrefois égalitaire est devenue stratifiée. La garde des troupeaux de rennes entraîne désormais des coûts d'équipement beaucoup plus élevés qu'auparavant et exige des connaissances et des compétences qui ne font pas partie de la culture traditionnelle. Ceux qui ne possèdent ni l'argent ni les compétences nécessaires dépendent désormais des autres pour exercer ce travail.

L'HORTICULTURE

Les êtres humains se sont adaptés à la vie sédentaire de différentes façons. Certaines populations ont adopté l'**horticulture** en constituant de petites collectivités de jardiniers munis d'outils rudimentaires, sans système d'irrigation ni charrue. Cette forme d'agriculture, dite «extensive», utilise un grand territoire, mais donne un faible rendement. Les horticulteurs cultivent habituellement quelques variétés de végétaux sur un même lopin de terre qu'ils désherbent à la main. Deux aspects de cette stratégie d'adaptation influent sur le mode de vie des populations qui la pratiquent et les distinguent des chasseurs-cueilleurs. Parce que ces agriculteurs utilisent habituellement un lopin de terre pendant quelques années seulement avant de l'abandonner pour un autre (question de laisser au sol le temps de retrouver sa fertilité naturelle),

> **Horticulture**
>
> Mode de subsistance qui repose sur la culture de quelques végétaux par de petites collectivités sédentaires qui utilisent des outils rudimentaires, sans système d'irrigation ni charrue.

© Mark Edwards/Peter Arnold, Inc.

Les Yanomami vivent au sein de grandes habitations collectives de forme circulaire, appelées « shabono » et abritant jusqu'à 400 personnes. Ce type de village se compose d'une suite d'auvents ordonnés autour d'une place centrale. Chaque famille possède, sous la partie couverte par les auvents, son propre foyer où elle prépare la nourriture. En périphérie du shabono, on retrouve les lopins de terre cultivés à même la forêt amazonienne.

Étant donné que leurs potagers ne leur procurent pas l'ensemble des protéines nécessaires à leur alimentation, les horticulteurs pratiquent tantôt la chasse aux mammifères, comme chez les Yanomami de l'Amazonie, tantôt l'élevage du porc, comme chez les Hulis, des Papous de Nouvelle-Guinée. Cette production de subsistance ne vise pas l'accumulation de surplus en vue de les vendre. Cependant, la politique des collectivités horticoles prévoit habituellement des festins périodiques, qui sont autant d'occasions de donner de grandes quantités de nourriture et d'autres présents pour gagner un certain prestige. Ce prestige devient le fondement du pouvoir politique de certains hommes (les *big men*), qui jouent un rôle important dans la production, l'échange et l'allocation des ressources (*voir le chapitre 8*).

L'une des formes d'horticulture les plus répandues, particulièrement dans les forêts tropicales de l'Amérique du Sud et de l'Asie du Sud-Est, est l'agriculture itinérante sur brûlis. Selon cette technique, la végétation est coupée manuellement, laissée à sécher, puis brûlée. Les semences sont rapidement plantées dans les cendres, ce qui enrichit le sol en nutriments. De un à trois ans plus tard, le lopin de terre est abandonné et la végétation naturelle reprend ses droits. L'utilisation du feu pour défricher de grandes parcelles de la forêt amazonienne, aux fins de l'élevage de bétail, a amené l'opinion publique à considérer cette pratique d'un mauvais œil. En fait, il s'agit d'une technique de production alimentaire écologique et durable lorsque les conditions y sont propices : une faible densité de population et un territoire suffisamment grand. Cependant, elle est effectivement synonyme de destruction et de dégradation écologiques si l'une de ces deux conditions n'est pas respectée.

Fins connaisseurs en matière de botanique, les Yanomami du Brésil et du Venezuela pratiquent l'horticulture sur brûlis et cultivent dans la forêt amazonienne près de 60 espèces de plantes. Une vingtaine (dont les bananes et le manioc) sont utilisées dans l'alimentation, le reste servant à l'artisanat ou à la pharmacopée. Pour se nourrir, les Yanomami pratiquent aussi la chasse, la pêche et la cueillette. Leurs connaissances en botanique sont imposantes. Comme chez les chasseurs-cueilleurs, il existe ici une division sexuelle du travail. Les femmes s'occupent principalement des jardins, qui constituent près de 80 % de l'alimentation. L'outillage utilisé se compose de haches et de machettes métalliques, ainsi que de bâtons à fouir en bois. Les cendres du brûlis jouent le rôle d'engrais et

les horticulteurs sont d'abord sédentaires. Bien qu'ils habitent de véritables villages qui peuvent accueillir jusqu'à 1000 personnes, la densité démographique des régions où ils vivent excède rarement 150 personnes par kilomètre carré. Deux facteurs seraient responsables de cette sédentarisation : la capacité de subvenir convenablement à ses besoins sans avoir à se déplacer constamment et la volonté des familles de rentabiliser l'énergie qu'elles ont dépensée pour préparer leurs jardins et obtenir une récolte. Contrairement à ce que l'on observe chez les chasseurs-cueilleurs, le droit à la terre est davantage défini dans ces populations. Certains territoires peuvent être directement associés à une famille ou à un groupe d'individus apparentés (Peoples et Bailey, 2012).

enrichissent le sol, alors que le feu détruit les parasites (Etiembre, 2009). Les Yanomami exploitent aussi les ressources de la forêt : les noix, le miel et les larves d'insectes. La pêche est pratiquée indifféremment par les femmes et les hommes. Même s'ils aident les femmes à cultiver le sol, ces derniers consacrent l'essentiel de leur temps à chasser le pécari, le tapir, le singe et le daim (Survival International, 2005). Bien que basée sur le défrichement et le brûlis, l'horticulture yanomami ne produit pas d'effets néfastes sur l'environnement, car les sols n'y sont pas mis à nu sur de grandes surfaces. La régénération de la forêt y est rapide. Deux ans après sa création, un jardin se voit déjà passablement envahi par la végétation (Etiembre, 2009). Après quelques années, quand le sol s'épuise et que le gibier se fait plus rare, les Yanomami déménagent leur village et s'installent ailleurs dans la forêt.

Ce type d'horticulture est non seulement moins énergivore que l'agriculture dite «industrielle» pratiquée en Amérique du Nord, mais elle est aussi davantage salutaire pour l'environnement. La culture de différentes plantes sur une même parcelle de terre rend les végétaux moins vulnérables aux insectes nuisibles et aux maladies que la monoculture que l'on connaît aujourd'hui. Voici ce que Davi Kopenawa, porte-parole des Yanomami du Brésil et lauréat du prix Global 500 pour l'environnement des Nations Unies, pense du rapport qu'entretiennent les Occidentaux avec la forêt :

> Pour nous, Yanomami, la forêt est très importante [...] parce que nous voulons continuer à y vivre. Cette forêt est belle et elle a le pouvoir de faire croître tout ce que nous mangeons. Vous, les Blancs, vous ne savez pas protéger la forêt. Vous ne savez que la maltraiter et la défricher. Nous, les Yanomami, nous sommes avisés et c'est pourquoi nous sommes amis avec la forêt. [...] Je veux la garder et je veux la défendre. (Survival International, 2005)

D'autres peuples, comme les Hopis de l'Arizona et les Iroquois de la vallée du Saint-Laurent, ont conçu une horticulture adaptée à des milieux nettement plus secs. Comme les horticulteurs des forêts tropicales humides, les Iroquois recouraient à la fois aux ressources sauvages et domestiques pour leur survie. Ils pratiquaient la culture itinérante pour faire pousser le maïs, la courge, le tournesol, le tabac et les haricots, mais aussi la chasse et la cueillette de plantes sauvages, comme le font encore les Yanomami.

L'AGRICULTURE INTENSIVE TRADITIONNELLE

L'horticulture et l'**agriculture intensive traditionnelle** sont parfois difficiles à distinguer. Pratiquée par des paysans, l'agriculture intensive est plus complexe, sur le plan technologique, que l'horticulture. En général, les pratiques agricoles altèrent davantage le paysage et l'environnement que ne le font les pratiques horticoles. Elles recourent en effet aux engrais organiques et à des instruments aratoires telles les charrues de bois ou de métal tirées par des animaux de trait. De plus, pour pratiquer l'agriculture intensive, il faut vivre en permanence à proximité des terres que l'on cultive, de manière à pouvoir s'en occuper à longueur d'année, et ce, de façon continue au fil des ans. Alors que les horticulteurs se déplacent fréquemment et laissent la nature faire son œuvre, les paysans, eux, s'échinent au travail pour protéger leur récolte contre les intempéries et les espèces nuisibles, mais aussi pour préserver la productivité du sol qu'ils cultivent. À cette fin, la pluie ne suffisant pas toujours, de nombreuses populations doivent aussi recourir à l'irrigation, comme c'est le cas à Bali où l'on pratique la culture du riz sur d'impressionnantes terrasses (*voir le chapitre 5*).

L'agriculture intensive traditionnelle est habituellement diversifiée. Elle produit des céréales, des fruits et des légumes, mais aussi des animaux tels que la vache laitière, le porc, le poulet ou le mouton. Cette production est qualifiée de «vivrière» parce que principalement destinée à nourrir le paysan et sa famille, ainsi que leurs animaux de ferme. Prenons l'exemple des paysans mayas du Mexique et du Guatemala. Bien qu'ayant subi des modifications depuis les Mayas anciens, le système agricole qu'utilisent encore de nombreux paysans s'appuie sur la culture du maïs auquel on associe d'autres plantes telles que la courge, le haricot et le piment. Tout comme leurs ancêtres, les Mayas utilisent l'agriculture sur brûlis. Le champ (appelé «*milpa*»), vite épuisé, ne peut être cultivé que deux ou trois ans d'affilée et il doit être laissé en jachère pendant plus de dix ans. Ils établissent un système de rotation qui leur permet d'avoir toujours accès à

> **Agriculture intensive traditionnelle**
>
> Type d'agriculture pratiquée par des paysans qui, pour cultiver le sol, font appel aux engrais organiques, à des instruments aratoires tirés par des animaux de trait et parfois à l'irrigation.

Contrairement aux horticulteurs, les agriculteurs sont sédentaires. Plutôt que de laisser la pluie faire son œuvre, au besoin, ils irriguent leurs champs. À Bali, en Indonésie, où le tiers des terres agricoles sont irriguées, des paysans utilisent encore des animaux de trait pour labourer leur rizière, avant de procéder au repiquage manuel des jeunes pousses de riz. Dans un tel contexte, le recours à de la machinerie ne serait pas nécessairement profitable.

Offert par Gilles Legault

une *milpa* cultivable à proximité et de revenir aux anciennes *milpas* lorsque la période de jachère est terminée.

Pour les Mayas, la *milpa* est plus qu'un champ, il s'agit d'un système économique, social et culturel complexe (Labrecque, 2006). Hautement symbolique et associée à plusieurs rituels issus d'une tradition millénaire, la *milpa* fait référence à l'espace physique, aux plantes ensemencées et à la récolte, ainsi qu'aux connaissances, aux techniques et aux pratiques qui leur sont associées. Les Mayas sont de fins connaisseurs de leur milieu. Leur classification des sols et leurs savoirs en matière de botanique sont précis. Ils parviennent à tirer parti de leur terre avec des moyens simples, mais efficaces (Héraud-Pina, 1997).

L'agriculture intensive traditionnelle permet aux paysans de produire suffisamment de nourriture pour eux, mais aussi pour d'autres personnes qui peuvent se consacrer entièrement à d'autres activités spécialisées. Les surplus produits peuvent être vendus, mais ils peuvent aussi être prélevés au moyen d'un impôt ou d'un loyer versé aux propriétaires des terres. Ces propriétaires et d'autres spécialistes vivent habituellement dans de grandes villes où le pouvoir est centralisé entre les mains d'une élite. L'intensification de l'agriculture traditionnelle a favorisé la transformation de collectivités agricoles en villes, où des personnes ont commencé à se spécialiser dans des activités autres que l'agriculture. C'est ainsi que des charpentiers, des forgerons, des sculpteurs, des vanniers et des tailleurs de pierre ont contribué à la diversification de la vie urbaine.

Contrairement aux horticulteurs et aux pasteurs, les citadins ne s'adaptent qu'indirectement à leur milieu naturel. La plupart du temps, ce sont des paysans qui cultivent pour eux les fruits, les légumes et les céréales dont ils se nourrissent. Lorsqu'une élite urbaine détient le pouvoir politique, les activités des fermiers sont essentiellement régies par des forces économiques que ces derniers maîtrisent peu ou pas du tout. L'urbanisation engendre un nouvel ordre social : les inégalités s'accentuent à mesure que la société se stratifie, et une hiérarchie fondée sur le sexe, le type de travail ou les origines familiales s'instaure. Lorsque les structures sociales cessent de s'appuyer sur de simples groupes de parents, d'amis ou de connaissances, elles deviennent plus formelles et plus bureaucratiques, et reposent davantage sur des organes politiques spécialisés (*voir l'encadré La vie urbaine des Aztèques*).

L'urbanisation a entraîné d'autres innovations : l'écriture, l'intensification du commerce, l'invention de la roue et de la voile, l'émergence de la métallurgie et d'autres formes d'artisanat. Dans nombre de cités antiques, des palais royaux, des temples et d'autres bâtiments monumentaux ont été construits grâce au labeur de milliers d'hommes, généralement des esclaves capturés pendant la guerre. Encore aujourd'hui, ces exploits de génie civil émerveillent les architectes, les ingénieurs de même que les touristes. Les occupants de ces bâtiments – les nobles et les prêtres qui composaient la classe dirigeante – formaient un gouvernement central qui édictait les règles sociales et religieuses régissant la vie des marchands, des soldats, des artisans, des fermiers et des autres citoyens.

Exemple ethnographique

La vie urbaine des Aztèques

(d'après Berdan, 1982 et Acosta, 2003)

L'Empire aztèque, qui a prospéré au Mexique au XVIe siècle, est un bon exemple de société agricole et urbaine très développée. La capitale de l'Empire, Tenochtitlán (aujourd'hui Mexico), était située dans une vallée fertile, à 2133 mètres au-dessus du niveau de la mer. Quand le conquistador espagnol Hernán Cortés y est venu pour la première fois en 1519, cette ville comptait 60 000 maisons abritant 200 000 personnes, soit plus de cinq fois la population de Londres à la même époque. La métropole aztèque était construite sur une île au milieu d'un lac, asséché depuis, et était alimentée en eau fraîche par deux aqueducs. Une digue de 16 kilomètres bordait l'est de la ville pour empêcher les eaux salées avoisinantes de se déverser dans le lac qui encerclait Tenochtitlán.

La société aztèque reposait sur l'agriculture intensive traditionnelle. Le maïs était la culture principale. En vertu de son ascendance, chaque famille avait droit à un lopin de terre et y cultivait divers légumes, dont des haricots, des courges et autres cucurbitacées, des piments, des tomates, du coton et du tabac. Contrairement aux sociétés de l'Ancien Monde, les Aztèques pratiquaient peu l'élevage, sauf pour le dindon et le chien (qu'ils mangeaient). La plupart des terres cultivées se trouvaient autour de Tenochtitlán, dans des lopins artificiellement aménagés (les *chinampas*) sur les eaux peu profondes du lac. Les canaux installés entre ces *chinampas*, en plus de faciliter la circulation, approvisionnaient en eau les plantes couvrant le sol. En outre, la terre tourbeuse enrichie d'excréments de poissons était régulièrement draguée et épandue sur les potagers pour en assurer la fertilité. Les *chinampas* offraient un rendement très élevé et renouvelable, et on en trouve encore aujourd'hui à Xochimilco, en banlieue de Mexico.

Offert par Nadine Trudeau

Tenochtitlán, ancienne capitale de l'empire aztèque, avait été bâtie sur une île située sur le lac Texcoco (dont la presque totalité a été asséchée par la suite). Comme on le constate sur cette murale, la ville était sillonnée par de longues avenues, traversée par des canaux et reliée au continent par des chaussées. En 1521, les conquistadors espagnols ont détruit presque entièrement la ville et y ont fondé Mexico, devenue aujourd'hui une mégalopole, la deuxième plus populeuse du monde avec ses 23 millions d'habitants. (*Murale, Palais national de Mexico, par Diego Rivera.*)

Le succès de l'agriculture aztèque a favorisé la croissance de la population et la diversification du travail. Des artisans qualifiés, notamment des sculpteurs, des orfèvres, des potiers, des tisserands et des peintres, arrivaient fort bien à vivre de leur métier. Puisque la religion était au cœur de l'ordre social aztèque, ces artisans fabriquaient constamment des objets, des vêtements et des ornements religieux destinés aux bâtiments et aux temples. Outre les artisans et les agriculteurs, la ville comptait aussi des guerriers, des vendeurs itinérants ou *pochtecas*, des prêtres et des nobles exécutant les tâches politiques.

La spécialisation accrue des personnes et des villes de l'Empire aztèque a transformé le marché en une institution économique et sociale extrêmement importante. En plus des marchés quotidiens locaux, les villes accueillaient de gros marchés à différents moments de l'année. Le marché de Tlatelolco était si vaste que les Espagnols le comparaient à ceux de Rome et de Constantinople. Outre son rôle économique évident, le marché remplissait une fonction sociale : les individus s'y rendaient non seulement pour acheter ou vendre, mais aussi pour se rencontrer et s'informer. Les réseaux d'échanges commerciaux entre la capitale aztèque et d'autres villes formaient l'autre grande structure économique. Ils permettaient d'approvisionner Tenochtitlán en diverses marchandises, dont le chocolat, les gousses de vanille et les ananas.

Comme dans toute métropole, le splendide et le sordide en matière de logement se côtoyaient à Tenochtitlán. En périphérie, dans les *chinampas*, les huttes des fermiers étaient faites de montants de bois, de chaume et de fagots recouverts de boue. Dans la ville proprement dite, les maisons des gens de classe moyenne étaient des constructions élégantes de pierre ou de mortier qui comportaient un ou deux niveaux et plusieurs pièces. Elles étaient entourées d'une terrasse fleurie et reposaient sur une dalle de pierre qui protégeait la maison en cas d'inondation.

Il était facile de se rendre d'un point à un autre, que ce soit sur terre ou sur l'eau. La cité était en effet sillonnée de canaux que longeaient des sentiers. Les Espagnols qui ont visité la capitale aztèque ont raconté que des milliers d'embarcations naviguaient sur les canaux, transportant des passagers et des marchandises autour de la cité. Ils en ont été si impressionnés qu'ils ont appelé Tenochtitlán la Venise du Nouveau Monde. (Berdan, 1982 ; Acosta, 2003)

L'AGRICULTURE INDUSTRIELLE

Au cours de la seconde moitié du XXᵉ siècle, l'agriculture traditionnelle a accru sa mécanisation pour ensuite progressivement s'industrialiser. Jadis répandue au Nord comme au Sud, cette agriculture n'est pour ainsi dire plus pratiquée que dans les pays du Sud. Après avoir longtemps été pratiquée par les paysans québécois (*voir l'encadré L'agriculture québécoise contemporaine*), elle tend aujourd'hui à disparaître au profit d'une d'agriculture intensive dite **agriculture industrielle** misant davantage sur la technologie, le génie génétique et des méthodes de production sophistiquées. La mécanisation des activités agricoles a engendré des fermes plus imposantes qui utilisent davantage de machinerie que de ressources humaines et beaucoup d'engrais et de pesticides pour en maximiser les rendements. En Occident comme ailleurs, l'utilisation de cette imposante machinerie et de produits chimiques comporte cependant des inconvénients : accroissement des dépenses, forte consommation d'énergie et contamination des eaux de ruissellement.

Dans les pays industrialisés, les paysans sont devenus des producteurs agricoles dont le mandat est de nourrir leurs concitoyens qui vaquent à d'autres occupations et qui se procurent leurs aliments au supermarché. Pour augmenter leur production et la rentabilité de leur exploitation, ces agriculteurs utilisent des produits chimiques et adoptent de nouvelles pratiques en matière de culture du sol. Le recours aux organismes génétiquement modifiés (OGM), sensés accroître les rendements et la productivité est aujourd'hui répandu. Dans l'histoire de l'agriculture moderne, aucune autre technologie n'aura été adoptée aussi rapidement, bien que ces OGM fassent l'objet d'importantes controverses. À eux seuls, en 2010, 6 pays ont cultivé plus de 92 % de la surface totale consacrée aux plantes génétiquement modifiées (PGM). On parle ici des États-Unis avec 50 % de la production mondiale, de l'Argentine avec 17 %, du Brésil avec 13 %, du Canada et de l'Inde (avec 6 %) et de la Chine

Agriculture industrielle

Agriculture intensive misant davantage sur la technologie, le génie génétique et des méthodes de production complexes afin d'accroître la production.

avec 3 %. En 2010, 15,4 millions d'agriculteurs auraient cultivé de tels organismes génétiquement modifiés dans le monde (James, 2010). Essentiellement utilisés pour nourrir les animaux plutôt que les humains et produire du coton ou des biocarburants (*voir le chapitre 5*), les OGM occupent aujourd'hui 10 % des surfaces agricoles de la planète. D'après les sources de l'industrie, le soja, le coton, le maïs et le colza représentent plus de 99 % des OGM cultivés commercialement (James, 2010). Dans le monde, en 2009, 77 % des cultures de soja, 49 % des cultures de coton, 26 % des cultures de maïs et 21 % des cultures de canola étaient génétiquement modifiées (Allard, 2011a).

Pour répondre aux exigences de l'industrie agroalimentaire et à l'appétit des amateurs de viande occidentaux, les producteurs agricoles ont aussi revu leur façon de nourrir et d'élever leurs bêtes. En Amérique, on administre des hormones et des antibiotiques aux animaux pour accélérer leur croissance et prévenir l'apparition de maladies. Pour réduire les coûts de production, on nourrit des bovins, des poulets et des porcs avec des farines animales, issues de la pulvérisation de carcasses d'animaux dépouillées de leur viande et cuites à très haute température. Moins coûteux que d'autres sources de protéines, cet additif alimentaire est ajouté à la moulée pour l'enrichir. Longtemps interdites en Europe, où la crise de la vache folle a semé l'inquiétude, ces farines sont toujours utilisées en Amérique du Nord. Après avoir connu une baisse de popularité, ces farines réapparaissent dans l'industrie du poulet dans laquelle de gros joueurs comme Maple Leaf sont contraints de retirer de leur emballage la mention nourrie sans «aucun sous-produit animal» (Allard, 2011d). Les résultats obtenus par ces nouveaux procédés sont saisissants. Le temps requis pour conduire à l'abattoir un poulet destiné à la consommation est passé de 90 à 41 jours (Deglise, 2000). Dans les années 1950, une poule pondait 140 œufs par année, comparativement à 280 aujourd'hui. Au Québec, en 1945, une vache laitière donnait 1,5 tonne de lait par année. Elle en produit maintenant 12 tonnes, c'est-à-dire 8 fois plus (Gagné, 2000).

> Non seulement on nous vend des produits éthiquement douteux – des animaux élevés dans des conditions scandaleuses, des légumes transportés du bout du monde à grand coup de CO_2, etc. Mais en plus, on en profite pour nous rouler. […] On nous vend, par exemple, des légumes industriels sous des dehors fermiers. Ou alors on nous laisse entendre que telle viande est naturelle alors qu'on joue sur les mots. Le cas du «poulet de grain» est particulièrement frappant. Saviez-vous que cette appellation est essentiellement un outil de marketing, car tous les poulets sont nourris au grain? Ce qui n'empêche pas les éleveurs de leur donner aussi des farines animales, celles-là mêmes qui sont montrées du doigt pour la transmission de la maladie de la vache folle. (Lortie, 2011)

Ces procédés font cependant l'objet de préoccupations croissantes en raison des risques pour la santé et l'environnement. Lorsque la majorité des cultivateurs pratiquaient une agriculture traditionnelle, la production causait peu de problèmes écologiques. De nos jours, la situation est différente. Pour lutter contre l'invasion des parasites et maintenir la productivité des sols, on utilise de grandes quantités de produits chimiques. Ces sources potentielles de contamination suscitent un mécontentement croissant

Au Québec, le nombre de fermes ne cesse de décroître. Leur taille en revanche augmente. Pour nourrir leurs vaches, les producteurs laitiers cultivent le soja, mais aussi le foin et le maïs qu'ils entreposent dans des silos. Souvent propriétaires de plusieurs terres, les producteurs résident habituellement près de l'étable où sont gardés leurs animaux.

Offert par Louis Roy

à l'égard des agriculteurs et des multinationales comme Monsanto, qui commercialise pesticides et semences modifiées génétiquement (Latulippe, 2001 ; Robin, 2008). Loin de faire l'unanimité, les OGM inquiètent leurs détracteurs en raison de l'incertitude entourant leurs impacts sur l'environnement et la vie des agriculteurs contraints d'en cultiver (Les Amis de la Terre, 2010). Comme la nourriture à bon marché que l'on nous vend au supermarché est aussi un produit lourdement transformé en usine, plusieurs s'attaquent désormais à l'industrie agroalimentaire et l'accusent de mettre dans nos assiettes des aliments qui ne sont pas nécessairement bons pour la santé, en raison des additifs (sodium, nitrite, etc.) qu'on y met (Kenner, 2009 ; Robin, 2011).

En Inde, la situation serait devenue dramatique pour les petits paysans incités à industrialiser leurs pratiques traditionnelles. Ces dernières années, les temps ont été durs pour plusieurs raisons : la hausse des prix des intrants agricoles (semences, machinerie, etc.), la chute des prix de vente, la baisse des récoltes provoquée par les conditions climatiques et les rendements décevants obtenus avec les semences génétiquement modifiées. Dans ce pays, le suicide de 200 000 paysans serait à ce jour attribuable à l'endettement contracté par ces derniers lorsqu'ils se sont convertis, sans grand succès, au coton Bt de Monsanto (Malone, 2008). En Inde, la commercialisation de ce coton avait été approuvée parce que la plante devait demander peu de pesticides, offrir aux producteurs de meilleurs rendements ainsi que des revenus conséquents (Friser, 2009). Or, les résultats obtenus ont été très mitigés

tant sur le plan des rendements que de l'environnement. Le coton Bt n'aurait d'abord pas été capable de réduire les invasions de parasites, obligeant ainsi les producteurs à utiliser des doses massives de pesticides alors qu'ils n'étaient pas censés en avoir besoin. De plus, entre 2002 et 2005, en Andra Pradesh, un État du sud de l'Inde, les rendements des champs de coton non transgénique auraient été supérieurs de 9 % (Friser, 2009).

Les consommateurs nord-américains et québécois qui s'inquiètent aujourd'hui pour la nature et leur santé doivent reconnaître leurs responsabilités dans ce dossier et redéfinir leurs priorités avant de faire le procès des agriculteurs. En majorité, ils ne se sont pas intéressés aux moyens que l'industrie agroalimentaire utilisait pour mettre dans leurs assiettes des aliments de plus en plus transformés, ce qui a ouvert la porte aux abus (Kenner, 2009). Qui veut vraiment savoir comment on fabrique les croquettes de poulet ou certaines saucisses fumées ? Aussi, exiger des fruits et des légumes ayant une apparence parfaite n'est pas sans conséquences : « En fait, nos aliments sont cultivés et sélectionnés pour avoir le *look* du marché. Nos désirs esthétiques font en sorte que des tonnes de pesticides supplémentaires sont appliquées chaque année [...] » (Waridel, 2003). La majorité des consommateurs refusent la part de responsabilité qui leur revient : « Ils recherchent des tomates parfaites, mais ils contestent l'utilisation des pesticides et des engrais chimiques ; ils veulent croquer un steak tendre et juteux, mais ils rejettent les antibiotiques et les hormones de croissance » (Ouimet, 2003).

Perspective anthropologique

L'agriculture québécoise contemporaine
par Louis Roy

Depuis les années 1970, l'agriculture québécoise accentue son intégration à l'industrie agroalimentaire. Comme dans les autres pays industrialisés, cette intégration se caractérise par une augmentation de la taille des exploitations, une baisse du nombre de producteurs et un exode rural. L'autarcie légendaire de l'habitant québécois est résolument révolue. La mécanisation lourde, les applications du génie génétique et l'informatique ont modifié son travail (Jean, 1997). Des exigences de rentabilité et de rigueur comptable, inconnues auparavant, sont apparues. « Ce n'est pas très difficile de prouver [...] qu'il faut se spécialiser, laisser tomber les pratiques naturelles et faire confiance à la science », constate un producteur retraité » (Waridel, 2003).

L'agriculture intensive pratiquée par l'« habitant » québécois est cependant longtemps demeurée paysanne, donc traditionnelle (Gérin, 1898 ; Miner, 1985). Jadis considérée comme plus archaïque que celle de ses voisins ontariens et anglo-québécois (Verdon et Roy, 1994), on reconnaît aujourd'hui qu'elle était tout aussi efficace, bien que différente à certains égards (Roy et Verdon, 2003). Dans l'ethnographie québécoise, l'image que présente Gérin de cet habitant est devenue classique.

> Pratiquant une agriculture essentiellement vivrière et mixte, le cultivateur de Saint-Justin ne peut survivre que grâce à l'étroite solidarité de sa famille. Chacun de ses membres ayant un rôle précis dans l'œuvre commune… La famille vit en étroite dépendance de la nature. Elle s'appuie sur la nature plus qu'elle ne cherche à la transformer. C'est la famille qui demeure la cellule sociale de base de l'habitant de Saint-Justin […]. (Fortin, 1962)

Dans cette agriculture traditionnelle, la répartition des tâches était généralement établie en fonction des sexes. Les hommes s'occupaient de l'équipement agricole, préparaient les champs en vue des semailles, prenaient soin du bétail et faisaient les récoltes. Pour leur part, les femmes effectuaient des tâches domestiques, préparaient les repas et s'occupaient du potager. Quand le besoin s'en faisait sentir, elles prêtaient main-forte aux hommes pour les travaux de la ferme, qu'il s'agisse de donner à manger aux bêtes, de conduire les camions de grain ou d'aller chercher des pièces de machinerie en ville. Les enfants aussi apportaient leur contribution dès qu'ils étaient en mesure de le faire. Ils conduisaient l'équipement agricole bien avant d'avoir atteint l'âge adulte, s'occupaient de leurs frères et sœurs plus jeunes, désherbaient le potager, semaient et plantaient des légumes, etc.

Après avoir longtemps occupé une place prédominante dans l'économie rurale, l'agriculture québécoise voit aujourd'hui son rôle s'effriter. Comme dans les autres pays industrialisés, les entreprises agricoles québécoises se sont agrandies et spécialisées. Elles se sont modernisées et ont accru considérablement leurs rendements, mais le nombre de fermes a considérablement diminué. De 95 777 en 1961, elles sont passées à quelque 30 000 en 2010. La production agricole québécoise tend à se diversifier, même si elle demeure largement axée sur les produits de grande consommation comme le lait, le porc, les œufs et la volaille. La moitié des terres cultivables est aujourd'hui consacrée à la culture du soya et du maïs (destiné aux animaux), ainsi qu'au blé, à l'orge et au canola.

Comme de nombreux agriculteurs nord-américains, l'habitant québécois est devenu un entrepreneur agricole. Voici ce qu'en pense un producteur retraité : « Pour être compétitif et rester dans le coup, il faut faire grossir le troupeau, il faut se spécialiser, s'industrialiser. […] Notre relation avec la terre et les animaux a elle aussi changé. Tout est calculé en fonction de la rentabilité, de l'efficacité et de la performance à court terme » (Waridel, 2003). Même si la majorité des fermes du Québec demeurent familiales et que leur industrialisation ne soit pas aussi marquée que celle observée aux États-Unis, le processus est assurément enclenché. Au Québec, en 2010, le troupeau laitier moyen était de 58 vaches et 5 % des fermes en comptaient plus de 100. Pendant ce temps, en Californie, la moitié des fermes laitières comptaient plus de 1000 vaches (Bérubé, 2010).

Actuellement au Québec, 74 % du maïs-grain ensemencé destiné à la consommation animale a été génétiquement modifié. En 2011, les agriculteurs québécois prévoyaient ensemencer une superficie record de soya génétiquement modifié destiné à enrichir la moulée offerte aux porcs et aux vaches laitières comme supplément alimentaire. De tout ce soya, 60 % est du Roundup Ready de la compagnie américaine Monsanto, une semence qui survit à l'épandage de Roundup, un herbicide vendu par la même compagnie. Il suffit de faire un épandage dans un champ pour que tous les végétaux meurent… sauf le soya (Allard, 2011a).

LES TRAVAILLEURS AGRICOLES SAISONNIERS

L'âge moyen des agriculteurs québécois augmente. Beaucoup de parents cultivateurs découragent leurs enfants de prendre la relève. Vu l'augmentation du prix des terres et de la valeur des fermes, le démantèlement est plus alléchant que la vente à la jeune génération. « Au Québec, il faudrait qu'environ 1110 jeunes s'établissent en agriculture chaque année pour conserver à long terme le nombre actuel de fermes. Or, la relève se situe plutôt entre 600 et 800 et stagne depuis plusieurs années » (Bachand et Lemay, 2010). Beaucoup de Québécois tournent ainsi le dos à l'agriculture. Dans le secteur maraîcher, il est devenu très difficile de recruter de la main-d'œuvre locale. Pour que les récoltes se fassent en temps opportun, les producteurs font appel au Programme fédéral des travailleurs agricoles saisonniers (PTAS) et embauchent des hommes, mais aussi des femmes originaires du Mexique, du Guatemala et des Antilles, pour une période pouvant aller jusqu'à huit mois. Pour ces immigrants venus du Sud, ce travail au salaire minimum est une chance de faire vivre leur famille demeurée au pays. Sans ces travailleurs saisonniers auxquels se joignent des journaliers agricoles, dont la grande majorité sont des immigrants (Mimeault et Simard, 2001), certains secteurs de l'agriculture québécoise survivraient difficilement. «Les Québécois n'auraient pas le choix de consommer des produits frais en provenance de l'étranger et, possiblement, à des coûts supérieurs à ce que nous payons actuellement» (Mantha, 2007). La plupart de ces travailleurs agricoles (74 %) sont embauchés par des fermes maraîchères (CSST, 2011). Aujourd'hui, afin que les animaux soient abattus au moment approprié, les abattoirs ont eux aussi recours à une main-d'œuvre immigrante et en dépendent. «Dans les abattoirs industriels, on retrouve ces mêmes immigrants à qui l'on demande de découper la même pièce de viande des milliers de fois par jour à une cadence folle. Les blessures sont fréquentes. Tellement que le *"meatpacking"* trône au haut de la liste des emplois les plus dangereux aux États-Unis» (Proulx, 2009).

Depuis 1995, le nombre d'entreprises agricoles ayant recours à des travailleurs hispanophones n'a cessé de croître, passant de 77 à près de 600 en 2010 (CSST, 2011). Annuellement, plus de 7000 travailleurs saisonniers signent un contrat de travail avec un agriculteur québécois. Ces travailleurs étrangers demeurent en moyenne 20 semaines au Québec. «Ils travaillent environ 60 heures par semaine et gagnent entre 12 000 $ et 15 000 $ durant leur séjour» (Champagne, 2011). Bien que leurs employeurs soient contraints de payer une partie de leur billet d'avion, de les loger et de leur fournir des installations appropriées pour se faire à manger, les travailleurs cotisent à l'assurance-emploi et au régime de pension du Canada et payent de l'impôt sur leur revenu. Leurs conditions de travail sont difficiles. Les heures passées au soleil ne les effraient pas cependant. «Si le patron dit qu'on commence à 6 h et qu'on finit à 20 h, on le fait, explique Abundo Lopez, un travailleur mexicain […] qui partage une chambre avec huit autres hommes» (Guillemette, 2010). Assignés à la cueillette et à la manutention, ces travailleurs sont exposés à des risques associés aux mauvaises postures, aux gestes répétitifs, aux efforts excessifs et, parfois même à la chaleur et aux pesticides (CSST, 2011). Par le passé, des abus ont été commis par des employeurs peu scrupuleux.

Saint-Rémi, en Montérégie, où travaillent près de 2500 Latino-Américains de 6 à 8 mois par année, est une ville différente l'été. Les jeudis soir, le stationnement de l'épicerie est rempli d'autobus scolaires et le

En l'absence d'une main-d'œuvre locale, les producteurs maraîchers du Québec doivent embaucher des travailleurs saisonniers originaires d'Amérique latine, mais aussi d'autres pays, pour effectuer la récolte de leurs légumes.

Offert par Sylvie Loslier/Sirius

centre-ville est plein de Mexicains venus faire leurs achats. Les dimanches, la moitié des passants croisés dans la rue disent « *Hola* » plutôt que « Bonjour ». Lorsqu'il y a une vente-débarras, ils sont nombreux à acheter des objets de toutes sortes pour leurs enfants. « À l'initiative d'un Mexicain, on a maintenant un festival qui met la culture mexicaine de l'avant. On a même célébré une messe en espagnol. […] Au moins trois commerces ont été créés pour eux à Saint-Rémi ces dernières années. C'est certain qu'ils participent à notre économie. Ils utilisent nos institutions financières et achètent du linge dans nos commerces » (Guillemette, 2010). Chaque semaine, les organisateurs du Centre d'appui pour les travailleurs et travailleuses agricoles migrants du Québec se rendent sur place et profitent de l'occasion pour transmettre de l'information. « Même si ces gens viennent au Québec comme partie d'un programme de travail légal, ils se sentent et agissent comme s'ils étaient des sans-papiers – ils ont peur de défendre leurs droits ! Ils ne savent même pas quels sont leurs droits. […] Notre objectif primaire est de les éduquer sur leurs droits du travail ici au Canada » (Steigman, 2008).

LES CONFLITS D'USAGE ET L'ESSOR DE L'AGRICULTURE BIOLOGIQUE

Au Québec, la fin de l'hégémonie de l'agriculture et la lente dépopulation de certaines municipalités ne signifient pas pour autant la fin du monde rural. Les terres libérées par l'agriculture moderne rendent possibles de nouvelles formes de mise en valeur du territoire. Ici, comme en Europe de l'Ouest et aux États-Unis, l'espace agricole est plus que jamais confronté aux usages alternatifs des campagnes. Les agriculteurs ne sont plus les principaux usagers du monde rural. Ils en sont devenus des occupants parmi d'autres (Roy *et al.*, 2005).

Puisque l'agriculture se révèle désormais incapable d'assurer la pérennité démographique des campagnes, l'arrivée de citadins laisse présager des retombées positives (revitalisation économique, repeuplement, etc.). Bénéfique, voire souhaité, cet apport migratoire d'origine urbaine représente toutefois un défi. La cohabitation de citoyens issus d'horizons divers ne se fait pas sans heurts. Anciens et nouveaux résidants du monde rural n'envisagent pas toujours l'avenir des campagnes de la même manière (Roy *et al.*, 2007). Un peu partout, le discours traditionnellement associé au monde agricole croise de nouvelles revendications pour une protection accrue de l'environnement. Accusés d'épuiser le sol et de polluer les cours d'eau, bon nombre d'agriculteurs québécois affichent davantage de préoccupations écologiques. Tous ne sont pas des pollueurs se souciant peu du bien-être de leurs animaux, comme certains voudraient le laisser croire.

Depuis une dizaine d'années, la demande pour les aliments biologiques d'origine québécoise a augmenté et le nombre d'entreprises qui produisent, transforment ou offrent des aliments certifiés biologiques a triplé. Comme la demande en produits biologiques dépasse actuellement la capacité de production des agriculteurs québécois, les détaillants doivent s'approvisionner à l'extérieur de la province (CARTV, 2010). Confrontés à la popularité croissante de l'agriculture biologique qui n'utilise ni engrais chimiques ni pesticides, les entrepreneurs agricoles sont appelés à revoir leurs pratiques industrielles. Alors que les producteurs de maïs et de soja doivent réévaluer la quantité de produits chimiques utilisés dans leurs champs (pesticides et engrais), les éleveurs doivent repenser leur façon de « soigner » leurs animaux. Dans ce contexte, on ne peut que déplorer le fait que les Rôtisseries St-Hubert aient cessé, en 2011, de servir du poulet de chair « tout végétal », c'est-à-dire nourri sans farines animales, composées de carcasses d'animaux cuites à haute température. « Pour le poulet végétal comme pour le poulet sans antibiotiques, les gens ne sont pas toujours prêts à payer plus cher […] on le voit à l'épicerie, ce n'est pas tout le monde qui est prêt à payer plus cher pour des carottes ou du chou-fleur biologiques. C'est un peu la même chose pour le poulet » (Allard, 2011b).

Malgré ce recul, et dans la foulée d'une initiative de l'Université de Montréal qui expérimente un retour à un élevage plus traditionnel, St-Hubert espère pouvoir sous peu offrir un poulet élevé sans antibiotiques. Actuellement, les antibiotiques sont utilisés dans les poulaillers pour favoriser la croissance des volailles, prévenir les infections et soigner les animaux malades. Or, cette utilisation systématique contribuerait à l'antibiorésistance chez l'humain, un phénomène atténuant l'efficacité des antibiotiques et faisant craindre le retour de grandes épidémies (Allard, 2011c). Fait à noter, dans l'élevage de poulets biologiques, l'usage d'antibiotiques est défendu, même à des fins curatives. Les agriculteurs doivent s'assurer que le poulet a l'espace, la nourriture et la ventilation dont il a besoin pour être en santé. « Les poulets bios peuvent aussi aller à l'extérieur quand il fait beau, ce qui apporte une certaine immunité […] C'est un peu comme nous : si on fait de l'exercice et qu'on se nourrit bien, on a une plus grande résistance aux maladies » (Allard, 2011b).

Considérée comme un créneau fort prometteur, parce que les consommateurs attachent une importance grandissante à la provenance des produits et aux questions environnementales, l'agriculture biologique a fait en 2010 l'objet d'un plan d'action. Ainsi, d'ici 2015, le gouvernement québécois souhaite augmenter de 20 % la superficie consacrée à ce type d'agriculture et faire passer le nombre de producteurs de 1000 à 1500, dans des secteurs aussi variés que le lait, les fruits, les légumes et le sirop d'érable (CARTV, 2011). Dans l'immédiat, il serait important de ne pas hésiter à débourser ce qu'il faut pour se nourrir de produits locaux et du terroir québécois. À cet effet, il faudrait commencer par éviter d'acheter dans les supermarchés des fraises américaines en juillet ou des pommes importées en automne. Encore faut-il que les consommateurs soient sensibilisés. Selon Stéphane Jodoin, un producteur agricole, les citadins auraient encore beaucoup à apprendre à ce sujet :

> Je demande parfois à des copains s'ils mangent de la viande d'animaux qui ont été nourris avec des OGM. Ils me répondent qu'il n'en est pas question. Pourtant, près de 90 % des céréales destinées à l'alimentation animale sont transgéniques, au Québec ! […] Si on nous disait qu'il fallait tout produire en bio demain, nous le ferions. […] Mais je ne suis pas certain que les gens trouveraient ça toujours aussi attrayant lorsqu'ils verraient que le prix de leurs aliments augmente. (Bérubé, 2010)

RÉSUMÉ

Les êtres humains se sont adaptés à leur milieu en utilisant divers modes de subsistance, soit des moyens leur permettant de combler leurs besoins fondamentaux. Le mode de vie des chasseurs-cueilleurs nécessite que les individus se déplacent en fonction des ressources alimentaires disponibles. Aussi la taille des groupes demeure-t-elle réduite. Les chasseurs-cueilleurs sont des nomades qui vivent dans des campements rudimentaires et mobiles. Ils partagent leur nourriture avec les autres membres du groupe, qui sont relativement égaux économiquement et qui se répartissent les tâches entre eux selon le sexe. Le passage de ce modèle à la domestication des plantes et des animaux s'est produit il y a de 9000 à 11 000 ans.

Le pastoralisme est un moyen de subsistance qui repose sur l'élevage de troupeaux de vaches, de moutons, de chèvres ou d'autres animaux domestiques. Les pasteurs sont habituellement des nomades qui vont de pâturage en pâturage, à la recherche d'herbe et d'eau pour les troupeaux.

L'établissement de villages permanents, où les habitants pratiquaient l'horticulture à l'aide d'outils manuels rudimentaires, a résulté de la production alimentaire. L'agriculture itinérante sur brûlis est un type très répandu d'horticulture.

Activité plus complexe, l'agriculture intensive traditionnelle fait appel à l'irrigation, aux engrais et aux animaux de trait. Les villes se sont développées en raison des rendements élevés qu'ont permis les techniques d'agriculture traditionnelle. L'emploi de ces techniques a engendré des surplus et a fait en sorte que des individus puissent se consacrer à d'autres activités. Le développement urbain a favorisé une stratification croissante de la structure sociale. Les individus ont peu à peu été identifiés à un rang social en fonction de leur métier ou de leurs origines familiales. Les relations sociales sont devenues plus formelles et les organes politiques plus centralisés. D'abord dans les pays industrialisés et maintenant dans les pays du Sud, l'agriculture traditionnelle s'est industrialisée. Même si cette agriculture a permis d'augmenter les rendements, ses détracteurs dénoncent les problèmes d'ordre économique, environnemental et social auxquels elle a été associée.

Il serait erroné de voir cette longue chaîne de transformation des modes de subsistance – des sociétés de chasseurs-cueilleurs à l'horticulture, au pastoralisme, à l'agriculture et jusqu'aux sociétés industrialisées – comme un processus inévitable. Chacun à sa façon, tous ces modes de subsistance sont autant de formes d'adaptation hautement évoluées.

LES ENSEMBLES ÉCONOMIQUES

© Fotografen GmbH/Alamy

Dans les pays industrialisés, le quotidien des consommateurs est lié à celui de très nombreux habitants des pays du Sud. Avec la mondialisation de l'économie, une quantité impressionnante de biens est aujourd'hui produite par des hommes, des femmes et des enfants dont la qualité de vie est très différente de la nôtre. Ainsi, la majorité des 25 millions de travailleurs dans le secteur du café ne gagnent pas 1000 $ par année. Le café que nous buvons peut venir de pays aussi lointains que la Papouasie-Nouvelle-Guinée.

❯ Quels moyens les humains prennent-ils pour produire, échanger et consommer les denrées, les biens et les services essentiels à leur bien-être ?

❯ La consommation des aliments et des produits est-elle liée aux mêmes impératifs de la vie dans une culture comme dans une autre ?

❯ Quel sort est réservé aux hommes, aux femmes et aux enfants du Sud embauchés pour produire des biens de consommation destinés aux pays occidentaux ?

❯ Jusqu'où les pays industrialisés sont-ils prêts à aller dans leur course effrénée à la croissance économique et à l'exploitation des ressources naturelles ?

L'ANTHROPOLOGIE ÉCONOMIQUE

Comme mentionné au chapitre 4, la satisfaction des besoins élémentaires pour la survie représente un volet important de l'économie. Cette dernière constitue cependant un ensemble très complexe qui ne se limite pas qu'aux modes de subsistance. Chaque société fonctionne au sein d'un système qui régit la production ainsi que l'échange et la consommation des biens et des services produits par ses membres. Comme nous le voyons dans ce chapitre, pour bien interpréter les processus économiques en jeu dans toute société, plusieurs paramètres doivent être examinés, dont les effets de la culture d'un peuple sur la nature de ses besoins, les conventions qui déterminent les moyens utilisés pour les satisfaire, puis la façon dont sont consommés aliments et produits.

Par la production et l'échange, les populations obtiennent les biens, les denrées et les services dont elles ont besoin. Toutes, cependant, ne le font pas de la même manière, et leurs besoins, sauf ceux qui sont essentiels, peuvent beaucoup différer d'une culture à une autre. L'anthropologie économique cherche à rendre compte de cette diversité. Alors que les économistes occidentaux isolent parfois la sphère économique des autres domaines d'activité (politique, sociale, religieuse, etc.), les anthropologues ont une approche plus holistique (*voir le chapitre 1*). Comme les pratiques économiques se reflètent dans de multiples facettes de la culture, l'anthropologie s'intéresse aussi à des comportements qui, en apparence, n'ont rien à voir avec l'économie (Dupuy, 2001).

Pour comprendre comment s'instaure un équilibre entre les besoins et les désirs d'une société, d'une part, et l'offre de produits et de services, d'autre part, il faut prendre en considération la variable culturelle. Un timbre ancien ou une carte de sport rare n'ont de valeur que pour les collectionneurs qui s'y intéressent. Au Québec, un chandail portant l'autographe d'un joueur des Canadiens possède une grande valeur pour certains amateurs de hockey. Un autre portant celui de l'Argentin Lionel Messi, l'un des meilleurs joueurs de soccer au monde en 2012, n'en possède toutefois que peu au Québec, même si ailleurs sa valeur est inestimable. Les objets matériels n'ont en soi qu'une valeur relative. Il en est de même de l'importance attribuée

au travail, à la propriété privée et aux technologies. Dans certaines cultures, ces notions ne sont tout simplement pas valorisées. Ce qui, bien souvent, leur vaut d'être considérées comme archaïques ou dépassées par les Occidentaux.

Considérons, par exemple, la production d'ignames (une variété de tubercules, comme la pomme de terre) par les habitants des îles de Trobriand, en Nouvelle-Guinée. Les hommes trobriandais consacrent beaucoup de temps et d'énergie à cultiver l'igname, non pas pour leur consommation personnelle ni celle de leur famille, mais pour les donner à leurs sœurs et à leurs filles mariées. Pourtant, ceux et celles qui les reçoivent ne se nourrissent pas d'ignames. En effet, la plupart des membres de cette communauté mangent ce qu'ils cultivent eux-mêmes, soit du taro, des patates douces, du tapioca, des légumes verts, des haricots, des courges, des fruits de l'arbre à pain et des bananes. En fait, si un homme donne des ignames à ses sœurs et à ses filles, c'est pour signifier son soutien à leur mari et accroître sa propre influence. Ainsi, d'une certaine manière, le beau-frère ou le gendre contracte une dette envers le donateur (Weiner, 1988).

Les ignames que reçoit une femme sont entreposées dans «la réserve à ignames» du mari. Par son ampleur, cette réserve symbolise le pouvoir et l'influence du mari au sein de son groupe. L'homme se sert des ignames pour acheter divers biens: des bracelets, des colliers et des boucles d'oreille en coquillage, des porcs, des poulets et des produits fabriqués localement (bols en bois, tapis et même sortilèges). Il s'acquitte aussi de certaines obligations en offrant des ignames à la famille de son futur gendre ou en effectuant les paiements requis lorsqu'un membre de sa lignée décède. Enfin, tout homme souhaitant monter dans l'échelle sociale et acquérir de l'influence doit montrer sa valeur en organisant une compétition au cours de laquelle il offre d'énormes quantités d'ignames à ses invités. «Une réserve à ignames est comme un compte bancaire: plus elle en contient, plus son propriétaire est riche et puissant. Les ignames circulent comme monnaie d'échange jusqu'à ce qu'elles soient cuites ou pourries. C'est pourquoi chacun évite le plus possible d'intégrer l'igname à la cuisine quotidienne» (Weiner, 1988, p. 86).

À l'instar des Trobriandais, d'autres peuples attribuent à des objets une valeur qui dépasse de loin le coût du travail ou des matériaux nécessaires à leur confection. Les ignames, par exemple, facilitent

Les Trobriandais consacrent beaucoup de temps et d'énergie à la culture de l'igname, non pas pour leur consommation personnelle, mais pour en donner. Avant d'être entreposées, les ignames de ce village de l'île de Kiriwana, en Papouasie-Nouvelle-Guinée, doivent être inspectées par le chef.

© Albrecht G. Schaefer/Corbis

l'établissement de relations durables qui ouvrent la voie à d'autres avantages ou richesses, comme l'accès à des terres, la protection et l'assistance. Par conséquent, l'échange d'ignames est autant une transaction sociale et politique qu'économique. Si ce type d'activité peut sembler absurde aux Occidentaux d'un point de vue économique, c'est loin d'être le cas dans l'échelle des valeurs et des préoccupations trobriandaises. Avant de critiquer cette pratique, les Occidentaux devraient réfléchir au lien qu'ils entretiennent eux-mêmes avec certains biens matériels. Ce qui a de l'importance pour l'un n'en a pas nécessairement pour l'autre. Ici comme ailleurs, une fonction peut en cacher une autre. Par exemple, à bien des égards, cet étrange rapport aux ignames ne s'apparente-t-il pas au culte que certains Nord-Américains vouent à leur voiture utilitaire sport, construite pour rouler dans des sentiers forestiers, mais qui sert rarement en dehors des routes asphaltées ? Acheté parce qu'à la mode ou symbolisant une certaine forme de réussite sociale, ce type de véhicule, coûteux et souvent polluant, ne remplit pas nécessairement la fonction pour laquelle il a été conçu. Utile « à sa façon », comme les ignames pour les Trobriandais, il se révèle fort précieux aux yeux de leurs propriétaires, qui peuvent ainsi afficher un certain statut social.

La valeur accordée aux biens n'est pas l'unique point sur lequel les sociétés diffèrent. Pour bien des Occidentaux, les systèmes économiques des populations traditionnelles semblent archaïques et dépassés en raison de leur faible intégration à l'économie de marché, aujourd'hui mondialisée. Parce que nous tendons à valoriser le travail individuel, la propriété privée et l'utilisation de technologies sophistiquées, nous comprenons mal le côté rationnel des systèmes de production, d'échange et de consommation de ces populations.

À bien des égards, les membres de ces sociétés traditionnelles sont perçus comme des ouvriers « sans formation ni volonté, plutôt que [comme] des travailleurs disciplinés » (Heilbroner et Thurow, 1981, p. 609). Cette affirmation ethnocentrique néglige le fait que, au sein de nombreuses cultures, les désirs des individus peuvent être satisfaits sans mettre l'environnement en péril et sans surtaxer les ressources, comme le font encore trop souvent les pays industrialisés. Dans ces sociétés, on considère qu'une production qui permet de combler les besoins en biens et en services au moment où ils sont requis est suffisante et qu'il serait tout simplement absurde d'en produire plus. Par conséquent, aussi intense que soit leur travail, les membres de ces sociétés ont l'assurance de disposer par la suite de quelques heures, jours, voire semaines d'affilée pour des activités « non productives » (selon la terminologie de l'économie occidentale).

C'est cette même perception que les Européens ont eue lors de leurs premiers contacts avec des chasseurs-cueilleurs autochtones d'Amérique. Puisque les hommes étaient responsables de la chasse et que celle-ci était pratiquée sporadiquement, on les a souvent considérés comme nonchalants et peu empressés à trouver des provisions. Ces premiers explorateurs n'avaient pas compris que les chasseurs-cueilleurs de l'époque vivaient généralement au jour le jour et que leur société était centrée sur le nomadisme et sur la non-accumulation de biens (Friesen, 1997). Lorsqu'ils avaient besoin de viande, ils chassaient pour combler leurs besoins du moment. S'ils avaient besoin de fruits ou d'autres végétaux, ils ne cueillaient que le nécessaire. Les Micmacs du Nouveau-Brunswick, par exemple, ne faisaient pas de réserves, sauf pour certains aliments comme du poisson séché.

LA PRODUCTION

La première opération de tout processus économique est la **production** des biens, des denrées et des services nécessaires à la survie des humains (Laburthe-Tolra et Warnier, 2003). On entend par production le rapport obligé avec la nature (*voir le chapitre 4*), mais aussi l'ensemble des tâches qui doivent être accomplies pour la réaliser (récolte, fabrication, etc.) de même que l'organisation du travail. Dans un contexte de production, il faut mobiliser et gérer les ressources que sont les matières premières, la main-d'œuvre et la technologie. Dans toutes les cultures, des règles et des coutumes régissent la répartition et l'exécution de ce «travail». Il en va de même pour l'appropriation et l'attribution des ressources naturelles ainsi que pour le contrôle des outils nécessaires à leur exploitation. Les règles régissant la nature de ces rapports sociaux et l'utilisation de ces ressources font partie intégrante de la culture. À ce titre, cette dernière exerce une influence non négligeable sur le fonctionnement de tout système économique.

La division du travail selon le sexe

En règle générale, les cultures n'attribuent pas aux hommes et aux femmes les mêmes responsabilités. Des tâches distinctes sont ainsi confiées à l'un et l'autre des deux sexes. Celles généralement attribuées aux femmes s'accomplissent le plus souvent autour du foyer. Celles habituellement réservées aux hommes exigent souvent de la force physique, requièrent une aptitude à déployer rapidement beaucoup d'énergie, imposent des déplacements fréquents loin du foyer et présentent un certain niveau de risque. On n'en observe pas moins de nombreuses exceptions, comme dans les cultures où les femmes

transportent régulièrement de lourdes charges ou travaillent de longues heures aux champs. Dans le cas des fermes familiales québécoises, les femmes travaillent souvent avec les hommes: elles conduisent les camions ou la moissonneuse-batteuse et elles vont chercher des pièces de machinerie en ville. Elles accomplissent ce travail en plus de leurs tâches traditionnelles, notamment la mise en conserve des produits de la ferme (y compris la congélation, les marinades et les confitures), la préparation des repas et l'éducation des enfants. Les femmes du tiers-monde vivent une situation semblable. En tant qu'agricultrices ou travailleuses, elles apportent une contribution essentielle aux exploitations agricoles, et ce, même si elles n'ont pas droit à autant de reconnaissance que les hommes (FAO, 2011). Visiblement, la force physique masculine et la biologie reproductive féminine ne peuvent à elles seules expliquer la division du travail selon le sexe.

Au lieu de se limiter aux impératifs biologiques pour expliquer la **division sexuelle du travail**, il s'avère plus pertinent d'examiner le type de travail que font les hommes et les femmes au sein de cultures spécifiques. Les chercheurs ont ainsi pu relever trois modèles: un premier marqué par la flexibilité dans la répartition des tâches, un deuxième caractérisé par une stricte discrimination sexuelle et un troisième combinant des éléments des deux premiers (Sanday, 1981).

Chez les chasseurs-cueilleurs, à l'occasion, on observe une répartition des tâches caractérisée par la flexibilité (*voir le chapitre 4*). Dans ces cultures, les hommes et les femmes accomplissent conjointement jusqu'à 35 % des activités et peuvent s'acquitter de tâches habituellement dévolues à l'autre sexe. Les filles et les garçons apprennent à privilégier la coopération plutôt que la rivalité.

Les cultures basées sur la discrimination sexuelle définissent rigoureusement la nature féminine ou masculine de presque toutes les tâches. C'est pourquoi les hommes et les femmes unissent rarement leurs efforts pour accomplir un travail quelconque.

Production

Opération économique au cours de laquelle est accompli l'ensemble des tâches nécessaires à l'obtention de biens matériels, de denrées et de services.

Division sexuelle du travail

Répartition des tâches entre les hommes et les femmes en fonction de règles basées sur le sexe.

Dans de nombreuses sociétés, les aînés s'adonnent à des tâches physiques jusqu'à un âge relativement avancé. Longtemps actifs, ils ne sont pas tenus à l'écart. Quel que soit leur âge, il arrive aussi que les femmes exercent des tâches nécessitant de la force physique. Comme beaucoup de femmes en milieu agricole, cette paysanne tunisienne contribue substantiellement aux travaux de la ferme, en plus d'accomplir ses tâches domestiques.

Offert par Martin Latreille

Dans de telles cultures, il est inconcevable qu'un homme ou une femme accomplisse une tâche dévolue à l'autre sexe. L'éducation des enfants relève des femmes, qui encouragent les enfants à les aider dans leurs tâches. À un certain âge, cependant, les garçons ne doivent plus suivre ce modèle afin de se préparer à devenir des hommes.

En vertu du troisième modèle, les hommes et les femmes accomplissent leurs tâches séparément, mais leurs relations reposent sur l'équilibre et la complémentarité plutôt que sur des inégalités. Chaque sexe gère ici ses propres affaires, mais les intérêts de l'un et de l'autre sont constamment pris en considération. Par conséquent, comme dans toute culture marquée par la mixité, aucun des deux sexes ne domine l'autre.

La division du travail selon l'âge

La **division du travail selon l'âge** est une autre caractéristique propre aux cultures humaines. Chez les Bochimans Ju/'hoansis, les jeunes ne sont pas tenus de participer aux activités de subsistance avant la fin de l'adolescence. L'heure de la «retraite», dans cette culture, sonne vers 60 ans. Les personnes âgées n'ont pas à rapporter beaucoup de nourriture. En revanche, elles remplissent un rôle essentiel pour toutes les questions spirituelles. Libérées des interdits alimentaires et des autres restrictions imposées aux jeunes adultes, elles peuvent consommer, dans le cadre de rites, des substances considérées comme dangereuses pour ceux qui doivent encore chasser ou enfanter. En vertu de leur grand âge, les aînés représentent aussi la mémoire de la collectivité. Dépositaires de la sagesse de leurs ancêtres, ils peuvent suggérer des solutions à des problèmes que leurs cadets n'ont jamais connus. Aussi sont-ils loin d'être considérés comme des éléments non productifs de la société, comme cela se produit trop souvent en Occident.

Dans certains groupes de chasseurs-cueilleurs, les femmes âgées continuent de contribuer largement à la cueillette de nourriture. Chez les Hadza (ou Hadzabe), en Tanzanie, leur contribution est même

essentielle. L'allaitement accapare beaucoup d'énergie chez les mères, et celles-ci ont plus de difficulté à pratiquer la cueillette lorsqu'elles doivent tenir, porter et allaiter un bébé. Les membres les moins productifs de la collectivité sont les jeunes enfants qui, bien que sevrés, ne sont pas encore en mesure d'aller chercher de la nourriture. C'est là qu'intervient la contribution des grands-mères: celles-ci se consacrent alors davantage à la recherche de nourriture, puisque leurs petits-enfants sont encore très jeunes et que les mères sont moins en mesure de le faire (Hawkes *et al.*, 1997). On peut comparer ce phénomène à celui observé parfois dans les pays occidentaux où des aînés, au lendemain de la retraite, demeurent actifs en prenant soin de leurs petits-enfants, en s'impliquant dans des activités de bénévolat ou en travaillant à temps partiel.

Division du travail selon l'âge

Répartition des tâches en fonction de règles basées sur l'âge des individus.

Chez les Mayas, les garçons accompagnent parfois leur père et travaillent aux champs pour produire les aliments qui nourriront leur famille. Pendant ce temps, les femmes préparent les repas et s'occupent des tâches qu'elles peuvent accomplir à la maison ou à proximité.

© Eric Kroll Photographs

La contribution des enfants à l'économie, sous forme de travail et de responsabilités, est plus importante dans plusieurs pays non industrialisés qu'en Amérique du Nord. Par exemple, les jeunes enfants des collectivités mayas, dans le sud du Mexique et au Guatemala, s'occupent de leurs frères et sœurs cadets et participent aux tâches domestiques. Les fillettes commencent à y participer dès l'âge de 7 ou 8 ans. À 11 ans, elles consacrent une grande partie de leur temps à moudre le maïs, faire des tortillas, ramasser du bois, aller chercher de l'eau, balayer la maison, etc. Les jeunes garçons se voient confier des tâches simples, comme ramener les poules ou jouer avec un nouveau-né. À partir de 12 ans, ils apportent les tortillas rôties aux hommes travaillant aux champs et reviennent chargés de maïs (Vogt, 1990). Dans plusieurs autres cultures, et ce, depuis toujours, les enfants contribuent aux activités économiques de leur famille. Dans certains cas, cette contribution peut atteindre 25 % du revenu familial. «Dans les sociétés du Sud, dépourvues de protection sociale, leurs revenus viennent aussi partiellement amortir l'insécurité des familles: la perte d'activité ou le départ du chef de famille, une mauvaise récolte, un désastre naturel, l'arrivée d'une maladie ou tout autre aléa de la vie suffisent à mettre les enfants au travail» (Manier, 2010).

En Occident, cette contribution a considérablement diminué, en raison surtout d'une plus longue scolarité des individus. Dans plusieurs pays d'Amérique latine, par exemple, les enfants ont des journées d'école plus courtes qu'en Amérique du Nord afin de pouvoir continuer à étudier tout en aidant leurs parents dans différents travaux domestiques ou autres. Dans les milieux ruraux notamment, après l'école, plusieurs jeunes suivent leurs parents aux champs, à l'atelier ou à la boutique où ils vendent leurs produits. Ils participent ainsi, dans la mesure de leur âge, aux activités économiques de la famille. Les tâches des enfants et des adolescents font partie de leur quotidien et elles sont accomplies sans plus (ou sans moins) de difficultés que leurs travaux scolaires.

Le contrôle des ressources foncières

Toutes les cultures se sont dotées de règles d'attribution et d'usufruit des ressources foncières. Les pays industrialisés ont habituellement recours à un système de **contrôle des ressources foncières** fondé sur la propriété privée de la terre et à la définition de droits distincts sur le sous-sol. Dans d'autres systèmes économiques, les règles d'attribution de la terre et de ses ressources diffèrent considérablement de celles qui existent dans les sociétés industrielles. Chez les chasseurs-cueilleurs, par exemple, on choisit ceux qui peuvent chasser et faire la cueillette en même temps qu'on détermine les zones où ces activités peuvent être pratiquées. Les horticulteurs, pour leur part, établissent des systèmes réglementant le mode d'acquisition, de culture et de transmission de leurs terres agricoles. Les pasteurs, quant à eux, appliquent des règles qui accordent un droit d'accès aux points d'eau et aux pâturages, ainsi qu'un droit de passage sur les terres de transhumance.

> **Contrôle des ressources foncières**
>
> Ensemble de dispositions imposant aux citoyens des obligations par rapport à l'attribution et à l'usufruit de la terre et de ses ressources.

Dans les populations traditionnelles, la terre (donc le «territoire») appartient souvent à des groupes familiaux plutôt qu'à des particuliers et ce, souvent, sans détenir de titre officiel de propriété. Chez les Bochimans Ju/'hoansis, chaque bande de 10 à 30 personnes vit sur un territoire de quelque 650 kilomètres carrés qu'elle considère comme le sien. Les territoires ne sont pas définis par des frontières, mais bien par les points d'eau qui s'y trouvent. La terre «appartient» aux doyens de la bande, habituellement un groupe de frères et de sœurs ou de cousins. Leur titre de propriété est cependant plus symbolique que réel. La bande ne peut vendre ou acheter la terre, mais un étranger doit lui demander l'autorisation pour entrer sur le territoire.

Chez les chasseurs-cueilleurs, la délimitation du territoire se fait la plupart du temps sur la base de caractéristiques géographiques : il peut s'agir d'éléments paysagers particuliers où sont censés reposer les esprits des ancêtres (comme chez les Aborigènes d'Australie) ou de cours d'eau (comme chez les Bochimans Ju/'hoansis et plusieurs Autochtones du nord-est de l'Amérique). Les frontières territoriales sont, au mieux, des repères approximatifs. La valeur adaptative de cette pratique est claire : la taille des territoires, comme celle d'une bande, peut s'ajuster en fonction des ressources disponibles. Bien qu'approximatifs, les territoires ne sont toutefois pas toujours accessibles à tous. Les Inuits en savent quelque chose. À l'époque nomade, quand ils tentaient de descendre plus au sud pour accéder à une plus grande abondance de gibier, les autres groupes autochtones du Subarctique (Cris, Dénés, Algonquins, etc.) les refoulaient vers le nord jusqu'à ce qu'ils atteignent la «limite des arbres». Cette frontière géographique au-delà de laquelle il n'y avait plus d'arbres au nord était le repère qui délimitait le territoire des Inuits, le seul qu'ils étaient «autorisés» à occuper (Duhaime, 2001).

Les agriculteurs disposent de moyens pour déterminer les titres fonciers et l'accès aux réserves d'eau. L'île indonésienne de Bali est connue pour son système d'irrigation sophistiqué alliant des réalisations de génie impressionnantes à des structures sociales et villageoises complexes. Depuis plusieurs siècles, des organisations communautaires appelées «*subak*» y contrôlent le système d'irrigation pour assurer la distribution fiable et équitable de l'eau provenant des montagnes (Geertz, 1992). Un *subak* regroupe l'ensemble des propriétaires terriens – ou leurs représentants – d'une zone de production rizicole déterminée. Il est responsable de la construction et de la maintenance des canaux, des tunnels et des barrages, mais il coordonne aussi la plantation ainsi que l'organisation des rituels religieux.

Bali est une île volcanique au relief accidenté. Pour y pratiquer l'agriculture, les Balinais ont mis au point un vaste système d'irrigation. L'eau qui sillonne les quelque 150 cours d'eau de l'île est dirigée vers les champs en terrasses par un réseau de canaux creusés selon les courbes de niveau. Sur le plan paysager, ces « marches des dieux », comme on les appelle, font le bonheur des touristes qui affluent sur l'île.

Les paysans ouest-africains privilégient plutôt un système de propriété foncière féodal, en vertu duquel tout le territoire appartient au grand chef. Celui-ci en prête des parcelles à ses sous-chefs qui, à leur tour, les divisent entre les membres de leur lignage. En fin de compte, chaque paysan se voit attribuer un lopin de terre. Comme dans l'Europe médiévale, ces paysans prêtent allégeance aux sous-chefs et au grand chef. Ceux qui cultivent la terre doivent verser un impôt et combattre pour leur chef au besoin. Ils ne sont pas pour autant propriétaires de leur lopin de terre, puisque celui-ci leur est prêté. Aucun occupant ne peut céder ou vendre sa terre, ni même en disposer autrement, sans l'autorisation des anciens. Si une personne cesse de cultiver le lot qui lui a été alloué, le chef va alors le réattribuer à un autre membre du lignage. Le principe à l'œuvre ici est l'octroi à des particuliers du droit d'utiliser une terre indéfiniment, sans que celle-ci ne leur appartienne en propre. Ce système préserve l'intégrité des bonnes terres et en prévient la subdivision ou la reconversion pour d'autres usages.

La gestion des ressources minières et gazières

Il arrive que le contrôle des ressources foncières et la gestion des ressources naturelles répondent à des impératifs différents. Au Québec, par exemple, un propriétaire foncier possède son terrain, mais ne dispose pas des ressources du sous-sol. En territoire québécois, l'État est propriétaire du sous-sol, donc des ressources minières et gazières qui s'y trouvent. Comme il n'a pas nationalisé ces ressources, il accorde à des entreprises spécialisées le droit de prospecter et d'en faire l'exploitation, moyennant des redevances versées au Trésor public. Contrairement aux États-Unis, où le sous-sol appartient aux propriétaires de la surface et où les voisins ont peu à dire sur ce qu'ils en font, au Québec, il n'y a que les compagnies qui exploitent le sous-sol et le gouvernement qui obtiennent des bénéfices directs de son exploitation. Au Québec, l'exploitation des ressources naturelles et énergétiques constitue un enjeu majeur en raison de son importance économique, mais aussi de son impact sur les communautés locales et l'environnement (Desjardins et Monderie, 2011). Depuis 2010, l'opposition à l'exploitation des gaz de schiste révèle que les Québécois veulent être consultés et que certains refusent de laisser l'industrie agir sans leur consentement.

Inquiets, ils veulent en connaître davantage sur les risques environnementaux associés à l'exploitation de ce type de gaz.

Profitant du fait que bien des États s'attribuent le droit de contrôler le sous-sol, sans égard pour ceux qui possèdent le sol, de grandes entreprises multinationales se livrent aujourd'hui à une vive concurrence pour mettre la main sur les matières premières que l'on retrouve dans les pays du Sud. En Irian Jaya, les Papous subissent les effets dévastateurs de l'exploitation du sous-sol de leur territoire par Freeport, une société minière américaine, qui a obtenu l'autorisation du gouvernement indonésien (Birolli, 2000) :

> Un rapport [...] de l'association écologique World Wildlife Fund (WWF) dénonçait, dès 1992, la pollution engendrée : 120 000 tonnes de déchets miniers déversés quotidiennement dans la rivière Ajkwe, près de 50 kilomètres carrés de forêt empoisonnés. Ainsi, quand les Amungmes et les Kamoros ne sont pas directement intoxiqués par les eaux du fleuve, ils sont guettés par la famine : les poissons et les sagoutiers (une variété de palmiers), base de leur nourriture, disparaissent. (Pataud-Célérier, 1996)

En Inde, les 8000 membres de la tribu des Dongria Kondh vivent une situation semblable au scénario du film *Avatar* de James Cameron. Comme les Na'vi du film qui tentent d'empêcher les humains d'exploiter les ressources minières de leur terre sacrée, les Dongria Kondh sont menacés par une compagnie britannique. D'après un rapport publié en 2010, une usine inaugurée en 2006 aurait déjà commencé à polluer les cours d'eau et menacé la santé des habitants. Si la mine de bauxite projetée vient à être exploitée, on craint aussi la disparition des forêts denses leur servant de garde-manger (Bouissou, 2010). Or, pour l'instant, le gouvernement indien aurait cédé aux pressions d'organismes comme Survival International et retardé l'adoption du projet controversé.

Dans plusieurs pays, de grandes minières canadiennes sont aussi accusées de négliger les populations locales et leur milieu de vie (Taillefer, 2008). On leur reproche de se permettre à l'étranger des choses interdites au Canada, sous prétexte qu'ailleurs les lois environnementales sont moins contraignantes. Or, les autorités en place n'ont pas nécessairement consulté les populations locales qui subissent les conséquences d'un système de contrôle des ressources foncières et des richesses naturelles leur échappant.

Dans plusieurs pays pauvres, le manque de règles claires concernant l'environnement, les responsabilités civiles et les droits des autochtones mènent à des abus qui provoquent la colère des populations locales. Cela oblige les entreprises à payer des milices armées pour protéger leurs intérêts. Les exemples sont nombreux et ont parfois donné lieu à des affrontements violents au cours des années. [...] N'ayant pas la capacité d'exploiter eux-mêmes leurs richesses minières, ces pays, souvent ravagés par des conflits armés, ont ouvert toutes grandes leurs portes aux entreprises privées. (Bélanger, 2009)

L'ÉCHANGE ET LA DISTRIBUTION

La seconde opération de tout processus économique consiste en la circulation du fruit de la production. Dans les cultures où l'argent ne sert pas de monnaie d'échange, chacun reçoit habituellement une récompense directe pour le travail accompli. Les travailleurs d'un groupe familial consomment ce qu'ils récoltent, ils mangent ce que les chasseurs ou les cueilleuses rapportent au campement et ils utilisent les outils qu'ils ont fabriqués. Or, même en l'absence de monnaie d'échange officielle, il y a toujours une forme de distribution, bref un système d'**échange** dans le cadre duquel les denrées et les biens matériels produits circulent en direction du consommateur (Laburthe-Tolra et Warnier, 2003). L'économiste Karl Polanyi (1968) a réparti en trois modes les systèmes d'échange et de distribution des produits : la réciprocité, la redistribution et le marché.

La réciprocité

La **réciprocité** désigne une transaction entre deux parties qui s'échangent des biens ou des services de valeur à peu près équivalente. Il peut s'agir d'un don, mais l'altruisme pur en matière de cadeaux est plutôt rare. Le cadeau sert habituellement à remplir des obligations sociales ou à gagner un certain prestige. Dans la société nord-américaine, l'organisation d'une réception en est un bel exemple. L'hôte de la soirée peut déployer des trésors d'énergie pour impressionner ses invités par la qualité de la nourriture et des boissons servies, sans compter l'esprit et la qualité de la conversation des convives. Ce faisant, l'hôte espère que ses invités – peut-être pas tous, mais certains – lui rendront la pareille un jour ou l'autre.

Les coutumes dictent la nature et le motif de l'échange. Quand des chasseurs aborigènes d'Australie tuent un animal, ils partagent la viande avec leur famille et d'autres parents. Chaque membre du campement reçoit une part dont l'ampleur varie selon le lien de parenté avec les chasseurs. Ceux-ci se réservent parfois les parties les moins désirables de la bête. Le chasseur et sa famille ne semblent pas particulièrement choyés par la distribution, mais ils sont assurés d'obtenir une portion lorsqu'un autre homme rapportera une prise. Il est obligatoire de donner et de recevoir, tout comme de partager. Un tel échange de la nourriture renforce les liens du groupe et garantit à chacun de quoi manger (*voir le chapitre 4*).

Les pratiques décrites ci-dessus sont un exemple de **réciprocité généralisée**, car il s'agit d'un échange dont la valeur exacte n'est pas calculée et dont le moment du remboursement n'est pas précisé. Le don relève aussi de la réciprocité généralisée, tout comme le coup de main qu'offre gracieusement le bon Samaritain à un automobiliste en panne ou à une personne en détresse. Le plus souvent, cependant, la réciprocité généralisée s'observe entre parents ou entre proches. Les personnes concernées refuseront cependant de voir dans ces gestes un échange économique et les justifieront plutôt au nom de l'amitié ou de la famille. Au Québec, par exemple, nous avons presque tous dans notre parenté un oncle bricoleur, toujours prêt à venir aider, qui connaît l'électricité ou la plomberie. Lorsque l'on déménage, il est aussi fréquent que certains membres de sa famille viennent donner un coup de main pour transporter des boîtes ou repeindre les murs. Dans un cas comme dans un autre, il est fort à parier que l'on se sente redevable et que l'on n'hésite pas à rendre la pareille d'une manière ou d'une autre. Donner, recevoir et partager constituent ainsi une sorte de filet social ou de police d'assurance. Une famille est susceptible de partager avec autrui quand elle en a les moyens et qu'elle peut compter sur le soutien des autres en cas de besoin.

> **Échange**
> Opération économique au cours de laquelle les biens et les denrées circulent.
>
> **Réciprocité**
> Échange, entre deux parties, de produits et de services de valeur à peu près équivalente.
>
> **Réciprocité généralisée**
> Type d'échange selon lequel la valeur du produit ou du service échangé n'est pas calculée et dont le moment du remboursement n'est pas précisé.

Un marché est une place publique où biens et denrées circulent. Dans ce marché de Orchha en Inde, les citadins se procurent ce qu'ils ne peuvent produire eux-mêmes. Ils y rencontrent de nombreux producteurs venus échanger le fruit de leur travail contre de l'argent. Avant d'acheter, il arrive qu'il faille négocier dans un contexte de réciprocité négative.

© Jeremy Richards/Shutterstock.com

On parle de **réciprocité équilibrée** quand le don et le contre-don se font selon des modalités précises, même si le contexte peut lui sembler informel. «L'étude des pratiques des cadeaux montre l'existence de règles de conduite précises et l'importance de ce rite, ainsi que les enjeux, risques et obligations qui se cachent derrière le don… L'échange des cadeaux et les mécanismes qui le régissent construisent les rapports sociaux et sont révélateurs des relations qu'entretiennent les individus» (Andrys, 2000, p. 155). Il arrive souvent qu'accepter un cadeau contraint à devoir offrir soi-même subséquemment, si l'on désire perpétuer la relation et la bonne entente. Dans certaines circonstances, celui qui offre s'attend implicitement à recevoir presque immédiatement quelque chose en retour. Lorsqu'un jeune couple invite des gens à leur mariage, ces derniers seront nourris et désaltérés, mais ils devront en échange apporter un cadeau dont le prix est généralement équivalent au prix du repas. L'obligation sociale de redonner est au cœur de ce type de réciprocité. Accepter de participer à une fête pour souligner une grossesse (*baby shower*) implique qu'il faille accepter d'offrir à la future mère un cadeau destiné au bébé. Lorsque l'on pend la crémaillère, on s'attend généralement à recevoir un «petit quelque chose» de ses invités.

Si la réciprocité équilibrée est souvent une démarche pragmatique visant l'obtention de produits ou de services, tous les échanges ne sont pas uniquement motivés par des considérations strictement économiques. C'est le cas du circuit du *kula*, un système d'échange entre les habitants des îles Trobriand, où les participants échangent de façon cérémoniale des objets auxquels ils accordent une grande valeur. Le *kula* est encore pratiqué aujourd'hui (Weiner, 1988). Les hommes partent régulièrement, à bord de leurs pirogues, pour échanger des bijoux avec leurs partenaires vivant sur des îles lointaines. Ces bijoux sont des colliers de coquillages rouges, que les partenaires s'échangent toujours dans le sens horaire du circuit, et des bracelets blancs décorés, qui circulent dans la direction opposée. Ils sont évalués en fonction de leur taille, de leur couleur, de la qualité du ponçage des pièces et de leur histoire. Certains ont une telle renommée que leur arrivée dans un village fait sensation.

Les partenaires du *kula* profitent parfois de l'occasion pour échanger d'autres marchandises, mais ce n'est pas la raison première de ces excursions. Les partenaires cherchent plutôt à marquer l'histoire au moyen des échanges du *kula*. En faisant circuler des bracelets et des colliers chargés des récits de leurs voyages et du nom de ceux qui les ont portés, les Trobriandais proclament leur notoriété et leurs talents personnels et ils acquièrent par la même occasion une grande influence. S'ils visent d'abord à échanger des coquillages de valeur et de taille comparables, les hommes n'en déploient pas moins

Réciprocité équilibrée

Type d'échange où le don et le contre-don se font selon des modalités précises, même si le contexte semble informel.

tous leurs talents de négociation, leurs ressources matérielles et leurs connaissances de la magie pour entrer en contact avec les partenaires les plus puissants et accéder aux coquillages les plus précieux.

Le *kula* associe des cérémonies, des relations politiques, des échanges économiques et une pratique religieuse. Quiconque n'en considère que les seuls aspects économiques commet une erreur d'interprétation. Le circuit du *kula* illustre bien qu'il est impossible d'isoler les questions économiques du reste de la culture.

Lorsque la réciprocité se déroule entre deux partenaires économiques qui ne se connaissent pas ou se connaissent peu, il peut parfois en résulter un sentiment de concurrence. Par conséquent, ces échanges peuvent fort bien revêtir des allures de **réciprocité négative**, à moins qu'un arrangement antérieur ne garantisse un équilibre approximatif. Le troc est une forme répandue de réciprocité négative qui ne nécessite aucune transaction monétaire. Ceux qui le pratiquent tentent d'obtenir certains produits en échange d'une ressource qu'ils détiennent. Il peut s'agir de biens matériels qu'ils sont seuls à posséder ou encore d'un service d'expert, comme on peut le voir encore aujourd'hui au Québec. Pour sa réalisation du site Web d'un commerce, un infographiste pourrait, par exemple, obtenir des chèques-cadeaux lui permettant d'obtenir des produits offerts par ledit commerce. L'objectif n'est pas d'escroquer l'autre, mais bien de réaliser la «meilleure affaire» possible, donc d'obtenir le «maximum» en échange de ce que l'on offre et d'avoir le sentiment de ne pas s'être «fait avoir».

La redistribution

Certaines cultures disposent de surplus suffisants pour soutenir une autorité centrale. Les revenus sont alors versés à cette autorité sous forme d'impôt ou de butin, pour ensuite être redistribués en partie. Le chef, le roi ou tout autre agent chargé de cette tâche redistribue les revenus pour trois motifs : conserver une position de pouvoir par l'étalage de richesses, assurer à ceux qui le soutiennent un niveau de vie adéquat, établir des alliances hors du territoire.

L'administration de l'Empire inca au Pérou a été l'une des plus efficaces de l'histoire, en ce qui concerne tant la perception de l'impôt que les méthodes de contrôle. L'Empire recensait les ressources et la population. Celle-ci devait verser un tribut sous forme de biens ou de services. Chaque artisan devait

produire son quota de biens à partir des matériaux que lui fournissait son contremaître. Les activités agricoles et minières relevaient des travaux forcés, tout comme les travaux publics (construction de routes, de ponts, d'aqueducs et d'entrepôts pour les récoltes). On tenait une comptabilité serrée des revenus et des dépenses. L'appareil gouvernemental veillait au maintien de la production et à la distribution des marchandises. La **redistribution** s'effectuait dans le cadre des activités de l'autorité centrale. La classe dirigeante vivait dans le luxe, mais les biens étaient redistribués au peuple lorsque c'était nécessaire.

Dans les systèmes de redistribution, l'échange ne se fait pas entre des personnes ou des groupes. Les biens sont plutôt dirigés vers une source, puis répartis selon les consignes d'une administration centrale. L'échange comporte habituellement un élément de coercition. Au Canada, l'impôt constitue une forme de redistribution. Les contribuables versent à l'État un impôt, dont une partie assure le bon fonctionnement du gouvernement. Le reste du produit de l'impôt est redistribué sous forme d'argent (financement des programmes sociaux, prêts et subventions aux entreprises) et de services (entretien des routes, maintien des systèmes de santé et d'enseignement).

L'étalage de richesses dans le but d'acquérir un certain prestige social – la **consommation ostentatoire** – peut aussi, dans certaines sociétés traditionnelles, contribuer à la répartition de la richesse. Ainsi, le **potlatch**, qui devrait davantage être décrit

---

Réciprocité négative

Type d'échange où biens, denrées et services circulent entre des individus qui marchandent pour obtenir le meilleur de la transaction.

Redistribution

Système d'échange où les biens produits en surplus sont acheminés à un point central pour être ensuite triés, comptés et redistribués.

Consommation ostentatoire

Étalage de richesses en vue d'acquérir du prestige qui, dans certaines sociétés traditionnelles, contribue à la répartition de la richesse.

Potlatch

Fête organisée par les Autochtones de la côte nord-ouest de l'Amérique du Nord autour d'un banquet, de danses rituelles et d'offrandes où les chefs affichent leur générosité pour acquérir du prestige.

comme une sorte de «générosité ostentatoire», est encore pratiqué chez les Autochtones de la côte nord-ouest de l'Amérique du Nord, dont les Salishs, les Kwakiutls et les Haïdas. Le potlatch est une célébration particulière où tous les membres d'une ou de plusieurs communautés se rassemblent pour participer à un grand banquet, danser, chanter et donner des cadeaux. Les peuples de la côte nord-ouest accordent beaucoup d'importance au rang et aux privilèges ancestraux (McMillan, 1995). Le potlatch est l'occasion pour les chefs de soigner leur image par des manifestations publiques de générosité. Il met aussi en évidence le statut et la richesse de celui qui l'organise. Il offre également l'occasion d'authentifier des privilèges, ou encore de transmettre ces privilèges à un héritier. Contrairement à la consommation ostentatoire observable dans les sociétés occidentales, le potlatch ne vise pas à étaler ses biens ou à les accumuler au détriment des autres, mais bien à les partager. Il servait et sert encore dans une certaine mesure à nourrir les relations économiques, sociales et politiques entre les participants.

Le don est une composante importante du potlatch. En fait, dans la langue chinook, *patshatl* signifie «cadeau». Chaque invité, du plus jeune enfant au plus vénérable aîné, reçoit un cadeau et c'est le rang de l'invité qui détermine la valeur de ce présent. Autrefois, les couvertures de la Compagnie de la Baie d'Hudson, les articles ménagers (bouilloire, vaisselle, machine à coudre ou meuble), la nourriture (surtout la farine) et les canots comptaient parmi les cadeaux les plus appréciés. En plus de donner à l'hôte une occasion de soigner son image par sa générosité, le potlatch servait aussi à d'autres fins. Les Kwakiutls, par exemple, organisaient des potlatchs pour souligner les grandes transitions de la vie: la naissance ou l'adoption d'un enfant, le début de la puberté, un mariage, le décès d'un proche, etc. Quelle que soit la raison, l'envergure du potlatch reflète le statut de l'hôte. L'honneur commande aux participants d'un potlatch d'en tenir un à leur tour dans l'avenir. Leur objectif sera alors de surpasser la générosité de tous et d'acquérir ainsi plus de prestige et d'estime.

Si de nombreux groupes autochtones tiennent toujours des potlatchs aujourd'hui, ceux-ci ont surtout connu leur heure de gloire aux XVIIIᵉ et XIXᵉ siècles. Les Européens, surtout les missionnaires, et leurs gouvernements ne prisaient pas ces cérémonies. Ils y voyaient une célébration du gaspillage et un obstacle

© Juriah Mosin/Shutterstock.com

dans leurs tentatives d'éliminer les pratiques païennes et de convertir les Autochtones au christianisme. Le gouvernement canadien a fini par interdire les potlatchs en 1884. De nombreux groupes ont néanmoins continué d'en organiser secrètement pendant toute la durée de l'interdiction, soit de 1884 à 1951.

L'exemple du potlach se distingue de la consommation ostentatoire pratiquée dans les sociétés occidentales, où la quête de prestige est très répandue. De nombreux Nord-Américains passent en effet une partie de leur vie à tenter d'impressionner autrui par l'étalage de biens censés symboliser leur sort enviable. Puisque la possession de biens matériels est valorisée, même les individus moins fortunés cherchent à étaler leurs avoirs, histoire de ne pas demeurer en reste. Puisqu'il faut, semble-t-il, consommer et posséder des biens pour être heureux et accéder au bonheur, on parle de son «cinéma maison» ou de son téléphone intelligent dernier cri et on s'affiche avec sa voiture neuve. Au Québec, on utilise parfois l'expression «voisin gonflable» pour désigner les gens qui, à la vue d'une nouveauté chez leurs voisins, décident d'acquérir mieux pour demeurer socialement à la hauteur, qu'il s'agisse d'une tondeuse à gazon, d'un barbecue ou d'un spa. Or, ici comme ailleurs, en Occident et contrairement à ce qui se passe dans le cas du potlatch, aucune mesure concrète n'est prise pour mieux répartir cette soi-disant richesse. Bien que les plus fortunés contribuent à des œuvres de charité, rien dans cette consommation ostentatoire n'invite au partage de ses avoirs avec les moins nantis de la communauté.

Pour le grand bonheur des touristes, la tradition des marchés flottants se perpétue en Thaïlande. Situé à une centaine de kilomètres de Bangkok, celui de Damnoen Saduak est devenu célèbre. Il se visite à pied, le long des canaux ou à bord d'une pirogue de location. De 6 h à 13 h, les femmes, vêtues de costumes traditionnels, vendent tout ce qui peut se transporter sur ces pirogues : épices, poissons séchés, plats cuisinés, etc.

Le marché

Pour les économistes, le **marché** désigne l'achat et la vente de produits et de services, à des prix déterminés par l'offre et la demande. Comme le lieu des transactions importe peu, une distinction doit être faite entre le marché en tant qu'échange commercial et le marché comme lieu où les biens et les denrées passent du producteur au consommateur. Depuis peu, Internet a suscité l'émergence du commerce électronique, nouvelle économie au marché virtuel. Aujourd'hui, les consommateurs peuvent se procurer des marchandises issues des quatre coins du monde grâce à quelques clics de souris. Même si la notion de magasinage se transforme, l'avenir des autres types de marchés n'est pas encore menacé. Au Québec, même si le commerce électronique gagne en popularité, les centres commerciaux continuent de prospérer, comme en fait foi la création de méga complexes tel le DIX30, en Montérégie. Même chose pour l'achat de livres. Même si des sites Web ou certaines librairies offrent la possibilité d'acheter des livres en ligne, de nombreux lecteurs continuent de fréquenter les librairies pour le plaisir de bouquiner avant d'acheter.

Il n'y a pas si longtemps encore, le marché se situait habituellement dans un lieu précis, comme on le voit encore largement dans le monde non occidental. Dans les sociétés paysannes, les fermiers des régions rurales se rendent dans les marchés supervisés par une autorité politique centrale et échangent une partie de leur bétail et de leur récolte contre des biens fabriqués en usine ou dans les ateliers d'artisans. Sur la place du marché, les biens de consommation et les services ne s'échangent pas toujours selon les mêmes conventions régissant la vente dans une épicerie ou un centre commercial. Au marché, les prix ne sont pas toujours affichés. Ils tendent à être fixés par marchandage entre les individus plutôt que dictés par des forces anonymes. Avant d'acheter quoi que ce soit, l'acheteur doit parfois établir un rapport interpersonnel avec le vendeur ou le producteur.

Bien que l'échange marchand puisse se faire sans transaction monétaire, il va sans dire que la **monnaie** facilite le tout. On peut définir la monnaie comme un moyen de payer des marchandises ou des services et de quantifier leur valeur. Elle a le mérite d'être durable, transférable, divisible et identifiable. Les sociétés ont utilisé une multitude d'objets en guise de monnaie d'échange : du sel, des coquillages, des pierres, des perles, des plumes, des fourrures, des os, des dents et, bien sûr, des métaux comme l'or, l'argent ou le fer. Chez les Aztèques, par exemple, les fèves de cacao jouaient le rôle d'une monnaie et servaient à l'achat de marchandises et à la rémunération de la main-d'œuvre.

Dans les sociétés non occidentales, un marché public est une foire animée où les couleurs, les odeurs et les sons interpellent les visiteurs. Parallèlement, dans un grand nombre de villes en Occident au cours des dernières décennies, on a tenté de recréer l'attrait et l'énergie que dégage un marché public traditionnel, comme en témoigne l'atmosphère qui règne au marché Jean-Talon à Montréal ou à celui du Vieux-Port à Québec. Dans ces marchés d'ici et d'ailleurs, il n'est pas rare que des activités non économiques éclipsent les activités économiques. Les rapports sociaux y tiennent une place très importante. Le marché public est également le lieu pour sceller des amitiés, amorcer des relations amoureuses et conclure des mariages (Plattner, 1989).

> **Marché**
>
> Achat et vente de produits et de services, à des prix déterminés par l'offre et la demande. Comme cette transaction a souvent lieu dans un endroit public, on utilise également le mot « marché » pour désigner le lieu où les biens et les denrées passent du producteur au consommateur.
>
> **Monnaie**
>
> Tout objet utilisé pour payer des marchandises ou de la main-d'œuvre et en quantifier la valeur.

Les danseurs et les musiciens peuvent s'y produire et, à la fin de la journée, se donner en spectacle en buvant et en dansant.

Le marché est aussi une source où puiser de l'information. À Mexico, durant la période aztèque, chacun était obligé de se rendre régulièrement au marché public pour se tenir au courant de l'actualité. Aussi le marché était-il un lieu de rassemblement où chacun renouait avec ses amis, voyait ses proches et échangeait des potins, tout en se procurant les marchandises qu'il ne produisait pas lui-même.

Au Québec et au Canada, le regain de popularité des marchés aux puces est perceptible. Ces derniers permettent, moyennant des frais minimes, de présenter et de vendre des objets d'artisanat, des articles usagés ou des produits de la ferme, tout en offrant un contact direct avec les acheteurs potentiels. La perspective d'y trouver une aubaine ou de marchander contribue à l'ambiance du lieu. Ces marchés aux puces, tout comme les «ventes de garage» et les «ventes-trottoirs», ne sont pas sans rappeler les marchés des sociétés non occidentales. Dans une atmosphère plutôt festive, vendeurs et clients mangent, rient et discutent.

La popularité des marchés aux puces soulève également la question de la distinction à faire entre les secteurs officiel et non officiel d'une économie de marché. L'**économie informelle** (ou parallèle) est un système permettant à des producteurs d'offrir des produits et des services qui, pour diverses raisons, échappent à tout inventaire, règlementation ou comptabilité de l'État. L'économie informelle englobe à peu près toutes les activités imaginables: la production et la vente d'artisanat ou de nourriture, la construction et la rénovation, la mendicité, le travail domestique, la cueillette des ordures et leur recyclage, etc. Bien que de telles activités non comptabilisées soient connues depuis longtemps, les économistes occidentaux tendent à négliger leur importance. Difficile à retracer à des fins comptables, l'économie informelle n'en demeure pas moins plus importante que l'économie officielle dans de nombreux pays. Un peu partout, elle permet à des individus désireux de travailler, dépourvu d'un emploi stable, d'obtenir un revenu et de joindre les deux bouts. Dans les pays du Sud, l'économie informelle fait souvent partie d'une véritable stratégie ou la survie dépend du cumul de petits boulots échappant au fisc. Uniquement y voir un «travail payé en dessous de la table», comme le veut l'expression québécoise, serait réducteur.

LA CONSOMMATION

Après la production et la distribution, la troisième composante de tout système économique est la **consommation**. Celle-ci sert à combler les besoins élémentaires, soit boire, manger et se protéger des éléments (par des vêtements et un toit). Elle sert aussi à satisfaire les désirs individuels et englobe, à cet égard, les ressources exploitées pour s'outiller, se défendre, se déplacer et se divertir. Les besoins et les désirs individuels varient d'une culture à l'autre, mais tous visent à rendre la vie plus agréable, du moins c'est l'illusion qui en est créée. Consommer, ce n'est donc pas seulement «acheter». D'un point de vue anthropologique, la consommation est plutôt un phénomène global relatif à l'alimentation, à l'utilisation de biens et de services, mais aussi à la valeur symbolique que les individus confèrent aux biens matériels. Ici comme ailleurs, on peut s'intéresser aux rituels entourant la consommation, mais aussi au niveau atteint par celle-ci. En Occident, dès l'enfance, on apprend qu'il faut posséder des biens pour être heureux. Adolescent, on sent le besoin de s'identifier à des marques afin d'avoir le sentiment d'appartenir à un groupe. Adulte, on consomme plus que nécessaire, parce qu'on est jugé en fonction du quartier où l'on vit, de la maison que l'on habite ou de la voiture que l'on conduit.

Les habitudes de consommation dans les sociétés industrialisées ont pris une ampleur inédite au cours des dernières décennies. Insatiables, nous consommons parfois de façon compulsive devant un nombre croissant de biens que nous jugeons essentiels à notre bien-être. Pour certains, magasiner mais surtout acheter est devenu un loisir. À maintes occasions, on se procure des biens que l'on mettra de côté après une brève utilisation. Qui voudrait encore aujourd'hui d'un lecteur CD portable ou même d'un iPod classique de première génération?

Économie informelle

Système économique où la production et l'échange des biens et des services échappent à tout inventaire, règlementation ou comptabilité de l'État.

Consommation

Opération économique par laquelle les ressources, les denrées alimentaires, les biens ou les services sont achetés et utilisés en vue de la satisfaction d'un besoin.

Cette surconsommation n'est pas universelle. Dans les sociétés traditionnelles, la consommation demeure plus modeste et nettement moins compulsive. Chez les chasseurs-cueilleurs, par exemple, les besoins sont peu nombreux et peuvent être comblés sans surexploitation des écosystèmes. L'intérêt croissant des peuples non occidentaux pour les biens matériels est toutefois à noter et ne laisse rien présager de bon pour l'avenir de la planète. Favorisée par la mondialisation de l'économie et le développement des systèmes de télécommunication (télévision et réseaux informatiques), cette explosion de la demande s'ajoute aux pressions déjà considérables que subissent des ressources énergétiques déjà surexploitées.

Les coutumes alimentaires

Les règles qui déterminent les comportements en matière de consommation alimentaire sont fascinantes à étudier. Qui s'imaginerait à table en train de manger de la nourriture avec ses doigts? Pourtant, dans de nombreux pays, nul ne s'en formaliserait. Après tout, l'invention des ustensiles est relativement récente. Les premiers utilisateurs ont probablement été des chasseurs qui employaient leur couteau pour détacher la viande de l'os avant de l'ingérer (Berry, 1963). Il y a ensuite eu la cuillère, faite à partir d'une demi-gourde, d'un coquillage ou de bois sculpté. On se servait d'une cuillère pour prendre du ragoût dans une marmite commune suspendue au-dessus d'un feu. L'incontournable fourchette n'a fait son apparition qu'au Moyen Âge, sans doute en Italie, puis son usage s'est répandu en Angleterre et en France. Le couteau, la cuillère et la fourchette ne sont cependant pas les seuls ustensiles utilisés à table. Des millions de personnes mangent à l'aide de baguettes, tandis que d'autres utilisent leurs doigts, selon un code propre à chaque culture. Au Sénégal, par exemple, les convives s'assoient habituellement sur le sol et partagent le même plat collectif en utilisant leur main droite. Dans le nord de l'Inde, on mange en se servant du bout des doigts de la main droite, alors que les habitants du sud utilisent leurs deux mains. «Un Indien occidentalisé qui a l'habitude de manger avec un couvert saura, devant un mets particulièrement appétissant, y plonger une main gourmande pour mieux l'apprécier» (Mahias, 1999, p. 355).

Les coutumes alimentaires et les règles de la table varient donc d'une culture à l'autre. Un comportement jugé impoli dans une culture peut relever des bonnes manières dans une autre. Ainsi, le convive qui fait du bruit en mangeant sa soupe trahit un manque de bonnes manières dans la plupart des foyers nord-américains, mais il fait plaisir au cuisinier s'il se trouve au Japon. En Chine, où l'on aspire ses nouilles en s'aidant de baguettes, ce bruit va de soi et ne pose aucun problème. Chez les Yao de Thaïlande, manger vite et avec voracité est mal vu. Il faut toujours utiliser ses baguettes, jamais ses doigts. Ainsi, «lorsqu'on tombe sur un morceau d'os ou autre substance non ingérable, on la crache par terre» (Hubert, 1999, p. 426). Au Québec, lors d'un repas en groupe, la bienséance veut que l'on attende que tous les convives aient fini de manger avant de

© Jeff Rotman/Alamy

En Égypte, des gens mangent avec leur main droite, selon la coutume. Regroupés autour d'une assiette commune, ces Bédouins soulignent la fin du ramadan en partageant un repas. Répandue en Afrique et au Moyen-Orient, cette façon conviviale de consommer de la nourriture n'est pas très prisée par les Occidentaux qui considèrent normal de se voir attribuer un couvert pour eux seuls.

se lever de table. Au Vietnam, une fois rassasiés (il suffit de poser ses baguettes en travers de son bol pour l'indiquer), «les convives peuvent quitter la table sans attendre les autres pour aller boire une tasse de thé, se curer les dents, se rincer la bouche et les mains» (Krowolski, 1999, p. 417). Finalement, en Corée, la personne qui laisse une cuillère ou une baguette dans le riz commet un impair parce que cela signifie que les morts s'en servent.

Les interdits alimentaires constituent une autre facette importante de l'étude de la consommation. Autrefois, à Hawaii, les femmes ne devaient pas toucher la viande de porc, la noix de coco et certains types de poisson, si bien que les hommes faisaient la cuisine (Berry, 1963). Les Hawaiiennes ne pouvaient pas manger en compagnie des hommes et leur nourriture était cuite dans un autre four que celui utilisé pour la nourriture des hommes. De même, l'islam et le judaïsme interdisent la consommation de porc en invoquant la doctrine religieuse selon laquelle cette viande est impure. La religion hindoue, pour sa part, interdit la consommation de viande issue de vaches sacrées. Le jeûne fait aussi partie des interdits. Les Ukrainiens, par exemple, ne mangent que des mets sans viande la veille de Noël, parce que la viande est jugée «lourde», alors que les fruits et les légumes élèvent l'esprit.

En matière d'interdit selon le sexe, l'alcool constitue l'exemple classique. Dans plusieurs cultures, il est mal vu qu'une femme consomme de l'alcool ou s'enivre. Il y a 40 ans à peine, de nombreuses tavernes dans les provinces des Prairies étaient dotées de deux entrées distinctes pour les hommes et les femmes. Certains de ces établissements interdisaient l'entrée aux femmes non accompagnées d'un homme. Longtemps, les tavernes du Québec ont aussi été réservées aux hommes. Il a fallu attendre 1986 pour que soit finalement abrogée la loi qui interdisait au tavernier d'embaucher une femme autre que son épouse et qui interdisait l'accès des tavernes aux femmes. C'est ce qui explique la mention «bienvenue aux dames», encore visible à l'entrée de certaines tavernes québécoises.

La nourriture comme objet d'interaction sociale

Chez les humains, le fait de se nourrir ne remplit pas que des fonctions utilitaires liées à la survie. Il s'agit là d'un acte hautement symbolique qui exerce des fonctions sociales importantes. Partager un repas,

c'est échanger et tisser des liens avec autrui. Plusieurs fois par jour, les gens se réunissent autour d'un repas et raffermissent ainsi les liens de parenté et les relations sociales. Au Québec, par exemple, on participe à des soupers d'anniversaire, à des brunchs et à des repas de Noël ou du jour de l'An. L'utilisation de la nourriture dans les rituels religieux est aussi chose courante, notamment en guise d'offrande déposée dans les tombeaux. Les anthropologues ont constaté que les liens entre les êtres humains et leurs dieux étaient souvent tributaires de cérémonies au cours desquelles la nourriture était échangée avec eux. Le caractère sacré de la nourriture est bien visible dans les lieux de pèlerinage hindous, où des aliments sacrés sont d'abord offerts à une divinité avant d'être consommés par les pèlerins (Khare et Rao, 1986).

Lors de fêtes, les adeptes de la plupart des religions ont l'occasion de resserrer les liens autour d'un repas avec leur parenté et les membres de leur communauté. En dépit du déclin de la pratique du catholicisme (*voir le chapitre 11*), de nombreux Québécois tiennent encore des repas en famille à Noël et à Pâques, célébrant davantage l'importance d'être ensemble que le caractère religieux de l'évènement. Aussi, les quelque 110 000 musulmans du Québec originaires de pays comme le Liban, le Maroc, l'Algérie et le Pakistan participent chaque année à l'une des célébrations les plus importantes du calendrier islamique: l'*Aïd El Fitr* qui souligne la fin du ramadan (Gaudet, 2011). Lors de cette fête, qui suit une période de 29 ou 30 jours au cours desquels ils se sont abstenus de manger, de boire, de fumer et d'avoir des rapports sexuels entre le lever et le coucher du soleil, les musulmans se réunissent, festoient, s'échangent des cadeaux et portent des vêtements neufs pour exprimer l'état de pureté atteint durant cette période de privation. Cet évènement festif n'est pas sans rappeler Pâques qui fait suite à une période d'abstinence, le carême, au cours duquel les chrétiens évitent la consommation de viande grasse ou se privent d'un aliment qu'ils aiment particulièrement.

Souvent moins publique en terre d'immigration que dans la plupart des pays musulmans, l'*Aïd El Fitr* se vit tout de même en famille et avec les amis. Tôt le matin, les fidèles se rendent à la mosquée pour réciter les prières collectives. Ils font ensuite la tournée de leurs parents et amis et échangent des plats spécialement préparés pour cette occasion. Ce sont généralement des spécialités familiales ou régionales et des produits spécifiques au ramadan (sucreries, pâtisseries et viande). Les enfants reçoivent de nouveaux vêtements, des cadeaux et des friandises. C'est aussi l'occasion d'écrire des cartes de souhaits et de téléphoner aux parents éloignés. Une fête spéciale peut être organisée pour l'*Aïd El Fitr* par des associations culturelles. Des restaurants profitent souvent de l'occasion pour cuisiner des menus spéciaux, puis familles et amis peuvent y poursuivre la fête au son d'une musique traditionnelle (Grégoire, 2001). À cette occasion, dans les écoles de Montréal, il arrive que des enfants musulmans s'absentent pour souligner avec leur famille ce qui constitue, à leurs yeux, un second Noël.

LA MONDIALISATION DE L'ÉCONOMIE

Avec l'avènement de la mondialisation, qui amène les pays à former de vastes ensembles interdépendants, la production, l'échange et la consommation n'ont pour ainsi dire plus de frontières. Comme jamais auparavant, les multinationales se livrent une vive concurrence pour dénicher de la main-d'œuvre peu coûteuse, s'accaparer de nouveaux marchés et fidéliser de nouveaux clients. Il n'y a pas si longtemps, le président-directeur général de Coca-Cola a dit souhaiter qu'il se boive plus de Coke que d'eau sur Terre (Angelico, 1999). En Papouasie-Nouvelle-Guinée,

la firme NHK a engagé des comédiens afin de faire la promotion du Coca-Cola et du dentifrice Colgate, parce que les Hulis des vallées situées en altitude n'avaient pas accès à la publicité télévisée (Flauder et Hilton, 1996). Comme nous le verrons plus loin avec le travail des enfants, la mondialisation de l'économie profite à certains (principalement aux Occidentaux) et nuit à d'autres, les «oubliés de la mondialisation», qui travaillent dans l'ombre pour assurer notre bien-être matériel. Ainsi, ce n'est pas parce qu'une industrie manufacturière s'installe dans un pays du Sud et qu'on peut y acheter les mêmes biens que chez nous, que les citoyens de ces pays voient leurs conditions de vie s'améliorer (*voir le chapitre 11*).

La mondialisation de l'économie s'étend désormais aux quatre coins du monde. Elle touche autant les biens manufacturés que les denrées. Peu de régions et de peuples y échappent. Le modèle de développement qui a fait le succès économique des pays du Nord n'est cependant pas applicable partout et n'est pas sans compter des écueils importants à l'échelle de la planète (*voir le chapitre 11*). Avant de poursuivre dans cette voie, les décideurs devraient réfléchir à certains aspects plus douteux de la mondialisation, comme l'exploitation de la main-d'œuvre des pays du Sud et la surexploitation des ressources naturelles de la planète. Comme il en est question plus loin, ce qui contribue parfois à notre richesse et à notre bien-être collectif peut, ailleurs et même ici, causer d'importants préjudices.

Dans cette « usine » de Karachi au Pakistan, où l'on décortique des crevettes qui seront surgelées puis exportées, des adolescentes, mais aussi de jeunes mères accompagnées de leurs enfants parfois âgés d'à peine 3 ans, travaillent dans des conditions dites « de misère ». Malgré l'odeur et la chaleur ambiante, le bâtiment n'est pas ventilé.

Le processus de croissance des *maquiladoras*, correspond au phénomène mondial de délocalisation des unités de production des industries électronique, automobile et manufacturière. À Tehuacan, au Mexique, cœur de l'industrie du denim mexicain, des produits chimiques servant à la confection des jeans sont déversés dans un ruisseau irriguant des champs de maïs. Employés et voisins se plaignent des odeurs et de maux de gorge.

© Jennifer Szymaszek/X02198/Reuters/Corbis

La délocalisation et les ateliers de misère

La mondialisation permet d'offrir à des millions d'individus un travail rémunéré. Gérée avec sagesse, l'économie de marché mondiale a démontré sa grande capacité productive. «Elle peut être la source d'un progrès matériel sans précédent, créer des emplois plus productifs et de meilleure qualité pour tous, et contribuer grandement à réduire la pauvreté dans le monde» (BIT, 2004). Bien qu'elle soit présentée par certains comme le moyen d'atténuer les inégalités entre le Nord et le Sud, elle comporte son lot de problèmes. Selon ses détracteurs, elle profiterait à une minorité et causerait préjudice à un trop grand nombre.

Prenons l'exemple de la délocalisation des activités de production des grandes entreprises (Hurteau, 2009). Il n'y a pas si longtemps, à Montréal, l'industrie manufacturière était florissante. En Beauce, on fabriquait et exportait des quantités considérables de jeans. Aujourd'hui, ces manufactures sont pour la plupart fermées, car les multinationales ont transféré leurs unités de production dans le tiers-monde pour profiter d'une main-d'œuvre bon marché et réduire leurs coûts. Pour stimuler leur économie et créer des emplois, certains pays du Sud cherchent à attirer ces entreprises. Alors que plusieurs y voient un avantage (on ne peut nier le fait qu'il s'agit là d'une source de revenus appréciable), de plus en plus de voix s'élèvent pour dénoncer l'exploitation de la main-d'œuvre locale, contrainte de travailler dans ce que l'on appelle les «ateliers de misère».

La plupart de nos biens de consommation courante (vêtements, chaussures, appareils électroniques, jouets, etc.) sont aujourd'hui fabriqués dans le tiers-monde par des personnes qui, pour joindre les deux bouts, doivent travailler de très longues heures chaque jour, dans des conditions mettant souvent leur santé en danger. Dans une vaste enquête qui a fait école, Naomi Klein, une journaliste canadienne et militante altermondialiste, a visité des manufactures où peu de Nord-Américains accepteraient de travailler. À Cavite, aux Philippines, des «employeurs gardent les toilettes cadenassées, sauf durant deux pauses de 15 minutes, au cours desquelles tous les travailleurs doivent pointer afin que l'administration puisse tenir compte de leur temps d'improductivité. Les couturières d'une usine de vêtements Gap, Guess et Old Navy m'ont dit qu'elles devaient parfois uriner dans des sacs de plastique, sous leurs machines» (Klein, 2001, p. 326-327). Et là, on ne parle pas de leurs conditions de vie à l'extérieur de l'usine.

> Le dernier soir que j'ai passé à Cavite, j'ai rencontré, dans le dortoir des travailleurs, un groupe de six adolescentes qui partageaient une chambre de deux mètres sur trois : quatre dormaient sur les lits superposés improvisés (à raison de deux par lit), les deux autres sur des matelas posés au sol. (Klein, 2001, p. 338)

L'Accord de libre-échange nord-américain (ALENA) illustre bien les effets de la mondialisation de l'économie. Au Mexique, la différence entre la ville et la campagne (plus autochtone et moins modernisée) est plus frappante que jamais. Alors que certains citadins s'enrichissent, les ruraux voient souvent leurs conditions de vie se détériorer (Gravel, 2004). Dans le Yucatan, où se trouve la station balnéaire de Cancún et la Riviera Maya, des milliers de paysans travaillent désormais dans l'industrie touristique (Dufresne, 1999), mais aussi dans des usines d'assemblage transnationales dont les produits sont destinés à l'exportation : les *maquiladoras* (Labrecque, 2005).

En 1995, au Yucatan, les premières manufactures à s'installer à la campagne ont été accueillies positivement par les populations mayas, car elles constituaient une solution de rechange à l'agriculture traditionnelle en péril. Si «les touristes délaissaient un moment leurs activités ludiques pour se promener dans les nombreuses petites localités du nord de l'État sises à proximité des sites ou des plages, ils pourraient y observer une autre réalité. À l'aube, une armée de bicyclettes, de triporteurs, de taxis collectifs et de minibus convergent vers des bâtiments [...] souvent protégés par de lourdes clôtures de métal et par une guérite avec des surveillants» (Labrecque, 2002, p. 100). Alors que les premières générations de *maquiladoras* avaient été associées à l'esclavagisme, les générations plus récentes offrent des conditions de travail et une rémunération plus décentes. Comme le souligne Marie-France Labrecque,

il faut cependant demeurer prudent. Certaines usines visitées rappellent que tout n'est pas gagné et que les retombés positives de la mondialisation demeurent parfois ténues.

La promesse de prospérité ne s'est pas encore concrétisée pour tous. Dans les faits, l'écart entre le Nord et le Sud continuerait même de s'accroître. Dans la majorité des pays du Sud, les parents travaillent fort pour assurer la survie de leur famille. Ils occupent un emploi, mais parviennent difficilement à vivre dignement. Au Bangladesh, pour gagner un dollar américain, les jeunes aidant leurs parents dans les ateliers de recyclage de piles doivent travailler de 4 à 12 jours. Toutefois, que la mondialisation soit bénéfique ou néfaste pour les peuples du monde, il se constitue néanmoins une communauté économique mondiale. On devra donc, au cours des prochaines décennies, apprendre à composer avec les problèmes et les défis découlant de la mondialisation (*voir le chapitre 11*) :

> Pour que le client de Wal-Mart soit comblé, le travailleur doit souffrir... Pour que les prix de Wal-Mart et de ses sous-traitants soient toujours les plus bas, il faut aussi que les conditions sociales se dégradent alentour. Et mieux vaut par conséquent que les syndicats n'existent pas. Ou que les produits viennent de Chine. (Halimi, 2006, p. 17)

Perspective anthropologique

Les oubliés de la mondialisation

par Louis Roy

Rachel Milanese a 14 ans. Elle vit dans l'un des bidonvilles de Manille. Contrairement à sa meilleure amie, Rachel ne fréquente plus l'école. Depuis l'âge de 9 ans, elle travaille chez elle, avec ses parents, à la confection de pièces pyrotechniques qui font la joie des amateurs de feux d'artifice. Il faut besogner fort afin de reconstruire la très modeste résidence familiale, récemment incendiée. Travailler avec des explosifs et des produits chimiques, c'est dangereux... Rachel aimerait devenir une actrice comme les jeunes femmes qu'elle voit chanter à la télé, les soirs où elle s'adonne, en ville, au karaoké. «Quand je vois de beaux vêtements, j'imagine que c'est moi qui les porte. Je me promène avec ces beaux vêtements partout dans le monde. Je me sens comme la vedette d'un film. Je ne suis pas jalouse ou envieuse, mais je me demande : pourquoi est-ce qu'ils peuvent s'acheter ces beaux vêtements, et moi pas ?» Qu'est-ce que l'avenir lui réserve ? Le même destin que celui de ses parents, avoue-t-elle, résignée. «Je ne serai pas capable d'aller ailleurs, d'y construire une maison. C'est ici que j'ai grandi, c'est ici que je vais me marier et que je vais avoir un enfant et l'élever» (Cornellier *et al.*, 2001).

Pourquoi désespérer, alors que des milliers de jeunes Philippines parviennent à dénicher un emploi dans l'une des grandes multinationales établies dans le pays ? Confectionner des vêtements pour les Occidentaux n'offre-t-il pas une occasion rêvée de récolter les fruits de la mondialisation ? Rien n'est moins certain, si l'on se fie aux

Au Bangladesh, comme aux Philippines, des milliers de familles vivent dans des conditions misérables. Veuve, Marjina doit travailler dans une usine de recyclage de piles. Aidée de ses cinq enfants, elle tente de joindre les deux bouts. Les fines particules de carbone qui s'échappent des piles lors de leur démantèlement polluent l'air et rendent les travailleurs malades.

© Shelzad Noorani/Still Pictures/Peter Arnold inc.

témoignages recueillis par Naomi Klein : « Les recruteurs nous ont promis un revenu plus élevé, mais pour ma part, en plus de ne pouvoir envoyer de l'argent à mes parents, je ne peux même pas subvenir à mes propres dépenses » (Klein, 2001, p. 341). Obligées de faire des heures supplémentaires, les jeunes travailleuses ne gagnent pas toujours le salaire minimum, fixé à six dollars par jour. Le maire de Rosario, une ville où l'on trouve de telles usines, aimerait fournir de l'eau potable à ses habitants, mais l'argent manque : les firmes menacent de fuir en Chine quand on leur demande de régler les taxes ou d'augmenter les salaires (Des Deserts, 2001). Dans ce pays, où s'approvisionne principalement Wal-Mart (Halimi, 2006), les contraintes seraient moins fortes.

Avec de la « chance », Rachel pourrait réaliser le rêve de sa sœur Lanie et travailler à l'étranger, où elle pourrait devenir aide familiale, donc une professionnelle qui exécute des fonctions multiples dans une résidence privée. Pour assurer la bonne marche du foyer de ses employeurs, elle pourrait assumer la garde des enfants, d'une personne âgée ou handicapée ou encore prodiguer des soins à un adulte malade ou en perte d'autonomie. Au Québec, 80 % des 20 000 à 40 000 aides familiales seraient originaires de l'étranger (Groupe de travail *ad hoc*, 2010). Ces aides familiales migrantes viennent d'Asie, d'Amérique latine et d'Afrique. La majorité aurait de 25 à 44 ans et serait originaire des Philippines (Champagne, 2009). Recrutée dans le cadre du programme d'embauche des aides familiales, Rachel pourrait travailler au Canada et devenir travailleuse domestique, comme des milliers de ses compatriotes. Logée et nourrie par ses employeurs, elle pourrait gagner sa vie, voire faire assez d'argent pour aider ses parents demeurés à Manille. Détentrice d'un permis de travail temporaire, elle devra toutefois habiter deux ans chez son employeur avant de pouvoir demander un statut de résidente. Si la plupart de ces femmes immigrantes sont bien traitées, certaines sont exploitées. Selon l'Association des aides familiales du Québec (l'AAFQ), des milliers d'entre elles travailleraient dans des conditions qui ne seraient pas conformes aux droits de la personne ni aux normes du travail. Un nombre croissant de travailleuses en maison privée seraient même victimes d'un trafic et réduites à une certaine forme d'esclavage (AAFQ, 2005). Vulnérables et isolées, elles craignent de dénoncer leur employeur. À cet égard, elles vivent des problèmes apparentés à ceux rencontrés par les travailleurs saisonniers latino-américains (*voir le chapitre 4*).

La délocalisation des emplois d'usine offre des possibilités aux citoyens du Sud qui sont victimes de l'exode rural ou de la pauvreté urbaine. Favorisée par une augmentation de la demande de main-d'œuvre spécialisée, l'immigration devient une solution pour un nombre croissant de réfugiés économiques. Comme beaucoup ici refusent désormais de s'astreindre à certains métiers, on n'a d'autre choix que de recruter à l'étranger des travailleurs agricoles (Simard, 1997 ; TUAC, 2011) et des aides domestiques (De Groot et Ouellet, 2001).

Lorsqu'on regarde le quotidien de ces « laissés-pour-compte de la mondialisation », il est difficile de prétendre que celle-ci contribue au mieux-être de la majorité d'entre eux. La culture occidentale à laquelle certains adhèrent sans la critiquer oriente les comportements. Individualiste et matérialiste, on veut payer le moins cher possible les biens achetés. Ça tombe bien. Des millions de citoyens des pays du Sud sont prêts à tout pour exercer un emploi, aussi peu rémunéré soit-il. Afin de se procurer tout ce dont on a besoin, on doit travailler de longues heures. Il peut alors devenir avantageux d'engager une aide familiale pour faire le ménage, s'occuper des aînés et veiller sur les enfants à leur retour de l'école ou de la garderie.

La mondialisation représente un potentiel certain. Son fonctionnement actuel engendre toutefois des iniquités. «Pour la vaste majorité des femmes et des hommes, la mondialisation n'a pas répondu à leurs aspirations, simples et légitimes, à un travail décent et à un avenir meilleur pour leurs enfants» (BIT, 2004). Ceux et celles qui travaillent pour les pays riches doivent-ils les remercier de leur procurer un revenu? Agit-on par altruisme ou ne cautionne-t-on pas plutôt l'exploitation orchestrée par les multinationales? Les immigrants récents sont-ils plus choyés que ceux arrivés au Québec au cours du XXᵉ siècle? Le récit de vie des Québécois originaires des pays du Sud fait réfléchir. Abuser de leur force de travail parce que «c'est quand même mieux ici que dans leur pays» ou ne pas reconnaître leurs diplômes lorsqu'ils recherchent un emploi correspondant à leurs compétences est une injustice qui nuit à leur intégration (*voir le chapitre 10*).

Le travail des enfants

Il importe de faire une distinction entre le travail accompli par les enfants sur la ferme de leurs parents et celui dangereux et avilissant de ceux qui travaillent, directement ou indirectement, pour des entreprises approvisionnant le marché mondial. À l'insu d'une majorité de gens, les pays industrialisés importent pour des milliards de dollars de produits que des enfants ont contribué à fabriquer. Selon un rapport publié en 2009, il s'agirait de quelque 122 produits tels que le coton, le café, le cacao, les vêtements, les tapis, l'or et le charbon. Des pays comme l'Inde, la Chine, les Philippines, le Brésil ou le Mexique se distingueraient par le nombre particulièrement élevé de produits issus du travail des enfants (USA, 2009). En Chine, par exemple, «des millions de mineurs font de longues journées de travail, dans des conditions dangereuses et voisines de l'esclavage, pour un salaire de misère. Nombre d'entre eux viennent de la campagne et sont victimes de la conversion au capitalisme» (MacLeod, 2000). Dans la ville de Shenzhen, des centaines de jeunes âgés de 14 ou 15 ans passent leurs journées à fabriquer des jouets qui seront vendus avec les repas dans les restaurants de la chaîne McDonald's. Au Bangladesh, les conditions de travail des deux millions d'enfants employés dans le textile sont déplorables:

> Produire au moindre coût pour les firmes occidentales, dans la crainte qu'elles quittent le Bangladesh et se délocalisent dans un pays plus «compétitif», est l'obsession des industriels locaux. Les jeunes filles fuyant la misère des campagnes, ignorantes de leurs droits, représentent 85 % des salariés. Elles travaillent douze heures par jour, parfois plus, souvent sept jours sur sept, pour 13 à 30 euros [20 $ à 46 $] par mois. Enfermées à clé, fouillées au corps à la sortie, ces salariées n'ont pas le droit de parler entre elles.
> (Gouverneur, 2005, p. 6)

Même si nous ne sommes pas directement responsables du travail des enfants, certains de nos choix économiques influencent la vie de ces jeunes ainsi que celle de leur famille. Le café que l'on boit est souvent récolté par des paysans contraints de faire travailler avec eux leurs très jeunes enfants. Même chose pour le chocolat que l'on mange, qui est produit à partir de cacao dont les cabosses peuvent avoir été cueillies par des enfants. Dans ce secteur d'activité, l'Organisation internationale du travail (OIT) a en effet constaté qu'un grand nombre de jeunes avaient été envoyés chez des cultivateurs par leurs parents dans l'espoir qu'ils leur envoient de l'argent. «Or, une fois retirés de leur famille, les enfants étaient contraints de travailler dans des conditions d'esclavage et ils étaient régulièrement battus. À peine plus du tiers des enfants qui travaillaient dans des plantations de cacao allaient à l'école, et le tiers des travailleurs d'âge scolaire n'avaient jamais fréquenté l'école» (OIT, 2008).

Les décideurs soucieux de mettre fin au travail des enfants doivent s'attaquer à la pauvreté, principale cause du problème. Même s'ils ont permis des avancées appréciables, la Convention internationale des droits de l'enfant, adoptée par l'Organisation des Nations Unies en 1989 (UNICEF, 2009) et le Programme international pour l'abolition du travail des enfants, voté en 1992 (BIT, 2010) ne peuvent résoudre tous les problèmes. Lorsqu'elles retirent un enfant de son lieu de travail, les organisations non gouvernementales (ONG) qui œuvrent sur le terrain privent parfois la famille de cet enfant de sa principale source de revenus. Avant d'interdire complètement le travail des enfants, des programmes devront être mis en place afin d'aider leurs familles à survivre (Manier, 2010). Dans le cas contraire, qu'adviendra-t-il de l'enfant dont le salaire permettait à ses parents de joindre les deux bouts? Ces derniers l'enverront-ils mendier dans la rue?

En 2001, les plus grands acteurs de l'industrie du chocolat se sont engagés à combattre le travail des enfants. Dix ans plus tard, malgré un certain progrès, force est de constater que peu de choses ont changé. En Côte d'Ivoire et au Ghana, par exemple, 1,8 million d'enfants de moins de 15 ans travaillent dans les plantations.

© Jessica Dimmock/VII Network/Corbis

Et qu'adviendra-t-il de la famille qui tirait ses seuls revenus du travail de cet enfant ayant la «chance» d'être employé dans une usine de tapis?

Preuve que les choses peuvent changer, dans l'industrie du chocolat, le géant Cadbury s'est taillé une réputation enviable en annonçant que l'une de ses plus populaires tablettes (la Dairy Milk) serait désormais certifiée *Fairtrade* (donc équitable) dans quelques pays tels que l'Angleterre, l'Australie et le Canada. En vertu de cette certification, les producteurs de cacao sont assurés d'un prix minimum garanti, et ce, même si le prix mondial du marché fluctue (Morin, 2009). Ils reçoivent aussi une prime, qu'ils doivent investir dans des projets socioéconomiques et environnementaux destinés à leurs communautés.

En procurant une meilleure rémunération aux parents contraints de faire travailler leurs enfants plutôt que de les envoyer à l'école, le commerce équitable contribue à réduire l'ampleur du phénomène (*voir le chapitre 12*).

Perspective anthropologique

Le travail des enfants dans le monde

par Louis Roy

Le travail des enfants constitue un problème préoccupant. Même si le phénomène existe dans les pays industrialisés où un nombre important de jeunes travaillent pour aider leurs parents à boucler leur budget (Manier, 2011), c'est dans le tiers-monde que la situation se révèle la plus inquiétante. On estime qu'aujourd'hui 215 millions d'enfants âgés de 5 à 17 ans y seraient astreints au travail (BIT, 2010) et que, de ce nombre, 115 millions effectueraient des travaux dangereux pour leur sécurité ou leur santé (BIT, 2011). Les trois plus importants secteurs d'activité qui embauchent des enfants sont l'agriculture (60 %), l'industrie (7 %) et les services (26 %), où les filles sont plus nombreuses (BIT, 2010, p. 11). La plupart de ces enfants habitent chez leurs parents.

Parce qu'ils constituent une main-d'œuvre docile, ils sont parfois exploités et travaillent dans des conditions dangereuses (Les Droits de l'enfant, 2011). Aux États-Unis, près de 800 000 enfants, dont certains très jeunes (de 7 à 12 ans), travaillent en agriculture, dont 85 % appartiendraient à des minorités visibles. Embauchés au milieu d'adultes et parfois en famille, dans le cas des ouvriers latino-américains, ils reçoivent des salaires très bas pour des journées de travail allant jusqu'à 12 heures (Manier, 2011). Les accidents de travail sont fréquents. «Une enquête réalisée en 2000 sur les enfants mexico-américains occupés dans les exploitations agricoles de l'État de New York a montré que près de la moitié avaient travaillé dans des champs encore humides de pesticides et que plus d'un tiers avaient été touchés par des pulvérisations» (Les droits de l'enfant, 2011). Parfois payés un ou deux dollars l'heure, ils bénéficient rarement d'une protection sociale, et ne sont très souvent pas scolarisés.

❯

Les deux tiers des enfants qui travaillent dans le monde sont des travailleurs familiaux non rémunérés, venant en aide à leurs parents. Une vaste majorité ne peut fréquenter l'école de manière assidue. Quand ils travaillent à l'extérieur, pour des étrangers, leurs conditions de travail laissent souvent à désirer. «Dans les grandes entreprises, la réglementation sur l'âge et la durée du travail est, en général, respectée. Ce n'est pas le cas des petites entreprises ou des petits ateliers non déclarés qui utilisent abusivement cette main-d'œuvre très économique. On trouve des enfants qui fondent des tôles d'acier, tissent des tapis ou fabriquent des allumettes. Souvent, les locaux ne sont pas aérés ni éclairés : on les appelle les ateliers à sueur» (Les droits de l'enfant, 2011). Les risques pour la santé de ces enfants sont importants. L'utilisation de produits chimiques dans le cas des industries de la chaussure, du textile et de l'agriculture les intoxique.

LES ENFANTS DE LA RUE

D'autres jeunes, que l'on appelle «enfants de la rue», vendent aux passants différents produits (artisanat, nourriture, etc.) et services (cirer les chaussures, surveiller et laver les voitures, etc.). Ces jeunes, dont la plupart sont des garçons bien que le nombre de filles tend à augmenter, sont âgés de 3 à 18 ans. Ils seraient 130 millions (Les droits de l'enfant, 2011). «Environ 40 % de ces enfants sont des sans-abri. Ils doivent assurer leur propre subsistance et, parfois, celle de leur famille, également sans-abri. Les autres, soit environ 60 %, travaillent dans la rue pour soutenir leur famille, mais ils ont une maison où ils peuvent retourner» (ACDI, 2008). Ces enfants sont souvent victimes de violence et d'abus. Pour oublier leurs conditions, ils sont nombreux à consommer des substances psychotropes, comme l'alcool, la drogue, la colle à chaussure ou du solvant (ACDI, 2008). Surtout présents dans les pays du Sud et tout particulièrement en Amérique latine, ils peuvent aussi être observés en Europe comme en Amérique du Nord. Comme mentionné au chapitre 1, dans une ville comme Montréal, le phénomène des jeunes de la rue existe et il est lui aussi lié à des conditions de pauvreté. Ici comme ailleurs, ces jeunes ont besoin d'aide pour quitter le monde de la rue et reprendre le contrôle sur leur avenir. Ils ont besoin «d'un meilleur accès aux services de santé et de sécurité – soins médicaux, aide juridique et nourriture – ainsi que de la formation pour qu'ils découvrent des moyens plus sûrs et plus profitables de gagner de l'argent» (ACDI, 2008).

LA TRAITE DES ENFANTS ET LE TOURISME SEXUEL

Dans le monde, 8,4 millions d'enfants seraient assujettis à des activités telles que l'esclavage, la traite, la servitude pour dettes et la prostitution (Les droits de l'enfant, 2011). Chaque année on estime à 1,2 million le nombre d'enfants victimes de traite. «Parfois, la famille sollicite l'aide de quelqu'un dont elle sait qu'il peut

Cette jeune Indienne illustre le recours au travail des enfants dans de nombreux pays du tiers-monde. À Sivakasi, en Inde, 45 000 enfants travaillent dans des « ateliers de misère » où l'on fabrique des pièces pyrotechniques pour les feux d'artifice. Recueillies dans leur village vers 3 h du matin, par des autobus nolisés par leur employeur, les ouvrières retournent chez elles vers 18 h.

© Sophie Elbaz/Sygma/Corbis

procurer du travail aux enfants, ou bien la famille est approchée par une telle personne qui sait qu'elle se trouve dans une situation difficile» (OIT, 2009, p. 28). Les enfants qui ont été l'objet de la traite sont exploités dans plusieurs secteurs : en agriculture, dans des plantations, dans l'industrie minière ou manufacturière, dans des bars ou dans la rue. Beaucoup de jeunes filles victimes de la traite deviennent domestiques (OIT, 2009). Au Canada, de 600 à 800 femmes et enfants seraient victimes de la traite chaque année, et jusqu'à 2000 autres prendraient la direction des États-Unis (ECPAT, 2009). Au nombre des victimes, on retrouverait de jeunes femmes immigrantes participant au Programme des aides familiales résidentes (Amnistie Internationale, 2006).

À l'échelle de la planète, 79 % des enfants victimes de traite seraient destinées au commerce du sexe. Aujourd'hui, cette industrie aurait à son service près d'un million de jeunes (ECPAT, 2009). «Le trafic d'enfants à des fins sexuelles implique leur exploitation à travers la prostitution, la pornographie, le tourisme sexuel et les mariages forcés» (ECPAT, 2006, p. 5). La pauvreté, l'inégalité entre les sexes et le manque d'éducation contribuent à ce trafic. Les conflits armés et la demande pour des rapports sexuels avec des enfants contribuent à ce problème (ECPAT, 2006). Même si, pour la plupart, ce sont des femmes et de jeunes filles qui sont victimes de la traite à des fins d'exploitation sexuelle, les garçons n'y échappent pas (OIT, 2009).

Jadis confiné à l'Asie du Sud-Est, le tourisme sexuel se pratique aujourd'hui dans plusieurs régions. Près de chez nous, on le retrouve notamment dans les Caraïbes. Dans le cadre de ce malheureux type de tourisme, des individus essentiellement originaires des pays industrialisés profitent de leur séjour dans le Sud pour avoir des rapports sexuels avec des mineurs (ECPAT, 2006). Parmi les 842 millions de touristes dénombrés à l'échelle mondiale en 2007, 10 % seraient des touristes sexuels (Meunier, 2011). Principalement des hommes, ces voyageurs tentent de justifier leurs actions en prétendant que les rapports sexuels avec un enfant sont acceptables dans certaines cultures et que l'argent qu'il obtient lui profite. L'essor de cette forme de tourisme serait stimulé par la paupérisation croissante des pays où il se pratique, mais aussi par la démocratisation du tourisme et l'hypersexualisation des jeunes (Michel, 2006).

Même s'il est difficile d'évaluer avec exactitude l'ampleur du phénomène, un récent rapport américain affirme que des femmes et des enfants originaires d'Asie et d'Europe de l'Est sont exploités à des fins sexuelles, ici même au Canada (ECPAT, 2009). Fait troublant, dans l'ouest comme dans l'est du pays, un nombre élevé de jeunes femmes autochtones sont victimes d'exploitation sexuelle (Choquette, 2009). Certaines d'entre elles auraient de 7 à 12 ans (Cherry, 2008).

Sans le savoir, de nombreux Québécois fréquentent des «destinations soleil» où se pratique le tourisme sexuel, que ce soit au Mexique, à Cuba ou en République dominicaine. Selon une récente enquête, des milliers de Québécois fréquenteraient chaque année des prostituées de Boca Chica, en République dominicaine où, pour des sommes dérisoires, des garçons et des filles, souvent mineurs, vendent leur corps aux touristes (Meunier, 2011a).

Fort heureusement, à la suite de la déclaration de l'Organisation mondiale du tourisme (OMT) sur la prévention du tourisme sexuel, adoptée en 1995, la lutte contre cette pratique s'organise. Le travail d'ECPAT international, un réseau d'organisations et d'individus travaillant de concert afin d'éliminer la prostitution enfantine, la pornographie juvénile et le trafic d'enfants à des fins sexuelles, est tout particulièrement à souligner. Comme le disent les autorités dominicaines : à la base, il faut éduquer et sensibiliser les gens au problème – les Dominicains, mais aussi les touristes. «Il faut briser le mythe selon lequel ces hommes aident ces jeunes filles. La plupart du temps, l'argent va aboutir dans les poches d'un intermédiaire» (Meunier, 2011b).

Les agrocarburants

Examinons maintenant l'incidence de la mondialisation sur la production des agrocarburants (aussi appelés «biocarburants») utilisés dans les industries du camionnage et des transports. Au Québec et en Amérique du Nord, on produit aujourd'hui de l'éthanol à partir du maïs, une céréale jadis uniquement destinée à l'alimentation humaine et animale. Le quart de toutes les cultures de maïs et autres céréales cultivées aux États-Unis est maintenant transformé en carburant pour les voitures. Pour remplir un réservoir de 50 litres avec de l'agrocarburant, il faut environ 225 kilogrammes de maïs. Or, 225 kilogrammes de maïs permettent de nourrir une personne pendant un an. En 2009, les céréales cultivées pour produire du combustible aux États-Unis auraient pu alimenter 330 millions de personnes pendant un an, à un niveau moyen mondial de consommation (Chitour, 2010). Associé aux désirs

© Christopher Tillitz/Alamy

Il y a au Brésil des coupeurs de canne à sucre de tous âges. Les horaires sont exigeants : cinq jours de travail pour un jour de repos. La paye est modeste : moins de 1,50 $ par tonne pour un revenu excédant rarement 10 $ par jour. Certains travailleurs atteignent des records de 20 à 25 tonnes quotidiennes. Un tel rythme de travail est difficilement supportable pour l'organisme humain, puisqu'il équivaut à courir un marathon par jour.

des Américains de diminuer leur dépendance à l'égard du pétrole importé, la mise au point de ces carburants produits à partir de matière végétale pourrait présenter dans certains pays du Sud de véritables occasions de croissance économique. Selon la FAO, cette nouvelle source de demande pourrait constituer une incitation à tirer profit de la croissance agricole pour assurer le développement rural. Les adeptes des agrocarburants soutiennent qu'ils créeront richesses et emplois et qu'ils feront reculer la pauvreté.

Des mises en garde s'imposent toutefois. En raison de son impact sur le prix de certaines denrées (dont la tortilla de maïs au Mexique et l'huile de palme en Indonésie), cette industrie risque d'avoir des incidences négatives sur la sécurité alimentaire des populations démunies (*voir le chapitre 12*). Pour Jean Ziegler, rapporteur spécial des Nations Unies, «la ruée soudaine et mal inspirée vers la conversion de nourriture comme le maïs, le blé, le sucre et l'huile de palme en biocarburants est une recette pour le désastre». Il qualifie cette pratique de «crime contre l'humanité» et plaide pour un moratoire de l'ONU (BBC, 2007). Le rapport *Afrique : terre(s) de toutes les convoitises* tend à lui donner raison (Les Amis de la Terre Europe, 2010). On y décrit comment les populations locales sont dépossédées de leurs terres et le peu de moyens dont elles disposent pour faire valoir leurs droits. Dans les 11 pays étudiés, des zones de forêts et de végétation naturelle sont défrichées et les agrocarburants entrent en concurrence avec les cultures vivrières (donc destinées à l'alimentation) pour les terres cultivables.

Prenons l'exemple du Brésil, qui, pour stimuler son économie et profiter de la mondialisation des marchés, a investi dans cette industrie florissante. De vastes plantations de canne à sucre et d'immenses usines de transformation y ont vu le jour, faisant du Brésil le leader mondial en la matière. Bonne pour l'économie générale de ce pays, cette industrie cause

cependant un certain nombre de problèmes aux petits paysans et aux ouvriers agricoles. Les coûts sociaux et environnementaux de cet «or vert» seraient importants (OXFAM, 2008). Au Brésil, comme dans plusieurs pays d'Amérique Latine, l'expansion soudaine des plantations de biocarburants par des monocultures intensives nécessitant de grandes quantités de terres, de produits chimiques et d'eau pousserait les autres types d'agricultures vers les forêts et les savanes, aggravant ainsi la déforestation et la destruction de la biodiversité (Magdelaine, 2008). Généralement originaires des régions les plus déshéritées du Brésil, les coupeurs de canne à sucre alimentent les usines pour un maigre revenu, au risque de nuire à leur santé. «Affections musculaires, problèmes d'articulations, douleurs dans le dos et les reins sont le lot de la plupart des coupeurs de canne, qui, bien souvent, souffriront de séquelles à long terme» (Revelli, 2008). Malgré tout, le Brésil échappe à la polémique entourant l'impact des biocarburants sur le prix des denrées alimentaires, car il produit surtout de l'éthanol à base de canne à sucre et non de maïs ou d'huile de palme. D'ailleurs, l'intérêt grandissant pour les agrocarburants de seconde génération (issus de résidus végétaux plutôt que de plantes) pourrait changer la donne et permettre à ces carburants de ne plus monopoliser de bonnes terres agricoles pour alimenter nos voitures.

Les allégations de prospérité annoncée par les défenseurs des agrocarburants négligent le revers de la médaille et soulèvent bien des questions. Les incitations à produire de tels carburants visent-elles l'intérêt des pays du Sud, ou plutôt celui des pays industrialisés ? Les agrocarburants contribueront-ils à la croissance économique au niveau local ? Pour Adrian Bebb, des Amis de la Terre, il n'en est rien : «Les firmes européennes sont en train de faire main basse sur des terres partout en Afrique, menaçant la subsistance des populations locales et leur environnement, dans le seul but de satisfaire l'appétit insatiable de l'Europe pour les agrocarburants. Quand l'Europe cessera-t-elle sa politique en faveur des agrocarburants, pour enfin investir dans une agriculture respectueuse des peuples et de l'environnement et s'attaquer sérieusement au gaspillage énergétique causé par nos transports ?» (Les Amis de la Terre, 2010)

Comme on vient de le voir, l'avènement de la mondialisation amène les pays à former un vaste ensemble interdépendant en matière de commerce. La mondialisation a pour conséquence la redéfinition des besoins auxquels il faut chercher à répondre par la production de biens, de denrées et de services, mais aussi des modes de circulation et de consommation de ces produits, ici comme ailleurs dans le monde. Assez rapidement, les besoins des uns peuvent être assouvis par le travail des autres qui vivent au loin.

Si le Brésil produit autant d'éthanol, c'est pour répondre à la demande de l'Inde et du Japon. Si les Européens et les Asiatiques convoitent les terres de l'Afrique ou ses bancs de poissons, c'est qu'ils ne peuvent, sur leur continent respectif, trouver les ressources dont ils ont besoin pour assouvir «l'appétit» de leurs consommateurs. «Appétit» souvent créé de toutes pièces et attisé par des intérêts économiques qui n'ont pas le bien-être du consommateur pour objectif premier, mais bien les profits.

Faits de société

La surexploitation des ressources halieutiques

par Louis Roy

Dans leur course effrénée au développement économique, les pays industrialisés ont hypothéqué les ressources naturelles dont les humains se sont toujours servis pour satisfaire leurs besoins. Comme nous sommes aujourd'hui à même de le constater, une trop grande demande de la part des consommateurs et une gestion discutable des ressources, minières, forestières ou fauniques, engendrent de sérieux problèmes environnementaux et socioéconomiques. Prenons l'exemple des ressources halieutiques frappées par une crise mondiale qui menace le système économique et l'avenir des peuples vivant de la pêche.

UNE CRISE D'ENVERGURE MONDIALE

Partout sur la planète, la pêche façonne la vie sociale et économique de nombreuses populations. En 2007, les humains tiraient du poisson 16 % de l'ensemble de leurs apports en protéines d'origine animale (FAO, 2010). Même si 41 % de la flotte mondiale demeure composée de bateaux non motorisés, la pêche ne se pratique plus comme avant. Un peu partout, les grands chalutiers font compétition aux petits pêcheurs traditionnels. De nos jours, les navires parcourent de longues distances à grande vitesse. Ils pêchent aussi à grande profondeur.

> Les fonds marins sont dévastés par de puissants vaisseaux qui tractent des filets lestés de métal pour tenter de capturer le plus de vie benthique possible. […] Le sonar, les suivis aériens et les plates-formes satellitaires sont utilisés pour localiser les bancs de poissons et les suivre avec plus de précision. L'appareillage de navigation, tel que le GPS et le radar, permettent aux navires de rechercher en permanence le meilleur lieu de pêche. (PNUE, 2004, p. 2)

Plusieurs facteurs, dont des méthodes irresponsables, la dégradation des habitats naturels et la pollution, ont une incidence négative sur la vie des gens qui dépendent de la pêche pour leur survie. De nombreuses espèces sont en train de disparaître. «La proportion de stocks de poissons de mer sous-exploités ou exploités modérément est passée de 40 % au milieu des années 70 à 15 % en 2008; inversement, la proportion de stocks surexploités, épuisés ou en phase de reconstitution a augmenté, passant de 10 % en 1974 à 32 % en 2008» (FAO, 2010). Globalement, une espèce sur trois est menacée d'extinction et la moitié parvient tout juste à se renouveler. Le déclin de la pêche de capture est aujourd'hui compensé par l'accroissement de l'aquaculture. Cependant, lorsque mal pratiquée, cette dernière peut elle aussi engendrer de sérieux problèmes environnementaux et sociaux.

> Dans les pays en développement, les fermes piscicoles appartiennent souvent à des compagnies étrangères, qui déplacent les petites exploitations de pêche pour les remplacer par des productions à forte valeur ajoutée destinées à l'exportation vers les pays les plus développés. La production de crevettes est tout particulièrement réputée pour avoir causé des problèmes dans des pays comme la Thaïlande, l'Inde, la Malaisie et l'Équateur, où les exploitations ont dévasté des mangroves, causé des assèchements, endommagé des cultures par l'introduction d'eau salée dans des étangs et aquifères, et ont également conduit à la pollution des rivières. (PNUE, 2004)

LA SURPÊCHE AU QUÉBEC ET AU CANADA

Cette crise met également en lumière les conséquences de l'épuisement des ressources pour ceux qui en dépendent, au nord comme au sud. Auparavant, les Grands Bancs situés au large de Terre-Neuve et les plate-formes continentales à l'est de Terre-Neuve-et-Labrador comptaient parmi les lieux de pêche les plus riches du monde, la morue étant l'espèce la plus importante sur le plan commercial. Or, au cours des 30 années qui ont suivi la Seconde Guerre mondiale, la population de morues a décliné de 99 % (Villagaria *et al.*, 1999). En 1992, le gouvernement canadien a imposé un moratoire sur la pêche à la morue du Nord, suivi, en 1995, de l'interdiction de la pêche commerciale pour une durée indéterminée (Sinclair *et al.*, 1999). En Gaspésie, où la pêche à la morue était largement pratiquée, la crise affecte aussi différents secteurs de l'économie régionale. Les usines de transformation du poisson ont fermé leurs portes, les entrepreneurs ont vendu leurs bateaux et les pêcheurs se sont retrouvés sans emploi et contraints de s'en remettre au soutien de l'État pour survivre. Des Terre-Neuviens, surtout de jeunes gens, ont quitté la région pour aller trouver du travail ailleurs.

Robert Spence pêche à Terre-Neuve depuis l'âge de 14 ans. Il a connu le temps de l'abondance où il était possible de pêcher 11 mois durant. Il a ensuite vécu la surpêche et le déclin des stocks. « Dans mon temps, quand j'ai commencé, on pêchait autant qu'on voulait. Mais ce n'était pas beaucoup. Nous n'avions pas l'équipement, juste des trappes, pas de grands filets, juste des lignes avec appâts. Il y avait beaucoup de pêcheurs. Tout le monde gagnait sa vie. C'était une bonne vie, mais il y avait beaucoup de poissons » (Lapointe et Mariot, 2003). Même si elles connaissaient ces problèmes, les autorités responsables de la gestion et de la conservation des pêches se sont limitées à des interventions ponctuelles et controversées (Newell et Ommer, 1999).

LA SURPÊCHE DANS LES PAYS DU SUD

Au Québec et dans les Maritimes, le moratoire sur la pêche à la morue a aussi engendré de profondes per-turbations sociales. Toutefois, les effets de la surpêche affectent davantage les 450 millions de personnes qui vivent de la pêche dans le tiers-monde. Au Sénégal, en Afrique de l'Ouest, presque deux millions de personnes dépendent de la pêche pour survivre. On parle ici de 600 000 emplois directs et indirects, aux 2/3 occupés par des femmes. Or, le travail des 60 000 artisans qui pêchent plus de 70 % du poisson destiné à la consommation locale est entravé par les grands chalutiers européens et asiatiques qui exploitent les eaux sénégalaises (Mutume, 2002). Pillé depuis des décennies par des flottes étrangères, le grenier à poissons de l'Afrique se vide ; près de 70 % des produits de la pêche du Sénégal sont expédiés vers l'Europe. Munis de leur seule pirogue, les pêcheurs locaux subissent une concurrence qu'ils jugent déloyale.

Quand les pêcheurs artisanaux sénégalais ne peuvent rester que quelques heures en mer, les campagnes de pêche des navires étrangers durent deux à trois mois. Le chalutage – qui consiste à racler les faible, moyenne et grande profondeurs des mers – entraîne la raréfaction des espèces de poissons et la destruction des environne-ments marins. [...] À bord des « navires-usines » sont traitées, conditionnées puis congelées d'énormes quantités de poissons, rapidement expédiés dans les assiettes européennes, coréennes ou chinoises. (Sana, 2011)

À Saint-Louis, au Sénégal, ce sont les femmes qui s'occupent de la vente des poissons pêchés par les hommes. Alors que les pirogues utilisées pour aller en mer reposent sur la plage, les chalutiers européens continuent de tendre leurs filets et de surexploiter la ressource.

Offert par Louis Roy

Dans ce pays où plus de 75% des apports nutritionnels en protéines d'origine animale proviennent du poisson, la baisse des captures met en péril la sécurité alimentaire. «Dans les quartiers pauvres de Dakar, comme Pikine et Guédiawaye, ou de "classes moyennes", comme Sicap, il n'est pas rare d'entendre que le *tieboudiene* et le *thiof*, les deux plats nationaux à base de mérou ou de capitaine, sont désormais hors de prix pour les habitants» (Sana, 2011). Là comme ailleurs dans le monde, un mode de vie profondément ancré dans l'écologie est menacé de disparaître.

Comme dans le cas du travail des enfants, les Occidentaux font partie du problème en consommant, de manière non avisée, des poissons considérés comme victimes de surpêche. Mais ce n'est pas tout. Notre amour pour les animaux domestiques et l'agriculture industrielle décrite au chapitre précédent ont aussi leur part de responsabilité. «Nous donnons du poisson aux chats, aux porcs et aux poulets, et nous aspirons des dizaines de milliers de petits poissons de la mer pour nourrir des poissons plus gros dans des fermes d'élevage. Les chats domestiques mangent plus de poissons que les phoques, les porcs mangent plus de poissons que les requins, et les poulets industriels mangent plus de poissons que les macareux et les albatros» (Watson, 2009). En raison du travail effectué par de nombreux organismes, les choses tendent cependant à changer. Grâce à l'information notamment véhiculée par Greenpeace, les consommateurs occidentaux peuvent désormais faire des choix plus avisés. Au Québec, il faut se réjouir de la politique de pêche durable implantée par l'épicerie Métro en 2010. Après avoir retiré de son inventaire sept espèces menacées, ce géant de l'alimentation est aujourd'hui fier d'affirmer que dans tous ses supermarchés, les produits de la mer, frais et surgelés, respectent sa politique. «Tous les poissons et fruits de mer sauvages et d'élevage frais ont fait l'objet d'une analyse de traçabilité. L'information prélevée auprès des différents intervenants a fait l'objet d'une vérification rigoureuse par un océanographe, spécialiste de la pêche durable» (Marcoux, 2011).

RÉSUMÉ

Un système économique est un ensemble de moyens touchant la production, la distribution et la consommation de produits. En anthropologie, l'étude de l'économie des sociétés traditionnelles et industrialisées tient compte du contexte culturel. Chaque société répond à ses besoins de subsistance en répartissant les matières premières, le territoire, la main-d'œuvre et les technologies, et en distribuant les biens selon ses priorités.

L'attribution des tâches est toujours assujettie à des règles qui ont trait au sexe et à l'âge des travailleurs. Plutôt que de chercher des impératifs d'ordre biologique pour tenter d'expliquer la division du travail selon le sexe, il vaut mieux examiner le type de travail qu'accomplissent les hommes et les femmes dans différentes cultures. La coopération entre les travailleurs se retrouve dans toutes les sociétés. Celles-ci déterminent des règles d'attribution du territoire et de ses ressources. Courante dans les sociétés industrialisées, la propriété foncière individuelle est plutôt rare ailleurs.

L'échange et la distribution de la production s'appuie sur trois mécanismes: la réciprocité, la redistribution et le marché. La réciprocité consiste en un échange de produits ou de services de valeur à peu près équivalente entre des personnes ou des groupes. La redistribution requiert la présence d'une organisation politique centralisée. Le gouvernement exige de chaque citoyen le versement d'un impôt ou d'un tribut, utilise les fonds recueillis pour soutenir l'élite et redistribue le reste. Au Canada, le prélèvement d'impôt et la prestation de services gouvernementaux sont une forme de redistribution.

L'échange sur la place du marché sert à la distribution de produits dans une région. Dans les sociétés non industrialisées, le marché est habituellement une place publique où s'échangent des produits, du bétail et des articles que les individus fabriquent. Il sert à la fois de lieu de rencontre et de centre d'information. Dans certaines sociétés, le secteur informel peut devenir plus important que le secteur officiel.

La consommation comprend les denrées ingérées, les biens utilisés et les ressources exploitées. Les rites et les interactions sociales particularisent la consommation. La consommation d'aliments, par exemple, revêt une signification qui va au-delà d'assurer la survie des individus.

Avec la mondialisation de l'économie, la production, l'échange et la consommation n'ont pour ainsi dire plus de frontières. La mondialisation ouvre de nouvelles avenues, mais elle entraîne aussi de nombreux problèmes, dont l'exploitation de la main-d'œuvre et celle des ressources des pays du Sud.

LE MARIAGE, LA FAMILLE ET LA PARENTÉ

Offert par René Dolce

Les Hmongs du nord du Vietnam forment une société patrilinéaire où l'on trouve des groupes de parenté formels. Même s'ils n'habitent pas toujours dans le même village, les membres d'un même clan doivent s'entraider. Puisqu'ils sont exogames, les Hmongs doivent se marier avec quelqu'un appartenant à un clan différent du leur.

❯ Qu'est-ce qui distingue la conception occidentale du mariage de celle préconisée dans d'autres cultures ?

❯ Pour quelles raisons la notion de famille est-elle difficile à définir et quelles sont les formes qu'elle peut prendre ici comme ailleurs dans le monde ?

❯ Quelles sont les fonctions de la famille ?

❯ En quoi consiste ce que les anthropologues appellent les « groupes de parenté » ?

❯ Qu'est-ce qui caractérise la famille et le mariage au Québec ?

SOMMAIRE

- L'anthropologie de la parenté
- Les fondements du mariage et la quête matrimoniale
- Les types de mariage et les ruptures d'union
- Une définition de la famille
- Les types de famille
- Les modèles de résidence
- Les fonctions de la famille
- Les systèmes de parenté
- Les types de filiation
- Les groupes de filiation
- La terminologie en matière de parenté

L'ANTHROPOLOGIE DE LA PARENTÉ

L'étude de la parenté est au cœur de l'anthropologie sociale et culturelle. «La quasi-fixation des ethnologues sur ce sujet découle d'un constat simple : dans les sociétés restreintes qui font généralement l'objet de leurs études, presque tous les rapports sociaux sont conçus en termes de parenté. De fait, la compréhension de l'organisation sociale passe nécessairement par celle des catégories de la parenté» (Ghasarian, 1996, p. 9). Force est toutefois de constater que pour le non-initié, ce champ d'études se révèle parfois difficile d'accès en raison de son caractère complexe. Distinguer la filiation matrilinéaire de la filiation indifférenciée ou encore comprendre qui l'on désigne quand on parle de la cousine croisée patrilinéaire, ne va pas toujours de soi. Un autre défi tout aussi important se présente à quiconque s'intéresse à ce phénomène : accepter que les définitions occidentales du mariage, de la famille et de la parenté ne correspondent pas nécessairement à ce qu'il est possible d'observer ailleurs dans le monde. En fait, comme nous le verrons dans ce chapitre, notre façon de concevoir ces institutions n'est pas universelle.

Le contrôle des relations sexuelles

Les anthropologues ont relevé de nombreuses différences culturelles dans la perception, le contrôle et la pratique de la sexualité (*voir le chapitre 7*). S'il est vrai que la sexualité est indissociable de la nature biologique de l'humain, elle n'en est pas moins aussi une construction culturelle. Les humains peuvent ainsi avoir des relations sexuelles lorsqu'ils en éprouvent le désir, mais à condition que celles-ci respectent les normes culturelles en vigueur dans leur société. Hommes et femmes sont biologiquement prêts à l'activité sexuelle dès la puberté, mais chaque culture établit ses propres règles quant à l'âge et au partenaire avec lequel cette activité doit se faire. Plusieurs peuples considèrent la sexualité de leurs adolescents (hétérosexuels ou homosexuels) comme une manifestation naturelle, mais même dans ces cas, des règles s'appliquent et doivent être rigoureusement respectées, avant comme après le mariage. Même en Occident, où les normes semblent aujourd'hui plus permissives, la culture balise les relations sexuelles en déterminant notamment les moments et les lieux appropriés pour s'y adonner.

La plupart des mesures de contrôle et des restrictions à l'égard de l'activité sexuelle visent les adolescents.

Chez certains peuples, comme les Trobriandais et les Bochimans Ju/'hoansis, la découverte et l'expérimentation sexuelles par les adolescents sont des comportements acceptés. Chez les Masaïs, les jeunes adolescentes s'adonnent librement à des jeux sexuels avec des garçons un peu plus âgés. À l'inverse, de nombreuses cultures contrôlent sévèrement les comportements sexuels, particulièrement ceux des jeunes filles. Dans certaines cultures du Moyen-Orient, par exemple, la virginité des jeunes filles revêt une grande importance.

Contrairement aux autres primates, les femmes ne présentent pas de signes visibles lors de leur ovulation et sont susceptibles de s'engager dans une relation sexuelle à tout moment de leur cycle menstruel ou même lors d'une grossesse. Dans certaines cultures, on considère même que les relations sexuelles pendant la grossesse favorisent la croissance du fœtus. Chez les Trobriandais, on croit que l'identité de l'enfant provient de sa mère, mais que c'est le rôle du père de s'occuper de l'éducation et du développement de son enfant. Le père s'y emploie donc avant même la naissance du bébé, en ayant de fréquents rapports sexuels avec la mère.

Le tabou de l'inceste

Le **tabou de l'inceste** est la plus universelle des règles culturelles entourant le contrôle de la sexualité. Ce tabou interdit les relations sexuelles entre un parent et son enfant ainsi qu'entre un frère et une sœur. Mais, comment expliquer cette présumée universalité et pourquoi l'inceste est-il considéré comme un comportement aussi odieux ? Une première explication fait d'abord appel à la «nature humaine», qui comporterait un dégoût instinctif de l'inceste. Des recherches ont démontré que les êtres humains qui ont grandi ensemble, peu importe s'ils ont des liens de sang ou non, éprouvent moins d'attirance sexuelle l'un pour l'autre.

Pour bien saisir l'importance du tabou de l'inceste, une incursion du côté de la biologie s'impose. Au cours des dernières décennies, des études en génétique ont fait valoir que cet interdit prévenait les effets indésirables de la consanguinité. Des études faites sur des cas existants d'inceste ont démontré

> **Tabou de l'inceste**
>
> Interdit entourant les relations sexuelles entre des individus apparentés, habituellement entre un parent et son enfant de même qu'entre un frère et une sœur.

que le taux de mortalité précoce des enfants nés d'unions consanguines est supérieur à celui des enfants nés d'unions non consanguines. Notons que ces cas ne contiennent pas d'exemples de relations incestueuses mère-fils, quasi inexistantes chez les humains. On a estimé que le risque de mortalité au cours de la première année de vie est deux fois plus élevé chez les enfants nés d'une union père-fille ou frère-sœur que chez leurs demi-frères et demi-sœurs maternels. Plus encore, les enfants nés d'une union consanguine encourent un risque plus élevé d'hériter des deux copies d'un gène responsable d'une maladie récessive. Quoi qu'il en soit, la préférence pour un partenaire avec lequel il n'existe pas de proche parenté héréditaire favorise une plus grande diversité génétique au sein d'une population. Sur le plan évolutif, une telle préférence serait salutaire pour l'espèce.

Ainsi, bien qu'il n'existe toujours pas d'explication entièrement convaincante pour expliquer le tabou de l'inceste, des indices laissent croire qu'il pourrait s'agir d'un construit culturel fondé sur une tendance biologique sous-jacente à éviter les unions consanguines. Des études du comportement animal ont montré que les relations incestueuses se produisent rarement chez la plupart des mammifères, y compris les primates, même s'il n'est pas clair que cet évitement soit intentionnel ou non. S'ils présentent peu d'inhibitions sur le plan sexuel, les chimpanzés ne s'accouplent généralement pas avec les membres de leur fratrie ou, dans le cas des mères, avec leurs rejetons mâles. Chez les humains, le fait d'interdire les relations incestueuses est peut-être lié au fait que les individus vivent au sein de leur famille pour une plus grande partie de leur existence, et ce, passé l'âge de la maturité sexuelle. Peut-être l'est-il également pour protéger les enfants, lesquels ne sont pas prêts physiquement et émotionnellement à avoir des relations sexuelles. Instinctivement, les autres animaux sont programmés pour n'avoir des activités sexuelles que lorsqu'ils sont pubères et entre pubères. Chez les animaux, un adulte ne solliciterait pas de contact sexuel avec un prépubère. Chez les humains, les choses se passent parfois autrement et, malgré le tabou, l'inceste impliquant des relations sexuelles entre des parents et leurs enfants mineurs existe néanmoins.

Étant donné qu'une relation incestueuse est généralement vécue dans la honte et le secret, il est difficile d'en préciser la fréquence exacte au sein d'une population. Pour cerner le problème de l'inceste, considéré partout comme un acte criminel, une incursion du côté des agressions commises par des adultes à l'égard des enfants s'avère nécessaire. Au Canada, comme ailleurs en Occident, la majorité des actes violents commis à l'endroit des jeunes seraient perpétrés non par des inconnus, mais bien par des individus vivant dans l'environnement immédiat de la victime. Environ 6 agressions sur 10 commises «à la maison» seraient ainsi perpétrées par les parents naturels ou adoptifs, les beaux-parents ou les membres de la famille d'accueil des jeunes victimes. Sans pour autant relever de l'inceste, le tiers de ces agressions aurait un caractère sexuel (Sinha, 2011). Au Québec comme au Canada, la majorité des jeunes victimes connaissent leur agresseur et sont principalement des filles de moins de 18 ans (Gouvernement du Québec, 2011). Même si les jeunes qui subissent une agression sexuelle ne sont pas tous victimes d'un parent incestueux, les agresseurs seraient tout autant des membres de la famille immédiate que des connaissances ou des étrangers (Julien et Saint-Martin, 1995).

Au Québec, 16 % des cas d'agression sexuelle envers les enfants seraient toutefois des cas d'inceste père-fille (Tourigny *et al.*, 2002). La fréquence de l'inceste au sein de la population québécoise pourrait approcher les 15 % (Julien et Saint-Martin, 1995). Selon une enquête du Comité canadien sur la violence faite aux femmes, 17 % des femmes interrogées auraient connu au moins un épisode d'inceste avant l'âge de 16 ans (Riberdy, 1997). Aussi, 25 % des répondants à une autre étude affirment connaître au moins une personne ayant été agressée sexuellement dans son enfance par un parent ou un proche (Fondation Marie-Vincent, 2006). Cela dit, lorsque l'agression est commise par un parent, il semble que le plus souvent l'agresseur soit un oncle, et non le père biologique (Julien et Saint-Martin, 1995).

La distinction entre l'accouplement et le mariage

Il importe maintenant d'établir une distinction entre l'accouplement et le mariage. Alors que les relations sexuelles appartiennent essentiellement au domaine privé, le mariage comporte des droits et des devoirs définis par la société. Si l'accouplement est surtout d'ordre biologique, le mariage, lui, est sans contredit culturel.

Dans la majorité des cultures, on s'attend à ce que les individus trouvent un conjoint, s'unissent puis

Chez les Bantous de Tanzanie, la cérémonie du mariage puise tantôt du côté de la tradition, tantôt du côté de la culture occidentale (ornements, vêtements, couverts, etc.). La plupart des Bantous sont protestants ou musulmans. On voit ici une noce catholique à laquelle assistent les 600 membres du village. La cérémonie a été précédée d'une procession traditionnelle inspirée de rites animistes. La messe et le banquet, très protocolaires et formels, obligent les mariés et leur famille à adopter une attitude solennelle et renforcent l'idée que le mariage est davantage un contrat social qu'une occasion de réjouissance.

© Jean-François Gratton

fondent une famille dans les limites du **mariage**. La société reconnaît généralement aux conjoints unis par le mariage un droit mutuel (ou réciproque) de revendication sur le plan sexuel (Bell, 1997). Ainsi, dans la majorité des cultures, le mariage sous-entend que les conjoints ont des relations sexuelles et il est validé par des instances juridiques, économiques et sociales. Au Québec, comme ailleurs dans le monde, le mariage n'est cependant pas toujours associé à la fondation d'une famille ni même à l'établissement d'une relation entre deux personnes de sexe opposé; il peut aussi unir deux ersonnes du même sexe.

Le Canada et le Québec ont connu, au cours des dernières décennies, une désaffection à l'égard du mariage (*voir l'encadré Les familles et le mariage au Québec*). Le nombre de mariages n'y progresse plus et les personnes qui se marient une première fois le font de plus en plus tardivement (Milan *et al.*, 2007). Malgré cette désaffection à l'égard du mariage que l'on pourrait qualifier de «traditionnel», les Canadiens continuent de former des unions et de fonder des familles. Ils peuvent désormais choisir de cohabiter dans le cadre d'une union libre plutôt que dans celui du mariage traditionnel. «L'union libre est le mode de vie de deux personnes qui choisissent de faire vie commune sans se marier ou s'unir civilement. Ce choix est connu sous le nom d'union de fait» (Dallaire, 2011, p. 57). Même si le Code civil ne régit pas le statut des conjoints de fait, sauf exception, et que ces derniers n'ont pas tous les mêmes protections que les gens mariés, plusieurs lois considèrent ces conjoints comme

formant un couple (impôt, Régime des rentes du Québec, assurance-emploi, etc.). «Les conjoints en union libre ont les mêmes droits et obligations envers leurs enfants que les gens mariés ou unis civilement. Les parents en union libre n'ont pas à adopter leur enfant pour que celui-ci soit reconnu comme étant le leur» (Dallaire, 2011, p. 57).

Au cours de la dernière décennie, les familles issues d'une union de fait ont connu une plus forte croissance que tout autre type de famille (Milan *et al.*, 2007). Fait à remarquer, depuis 2001, c'est au Québec que l'on recense le plus grand nombre de couples vivant selon cette forme d'union au Canada. En 2006, 34 % des couples québécois vivaient en union de fait, comparativement à 13 % dans le reste du Canada (Milan *et al.*, 2007). À cette époque, au moins la moitié des personnes de moins de 35 ans, vivant en couple, optait pour cette forme d'union (Dallaire, 2011).

Cette nouvelle réalité nous invite à considérer de façon à peu près équivalente, l'union de fait et le mariage traditionnel. Du point de vue anthropologique, l'union de fait peut donc être considérée comme une forme de mariage. Si, au début du phénomène, ce type d'union était adopté comme préambule à la vie conjugale, plutôt que comme

Mariage

Union, reconnue par la société, d'une personne avec une seule autre personne (dans un système monogame) ou d'une personne avec plusieurs autres personnes (dans un système polygame) et qui est régie par des normes établies.

une décision à long terme, des études démontrent qu'il se substitue de plus au plus au mariage, et ce, plus particulièrement au Québec (Le Bourdais et Lapierre-Adamcyk, 2004). Depuis quelques années, s'ils vivent ensemble depuis au moins un an et qu'ils ont rédigé une convention de vie commune, les couples qui optent pour l'union de fait bénéficient sensiblement des mêmes droits que les couples mariés (Roy, 2005). Puisque ce type d'union constitue le modèle conjugal privilégié, surtout au début de la vie de couple, c'est celui à l'intérieur duquel naissent aujourd'hui de plus en plus d'enfants (Roy, 2005). Le Québec, où environ 63 % des naissances sont survenues en dehors des liens du mariage en 2009, se classe au second rang mondial en la matière, après l'Islande (Dallaire, 2011).

LES FONDEMENTS DU MARIAGE ET LA QUÊTE MATRIMONIALE

L'idéal selon lequel quiconque devrait être libre d'épouser la personne de son choix est loin d'être un modèle universel. D'une région du monde à l'autre, en effet, les fondements du mariage diffèrent. En premier lieu, les critères de sélection et les modalités de la quête matrimoniale (la recherche d'un conjoint) diffèrent de façon importante. Ensuite, dans une majorité de sociétés et contrairement à ce que l'on observe en Occident, le mariage et la fondation d'une famille sont des questions beaucoup trop importantes pour être soumises aux seules volontés de jeunes gens. Aussi, l'union de deux personnes qui passeront leur vie ensemble et élèveront une famille est presque secondaire par rapport au défi que représente l'alliance de leurs deux familles au moyen du mariage. Dans bien des cultures, le mariage a pour conséquence le transfert de droits entre deux familles, y compris les droits relatifs aux biens, aux enfants et à la sexualité. C'est pourquoi le mariage y est souvent planifié en fonction des intérêts économiques et politiques des familles concernées plutôt que des époux. Alors que la plupart des Occidentaux contractent aujourd'hui des mariages romantiques dits «d'amour», ailleurs, comme au Québec autrefois, les mariages de raison ont souvent eu préséance.

Comme ailleurs dans le monde, et contrairement à ce qu'ils aiment croire, les Occidentaux sont aussi contraints de respecter certaines règles quant au choix de leur éventuel conjoint. Comme dans le cas des relations sexuelles, un certain nombre de normes balisent les libertés individuelles. En Europe, comme en Amérique du Nord, où les mariages d'amour ont préséance sur les mariages de raison, il subsiste néanmoins des interdits formels, mais surtout des règles implicites qui restreignent le bassin de personnes où il est permis de chercher l'âme sœur. Par exemple, sont exclues les personnes apparentées (demi-frère et demi-sœur, oncle-nièce ou tante-neveu, cousins et cousines, etc.) et parfois celles qui proviennent d'un milieu socioéconomique nettement différent du sien ou avec lesquelles il y a un trop grand écart d'âge. Ainsi, entretenir discrètement une relation sexuelle avec quelqu'un de beaucoup plus jeune que soi est toléré, mais l'épouser peut susciter des commentaires. Pensons ici au célèbre couple que forment Céline Dion et René Angélil malgré leur 26 ans d'écart d'âge.

L'endogamie, l'exogamie et les mariages préférentiels

Les règles interdisant l'**endogamie**, c'est-à-dire le mariage entre des membres d'un groupe particulier (entre cousins ou entre membres du même clan, par exemple), sont étroitement liées aux interdits concernant l'inceste. Si ce groupe correspond à la famille immédiate d'un individu, alors la plupart des cultures interdisent ou, du moins, découragent l'endogamie. Elles encouragent plutôt l'**exogamie**, c'est-à-dire le mariage à l'extérieur de son groupe d'appartenance. Néanmoins, une société peut pratiquer l'exogamie sur un plan et l'endogamie sur un autre. Chez les Trobriandais, par exemple, chaque personne doit choisir un conjoint qui ne fait pas partie de son clan ou de sa lignée (exogamie). Cependant, comme des partenaires éligibles sont disponibles dans leur village (les membres d'un même clan n'occupant pas la même communauté), les Trobriandais pratiquent couramment l'endogamie géographique en épousant quelqu'un de leur village, mais qui n'appartient pas à leur clan.

Endogamie

Mariage à l'intérieur d'un groupe particulier d'individus.

Exogamie

Mariage à l'extérieur du groupe auquel on appartient.

Dans certaines sociétés, l'endogamie va parfois de pair avec les mariages que l'on peut qualifier de préférentiels. Le mariage matrilatéral de cousins croisés est celui qui unit un homme à la fille de son oncle maternel ou une femme au fils de sa tante paternelle (un cousin croisé est l'enfant de l'oncle maternel ou de la tante paternelle). C'est la formule que privilégient des sociétés de chasseurs-cueilleurs (tels les Aborigènes d'Australie et les Haïdas de la Colombie-Britannique) et des sociétés agricoles (dont divers peuples du sud de l'Inde). Chez les chasseurs-cueilleurs, qui héritent de très peu de biens, ce type de mariage favorise l'établissement et le maintien de liens de solidarité entre les bandes. Chez les Touaregs, un peuple de pasteurs nomades du Sahara, la préférence pour le mariage avec la cousine croisée matrilinéaire est répandue. Si ce mariage n'est pas généralisé, aucun autre type ne lui est systématiquement préféré. Chez les Touaregs Kel Ferwan du Niger, «ce mariage semble celui par lequel les jeunes gens doivent d'abord passer avant d'en réaliser un ou des autres, plus stables, et où l'on pourra davantage tenir compte de leurs préférences» (Casajus, 1987, p. 180).

Certaines cultures privilégient plutôt le mariage entre un jeune homme et la fille de son oncle paternel. C'est ce qui est appelé un «mariage patrilatéral de cousins parallèles». Bien que non obligatoire, ce type de mariage a néanmoins été privilégié, historiquement, par les Arabes et les premiers Hébreux, de même que par les peuples de la Grèce antique et de la culture traditionnelle chinoise. Même si la dominance et la descendance masculines priment, les filles comme les fils peuvent hériter des biens que possèdent les hommes. Aussi, lorsqu'un homme épouse la fille de son oncle paternel (ou, pour une femme, le fils de son oncle paternel), les biens restent entre les mains de la lignée masculine. Chez les Peuls Wodaabe, des éleveurs nomades d'Afrique de l'Ouest qui pratiquent ce type de mariage, il est fortement recommandé à un jeune homme d'épouser en première noce l'une de ses cousines paternelles. Il s'agit d'une union que l'on dit «préférentielle». Si cela fonctionne, tant mieux. Sinon, ils auront au moins essayé de perpétuer la tradition. Les ruptures d'union étant permises, voire fréquentes, une seconde noce pourrait toujours suivre. Dans le cadre de leur rassemblement annuel (le *worso*), au moment du *yake*, les hommes maquillés et parés de leurs plus beaux atours dansent pour séduire les femmes. Profitant de l'occasion, certaines épouses malheureuses dans ce mariage préférentiel, n'ayant rien à voir avec l'amour, «s'enfuiront» pour éventuellement contracter un second mariage (Loncke, 2010).

Il existe d'importantes variations au sein des sociétés quant aux parents visés par les règles exogamiques. En Europe, par exemple, l'Église catholique interdit le mariage entre cousins germains, tout comme dans certains États américains. Au Canada, des cousins germains ont le droit de s'épouser, mais pas un oncle et sa nièce ou une tante et son neveu. Même si elles ne sont pas le fait d'une majorité, des unions entre consanguins proches ou éloignés ont aussi été recensées dans plusieurs régions du Québec (Collard, 1999). Dans certaines paroisses de Charlevoix, par exemple, le mariage entre des enfants issus de cousins germains a déjà été considéré comme envisageable, voire souhaitable (Collard, 1985 ; Philippe et Gomila, 1971 ; *voir la figure 6.1*). De telles pratiques matrimoniales soulèvent toutefois la question de la

Sidina Mousa, âgé de 25 ans, et Mina, âgée de 20 ans, sont de nouveaux mariés. On les voit ici sous leur tente dans le village de Farak, au Niger. Chez les Touaregs, le mariage est célébré pendant plusieurs jours, au cours desquels les invités dansent, chantent, mangent et jouent à divers jeux. Après avoir commencé dans le village de l'épouse, la cérémonie se termine dans celui du marié où le couple résidera désormais.

© Ann Johansson/Corbis

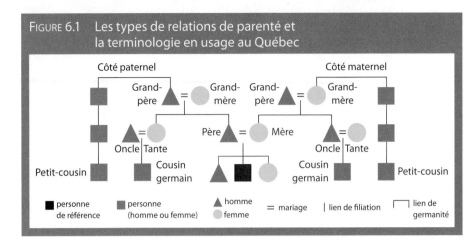

FIGURE 6.1   Les types de relations de parenté et la terminologie en usage au Québec

parenté génétique (Philippe, 1985 ; Morissette, 1991). À l'Isle-aux-Coudres, par exemple, à une certaine époque, les unions entre des personnes apparentées semblent avoir été plus nombreuses que les unions entre des personnes non apparentées, ce qui a ainsi contribué à l'homogénéisation du bassin génique de cette population (Mayer et Boisvert, 2005).

L'anthropologue français Claude Lévi-Strauss a vu dans l'exogamie et le tabou de l'inceste le début de la distinction entre la vie des premiers homininés et celle d'*Homo sapiens*. Les alliances avec d'autres groupes – nouées et consolidées par les liens du mariage – ont permis le partage d'éléments culturels. S'appuyant sur les travaux de Lévi-Strauss, l'anthropologue Yehudi Cohen (1974) a suggéré que l'exogamie était un important moyen de promouvoir le commerce entre les groupes et donc de donner accès à des produits et à des ressources nécessaires et difficiles à trouver.

Les mariages arrangés

Dans de nombreuses sociétés, les mariages sont parfois arrangés. Pour aider les jeunes dans leur quête matrimoniale, les parents ont pour devoir d'intervenir directement ou de faire appel à des entremetteurs, donc à des conseillers matrimoniaux. Aujourd'hui en Inde, les parents proposent à leurs enfants d'éventuels conjoints. Ceux-ci sont généralement libres d'accepter ou de refuser, mais il est fort probable qu'ils finissent par fixer leur choix sur l'un des candidats leur ayant été soumis. D'un point de vue occidental, s'en remettre ainsi à ses parents pour se trouver un conjoint paraît aberrant. Pour la majorité des Indiens, cela va cependant de soi. La culture veut que les parents soient considérés comme les personnes les plus aptes à bien connaître les goûts et la personnalité de leur enfant

et à vouloir le meilleur choix pour lui. Comme le dit une femme mariée : « Dans notre culture, nous voyons d'abord notre partenaire, nous nous marions et ensuite nous tombons amoureux. » Comme le dit une autre : « Dans notre communauté, on ne considère pas que le mariage d'amour soit quelque chose de bien. » (Cros, 2007) Dans certaines cultures, les mariages arrangés présentent parfois un caractère forcé peu propice à l'épanouissement.

De nos jours, en Amérique du Nord, le mariage arrangé est rare, mais il n'a pas complètement disparu. Chez les minorités ethniques qui le pratiquent, il permet de préserver les valeurs traditionnelles que les aînés craignent de voir disparaître. Dans la plupart des cas, cela se fait avec le consentement des époux et se passe généralement bien. Cependant, comme on l'a mentionné précédemment, il arrive que la pratique prenne un caractère forcé et cause préjudice à l'un des conjoints. L'actualité rappelle à l'occasion que dans certaines communautés ethniques, les jeunes filles sont parfois contraintes d'épouser un homme beaucoup plus vieux qu'elles ou encore vivant à l'étranger, souvent dans son pays d'origine (Turcotte, 2007).

Au Québec, jusqu'au début du XXe siècle, dans des milieux ruraux, les mariages de raison et les mariages arrangés ont existé. Des parents mariaient leur jeune à une voisine pour qu'elle « tienne maison » ou à un voisin pour qu'il « fasse vivre la famille ». Toutefois, dans la plupart des cas, les jeunes gens étaient libres de choisir leur conjoint. Dans Charlevoix, des familles demandaient parfois à deux célibataires se connaissant très peu d'être le parrain et la marraine d'un nouveau-né, dans l'espoir qu'ils s'épousent. Après s'être fréquentés pendant seulement quelques mois, des jeunes gens se mariaient souvent avec la seule fille ou le seul garçon qu'ils allaient connaître durant leur vie. Rencontrés 40 ans plus tard sur le terrain, certains de ces couples insistent pour dire qu'ils « s'aiment » toujours, même si la question du sentiment amoureux n'était pas une priorité au moment de leurs fiançailles.

Cela étant dit, avant de conclure que les Occidentaux échappent aujourd'hui à l'influence de leur

Lors de son mariage en 1992, cette femme avait 12 ans. Koku, son mari, était alors âgé de 20 ans. Comme les Kapaukus, les Danis de la vallée de Baliem en Indonésie accordent une très grande valeur aux porcs. Conformément à la tradition, la famille de l'époux a offert 11 porcs au père de la mariée afin de sceller leur alliance.

© Charles O'Rear/Corbis

entourage dans le choix de leur conjoint, une réflexion s'impose. Même dans une société individualiste comme la nôtre, il ne faudrait pas oublier la façon dont une majorité d'individus rencontrent encore leur conjoint. Par exemple, si au Québec, on trouve souvent un conjoint sans l'intervention de nos parents, il arrive que l'on sollicite l'assistance de nos proches pour le faire. Certains célibataires font seuls des démarches auprès d'inconnus, mais bon nombre acceptent aussi l'aide d'amis en qui ils ont confiance. Bien qu'il ne s'agisse pas ici de mariages arrangés, en raison du caractère non contraignant des propositions, on peut cependant se questionner sur le caractère individuel de la quête matrimoniale en Occident. Ultimement, même au Québec, se présenter à la maison avec un prétendant qui risque de déplaire à ses parents demeure hasardeux, et ce, particulièrement pour les filles.

Les transactions et les compensations matrimoniales

Si le mariage unit deux individus, il permet aussi de tisser des liens économiques et sociaux entre les familles des jeunes mariés. Pour sceller une union, des biens et des services sont souvent échangés entre les familles. Contrairement à ce que l'on observe en Occident, cependant, le nouveau couple ne bénéficie pas toujours directement des biens ainsi échangés, car dans maintes cultures, les bénéficiaires de ces transactions matrimoniales sont tantôt la famille de l'épouse, tantôt celle de l'époux.

Lorsque deux jeunes Trobriandais décident de s'épouser, ils s'assoient dans la véranda du jeune homme, où tout le monde peut les voir. Ils y restent jusqu'à ce que la mère de la jeune fille leur apporte des ignames cuites, qu'ils mangent ensemble pour officialiser leur union. Le lendemain, la sœur du marié offre trois longues jupes à la jeune épouse,

un symbole marquant la fin de la liberté sexuelle propre à l'adolescence. Suit une longue présentation d'ignames par le père et l'oncle maternel de la mariée. Rappelons que l'igname est un aliment davantage symbolique que nutritif (*voir le chapitre 5*). Pendant ce temps, le père et l'oncle maternel de l'époux réunissent des présents (des lames de hache en pierre, de l'argent et un coquillage kula), qui seront remis au père et à un parent maternel de la mariée. Pendant la première année de mariage, la mère de la mariée continue d'offrir au couple des repas d'ignames cuites. Par la suite, chacun des membres de la famille du jeune époux qui ont réuni des présents remis aux membres de la famille de la mariée recevra des ignames de ces derniers. Tous ces échanges de présents entre la lignée de l'époux et celle de l'épouse, de même qu'entre les lignées des deux pères, visent à unir les quatre familles afin que cette union soit respectée et honorée. Ils ont aussi pour objectif d'obliger les parents de la mariée à bien prendre soin du jeune époux.

La très grande majorité des cultures officialisent le mariage par une cérémonie parfois sobre, mais souvent grandiose au cours de laquelle l'union entre les conjoints et leur famille respective est scellée. Généralement très festives, les noces, comme on les appelle ici, donnent lieu à des échanges de vœux, mais aussi à des échanges à caractère économique qui peuvent cependant avoir eu lieu auparavant. Le **prix de la fiancée**, par exemple, consiste en la remise d'argent ou d'objets de valeur aux parents de la mariée ou à un autre membre de sa famille

> **Prix de la fiancée**
>
> Compensation que le fiancé ou sa famille verse à la famille de la fiancée pour le mariage.

proche. Cette pratique prévaut dans les groupes culturels où la mariée est appelée à vivre au sein de la famille de son mari. Cette famille profitera du travail de la mariée, ainsi que de la présence des enfants qu'elle aura. Par conséquent, la famille de la mariée doit être dédommagée pour la perte subie.

Le prix de la fiancée ne signifie pas l'échange d'une femme contre de l'argent. Les parents de la fiancée peuvent utiliser l'argent reçu pour lui acheter des bijoux ou des articles de maison, ou pour organiser une somptueuse et coûteuse cérémonie de mariage. Le prix de la fiancée est aussi un gage de stabilité du mariage, puisqu'il doit habituellement être remboursé advenant la séparation du couple. Il existe d'autres formes de transaction matrimoniale, notamment l'échange de femmes entre les deux familles («mon fils épousera votre fille si votre fils épouse la mienne») ou le **service du marié**, une période durant laquelle un homme travaille pour la famille de son épouse ou de sa fiancée, comme chez les Yanomami du Venezuela.

Dans un certain nombre de cultures où l'économie repose sur l'agriculture traditionnelle, les femmes apportent souvent dans le mariage une **dot**. Dans les faits, la dot est la part de l'héritage que la mariée reçoit au moment de son mariage plutôt qu'au décès de ses parents. Cela ne signifie pas pour autant que la mariée peut disposer de cette part après son mariage. Il arrive que ces biens passent aux mains de son mari après l'union. La contribution de la femme au mariage, cependant, oblige le mari à assurer le bien-être de son épouse, même s'il devait décéder avant elle. Aussi la dot vise-t-elle, entre autres, à assurer le soutien financier d'une femme devenue veuve (ou après le divorce). Dans les sociétés marquées par de grands écarts de richesse, la dot reflète également le statut économique de la femme. Aussi les biens que la femme apporte dans le mariage permettent-ils de montrer que celle-ci a un statut équivalent à celui de son époux. Au Québec, la coutume selon laquelle les parents de la mariée paient la noce constitue une forme résiduelle de la pratique de la dot qui existait jadis.

En soi, le mariage est un important type d'échange économique qui crée des liens d'affiliation entre deux groupes de parents. Le prix de la fiancée et la dot symbolisent tant ces liens d'affiliation que les responsabilités qui les accompagnent. Les alliances conjugales font augmenter les probabilités de survie de chaque groupe et donnent naissance à un réseau de coopération entre deux grands groupes familiaux.

LES TYPES DE MARIAGE ET LES RUPTURES D'UNION

La monogamie

La **monogamie**, c'est-à-dire l'union d'une personne avec un seul conjoint, constitue le type de mariage possiblement le plus répandu dans le monde. C'est le seul type d'union officiellement autorisé en Occident, bien qu'il faille en réalité parler de **monogamie successive**, puisqu'il est de plus en plus rare que des individus demeurent toute leur vie avec le même conjoint. La monogamie successive correspond au fait que de nos jours, les femmes et les hommes vivent une série de relations monogames l'une à la suite de l'autre. Reposant souvent sur des bases fragiles (attirance physique, passion, etc.), le phénomène tend à se généraliser. Signe des temps, près du quart des enfants nés au Québec à la fin des années 1990 avaient aussi connu au moins une transition familiale liée au parcours conjugal de leurs parents avant d'entrer en première année à l'école. (Desrosiers et Simard, 2010)

Une fois le couple séparé, l'un ou l'autre des conjoints peut se retrouver en situation de monoparentalité. Au cours des 20 dernières années, le nombre de familles monoparentales dirigées par une femme était 4 fois plus élevé que celles ayant un homme comme chef. Le fait que la garde des enfants soit aujourd'hui moins fréquemment accordée exclusivement à la mère favorise la croissance des familles monoparentales dirigées par des hommes. Cela dit, au Canada, en 2006, 80 % de ces familles étaient toujours «dirigées» par une femme (Milan *et al.*, 2007).

Après une rupture et une période de monoparentalité, il est fréquent de se trouver un nouveau

---

Service du marié

Période suivant le mariage durant laquelle un homme travaille pour la famille de son épouse ou de sa fiancée.

Dot

Part de l'héritage d'une femme que celle-ci ou son mari reçoit à l'occasion du mariage.

Monogamie

Type de mariage dans lequel une personne est unie à un seul conjoint.

Monogamie successive

Série de relations monogames qu'une femme ou un homme vit l'une à la suite de l'autre.

Les Ouïgours de Chine sont musulmans. Autorisée au sein de cette culture, la polygynie n'est toutefois pas répandue. Comme le stipule l'islam, un homme peut avoir plus d'une épouse, à condition de pouvoir assurer équitablement le bien-être de chacune.

© Earl et Nazima Kowall/Corbis

conjoint, puis de former une nouvelle union monogame. Témoins du phénomène de la monogamie successive, les enfants grandissent avec des parents dont le parcours conjugal est parfois complexe. Dans l'année suivant l'entrée en «monoparentalité» de leurs parents, pas moins de la moitié des enfants québécois auraient vécu avec un beau-parent (Desrosiers et Simard, 2010).

Chez les Afro-Américains vivant dans des quartiers urbains défavorisés, ce phénomène a été largement étudié. Au sein de cette population, des femmes deviennent enceintes très jeunes, sans être mariées au père de l'enfant à naître. Pour subvenir à ses besoins et à ceux de ses enfants, la mère doit trouver un emploi, mais elle a alors besoin de l'aide d'un membre de sa famille, sa propre mère le plus souvent. Par conséquent, les femmes sont souvent chefs de famille. Après quelques années, toutefois, une femme non mariée finit par épouser un homme, qui peut ou non être le père d'un ou de tous ses enfants. C'est dans les milieux défavorisés que ce modèle s'observe le plus couramment.

La polygamie

La **polygamie** est un type de mariage multiple dont fait partie la **polygynie**, soit l'union d'un homme avec plus d'une femme. Chez les Kapaukus de la Nouvelle-Guinée, l'idéal est d'avoir le plus grand nombre d'épouses possible. Une épouse peut même inciter son mari à prendre d'autres épouses (Pospisil, 1963). Elle a en outre le droit de divorcer si elle peut prouver que son mari refuse de prendre d'autres épouses alors qu'il en a les moyens. Dans cette société, il est souhaitable pour les hommes d'avoir plusieurs femmes parce qu'elles travaillent aux champs et prennent soin des porcs, qui constituent la mesure de la richesse. Cependant, ce ne sont pas tous les hommes qui ont les moyens de débourser le prix demandé pour épouser plus d'une femme.

Chez les Turkanas, un peuple de pasteurs nomades du Kenya, le nombre de bêtes mises à la disposition d'une famille est directement proportionnel au nombre de femmes adultes qui peuvent s'en occuper. Plus un homme a d'épouses, plus il y a de femmes pour veiller sur le bétail et plus la famille s'enrichit. La polygynie n'est toutefois pas exempte de difficultés. Il arrive que la jalousie envenime la relation entre les coépouses. Cette jalousie se vit également entre les enfants des différentes épouses, surtout lorsque l'une d'elle a un statut privilégié.

Même si une majorité de sociétés dans le monde acceptent la polygynie, la monogamie reste le type d'union le plus souvent choisi. Dans les sociétés où la polygamie est interdite par la loi, comme en Amérique du Nord, il y a des milliers de personnes qui vivent au sein de ménages polygynes, principalement au sein de la communauté mormone. Dans ces cas, jusqu'à tout récemment, les autorités policières locales appliquaient une politique de «vivre et laisser vivre». En 2011, cependant, un jugement de la Cour suprême de la Colombie-Britannique où vit la communauté mormone de Bountiful suggère que la situation pourrait changer et que la loi

Polygamie

Type de mariage multiple dans lequel une personne est unie simultanément à plusieurs conjoints.

Polygynie

Type de mariage polygame dans lequel un homme a simultanément plus d'une épouse.

canadienne interdisant la polygynie pourrait être davantage appliquée (De Grandpré, 2011).

La polygynie est particulièrement courante dans les sociétés axées sur l'agriculture, où les femmes accomplissent le gros du travail. Puisque le travail des épouses dans un tel ménage est une source de richesse, ces épouses jouissent parfois d'un pouvoir de négociation important. Habituellement, chaque épouse vit avec ses enfants dans sa propre maison, à l'écart des autres épouses et de son mari, qui occupent d'autres maisons au sein d'un grand complexe. Il est à noter que les termes «maison» et «ménage» ne sont pas synonymes, car les occupants de plusieurs maisons peuvent faire partie d'un même ménage, comme dans ce cas-ci.

Un homme peut aussi épouser plus d'une femme pour afficher son statut social élevé. Toutefois, le phénomène est rare dans les cultures où les hommes accomplissent le gros des tâches de production, car

© Alison Wright/Corbis

La monogamie est le type de mariage le plus répandu dans les populations de culture tibétaine. La polyandrie fraternelle n'y est toutefois pas exceptionnelle : deux ou trois frères peuvent prendre une même épouse et vivre sous le même toit. Dans le cadre du mariage, le frère aîné détient généralement l'autorité sur la famille.

ils doivent travailler exceptionnellement fort pour subvenir aux besoins de toutes. Chez les chasseurs-cueilleurs, le mari de plusieurs épouses est donc habituellement un chasseur de talent ou un chaman. Un homme particulièrement riche peut aussi se le permettre dans une société pastorale ou agricole. Certains optent alors pour la polygynie adelphique, où les épouses sont des sœurs. Puisqu'elles ont déjà partagé le même toit avant le mariage, les sœurs continuent de le faire avec leur mari plutôt que de vivre dans des logements séparés.

Si la monogamie et la polygynie sont aujourd'hui les types d'union les plus courants dans le monde, d'autres types plus rares se maintiennent encore. La **polyandrie**, c'est-à-dire le fait pour une femme d'avoir plusieurs époux simultanément, est peu courante : elle s'observe dans moins d'une douzaine de sociétés très éparpillées dans le monde, parmi lesquelles on compte, les Marquisiens en Polynésie et certains peuples de l'Himalaya. Au Tibet, où le patrimoine se transmet par les hommes et où il y a peu de terres arables, des frères peuvent épouser la même femme pour éviter la subdivision constante des terres entre tous les fils d'un propriétaire terrien. Contrairement à la monogamie, la polyandrie limite aussi la croissance démographique et prévient par conséquent l'épuisement des ressources disponibles. Enfin, elle procure à chaque ménage une main-d'œuvre masculine en quantité suffisante. Dans les économies axées à la fois sur l'agriculture, l'élevage et le commerce, la polyandrie fraternelle présente l'avantage de permettre aux frères qui partagent la même épouse de poursuivre les trois activités en même temps (Levine et Silk, 1997).

Le lévirat et le sororat

Lorsqu'un père de famille décède, la tradition veut parfois que sa veuve épouse l'un des frères du défunt. Nommée **lévirat**, cette coutume assure une sécurité à la veuve et à ses enfants. Elle offre aussi un moyen, pour la famille du mari décédé, de conserver un droit de regard sur ses futurs enfants. Le lévirat sert donc à préserver les relations

Polyandrie

Type de mariage polygame dans lequel une femme a simultanément plus d'un époux.

Lévirat

Type de mariage dans lequel une veuve épouse le frère de son défunt mari.

Unir deux femmes afin de conjurer les affres de l'infertilité et de la solitude est possible dans certaines ethnies africaines. Chez les Kikuyus du Kenya, une femme veuve, mariée ou qui n'a pu avoir d'enfants peut épouser, à titre de mari, une femme seule qui a des enfants ou qui est en âge d'en avoir.

© Dave Bartruff/Corbis

existantes. Un homme qui épouse la sœur de sa défunte femme observe plutôt la pratique du **sororat**. Le lévirat et le sororat permettent aux sociétés qui les pratiquent de maintenir les liens entre deux familles, même après la mort d'un des époux. Les frères et les sœurs sont souvent assez nombreux dans ces cultures, où la structure sociale est fondée sur la parenté et où l'on appelle «frères» et «sœurs» des parents que les Nord-Américains considèrent comme des cousins.

Le mariage entre conjoints de même sexe

Bien que le mariage soit défini comme une relation durable de nature sexuelle entre un homme et une femme, il arrive dans certains cas particuliers que le mari soit en fait une femme. Ce type de mariage entre deux personnes de même sexe, qui n'implique pas de relations sexuelles, peut être considéré dans certaines cultures comme une pratique convenable. Dans certains cas, un tel mariage offre un moyen de remédier à des problèmes auxquels le mariage hétérosexuel n'offre pas de solution satisfaisante. C'est le cas notamment de la pratique du mariage féminin que permettent quelques cultures d'Afrique subsaharienne, mais qu'adopte seulement une petite minorité de femmes.

Au Kenya, comme dans d'autres pays africains, certaines ethnies autorisent le mariage entre deux femmes. L'objectif est de permettre à celles qui sont stériles, ou qui n'ont pu avoir d'enfants, de connaître la «maternité» grâce à la progéniture de leur épouse. Chez les Kikuyus, le mariage entre femmes est sobre. On n'échange pas d'anneaux, mais une chèvre est tuée pour l'occasion. Le couple honorera tous les devoirs d'un couple classique, à l'exception, la plupart du temps, des relations sexuelles. Le mari féminin accueillera dans sa maison sa femme avec ses enfants. «Si la femme épousée n'a pas encore de progéniture, elle choisira un homme pour procréer. La relation se fait dans le plus grand secret. Le géniteur ne jouera aucun rôle par la suite, puisqu'il ne sera pas reconnu comme le père. C'est le mari féminin qui sera reconnu comme le père "légal" aux yeux de l'ethnie» (Bangré, 2004).

Pour les Nandis du Kenya, le contrôle du bétail et de la terre est exercé exclusivement par les hommes et ne se transmet qu'aux héritiers masculins (Oboler, 1980). Puisque la polygynie y est privilégiée, les biens d'un homme sont habituellement divisés en parts égales entre ses épouses, afin que leurs fils puissent en hériter. Chaque épouse vit dans sa propre maison avec ses enfants, mais tous relèvent de la responsabilité du mari. Dans cette culture, la femme qui n'a pas de garçon est en mauvaise posture. En effet, non seulement elle ne contribue pas à perpétuer la lignée de son mari, mais elle n'aura pas non plus d'héritier recevant la part prévue des biens de son mari. Pour contourner ce problème, une femme d'âge mûr qui n'a pas eu de garçon peut devenir un mari féminin en épousant une jeune femme. Un tel arrangement permet à l'épouse de donner à son mari féminin les héritiers que ce dernier n'a pu enfanter. Pour ce faire, l'épouse en question entreprend une relation sexuelle avec un homme autre que l'époux de son mari féminin. L'épouse et son partenaire sexuel ne sont liés par aucune autre obligation. Par la suite, le mari

Sororat

Type de mariage dans lequel un veuf épouse la sœur de sa défunte femme.

féminin est légalement et socialement reconnu comme le père de l'enfant à naître. La femme qui devient un mari est censée renoncer à son identité féminine. Dans les faits, cependant, cet idéal est difficile à atteindre. Le mari féminin endosse son identité mâle principalement dans la sphère domestique, traditionnellement plus féminine.

Chez les Nandis, toujours, les conjointes d'un mariage féminin tirent plusieurs avantages d'une telle union. En endossant une identité masculine, une femme stérile ou sans fils améliore son statut social. Pour sa part, la femme qui prend un mari féminin le fait habituellement parce qu'elle ne peut espérer un bon mariage pour différentes raisons, par exemple avoir perdu son honneur à la suite d'une grossesse hors mariage. En épousant un mari féminin, elle améliore aussi sa situation et donne un père à ses enfants. De plus, le mari féminin est habituellement moins exigeant pour son épouse. Il lui consacre plus de temps et lui laisse prendre une plus grande part dans les décisions du ménage. Le mari féminin ne doit cependant pas entretenir de relations sexuelles avec sa partenaire. En fait, le mari féminin est censé renoncer à toute activité sexuelle, même avec son propre époux, auquel il demeure marié, même s'il a maintenant une nouvelle épouse.

Ce type de mariage entre conjoints de même sexe est un exemple de pratique autorisée dans certaines sociétés, mais il exclut les relations sexuelles. Dans ce cas, le mariage revêt davantage un caractère symbolique et économique. Le mariage entre conjoints de même sexe qui permet les relations sexuelles existe, on le sait, et son acceptation est variable selon les sociétés et les époques. En Amérique du Nord, il a fallu attendre longtemps avant que les couples homosexuels obtiennent une certaine reconnaissance. Au Canada, la Loi sur la modernisation de certains régimes d'avantages et d'obligations, promulguée en 2000, a d'abord étendu aux couples homosexuels les droits octroyés aux conjoints de fait. Il s'ensuit que les couples homosexuels sont désormais considérés comme des conjoints de fait et bénéficient des mêmes avantages que ceux-ci, notamment en matière de régimes de retraite et de fiscalité. En 2005, le Canada est devenu le troisième pays au monde à légaliser le mariage des couples de même sexe, après les Pays-Bas (2000) et la Belgique (2003). Aux États-Unis, certains États ont légalisé le mariage entre personnes de même sexe, et accordé aux couples homosexuels des droits, avantages et responsabilités comparables à ceux des couples hétérosexuels.

Les opposants au mariage entre conjoints de même sexe font souvent valoir que le mariage a toujours scellé l'union d'un homme et d'une femme et que seules les relations hétérosexuelles sont normales. Or, comme on l'a vu, aucun de ces arguments n'est fondé. Les anthropologues ont observé que, dans de nombreuses cultures, le mariage entre conjoints de même sexe est jugé acceptable en certaines circonstances. Quant au comportement homosexuel, il est important de se rappeler qu'il est assez courant dans le monde animal, y compris chez les humains (Kirkpatrick, 2000). La seule différence réside dans les modalités qu'ont instituées les cultures humaines pour encadrer cette pratique.

Le divorce

Comme le mariage, le divorce est, dans maintes cultures, une grande préoccupation pour les familles des conjoints. Puisque le mariage est plus souvent une affaire économique qu'une affaire sentimentale, les arrangements venant sceller un divorce peuvent résulter de motivations multiples et présenter des difficultés plus ou moins prononcées. Bien que le divorce soit pratiqué dans de nombreuses cultures, il est fréquent que l'on fasse tout pour l'éviter. Chez certains groupes inuits du Grand Nord canadien, on décourageait le divorce lorsque le couple avait eu des enfants. Les familles des conjoints les incitaient alors à régler leurs différends. Dans d'autres cultures, dont la nôtre depuis la fin des années 1960, le divorce est plus facile à obtenir. Une femme du peuple hopi (sud-ouest des États-Unis) peut par exemple sceller son divorce quand elle le veut. Elle n'a qu'à déposer les effets personnels de son mari sur le seuil de la maison, pour lui indiquer qu'il n'y est plus le bienvenu. De même, le divorce était assez courant chez les Yagans, qui habitaient la pointe sud de la Terre de Feu. Il était même justifié lorsque le mari se montrait cruel ou ne subvenait pas aux besoins de sa femme. Aussi, chez les Gusiis du Kenya la stérilité et l'impuissance sont des motifs de divorce légitimes.

Dans ces sociétés, le divorce peut sembler raisonnable, puisque les enfants sont toujours pris en charge d'une façon ou d'une autre. Dans la plupart des sociétés traditionnelles, les femmes adultes non mariées sont très rares et les femmes divorcées ne tardent pas à se remarier. Chez certains peuples

La famille est une institution difficile à définir en raison de la très grande diversité des formes qu'elle revêt dans le monde. Chez les nomades de Mongolie, comme au Québec, les fêtes de famille réunissent jeunes et aînés autour d'un repas. Regroupée à l'intérieur d'une yourte, cette famille mongole profite de l'occasion pour célébrer et consolider ses liens.

© Liu Liqun/Corbis

de Nouvelle-Guinée, un homme ne prend pas une épouse pour satisfaire ses besoins sexuels, car il peut les assouvir autrement. Il se marie plutôt parce qu'il a besoin d'une femme pour préparer ses repas, tisser des filets et désherber ses champs. Jadis, chez les Aborigènes d'Australie, un homme sans épouse se trouvait dans une situation défavorable, puisqu'il n'avait personne pour lui faire à manger ou l'approvisionner en bois de chauffage.

Si le taux de divorce semble élevé dans certaines sociétés traditionnelles, il demeure très inférieur à celui des sociétés occidentales. Il a atteint un tel point en Occident que nombreux sont ceux qui s'inquiètent de l'avenir du mariage et de la famille. Pour la plupart des couples occidentaux, le mariage demeure toutefois un type d'union dans lequel il est possible de s'épanouir. En unissant deux individus, mais aussi deux familles, cette institution proprement humaine renforce les liens sociaux et encourage la coopération économique. Comme nous le verrons dans la section suivante, le mariage permet aussi la famille, autre institution incontournable créée par les humains. En dépit du grand nombre de divorces au Canada et au Québec, le mariage semble avoir conservé son importance. En général, «la probabilité que le mariage soit un succès est plus élevée chez les personnes qui se marient dans la trentaine, qui n'ont pas vécu en union libre avant le mariage, qui ont des enfants, assistent à des services religieux, détiennent un diplôme universitaire et croient que le mariage est important pour être heureux»(Clark et Crompton, 2006, p. 32).

UNE DÉFINITION DE LA FAMILLE

Longtemps considérée comme l'un des piliers de la société nord-américaine, la famille connaît aujourd'hui une période de bouleversements. Le nombre accru de familles recomposées, mono-parentales ou formées d'individus du même sexe remet actuellement en cause le modèle de la famille nord-américaine. En raison de leur ampleur et de leur nature non traditionnelle, ces changements soulèvent aujourd'hui beaucoup de questions.

Qu'est-ce que la famille ?

En raison de la nature dynamique et diversifiée de la **famille**, il est difficile d'en proposer une définition basée uniquement sur ce que l'on connaît en Occident. Pour la plupart des Nord-Américains, une famille «normale» réunit un père, une mère et leurs enfants. Ici, comme ailleurs dans le monde, cette institution se révèle toutefois plus complexe. Selon une définition plus générale, une famille serait un groupe composé d'une femme, de ses enfants à charge et d'au moins un homme adulte apparenté à ce groupe par le mariage ou par les liens du sang

> **Famille**
> Au sens large, groupe formé par un ou plusieurs adultes et les enfants qu'ils éduquent et socialisent, qu'ils soient ou non leurs parents biologiques.

(Goodenough, 1970). Pourtant, une femme et ses enfants qu'elle élève seule ne forment-ils pas une famille ? Qu'en est-il de deux hommes qui vivent ensemble en concubinage et qui ont des enfants, issus d'une relation hétérosexuelle antérieure ou de l'adoption ? On peut aussi considérer qu'une famille est «un groupe de parents qui éduquent et socialisent leurs enfants (naturels ou adoptés) de façon aimante et attentionnée» (Ingoldsby, 1995).

Les études historiques et comparatives décrivent autant de modèles familiaux que l'imagination humaine est capable d'en concevoir. Le modèle le plus typique en Amérique du Nord n'est en fait ni plus normal ni plus naturel qu'un autre. Il ne peut être considéré comme la norme à partir de laquelle seraient jugés les autres modèles. En effet, ni universelle ni même courante dans l'ensemble des sociétés humaines, la **famille nucléaire**, constituée d'un couple marié ou de conjoints de fait et de leurs enfants à charge, ne serait apparue que récemment dans l'histoire de l'humanité. En Occident, ses racines remontent à une série de règles imposées par l'Église catholique romaine au IVᵉ siècle. Ces règles interdisaient le mariage entre personnes apparentées, décourageaient l'adoption et condamnaient la polygynie, le concubinage, le divorce et le remariage (auparavant tout à fait acceptables).

Ces mesures restrictives ont renforcé les liens conjugaux entre l'homme et la femme, aux dépens des liens «de sang». De même, la lutte menée par l'Église contre la polygynie, le concubinage, le divorce, le remariage et l'adoption a empêché certaines familles d'avoir des héritiers masculins. Puisque les familles sans héritier masculin cédaient leurs avoirs à l'Église catholique romaine, cette dernière est rapidement devenue le plus grand propriétaire terrien en Europe. En s'immisçant de la sorte dans la vie privée des individus, l'Église a redéfini les fondements de la société et s'est enrichie au passage (Goody, 2001). Avec l'industrialisation de l'Europe et de l'Amérique du Nord, la famille nucléaire s'est encore plus isolée de la parenté. Parce que les économies industrielles ont besoin d'une main-d'œuvre mobile, les individus doivent être prêts à déménager là où il y a du travail. Cette mobilité est d'autant plus facilitée lorsqu'on n'a pas de nombreux parents dans son sillage. La famille est ainsi devenue une sorte de refuge servant à échapper à la vie publique alors considérée comme une menace pour l'intimité et la liberté individuelle (Collier *et al.*, 1982).

Bien que la famille soit encore considérée comme le fondement de la société canadienne, sa composition a changé. Le portrait issu des derniers recensements montre que la famille canadienne est en mutation et que la proportion des familles traditionnelles est en baisse. Il y a cinquante ans, presque toutes les familles étaient constituées d'un homme et d'une femme mariés ayant au moins un enfant. Aujourd'hui, ce modèle demeure le plus répandu, mais il est loin d'être unique. En 2006, les couples mariés formaient jusqu'à 69 % de l'ensemble des couples avec ou sans enfant, tandis que les couples en union libre représentaient 16 % (Milan *et al.*, 2007). Selon un sondage réalisé en 2007, une majorité de Canadiens estiment qu'il n'y a plus vraiment de famille typique. Désormais, il faut parler de demi-frères et de demi-sœurs, de beaux-parents ou de parents de même sexe (Institut Vanier, 2010). Depuis un siècle, la taille des familles a aussi beaucoup changé. En 1921, la famille moyenne comptait 4,3 personnes. «Dans la plupart des cas celle-ci était constituée de deux adultes et de 2,3 enfants en moyenne. Tout au long du vingtième siècle, la taille moyenne de la famille n'a cessé de décliner jusqu'à 3,7 personnes en 1971, puis 3,1 personnes au milieu des années 1980, un chiffre qui est demeuré stable jusqu'à nos jours» (Institut Vanier, 2010, p.50). Au nombre des principaux changements on note aussi : la proportion grandissante d'enfants âgés de 4 ans et moins (9 %) ayant une mère dans la quarantaine et la proportion de jeunes adultes âgés de 20 à 29 ans (44 %) qui habitent chez leurs parents (Milan *et al.*, 2007).

Le temps passé en famille en Occident

Les mutations de la famille canadienne semblent s'accompagner d'une diminution du temps alloué à la vie familiale. Ainsi, le temps moyen que les travailleurs consacrent à des activités en présence des membres de leur famille est passé d'environ 4 heures et 10 minutes par jour, en 1986, à environ 3 heures et 25 minutes, en 2005. Parmi les causes de ce phénomène figurent l'augmentation de la durée moyenne du travail rémunéré, l'accroissement de la durée du temps de déplacement pour se rendre au travail, la tendance accrue des travailleurs à regarder la télévision et à

> **Famille nucléaire**
> Regroupement familial et résidentiel constitué d'un couple et de ses enfants à charge.

149

manger seuls, ainsi que la diminution du temps accordé aux repas et aux activités sociales en dehors du domicile (Turcotte, 2007 et 2011).

Même si une majorité de Québécois prétendent souper en famille au moins cinq fois par semaine, il appert que la pratique est moins généralisée qu'autrefois.

> Lors d'un soir typique de semaine, seulement une famille québécoise sur deux dit manger en famille, sans la télévision, avec tous les membres de la famille [...]. Il est intéressant de noter que les jeunes familles se rassemblent plus souvent pour manger que les gens qui ne vivent pas avec de jeunes enfants. La télévision est un membre actif de la famille pour 34 % d'entre elles. (Extenso, 2011, p. 6)

Plutôt que de manger à la même table et au même moment, on mange à des heures différentes ou dans des pièces distinctes, souvent devant son téléviseur. Faut-il s'étonner que certains jeunes de 18 ans avouent être démunis quand ils sont contraints de réapprendre à manger en famille chez un nouveau copain ou une nouvelle copine, dont les parents perpétuent encore la tradition? À ce chapitre, la situation québécoise se distingue. Si les Québécois sont plus nombreux que les autres Canadiens à prendre leurs repas en famille, ils le sont tout de même moins que les Français (Nancy, 2010).

Ces changements ont des répercussions non seulement sur la «vie de famille», mais aussi sur la santé des enfants. Une enquête américaine, révèle en effet que les enfants de moins de six ans qui prennent régulièrement leur souper en famille (au moins cinq fois par semaine), qui ont une période de sommeil adaptée à leur âge ou qui ne regardent la télévision que pendant une durée limitée (moins de deux heures par jour) souffrent moins d'obésité (Anderson et Whitaker, 2010). Selon les chercheurs, manger en famille favoriserait la consommation de fruits et de légumes, permettrait aux enfants d'avoir une alimentation équilibrée et de limiter le grignotage ou encore la consommation de produits gras, salés et sucrés. Il faut savoir qu'aux États-Unis, un enfant sur trois mangerait seul devant la télévision (Nancy, 2010). Une étude canadienne en vient à des conclusions semblables : les enfants qui prennent au moins trois repas en famille, par semaine, sont moins à risque de faire de l'embonpoint, notamment parce que ces repas détournent les enfants de la télévision (Veugelers et Fitzgerald, 2005).

LES TYPES DE FAMILLE

Le type de famille qui s'est constitué en Europe et en Amérique du Nord résulte d'un contexte historique et social particulier. Là où ce contexte est différent, la structure familiale l'est également. C'est pourquoi la façon dont les hommes et les femmes organisent leur vie en commun au sein d'autres sociétés ne saurait être qualifiée de bizarre ou d'exotique. Elle découle plutôt logiquement d'une époque, d'un lieu et d'un cadre social donnés.

Le cas des Mundurucus de la forêt amazonienne du Brésil illustre bien le fait que la famille telle que nous la concevons n'est pas un modèle universel. Dans les villages mundurucus, les hommes vivent tous ensemble dans une maison avec tous les garçons âgés de 13 ans ou plus. Pour leur part, les femmes habitent ensemble et avec les garçons plus jeunes dans deux ou trois maisons entourant celle des hommes. Les hommes et les femmes mariés font partie de **ménages** séparés et se rencontrent périodiquement pour satisfaire leurs besoins sexuels.

Partout dans le monde, les hommes et les femmes cohabitent dans des groupes résidentiels aux caractéristiques très variées d'une culture à l'autre. Chez les Mundurucus, la «maison» des hommes constitue un ménage, alors que chaque maison des femmes représente un ménage distinct. Bien que, dans certains cas, chaque résidence abrite un ménage, il arrive aussi qu'un «foyer» soit composé de plusieurs maisons voisines. Toutefois, quelle que soit la forme du ménage, les objectifs poursuivis sont les mêmes: se loger, coopérer pour assurer la subsistance du groupe, organiser le partage et la consommation de la nourriture et veiller à l'éducation des enfants.

Universel, le ménage ne doit toutefois pas être confondu avec la famille. Deux couples peuvent habiter une même résidence et constituer ainsi un ménage, sans pour autant faire partie de la même famille. Parfois, des personnes vivent ensemble sans avoir aucun lien de parenté : deux amis peuvent être colocataires pendant des années, former un ménage et ne jamais devenir apparentés. Cependant, dans la grande majorité des cultures, la famille demeure le

> **Ménage**
> Unité résidentielle de base chargée de l'organisation de la production économique, de la consommation, de l'éducation des enfants et du gîte.

© Jacques Langevin / Sygma / Corbis

Quelque 40 000 Mosuo pratiquent l'agriculture et l'élevage sur les contreforts de l'Himalaya, à proximité du Lac Lugu, en Chine. Hommes, femmes et enfants vivent au sein de familles dites « consanguines ». Chez eux, les couples ne cohabitent ou ne s'épousent que rarement. En dépit des exhortations du gouvernement chinois, qui s'efforce de les convertir à un type de famille plus classique, les Mosuo s'accrochent à leurs traditions.

noyau de base du ménage. Il s'y greffera tantôt des domestiques ou des apprentis, tantôt des parents éloignés ou simplement des amis.

La famille consanguine

Les types de famille sont nombreux. Il faut tout d'abord distinguer la famille conjugale, formée à la base par des individus liés par les liens du mariage ou de l'union de fait, et la **famille consanguine**, formée par des individus liés par les liens du sang. Les familles consanguines ne sont toutefois pas courantes. Chez les paysans Mosuo du Yunnan, en Chine, on ne se marie généralement pas (Cai, 1998). « Jurer de s'appartenir mutuellement revient à se rabaisser et à ravaler l'autre au rang de marchandise. Personne n'a le droit de s'approprier un autre être ou de se donner à lui. Le mariage ou même tout simplement l'amour à l'occidentale, qui supposent la fidélité et l'exclusivité, sont ici hautement immoraux » (Taubes, 1998, p. 62). Les enfants de cette minorité ethnique ne connaissent généralement pas leur père biologique. Même lorsqu'ils connaissent l'identité de leur géniteur, ce dernier n'est jamais perçu comme une personne pouvant exercer sur eux une autorité quelconque. Contrairement à ce que l'on observe dans bien des cultures, le père biologique n'a ici aucun devoir à l'égard des enfants qu'il a contribué à mettre au monde (Cai, 1998).

Chez les Mosuo, les enfants résident habituellement avec leur mère, chez leur grand-mère maternelle, où habitent aussi les filles et les fils de cette dernière. La plupart des hommes et des femmes restent ainsi toute leur vie avec leurs frères et sœurs. Ils élèvent ensemble les enfants de ces dernières, que leurs frères considèrent comme leurs propres enfants. Pendant que les sœurs reçoivent la nuit des visiteurs furtifs (leurs amants), les frères visitent d'autres maisonnées féminines (Xiaodan, 2009). Un homme Mosuo n'a des droits et des devoirs que dans la maison où il est né. Chez la femme qu'il visite la nuit, il est seulement un invité. Le matin, à l'aube, il retourne dans la maison de sa mère et de ses sœurs (Cai, 1998).

Les Mosuo subissent des pressions de la part du gouvernement chinois qui souhaiterait les voir abandonner leur système matrimonial et adopter de nouvelles pratiques. Leurs traditions sont menacées par l'hégémonie culturelle des Chinois et le développement économique de leur région. Des routes sont construites, l'électricité installée. La beauté du lac Lugu à proximité duquel ils habitent et leur culture singulière sont devenues des attraits touristiques. La famille consanguine Mosuo résiste aux assauts répétés du gouvernement, mais elle est aujourd'hui plus que jamais menacée. Plusieurs villages, davantage touchés par le tourisme, ont commencé à se plier au modèle chinois dominant où l'épouse rejoint la maisonnée de son époux. De matrilinéaire qu'elle était, la société Mosuo subit donc des pressions pour devenir patrilinéaire, comme c'est le cas en général dans la population chinoise (Mattison, 2010).

Les Mosuo ne sont toutefois pas uniques. On trouve de semblables familles consanguines en Europe. Chez les pêcheurs catholiques de l'île de Tory, en Irlande, on ne se marie pas avant la fin de la vingtaine ou le début de la trentaine. On manifeste alors énormément de résistance à mettre fin à la cohabitation entre frères et sœurs. Briser cette cellule familiale pour se marier constitue une sorte d'atteinte à l'intégrité de leur idéal familial (Collard, 1994). « Vous savez, je dois prendre soin de mes sœurs et de mes frères. Pourquoi quitter la maison pour aller

Famille consanguine

Regroupement familial et résidentiel constitué d'individus liés par le sang, donc de frères et de sœurs cohabitant avec leur mère sous un même toit, parfois avec les enfants de leurs sœurs.

151

vivre avec un mari ? Après tout, ses propres frères et sœurs s'occupent de lui » (Fox, 1981). Comme la collectivité ne totalise que quelques centaines de personnes, les maris et les femmes ne sont cependant jamais très éloignés les uns des autres.

La famille nucléaire

Le type d'unité conjugale que les Nord-Américains connaissent le mieux est la **famille nucléaire**. Malgré son récent déclin, celle-ci est encore largement considérée comme « la norme ». Au Canada, comme aux États-Unis, lorsque les enfants se marient, il n'est pas concevable qu'ils continuent d'habiter chez leurs parents, sauf dans certaines circonstances exceptionnelles. Il est également rare qu'un couple héberge ses parents âgés. Les résidences pour personnes âgées offrent des services adaptés à leurs besoins. Le fait de loger ses parents chez soi est considéré par certains non seulement comme un fardeau économique, mais aussi comme un danger pour la survie du couple qui perdrait son intimité.

La famille nucléaire a aussi tendance à prédominer dans les sociétés de chasseurs-cueilleurs. Autrefois, pendant l'hiver, les familles nucléaires inuites parcouraient les vastes étendues arctiques à la recherche de nourriture. Les hommes chassaient, pêchaient et construisaient leurs abris. Les femmes cuisinaient, s'occupaient des enfants, cousaient et réparaient les vêtements. La femme et les enfants ne pouvaient pas survivre sans le mari. De même, la vie d'un homme était inimaginable sans son épouse. Généralement autonome, la famille nucléaire inuite se joignait parfois temporairement à d'autres familles quand les sources de nourriture se raréfiaient et qu'il fallait plus de travailleurs pour la trouver. Toutefois, même pendant les périodes de rassemblement où les familles collaboraient quotidiennement, la famille nucléaire demeurait l'unité de base et chaque famille était libre d'aller où elle le souhaitait (McMillan, 1995).

La famille nucléaire est bien adaptée à une vie qui nécessite une grande mobilité géographique. Chez les chasseurs-cueilleurs, cette mobilité permet de trouver de la nourriture. Dans les sociétés industrialisées, elle facilite l'accès à l'éducation et aux emplois. Tout comme les autres types de famille, les familles nucléaires doivent affronter certaines difficultés. C'est notamment le cas dans les sociétés industrielles modernes, où la famille ne forme plus que rarement une unité de production. Comme les individus habitent parfois loin de leur famille

d'origine, obtenir du soutien en cas de besoins peut s'avérer compliqué. Cet éloignement signifie qu'aucun membre de l'une ou l'autre des familles n'est disponible pour aider les nouveaux conjoints.

L'isolement par rapport à la parenté a aussi pour effet qu'une future jeune mère peut devoir affronter la grossesse et l'accouchement sans l'assistance des membres de sa famille. Pour être accompagnée ou conseillée, elle doit plutôt s'adresser à des étrangers (médecin ou sage-femme), se tourner vers des amies ou s'appuyer sur l'information donnée dans des livres. Le problème se poursuit après l'accouchement, étant donné l'absence de femmes expérimentées à proximité et de modèles précis à suivre pour l'éducation des enfants. S'occuper d'un enfant et élever une famille n'est pas toujours facile. Encore aujourd'hui, les jeunes mères, mais aussi les pères, apprécient se tourner vers leurs parents respectifs pour apprendre à affronter les difficultés inhérentes à la maternité et à la paternité. Quand cela est possible, même si elle habite loin, la grand-mère d'un nouveau-né cherchera à aider sa fille et n'hésitera pas, au besoin, à venir séjourner chez elle pour un certain temps.

La famille nucléaire peut aussi engendrer du souci chez certains couples âgés contraints de vieillir loin de leurs enfants. Contrairement à la coutume prévalant dans de nombreuses cultures, en Amérique du Nord, ces derniers ne sont plus tenus de s'occuper de leurs parents vieillissants. Dans les cultures où les enfants adultes se sont toujours occupés de leurs parents plus âgés, la démographie changeante et l'adoption de nouvelles politiques gouvernementales mettent parfois en péril ces traditions. La politique chinoise de l'enfant unique, mise en place en 1978, était destinée à contrer l'explosion démographique. Cependant, des enfants moins nombreux aujourd'hui donnent aussi de futurs adultes moins nombreux pour s'occuper des personnes âgées. Il s'agit d'une situation inquiétante en Chine, puisque aucune infrastructure n'a été mise en place pour endosser les responsabilités qu'assumaient auparavant les grandes familles. Au Québec, on parle désormais d'aidants naturels pour désigner ceux qui acceptent d'assumer cette tâche auprès de parents en perte d'autonomie.

> **Famille nucléaire**
>
> Regroupement familial et résidentiel composé d'un couple et de ses enfants à charge.

Les Mayas de la région du lac Atitlán, au Guatemala, vivent parfois au sein de ménages composés de familles étendues. Cette pratique, rare chez les Québécois d'aujourd'hui, pouvait jadis être observée en milieu agricole, quand deux frères exploitaient conjointement la ferme paternelle.

Offert par Gabrielle Rivard/Optimonde

La famille étendue

En Amérique du Nord, les familles nucléaires n'ont jamais été aussi indépendantes et isolées que depuis la révolution industrielle. Auparavant, dans les sociétés agraires, les individus vivaient couramment au sein d'une **famille étendue**. Ce type de famille comprenait des grands-parents, la mère et le père, leurs enfants, parfois un oncle et une tante ainsi que des cousins. Toutes ces personnes vivaient et travaillaient ensemble. Comme les membres de la génération suivante amenaient leur mari ou leur femme vivre au sein de la famille, les familles étendues, tout comme les familles consanguines, présentaient une continuité dans le temps.

Au XIXᵉ et au XXᵉ siècle, dans plusieurs régions rurales du Québec, on pouvait observer la «famille souche», composée de l'héritier-successeur de la ferme familiale, de son épouse, de ses enfants et de ses propres parents (Verdon, 1987). Lors du mariage de ce fils choisi comme successeur, ou quelques années après, les vieux parents lui cédaient leur ferme. «Ce faisant, ils veillaient à ce que le fils désigné par la donation ait assez de terres pour satisfaire à l'obligation d'entretenir les vieux parents, tout en élevant sa famille» (Collard, 1999, p. 74). Les conditions liées à la donation étaient généralement exigeantes. Si des enfants plus jeunes étaient encore à la maison, il incombait à l'héritier de les aider à s'établir. La charge de ses sœurs célibataires lui revenait également d'office. Les célibataires ne restaient généralement pas longtemps avec l'héritier-successeur et leurs vieux parents. Dans Charlevoix, il en allait de leur honneur de s'établir de façon indépendante. Il est intéressant de remarquer que les fils célibataires pouvaient aussi succéder à leur père et prendre en charge la ferme familiale. Comme la présence de personnes des deux sexes était indispensable à l'exploitation d'une ferme, il n'était

pas rare de voir cet héritier célibataire cohabiter avec une ou plusieurs de ses sœurs non mariées (Collard, 1999). Ces «vieux garçons» et «vieilles filles», comme on les appelait au Québec, constituaient alors une famille consanguine.

Les familles étendues n'ont pas totalement disparu au Canada. En 2006, chez les personnes âgées de 65 ans ou plus, 8 % des femmes âgées vivaient avec leurs enfants adultes et 7 % avec des personnes apparentées, alors que ces mêmes proportions étaient de 2 ou 3 % chez les hommes âgés (Milan et Vézina, 2011). Bien que la pratique soit pour ainsi dire impensable dans la majorité des sociétés traditionnelles, de plus en plus d'aînés vivent seuls dans les sociétés industrialisées. Au total, 37 % des femmes âgées de 65 ans et plus vivaient ainsi en 2006, ce qui est plus du double de la proportion enregistrée chez les hommes âgés (17 %) (Milan et Vézina, 2011). Au Québec, à mesure que l'âge des aînés augmente:

> [...] la vie hors famille se traduit principalement par la vie en solitaire et non avec d'autres personnes, qu'elles soient apparentées ou non: ainsi, près de trois aînés sur dix vivent seuls entre 65 et 74 ans. Cette proportion atteint un sommet entre 75 et 84 ans, avec près de quatre aînés sur dix. Après 85 ans, une proportion tout aussi importante vit en ménage collectif (maisons de repos, résidences pour personnes âgées, hôpitaux, etc.). (Dallaire, 2011, p. 316)

Bien que le phénomène des familles dites «multi-générationnelle» ou «bigénérationnelles» attire aujourd'hui l'attention (Boulianne, 2005), à peine

Famille étendue

Regroupement familial et résidentiel composé de couples apparentés incluant souvent plusieurs générations d'individus.

153

un aîné québécois sur dix cohabitait avec un ou plusieurs de ses enfants en 2006. En 2010, sept ans après avoir commencé son enquête, l'anthropologue Manon Boulianne a effectué un suivi pour savoir ce qu'il était advenu des familles qui avaient été interviewées. Même si certaines familles avaient cessé de cohabiter, une majorité continuait de le faire, les avantages de la cohabitation intergénérationnelle demeurant essentiellement inchangés, soit une certaine sécurité, des dépenses de logement moins lourdes, une meilleure sociabilité et de l'entraide. Certaines difficultés persistaient cependant, notamment en ce qui a trait aux attentes des aînés jugées trop grandes par leurs enfants, ainsi que la perte d'intimité du plus jeune couple. Les aînés, quant à eux, relevaient le fait qu'on les considérait disponibles pour s'occuper de leurs petits-enfants sans le leur avoir demandé au préalable (Cliche, 2010).

Les Mayas du Guatemala et du sud du Mexique vivent aussi dans des ménages composés de familles étendues (Vogt, 1990). Dans bon nombre de ces collectivités, le fils emmène son épouse vivre dans une maison bâtie d'un côté d'une petite place ouverte, où la maison de son père est déjà érigée sur un autre côté. De nombreuses activités domestiques se déroulent sur cette place: les femmes tissent, les hommes reçoivent des amis et les enfants jouent ensemble. Le chef de famille est le père du fils, qui prend la plupart des décisions importantes. Tous les membres de la famille œuvrent ensemble pour le bien commun et transigent avec les autres familles en tant qu'entité unique.

Chez les Iroquois du sud du Québec et de l'Ontario, les familles étendues, qui vivaient ensemble dans un seul ménage, formaient souvent une unité sociale importante. Les Hurons et les Iroquois vivaient au sein de familles étendues dans des villages de maisons longues recouvertes d'écorce, dont chacune logeait plusieurs familles. Cette structure familiale étendue s'était instaurée dans le cadre d'une économie horticole combinant l'agriculture, la cueillette de plantes sauvages, la pêche et la chasse. Après le mariage, l'époux allait s'installer avec son épouse dans la maison de sa belle-famille. Les femmes travaillaient ensemble, cultivaient des haricots, du maïs, des courges et cueillaient des plantes sauvages, pendant que les maris défrichaient les terres, chassaient et pêchaient (MacMillan, 1995).

Les familles polygames

Pour les Nord-Américains, la famille polygame suscite la curiosité. En règle générale, dans les **familles polygynes**, les coépouses occupent des espaces distincts au sein de l'enceinte résidentielle ou de la maison. Chez les Peuls sédentarisés du Sénégal, par exemple, l'époux polygyne n'a pas toujours ses «appartements». Il arrive qu'il doive se contenter d'être «hébergé», en alternance, par ses épouses. Dans certaines familles wolofs sénégalaises, des filles diront que leur mère biologique est leur mère et que l'autre épouse de leur père, avec laquelle elles vivent aussi, est une bonne amie ou l'équivalent d'une tante dont on est proche.

Cela étant dit, comme dans tous les types de famille, la situation peut devenir conflictuelle et problématique, particulièrement pour les femmes. La plupart du temps, la tension dans les familles polygynes vient de la rivalité et des conflits susceptibles de naître entre les coépouses. Les différentes épouses d'un homme doivent être en mesure de s'entendre pour réduire au minimum les querelles et les sources de jalousie. À cette fin, certaines cultures prévoient pour chaque femme une maison séparée, dans laquelle l'homme réside en alternance. Un tel système empêche le mari de privilégier une ou quelques épouses au détriment des autres.

La polygynie est parfois difficile pour les femmes, mais pas toujours. Dans certaines sociétés, les femmes disposent d'une large autonomie économique. Dans les cultures où le travail des femmes est fastidieux, la polygynie favorise le partage de la charge de travail et son exécution en commun. Les familles polygynes permettent aussi de résoudre certains problèmes économiques. Chez les pasteurs hawazamas du Soudan, une épouse et ses enfants vivent dans un camp nomade et pratiquent l'élevage, alors qu'une deuxième épouse et ses enfants vivent dans une ferme et cultivent la terre. Ainsi, chaque partie de la famille s'occupe soit d'un troupeau soit d'une ferme, ce qui augmente ses possibilités de survie dans un milieu difficile (Michael, 2001).

Dans les **familles polyandres**, deux caractéristiques structurelles peuvent engendrer des difficultés. D'abord, les maris plus âgés ont tendance à dominer les plus jeunes. Ensuite, dans un contexte de

---

Famille polygyne

Regroupement familial constitué d'un homme, de ses épouses et de leurs enfants à charge.

Famille polyandre

Regroupement familial constitué d'une femme, de ses époux et de leurs enfants à charge.

Offert par Louis Roy/Sirius

Au Sénégal, la polygynie est permise. On la pratique autant chez les Wolofs que chez les Peuls, comme ici. Ces deux femmes partagent un même mari, le chef de leur petit village. Chacune occupe un appartement distinct à l'intérieur du bâtiment qui leur tient lieu de résidence. Comme il s'agit d'une norme sociale, les deux femmes ne semblent pas trop incommodées par la situation. Elles rappellent fréquemment à leur époux qu'il est de son devoir de les traiter équitablement.

polyandrie fraternelle (où les coépoux sont des frères), les cadets sont souvent beaucoup plus jeunes que leur épouse. En conséquence, les possibilités de reproduction d'un jeune mari sont moindres que celles des époux plus âgés. Chez des résidents du Kinnaur, au nord de l'Inde, les femmes ayant épousé deux frères les avertissent qu'ils ont intérêt à s'entendre pour le bien de la famille. Même si elles peuvent avoir un préféré, elles ne doivent pas le laisser paraître. Comme le système respecte des règles strictes d'organisation, les femmes savent généralement qui est le père biologique de leurs enfants (Hee Yha, 2007). Pour leur part, les coépoux devront traiter équitablement tous les enfants de la famille, qu'ils en soient ou non les géniteurs.

Les familles recomposées

Contrairement à ce que l'on pourrait penser, les familles polygames sont tout aussi organisées et fonctionnelles que les familles nucléaires. Elles ne sont pas plus complexes à gérer que les familles dites «recomposées» (ou «reconstituées») qui se multiplient au Québec et où l'instabilité conjugale associée aux ruptures d'union constitue l'un des

principaux changements que connaissent les jeunes dans leur environnement familial. Au Québec, la proportion de familles dites «intactes» a régressé au cours de la dernière décennie, pour atteindre 64 % de toutes les familles (biparentales et monoparentales) avec enfants. Inversement, pendant la même période, les **familles recomposées** ont gagné en importance. En 2006, ces dernières représentaient 14 % des familles biparentales québécoises (Dallaire, 2011).

Comme les couples se séparent alors que les enfants sont de plus en plus jeunes, la possibilité que ces jeunes vivent en famille recomposée a augmenté. Avant, on se séparait quand les enfants étaient adolescents. Aujourd'hui, la moyenne d'âge des enfants dont les parents se séparent est de six ans (Desrosiers et Simard, 2010). Nombreux donc, aujourd'hui, sont les enfants québécois qui, après la rupture de leurs parents, voient s'ajouter à leur réseau familial de nouvelles figures telles que le nouveau conjoint du parent et des demi-sœurs ou demi-frères avec lesquels ils n'ont aucun lien biologique (Desrosiers et Simard, 2010). Lorsqu'ils entrent dans une famille recomposée, les enfants ont auparavant connu la séparation de leurs parents et, possiblement, une période de vie en famille monoparentale. «Ils doivent s'adapter à cette troisième situation qui est souvent associée à d'autres changements : déménagement, nouvelle garderie ou école, modification des liens avec le parent d'origine» (Charbonniaud, 2011, p. 1).

La hausse du nombre de familles recomposées augmente la taille de certaines familles, et ce, même si au Québec, les familles avec enfant unique demeurent les plus fréquentes. En 2006, près de trois enfants québécois sur dix n'avaient ni frère, ni sœur. La proportion des enfants vivant en famille nombreuse (soit trois enfants ou plus) continue de décliner. Cela dit, récemment, la progression du

Famille recomposée

Regroupement familial dans lequel cohabitent des enfants issus d'une union antérieure de l'un ou l'autre ou des deux conjoints.

nombre de familles recomposées et de la proportion de familles immigrantes a vraisemblablement contribué à hausser la proportion d'enfants vivant dans une famille de quatre enfants ou plus (Dallaire, 2011).

Les familles monoparentales

Un peu partout dans le monde, la monoparentalité touche davantage les femmes. En Amérique du Nord, le nombre des **familles monoparentales** dirigées par une femme a considérablement augmenté. Cela s'explique surtout par la hausse du nombre de ruptures d'union. En 2006, un peu plus du quart des familles canadiennes étaient monoparentales. Au Québec la proportion de familles monoparentales augmente en fonction de l'âge du plus jeune enfant : «Lorsque celui-ci a entre 0 et 4 ans, 14 % des familles avec enfants sont monoparentales, comparativement à 37 % lorsque le plus jeune des enfants a 18 ans ou plus» (Dallaire, 2011, p. 13). Au Canada (80 %) comme au Québec (78 %), la grande majorité de ces familles sont dirigées par une femme. Cette dernière doit alors répondre seule aux besoins quotidiens des ses enfants et assurer leur éducation. Le phénomène en soi n'est pas nécessairement problématique. De nombreuses femmes monoparentales font des miracles pour faire vivre leur famille et instruire leurs enfants. Aidées par leur entourage, elles n'ont parfois rien à envier aux familles biparentales.

Le quotidien de ces mères demeure cependant précaire. «Elles doivent composer avec le fait d'être l'unique pourvoyeuse de la famille et de devoir assurer à leurs enfants un service de garde convenable et un logement décent, tous deux souvent inabordables. Beaucoup tentent aussi de peine et de misère à concilier travail, études/formation, bénévolat et responsabilités familiales» (Campagne 2000, 2011, p. 8). À la suite d'un divorce, le père doit généralement verser une pension alimentaire, mais il n'est pas toujours en mesure de le faire. Quand il en verse une, elle est parfois insuffisante pour couvrir les coûts de l'alimentation, des vêtements, des soins médicaux et des services de garde. Preuve que la monoparentalité est aussi désavantageuse sur le plan financier, le taux de faible revenu après impôt des familles est nettement plus élevé dans les familles monoparentales que dans les familles biparentales. Au Québec, en 2007, le taux était de 21 % chez les familles monoparentales, comparativement à 4 % chez les familles biparentales (Dallaire, 2011).

Au Québec, en 2006, 71 % des mères seules ayant au moins un enfant mineur occupaient un emploi, mais 27 % d'entre elles ne détenaient pas de diplôme d'études secondaires. À titre de comparaison, seulement 15 % des mères québécoises vivant en couple étaient aussi peu scolarisées (Dallaire, 2011). De manière générale, quand les femmes possèdent des compétences égales, elles sont souvent moins bien rémunérées que les hommes qui effectuent le même travail. Comme le nombre de familles monoparentales a augmenté, il n'est donc pas surprenant que le nombre de femmes (et, bien entendu, d'enfants) qui vivent sous le seuil de la pauvreté ait aussi grimpé. À ce chapitre, on ne peut que s'inquiéter du fait que les femmes avec enfants de 0 à 4 ans en situation de monoparentalité se démarquent par leur faible propension à joindre le marché du travail. Au Québec, en 2006, seulement 53 % d'entre elles y étaient parvenues (Dallaire, 2011).

Ce phénomène n'est pas propre au Québec. Différentes études démontrent qu'au Canada, en Australie et aux États-Unis plus de la moitié des enfants de mères seules vivent sous le seuil de pauvreté (Langlois, 2005). Des données confirment que les familles monoparentales canadiennes dirigées par une femme demeurent parmi les plus pauvres au pays. En 2011 au Canada, 52 % des mères seules avec des enfants de moins de 6 ans étaient en situation de pauvreté (Campagne 2000, 2011). En 2006, 41 % des familles monoparentales québécoise avec un enfant avaient un revenu familial annuel inférieur à 30 000 $ (Dallaire, 2011). Alors qu'une famille biparentale avec un enfant à charge gagnait en moyenne 66 005 $ après impôt, une famille monoparentale type ne gagnait que 35 852 $ (Dallaire, 2011).

Le phénomène des familles monoparentales n'est ni nouveau ni limité aux sociétés industrielles. On observe depuis longtemps ce type de famille dans les pays du Sud. En Afrique subsaharienne, par exemple, le veuvage demeure la principale cause de monoparentalité. Cependant, dans les Antilles, les mères dites «désertées» sont de plus en plus nombreuses. Ce phénomène résulte du fait que le père doit partir travailler au loin. Dépendants de leur employeur et privés d'une rémunération adéquate, ces hommes doivent souvent abandonner

Famille monoparentale

Regroupement familial constitué d'une mère ou d'un père, sans conjoint ou conjointe, habitant avec son ou ses enfants.

derrière eux femmes et enfants. Les mères n'ont alors d'autres choix que d'assurer pour ainsi dire seules le bien-être matériel de leurs enfants.

Les familles homoparentales

En Europe de l'Ouest et en Amérique du Nord, on retrouve des **familles homoparentales**, donc constituées de conjoints de même sexe avec enfant. «Le terme *homoparentalité* qualifie des situations familiales diverses: celles où les enfants sont arrivés alors que l'homosexualité de leurs parents était déjà vécue et assumée, et celles où ils sont nés d'une union hétérosexuelle avant que l'un des parents ne recompose un foyer avec une personne du même sexe» (Gross et Mehl, 2011, p. 96). En France, la plupart des lesbiennes désireuses de devenir mère ont recours à l'insémination artificielle avec donneur tandis que les gais ont le plus souvent des enfants en coparentalité. «Il s'agit pour un homme et une femme sans vie conjugale commune de concevoir et d'élever un enfant au sein de deux foyers: un foyer paternel et un foyer maternel. Dans la coparentalité, l'enfant a un père et une mère et peut avoir deux parents additionnels que sont le compagnon du père et la compagne de la mère» (Gross et Mehl, 2011, p. 96). Comme «materner» rime généralement avec féminité, le fait pour des lesbiennes d'élever des enfants semble davantage naturel, voire acceptable. De toute évidence, c'est surtout «l'homoparentalité au masculin qui questionne la norme, avec au mieux une inquiétude liée à l'absence de mère et au pire une suspicion de pédophilie qui se profile chez les plus homophobes» (Gross et Mehl, 2011, p. 96).

Au Québec, l'homoparentalité est une réalité sociale, mais aussi juridique. Des milliers d'enfants québécois vivent avec des mères ou des pères qui ont une relation amoureuse avec une personne de même sexe. C'est une maman divorcée qui a la garde de son enfant et qui refait sa vie avec une femme; c'est un homosexuel que le désir de paternité a conduit à concevoir un enfant avec une amie alors qu'il vit avec un homme; c'est un gai ou une lesbienne ayant eu des enfants alors qu'ils vivaient en couple hétérosexuel. Depuis 2002, un mécanisme prévu par la loi permet à la conjointe d'une mère lesbienne d'être reconnue elle aussi comme la mère de l'enfant de sa conjointe (Joyal, 2006). Depuis lors, les couples de même sexe et les enfants de familles homoparentales bénéficient sensiblement des mêmes droits que les autres types de famille. Pour atteindre l'égalité sociale, l'acceptation et le respect, ces nouvelles familles doivent cependant encore surmonter de nombreux obstacles (CFH, 2009).

Même si 9 % des Canadiens vivant au sein d'un couple de même sexe avait un enfant en 2006 (Milan *et al.*, 2007), la famille homoparentale demeure controversée. Des préjugés persistants circulent sur l'homoparentalité. Les familles homoparentales se heurtent notamment aux préjugés défavorables concernant leurs compétences parentales. Leurs opposants expriment aussi des inquiétudes concernant l'influence des parents gais et lesbiens sur le développement sexuel, psychologique et social de leurs enfants. Pourtant, les craintes que de telles familles soient préjudiciables au bien-être affectif ou physique des enfants se sont révélées non fondées. En fait, rien n'indique que les enfants vivant dans des familles gaies ou lesbiennes diffèrent des autres enfants sur le plan scolaire, psychologique, social et sexuel.

LES MODÈLES DE RÉSIDENCE

Cinq modèles courants de résidence s'offrent à un couple de nouveaux mariés. Il y a d'abord la **résidence patrilocale**, comme chez les Mayas, où l'épouse va habituellement vivre avec les parents de son époux. Pour cette raison, la nouvelle mariée doit souvent déménager dans une autre localité que celle où elle a vécu avec ses propres parents. Dans ce cas, la famille de ses parents perd non seulement les services d'un membre utile, mais aussi ceux de son éventuelle progéniture. En conséquence, la famille de la mariée reçoit habituellement une certaine compensation, tel le prix de la fiancée. Les cultures qui favorisent ce modèle sont souvent celles où les hommes jouent un rôle économique prédominant.

Un deuxième modèle est la **résidence matrilocale**, où l'homme quitte la maison dans laquelle il a grandi pour aller vivre chez les parents de son épouse.

Famille homoparentale

Regroupement familial constitué de conjoints de même sexe avec enfant.

Résidence patrilocale

Modèle résidentiel selon lequel un couple marié vit dans le lieu associé à la famille du mari.

Résidence matrilocale

Modèle résidentiel selon lequel un couple marié vit dans le lieu associé à la parenté de l'épouse.

Cette option est privilégiée lorsque la femme joue un rôle économique prépondérant. C'est le cas des sociétés horticoles, marquées par une grande coopération entre les femmes. Les Iroquois en offrent un exemple : les femmes s'occupent de l'agriculture, contrôlent l'accès à la terre et sont « propriétaires » de la récolte. Bien que l'homme marié emménage chez sa belle-famille, il reste disponible pour aider sa propre famille de temps à autre. En conséquence, le mariage n'est généralement pas assorti d'une compensation versée à la famille de l'époux.

Un troisième modèle est la **résidence ambilocale**. Elle s'avère particulièrement bien adaptée aux situations requérant la coopération d'un plus grand nombre de personnes que les seuls membres de la famille nucléaire. Cette coopération devient nécessaire pour assurer la survie économique quand les ressources sont limitées. Comme le couple peut se joindre à l'une ou l'autre des deux familles, l'appartenance à la famille est flexible. Les nouveaux mariés peuvent donc vivre à l'endroit le mieux doté en ressources, ou bien là où leur force de travail sera la plus utile. Ce modèle résidentiel est courant chez les peuples de chasseurs-cueilleurs, comme les Pygmées mbutis de la République démocratique du Congo. Généralement, un Mbuti épouse un membre d'une autre bande, de sorte que les parents de l'un des deux vivent dans une autre région. Ainsi, si la quête de nourriture est infructueuse dans son secteur de la forêt, le couple peut aller prospecter cette autre région. Grâce à l'ambilocalité, les Mbutis sont beaucoup plus susceptibles de trouver de la nourriture. L'ambilocalité offre aussi un endroit où se réfugier en cas de conflit avec un membre de la bande où vit le couple. En conséquence, la composition des camps mbutis change constamment, à mesure que certains partent vivre avec leurs beaux-parents et que d'autres arrivent en provenance d'autres groupes. Puisque les chasseurs-cueilleurs maintiennent un ordre social égalitaire, la résidence ambilocale est pour eux un facteur crucial de survie et un élément clé du règlement des conflits.

En vertu du quatrième modèle, soit la **résidence néolocale**, un couple marié forme un ménage dans un lieu distinct. Cette option est adoptée lorsque l'indépendance de la famille nucléaire constitue le facteur prédominant. Dans les sociétés industrielles, comme le Québec, la plus grande partie de l'activité économique se déroule à l'extérieur du « foyer », et les individus sont souvent tenus de déménager à proximité de leur emploi. La résidence néolocale représente donc l'option la mieux adaptée à ce type de société.

Dans le cadre de la **résidence avunculaire**, cinquième modèle, le couple marié va vivre avec l'oncle maternel du mari. Privilégiée pour les mêmes raisons que la résidence patrilocale, cette option ne se retrouve toutefois que dans les cultures où la matrilinéarité est jugée cruciale pour la transmission des droits et des biens importants. C'est notamment le cas chez les Trobriandais, où chaque personne est membre d'un groupe de parents dont les droits et les biens sont transmis par la lignée maternelle. Bien que les chefs trobriandais vivent en avuncularité, la plupart des couples mariés adoptent la résidence patrilocale. Ainsi, les fils peuvent assumer leurs obligations envers leurs pères et hériter des biens personnels de ceux-ci. En résumé, ici comme dans toute société humaine, les considérations pratiques jouent un rôle central dans la détermination du lieu de résidence après le mariage.

LES FONCTIONS DE LA FAMILLE

Quelle que soit sa forme, la famille est un élément commun à toute organisation sociale. Fonder la survie individuelle sur la vie en groupe est un trait fondamental des humains. Après avoir hérité ce trait de ses ancêtres primates, l'espèce humaine l'a adapté à ses propres besoins. Il en est de même des fonctions que remplit la famille, qui sont les mêmes d'une culture à l'autre, c'est-à-dire soigner les enfants, les éduquer et former une unité de coopération économique, soit un ménage.

Les soins portés aux enfants

Jusqu'à l'avènement récent du biberon et du lait maternisé, les mères passaient la plus grande partie

> **Résidence ambilocale**
> Modèle résidentiel selon lequel un couple marié peut choisir de vivre dans une résidence matrilocale ou patrilocale.
>
> **Résidence néolocale**
> Modèle résidentiel selon lequel un couple marié élit résidence dans un lieu autre que celui des deux familles.
>
> **Résidence avunculaire**
> Modèle résidentiel selon lequel un couple marié vit avec les oncles maternels du mari.

de leur vie adulte à nourrir et à s'occuper de leurs enfants. Les nourrissons humains ont besoin d'un «maternage» actif en raison de leur état de grande dépendance à la naissance, dépendance qui dure d'ailleurs très longtemps. En fait, dans le monde animal, aucun enfant ne dépend autant des adultes pour veiller sur lui, donc le protéger et le nourrir, que l'enfant humain. Pour survivre, les jeunes humains ont absolument besoin que des adultes s'occupent d'eux.

De plus, des études ont montré que le développement normal des nourrissons exige bien plus qu'un simple apport de nourriture et de soins physiques, et que la mère biologique du nourrisson n'est pas la seule à pouvoir assurer l'ensemble de ces soins. Non seulement d'autres femmes peuvent accorder à l'enfant une grande partie de l'attention dont il a besoin, mais les hommes aussi peuvent s'en charger. D'ailleurs, dans de nombreuses cultures, les hommes cajolent les enfants et les prennent dans leurs bras tout autant que les femmes. Dans certaines cultures, ce sont même les hommes qui s'occupent davantage de l'éducation des enfants, généralement, une fois passée la petite enfance. L'évolution qu'a connue la main-d'œuvre canadienne, et notamment l'augmentation du travail des femmes à l'extérieur de la maison, a fait en sorte que les hommes participent de plus en plus au maternage des enfants. Bien que cela ne soit pas encore courant, certains hommes choisissent aujourd'hui de rester à la maison et de prendre soin de leurs jeunes enfants.

L'éducation des jeunes et l'enculturation

Puisque les façons d'élever les enfants varient beaucoup selon les cultures, elles ont donc fait l'objet de nombreux travaux de recherche anthropologique. Grâce à l'enculturation, les enfants commencent à assimiler leur culture dès leur naissance. Les parents, et surtout les mères, assument la plus grande partie de cette enculturation. Dans la société nord-américaine, l'enfant est idéalement entouré de sa mère, de son père (ou beau-père) et de ses frères et sœurs, mais ce n'est pas toujours le cas. Au sein d'autres cultures, le père biologique n'a parfois que de rares contacts avec ses enfants pendant leur petite enfance ou ne vit simplement pas avec leur mère. Dans de tels cas, les oncles maternels jouent souvent un rôle important dans l'éducation de leurs neveux et nièces. Les grands-parents, les autres femmes du père, les oncles paternels et les tantes maternelles (sans oublier leurs enfants) sont aussi des acteurs clés dans le processus d'enculturation. Dans certaines sociétés, dont le Québec, les éducatrices en garderie et les enseignants participent également au processus d'enculturation. Il faut toutefois ajouter que les enfants apprennent par observation et expérimentation une grande part de ce qu'ils ont besoin de savoir.

Le développement de la conscience de soi fait partie du processus d'enculturation. Les enfants nord-américains acquièrent généralement cette conscience plus tard que les enfants issus d'autres cultures, peut-être parce qu'ils ont moins de contacts physiques étroits avec leur entourage que ces derniers. Par exemple, les bébés dorment très rarement avec leurs parents en Amérique du Nord, alors qu'ils le font couramment dans des cultures plus traditionnelles,

© Martin Harvey/Corbis

Chez les humains, il n'est pas essentiel que la mère biologique du nourrisson s'occupe seule de lui. D'autres femmes, mais aussi des hommes, peuvent s'en charger. L'attention que ce Pygmée baka porte à son bébé suggère que les pères occidentaux ne sont pas les seuls à partager avec la mère le soin de s'occuper de leurs enfants.

comme celle des Bochimans Ju/'hoansis. Éveillés, ils sont portés la plupart du temps et nourris fréquemment. Dans l'ensemble, un bébé bochiman ju/'hoansi âgé de 15 semaines est en contact rapproché avec sa mère pendant au moins 70 % du temps, comparativement à 20 % pour les nourrissons élevés à la maison dans une famille canadienne typique. Les bébés et les jeunes enfants inuits reçoivent beaucoup d'attention de la part de leur mère et d'autres membres de la famille. Les mères ont tendance à les nourrir sur demande, à les tenir dans leurs bras et à les cajoler presque tout le temps. En fait, les nourrissons inuits sont rarement laissés seuls quand ils sont éveillés. Les adultes inuits se fâchent peu contre leurs enfants et ne les grondent presque jamais, parce qu'ils pensent que ce serait un signe d'immaturité.

La stimulation sensorielle quasi constante dont bénéficient les nourrissons dans plusieurs cultures traditionnelles revêt une grande importance. En effet, des études récentes ont montré qu'elle joue un rôle essentiel dans le développement des circuits neuronaux du cerveau. Le rôle de l'allaitement ne doit pas non plus être négligé. Il s'avère ainsi que plus un enfant est allaité longtemps, moins il est susceptible d'éprouver un trouble déficitaire de l'attention ou d'autres problèmes cognitifs. De plus, les enfants allaités souffrent moins d'allergies, d'otites et de diarrhées et sont moins exposés au syndrome de mort subite du nourrisson (Dettinger, 1997).

La coopération économique

La formation d'un groupe résidentiel (ou ménage) qui comprend des adultes des deux sexes est un bon moyen de faciliter la coopération économique. Partout, les membres d'une même famille s'entraident et se partagent les tâches. En raison de la nature différente des rôles masculin et féminin tels que définis par chaque culture, l'enfant a besoin d'un adulte du même sexe pour lui servir de modèle dans l'apprentissage de son futur rôle d'adulte sexué. La présence d'un homme et d'une femme adultes dans le même groupe résidentiel facilite grandement cet apprentissage.

Tout aussi indiquée que soit la famille pour remplir ces fonctions, elle n'est cependant pas la seule unité apte à le faire. Dans de nombreux groupes de chasseurs-cueilleurs, les adultes qui coopèrent sur le plan économique se partagent à l'occasion la responsabilité de l'éducation des enfants. Ainsi, quand les parents partent à la chasse ou vont cueillir des plantes et des herbes, ils peuvent laisser leurs enfants sur place, car ils savent que les adultes restés au camp s'en occuperont. Chez les Hulis de Papouasie-Nouvelle-Guinée, la coopération prend une tout autre forme. Encore parfois aujourd'hui, homme et femme ne cohabitent pas après leur mariage. Ils vivent dans des résidences différentes et cultivent un lopin de terre distinct. Les jeunes enfants habitent avec leur mère et ses soeurs. Vers l'âge de six ans, les garçons quittent généralement la hutte de leur mère pour aller vivre dans le groupe d'entraide que forment leur père, ses frères et leurs propres garçons.

Comme on le mentionne au chapitre 4, les humains doivent former des groupes de coopération pour assurer leur survie et celle de leurs enfants. Souvent, la sécurité et le destin d'une personne reposent entre les mains des individus qui lui sont apparentés. Dans toutes les cultures, la famille facilite la coopération économique entre les sexes et offre un cadre propice à l'éducation des enfants.

LES SYSTÈMES DE PARENTÉ

Bien que la famille soit efficace, elle n'est toutefois pas capable de relever tous les défis qu'elle affronte. Par exemple, les membres d'une communauté doivent parfois réclamer le soutien et la protection des membres d'un autre groupe. C'est le cas, par exemple, lorsque survient une catastrophe naturelle ou une tragédie humaine. En se joignant à d'autres groupes que le leur, ils peuvent avoir accès à des ressources essentielles dont ils ne disposent pas à un moment précis de leur existence. Par ailleurs, un groupe est souvent tenu de partager les droits d'utilisation de certains moyens de production qui ne peuvent être divisés sans être détruits. Le cas se présente dans maintes sociétés agricoles, où la division des terres devient contreproductive au-delà d'une certaine limite. On peut éviter le problème en attribuant la propriété foncière à une entité permanente.

Parmi les moyens utilisés pour composer avec de telles situations figure la mise sur pied d'un système politique centralisé (*voir le chapitre 8*). Les personnes reconnues par ce système comme détenant l'autorité sont chargées de l'application des lois, du maintien de la paix, de la répartition des ressources et de l'exécution d'autres fonctions juridiques et sociales. Dans certaines sociétés traditionnelles, on recourt plutôt à des groupes dits «de parenté». À ce titre, «les anthropologues considèrent dans l'ensemble que les systèmes de parenté sont élaborés pour maîtriser l'environnement et pour établir, à travers les liens de parenté, des méthodes de transmission des droits de propriété d'une génération à l'autre » (Ghasarian, 1996, p. 75). Le terme **parenté** sera ici utilisé pour désigner le groupe formé par l'ensemble des parents de sang (liens biologiques) et des parents par alliance (mariage) auquel un individu peut s'identifier.

Comme la parenté est d'abord et avant tout un phénomène social, la parenté fictive se révèle souvent tout aussi importante. Cependant, chaque culture établit une distinction entre les parents proches, les parents éloignés et les « étrangers » (non apparentés). Au sein de la société canadienne, la taille du groupe de parenté est influencée par les choix personnels et, dans une moindre mesure, par la proximité géographique, le sexe et la classe sociale (Ramu, 1980). Au Québec, on connaît généralement bien les descendants des quatre grands-parents (les oncles, les tantes et les cousins du premier degré), mais nettement moins ceux des frères et sœurs de ces mêmes grands-parents. Lors d'un mariage ou de funérailles, il arrive de rencontrer les membres de son groupe de parenté éloignée, dont font partie les oncles, les tantes, les cousins et les cousines de ses parents. On cultive en revanche des relations plus étroites avec sa famille immédiate (père, mère, frères et sœurs) et son groupe de parenté rapproché, donc plus intime, (oncles, tantes, cousins, cousines et grands-parents).

Dans de nombreuses sociétés traditionnelles, la parenté constitue le cœur de l'organisation sociale. Les membres de la parenté vivent à proximité les uns des autres et nouent habituellement des liens économiques (propriété des terres ou utilisation de l'eau). Dans les sociétés industrialisées, de nouvelles idéologies fondées sur l'individualisme, la vie privée, la famille nucléaire et la mobilité accrue ont transformé les systèmes de parenté reposant sur la famille étendue. Bien que la parenté n'occupe pas constamment les pensées de chacun, elle exerce tout de même une influence sur la vie de tous. On apprend à connaître sa parenté dès la naissance, de sorte que la façon d'en classer les membres semble rapidement toute naturelle et logique.

Dans maintes cultures, la parenté influence non seulement la façon dont chacun classe ses parents proches ou éloignés, mais aussi l'organisation de sa famille, le soutien qui en est attendu, le choix du futur conjoint et le modèle de résidence qui sera privilégié. Même au Québec, les liens avec certains membres de la parenté rapprochée jouent encore un rôle essentiel dans le bien-être des individus et des familles nucléaires (Ouellette et Dandurand, 2000 ; Fortin, 1987 ; Roberge, 1985). Les groupes de parenté établissent des structures d'entraide, qui s'observent principalement entre les parents et leurs enfants adultes ayant fondé une famille. Ces structures d'entraide interviennent par exemple dans ce qui touche à la garde des enfants durant les vacances, aux travaux de rénovation, à l'aide financière et à l'échange de cadeaux. La parenté n'exige pas nécessairement une proximité résidentielle ou le respect d'obligations et de droits contraignants. Par contre, elle assure le maintien de liens affectifs et d'un réseau de soutien réciproque.

Le Canada est une société multiculturelle fortement influencée par son immigration. Chez les Haïtiens, les Marocains ou les Libanais venus s'établir au Québec, les moyens de transport et de communication modernes permettent de conserver des liens étroits avec les membres de leur parenté restés dans le pays d'origine. Ils cultivent également de solides relations avec leurs parents déjà établis au Canada. Pour eux, la famille immédiate constitue l'unité de base, à laquelle s'ajoutent les membres de la parenté qui habitent à proximité. Chez les nouveaux immigrants, les amis, surtout s'ils sont de la même origine ethnique, remplacent souvent la parenté lorsque celle-ci ne vit pas au Canada. Comme la parenté est d'abord et avant tout un phénomène social, la parenté fictive se révèle souvent tout aussi importante. Chez de nombreux immigrants, mais aussi chez certaines familles québécoises francophones, le groupe de parenté peut aussi comprendre des amis et des voisins, qui sont, *a priori*, de purs étrangers.

LES TYPES DE FILIATION

Lorsqu'une personne meurt, elle laisse derrière elle certains biens, des terres ou de l'argent. « Tout ce patrimoine doit alors passer à quelqu'un d'autre et toutes les sociétés ont émis des règles précises quant à cette transmission » (Deliège, 1996, p. 9). Selon les cultures, la filiation détermine une appartenance plus ou moins exclusive à un ensemble

> **Parenté**
>
> Groupe formé par l'ensemble des parents de sang (liens biologiques) et des parents par alliance (mariage) auquel un individu est associé ou peut s'identifier.

d'individus qui descendent d'un ancêtre commun, réel ou mythique (Ghasarian, 1996). «L'idée centrale est que tous les gens qui sont les descendants d'un même ancêtre se considèrent, et sont considérés par les autres, comme formant un groupe distinct» (Deliège, 1996, p. 10). La filiation, qui n'est pas forcément biologique, constitue ainsi un principe organisant le regroupement d'individus considérés comme apparentés et clarifiant les droits d'un individu sur les biens et les propriétés transmis d'une génération à l'autre.

La filiation unilinéaire

La **filiation unilinéaire** est le principe le plus généralement reconnu pour l'organisation des groupes sociaux et le recrutement de leurs membres. Dans les cultures ayant adopté ce principe, l'individu ne choisit pas sa filiation. Celle-ci lui est attribuée à sa naissance. Le fait d'être considéré comme l'enfant de tel homme ou de telle femme détermine l'appartenance au groupe (Ghasarian, 1996). La filiation unilinéaire est très répandue dans les populations traditionnelles. Chaque individu se voit imposer dès sa naissance l'affiliation à un groupe précis, fondée soit sur la lignée maternelle, soit sur la lignée paternelle.

Dans toutes les cultures, les proches de la mère et du père sont des maillons importants de la structure sociale. La reconnaissance de la filiation patrilinéaire, par exemple, ne signifie pas que les parents de la lignée maternelle ne comptent pas, mais plutôt que, pour ce qui concerne les fins liées à l'appartenance au groupe, ils sont exclus. De la

même façon, selon la filiation matrilinéaire, les proches parents du père n'ont pas voix au chapitre en ce qui concerne l'appartenance au groupe.

La **filiation patrilinéaire** (aussi appelée «filiation agnatique») est la plus répandue des deux types de filiation unilinéaire. Les membres masculins d'un groupe de filiation patrilinéaire partagent un même ancêtre (*voir la figure 6.2*). Les frères et les sœurs font partie du groupe de filiation comprenant leur grand-père paternel, leur père, leurs oncles et tantes paternels, de même que les enfants de leurs oncles paternels. Dans un groupe patrilinéaire type, l'éducation des enfants relève de la responsabilité du père ou de son frère aîné. Une femme fait donc partie du groupe de filiation de son père et de ses oncles paternels, mais ses propres enfants font partie de la lignée de son mari. Il semble exister une étroite relation entre le type de filiation et l'économie d'une culture. De façon générale, la filiation patrilinéaire domine dans les cultures où l'homme est le soutien de famille. C'est le cas notamment des sociétés pastorales et des peuples qui pratiquent l'agriculture traditionnelle.

Dans le nord-ouest de la Tunisie par exemple, on désigne par le terme de *goum* le regroupement d'individus reliés par des liens de patrilinéarité. L'individu appartient au *goum* de son père. La règle de patrilocalité (au mariage, l'épouse va habiter chez son mari et ses beaux-parents) et la pratique de l'endogamie (on préfère prendre épouse au sein de son propre *goum*) font en sorte que les membres d'un même groupe de filiation tendent à se rassembler dans un même quartier résidentiel. Aussi, bien que les femmes puissent hériter, en conformité avec le droit musulman, elles se désistent habituellement au profit de leurs frères, en sorte que l'héritage se transmet de père en fils.

D'un certain point de vue, la **filiation matrilinéaire** est à l'opposé de la filiation patrilinéaire: elle reconnaît la descendance par l'intermédiaire de la lignée

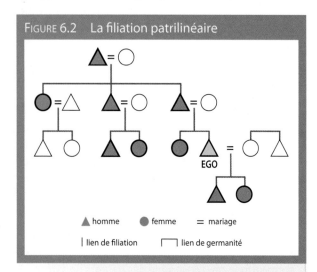

FIGURE 6.2   La filiation patrilinéaire

▲ homme   ● femme   = mariage

| lien de filiation   ⎿ lien de germanité

Seuls les individus représentés par un cercle ou un triangle vert appartiennent au même groupe de filiation qu'Ego.

Filiation unilinéaire

Filiation qui établit l'appartenance exclusive à la lignée maternelle ou à la lignée paternelle.

Filiation patrilinéaire ou **agnatique**

Filiation qui s'établit par l'entremise de la lignée paternelle.

Filiation matrilinéaire

Filiation qui s'établit par l'entremise de la lignée maternelle.

© Alison Wright/Corbis

Les Navajos constituent la nation amérindienne la plus nombreuse et la mieux dotée en terres aux États-Unis. Ils se regroupent généralement en lignées, elles-mêmes divisées en groupes locaux de familles étendues, matrilinéaires et matrilocales.

maternelle (*voir la figure 6.3*). Le modèle matrilinéaire se distingue cependant du modèle patrilinéaire par le fait que la filiation ne détermine pas automatiquement les détenteurs de l'autorité au sein du groupe concerné. C'est pourquoi, alors que les sociétés patrilinéaires sont souvent de type patriarcal, les cultures matrilinéaires ne sont pas matriarcales (*voir le chapitre 7*). Si la descendance est assurée par la lignée féminine et confère aux femmes un pouvoir considérable, celles-ci ne détiennent pas l'autorité exclusive sur le groupe. Elles la partagent plutôt avec des hommes, en l'occurrence leurs frères, et non leurs maris. La filiation matrilinéaire est surtout présente dans les collectivités agricoles où les femmes assument la majeure partie de la production. L'Asie du Sud compte de nombreuses cultures matrilinéaires. Les systèmes matrilinéaires étaient également courants chez certains groupes autochtones en Amérique du Nord, notamment les Iroquois, et le sont encore aujourd'hui dans certaines régions de l'Afrique.

Selon le système matrilinéaire, les frères et les sœurs appartiennent au groupe de filiation comprenant leur grand-mère maternelle, leur mère, les frères et sœurs de leur mère, ainsi que les enfants de leurs tantes maternelles. Un homme est dans le même groupe de filiation que sa mère et ses sœurs, mais pas ses enfants. Ces derniers font plutôt partie du groupe de filiation de leur mère. Il en va de même des enfants de l'oncle maternel, qui descendent eux aussi du groupe de filiation de leur mère. Le mari exerce son autorité non pas dans son propre foyer, mais dans celui de sa sœur. Qui plus est, il est tenu de léguer ses biens et son statut social au fils de sa sœur et non au sien. Les frères et sœurs entretiennent donc des liens durables.

La parenté, chez les Iroquois, reposait sur la filiation matrilinéaire. La matrilocalité était privilégiée :

une maison longue abritait habituellement une femme âgée, son mari, leurs filles avec leurs époux et enfants, ainsi que tout fils célibataire. Les aînées des matrilignages, qu'on appelait «mères de clan», étaient tenues en haute estime pour leur sagesse. Elles étaient non seulement responsables de la supervision des tâches domestiques et de la répartition des terres, mais elles participaient activement aux décisions d'ordre politique. Ainsi, les mères de clan jouaient un rôle dans la sélection et la destitution des chefs et de leurs conseillers. Elles étaient consultées également avant le déclenchement d'une guerre. Au retour des guerriers, elles décidaient du sort des prisonniers, qui étaient souvent adoptés pour remplacer un être cher récemment disparu. Le respect accordé aux mères de clan, le contrôle qu'elles exerçaient sur les ressources et leur pouvoir politique ont amené les premiers Européens à conclure que la culture iroquoise était un matriarcat. Ce n'était toutefois pas le cas. La culture iroquoise était égalitaire : aucun des deux sexes ne primait l'autre (Viau, 2000).

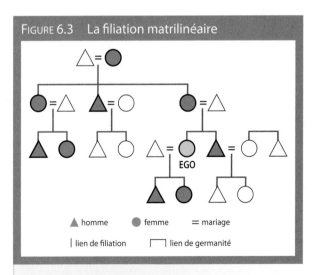

FIGURE 6.3   La filiation matrilinéaire

EGO

▲ homme   ● femme   = mariage

| lien de filiation   ⊔ lien de germanité

Si l'on compare ce diagramme de la filiation matrilinéaire à celui de la filiation patrilinéaire (*voir la figure 6.2*), on voit que les deux modèles sont pratiquement symétriques. Seuls les individus représentés par un cercle ou un triangle vert appartiennent au même groupe de filiation qu'Ego. Il est à noter que, dans ce système, les enfants d'un homme ne font pas partie du même groupe de filiation que lui.

La filiation bilinéaire

Très rare, la **filiation bilinéaire** provient tantôt du père et tantôt de la mère. Selon ce système, la filiation est matrilinéaire à certaines fins et patrilinéaire à d'autres fins. Chez les cultures qui pratiquent la filiation bilinéaire, les groupes matrilinéaires et patrilinéaires remplissent des fonctions distinctes dans divers secteurs de la société. Par exemple, chez les Yakos, qui vivent dans l'est du Nigeria, la propriété est partagée selon le lignage patrilinéaire et le lignage matrilinéaire (Forde, 1968). Les ressources permanentes (comme la terre) appartiennent au patrilignage, alors que les ressources consommables (comme le bétail) appartiennent au matrilignage. En vertu de la filiation bilinéaire, un Yako peut hériter les pâturages de son groupe de filiation patrilinéaire et certains privilèges rituels de son groupe de filiation matrilinéaire.

La filiation indifférenciée ou cognatique

Les filiations patrilinéaire, matrilinéaire et bilinéaire restreignent à leur façon la taille des groupes de parenté. Un certain nombre de cultures, notamment dans la région du Pacifique et en Asie du Sud-Est, arrivent aux mêmes résultats, mais par des voies différentes. Ces sociétés préconisent la **filiation indifférenciée** ou **cognatique**. Le ramage, comme on appelle aussi ce type de filiation, offre plus de flexibilité que la filiation unilinéaire, car chaque individu peut choisir sa filiation, du côté maternel ou paternel. Dans nombre de ces cultures, chaque individu doit choisir un seul groupe de filiation, peu importe le nombre de groupes qui s'offrent à lui. D'autres sociétés cognatiques, comme les Samoans du Pacifique Sud et les Kwakiutls du Canada, autorisent toutefois les chevauchements entre un certain nombre de groupes de filiation.

Revêtant une grande importance dans de nombreuses cultures, la filiation unilinéaire ne se retrouve cependant pas partout. La filiation indifférenciée, caractéristique des sociétés occidentales et de certains groupes de chasseurs-cueilleurs, trace en effet la filiation d'un individu par l'entremise des lignées paternelle et maternelle. En d'autres mots, l'individu fait partie d'un groupe comprenant ses deux parents et ses quatre grands-parents. Puisqu'il est difficile d'entretenir des liens sociaux multiples avec un groupe si vaste, les individus le réduisent habituellement à un cercle plus restreint de proches parents. Ce cercle correspond à la **parentèle**, c'est-à-dire l'ensemble des personnes étroitement apparentées à un individu, par la lignée tant paternelle que maternelle (*voir la figure 6.4*). Contrairement aux groupes de filiation, la parentèle ne se perpétue pas, puisqu'elle cesse au décès de cet individu. Elle ne comporte pas de chef et peut difficilement détenir, administrer ou léguer des biens. Elle peut néanmoins apporter une aide précieuse à ses membres.

En Amérique du Nord, la parentèle est importante. Elle est constituée des individus associés à la «parenté» au sens populaire du terme. Dans le cas du Québec, pour un adulte cette parenté, que l'on pourrait qualifier de rapprochée, est habituellement composée des proches parents des deux branches

© Jami Tarris/Corbis

Les Himbas de la Namibie sont des éleveurs de bétail ayant adopté la filiation bilinéaire. Cette culture encourage les hommes riches à pratiquer la polygynie. On considère l'adultère comme une faute, mais une femme mariée qui n'a pas d'amant est parfois sujette à la moquerie. Les mères himbas n'ont pas besoin de gardienne pour veiller sur leurs enfants lorsqu'elles vaquent à leurs occupations. La plupart du temps, ces derniers ne sont jamais bien loin.

Filiation bilinéaire

Système qui établit la filiation par la lignée maternelle, à certaines fins, et par la lignée paternelle, à d'autres fins.

Filiation indifférenciée ou **cognatique**

Filiation selon laquelle un individu choisit de faire partie du groupe de filiation maternel ou paternel.

Parentèle

Ensemble des personnes apparentées à un individu et qui ont de l'importance pour lui.

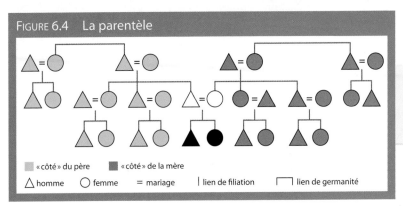

FIGURE 6.4   La parentèle

Le lien entre ces personnes n'est pas un ancêtre commun, mais un parent vivant, ici la sœur et le frère figurant au milieu de la rangée inférieure (▲, ●).

□ «côté» du père   ■ «côté» de la mère

△ homme   ○ femme   = mariage | lien de filiation   ⎑ lien de germanité

familiales que l'on voit à tour de rôle à Noël, mais généralement regroupés lors d'évènements importants, comme les mariages et les funérailles. La plupart des Québécois peuvent nommer les membres de leur parentèle jusqu'à leurs grands-parents et leurs cousins germains, voire leurs petits-cousins. Les limites de la parentèle varient toutefois beaucoup d'une famille à l'autre, voire d'un individu à l'autre. Il peut ainsi en résulter bien des débats sur ceux qui seront invités ou non lors d'occasions spéciales. Ses membres n'étant pas clairement identifiés, la parentèle forme un ensemble moins défini et moins formel que les groupes de filiation unilinéaire ou indifférenciée.

LES GROUPES DE FILIATION

La filiation, comme principe organisateur, unit des individus considérés comme apparentés. Parfois, elle engendre de véritables groupes dits «de filiation». Ces **groupes de filiation** représentent des entités sociales publiquement reconnues. Ils sont régis par certaines règles, mais n'ont habituellement pas pour seule fonction de procurer de l'affection, un sentiment d'appartenance et un système de transmission des biens à leurs membres. Dans les sociétés traditionnelles, ces groupes constituent des unités de travail très bien organisées qui assurent à leurs membres une certaine sécurité. En plus de favoriser une entraide économique, ils peuvent assister les personnes âgées ou invalides et offrir leur appui lors des mariages et des décès. Ils ont souvent un mot à dire lorsqu'un de leurs membres s'apprête à choisir un conjoint. Le groupe de filiation peut aussi agir à titre de dépositaire des traditions religieuses, notamment en ce qui a trait au culte des ancêtres. Dans certaines cultures, les groupes de filiation prennent la forme d'entités officielles telles que le lignage et le clan, devenant ainsi formels (*voir le chapitre 8*).

Le lignage

Lorsque le lien généalogique entre différents individus descendant d'un ancêtre commun peut être démontré, on parle alors de **lignage**. Le terme est habituellement utilisé dans des cas de filiation unilinéaire, mais il désigne aussi des groupes de filiation indifférenciée. «En réunissant des parents selon le principe de la filiation unilinéaire, le lignage constitue l'expression sociale et formelle de la filiation. Cette structure, fondée sur la généalogie, porte un nom : celui de l'ancêtre éponyme. Elle comprend les vivants et les morts» (Ghasarian, 1996, p. 80).

Le lignage constitue une base d'organisation sociale très solide. Parce qu'il survit au décès de ses membres et que les naissances le renouvèlent constamment, il peut être assimilé à une personne morale apte à détenir des biens. Les individus faisant partie d'un même lignage sont liés par un réseau de droits et de devoirs. Souvent associé à une collectivité donnée, le lignage est opératoire en matière d'héritage, de succession et d'organisation du travail. Dans certains cas, il peut aussi conférer d'importants pouvoirs religieux et régir les relations avec d'autres groupes.

Trait propre au lignage, l'exogamie contraint tout membre d'un lignage à épouser un partenaire provenant d'un autre lignage. Cette règle offre l'avantage de prévenir d'éventuelles rivalités entre les membres du lignage lorsque vient le temps de

Groupe de filiation

Toute entité sociale reconnue dont les membres descendent du même ancêtre, réel ou mythique.

Lignage

Groupe formel de filiation (analogue à une personne morale) dont les membres se reconnaissent un lien généalogique avec un ancêtre commun.

choisir un conjoint. Elle a aussi pour conséquence que chaque mariage n'est pas seulement un arrangement entre deux personnes, mais aussi une nouvelle alliance entre deux lignages.

Le clan

Après quelques générations, un lignage peut compter tellement de membres qu'il devient difficile à gérer. C'est alors que survient une scission, c'est-à-dire la séparation du lignage en de nouveaux lignages moins nombreux. Après une scission, les membres des nouveaux lignages continuent habituellement de reconnaître le lien originel qui les unit. Ils forment alors un deuxième type de groupe formel de filiation, le **clan**. Contrairement au lignage, le clan ne peut être assimilé à une personne morale. Ses membres savent qu'ils sont issus d'un ancêtre commun (réel ou mythique), mais ils sont incapables de tracer un lien généalogique clair jusqu'à lui. Le clan se distingue du lignage à un autre titre: ses membres ne vivent pas automatiquement au même endroit. Comme pour le lignage, cependant, la filiation du clan peut être patrilinéaire, matrilinéaire ou indifférenciée.

Puisque ses membres ne vivent pas forcément à proximité les uns des autres, le clan lui-même ne possède généralement pas de biens. Il sert plutôt d'unité de ralliement pour les cérémonies. Ses membres ne se réunissent qu'en certaines occasions particulières, pour des motifs précis. Comme le lignage, le clan peut régir les unions par l'exogamie. Par ailleurs, puisque les membres du clan sont disséminés, ils peuvent aussi faire partie de groupes locaux autres que le leur. Les clans recourent fréquemment aux emblèmes – animaux, végétaux, forces naturelles ou objets – pour assurer la solidarité de leurs membres et leur fournir un moyen d'identification.

LA TERMINOLOGIE EN MATIÈRE DE PARENTÉ

Il existe de nombreuses façons de désigner les personnes avec lesquelles un individu est apparenté. Quelles que soient leurs caractéristiques, tous les systèmes de dénomination remplissent deux fonctions importantes: d'abord ils permettent de classer dans une même catégorie les parents de type similaire, ensuite ils permettent de répartir différents types de parents dans des catégories distinctes. Cette terminologie est très significative, car elle reflète ou

© Peggy Sanday

Les Minangkabaus vivent sur l'île de Sumatra, en Indonésie. Ils s'adonnent à la culture du riz, du tabac et du café. L'appartenance à des clans matrilinéaires caractérise leur organisation sociale. La possession des terres et des grandes maisons est accordée aux seules lignées féminines. L'anthropologue Peggy Reeves Sanday pose ici en compagnie de membres d'un clan matrilinéaire.

définit les comportements sociaux (Laburthe-Tolra et Warnier, 2003). De façon générale, on réunit plusieurs parents sous une même dénomination lorsque l'on considère qu'ils ont un statut semblable. La désignation de deux individus par un même terme (père, mère, oncle, sœur, etc.) évoque ainsi une analogie dans le comportement à observer à leur égard (Laburthe-Tolra et Warnier, 2003).

Les termes désignant la parenté renvoient donc à divers types de relation ou de comportement, tels que le respect ou la familiarité, l'affection ou l'hostilité, les droits ou les devoirs, la plaisanterie ou l'évitement. «En apprenant les termes de parenté, l'enfant apprend à se conduire d'une manière appropriée vis-à-vis des personnes auxquelles s'appliquent ces termes» (Ghasarian, 1996, p. 200). Dans un grand nombre de sociétés, les jeunes font preuve de respect à l'égard de leurs parents et manifestent une plus grande familiarité avec leurs grands-parents. Au Québec, par exemple, les grands-parents n'ont pas pour rôle de réprimander leurs petits-enfants, mais plutôt de les aimer, de les amuser ou de les consoler. Chez les Bétis du Cameroun, on doit se cacher dès qu'on aperçoit sa belle-mère, car il est interdit d'avoir tout contact physique ou verbal avec

Clan

Groupe formel de filiation dont les membres se réclament d'un ancêtre commun, mais sans vraiment connaître le lien généalogique qui les unit à cet ancêtre.

elle. « C'est ma meilleure amie ; elle m'a donné ma femme ; je ne veux pas courir le risque d'une querelle qui romprait notre amitié » (Laburthe-Tolra et Warnier, 2003, p. 95).

L'application de ces principes a donné lieu à six systèmes de dénomination, soit les systèmes eskimo, hawaiien, iroquois, crow, omaha et soudanais. Chaque système tire son nom de la façon dont sont classés les cousins. En raison de leur caractère plus marginal, nous laisserons ici de côté les systèmes omaha et soudanais pour plutôt examiner les quatre plus courants.

Le système eskimo

Le système eskimo n'est pas le plus répandu, mais c'est celui qu'utilisent la plupart des Occidentaux et certains groupes de chasseurs-cueilleurs, dont les Inuits et les Bochimans Ju/'hoansis. Le système eskimo est axé sur la famille nucléaire. Il désigne distinctement la mère, le père, les frères et les sœurs et il répartit les autres personnes apparentées dans quelques grandes catégories (*voir la figure 6.5*). Par exemple, le père est distingué de son frère (un oncle), mais ce dernier fait partie de la même catégorie que le frère de la mère (les deux sont des oncles). Il en va de même de la sœur de la mère et de la sœur du père, qui sont toutes les deux des tantes. De plus, les enfants des tantes et des oncles sont tous des cousins, ce qui marque une distinction générationnelle, mais ne précise pas pour autant l'origine paternelle ou maternelle de chaque individu.

Contrairement à d'autres terminologies, le système eskimo attribue un terme distinct à chaque membre de la famille nucléaire. Cette particularité s'explique sans doute par le fait que, dans les sociétés qui utilisent cette terminologie, seules les relations entre les membres de la famille immédiate s'avèrent importantes sur une base quotidienne. C'est précisément le cas de la société nord-américaine contemporaine, où la famille est indépendante et n'a des contacts avec sa parenté que lors d'évènements spéciaux. Ainsi, au Québec, les individus distinguent chaque membre de leur famille immédiate (père, mère, frères et sœurs) et regroupent en bloc le reste de la parenté maternelle et paternelle (oncles, tantes, cousins et cousines).

Le système hawaiien

Le système hawaiien est courant à Hawaii et dans les régions où sont parlées les langues malayo-polynésiennes, mais on le retrouve aussi chez les Salishs du littoral de la Colombie-Britannique. C'est le système de dénomination le plus simple, puisqu'il compte le plus petit nombre de termes. Selon le système hawaiien, tous les consanguins paternels et maternels de même sexe et de la même génération sont désignés de la même façon (*voir la figure 6.6*). Par exemple, la mère, sa sœur et la sœur du père sont toutes désignées par le même terme. Dans la génération d'Ego, les consanguins de sexe masculin sont nommés différemment des consanguins de sexe féminin, mais les mêmes termes servent à désigner les frères et les cousins, d'une part, les sœurs et les cousines, d'autre part.

Le système hawaiien illustre l'absence de filiation unilinéaire forte et va habituellement de pair avec la filiation indifférenciée. Rappelons ici que ce principe permet aux individus de se reconnaître une filiation patrilinéaire ou matrilinéaire et que tant les parents

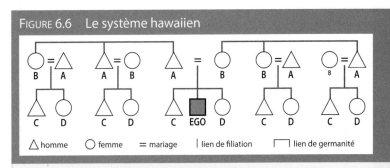

FIGURE 6.5 Le système eskimo

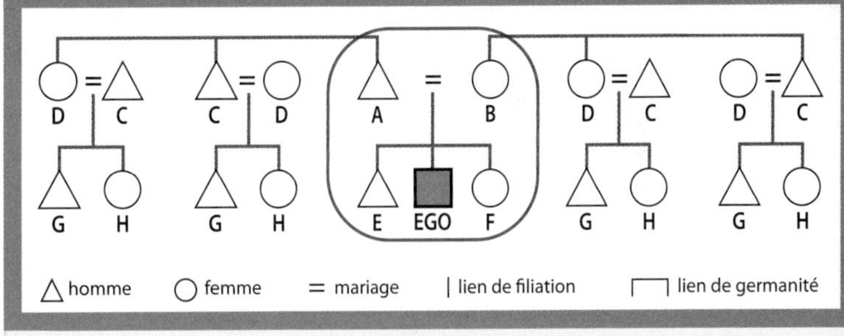

△ homme   ◯ femme   = mariage | lien de filiation   ☐ lien de germanité

Le système eskimo met l'accent sur la famille nucléaire (délimitée en rouge).
Les symboles associés à la même lettre sont considérés de la même façon par Ego.
Celui-ci utilise un terme distinct pour désigner chacune de ces catégories de personnes :
A = mère, B = père, C = oncle, D = tante, E = frère, F = sœur, G = cousin et H = cousine.

FIGURE 6.6 Le système hawaiien

△ homme   ◯ femme   = mariage | lien de filiation   ☐ lien de germanité

Le système de parenté hawaiien utilise une dénomination plus simple que celle du système de parenté eskimo. Les symboles associés à la même lettre sont considérés de la même façon par Ego. Celui-ci utilise un terme distinct pour désigner chacune de ces catégories de personnes : A = père, B = mère, C = frère et D = sœur.

du groupe matrilinéaire que ceux du groupe patrilinéaire sont considérés comme à peu près égaux. C'est pourquoi, dans le système hawaiien, les frères et sœurs du père et ceux de la mère sont reconnus et traités de la même façon et sont donc réunis sous un terme unique selon leur sexe. De même, les enfants des frères et sœurs du père et de ceux de la mère sont mis en relation avec Ego comme le sont des frères et des sœurs, ce qui les écarte automatiquement comme conjoints potentiels.

Le système iroquois

Selon le système de parenté iroquois, un seul terme désigne le père et son frère, tout comme un seul terme désigne la mère et sa sœur. En revanche, des termes différents servent à désigner la sœur du père et le frère de la mère (*voir la figure 6.7*). Chez les consanguins d'une même génération, un seul terme désigne les frères, les sœurs et leurs cousins parallèles (c'est-à-dire les enfants de la tante maternelle et ceux de l'oncle paternel) du même sexe. Par contre, des termes différents servent à distinguer les cousins croisés (c'est-à-dire les enfants de l'oncle maternel et ceux de la tante paternelle) de tous les autres consanguins. En fait, les cousins croisés sont souvent des conjoints convoités, puisque l'union entre cousins croisés consolide les alliances entre deux lignages apparentés.

Le système iroquois, ainsi nommé en référence aux Iroquois du nord-est de l'Amérique du Nord, est répandu au sein des groupes de filiation unilinéaire ou bilinéaire. C'était la terminologie utilisée jusqu'à tout récemment dans la société rurale chinoise.

Le système crow

Le système crow, dénommé ainsi en référence aux Crows du Montana, se retrouve dans de nombreuses régions du monde. Ce système complexe s'observe souvent dans des sociétés matrilinéaires. Il regroupe de manière différente les membres de la famille paternelle et ceux de la famille maternelle (*voir la figure 6.8*). Il présente la particularité de ne pas faire de distinction entre les générations pour certaines catégories de parents :

> Les cousins croisés matrilatéraux sont «descendus» d'un niveau de génération […]. Enfants du frère de la mère, qui ne transmet ni ne prolonge le lignage d'Ego, ils sont assimilés à des enfants mineurs et sont appelés «fils» et «filles». Les cousins croisés patrilatéraux sont par contre «remontés» d'une génération, car la sœur du père est considérée comme la supérieure aînée du frère de la mère. Ils sont appelés par le même terme que celui désignant le père et la sœur du père. (Ghasarian, 1996, p.211)

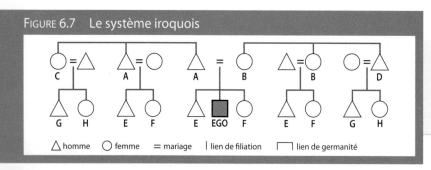

FIGURE 6.7 Le système iroquois

Dans le système de parenté iroquois, Ego utilise un terme distinct pour désigner chacune de ces catégories de personnes : A = père, B = mère, C = sœur du père, D = frère de la mère, E = frère, F = sœur, G = cousin et H = cousine.

△ homme ○ femme = mariage | lien de filiation ▢ lien de germanité

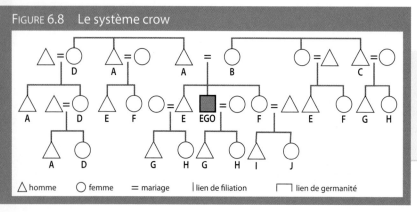

FIGURE 6.8 Le système crow

Le système de parenté crow est de loin le plus difficile à comprendre. Ego utilise un terme distinct pour désigner chacune de ces catégories de personnes : A = père, B = mère, C = frère de la mère, D = sœur du père, E = frère, F = sœur, G = fils, H = fille, I = neveu et J = nièce.

△ homme ○ femme = mariage | lien de filiation ▢ lien de germanité

Chez les Hopis, qui ont un système de parenté de type crow, l'individu appartient au clan de sa mère en raison de la filiation matrilinéaire. Dans le clan de son père, il est considéré comme un enfant. Il utilise donc le terme de «père» pour désigner les hommes adultes de cette lignée (Ghasarian, 1996). À l'exception de ces particularités, le système crow est sensiblement le même que le système iroquois.

Perspective anthropologique

Les familles et le mariage au Québec

par Louis Roy

Le Québec partage avec le reste de l'Occident un développement socioéconomique ayant entraîné une transformation des structures familiales (Corbeil et Descarries, 2003). Les caractéristiques de cette transformation sont bien documentées. Parmi les plus souvent évoquées, notons la baisse du nombre de mariages, la multiplication des types d'union, l'instabilité conjugale, la diversification des types de famille et la baisse de la natalité (Corbeil et Descarries, 2003). Au cours des 50 dernières années, la société québécoise s'est métamorphosée. Ici comme ailleurs, changements de société et changements familiaux sont étroitement liés (Dandurand, 1992):

> À l'aube des années 1960, l'Église catholique détenait encore un réseau d'influence considérable et réussissait, à travers ses rituels, ses enseignements et sa présence quotidienne, à maintenir une éthique familiale et matrimoniale conservatrice en plus d'un encadrement rigide des relations conjugales et parentales: pas de sexualité hors mariage et sans projet d'enfant, pas de rupture d'union, soumission des femmes et des enfants à l'autorité paternelle. (Corbeil et Descarries, 2003, p. 17)

De nos jours, l'engagement dans le couple, dans la maternité et dans la paternité se conçoit comme l'exercice d'un choix personnel: «il vise l'épanouissement affectif de chacun et il est toujours susceptible d'être réévalué» (Ouellette et Dandurand, 2000, p. 11). Autrefois simple, la définition de ce qu'est un père, une mère ou une famille est devenue hasardeuse:

> La plupart des enfants vivent avec leurs deux parents légitimes, mais plusieurs n'en voient plus qu'un seul, d'autres vivent en résidence alternée avec l'un et l'autre, d'autres encore n'ont jamais eu qu'une mère qui a eu recours à l'insémination avec le sperme d'un donneur anonyme… De plus en plus d'enfants adoptés sont d'une autre origine nationale et ethnoculturelle que leurs parents adoptifs. (Ouellette et Dandurand, 2000, p. 10)

Plus spectaculaires et plus tardifs qu'ailleurs en Occident, ces changements ont profondément transformé la société québécoise. Examinons quelques-uns d'entre eux.

LE MARIAGE ET L'UNION LIBRE AU QUÉBEC

Au Québec, en 1965, la grande majorité des hommes (86 %) et des femmes (94 %) étaient mariés (Corbeil et Descarries, 2003). Le mariage était alors considéré comme un préalable indispensable à la vie à deux et au fondement d'une famille. Depuis cette époque, le mariage a perdu son caractère obligatoire. Aujourd'hui, il n'est plus nécessaire de se marier avant de «former» un couple et de «vivre ensemble». Bien souvent, un projet de mariage ne se concrétisera qu'après quelques années de vie commune ou même après l'arrivée d'un enfant. En 2010, tout comme en France, l'âge moyen au premier mariage se situait à 32,4 ans chez les hommes et à 30,7 ans chez les femmes. Aujourd'hui, les indices de nuptialité indiquent que seulement 29 % des hommes et 32 % des femmes se marieraient au moins une fois avant leur 50e anniversaire (Girard *et al.*, 2011).

La désaffection à l'égard du mariage n'empêche pas pour autant les individus de former des couples et de vivre sous un même toit. En 2006, 35 % de tous les couples québécois préféraient vivre en union libre plutôt que de se marier. À titre de comparaison, au Canada, la proportion était de 18 %. À ce chapitre, le Québec est non seulement le champion au Canada, mais aussi au monde, car il devance la Suède (25 %) et la Finlande

(24 %) (Milan *et al.*, 2007). Chez les moins de 35 ans, la moitié des personnes en couple optent pour ce type d'union (Dallaire, 2011).

La loi canadienne sur le divorce de 1968 et la libéralisation des mœurs ont permis aux couples de mettre un terme à une union insatisfaisante, tout en échappant à l'opprobre social de la rupture. Alors qu'il était de 9 % en 1970, le taux de divorce se situe depuis 1987 autour de 50 % (Corbeil et Descarries, 2003). Au Canada où l'on recense 42 divorces pour 100 mariages, seul le Yukon (63 %) présente un taux supérieur à celui du Québec (50 %). Ces données sont comparables à celles recueillies en Europe de l'Ouest où plusieurs pays, dont la France et la Suisse, affichent des indices de divortialité de 45 à 50 %. Au Québec, le nombre de divorces est le plus élevé après trois à six ans de mariage (Girard *et al.*, 2011).

LES FAMILLES QUÉBÉCOISES

En 2012, la famille québécoise n'est plus ce qu'elle était. Le vocabulaire a changé : on parle désormais de familles biparentales, monoparentales ou recomposées. « Le doublement, entre 1991 et 2006, du nombre de couples en union libre avec enfants, la diminution importante de la proportion des familles biparentales (78 % en 1991 et 72 % en 2006) et la hausse du nombre et de la proportion de familles monoparentales (28 % en 2006) témoignent d'importantes évolutions de la famille » (Dallaire, 2011, p.16). Même si les trois quarts des familles québécoises demeurent biparentales, l'instabilité conjugale croissante des dernières décennies a eu des répercussions sur l'environnement dans lequel les enfants grandissent (Ducharme et Desrosiers, 2008).

L'instabilité conjugale a aussi pour effet que de nombreux parents se retrouvent temporairement ou durablement sans conjoint. En témoigne l'accroissement de la proportion de jeunes enfants vivant dans un ménage monoparental depuis le début des années 1980. Alors qu'en 1981, 11 % des enfants québécois de 5 à 9 ans vivaient avec un seul parent, cette proportion s'établissait à 21 % en 2006 (Ducharme et Desrosiers, 2008). À l'époque, dès l'âge de 8 ans, environ 3 enfants québécois sur 10 avaient donc déjà connu la monoparentalité. Fait à souligner, l'âge médian des enfants au moment du premier épisode de vie en ménage monoparental se situait alors à 1 an et 11 mois (Ducharme et Desrosiers, 2008).

Marianne et Roland se sont mariés en 1937. Pour pouvoir quitter la maison paternelle, avoir des enfants et fonder une famille, il fallait à l'époque se marier à l'église. Aujourd'hui, les pratiques ont changé. La plupart de leurs petits-enfants vivent en couple, ont des enfants, mais ne sont pas mariés. Certains se sont séparés de leur conjoint, d'autres vivent dans une famille recomposée.

Offert par la famille Simard

La séparation des parents soulève la question de la garde des enfants. Même si les choses tendent à changer, celle-ci demeure encore principalement assumée par les femmes. Dans 59 % des cas de rupture, c'est la mère qui obtient la garde des enfants, dans 13 % des cas, c'est le père, alors que 29 % des enfants se retrouvent en garde partagée (Duchesne, 2006). En 2006, 78 % des familles monoparentales québécoises étaient dirigées par une femme (Dallaire, 2011).

La rupture d'une union n'entraîne pas pour autant l'abandon de tout espoir de rebâtir une famille. Cette situation favorise l'apparition de familles dites « reconstituées ». Au Québec, la proportion de familles dites « intactes » a régressé au cours de la dernière décennie, pour s'établir à 64 % parmi l'ensemble des familles avec enfants. Inversement, pendant la même période, les familles recomposées ont connu une croissance importante. En 2006, ces dernières représentaient 14 % des familles biparentales avec enfants (Dallaire, 2011). « Quoique les familles recomposées avec les enfants de la conjointe constituent le modèle principal, on note une croissance marquée des familles recomposées dites « complexes » (avec un ou des enfants d'une ou de plusieurs unions antérieures des deux conjoints ou avec un ou des enfants de l'union actuelle et un ou des enfants d'une union antérieure » (Dallaire, 2011, p. 133).

Désormais, la famille revêt ainsi deux formes : la famille institution (où l'enfant est en interaction quotidienne avec au moins l'un de ses parents) et la famille réseau (formée des liens maintenus entre les membres consanguins vivant dans des résidences distinctes) (Langlois, 2004). Du point de vue de l'enfant, la famille ne se limite donc plus à la maison où il vit le plus souvent, mais s'élargit à l'ensemble des relations vécues dans ses différents foyers (Lemieux, 2005).

LA TAILLE DES FAMILLES QUÉBÉCOISES

Chez les jeunes, l'intention d'avoir des enfants demeure répandue. Elle est toutefois assujettie à d'autres désirs : la poursuite des études, la réussite sur le plan professionnel, l'épanouissement personnel ou la formation d'un couple stable (Lemieux, 2005). La surfécondité des Québécoises au XIXe siècle avait assuré à la province une forte croissance naturelle. Avec un taux de 6,3 enfants pour les femmes nées en 1845 et de 4,8 enfants pour les femmes de la génération suivante, les Québécoises se retrouvaient parmi les femmes les plus fécondes en Occident (Corbeil et Descarries, 2003). La situation s'est aujourd'hui inversée. En 2006, l'indice synthétique de fécondité des Québécoises (1,62) était l'un des plus faibles au monde. Comparable à celui des Canadiennes (1,59), il était alors inférieur à l'indice mesuré en France (1,98) et aux États-Unis (2,10), mais supérieur à celui observé en Allemagne (1,33) et au Japon (1,32). En 2008, l'indice de fécondité des Québécoises s'est accru (1,73) pour atteindre le même niveau qu'en 1976 (Dallaire, 2011). Certains observateurs ont alors parlé d'un mini bébé-boum frappant le Québec.

Chez les Québécoises, le projet de maternité se réalise de plus en plus tard dans la vie. Par rapport à la décennie 1970, les femmes sont généralement plus âgées au moment de donner naissance. En 1976, l'âge moyen de la mère à la naissance du premier enfant était de 25 ans. En 2008, il était de 28 ans (Dallaire, 2011). Dans les milieux populaires, toutefois, certaines femmes continuent de concrétiser leur projet de maternité au début de la vingtaine.

Au Québec, depuis la fin des années 1990, près d'une grossesse sur trois a été volontairement interrompue. En 2002, on y dénombrait presque autant d'interruptions volontaires de grossesse (IVG) qu'au Vietnam, soit près de 40,2 pour 100 naissances, par rapport à 7,3 en 1976 (Turenne, 2005). À cet égard, le Québec n'était alors dépassé, en Occident, que par les minorités hispanophones et noires des États-Unis. Fait à souligner, ce taux élevé d'IVG n'est pas surtout le fait de jeunes femmes démunies économiquement, comme aux États-Unis, mais plutôt de femmes scolarisées issues d'un milieu aisé. Après avoir culminé au tournant du siècle, le nombre d'IVG semble aujourd'hui connaître une diminution. En 2008, on a dénombré 29,6 avortements pour 100 naissances. Durant sa vie reproductive, approximativement une québécoise sur trois aura une IVG. Alors qu'en 1976 4,6 femmes sur 1 000 âgées de 15 à 44 ans avaient subi une telle intervention, ce nombre est grimpé à 17,4 en 2008. Fait à noter, au Québec, les taux d'IVG sont plus élevés non pas chez les jeunes femmes de 15 à 19 ans, mais chez celles qui ont de 20 à 29 ans (Dallaire, 2011).

Depuis 40 ans, la taille des familles québécoises décroît. En 1951, les familles avec enfants comptaient en moyenne un peu moins de trois enfants âgés de moins de 25 ans. Après avoir décliné au fil des décennies, ce nombre moyen semble s'être stabilisé à un peu moins de 2. La progression des familles avec un seul enfant ne se dément pas. Elles représentaient, en 2006, 47 % des familles québécoises avec enfants. De manière concomitante, les familles dites « nombreuses », car constituées de trois enfants ou plus, voient leur importance diminuer pour atteindre 15 % (Dallaire, 2011). De 4,2 personnes par famille qu'elle était en 1951, la taille moyenne des familles québécoises est passée à 2,9 en 2006 (ISQ, 2009).

Depuis 1996, les familles comptant un seul enfant sont majoritaires (Corbeil et Descarries, 2003). En 2006, 47 % des enfants québécois étaient seuls à la maison alors que 38 % vivaient avec un seul frère ou une seule sœur (Dallaire, 2011). Au Québec, comme au Canada, les jeunes adultes restent beaucoup plus longtemps au foyer parental que ceux des générations précédentes. Signe des temps, en 2006, 44 % des Canadiens âgés de 20 à 29 ans habitaient chez leurs parents, comparativement à 28 % en 1981 (Milan *et al.*, 2007). Au

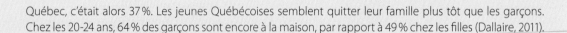

Québec, c'était alors 37 %. Les jeunes Québécoises semblent quitter leur famille plus tôt que les garçons. Chez les 20-24 ans, 64 % des garçons sont encore à la maison, par rapport à 49 % chez les filles (Dallaire, 2011).

FAMILLES IMMIGRANTES ET AUTOCHTONES

Au recensement de 2006, plus de 850 000 Québécois ont déclaré être, ou avoir déjà été, un «immigrant reçu». Ces personnes, regroupées sous le vocable de «population immigrée», représentaient alors 11,5 % de la population québécoise (ISQ 2010). Au Québec, le nombre de familles immigrantes ou mixtes s'est élevé depuis 2001. En 2006, ces familles représentaient 18 % du total des familles québécoises avec ou sans enfants à la maison (Dallaire, 2011). À plus d'un titre, ces familles se distinguent des «natives» dont on vient de dresser le portrait. Près de 9 familles biparentales immigrantes sur 10 sont d'abord formées d'un couple marié. Or, c'est le cas de seulement 6 familles natives sur 10. Parmi les familles avec enfants, une proportion moindre de familles immigrantes est monoparentale. «Par conséquent, les familles immigrantes, mixtes ou formées de résidents non permanents sont davantage associées à la vie en couple avec des enfants que les familles natives» (Dallaire, 2011, p. 173). En 2006, la proportion de familles sans enfant à la maison est plus faible parmi les familles non natives (32 %) que parmi les natives (42 %). Depuis 2001, la famille immigrée est ainsi plus souvent associée à la présence d'enfants et en nombre plus élevé (MFACF, 2005). En 2006, la proportion de familles immigrées nombreuses (trois enfants ou plus) était plus élevée (19 %) que celle des familles natives (15 %) (Dallaire, 2011).

Les familles autochtones ne représentent que 2 % des familles québécoises avec enfants. Cela dit, le mariage et la famille d'origine autochtone colorent à leur façon le profil d'ensemble précédemment dressé. En 2006, la proportion de conjoints et de conjointes autochtones vivant en union libre était de 41 %, une proportion plus importante que ce qu'on observe dans l'ensemble de la population québécoise. Il faut ici parler d'un effet d'âge, car ce pourcentage plus élevé est surtout dû à la jeunesse des conjoints autochtones et au fait que l'union libre est plus fréquente chez les plus jeunes (Dallaire, 2011). La très grande majorité de ces familles (87 %) ont des enfants comparativement à 60 % pour l'ensemble des familles du Québec. Les familles autochtones ont aussi davantage d'enfants que les familles non autochtones. Ces enfants se distinguent par leur jeunesse. En 2006, les enfants de 14 ans et moins étaient en plus grande proportion (63 %) chez les Autochtones que chez les non-Autochtones (57 %). Par ailleurs, 28 % des familles autochtones comptaient 3 enfants ou plus, comparativement à 14 % chez les non-Autochtones.

CONCLUSION

À la suite de la période de stabilité qui a marqué l'après-guerre, la vie familiale des Québécois a connu d'importants bouleversements à partir des années 1960. Elle s'est détachée de la tutelle de l'Église et a amorcé un virage vers la modernité (Dandurand, 1992). Aujourd'hui, les modes de vie sont moins homogènes qu'autrefois. Les multiples agencements de l'alliance et de la résidence ont fait apparaître des familles aux allures parfois tout aussi exotiques que celles observées dans les sociétés traditionnelles. On peut évoquer ici la complexité des relations engendrées par la naissance d'un bébé au sein d'une famille recomposée dont les deux conjoints ont déjà des enfants issus d'une autre union. Une des particularités des relations familiales consiste à réunir des membres de générations différentes (Fortin, 1987). Dans les sociétés traditionnelles, il est «normal» que les individus dans la force de l'âge prêtent main-forte à leurs aînés. Or, au Québec, comme ailleurs en Occident, on préfère souvent rétribuer des étrangers pour veiller à leur bien-être.

Les Québécois tiennent malgré tout à leur famille. Longtemps présentée comme la cellule de base de la société, cette dernière reste au cœur de l'imaginaire de la vie collective, et ce, même dans l'esprit des jeunes (Langlois, 2004). Au Québec, comme ailleurs dans le monde, les jeunes continuent d'affirmer que les valeurs familiales sont importantes (Royer, 2006). Au sein de la société, aucune structure familiale ni aucune idéologie n'ont encore supplanté l'idéal que constitue la famille nucléaire. À la ville comme à la campagne, la famille continue «de compter», malgré la multiplication des ruptures d'union. Persuadé, à tort, que la famille est aussi importante ici qu'ailleurs, on omet paradoxalement de reconnaître le rôle joué par la «parenté rapprochée», donc la parentèle. Bien qu'ils partagent leurs fonctions principales (identité, appartenance, sociabilité, soutien) avec des réseaux extrafamiliaux (amis, collègues, etc.), les réseaux de parenté demeurent pourtant importants (Kempeneers et Van Pevenage, 2011 ; Ouellette et Dandurand, 2000).

RÉSUMÉ

L'étude de la parenté est au cœur de l'anthropologie sociale et culturelle. Bien souvent, la compréhension de l'organisation sociale passe par celle du phénomène de la parenté.

Toutes les cultures se sont dotées de règles à l'égard de la sexualité. Le tabou de l'inceste interdit les relations sexuelles entre un parent et son enfant, et entre une sœur et un frère. Le mariage de personnes issues d'un même groupe relève de l'endogamie, alors que le mariage de personnes issues de groupes différents relève de l'exogamie.

Contrairement à l'accouplement, le mariage s'appuie sur des instances sociales, juridiques et économiques lorsqu'il reconnaît à des individus un droit de revendication mutuelle en matière de sexualité. En Occident, les unions reposent souvent sur un idéal d'amour romantique. Dans bien des cultures non occidentales, les mariages procèdent surtout de considérations économiques. Là où il constitue le pilier de l'organisation sociale, le mariage est un arrangement qui établit une alliance entre deux familles. Dans maintes sociétés, les mariages sont officialisés au moyen de transactions telles le prix de la fiancée ou la dot.

La monogamie, c'est-à-dire le fait de n'avoir qu'une ou un partenaire, est le type d'union le plus courant. Bien que de nombreuses cultures jugent la polygynie acceptable, peu d'hommes au sein d'une même collectivité sont mariés à plus d'une femme à la fois. La polyandrie, soit le fait pour une femme d'avoir plusieurs maris à la fois, est nettement moins courante. Certaines cultures prévoient des arrangements conjugaux pour des conjoints de même sexe. Si le divorce s'observe dans toutes les cultures, sa fréquence et ses motifs varient énormément d'une culture à l'autre.

La nécessité de se regrouper pour survivre constitue l'une des principales caractéristiques des humains. La famille, comme structure fondamentale d'une société, vise donc à relever les défis qu'implique la vie en groupe. Loin d'être une unité immuable, la famille revêt des formes qui varient. La plus petite unité conjugale, qui se compose de la mère, du père et de leurs enfants à charge, porte le nom de «famille nucléaire». La famille consanguine, quant à elle, est constituée de femmes, de leurs enfants à charge et de leurs frères. De nombreuses sociétés traditionnelles se caractérisent par la présence de la famille étendue, dont certains membres sont apparentés par le sang et d'autres par le mariage. Tous vivent et travaillent ensemble en tant que membres d'un même ménage. En Amérique du Nord, les familles monoparentales, très souvent dirigées par une femme, sont nombreuses. En Occident, comme les familles homoparentales, les familles recomposées voient leur nombre augmenter.

Qu'elle soit de type conjugal ou étendu, une famille relève de l'un ou l'autre de cinq modèles résidentiels : patrilocal, matrilocal, ambilocal, néolocal ou avunculaire. Quelle que soit sa forme, la famille est un élément commun à toute organisation sociale. D'une culture à l'autre, son mandat consiste à soigner les enfants, à les éduquer et à former une unité de coopération économique, le ménage.

Dans les cultures traditionnelles, les groupes de parenté s'occupent souvent des questions que les familles ne peuvent régler à elles seules. Un peu partout, pour «recruter» des membres et veiller à la transmission du patrimoine entre les générations, le principe de la filiation est reconnu selon des modalités variables. La filiation unilinéaire établit l'appartenance au groupe par la seule lignée féminine ou masculine. Les droits se transmettent par les femmes dans la filiation matrilinéaire, par les hommes dans la filiation patrilinéaire. La filiation bilinéaire est de type matrilinéaire à certaines fins et de type patrilinéaire à d'autres fins. La filiation indifférenciée offre plus de flexibilité : l'individu a le choix de se reconnaître une filiation par le groupe paternel ou maternel.

En Occident, un individu est lié tout autant à sa parenté maternelle que paternelle. En raison de la grande taille du groupe ainsi formé, il devient difficile d'entretenir des liens sociaux fréquents. Pour un individu donné, le groupe de référence se réduit alors à un cercle de proches parents paternels et maternels, que l'on appelle la parentèle.

Un lignage est un groupe de filiation formel, analogue à une personne morale, qui réunit des consanguins descendant tous d'un ancêtre commun. Lorsqu'ils se regroupent, les lignages forment des clans. Contrairement aux membres d'un lignage, les membres d'un clan sont dispersés plutôt que regroupés dans une même communauté.

Il existe de nombreuses façons de désigner les personnes avec lesquelles un individu est apparenté. Ce système de dénomination, appelé «terminologie de parenté», permet de classer dans une même catégorie les parents de type similaire, mais aussi de répartir différents types de parents dans des catégories distinctes. Les anthropologues ont classé six types de système de parenté selon leur terminologie, soit les systèmes eskimo, hawaiien, iroquois, crow, omaha et soudanais, dont les plus courants, les quatre premiers, sont analysés dans ce chapitre.

DES SEXES ET DES GENRES

© Jean-François Gratton

Dans plusieurs sociétés, on accorde peu de pouvoir et de prestige aux femmes. Plusieurs d'entre elles n'obtiennent un statut prestigieux que lorsqu'elles atteignent un âge avancé. On voit ici, une femme de l'ethnie bantoue dont l'âge respectable lui donne le privilège d'accueillir des visiteurs de marque.

❯ Comment l'anthropologie étudie-t-elle la question des différences biologiques et culturelles qui distinguent les hommes et les femmes?

❯ Comment la sexualité est-elle vécue dans les différentes cultures?

❯ Les inégalités entre les genres ont-elles toujours existé?

❯ Existe-t-il des sociétés matriarcales?

❯ Quels sont les facteurs qui conduisent aux situations inégalitaires entre les genres?

QU'EST-CE QUI DISTINGUE LE SEXE DU GENRE ?

Chez tous les mammifères, les mâles et les femelles sont différents biologiquement. Chez les humains, outre les caractères sexuels primaires, tels les organes génitaux et l'appareil reproducteur (incluant les hormones), des caractères secondaires distinguent les hommes et les femmes. Par exemple, la taille des seins, la présence plus ou moins abondante de poils et la puissance de la voix, mais aussi la taille, le poids moyen et la force physique sont des caractéristiques qui distinguent les individus des deux sexes. Généralement, les hommes ont un cœur et des poumons plus volumineux, une masse musculaire, une taille et une force physique plus importantes que les femmes. Contrairement à d'autres animaux, tels la souris ou le pigeon, les humains présentent un **dimorphisme sexuel** important. Défini comme la différence biologique marquée entre les hommes et les femmes, outre les organes génitaux et de reproduction, le dimorphisme sexuel chez les humains semble toutefois s'être atténué au cours de l'évolution. Les *Australopithecus robustus* mâles et femelles, par exemple, qui ont vécu il y a trois millions d'années, présentaient une plus grande différence entre eux que les *Homo sapiens* actuels. Leur dimorphisme sexuel était alors comparable à celui observé chez les babouins où le mâle est presque deux fois plus gros que la femelle.

Au-delà des caractéristiques purement biologiques, qu'en est-il des comportements associés à l'un et à l'autre sexe ? On remarque, par exemple, que les hommes manifestent généralement plus d'agressivité que les femmes. La frontière entre les comportements dictés par les gènes et ceux dictés par la culture est difficile à tracer dans ce cas précis. Mais dans plusieurs autres cas, il est clair que les différentes attitudes entre les sexes s'inscrivent dans la culture et non pas dans l'héritage biologique des individus. Dans toutes les cultures, on attribue des rôles différents aux individus des deux sexes, qu'ils apprennent dès la naissance (*voir le chapitre 3*). Les anthropologues utilisent le mot **genre** pour désigner le « sexe social », c'est-à-dire l'ensemble de ce qui est appris au sein d'une culture sur le fait d'être un homme ou une femme. Des études comparatives sur les différences interculturelles se sont penchées sur la définition des genres et ont rapporté une très grande diversité de situations. Dans plusieurs sociétés, les hommes et les femmes s'attribuent des tâches différentes, bien qu'il ne leur soit pas défendu d'accomplir les activités normalement réservées à l'autre. Dans d'autres sociétés, il est carrément interdit ou tabou pour les hommes d'accomplir les tâches attribuées aux femmes, et vice-versa (Mathieu, 1991). Biologiquement et culturellement différents, hommes et femmes sont-ils pour autant inégaux ? Autrement dit, les différences manifestes entre les genres ont-elles des conséquences sur la façon dont les hommes et les femmes sont traités ? Cette question, en apparence simple, ne l'est pourtant pas, tant il est difficile parfois de statuer sur les effets qui accompagnent les différences de genre. Cette complexité est d'autant plus manifeste dans certaines cultures, puisqu'il y existe, outre les genres masculin et féminin, un troisième genre.

LA SEXUALITÉ CHEZ LES HUMAINS

Les qualificatifs liés aux sexes et aux genres varient selon les cultures, tout comme varient les comportements sexuels qui sont reconnus comme appropriés. L'intérêt marqué des anthropologues pour la sexualité humaine est relativement récent. Margaret Mead (1955) et Bronislaw Malinowski (1921, 1930) ont été parmi les premiers à étudier l'humain en tant qu'être sexué. Depuis la publication de leurs travaux, cependant, la sexualité a peu retenu l'attention des anthropologues. Il faut dire que leur tâche est rendue difficile par le fait que l'activité sexuelle demeure une affaire privée pour de nombreuses personnes. En dépit du fait que les références explicites à la sexualité soient omniprésentes dans les médias en Occident, rares sont ceux et celles, ici et ailleurs, qui parlent sans inhibition de leur vie sexuelle et de leurs sentiments à l'égard de la sexualité. Cette attitude est encore plus marquée lorsque les pratiques sexuelles s'inscrivent en marge des « normes » culturelles, comme dans le cas de la sexualité gaie et lesbienne ou de l'activité sexuelle préconjugale des adolescents, lorsque celle-ci est interdite. Malgré ces difficultés, les études interculturelles sur la sexualité humaine tendent à devenir plus courantes.

Dimorphisme sexuel

Différence biologique marquée entre mâles et femelles, exception faite des organes génitaux et de reproduction.

Genre

Ensemble des caractéristiques apprises dans une culture sur le fait d'être un homme ou une femme.

© Caroline Penn/Corbis

L'attitude des Trobriandais à l'égard de la sexualité des adolescents est assez permissive. On les encourage à avoir des relations sexuelles avec des partenaires avant de fixer leur choix sur l'un d'eux. Les jeunes Trobriandaises, comme les autres jeunes femmes un peu partout dans le monde, soignent leur apparence. Afin d'être séduisantes, à l'occasion de la fête de la récolte des ignames, elles se couvrent le corps de poudre pour bébés.

La perception, le contrôle et la pratique de la sexualité

Les anthropologues ont relevé de nombreuses variations culturelles dans la perception, le contrôle et la pratique de la sexualité. Les définitions de la sexualité humaine sont aussi nombreuses que les expériences vécues à cet égard (Connell, 1999). Bien que liée à la biologie, la sexualité n'en est pas moins une construction culturelle. Ainsi, chez les Mukkuvars, un peuple du sud de l'Inde, la liberté de la sexualité féminine est un symbole de prospérité sociale indissociable de la fécondité. Par contre, de nombreuses sociétés de tradition chrétienne et musulmane accordent une grande valeur à la chasteté, surtout chez la femme. Plusieurs peuples, comme les Trobriandais et les Bochimans Ju/'hoansi, considèrent la sexualité de leurs adolescents (hétérosexuelle ou homosexuelle) comme une manifestation naturelle.

Chez les Trobriandais, les enfants commencent dès l'âge de sept ou huit ans à se livrer à des jeux de séduction, imitant ceux des adultes. À la puberté, ils commencent à rechercher activement des partenaires sexuels. Ils expérimentent des pratiques hétérosexuelles avec un partenaire, puis avec un autre. Vers l'âge de 14 ou 15 ans, les jeunes amants passent une bonne partie de la nuit ensemble, et les liaisons peuvent durer quelques mois. Tôt ou tard, deux amants finissent par se fréquenter plus assidûment et repoussent alors les avances des autres. Lorsque deux jeunes sont prêts à s'épouser, ils l'annoncent à tous, un matin, en sortant ensemble de la maison du garçon.

La conquête de partenaires sexuels revêt une grande importance pour les jeunes Trobriandais. C'est pourquoi ils consacrent beaucoup de temps à soigner leur apparence et à raffiner leur pouvoir de séduction. Les journées de conquête sont marquées par des conversations chargées de sous-entendus et la distribution de petits présents visant à attirer une ou un partenaire potentiel, la nuit venue, sur la plage ou à la maison. Puisque ni les garçons ni les filles ne dorment dans la même pièce que leurs parents, les enfants et les adolescents ont toute la latitude voulue pour organiser leurs rendez-vous amoureux (Malinowsky, 1921, 1930).

Comme l'a souligné l'anthropologue Annette Weiner (1988), la liberté sexuelle des Trobriandais n'est pas un simple passe-temps d'adolescents frivoles.

[Séduire un partenaire] est un premier pas vers le monde des stratégies d'adulte, où il faut apprendre à influencer les autres sans les laisser nous contrôler. [...] Les liaisons sexuelles donnent aux adolescents le temps et l'occasion d'expérimenter toutes les possibilités et les problèmes que vivent les adultes dans leurs relations non familiales. Les désirs des uns entrent parfois en conflit avec ceux des autres, et la satisfaction de ces désirs exige de la patience, des efforts et de la détermination. Le monde des relations sexuelles adolescentes comporte des risques et des déceptions. Les jeunes gens doivent apprendre, à la mesure de leur capacité, à être prudents et intrépides à la fois. (p. 71)

L'attitude des Trobriandais à l'égard de la sexualité de leurs adolescents contraste avec celle longtemps observée en Amérique du Nord. Bien que les jeunes Nord-Américains puissent désormais avoir des relations sexuelles avant de se marier ou de vivre avec leur conjoint, il n'en reste pas moins que leur activité sexuelle préconjugale ne bénéficie pas de la même approbation que dans la culture trobriandaise.

L'homosexualité

L'homosexualité est une pratique courante dans de nombreuses cultures. Elle est également une pratique assez fréquente chez plusieurs animaux (Cézilly, 2009). En ce qui concerne les humains, les anthropologues peinent encore à démêler les diverses significations qu'elle revêt d'un peuple à l'autre (Wekker, 1999). Dans les cultures occidentales, l'homosexualité désigne habituellement l'attirance et le désir sexuels envers des partenaires du même sexe. Cette définition est toutefois trop étroite. Par exemple, chez les Navajos, un peuple amérindien du sud-ouest des États-Unis, l'homosexualité repose davantage sur l'inversion des rôles sexuels que sur la stricte attirance physique à l'égard d'une personne de même sexe. Un homme ayant choisi de vivre socialement comme une femme pourrait ainsi avoir des relations sexuelles avec son époux, un homme ayant conservé ses attributs sociaux masculins. Pour rendre compte de ce type de réalités, les anthropologues ont créé une autre catégorie de genres, un « **troisième sexe** » dont il sera question plus loin.

De nombreuses cultures contemporaines et anciennes considèrent que les comportements homosexuels sont naturels. Dans la Grèce et la Rome antiques, l'homosexualité était un comportement socialement acceptable. De même, en Papouasie-Nouvelle-Guinée, les rites initiatiques des jeunes hommes comportent parfois une relation sexuelle avec des hommes plus âgés choisis par leurs pères. Après leur initiation, il arrive que l'on attende d'eux qu'ils se livrent à des expériences homosexuelles pendant quelques années avant de se marier et d'entreprendre une relation hétérosexuelle. Chez les Eteros de la Nouvelle-Guinée, on encourageait les activités homosexuelles et on restreignait les rapports hétérosexuels, car on estimait qu'ils affaiblissaient les hommes et ne devaient servir qu'à la reproduction (Kelly, 1976).

Le contrôle de la sexualité des gais et des lesbiennes varie d'une culture à l'autre. Les relations entre hommes gais sont souvent mieux acceptées que celles entre femmes lesbiennes. En 1951, Ford et Beach ont étudié l'homosexualité masculine dans 76 cultures. Ils ont constaté que dans 64 % d'entre elles, la pratique était reconnue comme normale et socialement acceptable, comme dans la Grèce et la Rome antiques. Le rejet de l'homosexualité s'est propagé avec l'influence croissante de la chrétienté dans le monde. Aujourd'hui, les gais et les lesbiennes des sociétés occidentales revendiquent une reconnaissance sociale et juridique accrue (Weitz, 2000) (*voir le chapitre 6*).

DES GENRES ET DES RÔLES

« On ne naît pas femme, on le devient », écrivait la célèbre auteure et féministe française Simone de Beauvoir, en faisant référence à l'action délibérée de la culture à « fabriquer » des genres. Chaque culture détermine des rôles, des tâches et des activités aux individus selon leur sexe. Par exemple, dans plusieurs cultures, il est du domaine féminin de s'occuper des jeunes enfants et de veiller à leur bien-être (*voir l'encadré L'instinct maternel existe-t-il ?*). Ces rôles sont rattachés à des stéréotypes qui sont véhiculés pour faire en sorte que les individus s'y conforment. Ainsi, il est commun dans plusieurs cultures de restreindre les hommes dans l'expression de leurs émotions. Les garçons, par exemple, apprennent dès l'enfance qu'un homme ne doit pas pleurer. Aussi, dans certaines cultures d'Amérique centrale contemporaine, ou jadis au Québec, l'idée que les hommes ne sont pas « faits » pour accomplir certaines tâches domestiques (préparer la nourriture, par exemple) est intériorisée de sorte qu'il apparaîtrait incongru qu'il en soit autrement.

Dans quelques sociétés, les rôles attribués aux genres sont clairement définis, alors que dans d'autres, ces distinctions sont moins prononcées, mais existent néanmoins. Dans certaines cultures, comme la nôtre, les hommes et les femmes peuvent effectuer des tâches habituellement attribuées au sexe opposé (comme celle d'un père de s'occuper à temps plein d'un nouveau-né). Au sein d'autres cultures, la répartition du travail entre les hommes et les femmes s'avère plus rigide. Dans les sociétés traditionnelles

Troisième sexe

Catégorie de personnes considérées comme étant ni homme ni femme, ou qui sont reconnues comme ayant une identité sexuelle différente de celle de leur sexe à la naissance.

© Mashe/Shutterstock

En dépit des gains obtenus par les femmes en Occident, la publicité continue d'y être sexiste. Aujourd'hui, pour vendre de la bière et une multitude d'autres produits, on utilise encore fréquemment l'image d'une jeune femme désirable, voire aguichante. Des photos de ce genre sont fréquemment distribuées dans les établissements scolaires pour faire la promotion de soirées spéciales dans les bars.

Les transgenres

Les genres alternatifs, ou transgenres, qui désignent les hommes ou les femmes n'étant identifiés ni à un sexe ni à l'autre, ou du moins pas celui biologique de leur naissance, sont présents dans plusieurs cultures. En Amérique du Nord, au moins une centaine de groupes autochtones, aussi éloignés géographiquement que les Zunis de l'Arizona et les Cheyennes des grandes plaines américaines, les Ingaliks d'Alaska et les Mojaves de la Californie, comptent dans leurs rangs des berdaches (Bonvillain, 2007). Ni hommes, ni femmes, les berdaches sont membres de ce que l'on considère comme un «troisième sexe» dans leur culture. Souvent qualifié de personne bispirituelle par les Amérindiens, un berdache est tantôt un homme, tantôt une femme ayant décidé de changer de genre, donc de «sexe social». Légitimée par une vision ou un rêve (Lang, 1999), cette transformation permet à la personne concernée de choisir un mode de vie davantage conforme à sa «nature». Cet être bispirituel entretient parfois, mais pas toujours, des relations sexuelles et affectives avec une personne de son propre sexe biologique. Traditionnellement, il jouissait d'un statut particulier au sein de sa communauté. Il était considéré comme un visionnaire et un guérisseur possédant un esprit à la fois mâle et femelle. Il exerçait d'importantes fonctions sociales, économiques et religieuses et pouvait même devenir chef ou chaman.

Examinons le cas du «troisième sexe» observé chez les Inuits avant leur sédentarisation. Autrefois, certaines filles étaient habillées et éduquées comme des garçons et apprenaient les rudiments de la chasse. Inversement, certains garçons étaient élevés en filles et apprenaient les tâches domestiques. À la puberté, la plupart recevaient une seconde éducation leur permettant d'apprendre les rôles associés à leur sexe biologique (Saladin d'Anglure, 2004). Les individus du troisième sexe avaient ainsi la possibilité de cumuler un éventail de compétences et de rôles. Leur vie durant, ils conservaient la marque de ce double apprentissage et jouissaient d'un statut privilégié. «Leur capacité de chevaucher la frontière des sexes les prédispose à chevaucher les autres frontières, notamment celles entre les mondes humain et animal ou entre les mondes naturel et surnaturel. Ils constituent des candidats de prédilection pour le chamanisme» (Saladin d'Anglure, 2004). Cette socialisation inversée et ce travestissement seraient attribuables à deux facteurs. L'un est culturel, soit la transmission de l'identité sociale

d'Afghanistan, par exemple, les rôles des hommes et des femmes sont différenciés de façon telle qu'on veille même à ce qu'ils soient exercés dans des espaces distincts. Les intégristes talibans, qui ont pris le pouvoir dans les années 1990, avaient interdit aux femmes l'accès au travail, à l'éducation, aux soins de santé publics et aux divertissements. Il leur était interdit de se déplacer dans les rues sans être accompagnées d'un homme de la famille. Aujourd'hui, malgré l'intervention américaine de 2001 qui a renversé les talibans, la situation des femmes en Afghanistan a peu progressé (Roy, 2011). La tradition de distinguer les rôles selon les genres y demeure très forte et le taux de scolarisation des filles reste faible (moins de 60 %). La corruption du gouvernement actuel, le manque de coordination de l'aide humanitaire, les effets déstabilisants de la guerre et du terrorisme ainsi que la persistance des idéologies sexistes font obstacle à une évolution vers l'égalité des femmes.

La division des rôles selon le genre existe dans toutes les cultures, mais à des degrés divers et sans nécessairement entraîner l'oppression des femmes. Dans certaines cultures, il existe une catégorie d'individus qui, au-delà de leur sexe biologique, se voient catégorisés dans une troisième classe de genre, ni masculin, ni féminin, mais bien à la frontière des deux. On nomme cette classe «troisième genre», «troisième sexe» ou transgenre.

179

d'un parent décédé à un fœtus dont on ne connaît pas encore le sexe biologique; et l'autre est économique, soit le besoin d'équilibrer la proportion hommes-femmes dans une famille (Saladin d'Anglure, 2004). Aujourd'hui encore, dans la culture inuite, les genres n'ont pas de frontières complètement hermétiques. On conçoit toujours que le bébé peut changer de sexe au moment de naître, et on appelle *sipiniit* les individus qui ont ainsi changé de sexe. La grosseur des parties génitales des nouveau-nés en font foi: un pénis rétracté témoigne d'un fœtus fille qui est né garçon, et une vulve proéminente est celle d'un garçon né fille.

Aujourd'hui en Occident, une catégorie similaire à celle du «troisième genre» n'existe pas à proprement parler. Ceux que l'on nomme «transgenres» ne constituent pas, comme chez les Inuits ou les Amérindiens, une catégorie légitimée d'individus qui ont leur place et leur statut dans la société. Ces personnes, qui ne se sentent pas appartenir

au genre assigné à leur naissance et qui ont parfois recours à des opérations ou à des hormones pour changer de sexe, sont perçues comme marginales. Certains les croient atteintes d'un problème de santé mentale qui les pousse à ne pas se sentir bien «dans leur sexe». Considérés «anormaux» aux yeux de plusieurs, tout comme pour l'homosexualité il n'y a pas si longtemps, les individus transgenres revendiquent de plus en plus leur différence et cherchent à démontrer que l'identité à un genre et à un sexe prend des allures multiples.

On trouve des *Hijras* au Pakistan et en Inde, où ils forment une communauté de travestis et de transsexuels. Ces hommes, généralement émasculés, s'habillent et agissent comme des femmes. Ils sont considérés comme ayant été touchés par Dieu et ont pour rôle de conjurer le mauvais sort. Leur occupation de base est de chanter, de danser et de participer aux fêtes de mariage et de naissance.

© Maciej Dakowicz/Alamy

Perspective anthropologique

L'instinct maternel existe-t-il?

par Nadine Trudeau

De nombreuses personnes, dont certains scientifiques, croient que toute femme «normale» désire être mère et qu'elle ressent un «instinct maternel» profondément enraciné qui la pousse à satisfaire un tel désir. Charles Darwin (1871) partageait cette opinion. Il comparait les comportements des primates à celui des humains, y voyant là la preuve que l'affection des mères pour leurs petits faisait partie des instincts sociaux les plus puissants. Par la suite, d'autres scientifiques y ont vu l'une des raisons pour laquelle les femmes sont «naturellement» programmées pour le maternage. Le mouvement féministe des années 1970 s'est inscrit contre cette prémisse. Pour Élisabeth Badinter (2001), l'une des porte-étendards de ce mouvement en France, l'instinct maternel n'existe pas et seule la culture modèle l'amour maternel. Pour étayer son hypothèse, elle relève dans l'histoire et dans la littérature de nombreux cas de mères distantes et parfois brutales, qui n'ont pas hésité à abandonner leur progéniture à une nourrice ou qui étaient carrément infanticides. Le débat qui s'en est suivi s'est inscrit dans une lutte dont les positions semblaient inconciliables.

Il y a une dizaine d'années, une anthropologue américaine, Sarah Blaffer Hrdy a relancé le débat, mais en suggérant que les deux positions étaient conciliables. Primatologue, Hrdy prétend que les comportements sociaux (soins parentaux, vie en groupe, altruisme, etc.) sont autant culturels que profondément ancrés dans la biologie. En même temps, elle s'attaque aux préjugés sexistes du darwinisme selon lesquels les femmes seraient naturellement des «machines» à procréer, soumises et dévouées. Dans son ouvrage, *Les instincts maternels* (2002), elle se distancie aussi de la théorie qui veut que l'amour maternel soit uniquement une construction sociale. Pour l'anthropologue, il ne fait aucun doute que des mécanismes biologiques existent dans la relation qui lie la mère et son bébé. Mais cette pulsion n'est pas aussi puissante que celle qui dicte le besoin de manger et de dormir.

Il semble y avoir plusieurs éléments qui s'enchaînent et qui mènent, à un degré plus ou moins important, à l'attachement maternel. Parmi eux, certains gènes et la production d'hormones spécifiques stimulent la réaction maternelle. Par exemple, la production de la prolactine, une hormone qui produit la montée de lait chez les nouvelles mères, déclencherait des pulsions maternelles. Il arrive souvent que des jeunes femmes qui n'avaient jusqu'alors éprouvé aucun sentiment particulier pour les bébés et qui redoutaient même d'avoir à s'en occuper, changent complètement d'attitude à la naissance de leur premier enfant.

COMMENT EXPLIQUE-T-ON L'INFANTICIDE ET LA NÉGLIGENCE ENVERS LES ENFANTS?

Les mécanismes biologiques, qui poussent les mères à s'occuper de leurs petits sont complexes et ne pourraient expliquer toutes les émotions ni tous les comportements, tout aussi complexes, qui se manifestent avec la maternité chez l'humain. Hrdy (2002) rappelle elle aussi qu'il existe des cas de mères négligentes à l'égard de leurs enfants. Les autres animaux ne sont pas exempts de ce type de comportement. L'infanticide existe, par exemple, chez les ours, les écureuils et les loups. Chez les primates, la plupart des cas d'infanticides sont perpétrés par les mâles et semblent avoir pour but d'augmenter leur succès reproductif. Dans une étude de cas d'infanticides chez les humains, Hrdy rapporte qu'ils sont plus fréquents qu'on pourrait le penser, notamment dans des situations où l'enfant est handicapé, où l'on ne connaît pas de moyen de contraception ou, plus souvent encore, lorsque les ressources alimentaires sont rarissimes. Les Yanomami du Brésil, les Bochimans Kungs d'Afrique du Sud, les Inuits ainsi que plusieurs sociétés de l'Europe antique ont notamment pratiqué l'infanticide (Hrdy, 2002). Chez les Inuits, dont les ressources étaient limitées en raison de leur environnement hostile, l'infanticide était parfois pratiqué, mais seulement dans certains cas d'extrême précarité qui compromettaient la survie du groupe, lors de famines à répétition, par exemple. Bien qu'on ne puisse déterminer clairement dans ces cas, qui des hommes ou des femmes, perpétuaient l'infanticide, il semble que cette pratique ait été jugée socialement acceptable dans les circonstances. L'abandon et la négligence suivent une logique semblable. Ces derniers seraient plus fréquents dans des cas particuliers de pauvreté.

L'ATTACHEMENT AUX BÉBÉS N'EST PAS À SENS UNIQUE, NI EXCLUSIF AUX MÈRES

Toujours d'après Hrdy, il n'y a pas que les mères qui aient un rôle à jouer dans l'attachement aux petits, les bébés eux-mêmes ont des réactions biologiques qui encouragent le maternage, lequel touche aussi les personnes de l'entourage, incluant les hommes. Les cris du bébé, par exemple, provoquent spontanément de la compassion. De même, la physionomie du nourrisson et le sourire stimulent l'attendrissement. Ces réactions sont utiles, car en cas de décès de la mère, de négligence ou d'abandon, des enfants pourront être recueillis ou dorlotés par d'autres. L'attachement n'est donc pas unilatéral, ni exclusif aux mères. Des cas d'adoption par d'autres membres du groupe social, des mâles dans certains cas, ont ainsi été observés chez les autres primates.

L'ATTACHEMENT AUX ENFANTS EST À LA FOIS BIOLOGIQUE ET CULTUREL

Aux mécanismes biologiques viennent se superposer ceux aussi complexes de la socialisation des individus. Dès leur plus jeune âge, les petites filles sont généralement éduquées pour devenir de «bonnes» mères, et à l'adolescence, leur premier emploi consiste souvent à s'occuper d'enfants. Ainsi, leur identité à leur futur rôle de mère est fermement enracinée. Dans plusieurs cultures, les hommes sont aussi conditionnés à prendre soin des enfants, mais dans d'autres, ce rôle est moins important, principalement en ce qui concerne la petite enfance. De tous les temps, de toutes les cultures, hommes et femmes sont «entraînés» à remplir d'une façon ou d'une autre leur tâche de mère et de père.

En définitive, l'instinct maternel est un phénomène complexe et assujetti à toutes sortes de variables. De plus, il n'agit pas seul. Il faut plutôt y voir une succession de déclencheurs inscrits dans notre biologie, qui peuvent s'amorcer ou non, selon l'environnement et les circonstances. La pulsion qui pousse les humains à prendre soin des bébés et des enfants existe non seulement chez les mères, mais aussi chez les autres adultes dans l'environnement immédiat des enfants. Et cette aptitude à l'attachement n'est pas propre aux mères. À ces aptitudes biologiques s'en superposent d'autres, très puissantes liées à la culture et à la socialisation des individus. Comme le conclut l'anthropologue Hrdy (2002), la vérité est au-delà du débat initial : « Au lieu des vieilles dichotomies entre nature et culture, il faut s'intéresser aux interactions complexes entre gènes, tissus, glandes, expériences passées et signes de l'environnement, y compris les signaux sensoriels lancés par les nourrissons et les individus proches. »

À Madagascar, comme dans la majorité des pays du monde, les filles sont rapidement amenées à s'occuper de leurs frères et sœurs. Dès leur jeune âge, elles intériorisent les fonctions liées à leur futur rôle de mère. Une fois mères, elles en savent déjà beaucoup sur le rôle qu'elles ont à jouer.

© Muriel Lasure/Shutterstock.com

LES RAPPORTS ENTRE LES HOMMES ET LES FEMMES

Le champ de l'anthropologie féminine étant relativement récent, plusieurs comptes rendus ethnographiques restent parfois muets sur la question de la condition féminine et des rapports entre les sexes. N'a-t-on pas dit de Malinowski, le père de l'ethnologie, qu'il n'avait pas vu l'importance du rôle des femmes des îles de Trobriand où il a effectué des recherches pendant plus de trois années (Weiner, 1988) ? L'anthropologue américaine Margaret Mead, dans les années 1930, a ouvert la voie à l'étude des femmes, mais il faudra attendre les années 1970 pour que se manifeste en ethnologie un véritable intérêt envers la condition féminine et les rapports entre les genres (Brettell et Sargent, 2005).

Cependant, la lecture de ces recherches laisse parfois perplexe, car force est d'admettre que les questions d'égalité ou d'inégalité sont parfois difficiles à trancher et il faut se garder de jugements hâtifs. Si des situations, telles que le **féminicide**, les **crimes d'honneur**, les mutilations sexuelles, l'interdiction pour les femmes de voter ou les mariages précoces

Féminicide

Assassinats de femmes, liés à leur seule condition de femme. Ces assassinats peuvent être commis en groupe ou individuellement et restent souvent impunis.

Crime d'honneur

Acte de violence, allant souvent jusqu'au meurtre, commis en réaction à des comportements qui auraient jeté le déshonneur sur une famille. Dans la majorité des cas, les femmes sont les victimes de ces crimes perpétrés par les membres masculins de leur famille.

sont des manifestations explicites de l'oppression des femmes, d'autres sont plus difficiles à mesurer. Ainsi, peut-on affirmer catégoriquement que les femmes musulmanes vivent une situation d'iniquité par rapport aux hommes lorsqu'elles portent le voile? (*Voir l'encadré Le voile islamique est-il un symbole de soumission?*) Comme nous le verrons, plusieurs facteurs qui se manifestent de nombreuses façons peuvent conduire à l'inégalité des sexes.

Dans plusieurs sociétés, les rôles attribués selon le genre sont distincts, mais l'iniquité entre hommes et femmes est néanmoins un phénomène complexe. Chez les Mundurucus de l'Amazonie, par exemple, non seulement les hommes travaillent séparément des femmes, mais ils mangent et dorment aussi dans des lieux différents. Dès l'âge de 13 ans, tous les hommes vivent dans leur propre maison, tandis que les femmes et leurs jeunes enfants occupent deux ou trois habitations avoisinant celles des hommes. Les relations entre hommes et femmes sont fondées sur l'opposition plutôt que sur l'oppression. Selon les croyances mundurucues, les rôles sexuels étaient inversés dans le passé: les femmes dirigeaient les hommes et contrôlaient les flûtes sacrées symbolisant à la fois le pouvoir et les capacités d'enfanter propres aux femmes. Toutefois, comme elles ne pouvaient pas chasser, elles n'étaient pas en mesure de rapporter la viande exigée par les esprits des ancêtres qu'abritaient les flûtes. C'est ce qui a permis aux hommes de ravir les flûtes aux femmes et d'établir ainsi leur autorité. Depuis, ces flûtes demeurent soigneusement cachées dans la maison des hommes, et aucune femme n'a le droit de les voir. Ainsi, les hommes mundurucus manifestent leur peur et leur envie à l'égard des femmes. Pour leur part, les femmes n'acceptent pas d'être asservies. Elles sont autonomes sur le plan économique, même si les hommes occupent toutes les fonctions dirigeantes en matière politique et religieuse.

Exemple ethnographique

Le voile islamique est-il un symbole de soumission?

Les femmes qui se déplacent en silence dans les pays musulmans, cachées sous de larges pièces de tissu, paraissent parfois étranges aux yeux de bien des Occidentaux. Ces femmes obéissent à l'ancienne coutume du *purdah* (réclusion féminine), qui oblige celles qui sont pubères à porter un tchador en dehors de l'intimité de leur foyer. Vêtement ample, informe et assorti d'un voile, le tchador recouvre la femme de la tête aux pieds.

L'interprétation de l'exhortation du Coran à la décence vestimentaire varie beaucoup. Certaines musulmanes pensent qu'elles sont seulement tenues de se vêtir de façon discrète. D'autres estiment qu'elles doivent

© KHALED ELFIQI/epa/Corbis

Comme on le constate au Caire en Égypte, il n'y a pas qu'un seul voile islamique, mais bien des voiles, qui diffèrent d'un pays à un autre et que les femmes sont contraintes ou non de porter. La burqa, qui recouvre tout le corps ne laissant ouvert qu'un rectangle grillagé au niveau des yeux, est le vêtement traditionnel porté par les femmes en Afghanistan. Le niqab est un voile qui couvre toute la tête, sauf les yeux. Le hidjab est souvent un simple foulard qui couvre les cheveux et le cou, mais laisse paraître le visage. La majorité des musulmanes dans le monde ne portent cependant aucun voile.

cacher entièrement leur corps, si bien qu'elles portent des gants et se voilent le visage. Les observations que Geraldine Brooks (1995) a pu faire à l'aéroport du Caire, en Égypte, illustrent cette diversité :

> Les Pakistanaises qui vont travailler dans les pays du Golfe semblent se déplacer en ondoyant dans leur confortable *salwar kameez* (longue tunique de soie qui flotte sur des pantalons amples) et leur long châle porté librement sur la tête. Les Saoudiennes marchent prudemment derrière leur mari et jettent des regards interrogateurs à travers le voile intégral et le manteau noir qui les recouvrent entièrement et qui les font ressembler, comme l'a écrit l'écrivain Guy de Maupassant au XIXᵉ siècle, "à la mort en promenade".

QUE SYMBOLISE LE VOILE POUR LES MUSULMANES ?

La réclusion ainsi symbolisée va au-delà du port du voile. Elle stipule en effet que les femmes doivent être séparées des hommes pour préserver leur pudeur. Chez les Pachtouns de Swat, au Pakistan, les femmes quittent rarement leur foyer. Quand elles le font, elles doivent toujours être accompagnées par d'autres femmes ou par un homme de leur famille. Elles évitent tout contact avec des hommes inconnus, de crainte que leurs proches y voient une rencontre d'ordre sexuel. Dans certaines grandes villes, comme Le Caire, la réclusion n'est pas aussi strictement appliquée. Beaucoup de femmes scolarisées portent plutôt des vêtements occidentaux décents et un simple voile sur leurs cheveux. Elles sont généralement plus libres de rendre visite à des amis ou de faire des courses et jouissent d'une plus grande autonomie. Cependant, on a observé une récente recrudescence du port du voile et de la réclusion chez certaines de ces femmes, qui veulent réaffirmer leurs croyances et leurs traditions musulmanes.

Les Occidentaux ont tendance à considérer le voile comme un symbole du patriarcat, de l'oppression féminine et de la suprématie de l'idéologie masculine qui est au cœur de l'identité des hommes au Moyen-Orient. Qu'en est-il vraiment ? Beaucoup de musulmanes (dont certaines qui s'affirment féministes) tiennent à porter leur vêtement traditionnel (Moghadam, 2002). Elles considèrent que le voile les protège contre le monde extérieur, les regards indiscrets et les avances sexuelles non sollicitées. L'anthropologue Katherine Bullock a découvert que beaucoup de musulmanes considéraient leur code vestimentaire traditionnel comme un signe de pureté, de pudeur, d'identité féminine islamique, ainsi que comme une «soumission à Dieu et un témoignage de l'appartenance à la religion musulmane». Halima, qui s'est convertie à l'islam, ajoute que le voile (hidjab) symbolise «le pouvoir de la femme de récupérer sa propre dignité et sa propre sexualité» (Bullock, 2001, p. 1-2).

LE PORT DU VOILE SUSCITE DES INTERROGATIONS AU CANADA

Au Canada, le droit des musulmanes de porter le voile (intégral ou non) a été contesté à plusieurs reprises. En 1995, plusieurs élèves ont été expulsées d'une école secondaire québécoise après avoir refusé d'ôter leur foulard islamique. De jeunes musulmanes ont rapporté des rencontres hostiles avec certains Canadiens qui leur ont reproché leur tenue vestimentaire et qui les ont accusées avec colère de faire reculer le mouvement des femmes en préservant de telles traditions. En 2011, le gouvernement canadien a publié une directive qui interdit désormais qu'une personne prête son serment de citoyenneté à visage couvert. Par contre, la Cour suprême du Canada n'arrive toujours pas à trancher sur la question des témoins qui pourraient ou non se présenter devant les tribunaux vêtues d'un *niqab* ou d'une *burqa*. De telles prises de position semblent déconcerter la population, tant musulmane que non musulmane. Comme l'attestent les deux déclarations suivantes, les positions à l'égard du voile islamique sont divergentes même parmi les femmes musulmanes au Canada :

> Ne soyons pas assez naïfs pour croire que le hidjab serait acceptable, voire progressiste, alors que la burka serait rétrograde et inacceptable. La différence entre les deux ne tient qu'à la taille du tissu. La signification reste la même : la manifestation archaïque de l'oppression et de la soumission des femmes. (Benhabib, 2009, p. 79)

> Le Canada se targue d'accorder à tous et chacune la liberté d'expression et de pratique religieuse. Si une femme pense qu'elle doit porter le hidjab, pourquoi ne pourrait-elle pas le faire ? Elle ne fait de mal à personne. Si des gens peuvent déambuler dans la rue presque nus, pourquoi le port d'un voile sur la tête ou sur le visage les dérangerait-il ? En quoi cela contrarierait-il quelqu'un ? (Bullock, 2001, p. 7)

Les théories sur l'origine de l'inégalité des sexes

Même si les manifestations de l'inégalité entre hommes et femmes sont parfois difficiles à trancher, il reste clair que dans maintes sociétés, des femmes demeurent assujetties à la domination masculine. Pourquoi cette domination existe-t-elle ? A-t-elle toujours existé ? Des théories ont tenté de comprendre ce phénomène et de l'expliquer. Dans ce débat, deux principaux groupes se sont affrontés en brandissant l'un, la notion de l'inné, l'autre celle de l'acquis (*voir l'encadré L'instinct maternel existe-il ?*).

À l'un des pôles se tiennent les tenants du déterminisme biologique. De façon simpliste, disons que pour ces tenants, la femme n'est pas l'égale de l'homme. Biologiquement plus petite, elle serait moins forte, moins agressive, plus passive et plus encline à l'empathie que l'homme, qui serait au contraire par nature plus agressif et dominateur. S'appuyant sur des recherches (notamment celle de Desmond Morris parue en 1969, *Le Singe nu*), qui comparent les comportements humains avec ceux de certains primates, les tenants du déterminisme biologique font ressortir la nature primate des humains et concluent que la domination masculine est biologique, donc présente et normale dans toutes les cultures.

Pour les tenants du déterminisme culturel, l'inégalité ne peut être naturelle, puisqu'elle n'est pas présente dans toutes les cultures et que son intensité varie grandement d'une population à une autre et d'une époque à une autre. L'inégalité, lorsqu'elle existe ne peut être que culturelle. Margaret Mead (1950) invoque pour preuve l'étude comparative qu'elle a réalisée dans trois cultures de la Papouasie-Nouvelle-Guinée. Elle en conclut que les hommes et les femmes agissent conformément aux attentes fixées par leur culture et non pas par leur biologie. Chez les Arapesh, hommes et femmes sont pacifiques, empathiques et coopèrent les uns avec les autres. Chez les Mundugumor, hommes et femmes sont au contraire combatifs et agressifs. Quant aux Tchambulis, les modèles féminin et masculin sont complètement à l'opposé de ceux qu'on connaît dans la société occidentale ; les femmes y sont autoritaires et agressives, alors que les hommes sont émotivement dépendants des femmes, passent beaucoup de temps à soigner leur apparence et s'adonnent à des activités artistiques. Il est vrai que

les études de Mead ont été contestées par d'autres chercheurs, qui sont retournés dans les mêmes populations et n'y ont pas vu les mêmes caractéristiques féminines et masculines (Errington et Gewertz, 1987). Toutefois, grâce à ses travaux, nous avons aujourd'hui une meilleure compréhension des rapports hommes/femmes et le champ d'études sur l'anthropologie féminine s'est élargi considérablement. Depuis, on a pu constater que les rôles de genres variaient énormément en fonction, entre autres, de l'économie, des modes de subsistance et des systèmes politiques et religieux d'une population. Nous verrons dans les prochaines sections les éléments qui contribuent à accentuer les rapports de domination entre hommes et femmes. Toutefois, l'épineuse question « L'inégalité entre hommes et femmes a-t-elle toujours existé dans l'histoire de l'humanité ? » demeure toujours en suspens.

Même si cette question est importante, il reste que les théories qui la concernent véritablement ne sont pas nombreuses. Bien sûr, pour les tenants du déterminisme biologique, puisqu'elle est naturelle, l'inégalité a toujours existé depuis l'aube de l'humanité, mais cette façon de voir les choses rallie très peu d'adeptes aujourd'hui en anthropologie. D'abord, il a été rapporté que le dimorphisme sexuel était faible chez les humains et que, de toute façon, les seules études comparatives avec les primates peuvent conclure tout et son contraire. Par exemple, chez plusieurs primates, dont nos plus proches parents les chimpanzés et les bonobos, les mâles ne dominent pas les femelles. On peut donc penser que l'inégalité est avant tout un fait social.

Dans les années 1970, une anthropologue québécoise, Chantal Kirsch (1977) a opté pour une explication qui lie la division sexuelle des tâches et l'avantage biologique des femmes dans la reproduction de l'espèce. Pour Kirsch, les rapports de domination entre les sexes n'existaient probablement pas chez les premiers homininés. Sans pouvoir établir précisément un moment ou un événement ayant déclenché des rapports de domination dans certains groupes, l'origine d'une telle inégalité des sexes remonterait à l'époque de la spécialisation des tâches qui ont fait des hommes des chasseurs et des femmes des cueilleuses. De tout temps, en tant que procréatrices, les femmes ont détenu une capacité évidente de contrôle sur la reproduction de l'espèce. Les hommes y participent, mais seulement en tant que géniteurs. Cette constatation faite, on peut imaginer que les hommes aient craint une société dominée par les femmes où quelques mâles auraient uniquement servi de géniteurs. Comme les hommes et les femmes ne rapportaient pas nécessairement la même nourriture, les hommes ont cherché à s'approprier une partie importante de la production féminine et du surplus. En développant un rapport inégal infériorisant les femmes, par exemple en accaparant le pouvoir politique, en rendant les activités féminines moins prestigieuses, etc., les hommes s'assuraient de contrôler la production et la reproduction.

La question de l'origine de l'inégalité des sexes, largement débattue à l'époque, l'est beaucoup moins aujourd'hui. Toutefois, l'anthropologue française Françoise Héritier (2007, 2010; Héritier *et al.*, 2011), l'a reprise récemment. Pour elle, le fondement biologique de la domination masculine existe, mais n'a rien de naturel; il est plutôt l'instrument de la domination. Bien que la plupart des peuples s'appuient sur la biologie pour établir et maintenir cette domination, «l'inégalité n'est pas un effet de la nature» (Héritier, 2007, p.14). Les humains symboliseraient les différences biologiques notables entre les sexes en dévalorisant certains traits féminins. Tout comme Kirsch (1977), Héritier pense que l'avantage de la reproduction aurait joué contre les femmes. Pour contrôler la reproduction, les hommes auraient tenté de s'approprier socialement les femmes et cette appropriation se serait accompagnée d'un certain dénigrement de la maternité. En fait, bien qu'extrêmement importante pour la survie du groupe, la maternité n'est pas accompagnée de prestige dans toutes les cultures. Chez la plupart, la chasse et la guerre, des activités masculines, sont accompagnées de rituels plus imposants que ceux réservés à l'enfantement et au maternage. Dans quelques rares sociétés, comme celles des Hurons, la fonction procréatrice des femmes et la naissance des filles étaient valorisées, tout comme le rapportaient les missionnaires jésuites au début de la colonie française au Canada: «Ils se réjouissent davantage de la naissance d'une fille que d'un garçon, constatait le père François Du Perron (1610-1665). [...] Selon un autre, le père Paul Ragueneau (1608-1680), la vie des femmes huronnes est plus précieuse que celle des hommes, car ce sont elles "qui peuplent le pays"» (Viau, 2000, p. 64).

Toutefois, malgré le pouvoir et le prestige que peuvent avoir les femmes dans certaines cultures, la plupart des anthropologues, tels qu'Héritier (2007), pensent que le **matriarcat** n'a jamais existé, ou du moins, on n'en a jamais découvert les traces dans aucune société. Il faut préciser que le matriarcat, dans son sens anthropologique, est une société gouvernée par les femmes. Une confusion existe dans l'esprit des gens, car dans certaines sociétés matrilinéaires (*voir le chapitre 6*), telles que celles des Iroquois et des Hurons, les femmes y avaient un rôle important, y compris dans les prises de décisions politiques. Toutefois, ce sont les hommes dans ces sociétés, et non les femmes, qui occupaient les positions de chefs. Nous y reviendrons plus loin.

LES DIMENSIONS DE L'INIQUITÉ ENTRE LES GENRES

Depuis les 25 dernières années, plusieurs organismes internationaux constatent d'importantes améliorations de la condition des femmes, et ce, partout dans le monde (Banque mondiale, 2012; PNUD, 2011; Unicef, 2011). L'accès à l'éducation, à la santé et au travail, est au premier plan des faits constatés:

© Shepard Sherbell/Corbis Saba

La vaste majorité des familles monoparentales sont dirigées par une femme. Aux États-Unis, 80 % des enfants afro-américains nés depuis 1980 passeront une partie de leur enfance uniquement avec leur mère. Là-bas, comme ailleurs dans le monde, la monoparentalité contribue à la «féminisation de la pauvreté». Au Canada, chez les 0-14 ans, la proportion d'enfants pauvres au sein d'une famille monoparentale serait comparable à celle observée chez les immigrants récents et les Autochtones.

> **Matriarcat**
> Société dirigée par les femmes. Aucune société matriarcale n'a été recensée en anthropologie.

Le nombre de filles et de femmes ayant une éducation de base est plus élevé que jamais, et plus de filles que de garçons sont scolarisées dans un tiers des pays en développement. Les femmes constituent maintenant plus de 40 % de la population active mondiale. Elles vivent plus longtemps que les hommes dans toutes les régions. Le rythme des transformations est stupéfiant – en fait, celles-ci se sont effectuées plus rapidement dans de nombreux pays en développement qu'autrefois dans les pays développés : l'accroissement de la scolarisation des filles enregistré sur une période de 40 ans aux États-Unis n'a pris qu'une dizaine d'années au Maroc. (Banque mondiale, 2012, p. vii)

Aujourd'hui, davantage de pays accordent aux femmes et aux hommes les mêmes droits dans des domaines tels que la propriété, l'accès au patrimoine et le mariage. Au total, 136 pays sur 200 garantissent explicitement dans leur Constitution les principes d'égalité et de non-discrimination des genres (Banque mondiale, 2012).

En dépit des progrès accomplis, les iniquités entre les genres persistent dans plusieurs domaines. Sur le plan de la santé, malgré une espérance de vie plus élevée, les femmes sont confrontées à davantage de problèmes que les hommes. Outre les maladies chroniques ou infectieuses, les complications liées à la grossesse et à l'accouchement restent encore parmi les causes importantes de mortalité des femmes dans le monde. S'y ajoutent l'avortement sélectif des bébés filles ainsi que la négligence et la maltraitance à l'égard des femmes et des filles. Sur d'autres plans, des écarts demeurent importants dans la rémunération du travail et la propriété des biens, car partout dans le monde les femmes sont plus pauvres que les hommes. Il semble également que les tâches domestiques et le soin à la famille sont encore majoritairement accomplis par les femmes. Les progrès se font lents également dans l'accès aux prises de décision et de pouvoir des femmes, tant dans l'espace public que privé. En s'appuyant sur de nombreux indices (économiques, politiques, sociaux), le PNUD, dans son Rapport de développement humain (2011), a calculé l'indice des inégalités de genre (IIG) dans 145 pays. Les estimations confirment ce qui était pressenti, à savoir que l'Afrique subsaharienne et les États arabes enregistrent les plus hauts indices d'inégalité des sexes.

En Afrique subsaharienne, les disparités sexospécifiques dans l'éducation et les taux élevés de mortalité maternelle et de fécondité des adolescentes sont les plus préoccupants. En Asie du Sud, les femmes viennent loin derrière les hommes dans toutes les dimensions de l'IIG, mais surtout dans celles de l'éducation, de la représentation parlementaire et de la participation au marché du travail. Dans les États arabes, la participation des femmes au marché du travail reste faible (environ la moitié de la moyenne mondiale), tout comme leur niveau d'instruction. (PNUD, 2011, p. 68-69)

Même s'il semble clair que les disparités entre les sexes existent aussi dans les pays les plus riches (Banque Mondiale, 2012), il reste qu'elles ne sont pas uniformes dans chacun des pays et varient selon les régions, l'ethnie et la condition socioéconomique. Ainsi, les probabilités de mortalité périnatale des femmes dans les milieux ruraux d'Afrique et d'Asie du Sud sont plus élevées qu'en milieu urbain et fortuné dans les mêmes pays (Banque mondiale, 2012). Dans les pays riches également, les taux comparatifs de mortalité de la population féminine sont plus élevés dans les milieux socioéconomiques faibles, ruraux et autochtones.

Bien entendu, les indices qui marquent l'inégalité des sexes sont complexes et n'ont pas tous le même poids. Analysons ici ceux les plus souvent invoqués par les anthropologues dans leur quête pour mieux comprendre la question des iniquités entre les genres.

La division du travail entre hommes et femmes

Toutes les cultures instituent une division sexuelle du travail (*voir le chapitre 5*). Cette division est variable selon les sociétés et les époques, mais des constantes demeurent. Par exemple, les hommes sont majoritairement présents dans les activités liées à la guerre, à la chasse et aux travaux lourds. Les femmes, pour leur part, en plus de prendre soin des jeunes enfants, s'affairent plus souvent que les hommes à la préparation de la nourriture, aux tâches domestiques et à soigner les personnes âgées ou malades. L'une des explications données à cette division du travail fait référence à la force physique et musculaire plus importante des hommes. Toutefois, on considère de plus en plus que cette explication est incomplète. En effet, dans plusieurs sociétés, les femmes s'acquittent de travaux très exigeants physiquement.

L'explication de la division du travail voulant que la force physique et musculaire soit plus importante chez les hommes que chez les femmes semble incomplète. Dans plusieurs sociétés, les femmes s'acquittent de travaux très exigeants physiquement. Avec la mondialisation, les femmes du Sud se retrouvent souvent dans une situation plus marginale qu'auparavant. À Bali, comme ailleurs, leurs tâches sont souvent colossales et leur travail n'est pas toujours reconnu à sa juste valeur.

Offert par Richard Vachon

En milieu paysan d'Afrique et d'Amérique autochtone, les femmes portent de lourdes charges (bois, eau ou autres produits de la terre). Aussi, rappelons que dans certaines sociétés, des femmes participent à la chasse ou à la guerre, même si ces activités sont majoritairement masculines. Chez les Inuits et les Autochtones des régions subarctiques, on a déjà compté quelques femmes parmi les bons chasseurs, principalement des femmes qui n'avaient pas encore d'enfants. Il semble en effet que la division sexuelle du travail soit davantage liée aux contraintes de la maternité qu'à la force physique (Héritier, 2007). En dépit du fait que les hommes peuvent s'occuper des nourrissons, et plusieurs le font, il demeure que les grossesses et l'allaitement des bébés rendent les femmes moins mobiles et restreignent leur accès à des activités qui les éloigneraient de la maison ou qui mettraient en danger leur bébé.

On a souvent pensé que l'inégalité des sexes reposait en grande partie sur la division du travail entre les hommes et les femmes (Godelier, 2003). On percevait une meilleure équité dans les sociétés où les deux sexes accomplissaient plusieurs tâches similaires, alors qu'on décelait de l'inégalité dans celles où, au contraire, leurs fonctions étaient diamétralement opposées. Or, les choses apparaissent plus complexes. Les anthropologues ont constaté, par exemple, une relative équité dans les rapports de genre dans plusieurs sociétés de chasseurs-cueilleurs, en dépit de la division des tâches qui fait des hommes des chasseurs et des femmes, des cueilleuses (Endicott, 1999). Des études comparatives, notamment celles de Sanday (1981) et de Bonvillain (2007) ont démontré que la hiérarchie est plutôt assujettie à la nature du travail productif qu'à la seule division des tâches. Ainsi, chez les chasseurs-cueilleurs, hommes et femmes contribuent à peu près également à la subsistance. Sanday a également noté que les hommes ont davantage tendance à dominer les femmes dans les sociétés où celles-ci contribuent beaucoup moins que les hommes au travail productif, ou alors lorsqu'elles travaillent beaucoup plus qu'eux. Dans les sociétés paysannes, les rôles et la division sexuelle des tâches présentent une plus grande diversité et l'iniquité des genres semble dépendre de plusieurs autres facteurs.

Une étude comparative de différentes cultures a fait ressortir que dans 50 % des sociétés étudiées, les femmes s'acquittaient de la plus grande partie des travaux agricoles. Dans 17 % des sociétés, c'était les hommes qui faisaient la majorité des travaux et dans 33 % d'entre elles, les tâches étaient également réparties entre hommes et femmes (Martin et Voorhies, 1975). En dépit des nuances, il semble clair dans ces sociétés que plus la participation au travail de production est égale entre hommes et femmes, même si les tâches sont différentes, plus la relation est basée sur la complémentarité, donc davantage égalitaire. D'autres éléments doivent aussi être considérés pour déterminer le degré d'iniquité. La question du contrôle de la production, qui échappe la plupart du temps aux femmes, fait en sorte que le fruit de leur labeur ne leur appartient pas (Brown, 1970). En d'autres termes, dans plusieurs sociétés, les femmes participent activement aux activités de production (comme la culture des plantes), mais les ressources obtenues par leur effort restent la propriété de leur époux.

Offert par Sylvie Loslier/Projet Mali

L'écart entre les hommes et les femmes dans le monde est principalement lié à l'accès aux richesses. Les emplois «typiquement féminins» sont souvent moins bien rémunérés que les emplois «typiquement masculins». Au Mali, comme dans plusieurs pays d'Afrique de l'Ouest, la couture est considérée comme un travail «masculin» et offre un salaire honorable.

L'appropriation des richesses et le prestige

Dans le monde, l'égalité économique entre les sexes est loin d'être atteinte. Signe que la situation des femmes s'améliore cependant, on constate depuis une trentaine d'années une augmentation de leur taux d'activité, calculé selon la proportion d'individus en emploi ou en recherche d'emploi. En 2008, 40 % des humains en âge de travailler ayant un emploi ou étant à la recherche de travail étaient des femmes. Il semble toutefois que ces tendances aient varié dans certaines régions du monde. Les augmentations les plus marquantes ont été observées dans des pays où les niveaux initiaux d'activité des femmes étaient très faibles (en Amérique latine et dans les Caraïbes). Aujourd'hui, on trouve les taux d'activité féminine les plus faibles dans les pays du Moyen-Orient, d'Afrique du Nord (26 %) et d'Asie du Sud (35 %), tandis que les plus élevés sont enregistrés dans les pays d'Asie de l'Est, du Pacifique (64 %) et d'Afrique subsaharienne (61 %) (Banque mondiale, 2012).

L'entrée des femmes dans la population active est un pas dans la bonne direction, mais elle ne va pas toujours de pair avec le pouvoir économique. Les niveaux de rémunération des femmes dans le monde sont plus faibles que ceux des hommes, et ce, partout dans le monde (Banque Mondiale, 2012).

Elles se retrouvent plus souvent au chômage, sont plus exploitées dans l'économie informelle et vivent de la discrimination par rapport aux salaires, à l'accès au crédit et aux possibilités d'avancement. «Une discrimination sexiste persistante dans l'emploi coince les femmes dans des emplois à productivité faible et à bas salaire» (Banque Mondiale, 2011, p.17). Cette situation s'explique aussi par le fait que les femmes, plus que les hommes, sont davantage impliquées dans les tâches domestiques et familiales non rémunérées. Elles sont majoritairement les chefs de famille monoparentale et elles ont moins de temps à consacrer aux emplois salariés et payants.

Un des facteurs qui expliquent la moins bonne rémunération des emplois et des activités féminines réside aussi dans la valeur accordée à ceux-ci. Nous l'avons mentionné, les tâches masculines s'accompagnent souvent d'un plus grand **prestige** (Bourdieu, 1998). Ainsi, la chasse serait plus valorisée que la cueillette, le travail salarié davantage que les activités domestiques ou liées à la maternité. Dans une majorité de cultures, y compris la nôtre, les emplois typiquement féminins sont moins prestigieux et surtout (en partie à cause de cela) sont moins rémunérés que les emplois masculins. En 2012 au Québec, une éducatrice en garderie gagnait un salaire annuel moyen de 22 700 $. Un plombier d'expérience pouvait quant à lui gagner un salaire annuel de 54 000 $ à 71 000 $, excluant les heures supplémentaires. En dépit des efforts en vue d'atteindre l'équité salariale, il reste qu'une discrimination systémique demeure dans la société québécoise: les femmes choisissent peu les emplois payants, traditionnellement considérés comme masculins (comme ceux de la haute finance).

Même si les hommes ne sont pas, ou ne sont plus, les pourvoyeurs principaux de leur famille, le rôle de pourvoyeur reste inscrit dans l'idéologie dominante de plusieurs sociétés occidentales. La conception qui justifiait les salaires plus élevés pour les hommes parce qu'ils étaient soutiens de famille demeure encore aujourd'hui; les revenus des femmes étant plutôt perçus comme un salaire d'appoint. Cette conception reste inscrite dans l'économie, car les hommes québécois reçoivent encore en moyenne un salaire annuel environ 20 % supérieur à celui des femmes (ISQ, 2011).

Prestige

Estime sociale dont bénéficie un individu.

189

L'iniquité que vivent les femmes en ce qui a trait aux conditions économiques ne s'appuie donc pas sur le fait qu'elles travaillent moins que les hommes. Au contraire, les femmes effectuent les deux tiers de toutes les heures travaillées (rémunérées ou non) et produisent plus de la moitié des aliments consommés (ONU, 2010). Pourtant elles ne gagnent que 10 % du revenu total, possèdent moins de 2 % des terres et des propriétés immobilières et elles reçoivent moins de 5 % des prêts bancaires. C'est la difficulté à s'approprier les richesses, beaucoup plus que la division du travail ou l'accès au travail productif, qui infériorise les femmes. Sans biens propres, les femmes sont dépendantes des hommes de la famille et cette situation les rend plus vulnérables à l'exploitation et à l'injustice (ONU, 2010).

Des modèles familiaux qui influent sur la condition des femmes

Différents mécanismes restreignent l'accès des femmes à la richesse. Parmi eux, les modalités d'organisation de la parenté peuvent y être pour quelque chose. Par des modes de résidence (patrilocale) et de filiation (patrilinéaire), ainsi que par des types de mariage (polygynie, mariage précoce, etc.), les femmes sont dépossédées ou maintenues à l'écart de ce qu'elles produisent (*voir l'encadré La polygynie au Canada*). À l'inverse, dans les sociétés matrilinéaires et matrilocales, les femmes ont davantage de pouvoir économique et les cas d'inégalité sont moins patents.

On a souvent dit des Iroquoiens du XVIIᵉ siècle qu'ils vivaient dans une société matriarcale tant ils présentaient des caractéristiques qui étonnaient les Européens en matière d'égalité sexuelle. Or, il appert qu'il s'agissait plutôt d'une société matrilinéaire où les hommes et les femmes accomplissaient des tâches distinctes. Les femmes se consacraient aux activités horticoles et résidaient en permanence dans les villages. Apparentées par le sang, les femmes habitant la maison longue (résidence des familles matrilocales) avaient pour tâche de cultiver le maïs, les haricots et les courges, qui formaient la base de leur régime alimentaire. Les hommes érigeaient les maisons et les palissades qui protégeaient les villages et ils aidaient les femmes à défricher les champs. Toutefois, la part la plus importante de leur travail se déroulait à l'extérieur des villages et consistait à chasser, pêcher, faire du commerce, faire la guerre et négocier.

© Jean-François Gratton

Le mariage des filles à un âge précoce, et avec des hommes beaucoup plus âgés qu'elles, tend à les rendre plus vulnérables. Ici, une jeune fille masai de 15 ans de Tanzanie mariée à un homme de 35 ans son aîné.

Les activités masculines étaient considérées comme plus prestigieuses que le travail des femmes, mais tous reconnaissaient explicitement que ces dernières formaient les piliers de la vie collective. Les femmes dirigeaient les maisons longues. En outre, la descendance et l'héritage se transmettaient par les femmes, et les cérémonies gravitaient autour des activités féminines. Les hommes remplissaient toutes les fonctions de direction à l'extérieur de la résidence, dans les conseils de village et dans le clan. Toutefois, les femmes âgées de leur lignée participaient à la nomination des chefs et détenaient un droit de veto sur leurs décisions. Il y avait ainsi un équilibre entre l'autorité féminine et la direction masculine. D'une manière globale, l'expression «différents, mais égaux» décrit bien le statut des deux sexes et de leurs relations dans la société iroquoienne, où aucun des deux sexes ne dominait l'autre ni ne devait s'y soumettre (Viau, 2000).

Dans plusieurs cultures, les coutumes quant à l'âge du mariage et le choix du conjoint peuvent avoir également des effets sur la condition des femmes. Le mariage des filles à un âge précoce, souvent avec des hommes beaucoup plus âgés qu'elles et choisis par les parents, augmente les risques de problèmes de santé pour les femmes, tout en mettant en péril la santé de leurs enfants. Les jeunes filles ainsi mariées sont aussi davantage exposées à l'autorité de leurs époux et à la violence familiale. Bien que les mariages précoces soient en baisse dans plusieurs pays, il reste assez élevé dans certains d'entre eux. L'Organisation mondiale de la santé (2011) estime qu'au cours des 10 prochaines années, 100 millions de filles dans le monde se marieront avant d'atteindre leurs 18 ans et qu'environ 14 millions d'adolescentes accoucheront de leur premier enfant chaque année. Le pourcentage des filles de 20 à 24 ans qui ont été mariées avant l'âge de 18 ans est de 45 % en Somalie, 37 % au Yémen et de 30 % au Soudan (PNUD, 2009). Dans plusieurs régions de ces pays, la discrimination fondée sur le genre est enracinée dans la culture. Les principes de la charia (loi islamique) sont appliqués dans les questions de droit de la famille dans plusieurs pays musulmans. La charia accorde uniquement à l'homme le droit de divorcer à sa guise, les femmes ne peuvent le faire que sur des motifs que le tribunal jugera sérieux. La charia stipule également que les femmes musulmanes ne peuvent épouser un non-musulman et que la polygamie est autorisée.

Des modifications ont été apportées aux lois de plusieurs pays arabes afin de les rendre moins discriminatoires envers les femmes. L'Égypte, le Maroc et l'Algérie, qui avaient réformé leur Code de la famille dans les années 2000 à 2005 pour le rendre similaire à celui progressiste de la Tunisie, ont ainsi accordé aux femmes le droit de se marier avec le partenaire de leur choix, de restreindre la polygamie ou du moins de donner le droit aux femmes de s'y opposer (PNUD, 2009). Mais tout n'est pas gagné. La mouvance politique du printemps arabe de 2011, qui a fait se soulever la population dans plusieurs pays (Tunisie, Égypte, Lybie, Syrie), conduit dans certains cas à la montée de partis religieux. Cela ne veut pas dire que le droit des femmes en sera affaibli automatiquement, mais, selon certains observateurs, les risques existent (Arabdiou, 2011). Il semble également que la position occidentale qui associe automatiquement l'islamisme à l'aliénation des femmes, serait perçue comme de l'ingérence étrangère et pourrait avoir pour effet le durcissement des positions religieuses ainsi que le recul encore plus important de la cause des femmes (Khan, 2005)

Faits de société

La polygynie au Canada

par Élise Massicottte

Au Canada, la polygamie (ou polygynie sous sa forme la plus commune : un homme marié à plusieurs femmes) est interdite depuis 1892. La loi prévoit une peine maximale d'emprisonnement de cinq ans pour ceux et celles qui vivent selon ce type d'union maritale. Deux provinces, l'Ontario et l'Île-du-Prince-Édouard, reconnaissent partiellement les mariages polygames contractés à l'étranger, lorsqu'il y a partage de biens lors d'une séparation et de la succession (Perreault, 2006). En Ontario, par exemple, quelques imams pratiquent illégalement des mariages polygames au sein de la communauté musulmane (Marceau, 2006). Aussi, en Colombie-Britannique (de même que dans certains États de l'ouest des États-Unis), la polygynie est pratiquée par des groupes de mormons fondamentalistes, ce qui suscite la controverse depuis au moins une vingtaine d'années. On peut donc dire que, bien que marginale et clandestine, la polygamie est en usage au Canada (Perreault, 2006 ; Marceau, 2006).

En 2009, l'arrestation pour polygamie de deux membres de la communauté mormone de Bountiful au sud-est la Colombie-Britannique (100 habitants) a été très médiatisée. L'un des coaccusés, le chef de la communauté, Winston Blackmore a 20 épouses (dont certaines n'avaient que 15 ans lors du mariage) et une centaine d'enfants. Selon les accusés de Bountiful (arrêtés, puis relâchés), la loi canadienne allait à l'encontre du droit à la liberté de religion. En effet, la polygamie serait nécessaire pour accéder au paradis selon les croyances des membres de Bountiful. Ils pratiquent donc la polygamie depuis plus de 60 ans (Campbell, 2005). Soulignons que cette secte mormone est une branche dissidente de l'Église de Jésus-Christ des Saints des derniers jours, qui a elle-même banni la polygamie à la fin du XIXᵉ siècle (Collard, 2009).

❯

Ce cas s'est rendu en Cour suprême de Colombie-Britannique en novembre 2010. Dans ce procès, la constitutionnalité de la loi canadienne (criminalisant la polygamie) était remise en question : la polygamie devait-elle être considérée comme une pratique condamnable en vertu du Code criminel ou permise au nom de la liberté de religion ?

Le verdict est tombé le 23 novembre 2011, après deux mois de témoignages de nombreuses épouses et ex-épouses des maris polygames. Dans un jugement de 300 pages, le juge Robert Bauman a conclu que la loi canadienne criminalisant la polygamie est constitutionnelle et respecte la charte canadienne des droits et libertés. Elle porterait une atteinte minimale à la liberté de religion, mais cette atteinte serait justifiée par les préjudices causés aux femmes et aux enfants de familles polygames (Geadah, 2011 ; De Grandpré, 2011). La polygamie demeure donc illégale au Canada, mais plusieurs spécialistes croient que cette cause fera encore couler beaucoup d'encre dans les prochaines années.

Durant le procès, des effets néfastes liés à la pratique de la polygamie en général et au sein de cette communauté mormone ont été soulignés. La polygynie contribue à la discrimination contre les femmes et à la sexualisation des jeunes filles. Il a été démontré que la polygamie engendre un plus grand nombre de mariages de jeunes filles, plus de grossesses chez des adolescentes et a engendré un trafic de mineures entre les communautés mormones du Canada et des États-Unis (Myles, 2011 ; Geadah, 2011). En outre, selon le juge, en plus de porter atteinte à la dignité des femmes, il y aurait plus de violence domestique et d'agressions sexuelles au sein de ces unions. De plus, l'impact sur les jeunes garçons est très important, car ils doivent souvent quitter leur communauté par manque de femmes disponibles pour fonder une famille et pour ne pas entrer en compétition avec les hommes plus âgés (Collard, 2009).

La question de la polygamie au Canada soulève plusieurs controverses. Certains disent qu'interdire la polygamie ouvre la porte aux interdictions de pratiques s'éloignant du mariage hétérosexuel telles que le mariage gai (Gagnon, 2011). Doit-on accepter les familles polygames en vertu du droit à la liberté de religion (ou en vertu du relativisme culturel) ? Il semble que les sociétés canadienne et québécoise soient prêtes à donner priorité au droit à l'égalité des sexes sur les autres droits.

Pourtant, le débat sur la polygynie se poursuit, et ce, au cœur même du mouvement féministe. Ce débat rappelle celui sur la prostitution. Les deux camps sont pour la défense des droits des femmes et des enfants. Pour certaines chercheuses, la polygamie est perçue comme une pratique patriarcale qui reflète l'inégalité des sexes.

Pour d'autres, il faut décriminaliser la polygamie. Ainsi, les unions polygames ne demeurant plus dans la clandestinité, les femmes seraient moins marginalisées et isolées. Il serait donc plus aisé de surveiller les cas de violence et d'exploitation et de défendre les droits des femmes et des enfants si la polygamie était décriminalisée (Campbell, 2005 ; Gruda, 2010). Un autre problème est celui de l'application de la loi canadienne. Faut-il arrêter tous ceux qui font partie de ce type d'union y compris, par exemple, la jeune fille de 15 ans qui a été mariée à un homme de 58 ans ?

Le Canada, comme plusieurs autres pays occidentaux, fait face à un plus grand nombre d'unions polygames depuis quelques années. Ce phénomène est lié à l'immigration en provenance de pays africains ou musulmans légitimant cette pratique (Geadah, 2011). Il ne faut pourtant pas oublier que « pour le Coran et pour l'islam, la polygamie n'est pas un devoir, c'est une permission soumise à des conditions claires et de moins en moins réalisables » (Milot, 2008). Au Canada, à l'heure actuelle, un homme marié à plus d'une femme qui veut immigrer ne se verra reconnaître que sa première union et ne pourra donc emmener légalement qu'une seule conjointe. Certains dérapages ont pourtant lieu.

L'un des plus grands défis auxquels font face les États qui veulent interdire ou faire disparaître la polygynie touche donc aux droits des femmes et des enfants. Dans leur pays d'accueil, les épouses polygynes craignent, par exemple, de se retrouver dans un vide juridique limitant leur possibilité de conserver la garde de leurs enfants, d'obtenir une pension alimentaire ou d'hériter et d'obtenir une pension de survivante au moment du décès de leur mari. Bien que l'Ontario, le Yukon, les Territoires du Nord-Ouest et le Nunavut autorisent le partage égal des biens dans le cas d'unions polygames célébrées à l'étranger, celui-ci ne s'appliquerait pas aux unions polygynes formées au Canada (Cook et Kelly, 2006).

Au Québec, le Conseil du statut de la femme a émis un avis en 2010 approuvant l'interdiction de la polygamie (CSF, 2010). Selon le CSF, il est inacceptable que le Canada néglige d'intervenir pour faire respecter la loi. Néanmoins, celle-ci devrait être appliquée avec discernement. Par exemple, l'État devrait pénaliser uniquement les hommes polygames, puisque leurs épouses n'ont qu'un seul mari. Les chefs religieux qui consacrent les unions polygames dans la clandestinité devraient aussi être ciblés (CSF, 2010). Le CSF est d'avis qu'il faut qu'au Québec la polygamie soit «un critère justifiant le refus de la candidature à l'immigration» (Leduc, 2010). Mais appliquer la loi qui criminalise la polygamie n'est pas suffisant, il faut aussi éduquer et sensibiliser les membres des communautés pour qui cette pratique fait partie des traditions (CSF, 2010).

Un consensus se dégagerait sur le plan international à propos du fait que la polygamie soit discriminatoire envers les femmes. Même des pays majoritairement musulmans, tels que la Turquie, l'ont interdite. Le Danemark interdit les unions polygames, alors que la France et l'Angleterre nuancent cette interdiction en ne l'appliquant pas aux mariages contractés dans des pays où la polygamie est permise (Leduc, 2010).

Même si certaines femmes, dans certaines circonstances, peuvent apprécier ce type d'union, et que le couple monogame n'est pas garant de bonheur ni exempt de violence conjugale, le mariage polygame est fondé sur un rapport fondamentalement asymétrique. Comme le dit Agnès Gruda (2010): «l'homme a le gros bout du bâton». Alors qu'il peut avoir plusieurs épouses, ces dernières ne peuvent faire de même. Même des hommes ayant vécu au sein d'une famille polygame soulignent que de vives tensions y sont présentes et que la polygamie porte parfois préjudice aux femmes et aux enfants (Sawadogo, 2006).

L'accès des femmes à l'éducation et au pouvoir

L'accès à l'éducation des filles partout sur la planète est probablement le domaine où l'amélioration de la condition des femmes a été le plus notable. Les disparités entre les garçons et les filles au niveau primaire ont disparu dans presque tous les pays, rapporte la Banque mondiale (2012) dans son rapport entièrement consacré au statut des femmes. En fait, on assiste même dans certains pays à un renversement de la situation. Les taux de scolarisation des filles au secondaire dépassent ceux des garçons dans un tiers des pays, et davantage de filles que de garçons fréquentent les universités dans près d'un pays sur deux. En fait, plus de 50 % de tous les étudiants universitaires à l'échelle mondiale sont des femmes. Il subsiste encore des endroits où les écarts défavorisent les filles, notamment dans des pays d'Afrique Subsaharienne et d'Asie du Sud, mais là aussi des progrès ont été réalisés. Dans les pays à bas revenus, entre 1950 et 2010, la durée moyenne de la scolarité des filles est passée de 1,5 à 6,5 années, alors qu'elle est passée de 2,6 à 7,6 années pour les hommes (Banque mondiale, 2012). En fait, partout où les obstacles à l'éducation des filles ont été enlevés, les femmes ont investi massivement l'école et y performent bien. L'amélioration du niveau d'éducation des femmes peut avoir des incidences positives sur d'autres facteurs habituellement liés au développement: la santé des femmes et des enfants, l'éducation des enfants, le niveau de vie de la famille, etc. (*voir le chapitre 12*).

La courbe ascendante de la scolarisation féminine dans le monde n'a eu que peu d'incidences sur d'autres aspects de la vie des femmes. Comme nous l'avons mentionné, en dépit de leur niveau de scolarité élevé, parfois même plus élevé que celui des hommes, les femmes continuent d'obtenir des revenus plus faibles qu'eux. Plusieurs éléments contribuent à maintenir les richesses des femmes

Offert par Optimonde

En dépit d'une scolarisation accrue des femmes partout dans le monde et qui dépasse parfois celles des hommes, elles sont nombreuses à ne pas pouvoir se hisser aux mêmes échelons salariaux que les hommes, et ce, même dans les pays occidentaux. Dans les pays plus pauvres, comme ici au Guatemala, l'éducation des filles augmente l'indice de qualité de vie des femmes et de toute la famille, bien qu'elle ne mène pas directement à l'égalité salariale.

à un bas niveau. Outre le type d'emploi, le prestige et le salaire qui y sont attachés, le temps consacré aux activités domestiques, entre autres, et le peu d'accès des femmes aux occupations payantes, cette situation serait liée également à leur place restreinte dans les sphères du pouvoir. Dans la plupart des pays du monde, les femmes contribuent moins à la prise de décisions que les hommes, et ce, parfois même dans la sphère domestique. Pour ce qui est du domaine politique et des instances officielles, en particulier aux échelons supérieurs, les femmes y sont clairement sous-représentées dans la plupart des pays. «Moins d'un cinquième de tous les postes ministériels sont occupés par des femmes. Ces dernières sont de surcroît peu représentées dans les instances judiciaires et dans les syndicats. La situation ne change guère lorsque les pays s'enrichissent. La proportion de femmes parlementaires n'est passée que de 10 à 17 % entre 1995 et 2009.» (Banque mondiale, 2012, p.20)

Quelle que soit la configuration culturelle ou l'organisation politique en place, les femmes y occupent rarement des postes clés. De plus, celles qui exercent des fonctions publiques officielles jouissent rarement d'une autorité et d'un pouvoir supérieurs à ceux des hommes. Il y a toutefois eu quelques exceptions, dont les plus connues sont Corazon Aquino (Philippines), Benazir Bhutto (Pakistan), Indira Gandhi (Inde), Margaret Thatcher (Angleterre), Angela Merkel (Allemagne), Michelle Bachelet (Chili), Cristina Kirchner (Argentine) et Dilma Rousseff (Brésil) qui dirigent ou ont dirigé un gouvernement national. En 2012, on comptait seulement 19 femmes sur 192 chefs d'État. Notons également que les femmes sont rares ou totalement exclues des positions supérieures dans la sphère religieuse, un domaine de pouvoir dans plusieurs cultures (*voir le chapitre 9*).

Quoi qu'il en soit, dans quelques sociétés, les femmes ont autant d'autorité que les hommes. Au sein des populations organisées en bandes, par exemple, il n'est pas rare que les femmes interviennent autant que les hommes dans les affaires publiques, même si les chefs désignés sont souvent de sexe masculin. Dans les nations iroquoiennes, nous l'avons déjà mentionné, toutes les fonctions dirigeantes à l'extérieur de la sphère du ménage étaient remplies par des hommes, mais les femmes avaient un grand poids dans la nomination des chefs. Les femmes exerçaient diverses pressions sur les hommes membres des conseils et pouvaient les démettre de leurs fonctions en tout temps. Ces cas illustrent

bien que le peu de visibilité des femmes en politique ne signifie pas forcément qu'elles n'exercent aucun contrôle social.

Plus rarement, les femmes jouent un rôle politique très visible, comme chez les Igbos du Nigéria où, autrefois, chaque unité politique incluait des institutions distinctes pour les hommes et les femmes (Okonjo, 1976). À la tête de chaque unité se trouvaient un homme obi, considéré comme le chef du gouvernement, même s'il ne dirigeait en fait que les hommes, et une femme omu, considérée comme la mère de toute la collectivité, mais qui n'avait d'autorité qu'auprès des femmes. Contrairement à une reine, l'omu n'était ni l'épouse de l'obi ni la fille de l'obi précédent. Tout comme l'obi, l'omu disposait aussi d'un conseil de femmes de même importance. En plus de l'omu et de son conseil, le gouvernement des femmes igbos comprenait un groupe de représentantes issues de tous les secteurs du village ou de la ville et choisies pour leur jugement et leur éloquence. Au sein des villages ou des lignages, des groupes de pression féminins s'employaient à mettre un terme aux querelles et à prévenir les guerres. Dans le système politique igbo, les femmes géraient donc elles-mêmes leurs affaires et pouvaient compter sur des représentantes à tous les paliers du pouvoir. De plus, elles pouvaient appliquer leurs décisions et leurs lois en recourant à des sanctions comparables à celles qu'utilisaient les hommes.

Lors de l'instauration du régime colonial britannique au Nigéria, les Britanniques ont imposé des «réformes» qui ont aboli l'autonomie et le pouvoir féminins traditionnels. Les Occidentaux ont souvent prétendu avoir une culture moins sexiste que celles des autres populations dans le monde. Ils oublient cependant que les régimes coloniaux, tels ceux de l'Angleterre et de la France, avaient à l'époque une vision très hiérarchique de la place des femmes et qu'ils étaient au contraire heurtés par l'idéologie égalitaire des peuples, tels les Iroquois, les Hurons et les Igbos, qu'ils se sont empressés de «civiliser». Or, à cause de la colonisation, les femmes ont perdu leur statut égalitaire et hérité d'une position de soumission envers les hommes, telle qu'elle existait en Europe.

Même si les exemples de pouvoir politique au féminin sont rares, il reste que la sphère domestique est le lieu privilégié où s'affirme le pouvoir des femmes dans plusieurs cultures (Etienne et Leacock, 1980). Souvent négligé dans les études anthropologiques et sociologiques, l'univers domestique est considéré comme un «faux lieu de pouvoir», car il ne donne

Offert par Nadine Trudeau

Chez les Naskapis du Québec et du Labrador, les femmes détenaient, au moment de la conquête des Amériques, une autorité dont étaient dépourvues les Européennes de l'époque. Aujourd'hui, les descendantes de ces femmes revendiquent le pouvoir qu'elles ont perdu depuis l'arrivée des Blancs.

pas accès à celui sur l'ensemble de la communauté et de la société. Le pouvoir des femmes dans la famille et le couple n'en est cependant pas moins réel (Rougeon Santi, 2011). Dans la plupart des cultures, les femmes prennent des décisions importantes quant aux dépenses du ménage, à l'éducation et à la santé des membres de la famille (Cabral, 1992). Elles occupent également une place importante dans la mise sur pied et le fonctionnement d'organismes communautaires (Dabringer, 2007). S'il est vrai que les femmes vivent un peu partout des situations d'inégalité (surtout dans l'accès aux richesses), cela ne veut pas dire pour autant qu'elles soient dépourvues de toutes formes de pouvoir,

donc d'autorité. Or, la place des femmes est souvent reléguée à l'ombre, espace moins spectaculaire et moins visible que celui des hommes, mais il n'en est pas moins important (*voir l'encadré Les femmes autochtones au Mexique*).

Dans son rapport sur la condition des femmes dans le monde, la Banque mondiale (2012) s'est intéressée à l'influence des femmes sur la prise de décisions par rapport aux dépenses de la famille. On s'en doute, les situations varient selon les pays et les régions. Toutefois, les femmes qui ne jouent aucun rôle dans cette prise de décision sont minoritaires, même dans les pays où la discrimination à l'égard des femmes est importante. Par exemple, 67 % des femmes mariées du Malawi (Afrique australe) et 80 % des épouses en Inde participent aux décisions concernant les dépenses de la famille. En Turquie, 75 % des épouses des foyers pauvres disposent de leurs propres revenus. Il est toutefois à noter que les femmes n'ont toujours pas les mêmes accès que les hommes à la propriété et à la possession de biens. Non pas que la loi les en empêche, mais la coutume le veut ainsi.

Exemple ethnographique

Les femmes autochtones au Mexique

par Dominique Raby

Est-il possible d'imaginer le Mexique rebelle et nouveau que nous voulons construire, sans les femmes rebelles et nouvelles ?
(Commandante Ramona, révolutionnaire zapatiste, 1997)

Le soulèvement armé zapatiste au Chiapas est un tournant dans l'histoire des mouvements autochtones et des femmes, non seulement au Mexique, mais dans l'Amérique latine tout entière. Au fil des évènements, les femmes zapatistes ont surpris tout le monde, y compris les féministes (Saumier, 2001). Non seulement réclamaient-elles l'équité de genre, ou le droit à la contraception et à l'éducation, mais elles soumettaient également des idées comme le respect de leur culture, la fidélité dans le couple ou la nécessité de travailler de concert avec les hommes. Comment comprendre ces exigences, qui ne constituent rien de moins qu'une forme originale de féminisme ? Ces mouvements de femmes sont étroitement associés à la lutte des Autochtones pour le respect de leurs droits culturels, économiques et territoriaux. La reconnaissance des droits des femmes doit donc se faire conjointement avec celle des droits des hommes, qui sont eux aussi aux prises avec des relations de pouvoir héritées du colonialisme. Les femmes autochtones organisées sont les premières à reconnaître cependant que la collaboration avec les hommes est loin d'être

❯

facile, pas plus qu'elle ne l'est avec les féministes mexicaines ou «occidentales»: elles ne se sentent vérita-blement comprises et respectées ni par les uns ni par les autres (Sanchez, 2005). Une revendication aussi «étonnante» que la fidélité dans le couple s'explique à la fois par le respect de la culture autochtone – la solidarité dans le couple y est fondamentale – que par les effets désastreux de l'infidélité masculine, comme la pauvreté ou l'abandon de l'épouse.

En effet, la situation des femmes autochtones est loin d'être facile. Elles souffrent tout d'abord d'une double discrimination, en tant qu'Autochtones et en tant que femmes, à quoi vient s'ajouter, pour la très grande majorité, une discrimination supplémentaire basée sur le statut économique. Les régions autochtones sont les plus pauvres et les plus marginalisées au pays et celles où l'on trouve donc les plus hauts taux de mortalité infantile (58 % plus élevé que la moyenne nationale), de mortalité périnatale (trois fois plus élevé), de mariages précoces ou forcés des filles et de grossesses chez les adolescentes. On y observe également les taux les plus bas d'accès à la contraception et à l'éducation pour les femmes, et elles sont en général exclues des postes politiques dans les communautés. Enfin, les abus (violences sexuelles, déplacements, etc.) sont nombreux dans les zones militarisées (Droits et Démocratie, 2006). Le recours aux services situés en ville (hôpital, tribunal, bureaux de l'Institut national des femmes, etc.) est limité, parce que les femmes sont plus souvent unilingues et analphabètes, et qu'il leur est plus difficile de se déplacer pour des questions de responsabilités familiales, de manque de ressources financières et de sécurité – les routes isolées sont peu sûres et elles risquent d'y être agressées. Enfin, même si elles atteignent leur but, elles sont souvent discriminées et reçoivent alors un service de piètre qualité. Comme au Canada, la violence conjugale est très répandue dans les communautés autochtones, associée principalement à la consommation d'alcool et à la marginalisation. Les chiffres générés par les enquêtes gouvernementales récentes sont peu fiables – les femmes autochtones ne se confient pas facilement à des étrangers –, mais indiquent une situation alarmante: presque une femme sur deux (40 %) serait victime de violence conjugale dans certaines régions. Les données ethnographiques confirment cette prévalence. La violence conjugale est pourtant réprouvée par la tradition, qui prône le respect et l'amour entre époux et offre différents moyens de combattre ce fléau: conseils de famille, justice communautaire. Toutefois, la violence est facilitée par une hiérarchie des genres qui place le mari en position de chef de famille, lui permet de contrôler les mouvements de son épouse et même de la punir en cas de faute qu'il considère comme grave (tout comme les parents peuvent punir les enfants).

Dans ces conditions, quelles sont les possibilités d'amélioration et les solutions à apporter? Elles sont de plusieurs ordres. D'abord, depuis les années 1990, le Mexique est en processus officiel de démocratisation et de renouveau constitutionnel et législatif. Ainsi, la constitution mexicaine reconnaît depuis 1992 la multi-culturalité et le droit des Autochtones au respect de leur culture et de leurs traditions et, depuis 2001 (à la suite des revendications révolutionnaires zapatistes au Chiapas), un droit très limité à l'autonomie, dans le

Offert par Nadine Trudeau

Dans l'État de Puebla, au Mexique, les femmes de l'ethnie nahua sont organisées en plusieurs associations, qui se consacrent principalement à l'artisanat, au tourisme écologique et à la santé, tout en faisant la promotion de la médecine tant traditionnelle qu'occidentale.

respect de l'égalité des sexes. En 2006, au fédéral, la Loi générale pour l'équité des genres et, en 2007, la Loi générale pour l'accès des femmes à une vie libre de violence ont été promulguées. Le contexte national semble donc propice aux revendications des femmes autochtones, mais il faut comprendre que l'application concrète de ces lois et principes reste très difficile, limitée et sujette à certains abus.

De leur côté, les associations de femmes autochtones se sont multipliées, diversifiées et internationalisées, grâce à la création, en 1995, du Réseau intercontinental des femmes autochtones des Amériques (Enlace) et, en 1997, du Conseil National des Femmes Autochtones (CONAMI) (Sanchez, 2005). Ces femmes autochtones proposent une vision dynamique de la tradition, qui peut et doit être transformée : elles ont ainsi identifié de « bonnes » coutumes, qu'il faut préserver (comme la solidarité entre époux, valeur liée à la dualité spirituelle des principes féminins et masculins) et de « mauvaises » coutumes, à éradiquer, comme le statut supérieur du mari dans le couple (Speed *et al.*, 2006).

Le projet de la région nahua de l'État de Puebla est sans doute l'un des plus accomplis et prometteurs pour l'amélioration de la situation des femmes autochtones. D'après ses leaders, grâce à leurs efforts soutenus de sensibilisation et de visites à domicile, la violence conjugale est pratiquement éradiquée dans les communautés de la région. Cuetzalán, le chef-lieu, compte d'ailleurs l'une des très rares maisons d'hébergement pour femmes autochtones victimes de violence. L'État de Puebla a également implanté un projet pilote de justice traditionnelle (*Juzgado Indígena*), où un juge autochtone règle certains cas de délits mineurs – dont une bonne partie de conflits conjugaux et familiaux. Il est aidé dans sa tâche par un conseil d'hommes et de femmes ayant à la fois une bonne connaissance de leur propre tradition et une expérience dans les associations autochtones ; tous sont tenus de respecter l'équité de genre. Même si l'on peut critiquer certains aspects de ce projet étatique, il reste que les femmes peuvent y recevoir un service dans leur langue, surveillé par des conseillères nahuas et reconnu par l'État.

La région de la Montaña-Costa-Chica, dans l'État de Guerrero, présente un autre bon exemple. L'association locale y a implanté une maison pour femmes autochtones où ces dernières peuvent recevoir de l'aide médicale et juridique dans leur langue ; on y organise aussi des ateliers pour sages-femmes traditionnelles. Les femmes tentent également de faire leur place dans la police communautaire, une initiative autochtone qui a considérablement réduit les niveaux d'insécurité dans la région, en particulier sur les routes (Speed *et al.*, 2009). Enfin, la fondation d'une université interculturelle, la UNISUR (fruit de l'association d'universitaires et de groupes autochtones), permet depuis quelques années la mise en place de programmes d'études qui prennent en compte à la fois la culture autochtone et les questions de genre. Les jeunes étudiantes y sont nombreuses et passionnées.

Toutes les femmes autochtones apportent une contribution importante à ces projets. Même les femmes les plus « traditionnelles » sont porteuses de pratiques et de savoirs ancestraux de grande valeur. L'anthropologie a longtemps eu tendance à considérer la culture comme un tout homogène, à partir des connaissances d'informateurs masculins. Travailler avec les femmes permet de constater qu'elles ont leur propre vision de la tradition. Elles transmettent par leurs récits et leurs pratiques une image plus positive du féminin et des capacités des femmes, dont le rôle est essentiel en tant que mère, éducatrice et nourricière. Ces femmes ne se considèrent donc pas comme des victimes impuissantes, loin de là. Comme le dit Delfina (nom fictif), une femme nahua qui a utilisé, avec succès, tous les moyens traditionnels à sa portée pour lutter contre la violence conjugale dont sa fille était victime : « Ne permets jamais qu'on abuse de toi. »

LE CONTRÔLE DE LA LIBERTÉ ET LA VIOLENCE FAITE AUX FEMMES

Variables d'une population à une autre, les rapports d'iniquité de genre sont, nous l'avons vu, pour le moins complexes. S'appuyant sur une **idéologie sexiste** visant à dénigrer les femmes, certaines cultures exercent une grande pression pour qu'elles soient assujetties au pouvoir des hommes. Dans d'autres, elles ont des droits comparables. Dans maintes sociétés toutefois, les femmes sont davantage sous surveillance et doivent se soumettre à des normes sociales plus restrictives que les hommes.

Idéologie sexiste

Ensemble de croyances présupposant la supériorité des hommes sur les femmes.

Dans de nombreuses sociétés, il est mal vu pour une femme d'utiliser un vocabulaire grossier ou moins normatif. Aussi, on ne lui reconnaît pas le droit d'afficher une posture et une attitude «relâchées» ou «relaxes». Dans de nombreuses cultures, on demande à la femme d'adopter une attitude plus réservée: la consommation de drogue ou d'alcool, qui enlève les inhibitions, est mal perçue pour les femmes dans plusieurs cultures. Aussi, on exerce souvent sur elles de fortes pressions pour qu'elles surveillent leur apparence et leur tenue vestimentaire – qu'il s'agisse d'un voile ou d'un vêtement séduisant (Mathieu, 2007).

Dans les sociétés où l'on constate une très grande disparité entre les droits des hommes et ceux des femmes, cette pression s'accompagne d'un contrôle qui dans certaines circonstances entrave la liberté des femmes. À l'occasion, on limite même par la loi, mais surtout par la coutume, leur accès à certains lieux publics. N'a-t-on pas noté en 2011 la quasi-absence des femmes dans les lieux de rassemblements populaires lors des manifestations visant à renverser les gouvernements dans ce qu'on a appelé «le printemps arabe» en Égypte, en Tunisie, en Lybie, etc.? Dans certaines cultures, elles n'ont pas le libre accès à la contraception ou à l'avortement, comme c'était le cas il n'y a pas si longtemps au Québec. D'après l'anthropologue Françoise Héritier (2007), même si cela n'était pas le but recherché au départ, l'invention des contraceptifs féminins a véritablement donné du pouvoir aux femmes là où il n'y en avait pas. Toutefois, Héritier souligne que les entraves à la sexualité des femmes existent toujours, notamment parce que les mutilations sexuelles continuent de se pratiquer dans certaines régions, dont l'Afrique et le Moyen-Orient (*voir l'encadré Les mutilations sexuelles*).

Le contrôle exercé sur les femmes et les idéologies sexistes qui le sous-tendent conduisent dans des cas extrêmes à la violence. Un peu partout dans le monde, des femmes sont victimes de violence familiale, de négligence et parfois d'assassinats (féminicides) simplement parce qu'elles sont des femmes. En Chine et en Inde, l'avortement sélectif des fœtus féminins et les décès dus aux négligences dont sont l'objet les fillettes est en train de créer un déséquilibre démographique (les femmes y sont désormais moins nombreuses), sans compter les problèmes graves qu'entraîne, à court et à long terme, ce déficit féminin (traite des femmes, mariages forcés, hausse de conflits armés). Les efforts de ces pays pour mettre fin à la situation n'ont pas encore donné les résultats escomptés.

© Steve Raymer/Corbis

Plusieurs Occidentaux considèrent le voile islamique comme un symbole d'oppression contre les femmes. Alors que certaines musulmanes le croient aussi, d'autres contestent cette vision en rappelant que les femmes occidentales sont aussi soumises à certaines pratiques dénigrantes telles que l'hypersexualisation. Soumises à des pressions pour atteindre les standards de beauté (mode, chirurgie esthétique, etc.), plusieurs femmes occidentales vivent dans «une burqa de chair» tel que le mentionnait l'auteure Nelly Arcand.

Crimes d'honneur et féminicides

Dans d'autres pays, ce sont les crimes d'honneur qui sont traités avec indulgence par les autorités religieuses et judiciaires. Les statistiques rapportent que 5000 crimes d'honneur sont commis chaque année dans le monde, mais des associations de femmes croient que la situation pourrait être bien pire (PNUD, 2011). Rappelons que ces crimes sont perpétrés par des membres de la parenté sur des femmes parce que leurs comportements ont conduit à jeter le déshonneur sur la famille. Il y a donc des femmes et des filles qui sont tuées parce qu'elles veulent divorcer, qu'elles sont soupçonnées d'adultère ou qu'elles affichent des mœurs jugées «légères», comme on a pu le voir lors de l'affaire Shafia. Ce procès tenu au Canada en 2011 a conduit à l'accusation d'un homme, de son épouse et de l'un de leurs fils, des meurtres de trois des filles de la famille et de la première épouse de l'homme. Le procureur a démontré que le crime d'honneur, existant dans le pays d'origine des Shafia, était le motif du crime.

Les crimes d'honneur, bien que contraires aux principes du Coran et rejetés par les membres des communautés immigrantes, existent néanmoins dans des pays tels le Pakistan, l'Afghanistan, la Turquie, l'Égypte et l'Inde où ils restent souvent impunis. En Inde, des femmes sont également assassinées chaque jour pour des motifs liés au paiement de la dot. Dans certains cas, des jeunes filles sont tuées par des membres de leur belle-famille parce que la dot promise n'a pas été payée ou a été jugée insuffisante.

Les féminicides dépassent largement ces pays et prennent différentes formes ailleurs : au Guatemala et au Mexique, des milliers de femmes ont été assassinées sans qu'on ait trouvé les coupables, des milliers d'autres ont disparu sans qu'on n'ait jamais trouvé d'indices permettant de les retrouver. De nombreux observateurs ont noté que les forces policières ne traitent pas le problème avec le sérieux qu'il mérite et que les meurtriers (qu'on croit liés en grande partie au crime organisé) agissent en toute impunité, si bien que le problème persiste.

Le Canada n'est pas à l'abri de tels problèmes. Rappelons le cas de la tuerie de Polytechnique en 1989 où les victimes ciblées étaient des femmes. Plus récemment, le Canada a été le théâtre d'étranges disparitions de femmes autochtones. « En 2010, on comptait 582 cas connus de femmes autochtones disparues ou assassinées au Canada. Amnistie Internationale et les Nations Unies ont pressé le gouvernement canadien de prendre les mesures qui s'imposent pour mettre fin à cette situation, mais sans résultat. » (FCDF, 2011)

D'après plusieurs groupes de défense des droits de la personne, les chiffres pourraient être plus importants encore tant il ne semble pas y avoir de véritables volontés politiques de régler le problème. Au Canada, les taux de mortalité des femmes autochtones ressemblent à ceux qu'affichent plusieurs pays du Sud (*voir le chapitre 12*). « Le taux de violence est 3,5 fois plus élevé envers les femmes autochtones, qui sont aussi 5 fois plus susceptibles de mourir d'une mort violente », souligne pour sa part la présidente de l'Association des femmes autochtones du Canada (Hachey, 2011).

Les cas de violence faite aux femmes ne conduisent pas tous à des féminicides, qui existent néanmoins et constituent un problème de taille. Dans plusieurs pays où règnent depuis longtemps des conflits armés, les femmes sont des « victimes collatérales ». À l'échelle mondiale, le viol et l'agression sexuelle sont utilisés comme arme de guerre. Des millions de femmes (et d'enfants) ont été violées lors de conflits armés, par des hommes qui cherchaient à « déshonorer » leurs ennemis. En République démocratique du Congo (RDC), un pays en guerre civile, plus de 400 000 cas de violence sexuelle impliquant pour la majorité des femmes et des filles ont été documentés (Chemaly, 2011). La traite des êtres humains, dont 80 % à des fins d'exploitation sexuelle, existe partout dans le monde et touche majoritairement des femmes et des filles, y compris dans des pays comme le Canada (*voir le chapitre 5*).

La violence contre les femmes au Canada

Comme nous le rappellent trop souvent les faits divers, le Canada et le Québec n'échappent pas au fléau que constitue la violence à l'égard des femmes. Fait troublant, la moitié des canadienne auraient été victimes d'au moins un acte de violence physique ou sexuelle depuis l'âge de 16 ans (FCDF, 2011).

La prévalence de la violence conjugale au sein d'une population est particulièrement difficile à évaluer. Les statistiques portant sur les crimes rapportés à la police fournissent une image très partielle du phénomène. En 2009, seulement 22 % des Canadiennes et Canadiens ayant été victimes de violence physique ou sexuelle de la part d'un conjoint ont déclaré avoir rapporté l'incident à la police. Quoiqu'il en soit, en Amérique du Nord, comme en Europe, la violence à l'égard des femmes s'exerce souvent dans le cadre d'une relation conjugale. Une enquête révèle que 5 % des Québécoises déclarent avoir été victimes de violence physique ou sexuelle infligée par un conjoint entre 2004 et 2009 (Brennan, 2011). Au Québec comme au Canada, ce sont les femmes âgées de 15 à 24 ans qui seraient le plus à risque. Sur une période d'une année, quelque 6 % des femmes québécoises âgées de 18 ans ou plus vivant en couple auraient été victimes de violence physique de la part de leur partenaire (Santé et Service sociaux, 2011). Même si près de 60 % de la violence « conjugale » survient lorsque la femme a mis fin à la relation (FCDF, 2011), la majorité des enfants des femmes victimes d'agression sont présents lorsque le conjoint inflige des blessures et des souffrances à leur mère (Santé et Service sociaux, 2011).

Dans plusieurs pays riches et loin des projecteurs, des femmes sont assassinées par leur conjoint. Tous les six jours, une femme canadienne est tuée par son partenaire intime (FCDF, 2011). Au Québec, entre 1995 à 2000, 95 femmes ont été tuées par leur conjoint, leur ex-conjoint ou leur ami intime, soit une moyenne troublante de 16,8 décès par année (Santé et Service sociaux, 2011). Cela dit, à l'instar de l'ensemble des crimes violents au Canada, les taux de violence conjugale ont diminué au cours des dernières années. Ce recul est en partie attribuable à l'amélioration de la situation des femmes au chapitre de l'égalité sociale et de l'autonomie financière, amélioration qui leur permet dorénavant de quitter plus tôt une relation marquée par la violence (FCDF, 2011, p. 2).

Une autre forme de violence, plus sournoise, bien que de plus en plus dénoncée, est celle liée au harcèlement sexuel au travail et dans les écoles. Au Canada, comme aux États-Unis, on a longtemps toléré implicitement les avances sexuelles faites aux femmes, en milieu de travail par exemple. Au cours des dernières années, des lois condamnant explicitement un tel harcèlement ont été adoptées pour rendre ce milieu plus égalitaire. Pourtant, aux États-Unis, 83 % des adolescentes de 12 à 16 ans révèlent avoir subi une forme ou une autre de harcèlement sexuel dans les écoles publiques qu'elles ont fréquentées (Chemaly, 2011). En Europe, de 40 à 50 % des femmes disent avoir subi des avances sexuelles non désirées, des remarques à caractère sexuel ou des attouchements en milieu du travail (Chemaly, 2011).

Bien entendu, les femmes ne sont pas les seules à être victimes de violence. En fait, les hommes sont davantage concernés par les morts violentes que les femmes, et ce, partout dans le monde. L'espérance de vie des femmes est plus élevée que celle des hommes, même dans les quelques pays où sévissent des féminicides. Les victimes d'exploitation et de domination de toutes sortes ne sont pas que des femmes non plus (*voir le chapitre 10*). Toutefois, la constante qui subsiste est que les oppresseurs sont majoritairement des hommes. La majorité des cas d'iniquité, quelles qu'en soient les victimes, ne sont pas orchestrés par des femmes.

La condition des femmes dans le monde, bien que variable, ne serait être dépeinte sans parler d'iniquité. Il ne faut cependant pas en exagérer la teneur. Dans de nombreuses cultures et dans maintes régions, les rapports entre les hommes et les femmes ne sont pas basés sur les rapports d'oppression auxquels fait référence ce chapitre. Il faut préciser que bon nombre des aspects négatifs de la condition féminine sont attribuables à la conjoncture de l'économie mondiale et aux inégalités entre les pays industrialisés plus riches et ceux du Sud, souvent plus pauvres. Mais, avec la hausse de la scolarisation des femmes dans le monde, tous les espoirs sont permis.

Comme nous l'avons mentionné précédemment, l'éducation est l'une des clés de l'amélioration des conditions de vie des femmes, mais également de celles des autres membres de la famille. Même si cette scolarisation n'est pas accompagnée pour l'instant d'un accès équitable aux emplois et aux richesses, il reste que dans les pays où elles sont fortement scolarisées, souvent plus que leurs confrères masculins, les femmes vivent dans des conditions meilleures et jouissent d'une plus grande liberté que celles qui sont moins scolarisées, et cette amélioration de leur condition a des répercussions positives sur l'ensemble de leur famille (*voir le chapitre 12*).

Perspective anthropologique

Les mutilations sexuelles

Les mutilations sexuelles suscitent avec raison un sentiment d'indignation un peu partout dans le monde. Pourtant, bien qu'interdites, elles continuent d'exister. Ces mutilations consistent surtout en l'excision, c'est-à-dire la coupe complète ou partielle du clitoris, et s'accompagnent plus rarement de l'ablation des petites et des grandes lèvres, et de l'infibulation, soit la suture des tissus restants. Cette suture ne laisse alors qu'une petite ouverture pour permettre l'écoulement menstruel et urinaire.

L'origine d'une telle coutume demeure nébuleuse. Les mutilations génitales féminines sont assez répandues en Afrique, où 28 pays musulmans ou chrétiens en pratiquent une forme ou une autre, et dans certains pays du Moyen-Orient, comme l'Oman, l'Arabie Saoudite, les Émirats arabes unis et le Yémen, ainsi que de l'Extrême-Orient, comme l'Indonésie et la Malaisie. Selon une estimation prudente de l'Organisation mondiale de la santé (2011), quelque 136 millions de femmes dans le monde ont subi une mutilation génitale et au moins 2 millions de fillettes sont encore victimes de mutilations sexuelles chaque année. Jusqu'au début du XXᵉ siècle, la clitoridectomie était pratiquée en Europe de l'Ouest et aux États-Unis pour traiter ce qui était jugé inacceptable sur le plan sexuel, comme la masturbation ou la frigidité.

Aujourd'hui, les mutilations sont pratiquées la plupart du temps par une sage-femme ou une femme de la famille, telle la mère de la fillette, sa tante ou sa grand-mère. Dans certaines cultures, des bébés âgés d'à peine quelques semaines sont excisés, alors que, dans d'autres cultures, les jeunes filles sont mutilées vers l'âge de 15 ans. L'intervention est pratiquée à froid, à l'aide d'instruments qui ne sont pas toujours stérilisés. Outre la douleur atroce et le sentiment de terreur qu'engendre cette pratique, les jeunes filles en subissent souvent de graves conséquences physiologiques (infection ou hémorragie) qui peuvent aller jusqu'à la mort. Les femmes ayant subi une infibulation éprouvent souvent toute leur vie des problèmes liés à la rétention urinaire et menstruelle ou à l'incontinence vésicale et intestinale, ainsi que des infections génitales et urinaires. Lorsqu'une jeune fille infibulée se marie, sa vulve est incisée pour permettre les rapports sexuels.

Dans les cultures où on pratique les mutilations génitales féminines, on avance de nombreuses raisons pour justifier leur maintien, dont le respect des traditions. Le statut d'une femme est étroitement lié à son rôle de mère et d'épouse, et un homme n'épousera qu'une femme excisée. Le contrôle des mœurs sexuelles des femmes est une autre raison invoquée. L'ablation du clitoris altère le plaisir et, sans doute, le désir sexuel d'un grand nombre de femmes. En outre, en fermant l'entrée du vagin, l'infibulation préserve la virginité de la femme avant le mariage et garantit sa fidélité par la suite. Les croyances religieuses figurent aussi parmi les raisons soulevées. Par exemple, de nombreux Soudanais croient que l'islam exige l'excision et l'infibulation. Bien que les érudits islamiques désavouent vigoureusement une telle interprétation et dissocient l'islam de l'excision, la croyance que le prophète Mahomet aurait ordonné cette pratique persiste.

Quiconque ignore l'importance culturelle de cette tradition séculaire a du mal à comprendre que des individus – à plus forte raison les mères – acceptent que leurs filles la subissent. Janice Boddy (1989) propose l'explication suivante :

> Bien qu'une telle intervention entrave la sexualité féminine, ce n'est pas le but que lui prêtent les femmes. Les informatrices affirment qu'elle vise à nettoyer […], à adoucir […] et à purifier le corps des jeunes filles. Les femmes estiment qu'une jeune fille non purifiée par l'excision et l'infibulation ne pourra pas se marier et ne pourra donc pas avoir d'enfant ni occuper une position respectable à l'âge adulte. L'infibulation prépare son corps au statut de femme adulte et lui confère le droit de porter des enfants. Quant au mariage, il lui fournit l'occasion d'améliorer son sort en mettant des enfants au monde. (p. 55)

Bien qu'illégale dans la plupart des pays du monde et malgré les efforts déployés pour l'abolir, cette pratique se perpétue, principalement dans les régions rurales. Des organismes ont alors tenté de modifier la pratique ou d'en améliorer les conditions sanitaires, sans grand succès. C'est que la tradition est bien enracinée et que l'éducation, plus efficace que l'interdiction, prend plus de temps à se faire. De plus, les femmes qui pratiquent l'excision en retirent du prestige dans leur communauté et un revenu intéressant, ce qui fait qu'elles s'opposent à l'arrêt de ces pratiques. Pour les éradiquer, il faut donc non seulement éduquer ces femmes, mais aussi, à tout le moins, leur offrir la possibilité d'une autre source de revenus (Pomerance, 2003).

© Jamie Carstairs/Alamy

D'après plusieurs anthropologues et différents intervenants, pour que les mutilations sexuelles cessent, il faut comprendre son enracinement culturel afin d'intervenir efficacement. Son abolition proviendra des cultures mêmes qui pratiquent ces mutilations, au moyen de mouvements sociaux dirigés par des femmes, en passant par un meilleur accès à l'éducation.

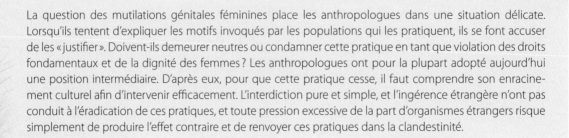

La question des mutilations génitales féminines place les anthropologues dans une situation délicate. Lorsqu'ils tentent d'expliquer les motifs invoqués par les populations qui les pratiquent, ils se font accuser de les «justifier». Doivent-ils demeurer neutres ou condamner cette pratique en tant que violation des droits fondamentaux et de la dignité des femmes? Les anthropologues ont pour la plupart adopté aujourd'hui une position intermédiaire. D'après eux, pour que cette pratique cesse, il faut comprendre son enracinement culturel afin d'intervenir efficacement. L'interdiction pure et simple, et l'ingérence étrangère n'ont pas conduit à l'éradication de ces pratiques, et toute pression excessive de la part d'organismes étrangers risque simplement de produire l'effet contraire et de renvoyer ces pratiques dans la clandestinité.

RÉSUMÉ

Chez les humains, comme chez tous les mammifères, des caractères biologiques différencient les hommes des femmes. À ces différences biologiques, se superposent des différences culturelles. En effet, dans toutes les cultures, on attribue des rôles différents aux individus selon qu'ils sont hommes ou femmes et qu'ils apprennent dès la naissance. Les anthropologues utilisent le mot «genre» pour désigner ce qui est appris culturellement sur le fait d'être un homme ou une femme dans une société donnée.

Tout comme le genre, la sexualité des humains qui est liée à la biologie, n'en est pas moins une construction culturelle. Les anthropologues ont relevé de nombreuses variations dans la perception, le contrôle et la pratique de la sexualité. Les définitions de la sexualité humaine sont aussi nombreuses que les expériences vécues à cet égard. La définition et l'attitude liées à l'homosexualité sont aussi sujettes à de nombreuses variations culturelles.

Le genre est une construction culturelle et sociale qui dicte ce qu'on attend des individus selon leur sexe. Il existe toutefois une catégorie alternative, ni masculine, ni féminine, considérée comme un «troisième sexe». Cette catégorie, qui désigne les hommes ou les femmes n'étant identifiés ni à un sexe ni à l'autre, ou du moins pas à celui biologique observé à leur naissance, est présente dans de nombreuses cultures.

Le champ de l'anthropologie des genres est relativement récent. Depuis les années 1970, l'ethnologie s'est intéressée plus particulièrement à la condition féminine et aux rapports entre les sexes. Dans plusieurs sociétés, les rôles selon le genre sont distincts, mais la relation d'équité est néanmoins complexe. Même si certaines facettes de l'inégalité sont manifestes (féminicides, mutilations sexuelles, crimes d'honneur, etc.), d'autres sont plus difficiles à trancher. Il reste que dans plusieurs sociétés, des femmes sont assujetties à la domination masculine. Des anthropologues ont tenté de comprendre les facteurs qui conduisent aux inégalités entre les hommes et les femmes, et ils ont essayé également d'en retracer les origines.

En voulant mesurer le niveau d'égalité entre les sexes d'une société à une autre, les anthropologues ont constaté qu'il variait énormément en fonction de l'économie, des modes de subsistance et des systèmes politiques et religieux d'une population donnée. Les indicateurs de ces iniquités se voient également dans la répartition du travail et dans le niveau de scolarisation, mais surtout dans l'appropriation de la richesse et du prestige qui échappent la plupart du temps aux femmes.

Par différents mécanismes, les femmes sont dépossédées des richesses ou alors y ont un accès limité. Parmi ces mécanismes, les sphères de pouvoir leur sont souvent inaccessibles. Tout au cours de l'histoire, peu de femmes ont occupé des postes de direction politique. Dans un certain nombre de cultures, néanmoins, les femmes sont les égales des hommes sur le plan politique. Dans plusieurs cultures, on exerce un contrôle plus serré sur les femmes. Les modalités d'organisation de la parenté (mariage précoce, polygamie, patrilinéarité, etc.) peuvent aussi contribuer à restreindre leur liberté.

Le contrôle exercé sur les femmes et les idéologies sexistes qui les sous-tendent conduisent dans des cas extrêmes à la violence. Partout dans le monde, des femmes sont victimes de violence, de négligence et parfois d'assassinats, pour la seule raison qu'elles sont des femmes.

L'accès à l'éducation des filles partout sur la planète est probablement le domaine où l'amélioration récente de la condition des femmes a été la plus notable.

L'ORGANISATION POLITIQUE ET LE MAINTIEN DE L'ORDRE

© Robert Estall Photo Agency/Alamy

L'organisation politique prend des formes diverses. Les Touaregs du Niger font partie de confédérations réunissant un ensemble de tribus. Leur société est hiérarchisée. On trouve à sa tête, un chef suprême, l'amenokal. Avant les bouleversements entraînés par la colonisation et la sédentarisation, chaque membre occupait un rang social précis. Il y avait des nobles, des lettrés, des hommes libres et des vassaux, des artisans et parfois des esclaves.

❯ Quel genre de système les humains ont-ils constitué pour veiller au maintien de l'ordre établi et prévenir les comportements non conformes ?

❯ Quels sont les mécanismes mis en place pour sanctionner les individus qui refusent de se conformer aux conventions et aux règles instaurées ?

❯ En quoi la loi se distingue-t-elle du droit coutumier reposant sur des règles non écrites ?

❯ Dans quelle mesure la religion exerce-t-elle un contrôle sur les individus au même titre que le pouvoir politique ?

SOMMAIRE

- L'anthropologie politique

- Les systèmes politiques non centralisés

- Les systèmes politiques centralisés

- Le maintien de l'ordre et les sanctions sociales

- La loi comme outil de contrôle social

- Les relations avec l'extérieur et les conflits armés

- Le politique et la religion

L'ANTHROPOLOGIE POLITIQUE

Toutes les collectivités humaines, aussi petites soient-elles, ont besoin de mettre en place des mécanismes de contrôle social afin d'assurer leur cohésion, leur bon fonctionnement et leur survie. Partout, on observe des comportements autorisés et d'autres désapprouvés. «Pour assurer la pérennité de toute société, il faut pouvoir réglementer, solutionner et sanctionner les désaccords et les manquements, réparer le mal et définir des peines […]» (Copans, 1996, p. 65). De la dispute conjugale à la guerre, de la chicane de famille au conflit entre voisins, ou de l'insulte à la transgression rituelle, le règlement des litiges et le retour à l'ordre sont impératifs. Pour que l'harmonie soit maintenue et la coopération assurée, les humains ont ainsi créé différents types de sanctions et diverses formes d'instances pour les appliquer. La plupart du temps, nous associons les questions de pouvoir et d'ordre aux lois et aux différents paliers de gouvernement. Nous oublions que dans d'autres cultures il en va autrement. Nous oublions également que, dans notre quotidien, lois et gouvernements n'interviennent pas nécessairement chaque fois qu'il est question de mettre en œuvre des mesures visant au maintien de l'ordre ou de l'harmonie dans le groupe.

Aucune loi ne vous empêche de raconter vos rêves à votre voisin dans l'autobus le matin. Si vous évitez de le faire, c'est que vous agissez en fonction des conventions culturelles qui sont les vôtres (*voir le chapitre 3*) et que vous désirez éviter la réprobation d'autrui. Si vous entamez une discussion avec des étrangers et que le contexte ne s'y prête pas, le gouvernement ou la police ne pourront rien contre vous. Vous susciterez probablement l'inconfort de vos interlocuteurs. Il est fort à parier que certains vous regarderont «de travers», vous rappelant ainsi qu'il n'est pas commun ici d'agir de la sorte. En fait, un simple bonjour pourrait même susciter un malaise, voire la désapprobation si vous insistez.

En anthropologie, l'étude du domaine politique ne se limite donc pas aux structures étatiques et aux instances gouvernementales auxquelles nous sommes habitués. Les plus vieux États européens, par exemple, n'existent que depuis quelques centaines d'années. Comme nous le verrons dans ce chapitre, d'autres systèmes, souvent beaucoup plus simples, mais tout aussi efficaces, ont été créés. Encore aujourd'hui, certaines populations mettent en pratique des principes d'organisation beaucoup moins formels. Dans ces sociétés, ce sont souvent des systèmes de parenté flexibles qui prévalent, dirigés par des «chefs de famille» ou des leaders, sans pouvoir absolu. Des problèmes tels que l'homicide et le vol sont considérés comme de graves «disputes familiales» plutôt que comme des questions concernant l'ensemble de la collectivité. L'expression **organisation politique** renvoie à la façon dont le pouvoir est réparti dans un groupe donné, que ce soit à des fins aussi différentes que l'organisation d'une chasse, la gestion d'un système d'irrigation, la promulgation d'une loi ou le règlement d'une dispute entre propriétaires terriens. L'organisation politique désigne ainsi les modalités selon lesquelles le pouvoir est exercé pour assurer la coordination et la régulation des comportements ainsi que le maintien de l'ordre public. La notion de **pouvoir**, quant à elle, fait référence à la capacité dont dispose un individu ou un groupe d'influencer le comportement des gens sous son autorité, parfois en utilisant la force, parfois par d'autres moyens, comme la persuasion.

Dès qu'ils constituent des groupes, aussi petits soient-ils, les humains tendent à se doter d'une forme quelconque de système dit «politique». Lorsqu'ils se regroupent au sein d'une bande ou encore d'une organisation d'intérêts communs, telle une association étudiante, ils sentent généralement le besoin de confier le pouvoir à une instance ou à un individu, de baliser les limites de ses fonctions et de son autorité et d'instaurer des règlements, afin d'assurer le bon fonctionnement du groupe.

Prenons un exemple qui, à première vue, ne semble avoir aucun lien avec ce qu'on considère généralement comme étant «politique». Chaque année, dans le désert de Black Rock au Nevada (États-Unis), le regroupement artistique *Burning Man* organise un immense festival où quelque 50 000 participants se rassemblent pendant une semaine pour laisser libre cours à leur créativité. L'esprit est à la fête.

> **Organisation politique**
>
> Système qui a pour objectif de veiller au maintien de l'ordre et à la répartition du pouvoir à l'intérieur d'un groupe humain
>
> **Pouvoir**
>
> Capacité d'un individu ou d'un groupe à influencer le comportement des gens sous son autorité, parfois en utilisant la force, parfois par d'autres moyens, comme la persuasion.

Le *Burning Man* accueille chaque année quelque 50 000 personnes. Pour certains participants, ce rendez-vous annuel est devenu une sorte de pèlerinage au cours duquel il est possible de créer, tout en « se laissant aller » et en fêtant. Malgré son côté excentrique bien assumé, il est important que le festival se déroule dans l'ordre.

© Ted Soqui/Sygma/Corbis

On y crée des installations et on y danse, dans une atmosphère que certains qualifient de déjantée. Apparenté au mouvement *rave* de la fin des années 1990, ce rituel festif est le produit d'une rencontre entre la culture urbaine associée à la musique électronique et une certaine forme de tribalisme. Pendant sept jours, les participants, généralement costumés, tendent à se regrouper en bandes affichant des thèmes vestimentaires distincts. Malgré le côté très libertaire de ce rassemblement où la nudité n'est pas interdite, les participants sont invités à adhérer aux 10 principes de base du mouvement, dont le travail en commun, l'affranchissement des lois du marché, la pratique du don et l'engagement de ne laisser aucune trace matérielle de leur passage. Le *Burning Man* n'est pas un mouvement anarchique. Une fois sur les lieux, même si les festivaliers peuvent se laisser aller davantage que dans leur quotidien, des règles explicites balisent leurs comportements. Comme l'un des buts recherchés est de former, l'espace d'une semaine, une collectivité unie et fonctionnelle, il est impératif de respecter les règles instaurées. Comme le précisent les organisateurs : « Si nos règles vous déplaisent, eh bien, fondez votre propre festival ! »

L'anthropologie politique s'intéresse ainsi aux moyens qu'utilise une population pour maintenir l'ordre, ou prévenir le désordre public. Si cette organisation prend des formes variées chez les différents peuples du monde, on peut cependant dégager quatre types de **système politique**, lesquels sont centralisés ou non : la bande et la tribu (non centralisées), ainsi que la chefferie et l'État (centralisés). Leur ordre de présentation n'évoque en aucun cas un progrès menant d'un type primitif à un type plus évolué. En fait, chacun de ces systèmes répond aux besoins particuliers d'une population dans un contexte donné. Notons également que ce classement n'est pas hermétique. Une culture réputée avoir un système politique typique d'une tribu peut posséder quelques-unes des caractéristiques propres à la bande, et vice-versa. De même, il est difficile de ranger certains groupes dans la catégorie des chefferies, puisque plusieurs d'entre eux possèdent de nombreux attributs d'un État.

LES SYSTÈMES POLITIQUES NON CENTRALISÉS

La famille et la parenté constituent, au sein de nombreux peuples traditionnels, les principales structures de l'organisation sociale (*voir le chapitre 6*). Ces populations sont généralement peu nombreuses. Leurs dirigeants n'ont pas le pouvoir de contraindre les individus à respecter les règles du groupe, mais ceux qui ne le font pas s'exposent au

Système politique

En anthropologie, formes d'organisation politique qui se distinguent par le type d'autorité exercée, la centralisation ou non du pouvoir et les mesures coercitives appliquées. Quatre types sont généralement dénombrés : la bande, la tribu, la chefferie et l'État.

Les Pygmées bakas du Cameroun et de la République centrafricaine sont d'anciens chasseurs-cueilleurs aujourd'hui largement sédentarisés. Comme elles se sont longtemps déplacées pour subvenir à leurs besoins, les bandes bakas ont de la difficulté à faire reconnaître leurs villages. Souvent négligés par les gouvernements des États où ils résident, les Bakas peinent à revendiquer des droits sur le territoire qu'ils exploitent depuis des siècles.

© Yves Gellie/Corbis

mépris et aux commérages, voire à l'ostracisme. Les décisions importantes se prennent habituellement par consensus entre adultes, hommes et femmes confondus. Les personnes en désaccord doivent alors choisir entre se rallier à la majorité ou persister dans leur opinion, si elles sont disposées à en assumer les conséquences sociales. Ce type de système politique dit «non centralisé» offre une grande flexibilité, ce qui, dans bien des situations, lui confère un certain avantage.

Les bandes

Une **bande** est un petit groupe de familles apparentées, mais politiquement indépendantes. C'est ce type de système politique, le moins complexe de tous, qu'adoptent de nombreux groupes nomades, dont les chasseurs-cueilleurs *(voir le chapitre 4)*. Les familles qui font partie d'une bande vivent dans un même campement. Elles se séparent toutefois fréquemment en plus petits groupes, le temps de chercher de la nourriture ou de visiter d'autres parents.

Une bande est donc un groupe composé d'hommes et de femmes apparentés (ou qui croient l'être), de leurs épouses et époux et de leurs enfants non mariés. Les bandes ont en commun de réunir des familles sur un même territoire pour y vivre, et ce, tant et aussi longtemps que le milieu et les conditions de subsistance le leur permettent. La bande est sans doute le plus ancien type de système politique, puisque tous les humains ont été des chasseurs-cueilleurs avant la domestication des

plantes et des animaux, il y a quelque 10 000 ans (Guillaume, 2010).

Ce système politique, bien que simple, n'en comporte pas moins des moyens d'action pour régler les conflits qui surviennent entre les individus. Il faut préciser cependant que, dans la bande, les sources de conflit sont réduites comparativement à d'autres types de système politique. D'abord la taille du groupe est restreinte, limitant d'autant les sources potentielles de conflit. De plus, les membres de la bande sont apparentés ou se connaissent personnellement et on valorise constamment la bonne entente, le partage et la réciprocité entre les membres. De plus, les bandes de chasseurs-cueilleurs, par leur condition de nomades, n'accumulent pas de richesses et circulent sur de vastes territoires, évitant ainsi d'autres sources de conflit. Lorsqu'un conflit surgit cependant, il se règle souvent sans cérémonie, au moyen d'une pression intérieure par des commérages et des plaisanteries à l'endroit de l'individu jugé fautif ou, si nécessaire, par la négociation directe et la médiation. En fait, on s'efforce de trouver une solution qui semble juste pour toutes les

---

Bande

Système politique non centralisé, qui regroupe quelques familles apparentées occupant une région donnée et se rassemblant périodiquement sans pour autant renoncer à leur autonomie respective. On trouve ce type de système politique chez les chasseurs-cueilleurs.

© Louise Gubb/Corbis

Avant d'être élu président de l'Afrique du Sud en 1994, Nelson Mandela avait été désigné chef de son parti politique, l'ANC, Congrès national africain. Engagé dans plusieurs associations de lutte contre la pauvreté et le sida, il a été emprisonné pendant 26 ans avant d'exercer ses fonctions politiques. Reconnu comme l'un des leaders de l'ANC, il demeure une personnalité mondialement respectée et saluée comme le père d'une Afrique du Sud multiraciale.

légitimité de son droit d'occuper et d'exploiter un territoire donné. En d'autres termes, la terre ou les ressources n'appartiennent pas au leader en propre, mais celui-ci symbolise le droit d'en user dont disposent les membres de la bande. Si le leader quitte un territoire pour s'installer ailleurs, il doit renoncer à ses fonctions, et la bande se donne alors un autre leader.

La tâche principale du leader est de planifier le moment et la direction du déplacement de la bande lorsque les ressources d'un territoire donné ne suffisent plus à combler ses besoins. Le leader détermine le site du prochain campement et est le premier à y choisir l'emplacement de son feu. Les privilèges et les devoirs du leader s'arrêtent généralement là. Les membres de la bande organisent eux-mêmes leurs parties de chasse ou leurs expéditions commerciales et arrangent les mariages à leur gré. Le leader n'est pas un juge et n'impose donc pas de punition à quiconque. Les fautifs sont jugés et sanctionnés par l'opinion publique, qui s'exprime habituellement dans les commérages échangés entre les membres de la bande.

On trouvait un modèle semblable chez plusieurs Autochtones en Amérique du Nord avant leur sédentarisation. Chez les Inuits du Québec et du Canada, par exemple, les leaders étaient traditionnellement choisis parmi les meilleurs chasseurs. Les aînés, réputés pour leurs grandes connaissances et leur sagesse remplissaient aussi des fonctions de «décideurs», puisqu'on faisait appel à leurs services lorsqu'un problème grave survenait dans le groupe. Les leaders n'avaient donc pas tous les pouvoirs. Les chamans (hommes ou femmes doués de pouvoirs particuliers) jouissaient également d'un prestige, puisque leur don leur permettait de s'allier les forces surnaturelles afin de soigner les malades, de présider à la célébration des rituels de chasse et de rétablir l'harmonie dans le groupe *(voir le chapitre 9)*. Bien que le statut et le pouvoir puissent être variables d'un individu à un autre, on tendait à prendre des décisions en accord avec tous les membres du groupe. Ainsi, les membres de la bande réglaient ensemble leurs querelles. En cas de faute particulièrement grave, le coupable pouvait être expulsé de la bande. Si un litige survenait, on tentait de le résoudre en organisant une compétition publique entre les opposants *(voir l'encadré Le duel chanté chez les Inuits)*, et si rien n'y faisait, on recourait parfois à la violence. Comme chez les Bochimans Ju/'hoansis, les décisions étaient prises par consensus. Ceux qui n'étaient pas satisfaits du résultat étaient libres de s'établir ailleurs.

parties concernées, plutôt que d'appliquer une loi ou une règle abstraite. Si aucune solution n'est trouvée, les mécontents ont toujours la possibilité de se joindre à une autre bande comprenant des membres de leur famille.

Les décisions qui concernent la bande sont prises par tous ses membres adultes. On vise l'atteinte d'un consensus, plutôt que l'obtention d'une simple majorité. Une bande est généralement dirigée par un leader plutôt que par un chef autoritaire. Un individu acquiert ce statut en vertu de ses aptitudes (sagesse, intégrité et intelligence) et il occupe cette fonction tant qu'il conserve la confiance de ses congénères. Un leader n'obtient donc pas un mandat d'une durée précise et n'est pas en position d'obliger ses concitoyens à se plier à ses décisions. Ceux-ci le suivront tant et aussi longtemps qu'ils jugeront que cela est bénéfique pour eux. Un leader qui outrepasse les limites de ce que ses concitoyens peuvent accepter perd rapidement leur appui.

Les Bochimans Ju/'hoansis, qui vivent dans le désert de Kalahari, illustrent bien le caractère non officiel du rôle que joue le leader d'une bande. Le *kxau*, ou «propriétaire», est celui qui procure à la bande la

Les tribus

La **tribu** constitue le second type de système politique non centralisé. Suivant l'usage commun, on tend à qualifier de tribu tout peuple non doté d'un État, peu importe que ce peuple forme ce que les anthropologues appellent une bande, une tribu ou une chefferie. Le terme a même parfois été utilisé pour désigner des peuples non occidentaux qui s'étaient pourtant dotés d'un État très centralisé (comme les Aztèques). Historiquement, les Européens ont utilisé ce terme à l'égard de peuples qu'ils considéraient comme inférieurs à leur culture prétendument supérieure et civilisée. Le mot «tribu» est d'ailleurs souvent utilisé de façon péjorative, par exemple lorsque l'instabilité politique qui règne dans de nombreuses régions du monde est attribuée au «tribalisme», présupposant que toutes les tribus s'entredéchirent et sont incapables de maintenir l'ordre, ce qui est loin d'être exact.

En anthropologie, une tribu est constituée de groupes autonomes (par exemple, des clans) qui sont intégrés en un ensemble par des réseaux d'alliance. Ces réseaux ne sont toutefois activés que lorsqu'une menace ou une situation particulière se présentent. Ils permettent d'unir la tribu par la mise en œuvre d'actions concertées : se défendre contre une attaque ennemie, combiner les ressources en période de disette ou tirer parti des fruits d'une bonne chasse en les distribuant rapidement pour ne pas les perdre. Par contre, une fois la menace éloignée, chaque groupe reprend son autonomie.

Habituellement, l'économie d'une tribu est axée sur l'agriculture ou l'élevage. Puisque ces méthodes de production donnent des rendements plus élevés que ceux qu'obtiennent les chasseurs-cueilleurs, une tribu compte habituellement plus de membres qu'une bande. Toutefois, à l'instar de la bande, l'organisation politique et le pouvoir exercé au sein d'une tribu ont un caractère officieux (donc informel) et temporaire (*voir l'encadré Le* big man).

À l'époque de la colonisation, les Hurons et les Iroquois, par exemple, ne percevaient pas le pouvoir comme une entité immuable et toute puissante. De même, l'exercice du pouvoir ne relevait pas d'une autorité centrale. Dans les villages, plusieurs assemblées étaient constituées (conseil des femmes, conseil des anciens, conseil des guerriers, conseil de clan, etc.) et tenaient des séances particulières visant la gestion des affaires courantes. Mais aucune assemblée n'avait préséance sur les autres et, surtout, aucune

décision n'était prise sans que l'avis de tous n'ait été entendu. Comme le rapporte un témoin français, en 1710, à propos de cette nation à l'époque de la colonie : «Les Iroquois sont les sauvages les plus politiques de ce continent. Ils ne résolvent rien sans une mûre délibération et sans avoir consulté longtemps ensemble sur tous les biens et les inconvénients qui peuvent arriver de ce qu'ils entreprennent. Pour cet effet, ils assemblent conseil sur conseil» (C. de Rochemonteix, citée dans Viau, 2000, p. 154).

Dans les villages iroquoïens, les chefs étaient des hommes respectés pour leur sagesse et leur talent de guerriers ou de chasseurs. Nommés, entre autres, par le conseil des femmes, les chefs n'avaient pas de pouvoir absolu. Leurs conseils étaient souvent sollicités, mais ils ne pouvaient pas imposer leur décision.

Dans de nombreux groupes tribaux, l'unité organisationnelle et le siège de l'autorité politique résident dans le **clan**, c'est-à-dire une association de personnes qui se réclament d'un ancêtre commun.

> L'appartenance à un clan entraîne une exigence interne de solidarité sociale qui se manifeste dans l'entraide, la participation à des cérémonies, le devoir de vengeance. Le clan répond à diverses fonctions : unité exogame, il contraint à l'échange de femmes et à leur circulation ; unité politique, il est susceptible de se fédérer avec d'autres clans pour former une tribu. (Bonte et Izard, 1991 p. 152)

Au sein d'un clan, les anciens ou les chefs régissent les affaires internes et représentent les leurs dans les échanges avec d'autres clans. Les anciens de tous les clans forment parfois un conseil qui agit au sein de la communauté ou qui défend ses intérêts auprès d'étrangers. Puisque les membres d'un même clan ne cohabitent habituellement pas tous dans la même collectivité, l'organisation clanique facilite les actions

Tribu

Système politique non centralisé formé de groupes autonomes (tels des clans) qui sont intégrés en un ensemble par des réseaux d'alliance et qui se rassemblent au besoin. On trouve ce type de système politique dans les sociétés horticoles ou pastorales.

Clan

Groupe de descendance unilinéaire (patrilinéaire et matrilinéaire) se réclamant d'un ancêtre commun, qui constitue une unité politique et qui peut se rassembler avec d'autres groupes pour former une tribu.

Offert par Richard Vachon

Chez les Masais, entre l'âge de 12 et 15 ans, les jeunes garçons quittent l'enfance et deviennent de jeunes guerriers. Une fois devenus *morales*, les hommes se laissent pousser les cheveux et les couvrent d'une teinture ocre. Une dizaine d'années s'écoulera avant qu'ils deviennent des aînés et qu'ils puissent posséder du bétail et se marier.

concertées avec les membres des autres collectivités, lorsque la situation l'exige.

Le **système de classes d'âge** permet à une tribu de créer des réseaux d'alliance politiques qui vont au-delà des groupes de parenté. Indépendantes des groupes territoriaux et des groupes de parenté, ces classes d'âge constituent un type distinct d'alliances politiques. Les Masais du Kenya et de la Tanzanie, par exemple, sont divisés en clans patrilinéaires et en classes d'âge. Au cours de leur vie, les hommes passent successivement dans quatre classes d'âge (cinq si on inclut l'enfance). «Initiés à la fin de leur adolescence, ils sont d'abord des guerriers pendant une quinzaine d'années, puis ils se marient et développent leurs troupeaux pendant une autre quinzaine d'années avant de devenir les décideurs politiques dans les assemblées pour une nouvelle période de quinze ans et finir dans des fonctions sacerdotales et rituelles» (Le Bras, 2003, p. 31).

Le passage d'une classe à une autre est accompagné de rites initiatiques. Après leur circoncision (l'*emuratare*), les jeunes garçons d'un même groupe d'âge iront vivre ensemble pendant une dizaine d'années dans un regroupement de maisons (l'*emanyatta*) aménagé pour eux. Devenus *morales*, donc jeunes guerriers, ils devront alors s'occuper du bétail et apprendre tout ce qu'il faut pour devenir un aîné et un chef de famille, ce qui se produira après une autre cérémonie, l'*eunoto*. À ce moment-là, sur les

conseils des aînés, les membres de la classe d'âge choisissent, en fonction de ses qualités morales et physiques, un représentant qui deviendra en quelque sorte leur chef. Même s'ils ne sont pas nécessairement apparentés ni mêmes voisins, les membres d'une même classe d'âge ont le sentiment de faire partie d'un groupe solidaire, où règne la camaraderie (Van der Stappen, 2002).

Chez les Tirikis, en Afrique de l'Est, les jeunes hommes appartiennent à la classe d'âge guerrière et ont comme fonction de protéger le territoire, tandis que les aînés sont responsables de la justice et règlent les disputes. Entre ces deux classes d'âge se trouve la classe des guerriers aînés, qui constituent en quelque sorte les remplaçants des aînés. Les plus vieux membres de la collectivité forment la classe d'âge des aînés chargés des rites. Ils agissent comme conseillers pour les questions qui concernent le bien-être de tous les Tirikis. Les différentes responsabilités politiques de la tribu sont donc réparties entre les diverses classes d'âge et leurs représentants.

Système de classes d'âge

Système par lequel les membres d'une communauté ont des fonctions politiques ou militaires différentes selon la génération à laquelle ils appartiennent. Ces hommes (ou plus rarement ces femmes) sont parfois membres de clans différents.

Exemple ethnographique

Le *big man*

En Mélanésie, le *big man* constitue un exemple de pouvoir tribal. Le *big man* est le chef d'un groupe de filiation local ou d'un groupe territorial. Il se préoccupe du bien-être de sa tribu, mais il agit aussi pour son propre bénéfice en usant de ruse et de calcul. Son autorité est informelle et il n'assume pas officiellement la gestion de la tribu, pas plus qu'il n'est élu. Il doit son statut à des actes qui lui ont permis de s'élever au-dessus de ses pairs et d'obtenir la loyauté de nombreux fidèles.

Les Papous Kapaukus d'Indonésie et de Nouvelle-Guinée illustrent parfaitement ce type de système politique. Le *big man* y porte le nom de *tonowi*, qui signifie «homme riche». Tout prétendant au titre doit être de sexe masculin, riche, généreux et éloquent. La bravoure et l'aptitude à composer avec les forces surnaturelles sont également des caractéristiques appréciées chez un *tonowi*, mais elles ne sont pas essentielles. Le *tonowi* joue le rôle de chef du village.

Comme les Kapaukus accordent beaucoup d'importance à la richesse, il n'est pas surprenant qu'un homme prospère suscite l'admiration de tous. Toutefois, la richesse doit être assortie de générosité, ce qui, dans cette culture, se traduit non pas par des dons, mais par l'empressement à prêter de l'argent. Un homme riche qui refuse de prêter de l'argent aux autres villageois peut être ostracisé, ridiculisé et, dans les cas extrêmes, carrément exécuté par des guerriers. Une telle pression sociale a pour effet assuré d'inciter les mieux nantis à distribuer leurs richesses au lieu de les accumuler.

Le *tonowi* acquiert son pouvoir politique au moyen des prêts qu'il consent. Les villageois accéderont à ses requêtes parce qu'ils ont contracté une dette (souvent sans intérêt) envers lui et qu'ils ne veulent pas devoir la rembourser. Quant à ceux qui ne doivent encore rien au *tonowi*, ils préfèrent aussi rester dans ses bonnes grâces, car ils pourraient souhaiter lui emprunter de l'argent tôt ou tard.

Le *tonowi* remplit des fonctions dirigeantes dans de multiples situations: il représente son groupe auprès des étrangers ou des autres villages et il agit comme négociateur ou juge lorsqu'une querelle éclate parmi ses fidèles. Il exerce également son influence dans les affaires économiques et sociales, que ce soit pour choisir les dates des banquets et des marchés porcins ou pour convaincre d'autres personnes de coparrainer une cérémonie. Le *tonowi* peut aussi parrainer et organiser des expéditions de danse dans d'autres villages et lancer de grands projets, comme la construction d'un pont (Pospisil, 1963).

Le *tonowi* doit sa richesse à sa réussite dans l'élevage des porcs. Il n'est pas rare qu'un *tonowi* perde sa fortune rapidement parce qu'il a mal géré ses affaires ou qu'il a été malchanceux. Par conséquent, la structure politique des Kapaukus change fréquemment: lorsqu'un homme perd sa fortune, et donc son pouvoir, un autre s'enrichit et devient le *tonowi*. De tels changements assurent la flexibilité du système politique et évitent qu'un *tonowi* n'exerce trop longtemps le pouvoir qu'il détient.

© Charles O'Rear/Corbis

Le statut de *big man* que l'on retrouve en Papouasie s'acquiert essentiellement au mérite et ne confère pas de pouvoir absolu. Un *big man* est un homme dont l'influence repose sur son éloquence, son réseau de réciprocité et son habileté à répartir les ressources dont il est le gardien. Il lui arrive de convaincre ses «partisans» de travailler pour lui. La taille de son cheptel de porcs lui confère un prestige certain. Le fait d'avoir plusieurs épouses atteste sa réussite.

Les Ndebeles habitent l'Afrique du Sud. Malgré des conditions de semi-esclavage et des déportations à l'époque de l'apartheid, ils ont réussi à gagner leur autonomie et, en dépit de l'urbanisation et de la christianisation, beaucoup d'entre eux pratiquent encore le culte des ancêtres. En tant que chef, John Ndala, entouré ici de ses proches, est le gardien de l'ordre et de la tradition.

© Daniel Lainé/Corbis

LES SYSTÈMES POLITIQUES CENTRALISÉS

Au sein des bandes et des tribus, l'autorité n'est pas centralisée, si bien que chaque groupe conserve son autonomie économique et politique. Les populations sont peu nombreuses et relativement homogènes, et les individus pratiquent à peu près les mêmes activités toute leur vie. Toutefois, les possibilités qu'un individu ou un groupe s'empare du pouvoir politique augmentent à mesure que la population s'accroît, que les technologies se complexifient et que des surplus de biens apparaissent (par suite de la spécialisation de la main-d'œuvre et de la hausse des échanges commerciaux). Dans de telles sociétés, le pouvoir et l'autorité politiques se retrouvent entre les mains d'une seule personne (le chef) ou d'un groupe de personnes (l'État). L'État est un type de système politique qui s'observe dans les sociétés où chaque individu doit régulièrement interagir avec un grand nombre de personnes qui ne lui sont ni apparentées ni même familières, comme c'est le cas dans la vaste majorité des pays industrialisés, mais également dans les régimes féodaux et les grands empires que le monde a connus.

Les chefferies

Une **chefferie** est une entité régionale au sein de laquelle plusieurs groupes locaux relèvent d'un seul chef, qui est lui-même au sommet d'une structure hiérarchique. Dans une telle entité, le statut d'une personne est lié à la nature de sa relation avec le chef. Les personnes les plus près du chef jouissent d'un statut supérieur qui leur vaut la déférence des membres des rangs inférieurs.

Le titre de chef se transmet habituellement d'une génération à la suivante. Le chef cède donc ses pouvoirs à son fils ou à celui de sa sœur, selon que la filiation est patrilinéaire ou matrilinéaire. Contrairement au leader d'une bande, le chef est habituellement une véritable figure d'autorité qui, par son ascendant, assure la cohésion au sein de son peuple sur tous les plans. Par exemple, un chef peut octroyer des terres aux membres de sa collectivité

ou recruter certains d'entre eux pour son armée. La chefferie se structure selon une hiérarchie reconnue de dirigeants supérieurs et de dirigeants inférieurs, qui exercent leur autorité sur des subdivisions correspondantes. Il s'agit en fait d'une chaîne de commandement qui associe les dirigeants de tous les échelons. Cette chaîne a pour fonction d'unir au chef tous les groupes tribaux présents sur le territoire. Bien qu'il hérite de ses fonctions, le chef exerce le pouvoir en raison de ses habiletés personnelles et en tant qu'exemple à suivre, car il occupe une position considérée comme quasi sacrée.

Les premières chefferies sont probablement apparues tout juste avant les premières civilisations et elles sont souvent considérées comme des formes d'organisation transitoire entre la tribu et l'État. On estime qu'il existe fort peu de chefferies aujourd'hui. Les exemples ethnographiques les plus connus de ce type de système proviennent principalement de la Polynésie, à l'époque des grandes explorations européennes (Earle, 1987). Dans ces systèmes, le chef pouvait administrer des milliers d'habitants répartis dans de nombreux villages. Il maintenait les mêmes structures

Chefferie

Système politique centralisé constitué d'une entité régionale au sein de laquelle plusieurs groupes locaux relèvent d'un chef disposant d'un accès privilégié aux ressources.

du pouvoir dont il avait hérité, de sorte que d'un successeur à un autre, la réglementation politique était permanente. Contrairement aux chefs dans les tribus, ceux des chefferies exerçaient leur rôle à temps plein. Leur rang, leur pouvoir et leur prestige leur étant accordés par leur filiation, les chefs polynésiens pouvaient réciter de mémoire le nom de leurs ancêtres jusqu'à cinquante générations auparavant.

Une chefferie constitue habituellement un système de redistribution de la richesse. Le chef détermine l'utilisation des surplus de production, voire de la main-d'œuvre elle-même. Mais ce système se distingue des bandes et des tribus, car le chef a également le loisir d'accumuler beaucoup de richesses et de les léguer à ses héritiers. Il peut s'approprier des terres, du bétail et des produits de luxe pour consolider la base de son pouvoir. De plus, les familles haut placées de la chefferie peuvent aussi se livrer à de telles pratiques et utiliser les biens acquis pour confirmer leur statut. C'est là le point commun entre les chefferies et les États ; les dirigeants de ces systèmes ont, en plus du pouvoir et du prestige, un accès privilégié aux ressources. Dans les plus anciennes chefferies, on a assisté aux premières formes de classes sociales dans l'histoire de l'humanité. Cette stratification sociale serait à la base des systèmes étatiques.

Les États

L'**État** est le système politique le plus structuré. Il faut voir l'État dans sa définition la plus large, car elle englobe plus que les pays aujourd'hui constitués. Les premiers États ont fait leur apparition avec les premières civilisations en Mésopotamie, en Égypte antique, au Moyen-Orient et en Chine, pour s'étendre en Méso-Amérique, en Amérique du Sud et en Europe. Ainsi, les Empires maya et inca qui ont pris naissance en Amérique, il y a 4000 et 600 ans respectivement, constituaient des États et non des tribus ou des chefferies. Dans les États, le pouvoir politique est centralisé entre les mains d'un gouvernement ou d'une royauté qui peut, en toute légitimité, recourir à la force pour régir les affaires des citoyens, de même que ses relations

avec d'autres États. Bien que la base idéologique de l'État en proclame la permanence et la stabilité, il s'avère que, depuis l'apparition des premières civilisations il y a 5000 ou 6000 ans, il n'en est rien. Au fil des siècles, l'État s'est plutôt caractérisé par une tendance à l'instabilité. Il faut préciser que les États, comparativement aux autres systèmes politiques, gèrent de vastes territoires et sont densément peuplés.

Il importe de faire la distinction entre une **nation** et un État. Le monde compte aujourd'hui quelque 190 États, dont la plupart n'existaient pas avant la fin de la Seconde Guerre mondiale. En revanche, on dénombre actuellement environ 5000 nations. «Une nation se reconnaît comme telle lorsque ses représentants ont en commun une langue, une culture, un territoire, une structure politique et une histoire» (Clay, 1996). Il n'est pas rare aujourd'hui que des individus issus de diverses nations cohabitent à l'intérieur des frontières d'un même État, comme dans le cas des Autochtones du Québec qui comptent 10 nations amérindiennes et 1 nation inuite. Au contraire, rares sont les États qui n'abritent qu'une seule nation, comme c'est le cas en Islande, en Somalie et au Swaziland.

> **État**
>
> En anthropologie, système politique complexe et centralisé, qui administre un territoire et un peuple sur lequel il a le pouvoir d'exercer une coercition.
>
> **Nation**
>
> Groupe d'individus qui se reconnaissent comme «un peuple» sur la base d'une ascendance, d'une histoire, d'une société, d'institutions, d'une idéologie, d'une langue, d'une religion (souvent) et d'un territoire communs.

En mai 2001, le chef Raoni s'est rendu à l'Élysée, à Paris, pour rencontrer Jacques Chirac alors président de la France, l'un des 27 États aujourd'hui membres de l'Union européenne. Au nom de la France, M. Chirac a donné son appui aux Kayapos du Brésil, qui militent en faveur de la sauvegarde de la forêt amazonienne, menacée par le développement économique.

© Reuters/Corbis

CARTE 1   Les Autochtones du Québec, 2009

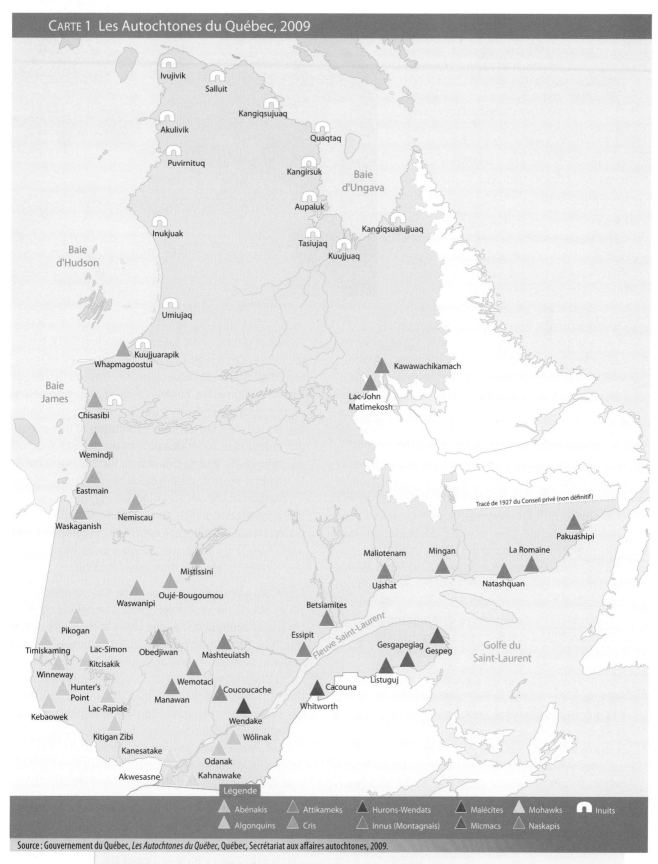

Baie d'Ungava

Baie d'Hudson

Baie James

Ivujivik
Salluit
Kangiqsujuaq
Akulivik
Quaqtaq
Puvirnituq
Kangirsuk
Aupaluk
Kangiqsualujjuaq
Inukjuak
Tasiujaq
Kuujjuaq
Umiujaq
Kuujjuarapik
Whapmagoostui
Kawawachikamach
Chisasibi
Lac-John
Matimekosh
Wemindji
Eastmain
Nemiscau
Waskaganish
Tracé de 1927 du Conseil privé (non définitif)
Pakuashipi
Mistissini
Maliotenam
Mingan
La Romaine
Oujé-Bougoumou
Uashat
Natashquan
Waswanipi
Betsiamites
Pikogan
Essipit
Gesgapegiag
Gespeg
Golfe du Saint-Laurent
Timiskaming
Lac-Simon
Obedjiwan
Mashteuiatsh
Fleuve Saint-Laurent
Kitcisakik
Listuguj
Winneway
Wemotaci
Coucoucache
Cacouna
Hunter's Point
Manawan
Whitworth
Lac-Rapide
Wendake
Kebaowek
Kitigan Zibi
Wôlinak
Kanesatake
Odanak
Akwesasne
Kahnawake

Légende

△ Abénakis	△ Attikameks	▲ Hurons-Wendats
△ Algonquins	△ Cris	△ Innus (Montagnais)

▲ Malécites	△ Mohawks	⌂ Inuits
△ Micmacs	△ Naskapis	

Source : Gouvernement du Québec, *Les Autochtones du Québec*, Québec, Secrétariat aux affaires autochtones, 2009.

Depuis 1983, le gouvernement du Québec reconnaît officiellement que les peuples autochtones constituent des nations distinctes qui ont droit à leur culture, à leur langue, à leurs traditions ainsi que le droit d'orienter elles-mêmes le développement de cette identité propre. On dénombre sur le territoire québécois 11 nations autochtones réparties au sein de quelque 55 communautés.

Les Inuits du Québec n'ont pas un statut politique semblable à ceux du Nunavut. Toutefois, depuis la signature de la Convention de la Baie-James et du Nord québecois, ils ont obtenu certains champs de compétence, dont l'éducation. Ainsi, tout au long de leur parcours scolaire primaire et secondaire, les élèves bénéficient de cours favorisant un contenu inuit.

Offert par la Commission scolaire Kativik

En fait, 73 % des États répertoriés dans le monde comportent plus d'une nation (Van Den Berghe, 1992).

Bien avant que les Européens conquièrent l'Amérique, le Canada réunissait déjà de nombreuses nations. À l'époque des premiers « contacts », les Amérindiens et les Inuits occupaient et exploitaient le territoire depuis des milliers d'années déjà. Chaque nation se distinguait par sa langue et ses traditions vibrantes et variées. Chacune occupait un territoire sommairement délimité, ses membres ayant su depuis longtemps s'adapter à leur milieu. Perçus par les colons français et britanniques comme de petites bandes de nomades dépourvues de dirigeants, les groupes autochtones n'ont alors pas été reconnus comme de véritables nations (Friesen, 1997). Aujourd'hui, les Amérindiens et les Inuits peinent encore à faire reconnaître leur statut de nation et leur droit à l'autodétermination. Ils veulent reprendre la maîtrise de leur destinée et être en mesure de choisir eux-mêmes les moyens de préserver leur culture et de favoriser son développement. L'autonomie gouvernementale permettrait aux Autochtones d'exercer un meilleur contrôle sur les questions qui concernent leur collectivité respective. Elle favoriserait aussi la mise en œuvre de programmes et de services d'éducation, de santé et de soins à l'enfance fondés sur leurs valeurs.

Des ententes sur l'autonomie gouvernementale ont déjà été conclues avec la bande indienne des Sechelts, en Colombie-Britannique, avec les Inuits, les Cris et les Naskapis du Québec de même qu'avec les Premières Nations du Yukon. Les Inuits vivant ailleurs au Canada ont adopté une approche légèrement différente et ont choisi de rester dans la sphère de l'administration publique. Après des décennies de négociations, ils ont obtenu une partie des Territoires du Nord-Ouest, le Nunavut, qui forme dorénavant un nouveau territoire sur lequel ils sont habilités à exercer des pouvoirs administratifs plus larges.

En effet, le 1er avril 1999, le gouvernement canadien a habilité la société Nunavut Tungavik à exercer l'autorité politique au Nunavut (Ervin, 2001). Parmi les éléments clés de l'accord, on retrouve : le transfert des titres de propriété sur un territoire de 350 000 kilomètres carrés (dont 35 000 kilomètres carrés assortis de droits miniers), le droit d'exploiter les ressources fauniques, l'obtention d'une partie des redevances fédérales provenant de l'exploitation du pétrole, du gaz et des mines sur les terres de la Couronne, le droit de négocier avec les entreprises les retombées socioéconomiques de la mise en valeur des ressources non renouvelables, le droit de refuser le déploiement d'activités sportives ou commerciales ainsi que le droit de mettre en œuvre l'autonomie gouvernementale des Inuits du Nunavut.

Le Nunavut est gouverné par une Assemblée territoriale réunissant 19 représentants élus, inuits ou non. En fait, le contrôle de l'Assemblée par les Inuits ne fait pas l'objet d'une disposition constitutionnelle particulière. Le gouvernement regroupe des ministères spécialisés, comme celui du Développement durable, duquel relève l'importante question de l'exploitation des ressources fauniques. Tout aussi important est le ministère de la Culture, de la Langue, des Aînés et des Jeunes, qui a pour objectif de promouvoir la survie de la culture inuite, y compris d'encourager l'utilisation de l'inuktitut en milieu de travail (Ervin, 2001).

Les Inuits du Québec, qui habitent le Nunavik, n'ont pas encore obtenu le même statut politique que les Inuits du Nunavut. Toutefois, en vertu de la Convention de la Baie-James et du Nord québécois (signée en 1975), les Inuits ont obtenu d'administrer certains champs de compétence, notamment en matière d'éducation (*voir l'encadré De la convention de la Baie-James au Plan Nord*). Ainsi, les élèves de la Commission scolaire Kativik du Nord québécois commencent leur éducation scolaire dans leur langue maternelle, l'inuktitut, et ce, jusqu'en troisième année du primaire après quoi ils choisissent le français ou l'anglais comme langue seconde. Aussi, tout au long de leur parcours primaire et secondaire, les élèves bénéficient de cours favorisant un contenu inuit.

LE MAINTIEN DE L'ORDRE ET LES SANCTIONS SOCIALES

Au-delà des systèmes politiques, il existe des règles qui jouent un rôle indéniable dans le maintien de l'ordre public et dans l'application des sanctions infligées aux auteurs de délits. Ces règles ont pour but que les citoyens se comportent de manière acceptable et elles définissent les mesures à prendre dans le cas contraire. Ces règles ne sont pas toujours inscrites dans un système législatif rigide. Même dans les chefferies et les États où il existe un organe autorisé à régir les affaires de la société, ces instances n'interviennent que dans de rares cas de désordre social. La critique d'autrui, la crainte de l'opinion publique ainsi que la peur des châtiments constituent autant de facteurs de prévention des comportements inappropriés.

Les mécanismes de contrôle intériorisés

Les Wapes, en Papouasie-Nouvelle-Guinée, illustrent bien comment les sanctions informelles maintiennent les individus dans le droit chemin. Les Wapes croient que les esprits des ancêtres errent sur les terres de leur clan pour les protéger des intrus et diriger le gibier vers leurs descendants chasseurs (Mitchell, 1973). Ces esprits punissent également ceux qui leur ont fait du tort ou qui en font à leurs descendants. Par exemple, ils empêchent les chasseurs de trouver du gibier ou ils leur font manquer leur tir, les privant ainsi d'une source essentielle de viande. De nos jours, les Wapes chassent avec des fusils, que la collectivité achète pour les confier au seul homme chargé de chasser pour tous. Ses munitions lui sont aussi invariablement fournies par d'autres membres de la collectivité. Lorsque le chasseur rate sa proie, tous croient que c'est parce que le fournisseur des balles, ou un de ses proches parents, s'est disputé avec quelqu'un ou en a lésé un autre. L'esprit de l'ancêtre

de ce dernier s'est donc vengé en dérangeant le chasseur. De même, quand le chasseur n'arrive pas à trouver de gibier, c'est parce que des esprits vengeurs l'ont éloigné de ses proies. Puisqu'il est mandaté par les villageois, le chasseur s'expose aussi à une sanction des esprits pour réparer les torts collectifs de ses congénères.

Pour les Wapes, il importe donc, pour faire une bonne chasse, d'éviter les querelles et de préserver la quiétude dans la collectivité, de façon à ne pas s'attirer les foudres des esprits des ancêtres (*voir le chapitre 9*). Malheureusement, les Wapes, pas plus que n'importe quel groupe humain, ne peuvent compter sur une paix absolue. Aussi, lorsque la chasse est mauvaise, le chasseur attitré doit trouver qui, dans le village, s'est disputé ou a causé du tort à autrui, afin d'apaiser l'esprit concerné. La démarche prend habituellement la forme d'une réunion spéciale au cours de laquelle les méfaits sont confessés. Dans le cas contraire, les individus se lancent des accusations jusqu'à ce que le problème soit résolu. En l'absence de solution, la réunion doit néanmoins se terminer de façon amicale pour éviter de froisser d'autres esprits. Ainsi, le comportement de chacun peut être soumis au jugement public, ce qui incite les villageois à éviter tout acte qui pourrait susciter la réprobation d'autrui.

La préoccupation des Wapes à l'égard des esprits de leurs ancêtres est un bon exemple d'un mécanisme de contrôle intériorisé. Ce mécanisme fait appel à des croyances si profondément ancrées que chacun devient personnellement responsable de sa conduite. Ces convictions peuvent se traduire par la crainte d'un châtiment surnaturel et de représailles divines ou encore, d'un dilemme moral. Ce contrôle culturel s'exerce dans l'esprit de chacun. Le recours à la coercition n'est généralement pas nécessaire.

À titre d'exemple, souvent, les enfants font ce que leurs parents demandent, uniquement pour ne pas leur déplaire et non par crainte d'être punis. Aussi, en classe, la majorité des étudiants suivent les consignes de leur professeur, non parce qu'ils ont peur que ce dernier les fasse échouer, mais bien parce qu'ils ont appris à se conformer à des valeurs collectives liées à la politesse et au respect. Prenons un autre exemple. S'il est bien vu aujourd'hui de recycler le verre, le papier, l'aluminium et le plastique, aucun mécanisme formel de sanctions ne nous y oblige. Or, un nombre sans cesse grandissant d'individus le font par choix. Intérieurement, nos valeurs et nos convictions font en sorte qu'on hésitera à jeter les matières recyclables avec les déchets domestiques, même si cela nous demande un certain effort. Ce qui règle notre conduite, ce n'est pas la crainte d'enfreindre une loi ou d'être châtié, mais bien de répondre à nos convictions personnelles, elles-mêmes introduites et partagées par la collectivité.

Les mécanismes de contrôle extériorisés

Malgré leur efficacité, les mécanismes de contrôle intériorisés ne suffisent pas à eux seuls. Chaque société doit se doter de règles coutumières ou de sanctions visant à encourager le respect des normes sociales, et ce, même dans les systèmes politiques non centralisés tels que les bandes et les tribus. Une **sanction** est un mécanisme de contrôle extériorisé combinant divers moyens de contrôle social et culturel. Selon Radcliffe-Brown (1952), «une sanction est une réaction de la société ou d'un grand nombre de citoyens à un mode de comportement qui est ainsi approuvé (sanction positive) ou réprouvé (sanction négative)».

Les sanctions sont utilisées dans les groupes sociaux de toute taille. Elles régissent les comportements individuels sans même être toujours édictées en lois. Pour être efficaces, les sanctions ne peuvent pas être arbitraires. Elles doivent donc être appliquées de façon cohérente et être connues des membres de la collectivité. «Elles comprennent non seulement les sanctions prescrites par la loi, mais aussi les commérages des voisins, ou alors les conventions concernant les normes de production qu'adoptent spontanément les travailleurs d'une usine. Dans les petites collectivités [...] les sanctions informelles peuvent s'avérer plus sévères que les pénalités prévues par la loi.» (Epstein, 1968, p. 3)

Les sanctions sociales peuvent être négatives ou positives. Les **sanctions positives** sont des mesures d'incitation à la conformité qui prennent des formes aussi variées qu'un large sourire, une accolade, un cadeau, un titre honorifique (capitaine d'une équipe ou chef de classe) ou une reconnaissance sociale (Ordre du Canada, etc.). Les **sanctions négatives** consistent en des peines d'emprisonnement, de châtiment corporel ou d'ostracisme en cas de violation des normes sociales. Même si certains individus ne sont pas convaincus des avantages de la conformité sociale, ils seront quand même plus enclins à se plier aux normes de leur culture, pour éviter la réprobation et les sanctions possibles.

Les **sanctions** peuvent être **officielles** lorsque l'infraction a un caractère juridique ou qu'elle est inscrite dans le code de conduite d'un établissement ou d'un organisme. En Amérique du Nord, un homme qui assiste à une messe vêtu d'un short de tennis peut essuyer diverses sanctions non officielles, qui vont du regard réprobateur du prêtre aux rires des autres paroissiens. En revanche, celui qui se présenterait à l'église nu s'exposerait à une sanction officielle, soit une arrestation pour grossière indécence. Ce n'est que dans ce dernier cas qu'il sera soumis à une sanction officielle, pour avoir enfreint la loi.

Les sanctions officielles sont toujours clairement définies et structurées, parce qu'elles visent à régir de façon précise et explicite le comportement de chacun. L'octroi d'un titre honorifique, la remise d'un prix et la reconnaissance d'un geste héroïque sont des exemples de sanctions positives structurées, alors que l'exclusion de la vie sociale et de ses privilèges, la saisie de biens, l'emprisonnement, voire les mutilations corporelles et la condamnation à mort constituent des sanctions négatives elles aussi structurées.

Les **sanctions non officielles**, souvent plus subtiles en apparence, misent quant à elles sur le contrôle culturel et sont davantage spontanées. Elles se traduisent par des manifestations d'approbation ou de réprobation de la part des membres de la collectivité. On parle ici de moqueries, de commentaires

---

Sanction

Mécanisme externe de contrôle social (d'une société ou d'un groupe) des comportements des individus visant à les encourager à respecter les normes sociales.

Sanctions positives

Réactions d'un groupe donné devant les comportements des individus, visant à leur indiquer qu'ils agissent conformément aux normes sociales. Les sanctions positives peuvent être perçues comme des «récompenses».

Sanctions négatives

Réactions d'un groupe donné devant les comportements des individus, visant à leur indiquer qu'ils n'agissent pas conformément aux normes sociales. Les sanctions négatives peuvent être perçues comme des «punitions».

Sanctions officielles

Réactions clairement définies et structurées d'un groupe devant les comportements des individus.

Sanctions non officielles

Réactions spontanées d'un groupe devant les comportements des individus.

désobligeants, de marginalisation, d'évitement, voire d'exclusion. Elles n'en sont pas moins très efficaces pour assurer le respect de nombreux usages qui peuvent paraître anodins à première vue. En effet, la plupart des individus veulent se sentir acceptés par autrui et sont disposés, pour ce faire, à respecter les règles concernant l'habillement, la façon de manger et la conversation, même en l'absence de lois proprement dites en la matière.

Comme nous l'avons vu au début de ce chapitre, même s'il n'est pas illégal de le faire, peu de gens se mettent spontanément à raconter leurs rêves à des étrangers dans l'autobus. Pour ne pas se ridiculiser

et subir la moquerie d'autrui, on se conforme aux normes établies en respectant les conventions du lieu et de l'époque. Aujourd'hui, par exemple, il est de plus en plus répandu d'apporter avec soi un sac réutilisable pour transporter ses achats. Aucune loi ne nous y oblige, mais le regard des autres peut nous inciter à le faire. Il pourrait même arriver que les adeptes de cette pratique se sentent indisposés en se présentant à la caisse d'un magasin, un jour où ils auraient oublié leur sac. Depuis la nuit des temps, les êtres humains ont appris qu'agir de manière inappropriée en société peut conduire à l'isolement et souvent, cela suffit pour en dissuader la majorité.

Exemple ethnographique

Le duel chanté chez les Inuits

par Nadine Trudeau

Si on connaît bien les moyens de survie des Inuits, tels l'igloo, le kayak et le traîneau à chiens, très efficaces pour affronter les rigueurs extrêmes de l'Arctique, on ignore souvent d'autres éléments tout aussi surprenants de leur organisation sociale. Parmi les rituels méconnus figure le duel chanté. Cette pratique, disparue aujourd'hui, servait à la résolution des conflits entre individus.

LES INUITS, UN PEUPLE SANS ÉTAT, SANS POUVOIR ?

Avant d'analyser ce rite, il faut d'abord comprendre le contexte sociopolitique dans lequel il s'inscrivait. Autrefois, les Inuits formaient un peuple dont l'organisation politique était qualifiée de non centralisée. Tout comme chez les autres groupes de chasseurs-cueilleurs nomades, le pouvoir y était diffus. La plupart du temps, de petits groupes composés de une ou de deux familles nucléaires vivaient et travaillaient ensemble en vue d'assurer leur subsistance. Dans certaines circonstances, les groupes s'élargissaient et nommaient un leader, souvent un bon chasseur ou un chaman réputé. Son pouvoir reposait davantage sur son prestige que sur sa capacité à diriger ou à contraindre les membres de son groupe. Ce leader avait un pouvoir limité puisque, s'il ne répondait pas aux attentes de la bande, il était facilement destitué.

Le duel chanté chez les Inuits constitue un mode de résolution de conflit des plus inusités entre les individus. À l'époque du nomadisme, les opposants entonnaient tour à tour des chants truffés d'insultes à l'endroit de leur adversaire. Des règles très précises devaient être suivies et l'assistance choisissait le vainqueur. Les missionnaires ont banni ce rituel qu'ils jugeaient amoral.

© East Greenland

Dans un tel contexte, où plusieurs y voient à tort de l'anarchie, on peut se demander comment l'ordre était maintenu. Dans cette société, il n'était nullement nécessaire d'exercer un contrôle constant, puisque plusieurs sources de conflit étaient absentes. La population était peu nombreuse et vivait sur un territoire immense. Aussi, la notion de propriété telle qu'on la comprend aujourd'hui n'existait pas. Le territoire n'appartenait à personne, la nourriture et les ressources étaient rigoureusement partagées. De plus, il n'y avait pas d'accumulation de richesse. Seuls les maigres effets personnels (outils, vêtements) appartenaient en propre aux individus, et la convoitise existait peu, car tous étaient capables de les fabriquer. (Saladin D'Anglure, 2002)

COMMENT LES INUITS ÉVITAIENT-ILS LES CONFLITS ?

Tout cela ne signifie pas que les conflits étaient inexistants. Chez les Inuits, le contrôle des individus reposait davantage sur des mécanismes d'intériorisation que sur la coercition. Les enfants étaient très rarement punis et on leur apprenait les règles par l'exemple. On leur enseignait à rester calmes et endurants en cas d'agressions de toutes sortes. Pour les exercer à l'autocontrôle, on utilisait la taquinerie.

Dans la société inuite, soumise aux pressions d'un milieu de vie rigoureux, l'individu devait se soumettre à la « loi » du groupe. Les besoins individuels étaient considérés comme négligeables, alors que ceux de la bande étaient traités en priorité. Même le climat semblait rappeler cette règle : personne ne peut survivre seul sur la banquise. L'opinion publique pesait donc d'un poids énorme pour remettre dans le droit chemin les individus aux comportements fautifs. Malgré cela, les conflits ne pouvaient pas toujours être évités. (Saladin D'Anglure, 2002)

LE MODE DE RÉSOLUTION DES CONFLITS CHEZ LES INUITS

Chez les Inuits, comme dans toute société, les conflits qui éclataient devaient être réglementés ou ritualisés afin qu'ils ne provoquent pas le désordre. Quoi faire dans une société où il n'y avait ni lois officielles ni prison ? On peut s'étonner de constater que le meurtre était parfois toléré en pays inuit, dans la mesure où l'intégrité du groupe n'était pas menacée. Dans la plupart des cas, toutefois, un meurtre brisait l'équilibre déjà précaire des unités familiales. Personne n'avait avantage à prendre à sa charge une veuve ou des orphelins en temps de disette. Sans compter l'escalade de violence et de vengeance que pouvait occasionner le meurtre. On cherchait plutôt à favoriser la réconciliation des opposants.

Quelques rites visaient à canaliser les tensions entre les individus. Certaines pratiques étaient violentes, d'autres moins. Parmi les premières, les combats de boxe et de lutte obligeaient les individus à ritualiser leur désir d'en finir avec un adversaire. On recourait à ces moyens lorsque les autres formules n'avaient pas produit les résultats escomptés. Avant d'en arriver là, on cherchait à régler le conflit de façon pacifique. Si un préjudice était commis au détriment d'un individu ou d'une famille, on cherchait d'abord à obtenir l'aveu public du coupable, puis à réparer la faute commise. Dans le cas d'une offense grave, on pouvait exclure du groupe l'individu fautif, ce qui équivalait souvent à une condamnation à mort dans ce milieu inhospitalier. Toutefois, lorsqu'il s'agissait d'une animosité personnelle ou d'une accusation sans preuve, on recourait à un rite non violent des plus étranges, à la limite du comique aux yeux d'un Occidental : le duel chanté ! (Rouland, 1979 ; Saladin D'Anglure, 2002)

LE DUEL CHANTÉ

Comme son nom l'indique, ce type de joute opposait deux individus qui entonnaient tour à tour des chants. Composés à l'avance ou improvisés, ces chants étaient truffés d'insultes à l'endroit de l'adversaire. Ce rite se pratiquait toujours devant un public, car c'est l'auditoire qui désignait le vainqueur, selon la meilleure prestation entendue. Autrement dit, c'est la meilleure chanson qui gagnait !

À des yeux contemporains, le rite chanté peut paraître inefficace. Pourtant, rien n'était moins anarchique qu'une compétition de chant. Les combattants suivaient des règles précises et prédéfinies. Par exemple, le rythme et les rimes devaient s'harmoniser. Aussi, chacun des opposants chantait à son tour sans être interrompu par l'adversaire, qui devait conserver le silence absolu et ne manifester aucune réaction. Si l'un d'eux s'emportait, il perdait la face, mais aussi la joute.

Les paroles des chansons ne mettaient pas tellement l'accent sur les faits litigieux, mais faisaient plutôt l'étalage des petits ou des gros défauts des opposants. D'ailleurs, le vainqueur du duel n'était pas toujours celui qui était dans son bon droit, mais parfois celui qui était le plus habile à manier un chant. Avec le duel chanté, on cherchait justement à se détourner du conflit, à le sublimer par la moquerie. N'est-ce pas par la taquinerie que les Inuits éduquaient leurs enfants ?

Un autre aspect fondamental de ce rite est son caractère public. Dans une telle joute, le groupe déterminait le vainqueur sans accorder d'importance au litige initial, ce qui rappelait ainsi aux individus leur place au sein de la collectivité. Bien sûr, ces duels permettaient également aux opposants de se défouler, d'apaiser les tensions entre eux. (Rouland, 1979 ; Saladin D'Anglure, 2002)

CONCLUSION

Dans la culture occidentale, la sanction est privilégiée dans la définition du droit, de sorte qu'on a de la difficulté à concevoir qu'une société sans loi ni État puisse fonctionner. Plusieurs y voient là une société qui n'a pas évolué et qui ne sait pas comment régler ses problèmes, mais il faut aborder la question autrement. Dans la société inuite, l'important n'était pas l'application de la règle, mais bien le rétablissement de l'ordre public. On cherchait moins à punir qu'à assurer la paix sociale. On manifestait un souci très puissant d'éviter à tout prix une rupture ou un effritement de la cohésion sociale, indispensable à la survie des individus.

Aujourd'hui encore, même si le duel chanté a disparu, les Inuits cherchent, lors de certains conflits, à échapper aux règles fixées par la société de droit. Au Nunavut, où les Inuits jouissent d'une certaine autonomie politique depuis sa création en 1999, des programmes judiciaires ont vu le jour (Jaccoud, 1995).

Dans les cas de délinquance, de vandalisme, de vol ou de voie de fait mineure, les Inuits cherchent plutôt à mettre les opposants en présence l'un de l'autre, à les laisser exprimer leurs points de vue, à leur faire assumer la responsabilité de leurs actes et à réparer le tort commis, le cas échéant. Ces programmes, également en vigueur dans d'autres groupes autochtones du Canada, gagnent en popularité parce qu'ils correspondent davantage à leur mode traditionnel de résolution de conflit, mais aussi parce qu'ils s'avèrent souvent plus efficaces que des peines d'emprisonnement (Stemple, 2007).

LA LOI COMME OUTIL DE CONTRÔLE SOCIAL

Comme on vient de le constater, dans plusieurs sociétés, l'ordre social est maintenu sans sanctions officielles et sans l'intervention d'une instance spécialisée dans ce domaine. Chez certains peuples, des règles coutumières non écrites prennent force de loi, dans le sens où un code strict entériné par une autorité mandatée pour le faire respecter, réglemente des aspects bien précis de la vie des individus.

Dans certaines sociétés, le système de lois est qualifié d'informel parce qu'il repose entre les mains de responsables que l'on mandate selon les circonstances pour se pencher sur le sort du contrevenant. Dans un tel système informel de justice, des médiateurs plutôt que des juges essaient de rétablir l'ordre menacé par l'infraction commise. Les Nuers, des pasteurs du Soudan, distinguent les infractions qui sont soumises à l'arbitrage d'un médiateur, car elles enfreignent une loi, des infractions moins graves qui relèvent d'une entorse aux droits coutumiers et donc passibles de sanctions non officielles. En cas de meurtre à l'intérieur même d'une tribu, par exemple, un homme, le « chef à peau de léopard », est mandaté pour agir comme intermédiaire entre la famille de la victime et celle du meurtrier, car une loi (même si elle

Offert par Louis Roy

Au sein des États modernes, le rôle de la police est de veiller au respect des lois. Il arrive toutefois que l'armée se substitue au corps policier, comme cela s'est produit au Guatemala dans les années 1980. Depuis le départ des soldats, ce sont maintenant des policiers qui veillent au maintien de l'ordre, comme dans ce marché maya de Solola.

n'est pas écrite) a été enfreinte. Son rôle est de trouver une entente entre les deux parties et de rétablir la paix sociale menacée (Peoples et Bailey, 2012). Dans d'autres pays, le nôtre par exemple, un autre système de lois serait qualifié de formel, car reposant sur un appareil judiciaire permanent dont la fonction est d'appliquer, au besoin, des sanctions négatives officielles.

Qu'est-ce que la loi?

La définition du mot «loi» a été une source de désaccords entre les anthropologues. Malinowski (1951) a fait valoir que la règle de droit se distingue du droit coutumier (donc de la coutume) par le fait «qu'elle définit l'obligation d'une personne et la réclamation légitime d'une autre, qui relèvent non pas de simples motifs psychologiques, mais bien d'un appareil social exécutoire». Autrement dit, les lois constituent des outils de contrôle social parce qu'elles autorisent une autorité à exercer une coercition manifeste, c'est-à-dire à contraindre quelqu'un à se soumettre aux règles de conduite établies et souvent écrites.

Dans la société nord-américaine contemporaine, la coutume veut que les personnes invitées à une réception accueillent à leur tour leurs hôtes dans un avenir plus ou moins rapproché. Les hôtes qui ne reçoivent pas d'invitation en retour peuvent avoir l'impression d'être privés de quelque chose qui leur est dû, mais ils n'ont aucun recours juridique contre les ingrats qui ont consommé à leur table pour 50 $ de nourriture. Si, en revanche, un client quittait un restaurant sans payer, le propriétaire pourrait invoquer la loi et entreprendre un recours.

Certains anthropologues ont déclaré qu'il était impossible – et même peu souhaitable – d'établir une définition précise du mot «loi». Lorsqu'on parle de «la loi», n'a-t-on pas tendance à se rabattre sur la bonne vieille conception occidentale, c'est-à-dire des règles promulguées par un corps législatif et appliquées par les instances judiciaires de l'État? Comment devrait-on qualifier les duels et d'autres types d'intervention pratiqués au sein d'une société, lesquels ne semblent répondre qu'à certains critères de la loi? En définitive, il s'avère toujours fort pertinent de considérer chaque cas dans son contexte culturel. Une définition de base du concept de loi est toutefois utile, au moins à des fins de discussion et de comparaisons interculturelles. Dans cet esprit, on peut définir la loi comme un ensemble de règles officielles (écrites ou non) de comportements obligatoires ou interdits qui définissent les droits et les devoirs des membres d'une société. Son application fait généralement appel à des sanctions négatives tout aussi officielles.

La loi remplit trois fonctions élémentaires. D'abord, elle définit les relations entre les membres d'une culture et détermine le comportement à adopter dans certaines circonstances. La connaissance de la loi permet à chaque personne de connaître ses droits et ses devoirs à l'égard de ses concitoyens. Ensuite, la loi autorise le recours à la coercition pour l'application des sanctions. Dans les sociétés dotées d'un système politique centralisé, ce recours est habituellement une responsabilité du gouvernement et de l'appareil judiciaire. Dans les cultures dépourvues d'un système politique centralisé, le recours à la force peut être accordé directement à la partie lésée. Enfin, la loi sert à redéfinir les relations sociales et à assurer une flexibilité au système. Chaque fois qu'émergent de nouvelles situations, la loi doit déterminer si les règles sont toujours valables et dans quelle mesure il convient de les modifier. Pour être efficace, la loi doit prévoir un certain degré de changement.

La « justice blanche »

Dans la société occidentale, quiconque commet une infraction contre une autre personne s'expose à diverses procédures judiciaires, car un ensemble de lois définissent les droits et les devoirs des citoyens et précisent par écrit les comportements autorisés et ceux qui ne le sont pas. Dans les cas relevant du Code criminel, la préoccupation première est d'établir l'identité du coupable et de le punir, bien plus que d'aider la victime. Le contrevenant sera arrêté, subira un procès devant juge ou jury et, si le crime est d'une certaine gravité, se verra imposer une amende ou une peine de détention. La victime, elle, reçoit rarement un dédommagement ou une indemnité. Au cours de ces démarches, l'accusé défilera devant des policiers, des juges, des jurés et des geôliers qui n'entretiennent aucun lien avec le plaignant ou l'accusé. Parlez-en aux femmes qui portent plainte

Loi

Ensemble de règles officielles (écrites ou non) dictant des comportements obligatoires ou interdits et définissant les droits et les devoirs des membres d'une société. Son application fait généralement appel à des sanctions négatives tout aussi officielles.

pour agression sexuelle et qui doivent, lors du procès de leur agresseur, répondre aux questions soutenues de la défense qui tente de démontrer que leurs comportements suggéraient qu'elles étaient consentantes. Cet appareil judiciaire complexe et plutôt impersonnel doit sembler bien étrange aux yeux des cultures autochtones traditionnelles pour lesquelles il est primordial de s'occuper de la victime et de placer l'agresseur face à ses actes afin de rétablir la cohésion au sein de la collectivité. Une importante étude menée dans le Nord canadien a montré que la «justice blanche» n'était pas appropriée chez les Inuits (Jaccoud, 1995).

Les disparités entre ces deux systèmes judiciaires et le nombre disproportionné d'Autochtones dans les prisons canadiennes ont mené les gouvernements et les chefs des Premières Nations à envisager d'autres procédés judiciaires, comme les cercles de sentence appelés aussi «justice réparatrice». La justice réparatrice part du constat que le comportement criminel est causé principalement par l'aliénation et la marginalisation de certains membres de la société, comme c'est souvent le cas chez les populations autochtones. Les principes de la justice réparatrice sont basés sur la compassion et sur l'idée que toute personne peut contribuer au bien général du groupe. Ainsi, si quelqu'un est aliéné ou marginalisé, c'est à chacun de veiller à ce que cette personne rétablisse une relation harmonieuse avec les autres membres de sa collectivité, mais aussi avec elle-même. Dans le cadre d'un cercle de sentence, l'accusé comparaît devant des représentants de la communauté, qui doivent ensuite décider de son sort, mais tout en privilégiant le rétablissement de la dignité, du mérite et de la responsabilité du délinquant. Cette pratique est de plus en plus répandue, particulièrement dans le Nord canadien.

Les détracteurs des cercles de sentence leur reprochent cependant d'être insuffisamment structurés. Ils craignent également que la collectivité ne pardonne trop facilement aux criminels ou qu'elle ne parvienne pas à appliquer les peines imposées. S'il est vrai qu'il faut se montrer prudent dans l'application de ces formes de justice et qu'il ne faut en aucun cas compromettre la protection et l'intégrité des victimes, il semble que souvent les cercles de sentence réussissent là où les processus légaux habituels échouent (Stemple, 2007). Cette façon de faire où l'on cherche à guérir tant les victimes que les délinquants correspond mieux aux valeurs enracinées dans la vie communautaire autochtone et sont des méthodes de contrôle social dont l'efficacité a été prouvée au fil des générations. Chez nous, les Services parajudiciaires autochtones du Québec (SPAQ) offrent des services-conseils aux Inuits et aux membres des Premières Nations engagés dans le système judiciaire, tout en participant pleinement au développement de solutions de rechange au système euro-canadien.

La criminalité

Les sanctions, judiciaires ou autres, visent à prévenir la violation des normes sociales. Toute personne qui songe à commettre un vol est conscient des risques de se faire appréhender et d'en payer le prix. Pourtant, même la menace de lourdes sanctions n'empêche pas certains individus de violer les règles et de subir, s'ils sont reconnus coupables, les conséquences de leurs actes. Quelle est la nature de la criminalité dans les cultures traditionnelles?

Les États dotés d'un gouvernement central établissent une nette distinction entre les crimes contre l'État et les crimes contre la personne. Un chauffard qui emboutit une autre voiture pourrait être reconnu coupable d'avoir menacé la sécurité publique. Il peut aussi être coupable d'un délit civil pour avoir endommagé l'autre voiture, et le propriétaire de celle-ci pourrait le poursuivre pour obtenir un dédommagement.

Dans les cultures qui échappent à l'autorité d'un gouvernement central, toutes les infractions sont considérées comme des crimes contre la personne, ce qui supprime toute distinction entre un crime et un délit civil. En effet, une querelle entre deux personnes peut fortement troubler l'ordre public, particulièrement au sein d'un petit groupe, où le nombre de belligérants, même s'il est restreint, peut représenter un pourcentage élevé de la population.

En général, les conflits se règlent de l'une ou l'autre façon. Selon la première, les parties en conflit peuvent, à force de discussions et de compromis, conclure une entente mutuellement satisfaisante. Ce type de règlement fait appel à la négociation ou, si un tiers impartial y participe, à la médiation. Dans les bandes et les tribus, le médiateur ne dispose d'aucun pouvoir de coercition et ne peut donc forcer les parties à se plier au règlement conclu. Cependant, comme il jouit d'un grand respect, le médiateur parvient fréquemment à faire appliquer le règlement accepté.

LES RELATIONS AVEC L'EXTÉRIEUR ET LES CONFLITS ARMÉS

Si la saine gestion des questions intérieures est une fonction importante de tout système politique, ce n'est cependant pas la seule. La gestion des relations extérieures ou internationales en est une autre. Elle concerne les relations non seulement entre les États, mais aussi entre les bandes, les clans ou les tribus. Dans un monde idéal, toutes les collectivités humaines entretiendraient des rapports amicaux. En règle générale, l'harmonie est recherchée parce qu'elle s'avère avantageuse en termes économiques, en permettant un approvisionnement en biens et en denrées que l'on ne peut soi-même produire. Il n'est pas étonnant que les Américains se soient attaqués à l'Irak et à l'Afghanistan plutôt qu'à l'Arabie Saoudite dans leur lutte contre Al Quaïda et le terrorisme. Important exportateur de pétrole, où s'approvisionnent largement les Américains, l'Arabie Saoudite, à titre de partenaire économique, a été épargnée, même s'il s'agit du pays d'origine d'Ousama Ben Laden. Comme pour les relations intérieures, la menace ou l'usage de la force peuvent également servir à la gestion des relations extérieures.

Les exemples ne manquent pas pour illustrer la complexité des conflits armés et les nombreux facteurs (économiques, politiques et idéologiques) qui sont en cause. L'émergence des États (en Europe et ailleurs dans le monde) a contribué à une augmentation marquée du nombre de conflits. Jamais l'humanité n'a paru aussi loin de la possibilité d'éliminer la guerre, compte tenu des nombreux conflits armés qui font toujours rage entre pays voisins, mais surtout, actuellement, entre factions opposées à l'intérieur même d'un pays, comme cela s'est produit en République démocratique du Congo et au Soudan récemment.

La lutte contre le terrorisme ajoute une nouvelle dimension à la question des relations avec l'extérieur et des conflits armés. Au lieu de combattre des entités politiques étrangères, les États aux prises avec le terrorisme doivent s'attaquer à des factions politico-religieuses qui menacent leur sécurité intérieure. Le terrorisme vise à intimider une population civile ou à la contraindre à agir contre son gré, à répandre la peur en son sein et à manipuler les gouvernements. Le terrorisme prend la forme d'actes de violence commis contre la personne ou la propriété,

Des femmes afghanes portant la burqa traditionnelle passent ici devant un soldat allemand en patrouille à Kaboul. En février 2003, l'Allemagne figurait parmi les 22 pays membres de la force internationale responsable du maintien de l'ordre dans la capitale afghane.

© Reuters/Corbis

que ce soit des assassinats, des attentats à la bombe ou des détournements d'avion. Les groupes terroristes prétextent habituellement des motivations politiques fondées sur des justifications d'ordre idéologique, religieux ou nationaliste. Comme on le constate tout particulièrement depuis les attentats du 11 septembre 2001, les États réagissent à cette menace par la multiplication des mécanismes de sécurité, la restriction des libertés individuelles et des mouvements transfrontaliers, des frappes préventives contre les États accusés d'abriter ou de soutenir des groupes terroristes.

La guerre en tant que type de conflit n'est pas universelle. Des peuples de diverses régions du monde, tels les Bochimans Ju/'hoansis d'Afrique australe, les Arapesh de Nouvelle-Guinée, les Algonquiens du Canada et les Hopis des États-Unis, ne pratiquent pas la guerre telle qu'on la connaît. Il semble très probable que la guerre soit apparue il y a quelque 10 000 ans, soit depuis l'invention des techniques de production alimentaire et la création d'États centralisés. La guerre a pris des proportions alarmantes au cours des deux derniers siècles, avec l'invention de l'armement moderne mais la violence accrue infligée aux populations civiles. Aujourd'hui, non seulement le nombre des civils mais aussi le nombre des enfants tués par la guerre sont supérieurs au nombre des victimes chez les soldats.

Les chasseurs-cueilleurs ignorent ce qu'est la guerre dans le sens où nous l'entendons de nos jours, bien que la violence se manifeste de façon sporadique chez ces peuples. Parce que les limites territoriales et l'appartenance à tel ou tel groupe ne sont que vaguement définies, un homme qui chasse avec une bande un jour peut fort bien chasser avec une bande voisine le lendemain. Chez les populations peu nombreuses où l'organisation étatique, la propriété privée et les surplus alimentaires sont inexistants, les risques de conflit violent entre deux groupes sont minimes (Knauft, 1991).

L'image du fermier qui laboure paisiblement sa terre peut être trompeuse : c'est en effet dans les sociétés d'agriculteurs et d'éleveurs que la guerre a pris de l'ampleur. Cela s'expliquerait d'abord par le fait qu'une société agricole est plus sujette à la croissance démographique qu'une société de chasseurs-cueilleurs, dont la population demeure toujours bien en deçà de la capacité limite du territoire habité. Non entravée, cette croissance démographique peut provoquer l'épuisement des ressources à la disposition d'un groupe et amener celui-ci à convoiter les

ressources d'un groupe voisin. De plus, l'établissement sur un territoire donné, propre à l'agriculture, rend l'appartenance au groupe plus rigide que chez les chasseurs-cueilleurs.

La disponibilité de terres inoccupées ne suffit pas toujours à éviter le déclenchement d'une guerre. La centralisation du pouvoir politique et la l'accumulation de biens chez les peuples agricoles sont aussi des facteurs susceptibles de mettre le feu aux poudres. Lorsque de tels groupes se sont dotés d'un État, il y a davantage de risques qu'un conflit entre eux dégénère en violence aveugle. Cette violence a atteint des sommets dans les États modernes. En effet, la plupart des guerres qui ont marqué les sociétés décentralisées ont été provoquées par des États en quête d'expansion coloniale (Whitehead et Ferguson, 1993). Lorsqu'ils ont conquis l'Amérique latine, les Espagnols et, dans une moindre mesure, les Portugais (au Brésil) n'y sont pas allés de main morte pour obtenir les matières premières et les pierres précieuses qu'ils convoitaient. Pour atteindre leurs objectifs, les Conquistadores espagnols ont combattu, vaincu et soumis aux travaux forcés les populations autochtones qu'ils ont rencontrées sur leur passage, y compris celles appartenant à de grands empires tel celui des Aztèques (au Mexique) et celui des Incas (au Pérou). En Amérique du Nord, les choses se sont déroulées différemment. Il y a certes eu des affrontements violents et de nombreux morts chez les Autochtones, mais la conquête du territoire s'est surtout faite par le biais de la colonisation. L'occupation graduelle des terres par les colons européens a été d'autant plus facile que la densité démographique des Autochtones était faible.

La volonté de contrôler un territoire et d'accéder à ses ressources est au cœur de plusieurs conflits armés. Lorsque les belligérants possèdent une vision du monde diamétralement opposée, on constate que le rapport que l'on établit avec la nature est révélateur de celui que l'on entretient avec bien des humains. Il semble qu'il n'y ait parfois qu'un pas à franchir pour qu'un groupe passe de la domination de la nature à l'exploitation d'un groupe d'individus pour son propre bénéfice. De façon générale, les chasseurs-cueilleurs qu'ont rencontrés les Européens en arrivant en Amérique du Nord jugeaient nécessaire de respecter la nature et de demeurer en harmonie avec celle-ci (*voir le chapitre 4*). Les Abénakis croyaient que les animaux, comme les humains, étaient dotés d'un corps et d'un esprit. Cette conception égalitaire tranche avec la vision du monde qui prévalait chez les Européens, agriculteurs, à l'époque de leur conquête de l'Amérique. Dans une telle optique, pour les Innus du Labrador :

> [...] la colonisation et la conquête sont vues comme des accrocs à l'ordre naturel, car elles violent le principe selon lequel chacun a son propre territoire et doit s'en tenir au sien [...]. L'hospitalité et la générosité sont d'importantes valeurs sociales chez les Innus, mais les étrangers doivent être conscients de leur statut d'invités. Aux yeux des Innus, les descendants des Européens [...] sont des visiteurs qui se sont mal conduits. (Mailhot, 1993)

Les Dani de l'Irian Jaya en Indonésie, ont longtemps pratiqué la guerre rituelle qui devait respecter des règles strictes. Cette guerre se faisait selon des modalités fort différentes de celles auxquelles nous sommes habitués. Pour éviter qu'il y ait trop de morts chez leurs adversaires, aucun guerrier ne mettait de plumes à ses flèches afin d'éviter qu'elles aient une trajectoire trop droite. On n'attaquait jamais la nuit et on n'incendiait jamais les maisons.

Les Abénakis et les Innus-Montagnais ne convoitaient pas vraiment les ressources d'autrui, car ils étaient loin d'utiliser la capacité limite de leur propre territoire. Leurs voisins iroquois, en revanche, pratiquaient l'horticulture et se lançaient périodiquement dans des guerres. Des indices archéologiques suggèrent une forte dégradation de leur milieu, attribuable à une surexploitation des ressources. Si les Iroquois allaient aussi en guerre pour remplacer les hommes perdus lors d'affrontements précédents, ils le faisaient d'abord et avant tout pour établir leur domination sur un vaste territoire. En outre, les Iroquois demandaient aux groupes vaincus de leur verser un tribut, lequel, en plus de leur donner une protection, contribuait sans doute à compenser l'épuisement de leurs propres ressources. Le prix de la protection ne se limitait toutefois pas à ce tribut, car les groupes soumis devaient également accorder aux Iroquois un droit de passage sur leurs terres et mettre à leur disposition de jeunes hommes en vue des prochaines guerres.

Faits de société

De la convention de la Baie-James au Plan Nord

par Louis Roy

Quelque 16 000 Cris vivent à l'est et au sud-est de la baie James, dans le Nord québécois. En plus d'occuper des emplois rémunérés, les Cris pêchent et chassent le petit gibier, l'oie, l'orignal et le castor sur un territoire d'environ 380 000 kilomètres carrés. Ils ont toujours cultivé une relation particulière avec le territoire et ses ressources. Cette relation est en partie préservée par le maintien du système traditionnel de répartition des territoires de chasse et de pêche. Ces terres, qui sont sous la responsabilité de maîtres de chasse, ne peuvent être ni vendues ni achetées. Malgré la pression qu'exercent les projets de développement sur la faune et la flore de leur territoire, les Cris sont longtemps parvenus à garder un équilibre entre les ressources et la chasse. Dans les années 1970, cet équilibre a malheureusement été compromis lorsque le gouvernement du Québec a entrepris, sans consultation publique préalable, la mise en œuvre d'un vaste projet hydroélectrique sur leur territoire ancestral (Feit, 1999 et 2004).

De 1973 à 1978, l'anthropologue Harvey A. Feit a agi comme conseiller auprès des Cris. Avec son aide, l'opposition de ces derniers à l'exploitation massive des ressources naturelles de leur territoire a mené à la négociation de la première entente moderne, soit la Convention de la Baie-James et du Nord québécois. Cette convention constituait à l'époque l'un des règlements de revendications foncières les plus progressistes au Canada. Elle reconnaît les droits de chasse des Cris et leur compétence en matière d'éducation, de santé, de services sociaux, de maintien de l'ordre, de logement et de gestion municipale. Elle leur garantit des programmes de revenus (comme le Programme de sécurité du revenu pour les chasseurs et piégeurs cris) et leur donne voix au chapitre concernant les projets de développement et la gestion de l'environnement. L'issue de cette négociation témoigne du pouvoir que les groupes autochtones peuvent exercer sur les sociétés et les gouvernements centralisés lorsqu'ils s'appuient sur des études anthropologiques (Feit, 1999 et 2004).

Depuis cette époque, les Cris du Québec ont acquis un plus grand poids politique et le gouvernement ne pourrait plus penser réaliser des projets de développement économique sans compter sur un minimum d'appui des communautés autochtones concernées. La Paix des Braves signée en 2002 entre le gouvernement provincial et le Grand Conseil des Cris du Québec en est un exemple. En effet, cette entente qui porte sur la mise en valeur des ressources du Nord québécois constitue un engagement formel à associer les Cris à tous les projets de développement sur leur territoire et a été approuvée par voie de référendum par la majorité de la population crie. Dix ans après sa signature, la Paix des Braves aurait contribué à consolider la relance économique de cette nation, amorcée depuis les années 1980. Les Cris de la baie James reçoivent maintenant un revenu personnel comparable à celui de nombreux Québécois, grâce notamment aux contrats d'Hydro-Québec (Dubuc, 2011). Du chemin reste cependant à faire: «La moitié de la population crie âgée de 15 ans et plus n'a pas de diplôme d'études secondaires. L'occurrence de problèmes de santé comme le diabète y est élevée. Il y a pénurie de logements. La distribution de la richesse reste inéquitable. Le taux de familles en situation de faible revenu est près de trois fois plus élevé que dans l'ensemble du Québec.» (Dubuc, 2011)

Le Plan Nord annoncé en 2011 par un gouvernement provincial subséquent et qui vise la poursuite et l'encadrement de l'exploitation des ressources au nord du 49e parallèle, ne fait pas autant l'unanimité dans les populations autochtones. Le Grand Conseil des Cris s'est montré favorable à ce plan pour lequel il se sent partenaire, en vertu surtout des ententes conclues lors de la Paix des Braves. «À l'époque, Québec annonçait des projets sans nous consulter. Désormais, nous sommes partenaires et nous apportons notre contribution», a résumé le chef Matthew Coon Come (Lessard, 2011). Faisant écho à l'opposition des environnementalistes, des voix discordantes se sont cependant fait entendre. Ghislain Picard (2011), chef de l'Assemblée des Premières Nations du Québec et du Labrador, estime que le gouvernement a fait fi de ses obligations de consulter et de négocier avec les communautés autochtones, notamment avec les Innus-Montagnais, une nation de 16 000 personnes concentrée sur la Côte-Nord. Ces derniers se sentent laissés pour compte dans ce projet. Selon Armand Mackenzie, leur conseiller juridique, il n'y aurait pas eu de discussion de fond avec Québec. «La question territoriale n'est pas réglée après 40 ans de discussions. Les Inuits ont des investissements financiers tangibles, mais nous, on n'a pas ça... On veut le même pendant en termes économiques ou politiques que ce qui a été accordé aux Cris et aux Inuits» (Lessard, 2011).

LE POLITIQUE ET LA RELIGION

Parfois, la politique entretient aussi des liens étroits avec la religion. Dans toutes les sociétés, industrialisées ou non, les croyances d'ordre surnaturel se reflètent d'une manière ou d'une autre dans l'organisation politique. Il arrive, par exemple, que les croyances religieuses influencent les lois : les actes considérés comme des péchés, par exemple l'inceste, sont illégaux. Fréquemment, la religion légitime aussi l'ordre politique, en lui conférant une autorité surnaturelle. L'Europe médiévale offre un bel exemple de l'effet de la religion sur le politique. À l'époque, les rois se présentaient parfois comme les représentants de Dieu sur terre. De simples vétilles suffisaient alors à déclencher une guerre sainte.

Dans l'Amérique précolombienne, les Empires aztèque et maya étaient de très puissantes théocraties (c'est-à-dire des États religieux). Dans ces empires, le roi se réclamait d'une filiation avec des divinités et les prêtres faisaient partie de la classe dirigeante. Au Pérou, l'empereur inca assoyait son autorité absolue sur sa filiation proclamée avec le Dieu-Soleil. Plus récemment, certains États ont utilisé la religion pour asseoir leur autorité. L'Iran, par exemple, s'est déclaré «république islamique» et son gouvernement intègre des principes religieux dans l'application de certains règlements. Ainsi, en dépit de la Constitution qui protège la liberté de religion dans ce pays, le gouvernement a décidé, en 2009, que tous les enfants scolarisés devaient suivre l'enseignement coranique. L'intégrisme religieux que l'on associe volontiers à des pays totalitaires semble vouloir emprunter d'autres avenues. Par exemple en Tunisie, les résultats des premières élections démocratiques après le «printemps arabe» de 2011 ont de quoi surprendre. Neuf mois après le renversement de leur gouvernement lors de cet évènement, les Tunisiens ont voté, en octobre 2011, pour le parti islamiste Ennahda qui souhaite décriminaliser la polygamie. Ce pays où l'égalité des hommes et des femmes était un acquis ne risque-t-il pas, selon les craintes de plusieurs, de revenir à une situation pire que celle qui prévalait sous la dictature de Ben Ali ? Bien que le nouveau parti islamiste tunisien tente de calmer les inquiétudes et jure qu'il ne brimera pas le droit des femmes, seul l'avenir pourra le confirmer... (Halimi, 2011)

La crainte que peut représenter le fait de ne pas se conformer aux principes de sa religion incite les fervents à accorder du pouvoir aux individus qui s'en font les porte-parole. Les notions du bien et du mal, présentes dans toutes les croyances, constituent un puissant agent de contrôle social. Chez les Zandés du Soudan, la croyance en la sorcellerie fait en sorte qu'une personne hésitera à offenser son voisin si celui-ci est reconnu comme pouvant utiliser la magie noire pour se venger (Evans-Pritchard, 1937). Au Québec, ce type de sanction, jadis important en raison de l'emprise qu'exerçait l'Église catholique, est aujourd'hui tombé en désuétude. La croyance qui voulait qu'on se comporte bien pour ne pas «finir en enfer» s'est effritée en même temps que le pouvoir accordé aux représentants de «Dieu».

Aux États-Unis, on assiste depuis 25 ans à une exacerbation du facteur religieux et à son empiètement sur le politique. Encore aujourd'hui, les fondamentalistes religieux dont font partie les quelque 80 millions de *Born Again Christians* américains cherchent à exercer une influence sur la vie politique de leur pays. Dans les États du Sud, tout particulièrement, l'activisme des «militants de la Bible» est plus manifeste que jamais (Fath, 2004). Peu après l'élection de 2000, George W. Bush a ainsi affirmé que c'est Jésus qui l'avait choisi comme président. En février 2003, il a déclaré : «On ne peut être président de ce pays sans croire en Dieu et sans être convaincu que nous formons une seule nation sous l'ordre de Dieu» (Denoncourt, 2004). Le récent essor du Tea Party, un mouvement politique dont les adeptes sont des républicains ultraconservateurs, essentiellement blancs et fervents chrétiens, illustre que de nombreux Américains souhaitent que la religion retrouve sa place au gouvernement, place qu'ils jugent insuffisante depuis l'élection de Barak Obama (Clement et Green, 2011). Certains des slogans invoqués sur les bannières lors des rassemblements du Tea Party sont évocateurs. L'un d'entre eux, *Not my God*, en parlant du président Obama, démontre sans équivoque le caractère sacré que certains confèrent à la présidence américaine.

Même si Barak Obama se fait plus discret que son prédécesseur, George W. Bush sur ce sujet, ce lien entre la religion et la classe politique n'est pas sans conséquence sur les affaires de l'État. «Aux États-Unis, les attitudes religieuses ont plus d'influence sur les choix politiques que dans n'importe quelle autre démocratie occidentale. L'engagement religieux / moral de la droite chrétienne polarise les États-Unis, ce qui a des conséquences sur le plan électoral mais aussi sur les choix politiques réels.» (Braml, 2011) En octobre 2011, Mitt Romney, l'un des candidats républicains pour la présidentielle

Offert par Louis Roy

Aux États-Unis, comme dans certains pays musulmans, la religion et la politique sont inextricablement liées. Dans certains États américains, on voit fréquemment de simples citoyens afficher leurs couleurs en appliquant de tels autocollants sur leur voiture.

de 2012, déclarait que Dieu n'avait pas créé les États-Unis pour être une nation de suiveurs. À ce titre, il promettait de faire ce qu'il fallait pour déployer une diplomatie «plus musclée» afin de «dominer le monde» et de faire respecter la volonté divine. En août 2011, un rival républicain inquiet, Jon Huntsman, mettait en garde les conservateurs de son parti contre le «grave problème» que pouvait constituer un rejet des théories scientifiques, au nom de la religion. Il faut rappeler que quelques jours avant, un autre candidat, Rick Perry, avait expliqué à un jeune garçon que la théorie de l'évolution était une théorie parmi d'autres ayant beaucoup de failles et qu'au Texas (dont il était le gouverneur), on enseigne à la fois le créationnisme et la théorie de l'évolution à l'école (Agence France Presse, 2011). Faut-il alors se surprendre de la popularité croissante du créationnisme et du dessein intelligent chez nos voisins du sud (*voir le chapitre 2*)?

Sans tomber dans le même excès, les conservateurs de Stephen Harper n'échappent pas à la tentation de rapprocher le politique et le religieux (McDonald, 2010). Plusieurs considèrent qu'ils vont trop loin et que leur gouvernance est influencée par leurs convictions chrétiennes. En effet, en mars 2009, des députés conservateurs se sont opposés à ce que la Chambre des communes souligne l'importance de la théorie de l'évolution. À l'époque, il n'était pas clair si le ministre des Sciences et de la Technologie adhérait aux principes établis par la théorie de la sélection naturelle de Darwin (*voir le chapitre 2*). «Je suis chrétien et je ne crois pas que ce soit approprié de me poser une question sur ma religion», avait-il alors répondu à un journaliste souhaitant le voir clarifier son point de vue (Beauchemin, 2009). Les positions

de certains députés conservateurs sur l'avortement, l'usage de contraceptifs ou la reconnaissance pour les conjoints de même sexe seraient aussi, selon certains observateurs, directement issues de leur foi et non pas simplement de leurs valeurs. Une simple anecdote illustre bien la nature du phénomène:

Taïwan, janvier 2011. Christine Smith (nom fictif) est à bord d'un avion quand soudainement elle se sent mal. La députée libérale fédérale est allergique aux fruits de mer et elle a mangé plus tôt dans un restaurant où flottait une forte odeur de poisson. Pourtant, ce n'est pas tant le choc anaphylactique de leur collègue qui ébranle les autres députés présents que la réaction des trois élus conservateurs. Non, Mark Warawa, Jeffrey Watson et Blaine Calkins n'ont pas prodigué des soins médicaux. Ils se sont plutôt approchés de la malade, se sont agenouillés, ont apposé leurs mains sur sa tête et ont... entamé des incantations et des prières. (Buzzeti, 2011)

Après avoir eu longtemps ses entrées au sein du parlement, principalement à l'époque de Maurice Duplessis, le clergé catholique est aujourd'hui tenu à distance par le gouvernement québécois. Pour l'instant, sur la scène provinciale, le Québec échappe donc à ce mouvement de retour de la religion dans les affaires de l'État et les instances du pouvoir. Ce qui, comme on vient de le voir, n'est certainement pas le cas à Ottawa où les conservateurs ont reçu un appui massif de la droite religieuse aux élections du printemps 2011.

Au Québec, la «rencontre» entre le religieux et le politique s'est récemment déplacée sur un autre front. Dans la foulée de la controverse entourant les accommodements raisonnables (*voir l'encadré de la page suivante*), c'est la présence des symboles religieux dans l'espace public et dans les services gouvernementaux qui suscite la polémique. En 2010, un sondage démontrait que les Québécois interrogés étaient divisés sur la question. Près de 50 % des répondants estimaient que les personnes affichant des symboles religieux ne devaient pas pouvoir travailler dans les hôpitaux ou les écoles, mais 45,6 % affirmaient le contraire. Fait à noter, francophones et anglophones du Québec ne partageaient pas la même opinion : 73 % des anglophones estimaient que les symboles religieux pouvaient faire partie des espaces publics. Selon le même sondage, 75 % des Québécois s'opposaient à l'idée que des jeunes filles musulmanes portent le hijab (voile couvrant les cheveux, les oreilles et le cou) dans les écoles publiques. On ne s'étonne pas alors d'apprendre que l'afflux croissant de non-chrétiens était considéré comme une menace à la culture québécoise par 54 % des répondants francophones et par seulement 30 % des anglophones (Thompson, 2010).

Contrairement au modèle français traditionnel qui ne tolère aucun symbole religieux dans les institutions publiques, au Québec, l'État demeure ouvert aux accommodements. Avec son projet de loi 94, le gouvernement québécois confirme son caractère laïque (donc indépendant de toutes confessions religieuses), mais tout en se montrant ouvert à la diversité religieuse. C'est pourquoi on parle de « laïcité ouverte ». En ce sens, le Québec ne va pas aussi loin que la France, qui a banni de l'école publique tous les signes religieux depuis le milieu des années 1990 et qui, depuis avril 2011, interdit à quiconque de circuler sur la place publique vêtu d'une tenue destinée à dissimuler le visage. Au Québec, le port de signes religieux en public, ainsi que chez les fonctionnaires ou les représentants de l'État, ne sera pas

interdit ; avocats, policiers, gardiens de prison ou éducatrices dans les centres de la petite enfance continueront d'avoir le droit d'en porter. Cependant, les relations entre l'État et les usagers des services publics devront se dérouler à « visage découvert », tant pour la personne qui livre les services que pour celle qui les reçoit. Dans ce contexte, les très rares Québécoises à porter un voile intégral, comme la burqa ou le niqab, pourront circuler sur la rue, mais devront dévoiler leur visage pour obtenir des services à l'hôpital ou à l'école, par exemple. Alors que certains y voient l'ébauche de balises acceptables, d'autres, comme la Commission des droits de la personne, y perçoivent un signe d'intolérance à l'égard de la diversité religieuse et de l'islam en particulier (Journet, 2011). Une femme portant le voile intégral ne pourrait obtenir de services gouvernementaux, mais les enseignants, les fonctionnaires ou les infirmières pourront sans problème porter le voile, le turban sikh, le crucifix ou la kippa (calotte juive). Quoi qu'il advienne de ce projet de loi, les observations de la politologue et féministe Wendy Brown invitent à la réflexion :

On dit qu'on impose ce genre d'interdiction pour maintenir l'égalité entre les hommes et les femmes, pour des raisons de sécurité, parce qu'on veut voir le visage de la personne à qui l'on parle, parce qu'on veut émanciper les femmes qui sont dans les griffes de religions que l'on juge rétrogrades. Mais quand on a autant de raisons différentes pour imposer une interdiction, je crois qu'il faut se demander s'il n'y a pas une question plus profonde d'anxiété ou d'hostilité à l'égard d'une autre culture cachée derrière. (Perreault, 2010)

Au Québec en 2010, deux femmes portant le niqab (voile couvrant le visage sauf les yeux), qui s'entendaient bien avec leurs collègues de classe, ont été expulsées de leur cours de français, parce qu'elles refusaient de dévoiler leur visage. L'une d'elles faisait équipe avec des hommes pour ses travaux. Elle n'avait jamais fait de demande d'accommodement en classe. « J'ai eu le cœur brisé. J'aimais mes cours de français et j'aimais mon école », a dit l'étudiante âgée de 25 ans. Pour elle, enlever son voile aurait été comme « se déshabiller ». Ici, un groupe de femmes opposées au projet de loi 94, manifestait dans les rues de Montréal.

© La Presse canadienne / Peter McCabe

Faits de société

Les accommodements raisonnables

par Louis Roy et Élise Massicotte

Longtemps méconnue, la notion d'accommodement raisonnable défraie l'actualité depuis 2006. Au nombre des décisions ayant d'abord attiré l'attention, on trouve l'autorisation accordée à un jeune sikh de porter son kirpan (dague à lame recourbée) à l'école, et l'obligation, pour l'École de technologie supérieure de Montréal, d'offrir aux étudiants musulmans un local pour la prière. Devenue objet de discorde, cette question heurte la sensibilité de nombreux Québécois, insatisfaits de voir des immigrants afficher aussi ouvertement leur foi et des symboles religieux. Dans certains milieux, elle suscite des inquiétudes et déchaîne les passions. Que des immigrants puissent bénéficier de passe-droits en raison de leur religion ou de leur culture déplaît à plusieurs. «C'est bien beau les accommodements raisonnables, mais moi, dans tout ça, je ne me sens pas du tout respecté par les immigrants qui veulent faire régresser le Québec», peut-on désormais entendre (Girard, 2007). Comme dans le cas du projet de loi 94, ce dont il est question dans le présent chapitre, c'est du maintien du caractère laïque de la société québécoise.

L'AFFAIRE HÉROUXVILLE

Après avoir défrayé les manchettes en 2006, la question des accommodements raisonnables a refait surface en janvier 2007, quand la municipalité de Hérouxville, en Mauricie, a adopté un code de vie destiné à provoquer l'opinion publique et à faire comprendre aux immigrants qu'ils ne pourront s'y établir qu'à condition de se comporter en «véritables Québécois». Pour André Drouin, conseiller municipal, il n'y a rien de plus normal que d'informer les immigrants au sujet de nos us et coutumes: «Il faut s'assurer que les gens qui viennent ici veulent vivre comme nous. Les musulmans qui voulaient imposer la charia, s'ils avaient su qu'ici on ne lapide pas des femmes, ils ne seraient peut-être pas venus» (Gagnon, 2007). Voici quelques extraits des normes de conduite désormais en vigueur dans cette municipalité:

> Nous écoutons de la musique et nous buvons des boissons alcoolisées dans les lieux publics ou privés, nous dansons et, vers la fin de chaque année civile, nous décorons, individuellement ou collectivement, un sapin ou une épinette avec des boules et quelques lumières. C'est ce que nous appelons communément décorations de Noël ou arbres de Noël. Nous considérons que les hommes et les femmes ont la même valeur. À cet effet, une femme peut, entre autres: conduire une voiture, voter librement, signer des chèques, danser, décider par elle-même. En conséquence, nous considérons comme hors normes le fait de tuer les femmes par lapidation sur la place publique ou en les faisant brûler vives avec de l'acide, ou de les exciser. Il est aussi à propos de se montrer à visage découvert, en tout temps, dans les lieux publics, pour faciliter l'identification. La seule exception possible à cette règle se produit à l'Halloween. (Gagnon, 2007)

La plupart des normes énoncées dans ce texte sont fondées sur de malheureux stéréotypes. À la lecture de ce document, on est porté à croire que la majorité des immigrants sont issus de cultures et de religions où on encourage de telles pratiques. Or, il n'en n'est rien; immoler, vitrioler ou lapider une femme n'est chose courante dans aucun pays du monde et n'existe pas du tout dans la vaste majorité des pays d'où viennent les immigrants. La démarche effectuée à Hérouxville et les appuis qu'elle a reçus reposent davantage sur l'ignorance que sur l'intolérance ou le racisme.

L'OBLIGATION D'ACCOMMODEMENT RAISONNABLE

L'obligation d'accommodement raisonnable a fait son apparition dans le droit canadien et québécois au milieu des années 1980. Lorsqu'un règlement, une norme ou une situation ont un effet préjudiciable pour une personne ou un groupe de personnes, la Charte des droits et libertés de la personne peut obliger l'État, un individu ou une entreprise privée à rechercher un moyen d'éliminer les conséquences de cet effet. On parle ici d'un pouvoir de contrainte et de l'obligation de respecter une loi. Rechercher ne signifie pas se plier sans restriction à ce qui a été demandé: la démarche vise surtout à permettre à toutes les personnes

❯

directement concernées de parvenir à une entente mutuellement satisfaisante. Comme son nom l'indique, l'obligation d'accommodement n'est pas illimitée ; elle doit demeurer raisonnable.

Cette obligation d'accommodement est maintenant jugée inhérente au droit à l'égalité. Elle s'applique aux 14 motifs de discrimination prévus par la Charte des droits et libertés : la « race », la couleur de la peau, le sexe, la grossesse, l'orientation sexuelle, l'état civil, l'âge (sauf les exceptions prévues par la loi), la religion, les convictions politiques, la langue, l'origine ethnique ou nationale, la condition sociale, le handicap ou l'utilisation d'un moyen pour pallier ce handicap.

Au Québec comme ailleurs, l'immigration pose de nombreux défis. L'arrivée de personnes d'origine étrangère soulève notamment la question de leur intégration. À l'occasion, les traditions et les valeurs des nouveaux venus se heurtent aux normes communément acceptées par la société québécoise.

> Alors que la France a voté en faveur d'une loi interdisant tout signe religieux ostensible à l'école publique au nom de la laïcité, la Commission des droits de la personne et de la jeunesse au Québec a conclu, dans les années 1990, à l'obligation d'accueillir les jeunes filles musulmanes dans la mesure où cette liberté d'expression religieuse n'entraînait pas de « contrainte excessive » en termes de sécurité. (Gagnon et Jézéquel, 2004)

Au même titre que les homosexuels, les femmes enceintes ou les personnes handicapées, les communautés ethniques du Québec et du Canada peuvent donc espérer obtenir des accommodements, c'est-à-dire des modifications ou des ajustements aux règles applicables à la majorité. Pour les organismes publics et les entreprises privées, le défi est d'adapter leurs normes et leurs politiques aux croyances et aux pratiques religieuses lorsque les unes et les autres entrent en conflit (Woehrling, 1998). La règle est claire : lorsque les bienfaits pour une minorité sont plus prononcés que les torts causés à la collectivité, il y a obligation d'accommodement (Perreault, 2004).

© Patrick Sansfaçon/*La Presse*

Depuis que la Cour suprême du Canada a autorisé Gurbaj Singh Multani (à droite) à porter son kirpan à l'école, à condition qu'il ne sorte pas de son fourreau de bois placé à l'intérieur d'un sac d'étoffe cousu de manière à ne pouvoir être ouvert, les médias s'intéressent aux « accommodements ». Dans le sikhisme, ce ne sont pas tous les jeunes hommes qui sont autorisés à porter le kirpan. Avant de le faire, ils doivent démontrer leur maturité. Or, à l'époque, un reportage diffusé dans le cadre de l'émission *Infoman*, avait montré qu'un jeune Québécois de 14 ans pouvait sans difficulté se procurer une arme blanche dans certains magasins, comme Canadian Tire…

Au nom des accommodements raisonnables, on ne peut toutefois prétendre obtenir tout ce que l'on désire. À Outremont, des juifs orthodoxes ont eu le droit de bâtir une *sukkah* sur le balcon de leur condo pour souligner une fête religieuse, et ce, même s'ils ont signé un contrat de vente qui l'interdisait, car cette «cabane» rituelle ne reste présente qu'une semaine. Dans l'Ouest canadien, des chrétiens intégristes qui voulaient soustraire leurs enfants aux cours de science à l'école ont, en revanche, essuyé un revers (Perreault, 2004). «De la même manière, les tribunaux vont obliger les employeurs à donner congé à leurs employés pendant certaines fêtes religieuses, mais refuseraient que quelqu'un demande congé tous les lundis et mardis» (Perreault, 2004).

La justification de ces accommodements s'inscrit dans la politique québécoise d'intégration, qui rend solidairement responsables la société d'accueil et les immigrants. Pour les tribunaux, l'employé ou la personne victime de discrimination doit aussi faire des concessions pour trouver un accommodement qui soit juste. «La promesse de ces adaptations réciproques est qu'à long terme l'immigrant développe progressivement un sentiment d'appartenance à la société d'accueil» (Gagnon et Jézéquel, 2004). L'objectif est de permettre à tous d'accéder au domaine public, plutôt que de demeurer à l'écart, chez soi. Parce qu'elles peuvent porter le hidjab à l'école, les jeunes Québécoises qui pratiquent l'islam ont la possibilité de se faire des amies à l'extérieur de leur communauté et de se familiariser avec des valeurs parfois différentes des leurs. Parce que les responsables des piscines de Montréal ont réservé des heures à l'usage exclusif des femmes, des musulmanes et des juives ont été amenées à se côtoyer:

> En ciblant ainsi des personnes très identifiables en raison des signes extérieurs de leur foi, les tenants de l'orthodoxie culturelle canadienne-française font eux-mêmes obstacle à une adaptation en douceur des minorités religieuses à nos valeurs civiques et bloquent de ce fait la voie à un dialogue qui permettrait une compréhension mutuelle des attentes de chacun. (Anctil, 2006)

L'HYPERMÉDIATISATION

Au Québec, l'espace médiatique occupé par la question des accommodements raisonnables laisse croire que les immigrants peuvent bénéficier de faveurs. Selon Marie McAndrew, titulaire de la Chaire en relations ethniques de l'Université de Montréal, cette méprise est principalement attribuable à l'hypermédiatisation des quelques cas d'accommodements consentis (Perreault, 2007). Après une année de consultations, les commissaires de la Commission de consultation sur les pratiques d'accommodements reliées aux différences culturelles ont conclu «que les fondements de la vie collective au Québec ne se trouvent pas dans une situation critique» (Bouchard et Taylor, 2008, p.13). Au cours des dernières années, contrairement à la croyance populaire, aucune hausse importante ou soudaine des accommodements consentis dans les institutions publiques n'a en effet été enregistrée. Le Québec n'aurait donc pas vécu de crise d'accommodements raisonnables, mais bien une crise de perceptions essentiellement attribuable à l'emballement médiatique et au phénomène de la rumeur. «Dans 21 cas d'accommodements parmi les plus médiatisés et ayant contribué à la controverse, 15 cas ont fait l'objet d'une distorsion manifeste» (Touzin, 2008). Avides d'histoires croustillantes, les médias ont cédé au sensationnalisme et confondu accommodements raisonnables et ajustements volontaires. En partie responsables de certains dérapages, ils auraient manqué à leurs obligations, en accentuant les stéréotypes et en creusant les clivages entre «Nous» et les «Autres» (Baillargeon, 2008). «Pour une majorité de cas ayant soulevé la controverse, nous avons donc constaté des distorsions importantes entre les faits et les perceptions» (Bouchard et Taylor, 2008, p. 21). Il n'y aurait vraisemblablement pas eu de crise si les faits avaient été rapportés plus correctement.

«Non, la certification casher ne coûte pas des millions aux Québécois. Non, des musulmans n'ont pas embêté des clients d'une cabane à sucre» (Boisvert, 2008). Largement médiatisé au printemps 2007, ce dernier cas illustre à merveille la crédulité du public à l'époque. Convaincues par un malheureux article que des musulmans avaient osé «s'attaquer» aux traditions québécoises en exigeant un repas sans porc à la cabane à sucre et le droit de prier dans une salle de danse, de nombreuses personnes se sont indignées. Or, contrairement à ce qu'avait alors évoqué le *Journal de Montréal*, le propriétaire de la cabane à sucre n'a pas mis fin à une fête «de Québécois» pour permettre à des «musulmans» de prier en public. À quelques exceptions près, les clients présents sont unanimes. Le tout s'est fait de manière respectueuse. Ce que la journaliste n'a pas rapporté, c'est que le restaurateur avait au préalable convenu d'une entente avec les représentants du groupe.

Il s'agissait d'une décision commerciale, donc d'un ajustement volontaire, et non pas d'un accommodement raisonnable. Autorisés à prier dans la salle privée qu'ils avaient réservée longtemps d'avance, lesdits clients avaient aussi droit, comme les végétariens qui en font la demande, à un menu sans porc. Ce qu'il faut aussi savoir, c'est que l'incident est uniquement survenu parce que les membres du groupe ont gentiment accepté de céder leur salle privée à la clientèle «québécoise» très nombreuse cette journée-là. Faute d'espace privé pour prier, quelques-uns d'entre eux (et non la majorité), ont été autorisés à le faire sur la piste de danse, à ce moment-là occupée uniquement par quelques jeunes enfants. (Rioux et Bourgeoys, 2008)

Contrairement à la croyance populaire, seule une infime minorité de citoyens désire bénéficier d'accommodements. Dans la plupart des cas, il s'agit d'ententes de gré à gré entre les deux parties, donc d'ajustements volontaires. Au cours des dernières années, le nombre moyen de véritables demandes acheminées à la Commission des droits de la personne est demeuré bas. Il est intéressant de noter que la majorité de ces demandes ne proviennent pas de personnes immigrantes, mais de Québécois de longue date qui ont adhéré à un mouvement religieux, comme les Témoins de Jéhovah. Selon toute vraisemblance, il n'y a donc pas de laxisme de la part des autorités, mais plutôt un immense malentendu sur l'ampleur du phénomène. En plus d'avoir formulé 37 recommandations, les conclusions de la commission Bouchard-Taylor sont claires. Le rapport prône une laïcité ouverte et rappelle l'importance de l'interculturalisme (*voir le chapitre 11*).

«Comme toutes les démocraties du monde, le Québec doit s'employer à ériger des consensus dans un contexte de diversité grandissante, à renouveler le lien social, à aménager la différence en luttant contre la discrimination et à promouvoir une identité, une culture, une mémoire, sans créer ni exclusion ni clivage» (Bouchard et Taylor, 2008 p. 98).

CONCLUSION

La faille dans le discours des opposants aux accommodements vient de ce qu'ils croient que le mécanisme juridique prévu ne s'applique qu'aux immigrants. «Or, il convient de le dire haut et fort, la Charte s'applique à tous les citoyens, précisément sans restrictions dues à l'identité ethnique, à l'origine nationale ou à la croyance religieuse» (Anctil, 2006). L'accommodement raisonnable n'a pas été instauré pour faire plaisir aux intégristes. Il constitue une obligation, dans la mesure où c'est raisonnable, de permettre à des gens susceptibles d'être victimes de discrimination de conserver leur emploi ou d'avoir accès à des services. «Quand ça ne dérange pas vraiment, quand il n'y a pas de coût sérieux, quand c'est faisable. Ça s'applique autant aux personnes handicapées qu'aux personnes malades ou qu'aux minorités religieuses» (Boisvert, 2007). À supposer qu'une musulmane se plaigne devant les tribunaux du fait qu'on lui refuse de faire la prière pendant l'heure de pointe au restaurant où elle travaille, elle n'aura certainement pas gain de cause. Ce serait en effet coûteux pour son employeur et inadapté au type d'emploi occupé (Boisvert, 2007).

La société québécoise n'est pas la seule à éprouver de telles angoisses multiculturelles. «Des Pays-Bas qui envisagent d'interdire le port de tout vêtement couvrant le visage dans les lieux publics, à la Grande-Bretagne où un ministre appelle les femmes à retirer leur *niqab* en sa présence, en passant par le Québec qui s'accroche les pieds dans le hidjab sur un terrain de soccer, partout la même question se pose: comment accepter l'autre sans renier une part importante de soi-même?» (Gruda, 2007) Ce n'est pas parce que des gens bien intentionnés manquent parfois de jugement qu'il faut condamner l'accommodement en tant que moyen de favoriser l'intégration des immigrants. Poser des fenêtres givrées dans un centre sportif pour éviter que de jeunes juifs hassidiques n'aperçoivent des femmes en collant moulant relève d'une entente entre voisins (donc d'un ajustement volontaire) et non pas d'une obligation juridique. Prétendre que les musulmanes du Québec souhaitent voter en ayant le visage voilé est erroné. Comme la vaste majorité des Québécois, ces dernières considèrent que cette éventualité est absurde:

> La hargne avec laquelle on attaque parfois les tenants de certains courants religieux […] confine aussi à l'obsession et à l'idée fixe. Ce genre d'attaque gratuite est d'autant plus déplacé que les juifs hassidiques, les musulmans fidèles aux préceptes de leur foi, les sikhs qui portent le kirpan, les bouddhistes ou les hindouistes présents sur notre territoire respectent les lois, se comportent en très grande majorité comme des citoyens responsables et tentent de s'adapter le mieux possible aux circonstances qui sont les leurs. […] Continuer de percevoir la diversité culturelle sous la forme d'une opposition entre nouveaux arrivants et Canadiens français […] ne peut que contribuer à creuser un fossé encore plus profond entre Québécois de toutes origines. (Anctil, 2006)

RÉSUMÉ

C'est par le contrôle et l'organisation politiques que sont assurés la répartition et l'exercice du pouvoir dans une culture donnée. Grâce à l'organisation politique, une société préserve l'ordre social, gère les affaires publiques et amoindrit le désordre. Aucun groupe ne peut survivre sans persuader ou contraindre ses membres à se conformer à certaines règles de conduite acceptées par la majorité.

Il existe quatre grands types de système politique : les bandes et les tribus, à caractère non centralisé, ainsi que les chefferies et les États, de nature centralisée. La bande, qui se retrouve chez les chasseurs-cueilleurs et d'autres groupes nomades, est un regroupement de familles ou de ménages apparentés, mais indépendants sur le plan politique, qui occupent un territoire commun. L'opinion publique, les commérages et les moqueries assurent un contrôle social non officiel. Les leaders d'une bande sont souvent des hommes (parfois des femmes) plus âgés qui détiennent une autorité personnelle.

La tribu réunit des bandes ou d'autres unités sociales distinctes qui demeurent relativement autonomes et égalitaires. Ces unités sont liées entre elles par des réseaux d'alliance, qui entrent en jeu seulement lorsque surgit une menace extérieure nécessitant une réaction concertée. Comme pour la bande, l'organisation politique de la tribu est transitoire, et les chefs ne disposent d'aucun moyen officiel de maintenir leur autorité.

Une chefferie est une société axée sur le rang social où chaque membre occupe une position précise dans la hiérarchie. Ce sont la position d'un individu dans son groupe de filiation et la nature de sa relation avec le chef qui déterminent son statut. Le pouvoir repose entre les mains d'un chef, dont l'autorité véritable sert à préserver l'unité de son groupe, et ce, pour toutes les questions. Le chef peut accumuler une grande richesse personnelle, qui consolide l'assise de son pouvoir et qu'il peut ensuite léguer à ses héritiers.

L'État constitue l'organisation politique la plus centralisée. Il exerce un pouvoir central qui peut recourir à la force pour administrer un code de lois strict et maintenir l'ordre. L'autorité du pouvoir central est assurée par une fonction publique. De façon générale, l'État est une société stratifiée où la richesse et les fonctions économiques sont réparties de façon inégale. Un État diffère d'une nation. Une nation réunit des individus qui se perçoivent comme « un peuple », qui partagent une culture commune, mais qui n'ont pas forcément une organisation politique centralisée.

Les mécanismes de contrôle que se donne une société peuvent être de nature interne ou externe. Les mécanismes de contrôle intériorisés sont ceux que les individus s'imposent. Ils sont profondément ancrés dans la culture et dans l'esprit de chacun, et ils reposent sur des facteurs de dissuasion comme la honte personnelle, la crainte d'un châtiment divin ou la peur de représailles. Si les bandes et les tribus y ont largement recours, les mécanismes de contrôle intériorisés ne suffisent toutefois généralement pas à préserver l'ordre social. Aussi toutes les cultures élaborent-elles des mécanismes extériorisés, soit des sanctions, qui combinent l'autocontrôle et le contrôle social. Les sanctions positives – telles une récompense ou une reconnaissance – reflètent la position qu'adopte une culture donnée à l'égard des comportements qu'elle approuve. Les sanctions négatives – comme la menace d'emprisonnement ou le discrédit jeté sur la réputation – reflètent quant à elles la position d'une culture à l'égard des comportements qu'elle réprouve.

Les sanctions peuvent revêtir un caractère officiel (comme le prévoient les lois) ou officieux, auquel cas elles reposent alors sur des normes sans véritable portée juridique. Les sanctions officielles sont structurées : elles récompensent ou punissent des comportements selon une procédure sociale stricte. Les sanctions officieuses sont plus diffuses et s'accompagnent d'une réaction immédiate d'approbation ou de réprobation qu'expriment les membres d'une collectivité à l'égard d'un concitoyen.

La loi remplit trois fonctions principales. D'abord, elle définit les relations au sein d'un groupe et dicte les comportements appropriés en différentes circonstances. Ensuite, elle légitime le recours à la coercition pour l'application des sanctions. Dans un système politique centralisé, cette légitimité est détenue par le gouvernement et l'appareil judiciaire.

Les sociétés occidentales établissent une nette distinction entre une infraction contre l'État, qui est un crime, et une infraction contre la personne, qui est un délit civil. Par contre, dans les systèmes décentralisés, toutes les infractions sont considérées comme des méfaits commis contre des individus. Les conflits y sont souvent réglés par la négociation. Tous les groupes humains ont recours à la négociation pour régler les litiges individuels.

Les systèmes politiques tentent aussi de régir les relations extérieures, c'est-à-dire les relations entre unités politiques autonomes. À cette fin, ils peuvent menacer d'utiliser la force ou y recourir effectivement, mais ils peuvent aussi tenter de maintenir la paix en faisant appel à des groupes, comme les Casques bleus de l'ONU.

La guerre n'est pas un phénomène universel, puisque les conflits armés tels qu'on les connaît aujourd'hui sont inexistants dans certaines cultures. Il s'agit habituellement de cultures à population restreinte qui cherchent à vivre en harmonie avec la nature.

Puisque la religion agit comme un agent de contrôle social, sa présence se fait sentir dans la sphère politique, tant dans les sociétés industrialisées que celles dites «traditionnelles». À un degré plus ou moins grand, de nombreux gouvernements, en Amérique comme ailleurs, utilisent la religion afin de légitimer leur pouvoir politique.

LA RELIGION ET LE SURNATUREL

© Andy Richter/Aurora Photos/Corbis

Afin de souligner leur foi et de pratiquer leur religion, les humains érigent des lieux de culte (église, temple, mosquée, etc.). Certains endroits, comme ce cimetière mexicain, sont aussi investis d'un caractère sacré. On y enterre ses morts, mais on les fréquente aussi pour pratiquer des rituels religieux et communiquer avec le monde surnaturel. L'étrange fascination que les Mexicains vouent à la mort se manifeste lors du jour des Morts.

❯ À quoi fait-on référence lorsqu'on parle de religion ?

❯ Quelles fonctions la religion exerce-t-elle chez l'humain ?

❯ Quels sont les êtres surnaturels auxquels croient les différents peuples ?

❯ Pour quelles raisons les humains s'adonnent-ils à des rituels religieux ?

❯ Qui sont les chamans et en quoi sont-ils différents des prêtres ?

❯ De nos jours, comment la religion s'exprime-t-elle au Québec ?

SOMMAIRE

- L'anthropologie de la religion et des phénomènes religieux

- Les fonctions de la religion

- Les croyances religieuses

- Les rituels religieux

- Les intermédiaires entre les humains et le surnaturel

- La religion et les changements culturels

L'ANTHROPOLOGIE DE LA RELIGION ET DES PHÉNOMÈNES RELIGIEUX

Contrairement aux autres animaux, les humains se questionnent sur leur propre existence ainsi que sur celle du monde et de l'Univers qui les entourent. Depuis la nuit des temps, les humains sont préoccupés par des questions existentielles telles que : Pourquoi j'existe ? Pourquoi suis-je sur Terre ? D'où viennent les humains ? Qu'advient-il de nous après la mort ? Pourquoi la mort nous arrache-t-elle prématurément aux êtres chers ? Pourquoi les éléments de la nature se déchaînent-ils ? Pourquoi la souffrance ? Qu'est-ce que le bonheur ? Les réponses qui ont été données à ces questions, bien que différentes d'un peuple et d'une époque à l'autre, découlent d'un besoin de comprendre les «choses» et de les interpréter. La religion comble ce besoin de l'être humain, en faisant appel à des croyances et à des rituels qui apaisent ses angoisses existentielles.

La religion : un phénomène universel

La religion est un phénomène universel. Toutefois, on ne connaît pas avec précision son origine. On situe généralement à environ 100 000 ans le moment où les êtres humains ont commencé à témoigner de préoccupations pour les questions existentielles. Les preuves archéologiques dont nous disposons reposent sur les plus anciennes traces de rituels humains associés à la mort. En effet, les plus anciennes sépultures, mises au jour en Europe et au Proche-Orient, contiennent des squelettes de Néandertaliens et d'hommes de Cro-Magnon placés avec attention dans une position particulière et entourés d'objets. Avant cette période, nous ne disposons d'aucune preuve témoignant d'un rituel humain associé à la mort ou à d'autres évènements religieux. On ignore si les humains d'avant 100 000 ans honoraient leurs morts, mais ce que l'on sait, c'est que ceux qui le faisaient devaient avoir pris conscience du caractère éphémère de la vie et que pour accepter la mort, ils avaient éprouvé le besoin de la ritualiser (Testard-Vailland, 2006). Depuis lors, il semble qu'aucun peuple n'ait vécu sans croyances ni pratiques religieuses. La foi donne aux humains un sens à leur existence en leur offrant notamment des réponses sur ce qui arrive au-delà de cette vie terrestre.

© Erich Schlegel/Corbis

Loin de provoquer le déclin de la religion, l'accumulation des connaissances scientifiques a suscité de nouvelles angoisses et a soulevé de nouvelles questions sur l'existence humaine. Aux États-Unis, comme en Amérique latine, les Églises évangéliques se multiplient. En période de crise économique, le nombre de nouveaux adeptes augmente. Très variées sur le plan rituel, ces Églises demeurent unies par leur lecture assidue de la Bible. Les évangéliques se voient comme proches des premiers chrétiens. Ils tendent à opposer ceux qui ont reçu la Lumière comme eux à ceux qui la refusent.

À partir du XIXᵉ siècle, des intellectuels européens ont cru que la science viendrait à bout des croyances religieuses en démontrant leur caractère irrationnel. On pensait, par exemple, que les explications scientifiques sur l'origine des humains finiraient par évincer les mythes d'origine que véhiculent les religions. Nombreux sont ceux qui croient encore aujourd'hui que la religion s'étiole à mesure que les théories scientifiques remplacent les explications religieuses. Ce n'est cependant pas le cas, car un bon nombre des phénomènes sur lesquels les humains s'interrogent n'ont toujours pas reçu de réponses scientifiques satisfaisantes : ce qu'il advient après la mort, les malchances en série, le déclenchement d'une maladie rare, la perte d'un être cher à la suite d'un bête accident, etc. De par le monde, les religions continuent ainsi de prospérer. Dans plusieurs pays, tels l'Iran, Israël, l'Inde et les États-Unis, le fondamentalisme, qu'il soit musulman, juif, hindouiste ou chrétien, connaît même une recrudescence (*voir le chapitre 10*). Ici, comme ailleurs,

la mort, le malheur ou l'injustice continuent de susciter des interrogations et des inquiétudes pour lesquelles la science n'a pas toujours de réponses.

Devant ces sources d'angoisse, la religion, plus que la science, offre un certain réconfort social et psychologique. D'ailleurs, parmi les scientifiques internationaux de renom, plusieurs n'hésitent pas à afficher leurs convictions religieuses. Hubert Reeves, le célèbre astrophysicien québécois rappelle que la science n'explique pas tout et qu'elle ne répond pas à la question fondamentale : « Qu'est-ce qu'il y a au-delà de ce qu'on perçoit de la réalité ? » D'après lui, malgré la science, « nous sommes plongés dans l'ignorance avec laquelle nous devons vivre » (Reeves, 2008, p. 315). Certains ajouteront que les développements scientifiques sont même indirectement responsables d'une expansion de la sphère religieuse : les progrès dans le domaine des biotechnologies et l'explosion des techniques de l'informatique bouleversent nos vies et sont susceptibles de provoquer de nouvelles angoisses pouvant légitimer la religion. On pourrait penser, par exemple, aux inquiétudes soulevées par la procréation médicalement assistée (tests de dépistage génétique, tri des embryons, clonage, etc.) ou encore aux incertitudes entourant notre dépendance à l'informatique (bogue de l'an 2000) et la protection des renseignements sur nos vies privées lorsque nous utilisons des médias sociaux.

Qu'est-ce que la religion ?

À la question « Qu'est-ce que la **religion** ? », les anthropologues répondent d'abord qu'il s'agit d'un ensemble de croyances relatives à l'existence d'un monde surnaturel habité par des entités capables d'influencer le cours normal de la vie terrestre. La religion est aussi considérée comme l'ensemble des comportements que les humains adoptent dans l'espoir de mieux maîtriser des aspects de leur vie qui leur échappent (Wallace, 1966). Dans le but de communiquer avec les forces de l'au-delà, les humains pratiquent des rituels religieux. En signe de respect à l'égard de ces forces,

les croyants agissent selon un certain nombre de valeurs ou de prescriptions et interdits (jeûne, règles vestimentaires, tabous alimentaires, etc.) dictés par la religion qu'ils pratiquent. Ainsi, à plus d'un titre, la religion influence leur quotidien et leur façon de se comporter dans telle ou telle circonstance. Chez les mormons, par exemple, il est interdit de consommer des excitants tels l'alcool, le café, le thé, le tabac et la drogue. Pour les jeunes, la chasteté est de mise avant le mariage. Seuls les rapports sexuels entre époux sont autorisés. Le lundi, il est souhaitable de passer la soirée en famille. Le dimanche, il faut assister à l'office et éviter de travailler. Tenus de verser le dixième de leur salaire pour l'entretien du mouvement, les fidèles sont aussi invités à effectuer régulièrement des tâches pour l'Église.

Lorsqu'ils se penchent sur les phénomènes religieux, les anthropologues ne portent pas un jugement sur la vérité métaphysique des croyances relatives à l'existence d'entités surnaturelles. Ils peuvent cependant expliquer chaque religion en fonction d'une logique propre aux groupes où elle a pris naissance. Sitôt l'universalité du phénomène constatée, ce qui frappe c'est la très grande diversité des croyances et des pratiques religieuses. Aussi, on trouve partout des phénomènes à caractère religieux, et non pas seulement dans les lieux de culte, comme l'église ou la mosquée. Comme nous le verrons dans ce chapitre, la religion s'exprime parfois sous des formes dont le caractère religieux échappe à ceux qui s'en tiennent à une définition trop étroite du terme. Par exemple, bien que les églises du Québec ne cessent de se vider, les Québécois continuent, à leur façon, de s'adonner à certaines pratiques religieuses (*voir l'encadré La religion au Québec et au Canada*). Ici comme ailleurs, quand on élargit la définition que l'on se fait de la religion, les phénomènes religieux tendent à devenir plus visibles.

Le système religieux des peuples, leur façon de voir et de comprendre le monde et l'Univers, font partie intégrante de leur culture. La culture fonctionne comme un tout (*voir le chapitre 3*). On ne peut comprendre la culture d'un peuple sans la considérer comme un ensemble où toutes les unités s'imbriquent les unes dans les autres et ont une

> **Religion**
> Système de croyances et de rituels relatifs à des êtres, à des pouvoirs et à des forces surnaturelles.

logique qui leur est propre. La conception qu'un peuple se fait du monde s'exprime aussi dans différents gestes quotidiens. Les chasseurs-cueilleurs, par exemple, ont tendance à se considérer comme des éléments de la nature et ne cherchent pas à la maîtriser. Chez ces peuples, plusieurs aspects de la vie religieuse sont liés à leur mode de vie de nomades (*voir l'encadré Le rite de la tente tremblante*). Ce mode de vie est très proche de la nature; il est en rapport constant avec les éléments naturels. Plusieurs rituels visent précisément à communiquer avec les esprits de la nature, pour qu'ils soient cléments et ne se déchaînent pas. Ces peuples de chasseurs-cueilleurs n'éprouvent donc pas le besoin d'implorer des divinités qui leur seraient supérieures, contrairement à ce que font les membres des sociétés stratifiées. Dans les traditions culturelles où l'on considère que la nature doit être domestiquée, la religion s'assortit d'une hiérarchie entre les vivants et les êtres surnaturels. Dans la religion chrétienne, par exemple, on apprend que les humains occupent une place plus importante que celle des animaux et des plantes, mais moins que celle de Dieu, des anges et des saints.

LES FONCTIONS DE LA RELIGION

Les croyances et les pratiques religieuses remplissent de multiples fonctions. D'après les anthropologues, puisque les êtres humains sont impuissants à résoudre d'importantes questions existentielles par des moyens techniques connus, ils se tournent souvent vers la religion. Déstabilisés par ce qui échappe à leur compréhension, ils cherchent à répondre à leurs interrogations. Incapables de se prémunir complètement contre le «mal», ils tentent de s'en protéger en recourant au monde surnaturel. Pour satisfaire ces besoins, les humains postulent l'existence d'un monde peuplé d'entités surnaturelles et pratiquent des rituels. La religion atténue l'anxiété et stimule le sentiment de confiance, ce qui rend les individus plus aptes à affronter la réalité. Puisqu'elle donne un sens à l'existence des individus, la religion a donc une fonction émotionnelle indéniable. Une autre de ces fonctions psychologiques, cognitive cette fois, consiste à proposer une vision ordonnée de l'univers et à expliquer l'inexplicable, par exemple à répondre à la question «D'où venons-nous?».

Offert par René Dolce

Le corps de chaque Balinais décédé doit être incinéré pour que son âme accède au monde des esprits. Comme cette cérémonie est coûteuse, les familles se regroupent pour en partager les frais et offrir à leur proche le rituel qu'il mérite. Plusieurs années peuvent parfois s'écouler avant que les morts, d'abord inhumés, ne soient exhumés pour être brûlés. Une fois déterrés, les os du défunt sont lavés et purifiés avec de l'eau. Les porteurs qui transportent le cercueil doivent égarer l'âme du mort, afin qu'elle ne puisse pas retrouver le chemin de son ancienne existence.

Comme il est mentionné au chapitre 8, la religion interdit et prescrit un large éventail de comportements. Puisque la religion préconise un ensemble de valeurs et de pratiques et qu'elle incite les collectivités à les adopter, elle renforce ainsi les liens sociaux entre les individus qui partagent le même système de croyances. À ce titre, la religion joue un rôle de contrôle social. Les bonnes actions reçoivent l'approbation des forces surnaturelles reconnues dans une culture donnée, tandis que la transgression d'un **tabou** et les autres «mauvaises

Tabou

Interdit sacralisé dont la transgression peut entraîner des châtiments tels qu'une calamité ou une infortune.

actions» font l'objet d'un châtiment de la part de ces mêmes forces. Elle établit donc des modèles de comportement acceptable et des modèles de comportement inacceptable. Pour qu'ils soient respectés, les modèles sont renforcés de mille et une façons par les membres d'une culture. Ces modèles sont inclus, par exemple, dans les récits religieux des populations. Généralement, ces mythes mettent en scène des êtres (parfois surnaturels) dont les actions reflètent le code d'éthique d'une culture. C'est le cas de Carcajou (*Kuekuatsheu*), personnage légendaire de la tradition orale innue-montagnaise. Carcajou est un personnage comique qui désobéit constamment aux règles de la société. Il est prétentieux, gourmand, maladroit, sensuel et grossier. Par ses espiègleries, il enseigne aux êtres humains la bonne façon de vivre, qui consiste à ne pas suivre son exemple.

L'Ancien et le Nouveau Testaments regorgent d'exemples d'enseignement. Le récit d'Adam et d'Ève, par exemple, décrit des catastrophes provoquées par la désobéissance des premiers humains envers leur Créateur? En acceptant la pomme que lui tend Ève, Adam abuse de sa liberté et trahit Dieu. Depuis lors, l'Univers parfait qui aurait été créé par Dieu ne l'est plus, les humains sont privés de la béatitude et ils doivent affronter un monde de chaos et de péchés. Au moyen des modèles qu'elle présente et de la moralité qu'elle préconise, la religion sert à justifier et à perpétuer un certain ordre social. Dans les traditions juive, chrétienne et musulmane, la représentation du divin en une figure masculine autoritaire et le récit de la création dépeignant la femme comme responsable du châtiment divin visent à justifier un type d'ordre social dans lequel les hommes auraient préséance sur les femmes.

La participation aux rites, associée à un ensemble de croyances partagées, a également pour but de rapprocher les individus et de renforcer leur sentiment d'appartenance au groupe. De même, la participation commune à un rite chargé d'émotions crée un effet d'unification. Les sentiments d'exaltation vécus dans une telle situation apportent un renforcement positif parce que les individus se sentent bien. Une autre fonction sociale de la religion réside dans l'éducation. Plus loin dans ce chapitre, nous verrons comment les rituels, à cause de leur caractère répétitif, ont un rôle important dans l'enculturation des individus et servent en quelque sorte de «cours intensif» dans l'apprentissage des règles de la culture.

LES CROYANCES RELIGIEUSES

Lorsque les humains recourent à la religion dans l'espoir d'échapper aux difficultés ou aux malheurs qu'ils ne peuvent maîtriser, ils se tournent souvent vers un monde immatériel, peuplé d'entités qui seraient capables d'influencer le cours de leur vie. Ces puissances et ces êtres surnaturels se répartissent en deux catégories : les divinités (dieux et déesses) et les esprits.

Les dieux et les déesses

Les dieux et les déesses sont les êtres qui diffèrent le plus des humains. Ils possèdent des caractéristiques et une puissance que le commun des mortels n'a pas. Un dieu est perçu comme le maître et le créateur du monde et de l'Univers. Lorsqu'un peuple ne reconnaît qu'un seul Dieu, on parle alors de **monothéisme**. Les grandes religions que sont le christianisme, le judaïsme et l'islam sont des religions monothéistes. Tous les peuples n'ont toutefois pas cette vision des choses et certains croient en plusieurs dieux ou déesses. On parle alors de **polythéisme**. Le polythéisme est plus commun dans l'histoire de l'humanité, mais rien ne prouve qu'il soit à l'origine du monothéisme ni que ce dernier corresponde à un «progrès» dans l'évolution humaine. Selon cette vision, plusieurs divinités et non une seule sont perçues comme les maîtres du monde et, souvent, chacune d'elle est considérée comme responsable de la création d'une partie de l'Univers. C'était le cas des divinités de la Grèce antique : Zeus était le dieu du ciel, Poséidon régnait sur la mer et Hadès était le dieu de l'au-delà et des morts. Beaucoup d'autres divinités masculines et féminines entouraient ces trois frères et se chargeaient d'un aspect particulier de la vie et de l'Univers. Un **panthéon**, c'est-à-dire un ensemble de dieux et de déesses, se retrouvait couramment

---

Monothéisme

Croyance en un Dieu unique et tout-puissant.

Polythéisme

Croyance en plusieurs dieux et déesses qui dominent les éléments de la nature.

Panthéon

Ensemble des divinités et temple qui leur est consacré.

© AJP/Shutterstock.com

L'hindouisme, religion principalement pratiquée en Inde, est polythéiste. On y recense des milliers de divinités. La *Durgā pujā* est la principale fête annuelle du calendrier hindou. À Kolkata seulement, plus de deux mille temples temporaires (les *pandals*) construits pour vénérer la déesse Durgā sont érigés pour l'occasion. Le lion sur lequel elle est assise représente son pouvoir, qu'elle met au service de la vertu pour détruire le mal. Les armes qu'elle tient dans ses multiples mains indiquent que l'humain doit développer différentes qualités s'il veut vaincre le mal.

au sein des civilisations de l'Antiquité, comme celles des Grecs, des Romains et des Égyptiens. Les grandes civilisations d'Amérique, telles les Aztèques, les Mayas et les Incas, avaient elles aussi un panthéon regroupant de nombreuses divinités. La religion hindoue est également considérée comme polythéiste, car elle vénère plusieurs dieux et déesses.

Les esprits

Tous les peuples ne reconnaissent pas l'existence d'un dieu ou de plusieurs divinités. Plusieurs croient plutôt en l'existence d'une autre catégorie d'êtres surnaturels : les **esprits**. Cette croyance selon laquelle les éléments de la nature et de l'Univers sont animés par des esprits a été nommée **animisme** par l'anthropologue britannique E. B. Tylor (1958), d'après le mot latin *anima* qui signifie « âme ». Pour les peuples qui adhèrent aux principes animistes, certains esprits possèdent des pouvoirs que d'autres n'ont pas, mais aucun n'est supérieur aux autres de façon absolue.

Le nombre, l'importance, la classification et la nomenclature de ces esprits varient énormément d'un peuple à l'autre. Certains sont associés aux éléments de la nature et de l'Univers, d'autres aux personnes décédées et à des entités impersonnelles, d'autres encore sont des monstres ou des personnages mi-humains mi-animaux qui peuplent le monde invisible. Ces esprits sont différents des divinités, car ils ne figurent pas au sommet d'une hiérarchie et s'apparentent davantage aux humains avec qui ils partagent plusieurs caractéristiques. Ils sont parfois bienveillants, parfois malveillants. Certains sont terrifiants ou malicieux, alors que d'autres sont beaux, affectueux ou drôles. Selon la personnalité et le pouvoir de ces esprits, les êtres humains veillent à ne pas les irriter ou cherchent à s'en faire des alliés.

Esprits

Êtres surnaturels à qui on attribue des pouvoirs spéciaux.

Animisme

Croyance en des âmes ou des esprits qui animent les êtres vivants et les composantes de la nature et de l'Univers.

Par exemple, les Autochtones des régions subarctiques attribuent une âme non seulement aux humains vivants et décédés, mais aussi à la plupart des éléments de la nature visible (animaux, plantes, cours d'eau, pierres, montagnes, étoiles, etc.) ainsi qu'à tous ceux qui peuplent le monde invisible (personnages mythiques, héros culturels, monstres, etc.). Selon leurs traditions religieuses, pour garder l'harmonie dans l'Univers, ils doivent porter respect à tous ces êtres. Dans les religions animistes, l'humain n'a pas préséance sur les autres êtres vivants et surnaturels.

Dans certains groupes autochtones de l'Amérique du Nord et de l'Australie, l'animisme prend une forme particulière et les individus établissent des rapports avec la nature par le biais, entre autres, de **totems**. Les totems sont des espèces végétales et animales auxquelles s'associe un clan ou un groupe donné. Les membres d'un groupe qui a comme totem une espèce particulière, comme le loup, s'identifient à cet animal, se nomment par son nom, lui vouent un culte et se reconnaissent parents avec lui. Représenté comme emblème du groupe sur des poteaux, des armes, des objets ou directement sur le corps des individus, l'animal ou la plante représente l'ancêtre mythique du groupe et il est frappé d'interdits alimentaires (on ne peut le manger) et d'interdits sexuels (on ne peut se marier avec un membre de son groupe totémique).

L'esprit des ancêtres ou l'esprit des défunts

La croyance que l'essence spirituelle des humains survit à la mort de leur corps est aussi fort répandue et n'est pas exclusive aux peuples pratiquant l'animisme. En Afrique, comme en Asie et en Amérique, cette croyance concorde avec la notion selon laquelle chaque être humain est composé de deux parties : un corps et une forme d'esprit vital, l'âme. Les Pentagouets, une population autochtone de la côte Est américaine, par exemple, affirmaient que chaque personne était dotée d'un esprit individuel qui pouvait se détacher de son corps et se déplacer, pendant que ce dernier demeurait inerte. De ce point de vue, il est donc tout à fait logique de penser que l'esprit quitte le corps après la mort et continue d'exister. Dans la Grèce et la Rome antiques comme en Chine, au Japon et dans plusieurs pays d'Afrique, l'esprit des défunts est censé connaître les mondes visible et invisible (Rivière, 1997). Ce qui se passe ici-bas leur est parfaitement connu, car, bien que décédés, ces esprits continuent de s'intéresser à la société et d'en faire partie. Plusieurs fonctions leur

sont d'ailleurs attribuées. Garants de l'ordre moral et social, c'est-à-dire des coutumes, des traditions et des valeurs, ils jugent après la mort les infractions commises par les individus qui porteraient préjudice aux intérêts de la collectivité. Protecteurs de leurs descendants, ils apportent la paix, la santé et le bien-être et annoncent, par des présages, les problèmes à venir (Rivière, 1997).

Si les humains se tournent vers l'esprit des ancêtres et honorent ces derniers au moyen de rites, c'est autant pour marquer la séparation entre le monde des vivants et celui des morts que pour solliciter leur intervention (Bonte et Izard, 2007). Le culte voué aux ancêtres de la famille se manifeste par le rite des funérailles, c'est-à-dire des invocations verbales aux défunts ou encore des offrandes et des sacrifices (Rivière, 1997). En Chine, les obligations morales et sociales des vivants ont leur fondement dans la piété à l'égard des morts. On trouve dans de nombreuses résidences un autel familial sur lequel sont gravés les noms des ancêtres auxquels on voue un culte. Comme les vivants, ces esprits peuvent être bienveillants ou malveillants, mais personne ne peut jamais prédire exactement quelles seront leurs réactions. Cette incertitude à propos des esprits ancestraux («Comment réagiront-ils à ce que j'ai fait?») peut être assimilée à celle qui est éprouvée à l'égard des aînés faisant figure d'autorité dans certaines sociétés. Pour le reste, ces esprits ressemblent étroitement aux êtres vivants en ce qui a trait à leurs désirs, à leurs sentiments, à leurs émotions et à leurs comportements. Ainsi, ils reflètent et renforcent la réalité sociale d'une culture.

Cette croyance en des esprits ancestraux se trouve dans de nombreuses cultures du monde, mais principalement chez celles dont le système de filiation est unilinéaire (*voir l'encadré Le culte des ancêtres chez les Vietnamiens du Québec*). Par exemple, dans plusieurs cultures africaines, cette croyance est assez complexe. Pour ces cultures, les esprits ancestraux se comportent comme des êtres humains : ils ressentent la chaleur, le froid et la douleur et ils peuvent mourir une seconde fois par noyade ou par le feu. Ils peuvent même participer aux affaires familiales, et des sièges leur sont réservés bien qu'ils soient invisibles. S'ils sont

> **Totem**
> Espèce végétale ou animale à laquelle s'associe un groupe donné, qui lui voue un culte et qui le reconnaît comme proche parent.

importunés, ils peuvent provoquer la maladie et même la mort. Un jour, ils vont renaître en tant que nouveaux membres de leur lignée familiale. Les adultes doivent donc observer les nourrissons de près afin de déterminer précisément quels ancêtres se sont réincarnés en eux.

Dans la Chine traditionnelle, un garçon était toujours redevable du don de la vie à ses parents. Il leur devait obéissance et déférence et il était tenu de leur assurer une vieillesse agréable. Même après la mort de ses parents, il devait subvenir à leurs besoins dans le monde des esprits, en leur offrant de la nourriture, de l'argent et de l'encens le jour de leur anniversaire de naissance ou de décès. Cette société considérait même la mise au monde de garçons comme une obligation envers les ancêtres, car ces garçons pourraient alors satisfaire les besoins des ancêtres, même après la mort de leurs propres fils.

© Peter Trenaor/Alamy

À Hong Kong, comme ailleurs en Asie du Sud-Est, les familles pratiquent le culte des ancêtres. « Boire de l'eau et songer à sa source » : c'est de cette manière que les Chinois expliquent le culte qu'ils vouent à leurs ancêtres décédés. Autrement dit, en étanchant notre soif, n'oublions pas le puits d'où provient l'eau ; si nous sommes là, c'est parce que d'autres nous ont précédés.

Exemple ethnographique

Le culte des ancêtres chez les Vietnamiens du Québec

par Élise Massicotte

Qu'elles soient bouddhistes, catholiques ou athées, la plupart des familles vietnamiennes installées au Québec pratiquent le culte des ancêtres. Le fondement de la culture et de la société vietnamiennes est la famille (restreinte et élargie). La vie religieuse vietnamienne se pratique tout d'abord dans la famille et est le fruit d'un syncrétisme religieux millénaire (composé d'animisme et d'influences chinoises taoïstes, confucéennes et bouddhiques) propre au Vietnam. Le culte des ancêtres s'inscrit dans ce bagage culturel unique. Même s'il regroupe un ensemble de croyances et de pratiques, il ne constitue pas une religion en soi, mais plutôt un phénomène social qui signe l'originalité de la culture vietnamienne et traverse les appartenances religieuses (Chaves, 2000).

Le culte des ancêtres repose « sur la croyance suivant laquelle les ancêtres et les parents morts continuent à vivre parmi les descendants au sein de la famille dans la maison même qu'ils habitent » (Dorais et Nguyen, 1990, p. 6). Leur influence s'exerce généralement pour le bien des membres vivants et ces derniers doivent exprimer leur piété filiale et leur faire part de tout événement important. Traditionnellement, le culte des ancêtres pour un individu donné ne concerne que la lignée paternelle. Il s'agit donc d'un système de parenté patrilinéaire (Ferni, 2006).

Pour les Vietnamiens, la vie se transforme continuellement et la mort n'est qu'une des étapes à franchir. Pour les bouddhistes qui croient en la réincarnation, la mort est un passage vers une autre forme de vie. Selon eux, il y a, après la mort, une vie qui sera bonne pour les morts et pour les vivants, si l'énergie de la personne décédée est bien canalisée. Pour les bouddhistes vietnamiens, l'âme de la personne décédée peut errer pendant une très longue période avant de se réincarner. Elle est alors prête à écouter les demandes de ses proches pour leur venir en aide au besoin. Mais, attention, une âme négligée par les membres de sa famille peut devenir dangereuse. Le culte des ancêtres est donc essentiel au maintien d'un équilibre entre le monde naturel et le monde surnaturel (Dorais et Nguyen, 1990).

❯

Les Vietnamiens du Québec accordent une grande importance aux cérémonies funéraires, aux fêtes d'anniversaire de décès et aux offrandes régulières présentées aux ancêtres. Ce culte est pratiqué à la maison et à la pagode, le lieu de culte des bouddhistes. Un autel est installé dans la pièce principale de la maison, où sont déposés des photos de parents décédés et quelques objets culturels, tels qu'un bol, un brûle-parfum, deux chandeliers, trois tasses et des tablettes de bois où sont inscrits les noms des défunts. On installe temporairement l'autel pour toute la durée de certaines fêtes : Nouvel An, naissance, mariage, funérailles, anniversaire de décès ou tout autre évènement familial important. Des offrandes d'encens (les bâtonnets d'encens sont censés permettre la communication avec l'au-delà), de fruits et d'autres aliments sont aussi déposées près de l'autel. Ainsi, les ancêtres reçoivent les hommages des vivants. Après quelques prosternations des visiteurs et lorsque l'encens cesse de brûler, le repas est redistribué aux invités (Dorais et Nguyen, 1990). Plusieurs de ces objets culturels et des tablettes de bois avec les photos des défunts sont installés en permanence dans un endroit particulier de la pagode, là où les membres de la communauté bouddhique pratiquent certaines cérémonies dédiées au culte des ancêtres.

Dès le décès, la famille doit s'occuper du mort afin que celui-ci ne soit pas perturbé par son nouvel état. Le jour de l'enterrement (ou de la crémation), les amis, la famille proche et les voisins sont conviés à la cérémonie prévue, qui se conclut par un repas. Trois jours après les funérailles, la pagode est le théâtre d'une cérémonie importante qui a pour but de délivrer l'esprit du défunt et de lui fournir ce dont il a besoin pour son voyage dans l'au-delà. Lors de cette cérémonie, on brûle des vêtements, des maisons de papier et de la fausse monnaie, qui vont rejoindre l'esprit de la personne décédée sous forme de fumée. On fait aussi des offrandes de riz, de légumes et de fruits, on allume des cierges et on brûle de l'encens.

Durant les trois années de deuil qui suivent, diverses cérémonies célébrées par les parents proches se succèdent. Par ailleurs, aucunes fiançailles ni aucun mariage ne peuvent être célébrés dans la famille durant ce deuil. Après cette période, les anniversaires de décès continuent d'être célébrés chaque année (que ce soit par une messe anniversaire chez les catholiques ou par une célébration à la pagode chez les bouddhistes). Lors de ces cérémonies, tous les proches du défunt sont invités et continuent à lui démontrer leur respect. Ainsi, les réseaux de connaissances (relations familiales, amicales et de voisinage) sont entretenus au fil des ans par-delà la mort. Selon certains auteurs, ces cérémonies servent à renforcer l'esprit de famille en rassemblant ces membres à des moments précis. Même si les Vietnamiens ont dû s'adapter à de nouvelles conditions de vie en s'installant au Québec, la plupart continuent d'assurer une longue vie à leurs ancêtres et, surtout, la cohésion de leur famille.

Les Vietnamiens du Québec pratiquent le culte des ancêtres à la pagode, un temple où les bouddhistes se regroupent pour célébrer leur foi. Bien que le dimanche n'ait pas de signification religieuse dans le bouddhisme, les fidèles réservent cette journée aux pratiques spirituelles, parce qu'il est difficile, au Québec, de participer à de telles activités pendant la semaine. On voit ici la pagode de l'ordre bouddhique Tu Quang, située dans le quartier Centre-Sud, à Montréal.

Offert par Louis Roy

Les forces surnaturelles impersonnelles

Les entités surnaturelles ne sont pas toujours personnalisées par des «êtres». Chez de nombreux peuples, un pouvoir surnaturel peut résider dans tout objet ou dans toute chose. Par exemple, certains Mélanésiens croient au *mana*, une force présente dans tout objet. Le *mana* est abstrait, mais il peut manifester sa présence de façon concrète. Ainsi, le succès d'un guerrier au combat n'est pas dû à sa propre force, mais au *mana* présent dans l'amulette qui pend à son cou. De même, un fermier peut avoir acquis beaucoup d'expérience concernant l'horticulture, la fertilisation du sol et le moment propice aux semailles et aux récoltes, mais c'est néanmoins le *mana* qui détermine si la récolte sera fructueuse. C'est d'ailleurs pourquoi un fermier érige souvent à l'extrémité de son champ un petit autel dédié au *mana*. Si la récolte est bonne, c'est signe que le fermier a réussi à se rallier le *mana*. «La vertu, le prestige, l'autorité, la bonne fortune, l'influence, la sainteté et la chance sont autant de notions qui, dans certaines circonstances, cernent quelque peu la signification du *mana*. Le *mana* désigne parfois une vertu ou un pouvoir surnaturel attribué à une personne ou à une chose» (Leinhardt, 1960, p. 368). Ce concept de pouvoir impersonnel était aussi répandu chez les Autochtones d'Amérique du Nord. Il portait le nom d'*orenda* chez les Iroquois, de *wakonda* chez les Sioux et de *manitou* chez les Algonquins. Chez les Inuits, la *sila*, qui signifie «force et intelligence», est une particule de l'Univers qui vit à l'intérieur de chaque être. En anthropologie, on parle d'**animatisme** pour désigner ce concept de pouvoir impersonnel. L'animatisme et l'animisme ne s'excluent pas mutuellement. On les trouve souvent dans la même culture, comme en Mélanésie et chez les Autochtones d'Amérique.

Ceux qui étudient et tentent de comprendre les croyances en des forces et des êtres surnaturels se demandent souvent comment cette foi est entretenue. La réponse réside en partie dans les manifestations de ces pouvoirs surnaturels. Par exemple, si un guerrier mélanésien est convaincu de posséder le *mana* nécessaire pour mener une action et qu'il atteint effectivement son objectif, il va alors y voir la preuve du pouvoir du *mana*. Par ailleurs, la confiance en son *mana* a pu l'amener à prendre plus de risques pour réussir, ce qui peut faire la différence entre le succès et l'échec. Naturellement, des échecs se produisent parfois, mais ils peuvent toujours s'expliquer. Ainsi, une prière n'a peut-être pas été exaucée parce qu'une divinité ou un esprit était encore en colère en raison d'une offense passée. Ou alors le guerrier mélanésien a perdu sa bataille parce qu'il n'a pu mobiliser tout le *mana* nécessaire, ou encore parce que son opposant en détenait plus que lui. De toute façon, les humains s'arrêtent davantage sur leurs succès que sur leurs échecs et, longtemps après avoir oublié ces derniers, ils relateront encore les cas où les forces surnaturelles ont agi en leur faveur.

De telles croyances existent aussi en Occident, mais elles revêtent un caractère moins formel. Chez les sportifs, l'utilisation de porte-bonheur est fort répandue. Pour maximiser ses chances d'accomplir une bonne performance lors d'un match, on doit porter tel ou tel vêtement, ou toujours le même bijou, ou utiliser son bâton chanceux. Monsieur et madame Tout-le-Monde n'échappent pas toujours à la tentation de faire appel à des objets «dotés» d'un pouvoir surnaturel pour les aider ou les rassurer dans leur quotidien. Au moment de passer des examens, certains étudiants avouent utiliser toujours le même crayon. Pour attirer la chance, de nombreux joueurs de bingo québécois disposent devant eux leurs porte-bonheur préférés.

Si certains amateurs de courses de chevaux (les turfistes) s'en remettent au hasard, pour d'autres, le jeu est une affaire sérieuse. Tout est bon pour faire d'un pronostic une conviction indestructible. À Paris, les parieurs tentent de séduire la chance, d'identifier les signes qui les feront gagner et ceux qui risquent de les faire perdre. Ils veulent croire qu'ils peuvent gagner. Pour ce faire, leurs comportements oscillent entre rationalité (renseignements recueillis) et irrationalité (croyances superstitieuses). Deux sortes de ruses sont ainsi déployées, les unes empruntées à la panoplie du magicien, les autres à une connaissance approfondie du domaine (Leforestier, 2004). Au Québec, plusieurs adeptes de loteries vidéo aiment aussi croire qu'il est possible d'inciter les appareils à leur être favorables et que la fortune leur sourira s'ils font bon usage de leur porte-bonheur.

Les mythes

La mythologie joue un rôle important dans le maintien et l'expression des croyances. Un **mythe** est un

---

Animatisme
Croyance en des pouvoirs surnaturels impersonnels.
Mythe
Récit narratif qui explique comment l'Univers et ses composantes (dont les êtres humains) sont apparus et fonctionnent.

récit narratif qui explique comment l'Univers et ses composantes sont apparus et fonctionnent. Même si parfois ils mettent en scène des personnages non humains, les mythes ont comme centre d'intérêt l'existence humaine. Ils peuvent raconter, par exemple, les origines de l'Homme et du monde, les raisons de la présence humaine ou de l'avenir qui s'annonce pour eux. Aussi, les personnages dans les récits mythiques vivent différents aspects de la condition humaine, telle la jalousie, la tricherie ou le bonheur, afin d'indiquer aux mortels le chemin à suivre dans telle ou telle situation. Lorsqu'on écoute le récit mythique d'un autre peuple, l'histoire nous apparaît relater des évènements imaginaires. Toutefois, le peuple qui en est le centre voit les choses d'une tout autre façon. Pour les membres de ce peuple, ces histoires sont aussi «vraies» que celles auxquelles adhèrent les chrétiens lorsqu'ils lisent la Bible ou les musulmans, le Coran. Toutes les sociétés ont leurs mythes. Dans les cultures lettrées, la mythologie est écrite, comme le récit juif et chrétien de la Création dans la Genèse. Dans de nombreuses sociétés traditionnelles, les mythes se perpétuent par la transmission orale de récits fabuleux et de contes. Quoi qu'il en soit, les mythes racontent invariablement les faits et gestes de divers êtres, surnaturels ou non, et contribuent ainsi à renforcer les croyances à leur égard et donnent des indications aux humains sur les règles à suivre dans leur vie quotidienne.

C'est par exemple le cas de la légende inuite de *Sedna*, une jeune fille qui s'est transformée en un esprit-maître des animaux marins. Selon le mythe, quand le père de *Sedna* a voulu récupérer sa fille, mariée à un homme-oiseau, ce dernier a laissé éclater sa colère. Il a provoqué une violente tempête qui menaçait de renverser l'embarcation abritant les fuyards. Par crainte de la noyade, le père a jeté sa fille à l'eau, dans l'espoir de calmer son gendre. Mais comme elle s'accrochait au rebord du bateau, il lui a coupé les doigts et elle a alors disparu au fond de la mer. Les doigts sont devenus les animaux marins que les Inuits chassent lorsque *Sedna*, qui réside toujours au fond de l'eau, y consent. Dans ce récit, les enfants apprennent qu'il faut obéir à son père. Ils apprennent également que pour s'attirer de bonne chasse, les Inuits doivent absolument pratiquer des rituels visant à plaire à Sedna, sinon, aucun animal marin ne se laissera chasser par eux. Le récit de Sedna sert à faire connaître les valeurs inuites aux enfants et à les renforcer pour les adultes.

Chez les Innus-Montagnais de la Côte-Nord, plusieurs mythes expliquent les premiers temps de l'Univers et son fonctionnement. Parmi ces mythes, celui de *Tchakapesh* a retenu l'attention de l'anthropologue Rémi Savard. Enregistré et transcrit durant les années 1970, le récit de ce mythe est aussi riche et précieux que l'est l'Ancien Testament pour les catholiques. *Tchakapesh*, le héros du récit, vit toutes sortes d'aventures qui l'amènent à comprendre l'essence des choses. Il apprendra à distinguer le ciel de la terre, le jour de la nuit, les animaux des êtres humains, la vie de la mort. D'après Savard (2004), qui a vécu plusieurs années auprès des Innus-Montagnais, on trouve dans ce mythe les grands thèmes fondateurs de leur culture. Les animaux y sont omniprésents et sont capables de réfléchir, la mort n'est jamais très loin et la forêt y tient un rôle de premier plan. Dans le récit, les arbres relient les hommes au ciel. D'ailleurs, dans les pratiques rituelles ancestrales, les défunts et les dépouilles d'animaux étaient déposés dans les arbres plutôt qu'enterrés.

LES RITUELS RELIGIEUX

La religion repose sur des croyances, lesquelles s'expriment entre autres dans les récits mythiques. La foi se manifeste également par des rituels. Bien qu'ils ne relèvent pas tous de la religion, les **rituels** jouent un rôle central dans l'activité religieuse. Les rituels incluent toute une gamme de comportements par lesquels les humains agissent de façon formelle et répétitive à l'occasion d'une situation donnée. Concrètement, on parle ici d'un enchaînement de gestes dont la séquence est prédéterminée et dont l'occurrence est destinée à se répéter lorsque les circonstances qui la commandent surviennent (Bonte et Izard, 2007). Lorsqu'on assiste à un baptême ou à des funérailles, par exemple, il serait hasardeux d'improviser une façon de se comporter. Dans ces circonstances, par tradition, il faut se plier aux conventions et suivre le protocole. Comme ces comportements ne sont pas innés et qu'ils varient considérablement d'un rituel à l'autre, il est nécessaire d'en faire l'apprentissage. Afin d'agir convenablement

Rituel

Séquence prédéterminée d'actions et de gestes formels, effectués dans un endroit et à un moment précis, destinée à être répétée lorsque les circonstances qui la commandent surviennent.

245

Les Tibétains ont adopté différentes façons de prier. À Lhassa, capitale du Tibet, des pèlerins viennent de partout pour visiter le Potala, ancien palais d'hiver des dalaï-lamas. Effectuer 108 fois le tour du Potala attirerait chance et bonne fortune. Ce pèlerin prie en faisant tourner les moulins à prière situés devant lui ainsi que celui qu'il tient à la main. Pendant ce temps, le vent fait de même en agitant les drapeaux à prière situés juste au-dessus.

© Hung Chung Chih/Shutterstock.com

et de se comporter comme les autres participants, il faut donc apprendre la séquence appropriée de gestes. Comme nous le verrons plus loin, les activités associées aux rites religieux sont très variées et incluent des comportements aussi divers que la prière, la danse, l'offrande, la magie et le pèlerinage.

Habituellement, les rituels religieux servent à rappeler les règles et les valeurs fondamentales inscrites dans le système de croyances de ceux qui y adhèrent. Lorsqu'ils prient ou font des offrandes, par exemple, les humains tentent de trouver dans un monde invisible ce qui les aiderait à comprendre leur propre monde et sollicitent l'intervention de puissances surnaturelles pour régler ce qu'ils n'arrivent pas à résoudre par leurs propres moyens. D'autres rituels à saveur religieuse servent à souligner les moments importants de l'existence d'un individu (la naissance, le mariage, etc.) et à lui rappeler le rôle qu'il aura à tenir en tant qu'homme ou femme, en tant que jeune ou aîné, bref en tant que membre à part entière de son groupe d'appartenance.

Les rituels religieux répondent donc à différents besoins. Si certains relèvent de pratiques individuelles (prières, offrandes), la plupart se font en groupe (messe, procession, danses, sacrifices). Les gestes et les symboles contenus dans les rituels diffèrent grandement d'une culture à une autre. Toutefois, il demeure que plusieurs d'entre eux ont des points communs. Les prières et les offrandes prennent, bien sûr, des formes diverses, mais elles existent dans la plupart des religions. La magie ou la sorcellerie sont également des moyens utilisés dans plusieurs cultures pour influencer les forces surnaturelles. Les anthropologues ont également constaté que plusieurs rituels s'exercent dans des contextes similaires d'une culture à une autre, ce qui les a incités à les classer dans différentes catégories : les rites de passage ou d'initiation, qui visent à souligner les étapes de l'existence ; les rites d'intensification, qui visent le renforcement de la cohésion du groupe dans des occasions particulières ; et les rites de rébellion ou d'inversion, qui cherchent à renverser temporairement les rapports de force qui existent habituellement entre les individus. Par exemple, le Carnaval de Rio au cours duquel les hommes deviennent des femmes, les pauvres deviennent des riches et où plusieurs transgressions de statut sont permises le temps de la fête, est un exemple classique de rituel de rébellion. Examinons ici quelques rituels ainsi que des catégories de rituels.

La prière et les offrandes

Par la prière, les humains cherchent à communiquer avec le monde surnaturel. De cette manière, ils invoquent, remercient et louangent les entités qu'ils chérissent ou leur demandent conseil. Largement répandue, la prière se pratique de multiples façons. Mains jointes et à genoux, comme peuvent le faire les chrétiens, en se balançant vers l'avant comme certains juifs orthodoxes, en se prosternant vers La Mecque comme les musulmans, ou encore en faisant tourner un moulin à prières comme les bouddhistes tibétains. Bien qu'elle puisse se pratiquer seul, la prière donne lieu à d'importants rassemblements : la messe du dimanche à l'église chez les chrétiens, le rendez-vous à la synagogue le samedi chez les juifs ou encore la prière collective du vendredi à la mosquée chez les musulmans. Ce qui compte pour les pratiquants, c'est de partager leur foi avec d'autres et de vivre leur religion en compagnie de personnes adhérant aux mêmes croyances qu'eux.

Une autre façon répandue d'échanger avec le monde surnaturel est de lui offrir des biens ou des denrées. En agissant de la sorte, on cherche, ici aussi, à remercier ou à rendre hommage aux êtres surnaturels que l'on vénère. À l'entrée des églises chrétiennes, on trouve des lampions ou des cierges qu'il est possible d'allumer. Dans les cimetières, on trouve souvent au pied des pierres tombales des fleurs offertes aux défunts (*voir l'encadré La Toussaint au Mexique : un hymne à la mort !*). Dans les commerces asiatiques, un autel est généralement érigé en l'honneur du Bouddha ou d'autres ancêtres. Comme à la pagode, on y dépose de l'encens, mais aussi des fruits. Dans d'autres circonstances, on peut ériger une statue à l'effigie d'une divinité pour lui rendre gloire ou la remercier pour un service rendu. Devenues sacrées, en quelque sorte, ces statues incarnent parfois l'entité louangée et font à leur tour l'objet d'un culte.

Exemple ethnographique

La Toussaint au Mexique : un hymne à la mort !

Nadine Trudeau

La Toussaint et le jour des Morts, célébrés au Mexique chaque début novembre sont bien plus que de simples fêtes chrétiennes en l'honneur des saints du paradis et des êtres chers aujourd'hui décédés. C'est aussi et surtout une façon de célébrer la mort, la vraie, celle qui nous attend tous au prochain tournant. Pour cette célébration, ni larmes, ni tristesse, on regarde la mort bien en face en affichant même une certaine sérénité. Et tous mettent du cœur à l'ouvrage pour que cette fête en l'honneur des morts soit joyeuse et réussie. Comme nous le verrons, on ne lésine ni sur les préparatifs, ni sur les offrandes.

Dans les familles, les jours entourant la fête des morts sont des moments privilégiés pour se souvenir des proches disparus. Cette commémoration s'amorce par une grande frénésie de nettoyage, qui n'est pas sans rappeler le traditionnel ménage du printemps au Québec de jadis. La maison est frottée de fond en comble, même les portes et les fenêtres y passent. Les plus zélés repeignent les tables et les chaises en jaune, la couleur de la fleur des morts. Les Mexicains se préparent à recevoir leurs défunts avec autant d'enthousiasme que s'ils attendaient la visite d'un invité de marque. Tout est fait de sorte que les défunts se sentent conviés à une fête où règnent le bonheur et la joie de vivre. Une autre partie de la fête se passe au cimetière : les pierres tombales sont décorées et fleuries pour l'occasion.

Les images de la mort apparaissent sous une forme ou une autre dans tout le Mexique, depuis les temps les plus reculés. Aujourd'hui, lors de la fête des Morts, les vitrines des magasins et les marchés exhibent des échafaudages de crânes en sucre au couleurs vives, des pains en forme d'os et des caricatures représentant des squelettes souriants en train d'accomplir des gestes quotidiens.

© Sisqopote/Shutterstock.com

À la veille des célébrations, il faut s'occuper d'attirer l'âme des morts et veiller à ce qu'ils ne se trompent pas de maison. Des signaux sont donc laissés aux défunts pour les guider vers leurs proches : des croix et des étoiles accrochées aux fenêtres ou sur le toit, des fleurs parsemant le sentier de la demeure, des cierges, des lanternes… Pour que les âmes se sentent bienvenues, des offrandes sont déposées sur une table à côté d'images saintes dans une pièce centrale de la maison. La nature de ces offrandes diffère d'une maison à une autre, d'un budget à un autre, mais règle générale, on offre le traditionnel pain des morts cuit seulement à cette occasion. On y ajoute des fleurs, des fruits, des objets et de la nourriture que le défunt affectionnait. Des paquets de cigarettes et des bouteilles d'alcool viennent couronner le tout. Il faut bien que le défunt s'amuse un peu !

Dans plusieurs foyers, à la campagne surtout, la journée du 31 octobre est consacrée à l'accueil des âmes des enfants décédés, les *angelitos* (petits anges). Des fleurs et de petites bougies blanches sont déposées sur la table, au milieu de jouets avec lesquels les *angelitos* pourront s'amuser. Le lendemain vers midi, les cloches de l'église annoncent le départ des petits anges et l'arrivée des âmes adultes. Les fleurs blanches seront remplacées par des jaunes, et les petites bougies par des grandes, en suivant la même règle ; une pour chaque défunt. On ajoute parfois une bougie supplémentaire pour les âmes oubliées, celles qui n'ont nulle part où aller.

Le 2 novembre est réellement consacré jour des Morts *(Dia de los muertos)* dans tout le pays, et ce jour est férié. Les Mexicains auront tout le loisir d'accueillir leurs défunts et de passer la journée avec eux dans une ambiance festive. Durant la soirée, on allume des bougies et des cierges pour éclairer la route du retour et éviter ainsi que les âmes ne s'égarent en chemin. Elles pourraient rester prisonnières du monde des vivants et venir les hanter à jamais. Dans plusieurs villages, c'est au cimetière que les familles iront dire au revoir à leurs défunts. La lumière des bougies et la fumée du copal (un encens qui dégage une odeur sucrée) montent au ciel en même temps que les voix des parents qui murmurent : « À l'année prochaine ici ou un jour au ciel ! » Les jours suivants, les parents et amis partagent les offrandes en l'honneur des morts, et la fête se poursuit joyeusement.

Mais d'où vient cette tradition ? Dans le calendrier rituel chrétien, la Toussaint trouve son origine il y a fort longtemps. Dès les débuts du christianisme, des centaines de personnes, martyrs ou individus exemplaires, furent consacrées saintes. Peu à peu s'est constitué ce que l'on appelle la « communauté des saints ». Au départ, on leur réservait une dévotion locale, mais à partir de la fin du IVe siècle, l'universalisation du culte des saints a conduit au calendrier canonique. Chaque jour comptait son saint, si bien que rapidement il y a eu plus de saints que de jours dans l'année. Par souci de ne pas vouer à l'oubli tant d'existences remarquables, on a décidé de créer la fête de la Toussaint (qui signifie littéralement « tous les saints »). Désormais le 1er novembre, les chrétiens honorent tous les saints oubliés et qui n'ont pas de fête propre. Depuis le début, la Toussaint a été également l'occasion de se remémorer les morts et d'aller fleurir leurs tombes. Il n'y a pas qu'au Mexique où la Toussaint et la fête des Morts se confondent, ou se suivent de près. C'est le cas de plusieurs autres pays chrétiens. La tradition nord-américaine n'échappe pas à cette règle. Le mot *Halloween*, utilisé pour la fête des fantômes et des squelettes à la veille de la Toussaint, n'est-il pas une abréviation de *All Hallow Even* qui signifie « tous les sanctifiés sans distinction » ?

Et que représente cette fête pour le peuple mexicain ? Dans l'ensemble, il s'agit de souligner son attachement aux personnes décédées que l'on chérissait. Mais, plus que les personnes défuntes, c'est la mort elle-même que l'on célèbre. Conchita, une paysanne de 26 ans, fournit une interprétation d'une étrange lucidité : « Nous côtoyons la mort tous les jours, qu'y a-t-il de mal à lui consacrer un peu de notre temps ! » Il est vrai que la mort rôde souvent au Mexique. Les taux de mortalité sont plus élevés dans ce pays qu'au Canada. Les maladies infectieuses fauchent encore de nombreuses vies dans les campagnes et, plus récemment, ce sont les morts occasionnées par la guerre que se livrent les cartels de la drogue qui atteignent des proportions vertigineuses. En effet, depuis les années 1990, la violence qui gangrène les régions frontalières, mais aussi plusieurs autres États, est en progression en raison de la corruption qui permet aux cartels d'acheter policiers, juges et politiciens. Les barons de la drogue qui contrôlent des municipalités et des régions ont le champ libre et se livrent à leurs méfaits en toute impunité. Au-delà du découragement que plusieurs éprouvent devant ce phénomène de plus en plus envahissant et dangereux, plusieurs observateurs remarquent une incroyable tolérance des Mexicains devant la mort, tolérance qui semble enracinée dans leur culture depuis des générations. Cette fascination pour la mort s'enracine tant dans les croyances précolombiennes que chrétiennes.

Un séjour au Mexique durant la fête des Morts transforme irrémédiablement le regard qu'a le visiteur sur la mort. Au départ, c'est avec surprise, incrédulité, voire avec dégoût, qu'il observe ce peuple qui semble épris de la mort. Est-il normal qu'elle n'ait rien de sinistre à leurs yeux? Lorsqu'on le questionne à ce sujet, le Mexicain répondrait aisément: «La mort fait partie de la vie, il ne faut surtout pas essayer de la cacher, elle est plus forte et plus intelligente que nous!»

À force d'en voir une représentation si esthétique, si festive, le visiteur finit lui aussi par se réconcilier avec elle et, pourquoi pas, à la considérer avec une légère ironie. Pourquoi ne pas apprivoiser celle qui, inévitablement, frappera à notre porte un jour ou l'autre?

La magie et la sorcellerie

L'une des pratiques rituelles les plus fascinantes résulte de la croyance qu'il est possible de contraindre des forces surnaturelles à agir de manière favorable ou défavorable, grâce à des formules précises et à des gestes appropriés. Une telle pratique correspond à la notion, classique en anthropologie, de **magie**. De nombreuses cultures pratiquent des rites magiques pour assurer de bonnes récoltes, la prolifération du gibier, la fertilité des animaux domestiques ou la prévention et la guérison des maladies humaines.

Si de nombreux Occidentaux ont tenté d'évacuer ces notions fantastiques de leur esprit, ils n'en continuent pas moins à les trouver captivantes. En effet, ils adorent les livres et les films traitant de possession du démon et de sorcellerie. On peut ici penser à la popularité d'Harry Potter et de la trilogie du *Seigneur des Anneaux*. De plus, les ventes de matériel à caractère occulte, comme les cartes de tarot, ont augmenté au cours des dernières années. Il est certain que les peuples traditionnels ont facilement tendance à voir des forces magiques à l'œuvre dans leur monde, mais c'est également le cas de beaucoup d'Occidentaux.

Les anthropologues distinguent généralement deux types de magie. Le premier, la magie imitative, a comme principe que le semblable appelle le semblable. Il s'agit ici de faire subir un sort semblable à celui fait à une image ou à une représentation d'un individu, comme c'est le cas dans le vaudou haïtien. Au Myanmar (anciennement la Birmanie), dans le cas d'un amour non partagé, un homme peut engager un sorcier qui fabriquera une image de la femme aimée. Selon la croyance, si cette image est jetée à l'eau avec certaines amulettes, l'infortunée jeune femme perdra la raison. Dans le deuxième type, la magie contagieuse, les objets ou les parties du corps (cheveux, ongles, dents, etc.) qui ont été en contact avec un individu peuvent par la suite avoir

© Patrick Durand/Sygma/Corbis

En Afrique du Sud, les *sangomas* sont des sorciers (hommes ou femmes) dont la principale fonction est de soigner les gens. Comme les *sangomas* sont respectés par les autorités médicales, on fait appel à leur savoir pour lutter contre les problèmes de santé publique. Avant de pouvoir pratiquer, les *sangomas* doivent suivre une formation et être initiés. Une fois en transe, cette femme peut entrer en contact avec les esprits de ses ancêtres, qui lui conféreront leurs pouvoirs.

une influence sur lui. Les Basutos du Lesotho, en Afrique australe, par exemple, prenaient soin de cacher leurs dents extraites, de crainte qu'elles ne tombent entre les mains de certains êtres mythiques qui auraient pu leur nuire par des moyens magiques. Dans les sociétés occidentales, le fait de chérir des objets (bijoux, montre, etc.) touchés ou appartenant à certaines personnes au statut particulier s'apparente à une telle coutume.

> **Magie**
>
> Croyance selon laquelle il est possible de contraindre des forces surnaturelles à agir de manière favorable ou défavorable, grâce à des formules précises et à des gestes appropriés.

Bien que parfois considérées comme des synonymes, il arrive qu'on distingue la **sorcellerie** de la magie. Lorsque cette distinction est faite, on décrit la sorcellerie comme le pouvoir psychique qu'utilisent, parfois inconsciemment, certains individus pour causer préjudice à autrui. Elle désignerait à la fois le rituel pratiqué par un sorcier (homme ou femme) ayant fait appel aux pouvoirs surnaturels dont il disposerait (People et Bailey, 2012) et les effets néfastes sur leurs présumées victimes (Bonte et Izard, 2007). Comme nous le verrons, dans bien des cultures, la sorcellerie fournit des explications à des évènements malencontreux (accident, mort, infortunes diverses) aux causes méconnues.

Chez les Ibibios, comme chez de nombreux peuples de l'Afrique subsaharienne, la croyance en la sorcellerie existe depuis longtemps, et ce, en dépit d'une modernisation et d'une scolarisation importante de la population. Ainsi, le rat qui mange la récolte est perçu comme une sorcière qui s'est transformée en rat. Si un jeune homme entreprenant ne peut pas obtenir d'emploi ou échoue à un examen, c'est parce qu'il a été ensorcelé. Si une personne tombe malade ou se fait mordre par un serpent, la raison en est toujours la même : la sorcellerie. En effet, presque tous les malheurs, les maladies et les décès sont attribués aux activités malveillantes de sorcières, dans le cas présent. Les connaissances de la médecine moderne que possèdent les Ibibios ont peu d'incidence sur leur vision des choses. Après tout, la science n'explique pas toujours pourquoi un individu plutôt qu'un autre est atteint d'une maladie.

Les Navajos, Amérindiens d'Amérique du Nord, croient également au pouvoir de la sorcellerie et en distinguent d'ailleurs plusieurs types. Les sorciers navajos usent de sorcellerie pour tuer des personnes à distance en s'alliant des esprits destructeurs. D'autres fois, les sorciers jettent plutôt des sorts en se servant des ongles, des cheveux ou des vêtements de la personne visée. Chez les Navajos, la **divination** est utilisée pour déterminer si une maladie résulte d'un sort jeté et révèle l'identité de la sorcière ou du sorcier qui en est responsable. Une personne accusée de sorcellerie sera interrogée publiquement, parfois même torturée, jusqu'à ce qu'elle passe aux aveux. On croit que sa propre malédiction se retournera alors contre elle et qu'elle mourra donc dans l'année. Par ailleurs, certains sorciers auraient été autorisés à s'exiler.

La sorcellerie, malgré ses intentions maléfiques, peut parfois produire indirectement des effets positifs.

Les règles de bienséance strictes qu'observent les Navajos les laissent rarement exprimer leur hostilité, sauf par des accusations de sorcellerie. La formulation de telles accusations leur permet de canaliser les émotions négatives réprimées. Les individus s'efforcent ainsi d'adopter un comportement qui préviendra toute accusation de sorcellerie. Puisque une trop grande richesse est perçue comme le résultat de la sorcellerie, chacun est encouragé à redistribuer ses biens aux amis et aux parents, ce qui amoindrit les différences économiques. De même, comme les Navajos pensent que les aînés négligés se transformeront en sorciers, ils tiennent beaucoup à prendre soin de leurs parents vieillissants.

Comme l'a observé Mair (1969), croire en la sorcellerie n'est pas ridicule et est même indispensable à certains peuples. On ne se résigne pas devant la maladie, et si elle est causée par un sort, des contre-mesures magiques devraient la soigner. Le concept du sort jeté résout non seulement le problème des souffrances non méritées, mais il explique aussi les malheurs aux causes inconnues. Même si on parvenait à convaincre une personne que sa maladie est due à des causes naturelles, cette personne ferait comme les Ibibios et demanderait : pourquoi moi, pourquoi maintenant ?

Une telle vision ne laisse aucune place au hasard : tout doit avoir une cause ou une signification. La sorcellerie apporte l'explication et, ce faisant, offre des moyens pour réagir à l'infortune. Les Navajos et les Ibibios ne sont pas les seuls à rendre la sorcellerie responsable des évènements malheureux, car des croyances similaires se retrouvent dans de nombreuses sociétés.

En Europe de l'Ouest et en Amérique du Nord, la sorcellerie n'est guère plus pratiquée. Autrefois, il en était tout autrement. Pensons aux sorcières de Salem aux États-Unis et à la chasse aux sorcières en Europe où de 50 000 à 100 000 femmes auraient été

Sorcellerie

Explication d'évènements malencontreux basée sur la croyance que certains individus possèdent la capacité de pratiquer des rituels susceptibles de causer du mal à autrui, en raison des pouvoirs psychiques dont ils disposent.

Divination

Procédé magique visant à déterminer la cause d'un évènement particulier, comme la maladie, ou à prédire l'avenir.

Chez les Aborigènes, les rites religieux renforcent les liens qui les unissent à la terre et aux « ancêtres du temps du rêve ». Adolescents, les garçons quittent progressivement le monde des femmes pour accompagner les hommes et entamer leur apprentissage des activités masculines. Leur initiation est ponctuée de périodes d'isolement, d'interdits alimentaires et d'une importante cérémonie. Au cours des préparatifs, des symboles sont tracés sur leur corps.

© Penny Tweedy/Alamy

exécutées après avoir été, pour la plupart, accusées de sorcellerie, au XVIIᵉ siècle. Certains faits divers nous rappellent cependant qu'elle est pratiquée de façon très discrète. En 2009, l'un des meilleurs joueurs de soccer de l'époque, le portugais Christiano Ronaldo s'est blessé lors d'un match. Quelque temps après, un sorcier espagnol a annoncé publiquement qu'il était responsable de l'incident. Payé par une ex-petite amie jalouse, ledit sorcier serait parvenu à envoûter le joueur vedette du Real Madrid. Pour conjurer ce mauvais sort et contrer la magie noire, un proche de Ronaldo aurait payé les services d'un autre sorcier. Que dire maintenant du journal *La Presse* de Montréal, lequel, en 2010, lors des séries éliminatoires de hockey a «publié» une poupée vaudou format papier à l'image d'Alexandre Ovechkin des Capitals de Washington, puis une autre d'Evgeni Malkin des Penguins de Pittsburgh, à la veille du septième match de leur série respective contre les Canadiens de Montréal. Les deux matchs ont été gagnés par ces derniers.

Les rites de passage

L'analyse des pratiques religieuses chez différentes populations a conduit les anthropologues à classer les rituels en différentes carégories. Parmi celles-ci, les rites de passage sont probablement les plus souvent observés. Dans un ouvrage considéré comme un classique de l'anthropologie, Arnold Van Gennep (1960) a analysé les rites destinés à aider les individus à traverser les étapes cruciales de leur existence : la puberté, le mariage, la naissance d'un enfant ou la mort d'un proche. En général, les **rites de passage** comportent trois phases : la séparation, la transition et l'intégration. L'individu est d'abord rituellement mis à l'écart de son groupe, puis isolé un certain temps et, finalement, réintégré dans le groupe selon son nouveau statut.

Van Gennep a, entre autres, décrit les rites d'initiation masculine chez les Aborigènes australiens. Lorsque les aînés décident que le rite doit être accompli, les garçons sont conduits à l'extérieur du village (séparation) pendant que les femmes pleurent et manifestent une résistance ritualisée. Entretemps,

des hommes provenant de nombreux villages se rassemblent avec les garçons dans un endroit situé loin du camp. Les aînés chantent et dansent tandis que les initiés font comme s'ils étaient morts. Cette étape du rite s'achève par une opération physique comme la circoncision ou l'extraction d'une dent. Lors de cette étape (transition), le novice peut assister à des cérémonies secrètes et recevoir un apprentissage, mais l'élément le plus important est son retrait complet de la collectivité.

Quand il retourne chez les siens (intégration), le novice est accueilli par des cérémonies, comme s'il revenait d'un séjour chez les morts. Tous les membres de son groupe sont ainsi informés de son nouveau statut. Ils peuvent donc s'attendre à ce qu'il agisse d'une certaine façon et, en retour, ils doivent se conduire adéquatement envers lui. Les nouveaux droits et devoirs de l'initié sont clairement définis.

Dans cet exemple des Aborigènes australiens, les garçons sont initiés non seulement à leur vie

Rites de passage

Rites, souvent religieux, qui soulignent les étapes importantes de la vie, comme la naissance, le mariage et la mort.

Installée près de la rivière Bagmati au Népal, Pashupatinath est un haut lieu de pèlerinage. Le long de la rivière, en plein cœur de la ville, des plates-formes en pierre font office de bûchers de crémation. Sitôt après la mort, le corps du défunt est baigné, puis revêtu de blanc et couvert de fleurs. Il est ensuite porté en convoi funèbre, puis déposé sur une litière de bois. Une fois la crémation terminée, les cendres sont déposées dans une jarre et immergées dans un fleuve sacré. Ainsi se déroule l'ultime rite de passage de nombreux Népalais.

Offert par Barbara Jacques

d'adulte, mais aussi à leur vie d'homme. La force de caractère et l'endurance physique sont considérées comme des qualités masculines importantes. La douleur résultant de l'extraction d'une dent ou de la circoncision sert à inculquer ce trait aux initiés. Elle sert également à détourner l'attention des individus, maintenant plus concentrés à affronter un mal physique qu'à vivre le deuil ou la peine que représente leur changement de statut. De la même façon, chez les Mendés en Afrique de l'Ouest, les rites d'initiation féminine préparent les jeunes filles à leur vie de femme. Après leurs premières menstruations, les jeunes filles sont mises à l'écart pendant des semaines, voire des mois. Elles abandonnent leurs vêtements d'enfant, s'enduisent le corps d'argile blanche et enfilent des jupes courtes et de nombreux colliers de perles. Peu après, elles subissent l'excision du clitoris. Jusqu'à leur réintégration dans la collectivité, des femmes expérimentées (c'est-à-dire des initiées qui font désormais partie de la société féminine Sandé) leur enseignent les responsabilités morales et pratiques inhérentes à leur futur rôle de mère.

Ce rite de passage est important pour les femmes mendées. Effectué dans un contexte festif (chants, danses, etc.), il ne vise pas à assujettir les femmes ou à leur infliger des sévices contre leur gré. Comme il est mentionné au chapitre 7, les mutilations sexuelles sont enracinées dans certaines cultures, et ce, en dépit de lois qui les interdisent. Même si ces rituels menacent l'intégrité physique des femmes, les membres des cultures qui les pratiquent ne les voient pas tous ainsi ; l'enculturation fait en sorte qu'ils sont perçus positivement par plusieurs membres de la collectivité. Dans la culture mendée, la douleur et les risques liés à l'excision, vécue avec le soutien des autres femmes, constituent une sorte de métaphore de l'accouchement. Ce rituel est aussi une façon d'éliminer toute ambiguïté sexuelle, le clitoris étant considéré comme l'équivalent féminin du pénis (MacCormack, 1977). Même si aujourd'hui de plus en plus de femmes africaines – mais aussi des hommes – s'opposent à ces pratiques, elles

persistent dans plusieurs communautés en raison de leur enracinement très ancien (plusieurs siècles). Pour faire changer les mentalités, des intervenants locaux et des anthropologues sont d'avis qu'une meilleure compréhension du phénomène combinée à un programme d'éducation auprès des populations concernées constitueraient une meilleure solution que l'unique prohibition qui n'a eu jusqu'à présent que peu d'effets (Gomis et Moustapha, 2008).

Dans les sociétés occidentales telles que celle du Québec, les rituels de passage ont persisté malgré la chute de la pratique religieuse. Pour plusieurs Québécois, les baptêmes, les mariages et les funérailles catholiques sont souvent les seules occasions où ils iront à l'église au cours de leur vie (*voir l'encadré La religion au Québec et au Canada*). La mise au rencart des pratiques religieuses n'a donc pas eu autant d'effets sur ces rituels puisque, à défaut de mieux, les individus continuent d'avoir besoin de les pratiquer. Cela dit, on observe au Québec, comme ailleurs en Occident, des rituels de passage à caractère profane plutôt que religieux. Pensons ici aux initiations dans les clubs sportifs ou les établissements d'enseignement, aux enterrements de vie de garçon, ou encore au *baby-shower* qui souligne la première grossesse chez une femme. De même, la fête des 15 ans, pratiquée en Amérique latine constitue un véritable rite de passage au cours duquel les jeunes filles laissent derrière elles leur enfance pour devenir des femmes. Ce rituel est parfois précédé d'une messe célébrée dans une église catholique, ce qui ajoute un caractère religieux à l'évènement habituellement profane, lui donnant toutes les apparences d'une noce.

© Keith Dannemiller/Alamy

La célébration des quinze ans (*quince años*) des jeunes filles aurait des origines mexicaines anciennes. Aujourd'hui fêté dans toute l'Amérique latine, cet événement social et religieux marque le passage de la jeune fille à la vie adulte. Pour symboliser la sortie de l'enfance, on lui remet une poupée, son dernier jouet. Elle chausse ensuite des souliers à talons hauts remis par son père ou un autre homme, signe qu'elle est devenue une femme. Autrefois modeste, la tenue de la jeune fille s'apparente aujourd'hui à celle des princesses. Extravagantes et coûteuses, les festivités ne sont pas accessibles à toutes les familles ; si certaines s'endettent, d'autres n'ont pas les moyens de les offrir à leur fille.

Les rites d'intensification

Les **rites d'intensification**, parfois appelés «rites de solidarité», marquent les moments importants dans la vie d'un groupe plutôt que dans celle d'individus. On y recourt parfois lorsque surviennent des évènements imprévus, comme des crises ou des menaces. Quelle que soit la nature exacte de la crise – une grave sécheresse qui menace les récoltes, l'arrivée soudaine d'une expédition guerrière ennemie ou le début d'une épidémie –, le groupe organise alors des cérémonies collectives pour parer au danger qui le menace. Ces cérémonies unissent les individus dans un effort commun afin que la peur et la confusion cèdent le pas à une action collective et à un sentiment d'optimisme. Après avoir été perturbé, l'équilibre des relations peut ainsi se rétablir, ce qui favorise du coup l'affirmation et la célébration des valeurs de la collectivité.

Les rites d'intensification ne se pratiquent pas uniquement lors d'une crise manifeste. Dans les régions où les saisons sont suffisamment différentes pour imposer des modifications à l'activité humaine, ces rites prennent la forme de cérémonies annuelles. Ils sont particulièrement courants chez les peuples horticoles et agricoles : cérémonies de plantation, de récolte initiale et de récolte finale. Ils encadrent les moments cruciaux de la vie agricole au sein de ces peuples et expriment le respect des forces de la nature dont dépend l'existence même de ces peuples. Si tout va bien, comme c'est souvent le cas lors de ces périodes, la participation à une fête renforce la mobilisation du groupe. Ces rites servent aussi de répétition générale en vue des situations de crise grave.

L'activité rituelle renforce la confiance envers les forces surnaturelles, confiance qui peut ensuite être très utile en situation difficile, lorsqu'il importe de ne pas céder à la peur et au désespoir.

Les rites d'intensification peuvent également jouer un rôle d'éducation. Assez souvent, des pièces de théâtre accompagnent de tels rites et mettent en scène des aspects importants de la culture. Par exemple, chez les peuples de chasseurs-cueilleurs, des danses peuvent imiter les mouvements du gibier et simuler des techniques de chasse.

En Amérique du Nord, les célébrations festives d'avant-match au football (le *tailgate*) correspondent à ce type de rituel, mais sans son caractère religieux. Fréquents au football universitaire, mais aussi dans la NFL (Ligue nationale de football), ces rituels profanes permettent aux partisans de renouveler leur sentiment d'appartenance à leur institution (dans le cas d'une université) ou à leur ville (dans le cas des ligues professionnelles). Au Québec, les rassemblements d'avant-matchs de l'équipe Rouge et Or de l'Université Laval sont célèbres. Comme aux États-Unis, quelques heures avant le match, les partisans s'installent dans le stationnement du stade pour manger et boire de la bière. Certains arrivent maquillés, d'autres apportent leur barbecue. Les rassemblements populaires auxquels donnent lieu les matchs

> **Rites d'intensification**
> Rites, souvent religieux, qui visent le renforcement des liens d'un groupe lors d'évènements particuliers.

de soccer durant la Coupe du monde constituent un autre exemple de rituel que l'on pourrait qualifier d'intensification. En rapprochant les individus originaires d'un même pays dans un contexte festif, mais sérieux (dans bien des pays, le soccer constitue, comme le hockey ici, une sorte de «religion»), ces rassemblements renforcissent le sentiment d'appartenance et raffermissent les liens sociaux.

Exemple ethnographique

Le rite de la tente tremblante

par Nadine Trudeau

Avant leur évangélisation et leur sédentarisation, les Autochtones des régions subarctiques partageaient des croyances selon lesquelles les êtres humains cherchant à capturer un animal devaient non seulement connaître ses habitudes, mais aussi pouvoir entrer en communication avec lui. Cette relation entre être humain et animal s'établissait souvent par l'intermédiaire d'esprits appelés «maîtres des animaux». Ces esprits-maîtres veillaient sur les animaux et déterminaient leurs déplacements et, sans leur assentiment, le gibier restait hors de portée des chasseurs. Il fallait absolument entretenir de bonnes relations avec les esprits-maîtres pour qu'ils consentent à la capture du gibier. Une fois bien disposés, les esprits-maîtres renseignaient les êtres humains sur la localisation des bêtes, principalement au moyen de rêves, du tambour ou du rite de la tente tremblante.

Le rite de la tente tremblante comptait parmi les pratiques chamaniques des Cris (Turner, 1979 ; Rousseau et Rousseau, 1947), des Innus-Montagnais (Vincent, 1973 ; Armitage, 1992 ; Speck, 1977), des Naskapis (Speck, 1977) et aussi, dans une moindre mesure, des Algonquins (Leroux, 1992). Contrairement à d'autres rites qui visaient également la communication avec le monde invisible et qui étaient à la portée de tous, la cérémonie de la tente tremblante ne pouvait être officiée que par le chaman. Il fallait posséder des facultés extraordinaires pour bien communiquer avec les êtres non humains, et seul un chaman puissant avait ces facultés. De plus, on considérait qu'il était dangereux de pratiquer ce rite, car en cas d'échec, les esprits pouvaient manifester une grande colère et jeter des sorts au groupe (Armitage, 1992).

Pour pratiquer ce rite, il fallait ériger une tente spéciale selon des règles transmises en rêve au chaman par les esprits. Généralement, la tente tremblante était construite à l'aide de piquets de bois de genévrier, entourés de deux cerceaux, l'un de cèdre et l'autre d'amélanchier. Le tout était recouvert de peaux de caribou, ou d'un autre cervidé, et prenait alors la forme d'un dôme plus haut que large. Pour éviter que la lumière n'y pénètre, on obstruait les fentes et les craquelures dans la toile (Turner, 1979), ou bien on érigeait la tente tremblante à l'intérieur d'une autre tente plus grande (Bouchard, 1977).

Après en avoir fait le tour trois fois, le chaman entrait seul dans la tente, laissant les autres à l'extérieur. Il s'installait au centre, assis sur les talons, le visage tourné vers le sol, et il commençait à chanter et parfois aussi à jouer du tambour. Lorsqu'un esprit (un maître des animaux, par exemple) répondait à l'appel et entrait dans la tente, celle-ci était secouée vigoureusement. Venaient ensuite d'autres esprits qui se présentaient un à un, après avoir frappé sur les parois de la tente avant d'entrer. Le chaman communiquait avec les esprits par le chant, jamais par la parole. Cette communication l'amenait ainsi à voir ce que normalement les yeux ne voient pas. Par exemple, elle lui permettait de connaître la localisation du gibier, de recevoir des nouvelles de familles ou de personnes disparues, de prévoir les dangers qui planaient sur le groupe, etc. Si le chaman avait plutôt l'intention de combattre un être malfaisant, il invoquait les mauvais esprits pour qu'ils le tuent (Vincent, 1973 ; Armitage, 1992).

Le chaman ne devait pas abuser de la tente tremblante. Il fallait que le motif en vaille vraiment la peine et que les autres moyens employés aient échoué. L'échec des autres rites signifiait que la communication avec l'esprit avait été perturbée, parce qu'on lui avait manqué de respect, par exemple. Il fallait alors entrer en contact avec lui et suivre ses recommandations pour que soit réparée l'erreur commise. Mathieu Mestokosho, un Innu-Montagnais de Mingan qui a raconté ses souvenirs de jeunesse à l'anthropologue Serge Bouchard, décrit comme suit une cérémonie de tente tremblante officiée par le chaman, après un épisode de famine :

> Ils décidèrent de dresser une tente tremblante pour en savoir plus long. Ils firent la cérémonie durant la soirée. Ils montèrent une petite tente tremblante à l'intérieur de la tente familiale. Alors le chaman entra à l'intérieur de la tente et tous les autres se rassemblèrent autour. Tous ceux-là entendirent Papakassik, le Maître du caribou, faire son entrée dans la tente. Il était de mauvaise humeur à cause du gaspillage de huit caribous. […] «Mais qu'avez-vous donc fait? Je vous donne de la nourriture et vous ne la prenez pas.» […] Le maître du caribou, par la voix du chaman, continua son discours: «Vous pourriez au moins ramener les os du caribou pour vous en faire de la graisse. Vous pourriez au moins ramener les peaux de caribou pour fabriquer de la babiche. Vous pourriez aussi ramener les têtes de caribou qui sont si bonnes à manger.» (Bouchard, 1977, p. 123)

Habituellement, seuls les bons chasseurs devenaient chamans et leurs pouvoirs devaient donner des résultats concrets: vaincre une famine, attirer les bons augures, localiser le gibier. La faculté de clairvoyance des chamans et la capacité d'interpréter les signes des êtres non humains témoignaient de leur grande puissance. Cette puissance (qui se dit *manitushiun*, en langue innue-montagaise) s'acquérait tout au long de leur vie de chasseur et elle était directement liée au nombre d'animaux qu'ils avaient capturés. Elle révélait ainsi les rapports privilégiés qu'ils avaient entretenus avec les maîtres des animaux (Armitage, 1992).

LES INTERMÉDIAIRES ENTRE LES HUMAINS ET LE SURNATUREL

Lorsque vient le temps d'entrer en contact avec le monde surnaturel, le commun des mortels sent souvent le besoin de faire appel au service d'une personne spécialisée qui agira à titre d'intermédiaire entre le profane (la vie terrestre) et le sacré (essentiellement le monde surnaturel). Comme il n'est pas donné à tout le monde de savoir comment communiquer avec les entités surnaturelles, certains individus se voient confier la tâche de superviser le rapport entre les membres d'une communauté et les puissances surnaturelles. Ils sont jugés compétents parce qu'ils ont suivi une formation spéciale ou parce qu'ils sont dotés de certains traits de personnalité qui conviennent parfaitement à ce type de travail. Dans certaines cultures, que ces personnes soient des hommes ou des femmes importe peu. Ce qui compte, c'est qu'ils savent comment s'adresser au monde surnaturel et comprennent les messages que transmettent ceux qui l'animent. Ces spécialistes de la religion exercent leurs activités sur une base quotidienne ou occasionnelle.

Offert par Richard Vachon

Au Cambodge, le bouddhisme est pratiqué par 95 % de la population. Dans ce pays, les moines sont exempts d'impôt, de service militaire et ne peuvent témoigner en justice. Ils habitent dans des pagodes et prêchent par l'exemple. Les laïcs s'acquièrent des mérites en leur faisant des dons. Pour se nourrir et entretenir leur lieu de résidence, les moines s'en remettent à la population.

uniquement aux prêtres catholiques et s'applique à tout individu reconnu socialement comme étant au-dessus des humains, dans la hiérarchie d'une confession religieuse. Il peut s'agir d'un pasteur évangélique, d'un rabbin, d'un imam musulman ou d'un moine bouddhiste.

Les prêtres et les prêtresses

Des cultures entretiennent à temps plein des **prêtres** ou des **prêtresses** pour qu'ils supervisent les pratiques religieuses et intercèdent auprès des forces surnaturelles. La désignation «prêtre» doit être vue ici dans son sens large; elle ne correspond pas

Prêtre ou **prêtresse**

Intermédiaire entre le sacré et le profane qui exerce son activité à temps plein. Par exemple le prêtre des catholiques, le moine des bouddhistes, l'imam des musulmans et le rabbin des juifs sont tous des prêtres dans le sens large du mot.

Le prêtre ou la prêtresse est un membre d'une organisation religieuse socialement initié, à l'issue d'une cérémonie d'intronisation. Son rang et son rôle sont identiques à ceux de ses prédécesseurs. La culture et l'institution dans lesquelles officie le prêtre ou la prêtresse constituent les sources de son pouvoir.

Le prêtre est une figure familière en Occident. Puisque le Dieu du judaïsme, du christianisme et de l'islam a des traits masculins, il n'est pas surprenant que les hommes aient toujours occupé les postes les plus importants dans ces religions. On trouve plus rarement des femmes au sommet des institutions religieuses ; parmi les grandes religions, il n'y a que la religion bouddhiste qui accueille des moinesses, et, exceptionnellement, quelques mouvements protestants où l'on trouve des femmes pasteurs.

Les chamans

Les **chamans** occupent également une place centrale dans la vie religieuse de leur communauté, mais ils n'exercent leur savoir qu'à «temps partiel». Ce sont des individus réputés avoir un don pour contacter et influencer les êtres surnaturels, pour mobiliser les forces occultes, pour guérir et pour prédire l'avenir. Mais cela ne les empêche pas de chasser, de pêcher, de jardiner et de faire les mêmes tâches que tous les autres membres de leur communauté. À la fois devins, magiciens et sorciers, les chamans remplissent le rôle d'intermédiaires entre les humains et les esprits. Ils entretiennent une relation privilégiée avec la nature et les animaux (Bonte et Izard, 2007). Avant de pouvoir officier, les chamans doivent recevoir un signe leur indiquant qu'ils possèdent les connaissances et les pouvoirs appropriés. Cet appel peut se manifester de plusieurs façons. Par exemple, chez les Innus-Montagnais de la Côte-Nord, les chamans recevaient un appel des esprits par l'entremise des rêves (Bouchard, 2004). Chez les Inuits, les bébés naissant dans des circonstances exceptionnelles (par le siège, par exemple) avaient de bonnes prédispositions pour devenir chamans un jour (Rasmussen, 1994). Une fois l'appel reçu, les futurs chamans s'isolent du groupe, traversent différentes étapes et s'infligent des épreuves (sévices, jeûne, etc.) jusqu'à ce qu'ils «voient ce que les yeux normalement ne voient pas» ou jusqu'à ce qu'ils entrent en contact avec cet autre monde, celui des esprits. De retour dans leur collectivité, ils utilisent leur don de communiquer avec les esprits pour exercer les fonctions de sorcier et de guérisseur. Dans de nombreuses cultures, les hommes comme les femmes peuvent devenir des chamans.

Le chaman tire son prestige de ses talents et de son efficacité. Contrairement au prêtre, qui dirige les cérémonies collectives à date fixe (Vazeilles, 1991), le chaman agit en temps de crise et doit apporter une solution rapide à un problème majeur (danger imminent, famine, etc.). Il est une sorte d'intercesseur, de médiateur religieux, entre le monde des vivants et celui des entités surnaturelles. Il doit notamment guérir et tenter de prédire l'avenir. Pour ce faire, il doit conclure des alliances avec les esprits ou alors leur imposer sa volonté. Dans ce dernier cas, la lutte peut s'avérer dangereuse, étant donné les pouvoirs redoutables que sont censés posséder certains esprits. Dans plusieurs traditions chamaniques, la transe donne au guérisseur une sorte de vision qui lui permet de déterminer l'endroit du corps où se trouve la maladie et de voir les esprits qui rôdent à proximité. Cependant, tous n'ont pas besoin de changer leur état de conscience pour accéder à leurs pouvoirs surnaturels, plusieurs ont plutôt recours à la musique sacrée, à la danse et à d'autres équipements spéciaux (objets, offrandes, etc.).

En échange de son habileté à communiquer avec les esprits, le chaman reçoit parfois une rétribution en nature, que ce soit de la viande, des légumes ou un objet qu'il apprécie. Dans certains cas, le prestige, l'autorité et le pouvoir social liés à son statut constituent sa récompense. Quand le chaman préside une cérémonie, il y met parfois une touche spectaculaire (comme la transe), théâtrale, ou introduit un élément de risque dans sa prestation.

Lorsqu'ils président une cérémonie, les chamans inuits entreprennent un «vol chamanique» durant lequel ils accèdent aux mondes invisibles. Habituellement, c'est l'esprit du chaman qui vole, le corps restant sur terre, avec le monde des humains. Le chaman s'attache parfois avec des lanières et lorsqu'il est en contact avec des esprits, il bâille, émet des sons rauques, imite des sons d'animaux et il est pris de spasmes ou de tremblements. D'autres vont jusqu'à provoquer la transe en se transperçant le corps à l'aide d'un harpon sans pour autant sembler ressentir de douleur. D'autres fois, le chaman quitte la pièce et revient le corps mutilé et les

> **Chaman**
>
> Intermédiaire entre les humains et les esprits ayant acquis un pouvoir unique, suggérant qu'il possède des capacités exceptionnelles pour traiter avec les forces et les êtres surnaturels.

vêtements en lambeaux après avoir livré un combat contre des esprits puissants (Rasmussen, 1994).

Les chamans sont également nombreux à utiliser des drogues hallucinogènes pour atteindre l'état de transe. Les Yanomami du Venezuela aspirent par le nez une drogue appelée «ébène» et ils entrent alors dans un état de transe dramatique. Les guérisseurs mazatèques du nord du Mexique consomment des champignons psilocybes pour entrer en transe.

Plusieurs chamans, on l'a vu, recourent à une certaine mise en scène et transforment leur rite de guérison en un spectacle de bravoure. Les chercheurs estiment d'ailleurs que cet élément dramatique constitue une des clés de leur art, mais surtout de leur efficacité.

La mise en scène théâtrale qui entoure ces rites procure souvent au malade une sensation d'extase et un relâchement de la tension. Le malade se voit également rassuré par le chaman qui maîtrise des forces surnaturelles échappant généralement à l'emprise humaine. L'état d'esprit induit chez le malade peut jouer un rôle crucial dans sa guérison. Lorsqu'on est atteint d'un vilain rhume, n'est-il pas d'emblée bénéfique d'avoir à ses côtés quelqu'un d'attentionné qui prend soin de soi?

La guérison qui se produit est-elle réelle ou imaginaire? Les guérisseurs chamanistes comptent sur les mêmes probabilités de succès que les médecins traditionnels, car, avec le temps, la très vaste majorité des affections se résorbent d'elles-mêmes. Les rhumes, les maux de tête, les douleurs musculaires, le syndrome prémenstruel, les maux de ventre et même la grippe sont susceptibles de se dissiper sans intervention médicale. Le chaman, tout comme le médecin, «guérit» parfois des gens sans que leur remède y soit nécessairement pour quelque chose. Plutôt que de prescrire des médicaments, le chaman prépare des tisanes et des décoctions ayant fait leurs preuves. Fin connaisseur en plantes médicinales, il sait comment atténuer les symptômes de plusieurs problèmes fréquents de santé. S'il ne parvenait pas à «soigner» ses malades, les membres de sa communauté consulteraient quelqu'un d'autre, au «pouvoir» plus puissant… Il faut préciser que la plupart des médicaments de la médecine moderne étaient au départ des plantes médicinales que des «guérisseurs traditionnels» ont utilisées au cours des années et qui se sont avérées tellement efficaces qu'on en a analysé la composition chimique pour les transformer en médicaments (*voir le chapitre 11*).

Exercer le rôle de chaman n'est cependant pas sans risque. Celui qui possède autant de connaissances et de pouvoirs peut agir en mal comme en bien et devient donc potentiellement dangereux. Le groupe peut interpréter les trop nombreux échecs du chaman comme une preuve de sa mauvaise pratique et ainsi le chasser, voire le tuer. Inversement, le chaman peut contribuer au maintien de l'ordre grâce à sa capacité de repérer et de punir les individus malfaisants.

Les éleveurs dukhas (ou tsaatans) de Mongolie pratiquent le chamanisme. Lorsque le chaman entre en transe, son tambour se transforme : il devient un véhicule lui permettant de joindre le monde des ancêtres, situé loin dans le ciel. Par tradition, ce tambour est fabriqué à l'aide du bois d'un arbre frappé par l'éclair. Il est ensuite recouvert d'une peau de renne femelle.

© Hamid Sardar/Corbis

LA RELIGION ET LES CHANGEMENTS CULTURELS

Si les changements culturels sont au cœur du chapitre 11, il est néanmoins utile d'aborder ici la question des **mouvements de revitalisation**, ces mouvements de masse visant à réformer la société en s'appuyant sur des principes religieux. Un des exemples classiques de ce mouvement est celui qui a pris naissance dans les îles Salomon en Océanie, en 1931. Les prophètes de ce culte prédisaient un déluge imminent qui engloutirait tous les Blancs, puis l'arrivée d'un bateau chargé de produits européens. Les adeptes de cette croyance devaient construire un entrepôt pour le stockage de ces produits et se préparer à repousser la police coloniale. Puisque le bateau n'était censé arriver qu'après l'épuisement de toutes les provisions, les habitants des îles avaient donc cessé de travailler dans les champs. Bien que les dirigeants du culte aient été arrêtés, le mouvement s'est cependant maintenu pendant quelques années.

De tels «cultes du cargo», ainsi que de nombreux autres mouvements promettant la destruction ou l'asservissement des oppresseurs et l'apparition de richesses imaginaires, surgissent sporadiquement en Mélanésie depuis une centaine d'années. Comme ces différents cultes se manifestent en des époques et en des lieux très éloignés, on peut penser que leurs similitudes résultent de conditions sociales semblables. En Mélanésie, la culture traditionnelle des peuples autochtones a été déracinée. Ce sont des Européens, ou des Mélanésiens formés en Europe, qui détiennent tous les pouvoirs politiques et économiques. Quand la dure réalité n'a que des frustrations quotidiennes à offrir dans un contexte de dégradation culturelle et de difficultés économiques, la religion représente alors une solution.

Les Iroquois de l'est de l'Amérique du Nord ont également cherché, devant la colonisation, un réconfort dans un mouvement de retour vers la religion traditionnelle. C'est dans un contexte où se succédaient les épidémies, les guerres et la dépossession territoriale que les Iroquois, affrontant la misère, l'alcoolisme et le découragement, ont adhéré à une nouvelle religion. Celle-ci revitalisait des éléments de leur conception traditionnelle du monde tout en s'inspirant de principes chrétiens. Créée à la fin du XVIIIᵉ siècle à partir des visions d'un Seneca mourant du nom de Handsome Lake, la religion de la Maison Longue reposait sur un code moral qui visait à resserrer le tissu social. Elle interdisait l'ivrognerie, la violence familiale, les jeux de hasard, etc. Lorsque les principes de ce code moral n'étaient pas respectés, le prophète prévoyait la destruction des nations iroquoises. Handsome Lake prêchait également le retour aux célébrations traditionnelles, en même temps que le maintien de certains apports technologiques européens: habitation, mode d'agriculture, outils, etc. (Wallace, 1978).

Un mouvement de revitalisation résulte de l'effort soutenu déployé par un peuple pour se donner une culture plus satisfaisante à partir d'une vision idéalisée du passé. Le mouvement est généralement dirigé par un visionnaire ou un messie. Cette définition met en relief une réforme non seulement de la sphère religieuse, mais aussi de tout le système culturel. Une solution aussi draconienne est envisagée quand les angoisses et les frustrations d'un groupe deviennent si intenses que la seule façon de les apaiser et de retrouver un équilibre consiste à renverser le système social dans son ensemble pour lui en substituer un autre.

Étant donné les nombreuses sources d'anxiété présentes dans la société nord-américaine actuelle, que certains qualifient d'effondrement de la famille et de la morale, on peut anticiper l'apparition de divers mouvements religieux au cours des prochaines années. Déjà, depuis une vingtaine d'années, on remarque qu'en dépit du déclin de la fréquentation des églises catholiques et anglicanes au Québec et au Canada, la population entretient toujours des croyances spirituelles, mais ayant pris différentes formes (*voir l'encadré La religion au Québec et au Canada*).

Certains anthropologues interprètent le regain d'intérêt pour le **paganisme** comme une réaction au déclin des religions dominantes et à la crainte d'une crise imminente (désastre écologique, perte du sens moral des individus, etc.). En Occident, le paganisme, dont les origines remontent à l'ère

---

Mouvements de revitalisation

Mouvements sociaux, souvent de nature religieuse, dont l'objectif est de réformer totalement la société.

Paganisme

Terme utilisé par les chrétiens pour désigner tous les cultes polythéistes ou animistes qui ont comme idoles d'autres dieux ou d'autres entités surnaturelles que leur Dieu. Ils considèrent ces cultes comme de «fausses croyances».

préchrétienne, apparaît aujourd'hui comme un nouveau mode d'expression de la spiritualité. Parmi les religions païennes actuellement en vogue, la Wicca en est l'une des plus populaires. Le mot « Wicca » vient du mot anglo-saxon *witch* et désigne la pratique de la sorcellerie pour ses adeptes. Les croyances de la plupart des « wiccans » comportent des éléments de polythéisme (le culte de plusieurs divinités) et d'animisme (Crowly, 1998). Le Québec n'échappe pas à ce phénomène, car la sorcellerie y est aussi, d'une certaine façon, en résurgence. Estimant que le catholicisme ne répondait plus à leurs besoins, nombreux sont ceux qui se sont tournés vers le Nouvel Âge. Petit à petit, ils ont découvert la Wicca. Pacifiste, féministe, individualiste et écologiste, cette forme de sorcellerie charme (Gagnon, 2008). En 2001, la grande région de Montréal aurait compté un millier de « wiccans » (Allard, 2001).

Perspective anthropologique

La religion au Québec et au Canada

par Louis Roy

Au Canada, où le déclin de la fréquentation des églises se fait sentir depuis 50 ans, la religion institutionnelle exerce beaucoup moins d'influence sur la société qu'autrefois. De 1985 à 2004, la proportion des Canadiens âgés de 15 ans ou plus qui ne professent aucune foi religieuse est passée de 12 % à 19 %. La part des Canadiens n'ayant assisté à aucun service religieux durant la dernière année s'élève désormais à 25 % (Clark et Schellenberg, 2006). Depuis 1985, un clivage oppose la pratique religieuse des immigrants et celle des Canadiens d'origine. « Environ 4 immigrants sur 10 arrivés au Canada entre 1982 et 2001 ont un niveau élevé de religiosité, comparativement à 26 % des personnes nées au Canada » (Clark et Schellenberg, 2006, p. 7).

En dépit de leur désintérêt croissant pour la religion, les Canadiens entretiennent encore des croyances d'ordre spirituel. La majorité d'entre eux croient aux anges (57 %) et à la vie après la mort (57 %). Bon nombre croient aussi aux extraterrestres (32 %), aux fantômes (30 %) et à la réincarnation (30 %) (Lévesque, 2001). Dans l'ensemble des Canadiens, 44 % affirment qu'ils accordent une grande importance à la religion dans leur vie. Par ailleurs, un grand nombre d'individus qui n'assistent que rarement, voire jamais, à des services religieux se livrent néanmoins régulièrement à des pratiques religieuses dans la sphère privée. En 2004, 53 % des personnes interrogées ont indiqué qu'elles s'adonnaient à des activités religieuses personnelles (prières ou méditation) au moins une fois par mois (Clark et Schellenberg, 2006).

LE PARADOXE QUÉBÉCOIS

Plus qu'une simple question de pratique religieuse, le catholicisme romain demeure au Québec une question de culture. La très grande majorité des Québécois adultes se disent catholiques, quelle que soit leur fidélité aux pratiques et aux croyances que préconise l'Église. Lors du recensement de 2001, 83 % des Québécois se déclaraient catholiques romains (Ménard, 2004). Comme nulle part ailleurs au Canada, un écart s'est cependant creusé entre l'appartenance religieuse déclarée et la pratique avouée. Le titre de « groupe le moins dévot » au pays revient aux catholiques natifs du Québec.

C'est au Québec que les gens pratiquent le moins leur religion et que ce phénomène est le plus marqué : 33 % des catholiques y seraient aujourd'hui pratiquants par rapport à 70 % des répondants des autres confessions religieuses (Perreault, 2010). Tout porte à croire que l'identité catholique au Québec, bien que se perpétuant avec succès d'une génération à l'autre, demeure essentiellement symbolique et culturelle. Pour l'anthropologue Robert Crépeau, le sentiment d'appartenance à une religion demeure important en raison de la place que cette dernière a occupée historiquement dans la société québécoise (Cauchy, 2003). Bien qu'ils ne soient plus assidus à la messe dominicale, les Québécois demeurent attachés à l'Église catholique et particulièrement à ses rites de passage (Meunier *et al.*, 2010). Preuve en est que le catholicisme demeure paradoxalement bien vivant même chez les jeunes, les adolescents du Québec étant plus enclins que la moyenne canadienne à envisager une cérémonie religieuse pour célébrer la naissance d'un futur enfant – 74 % par rapport à 62 % ailleurs. Si la proportion qui envisageait des funérailles religieuses était la même (80 %) d'une province à l'autre, le mariage religieux semble ici moins populaire que chez les autres adolescents canadiens, 77 % par rapport à 86 % (Perreault, 2010).

Si les Québécois s'éloignent des églises, ils n'en continuent pas moins, comme les Canadiens, à avoir des croyances religieuses : 44 % d'entre eux croient à la réincarnation, 68 % aux anges, 77 % en Jésus et 85 % en Dieu (Leduc, 2001). Si on peut soutenir que les Québécois d'aujourd'hui sont presque aussi religieux que leurs ancêtres, « force est de reconnaître qu'ils le sont d'une manière qui se laisse de moins en moins saisir par les seules catégories traditionnelles de la religion » (Ménard, 2004). Ils ont toujours la foi, mais c'est une foi en un Dieu qui leur est personnel et qu'ils se forgent. Comme ailleurs au Canada et en Europe, on parle désormais de « religion à la carte ». Plutôt que de se faire imposer des croyances et des valeurs par une autorité religieuse quelconque, on les choisit désormais soi-même :

> Telle personne se confectionnera ainsi une croyance religieuse à sa convenance, greffant à un vieux fond chrétien défalqué de ses irritants dogmatiques (la Trinité, l'Enfer…) des éléments de spiritualité orientale (la réincarnation, le yoga ou la méditation transcendantale), un soupçon de mystique New Age, un zeste d'astrologie… (Ménard, 2004).

Le Québec d'autrefois, comme bien des sociétés traditionnelles, a connu une vie religieuse collective très forte, dont il était difficile de s'abstraire sans risquer le rejet social. Bien qu'ils se soient détournés du catholicisme depuis la Révolution tranquille, les Québécois de tradition francophone continuent de croire en l'existence de forces surnaturelles et d'avoir des comportements à caractère religieux. Faute de solutions de rechange, ils continuent de recourir aux services des institutions traditionnelles pour la célébration des rites entourant les grandes étapes de la vie. Réfractaires aux dogmes du christianisme, les francophones du Québec expriment aujourd'hui leur religiosité de différentes façons.

Au Québec, il n'est pas rare de voir des statues ayant été érigées par un fidèle désireux de remercier un saint qui lui aurait obtenu une faveur. On aperçoit ici une statue de Notre-Dame de l'Assomption, élevée à l'Isle-aux-Coudres en 1960 par monsieur Horace Pedneault, au lendemain de sa peu probable guérison. N'ayant pas de préférence pour son emplacement, il a opté pour le Bout d'en bas, lieu de nombreuses anecdotes locales de naufrages. La peinture bleue et les fleurs ont été ajoutées au fil des années par des visiteurs qui auraient aussi obtenu des faveurs.

Offert par Louis Roy

Au Québec comme ailleurs, plusieurs études confirment la présence et l'émergence du religieux au sein de manifestations sociales jusque-là jugées profanes (Lortie, 2004). Alors que certains adultes ressentent le besoin de se forger une religion sur mesure, les plus jeunes participent à des célébrations à caractère quasi religieux telles que le tam-tam du dimanche au pied du mont Royal à Montréal, certains spectacles du Festival d'été de Québec ou les rituels festifs que sont devenus, sur la scène montréalaise, les Piknic Electronik et le Bal en blanc. Comme dans le cas des *raves*, ces rassemblements revêtent une dimension presque religieuse (Gauthier et Ménard, 2001). À bien des égards, le fait d'assister, en compagnie de 80 000 personnes, à un spectacle de U2 ou de Arcade Fire est comparable à un pèlerinage ou à une messe, malgré le caractère profane des évènements.

PORTRAIT ETHNORELIGIEUX DU QUÉBEC

Parallèlement à la désaffection religieuse observée chez les Québécois dits de souche, le Québec a enregistré une forte croissance de ses populations musulmane, bouddhiste, hindoue et sikhe. À Montréal, où vit la vaste majorité des quelque 110 000 musulmans du Québec, 3 % de la population se dit adepte de l'islam (Statistique Canada, 2003). Si les non-immigrants représentent 94 % des catholiques du Québec et 77 % des protestants, on trouve chez les immigrants 72 % des bouddhistes, 69 % des musulmans, 67 % des hindous et 65 % des sikhs (Eid, 2008).

Au Québec, contrairement à la croyance populaire, ce ne sont pas tous les immigrants qui affirment adhérer à une religion. Selon une récente étude, 10 % des immigrants ne se réclament d'aucune religion comparativement à 5 % des Québécois non immigrants (Eid, 2008). Quand on compare le niveau de religiosité observé dans les différents groupes religieux, la situation des immigrants musulmans québécois ébranle certains préjugés persistants. Ainsi, tant à l'échelle québécoise que canadienne, ces derniers forment « le groupe qui compte, et de loin, la plus forte proportion de fidèles demeurant complètement à l'écart des formes d'expression collective de la religion, et ce, même par comparaison avec les natifs d'autres confessions » (Eid, 2007, p. 6). Il appert que 62 % d'entre eux manifesteraient majoritairement leur foi, non pas dans le cadre d'un islam encadré par les imams et les mosquées, mais plutôt sur une base privée et individuelle. À titre comparatif, au Québec, seuls 33,3 % des natifs catholiques déclarent ne jamais participer à des activités religieuses en compagnie d'autres personnes. En guise d'explication, on pourrait penser

> [...] que la plus forte tendance des immigrants à ne se réclamer d'aucune religion soit aussi due en partie à la surreprésentation en leur sein d'individus ayant un diplôme universitaire, un groupe qui, en général, affiche des taux d'incroyance et de non-affiliation religieuse nettement au-dessus de la moyenne. (Eid, 2007, p. 2)

RÉSUMÉ

La religion est présente dans toutes les cultures. Elle est constituée de croyances et de rituels auxquels les individus adhèrent pour exercer un certain contrôle sur des facettes de leur vie qui, autrement, échappent à leur emprise. Elle a donc des fonctions psychologiques importantes, mais elle remplit aussi plusieurs fonctions sociales. D'abord, elle sanctionne une large gamme de comportements selon la définition qu'elle donne aux notions de bien et de mal. Elle établit également des modèles de comportement acceptable et contribue à perpétuer l'ordre social existant. Ensuite, elle joue un rôle important dans le maintien de la solidarité sociale. Les cérémonies rituelles qui en font partie facilitent l'apprentissage des coutumes et assurent ainsi la perpétuation de la tradition.

La croyance en des forces et en des êtres surnaturels caractérise la religion. Par des prières, des sacrifices et d'autres rites religieux, les individus sollicitent l'aide du monde surnaturel. Les êtres peuplant ce monde se répartissent en deux catégories : les divinités (dieux et déesses) et les esprits.

L'animisme désigne la croyance que des esprits animent tous les éléments de la nature. Cette croyance est surtout présente chez les peuples qui se considèrent comme des éléments de la nature, plutôt que de se prétendre supérieurs à elle. La croyance en des esprits ancestraux se base sur l'idée que l'être humain est constitué d'un corps et d'une âme. Quand une personne meurt, son esprit se libère de son corps et continue à participer aux activités humaines. Parfois, les forces surnaturelles ne revêtent pas la forme d'un être et sont perçues comme une puissance qui se manifeste dans tout objet ou dans toute chose. Les mythes, quant à eux, sont des récits qui servent au maintien et à l'expression des croyances.

Les pratiques rituelles servent également à l'expression des croyances religieuses. Plusieurs d'entre elles, la prière et les offrandes, constituent des moyens que les humains utilisent pour entrer en contact avec les entités surnaturelles. Des peuples sont souvent empreints de la croyance que l'action des forces surnaturelles peut être dirigée de certaines façons grâce à des formules établies. Cette croyance renvoie à la notion de magie ou à la sorcellerie, lorsque les actions sont malveillantes.

Les rites religieux renforcent les liens sociaux, alors que les rites de passage marquent les étapes de la vie de chacun. Enfin, les rites d'intensification viennent souligner les moments forts de la collectivité plutôt que de l'individu. Dans les cas de crise, ils favorisent l'unité du groupe et suscitent une action collective. Ils comprennent aussi parfois des cérémonies annuelles visant l'obtention de conditions favorables à des activités cruciales.

Toutes les cultures possèdent des intermédiaires – prêtres, prêtresses ou chamans – qui encadrent les pratiques religieuses et intercèdent auprès du monde surnaturel. Le chaman, avec ses rites souvent spectaculaires, favorise l'apaisement des tensions dans un groupe. Il peut contribuer au maintien du contrôle social dans une collectivité.

Comme tous les autres aspects de la culture, la religion se transforme. Les mouvements de revitalisation sont des mouvements de masse visant à réformer la société en s'appuyant sur des principes religieux.

GROUPEMENTS SOCIAUX, INIQUITÉS ET DISCRIMINATIONS

© Jeremy Horner/Corbis

Partout dans le monde, des milliards d'êtres humains sont victimes de discrimination et de pauvreté. En Inde, où un système de castes est toujours en vigueur, les inégalités socioéconomiques sont particulièrement criantes.

❯ En quoi consiste le groupement selon l'âge et quelle place les aînés occupent-ils au sein des sociétés humaines ?

❯ Qu'est-ce qui distingue les classes sociales et les castes ?

❯ Sous quelle forme la stratification ethnique peut-elle s'exprimer ?

❯ Dans quel contexte les classifications raciales causent-elles préjudice à des groupes d'individus ?

❯ Pour quelles raisons évoque-t-on parfois le tiers-monde pour parler des conditions de vie des Autochtones du Canada ?

LES ASSOCIATIONS D'INTÉRÊT COMMUN

Les anthropologues se sont beaucoup intéressés à l'organisation sociale fondée sur la parenté et le mariage (*voir le chapitre 6*). C'est d'abord parce que ces deux principes organisateurs se retrouvent dans toutes les cultures, mais c'est aussi parce qu'ils sont prépondérants au sein des populations traditionnelles qu'ils étudient depuis longtemps. L'attention aussi portée aux systèmes politiques (*voir le chapitre 8*) pourrait laisser croire que seuls trois grands principes d'organisation sociale comptent réellement chez l'humain (la parenté, le mariage et la politique). Il en existe toutefois d'autres tout aussi déterminants. Dans presque toutes les cultures, on classe les individus en fonction de leur genre ou de leur âge. Certaines sociétés considèrent des ensembles d'individus comme faisant partie de groupes distincts, qu'il s'agisse d'une classe sociale ou d'une caste. De même, dans certaines sociétés, on utilise la notion de race pour classer les humains et les regrouper au sein de populations distinctes. Il arrive aussi que les individus s'associent librement en fonction de leurs intérêts communs.

Pour comprendre comment ces groupements se distinguent de ceux engendrés par la parenté, le mariage et les systèmes politiques, examinons d'abord les **associations d'intérêt commun**. Dans une société comme la nôtre, où la parenté, bien qu'importante, ne revêt plus le rôle intégrateur qu'elle a exercé jadis, les individus tendent à se regrouper en fonction de leurs champs d'intérêt, qu'il s'agisse d'une cause les tenant à cœur ou d'une activité qu'ils aiment pratiquer.

La prolifération des associations d'intérêt commun, issues d'une volonté individuelle ou d'un besoin collectif, est étroitement liée à la complexification des sociétés et à la multiplication des enjeux de société. La tendance à adhérer à ce type d'association est également un reflet de la plus grande distance physique qui sépare les individus de leurs frères et sœurs, de leur parenté ou de leurs amis. Loin de son milieu d'origine, on peut chercher des compagnons pour promouvoir une cause ou recréer un réseau de soutien et de partage. La diversité des associations d'intérêt commun est considérable. Au Québec, on trouve par exemple des groupes environnementaux, des associations de gais et de lesbiennes, des centres d'aide pour les immigrants, des associations ethniques, des syndicats, des associations d'étudiants et des groupes de soutien comme le Centre d'aide aux joueurs compulsifs. Leurs objectifs sont multiples : la défense d'intérêts et de droits socio-économiques et politiques, la promotion de certaines valeurs, l'entraide, le partage d'activités de loisirs de toutes sortes.

Contrairement aux associations d'intérêt commun, il existe des groupements sociaux qui produisent ou appuient des inégalités. Alors que nous traitons de la question du genre au chapitre 7, nous examinerons ici d'autres circonstances où la constitution de groupes sociaux peut entrainer de l'iniquité, voire de la discrimination à l'égard des individus auxquels ils sont associés.

LE GROUPEMENT SELON L'ÂGE ET LA PLACE DES AÎNÉS

Le groupement selon l'âge est aussi généralisé que celui associé à la distinction entre les genres. En Amérique du Nord par exemple, les premiers amis d'un enfant, en l'occurrence ses camarades à la garderie et à l'école primaire, sont généralement du même âge que lui. Ensuite, à des âges bien précis, les Nord-Américains sont autorisés à entreprendre des choses réservées aux adultes, notamment conduire une automobile, voter et consommer de l'alcool. Les individus sont successivement nommés « enfants », « adolescents », « adultes » et « personnes âgées », qu'ils le veuillent ou non, et cela uniquement en raison de leur âge. Finalement, les Nord-Américains prennent habituellement leur retraite à un âge prescrit et certains passent ensuite la dernière partie de leur vie dans une « maison de retraite », entourés de personnes du même âge qu'eux.

Les sociétés traditionnelles accordent une grande importance à la classification selon l'âge. Elles établissent une distinction entre les non-adultes, les adultes et les aînés. L'âge avancé correspond à la période du plus grand respect (pour les femmes, c'est souvent le début de l'égalité sociale avec les hommes). Dans ces sociétés, les aînés sont rarement

---

Association d'intérêt commun

Groupement d'individus associés en fonction de leurs champs d'intérêt et non pas nécessairement en fonction de leur âge, de leur sexe ou de leur lien de parenté.

Offert par Maude Pelland-Tessier/Optimonde

Ces femmes mayas du Guatemala font partie d'une association d'intérêt commun. Épouses de producteurs de café, elles se sont regroupées pour veiller aux intérêts économiques de leur famille.

mis à l'écart. On a parfois dit que les Inuits abandonnaient leurs parents âgés, mais ils ne le faisaient qu'en situation tout à fait désespérée, lorsque la survie même du groupe était en péril (en période de famine, par exemple). Il apparaît que, le plus souvent, un aîné inuit qui craignait d'être un fardeau pour sa famille choisissait de se suicider (en restant seul dans la toundra à attendre la mort), plutôt que de laisser à d'autres la responsabilité de l'abandonner.

Dans la plupart des cultures traditionnelles, y compris chez les Inuits, les aînés sont les dépositaires de la sagesse accumulée. Ils constituent les «bibliothèques vivantes» de leur communauté, et leurs connaissances peuvent s'avérer très utiles aux autres. Étant donné qu'ils sont libérés de nombreuses activités consacrées à la subsistance, ils peuvent ainsi assurer la transmission des traditions à leurs descendants. La mise à l'écart des aînés dans ces cultures équivaudrait à la fermeture des écoles, des archives et des bibliothèques dans les pays industrialisés.

En Occident, la mémoire collective repose désormais davantage sur les écrits que sur la présence des aînés. De plus, comme les individus sont appelés à vivre dans un monde toujours changeant, l'expérience des aînés ne leur semble pas nécessairement pertinente dans le «monde actuel». Ainsi, la cessation du travail à la retraite laisse entendre que, à cet âge, on n'a plus grand-chose à offrir à la société et qu'on devrait laisser la place à de plus jeunes que soi.

Pendant la majeure partie du XXe siècle, une proportion assez faible de la population canadienne était composée de personnes âgées de 65 ans et plus. La situation est différente aujourd'hui. «Les faibles taux de fécondité, l'espérance de vie plus longue et les effets de la génération du baby-boom comptent parmi les facteurs qui ont entraîné le vieillissement de la population» (Turcotte et Schellenberg, 2007, p. 12). Au Canada, entre 1971 et 2011, la part des aînés dans l'ensemble de la population est passée de 7 % à 14 % (Statistique Canada, 2011a.) Selon des données internationales récentes, la proportion de personnes âgées au pays demeure toutefois inférieure à celles observées au Japon (23 %), en Allemagne (21 %) et en France (17 %), mais elle est comparable à celle observée aux États-Unis (13 %) (Statistique Canada, 2011a). Ce vieillissement de la population devrait s'accélérer au cours des trois prochaines décennies, car les enfants du bébé-boum des années 1946 à 1965 commenceront à atteindre l'âge de 65 ans. Les projections les plus récentes montrent que les personnes âgées pourraient représenter plus d'un cinquième de la population dès 2026 et surpasser le quart de la population d'ici 2056. En 2011, l'âge médian de la population canadienne était de 39,9 ans, comparativement à 26,2 ans en 1971. Au Québec, où la population âgée surpasse celle des moins de 15 ans, l'âge médian est aujourd'hui de 41,4 ans (Statistique Canada, 2011a).

La situation du vieillissement de la population est préoccupante parce qu'elle va de pair avec un

Dans la plupart des sociétés traditionnelles, les aînés vivent en compagnie de leurs enfants jusqu'à la fin de leurs jours. Chez les Mayas du Guatemala, contrairement à ce qui se passe généralement au Québec, les enfants n'ont pas à attendre la visite de leurs grands-parents, puisque ceux-ci habitent souvent avec eux.

Offert par Gabrielle Rivard/Optimonde

nombre décroissant de «jeunes», qui ne seront plus assez nombreux pour assurer à leurs aînés une bonne qualité de vie. Bientôt, la population active du Québec amorcera son déclin. «Dès ce moment, le rapport du nombre de travailleurs au nombre de retraités dégringolera rapidement, passant de quatre à deux pour un» (Trudel, 2005, p. 26). À partir de 2020, les enterrements seront plus nombreux que les accouchements au Québec. La part de la population âgée de 65 ans ou plus passera de 13 %, en 2001, à 21 %, en 2021. Quant à la proportion des jeunes de 0 à 14 ans, elle continuera de régresser (Langlois, 2005).

En ce qui concerne le statut social lié à l'âge, il est surtout déterminé par des facteurs davantage culturels que biologiques. Tous les peuples reconnaissent la succession d'un certain nombre d'étapes jalonnant la vie, mais chacune les définit à sa façon. Chaque culture établit ainsi des modèles d'attitudes, d'interdictions et d'obligations qui correspondent à ces étapes. Dans certains cas, ces modèles visent à faciliter la transition entre deux étapes, à transmettre des compétences utiles ou à apporter une aide économique. Dans les sociétés traditionnelles, les aînés occupent généralement une place enviable au sein de la société. Dans les pays industrialisés, ce n'est plus toujours le cas, même si leur espérance de vie augmente et que leur qualité de vie s'améliore. Malgré le fait que de nombreux aînés demeurent très actifs au sein de la société, certains parlent d'une forme de discrimination à leur égard qu'on nomme «âgisme».

Apparenté au sexisme et au racisme, [l'âgisme] se définit comme un ensemble d'attitudes négatives ou hostiles contre une personne ou un groupe en raison de l'âge qui peuvent entraîner des gestes préjudiciables ainsi qu'une forme de marginalisation sociale. L'âgisme regroupe toutes les formes de discrimination ou de ségrégation fondées sur l'âge. Dans une société où l'âgisme est répandu, il est généralement admis que le degré de tolérance à l'égard de la maltraitance est plus élevé. (Gouvernement du Québec, 2010, p. 32)

La maltraitance à l'égard des aînés est un phénomène documenté dans plusieurs pays occidentaux. Les enquêtes récentes révèlent que les cas les plus fréquents sont des cas de négligence. Ce taux serait de 9 % en Angleterre et de 16 % en Espagne (Gouvernement du Québec, 2010). Au Canada aussi, le sort réservé aux aînés est préoccupant. Les conditions de vie d'une très grande proportion d'entre eux sont aujourd'hui dénoncées. Au Québec, 7 % des personnes âgées vivant à domicile seraient possiblement aux prises avec une forme ou une autre de maltraitance infligée par leurs proches (Gouvernement du Québec, 2010).

La récente consultation publique sur les conditions de vie des aînés au Québec et son rapport *Préparons l'avenir avec nos aînés* ont décelé plusieurs problèmes à résoudre. «Parmi les enjeux fréquemment soulevés lors de ces travaux est ressortie la nécessité de lutter d'une manière plus efficiente […] contre les diverses formes de violence, d'abus, d'exploitation, de négligence ou de mauvais traitements envers les aînés» (Gouvernement du Québec, 2010, p. 9). Au Québec, en 2007, la majorité (7 sur 10) des aînés qui ont été victimes d'une infraction contre la personne connaissaient l'auteur présumé de l'infraction. Les situations les plus usuelles de maltraitance des aînés à domicile sont celles qui impliquent un enfant adulte ou un conjoint. La maltraitance exercée par des proches découle souvent de dynamiques relationnelles complexes. Dans un couple, il s'agit la plupart du temps d'une situation de violence conjugale qui se poursuit. Dans le cas d'une relation entre un aîné et son enfant adulte, elle peut être le fait d'une relation malsaine à la base (Gouvernement du Québec, 2010).

Généralement associé aux jeunes, le suicide touche aussi les aînés. En 2009, au Québec, 41 % des personnes qui se sont enlevé la vie étaient âgées de plus de 50 ans. Ce constat inquiète la Fédération de l'âge d'or du Québec. Des chercheurs ont établi que les suicides des 64 ans et plus sont attribuables à la solitude et aux conflits interpersonnels qui, en partie, provoquent les situations de maltraitance. Les personnes âgées subissant de la maltraitance sont plus vulnérables à développer des comportements autodestructeurs qui conduisent au suicide. Il est d'autant plus important de les accompagner et de les aider à se sortir de telles situations (Gouvernement du Québec, 2010).

Un autre phénomène illustre la situation précaire de certains aînés québécois vivant à domicile. En 2010, des milliers d'entre eux, qui faisaient leur entrée dans une institution, étaient sous-alimentés. Les études montrent que la prévalence oscille entre 30 et 60 %. Il est donc clair que le problème est répandu, même si la majorité des aînés se nourrissent convenablement. Pour cette raison, de nombreuses personnes âgées souffrent de dénutrition et de graves carences au niveau protéique et énergétique, et sont d'une maigreur anormale et d'une fragilité généralisée. «Quand [les aînés] arrivent ici, [ils] ont pris des habitudes à la maison […] un bol de céréales le soir, une rôtie […], [ils n'ont] pas les capacités physiques de se préparer […] seuls à manger […]. [Après] tout ça, jour après jour, […] il peut y avoir des problèmes de dénutrition», explique Lyne Duval, chef du service de diététique de l'Institut universitaire de gériatrie de Montréal» (Gagné, 2010). Or, les hôpitaux et les centres de soins de longue durée n'ont pas toujours les ressources nécessaires pour corriger la situation.

LES CLASSES SOCIALES ET LE SYSTÈME DE CASTES

La stratification sociale

La **stratification sociale** est un système de classement hiérarchique des membres de la société, qui occupent des positions inférieures ou supérieures les uns par rapport aux autres. Courante et très influente, cette inégalité institutionnalisée se retrouve dans de nombreuses sociétés. Les membres des couches sociales inférieures ne disposent généralement pas des privilèges que possèdent les couches supérieures, y compris l'égalité d'accès aux ressources essentielles. Les modes de classement varient, mais la stratification est généralement basée sur l'âge, le sexe, la classe sociale, l'origine ethnique et la caste.

Les anthropologues mesurent le degré de stratification dans un groupe donné en fonction de l'accès plus ou moins important de ses membres à la richesse, au pouvoir et au prestige. La richesse se mesure en fonction des ressources financières, des biens matériels, de la force de travail, ainsi que des possibilités de faire des profits éventuels. Le pouvoir renvoie ici à la capacité de surmonter les obstacles et d'atteindre ses objectifs financiers et professionnels. Quant au prestige, il naît de l'estime sociale accordée par autrui. Les anthropologues ne s'entendent pas sur le facteur qui serait le plus influent. Il faut comprendre que la façon de percevoir le pouvoir, la richesse et le prestige diffère énormément d'une culture à l'autre. Au Canada, par exemple, c'est la profession ou l'emploi qui confère la richesse, le prestige et, dans certains cas, le pouvoir aux individus. Chez les Masaïs, un homme, et par extension sa famille, démontre sa richesse et son prestige (obtenus par la possession de bétail) par la taille de sa famille (le nombre d'épouses et d'enfants).

Les sociétés réellement stratifiées seraient apparues il y a environ 5000 à 6000 ans, au moment où ont pris forme les premiers États et la spécialisation du travail qui s'en est suivie. Depuis, les sociétés étatiques se sont complexifiées, à l'instar de leur degré de stratification. En revanche, dans les sociétés relativement égalitaires, comme celle des chasseurs-cueilleurs, l'accès à une fonction dépend surtout des habiletés d'un individu plutôt que de son «rang». Un mauvais chasseur a toujours la possibilité de s'améliorer et de devenir un chasseur émérite, de sorte qu'il n'est pas exclu d'une telle position prestigieuse et qu'il n'est pas étiqueté comme membre d'un groupe de mauvais chasseurs. Dans un tel système, personne ne peut refuser au mauvais chasseur sa part de nourriture ou nier son droit de se faire entendre avant la prise de décisions importantes. Toutefois, comme des observateurs ont pu le constater chez des groupes

Stratification sociale

Inégalité institutionnalisée faisant en sorte que l'accès au pouvoir, à la richesse et au prestige n'est pas le même pour tous les groupes d'une société.

267

Offert par Élise Massicotte

Ces deux Quechuas de la région de Potosi s'apprêtent à marcher plusieurs heures pour se rendre au marché. Les vêtements qu'ils portent révèlent leur classe sociale. Habillé à l'occidentale, celui de droite (qui exerce le rôle de notaire) est perçu comme un *cholo* (un Métis). Vêtu d'une tenue traditionnelle, celui de gauche est considéré comme un *indio* (un Autochtone). En Bolivie, les *indios*, qui sont moins scolarisés, occupent un rang social inférieur et sont souvent victimes de discrimination de la part des *cholos*. Ici, les Autochtones qui occupent une position sociale élevée sont perçus comme s'ils étaient des Métis.

de chasseurs-cueilleurs, comme les Inuits, une absence de stratification sociale ne signifie pas l'absence d'inégalités et d'abus de pouvoir. Chez les Inuits, les mauvais chasseurs ne formaient pas un groupe marginalisé. Toutefois, les individus qui faisaient de moins bonnes prises à la chasse subissaient des moqueries et héritaient souvent des morceaux les moins prisés du gibier. De même, chez les Inuits, on a noté que les orphelins qui n'étaient pas adoptés étaient considérés comme une charge pour le groupe et traités parfois comme des indigents. Ils mangeaient après les autres, dormaient dans le portique et, parfois, mouraient de faim ou de froid (Saladin d'Anglure, 2002). Rappelons que la relative

égalité qui règne chez les chasseurs-cueilleurs est d'abord et avant tout économique, puisqu'on n'y accumule pas de richesses (*voir le chapitre 4*).

La classe

Une **classe sociale** est une catégorie d'individus bénéficiant d'une richesse, d'un pouvoir et d'un prestige comparables, établie selon le système de valeurs de la société. Certains estiment que la société nord-américaine est divisée en trois classes sociales : inférieure, moyenne et supérieure. Ces classes sont généralement associées à l'ampleur du revenu. Selon leur sexe, leur origine ethnique et même leur âge, les Canadiens, dont les Québécois, n'ont pas tous le même accès à la scolarisation ni les mêmes possibilités d'emploi. Ceci a pour conséquence qu'ils n'ont pas tous le même revenu ni le même statut social.

Les classes sociales se manifestent également par l'intermédiaire d'indicateurs tels que les activités que pratiquent les individus ou les biens qu'ils possèdent. La plupart du temps, ces indicateurs sont intimement liés au degré de richesse des individus. Par exemple, dans la société nord-américaine, ces indicateurs comprennent la profession (un employé de la construction n'a pas le même statut social qu'un médecin), l'habillement (des vêtements achetés chez un couturier ou dans une friperie), les loisirs (les riches jouent au golf plutôt qu'aux quilles), le lieu de résidence (les riches ne vivent généralement pas dans les quartiers défavorisés), les biens matériels (une voiture de luxe ou aucune voiture), etc.

Sur le plan physique, la vie est souvent moins difficile pour les membres de la classe supérieure que pour ceux de la classe inférieure. En 1997, l'Organisation mondiale de la santé a conclu que la pauvreté constituait la plus grande menace pour la santé des humains (*voir l'encadré Les inégalités sociales en matière de santé*). En outre, l'espérance de vie à la naissance est nettement plus élevée dans les pays « riches » que dans les pays « pauvres » : un Canadien vit en moyenne 81 ans, alors qu'un Haïtien peut espérer atteindre l'âge de 62 ans et un Afghan, 45 ans. Chez les plus fortunés, la mortalité infantile est plus faible et la santé est supérieure, notamment parce qu'ils se nourrissent mieux et qu'ils sont

Classe sociale

Catégorie regroupant des personnes qui bénéficient de richesses, de pouvoir et de prestige comparables.

mieux protégés contre les maladies graves pendant l'enfance (*voir le chapitre 12*). Alors qu'au Canada, 5,6 enfants sur 1000 meurent avant l'âge de 1 an, en Haïti le nombre grimpe à 54 et en Afghanistan, à 149,2. Autrement dit, les jeunes Haïtiens ont presque 10 fois plus de risques de mourir avant d'atteindre leur première année que les Canadiens.

Les milieux de vie ont également des effets sur la santé. Il est parfois moins sain de vivre dans les quartiers pauvres que dans ceux où s'établissent les riches. Au Québec par exemple, on y trouve souvent plus de pollution et moins de parcs, la qualité des logements y est souvent moins bonne et le milieu de vie s'avère moins sécuritaire. «Des études ont démontré que les gens ayant un faible revenu et vivant dans des secteurs riches ont tendance à avoir une meilleure santé que les personnes pauvres habitant des quartiers défavorisés» (Pépin, 2005). Statistiquement, au Québec, on risque plus d'être en mauvaise santé si on est pauvre que si on est âgé de plus de 65 ans. À Montréal, l'espérance de vie des pauvres est de plusieurs années inférieure à celle des nantis. Près de 10 ans séparent les citoyens d'Hochelaga-Maisonneuve et ceux d'Outremont (Pépin, 2005). Le stress financier, la difficulté de s'alimenter sainement à cause d'un budget insuffisant et les emplois physiquement exigeants représentent autant de problèmes que doivent affronter la plupart des citoyens des quartiers défavorisés. La misère est exténuante pour le corps: «Je connais une dame qui cousait des enveloppes de *baloney*. Elle pouvait en coudre un millier par jour. À cause de la cadence qu'elle devait maintenir, ses doigts s'étaient déformés. Cette femme était très fatiguée. Je vois des gens qui ont 55 ans et qui paraissent beaucoup plus vieux à cause du métier qu'ils ont exercé dans leur vie» (Pépin, 2005).

Au Québec, un enfant âgé de quatre ans risque davantage de voir sa santé et son développement compromis s'il vit depuis sa naissance au sein d'une famille pauvre. Les données sont éloquentes: les enfants de moins de 5 ans qui vivent dans la pauvreté depuis leur naissance risquent d'être plus souvent hospitalisés (41 % plus de risques), de souffrir d'asthme (47 %), de faire de l'embonpoint (42 %), de souffrir d'un trouble d'hyperactivité ou d'inattention (23 %) et d'avoir des caries (112 %) (Paquet et Hamel, 2006). La pauvreté est aussi liée à une plus grande fréquence de naissances d'enfants de faible poids (donc pesant moins de 2,5 kilos), ce qui accroît les risques de maladie cardiovasculaire à l'âge adulte, peu importe les habitudes de vie et le statut socioéconomique alors atteint. Au début du siècle, dans les quartiers défavorisés de Montréal, la proportion des bébés de faible poids était presque aussi élevée que le taux moyen en Amérique latine (Noël, 2001).

Les classes sociales influent également sur l'identification des individus à un groupe. En Occident comme ailleurs dans le monde, les individus entretiennent des relations amicales principalement au sein de leur propre classe sociale. Les relations avec les membres des autres classes sont généralement moins intimes et se déploient dans des contextes précis. Par exemple, un chef d'entreprise et un concierge appartiennent à des classes sociales différentes. Ils peuvent avoir de fréquents contacts, mais dans le cadre de leur travail et conformément à certains modèles comportementaux stéréotypés. Plus rarement voit-on des amitiés se former entre des individus appartenant à des classes sociales très différentes.

Faits de société

Les inégalités sociales en matière de santé

par Christiane Montpetit

La plupart d'entre nous connaissent bien l'existence des grands écarts de santé qui persistent entre les populations des pays riches et celles des pays pauvres. Ainsi, dans plusieurs pays d'Afrique (Zambie, Mozambique, Tchad, par exemple) et dans un pays du Moyen-Orient (Afghanistan), l'espérance de vie à la naissance n'atteint pas 50 ans, alors qu'elle dépasse 80 ans dans des pays comme le Japon, la Suisse et le Canada (OMS, 2012). Cela veut dire 30 ans de différence!

Bien qu'au Canada, dans son ensemble, la population présente une espérance de vie parmi les plus élevées au monde, on y observe tout de même de grands écarts au niveau de la santé. À titre d'exemple, l'espérance de vie dans les trois territoires nordiques réunis (Yukon, Territoires-du-Nord-Ouest et Nunavut) est de 76 ans, soit une différence de près de 5 ans par rapport à la moyenne nationale. Au Québec, dans la région du Nunavik, où vivent majoritairement des Inuits, l'espérance de vie est de 65 ans, alors qu'elle est de 81 ans dans l'ensemble de la population québécoise. Ces différences s'observent aussi à plus fine échelle dans certains quartiers des grandes villes québécoises. Ainsi, dans la région de Montréal, l'espérance de vie varie de 74 ans (sur le territoire du CLSC Hochelaga-Maisonneuve) à 85 ans (sur le territoire du CLSC Saint-Laurent), ce qui représente un écart de près de 11 ans (Leblanc *et al.*, 2012).

En général, les régions du Canada où l'espérance de vie est inférieure à la moyenne ont des caractéristiques communes (Greenberg et Normandin, 2011) : elles sont plus pauvres, présentent des taux plus élevés de chômage de longue durée, une proportion plus faible de diplômés du secondaire et de diplômés universitaires.

L'expression «inégalités sociales en matière de santé» (ISS) renvoie à ces différences dans l'état de santé qui existent de façon systématique entre les groupes socioéconomiques. Selon le statut socioéconomique, de tels écarts ne s'observent pas qu'en ce qui concerne la durée de vie, les ISS se traduisent aussi par des écarts dans le poids des bébés à la naissance, dans les taux d'incidence et de prévalence des maladies et les risques de vivre en moins bonne santé ou avec des incapacités (Whitehead et Dahlgren, 2006). Les ISS s'observent dès la naissance et même durant la période fœtale. On note en effet trois facteurs de risque en santé périnatale qui menacent la santé du nouveau-né et même sa santé future : le faible poids à la naissance, la prématurité et le retard de croissance intra-utérine. Ces facteurs touchent davantage les nouveau-nés des classes les plus pauvres que ceux des classes les plus riches.

À Montréal, malgré une diminution du taux de mortalité dans toutes les catégories socioéconomiques, on observe aujourd'hui tout comme il y a 20 ans, que la mortalité chez les gens ayant un revenu inférieur est plus importante que chez ceux qui ont un revenu supérieur, et ce, toutes causes de mortalité rassemblées. Les écarts entre les riches et les pauvres du point de vue de la mortalité sont particulièrement prononcés en ce qui concerne le cancer du poumon, le suicide, les problèmes liés à l'alcool et les maladies respiratoires. Une position socioéconomique désavantageuse est associée à un moins grand nombre d'années vécues en bonne santé. Les plus pauvres ont une évaluation plus négative de leur santé et souffrent plus souvent de limitations physiques ou d'invalidités. Globalement, au Québec comme à Montréal, des efforts considérables sont déployés pour prévenir les décès précoces chez les enfants et les adolescents, faisant en sorte que le taux de mortalité chez les jeunes de moins de 20 ans a diminué de 42 % depuis le début des années 1990. Toutefois, la mortalité est encore deux fois plus élevée chez les jeunes qui sont pauvres que chez les riches (Leblanc *et al.*, 2012).

Partout dans le monde, les inégalités sociales en santé ne sont pas distribuées au hasard. Elles suivent des modèles constants au sein d'une population. Partout, on note une variation décroissante en matière de santé selon le niveau de pauvreté des gens, c'est-à-dire que ceux qui sont un peu moins pauvres sont moins susceptibles d'être malades ou hospitalisés que les personnes très pauvres, et ainsi de suite pour toutes les catégories de revenu (OMS, 2009).

Offert par Louis Roy

Partout sur Terre, le phénomène de l'obésité prend de l'importance. On le retrouve dans les sociétés industrialisées, mais aussi dans les pays du Sud. En Amérique du Nord, il touche toutes les classes sociales, mais frappe davantage les milieux défavorisés. Aux États-Unis, ce problème de santé est surtout présent chez les Afro-Américains, mais on l'observe aussi dans l'ensemble de la population.

Elles sont aussi socialement construites, car elles découlent de processus sociaux, et non de processus biologiques ou naturels. Aucune loi de la nature ne prédit, en effet, qu'un enfant d'une famille pauvre aura deux fois plus de risques de mourir prématurément qu'un enfant d'une famille riche.

Finalement, elles sont inéquitables et injustes, puisqu'elles ne respectent pas, notamment, le droit à des conditions élémentaires indispensables à la santé et au développement humain ainsi qu'à une chance égale de survie, quel que soit son statut social, droit reconnu par diverses conventions internationales (auxquelles notre pays a adhéré).

Plus important encore, les inégalités sociales en matière de santé sont tout à fait évitables. Comme ce sont des processus sociaux qui engendrent ces écarts, il est possible d'éliminer ces différences par un effort social concerté sur ce qu'on nomme «les déterminants sociaux de la santé», c'est-à-dire les conditions dans lesquelles les individus naissent, grandissent, vivent, travaillent et vieillissent (OMS, 2009). Plus particulièrement, les inégalités sociales en matière de santé pourraient être réduites en agissant sur les conditions suivantes :

- le manque de pouvoir et de ressources dont on dispose pour vivre sainement (par exemple, un revenu et un niveau d'éducation suffisants) qui engendrent entre autres un stress quotidien ;
- les mauvaises conditions de vie durant l'enfance (carences affectives, alimentation insuffisante, manque de stimulation) ;
- les conditions défavorables dans les familles ou les quartiers, qui empêchent les jeunes de se développer, les exposent aux problèmes d'adaptation sociale et à des comportements délinquants ;
- les expositions à un environnement de travail ou un milieu de vie comportant des menaces ou des risques pour la santé (exposition aux contaminants, agents biologiques, bruit, mouvements répétitifs, manque de contrôle sur son travail ; obligation de vivre dans des logements insalubres et des quartiers moins sécuritaires sur le plan de la circulation routière ou de la criminalité, etc.) ;
- l'accès inégal aux aliments sains, aux services et aux soins de santé essentiels et préventifs.

Les faits démontrent qu'il est possible de réduire les inégalités sociales en matière de santé. Selon les politiques sociales, on observe en effet des différences entre les filets de sécurité et les actions sur les déterminants sociaux de la santé au niveau global ou local, les écarts de santé entre les riches et les pauvres, entre les pays et même au sein d'un même pays (Wilkinson et Pickett, 2009).

La stratification ethnique

L'**ethnicité** découle d'un sentiment d'identité partagée et de traits culturels communs. On peut facilement identifier les membres d'un même groupe ethnique grâce à leur langue, à leur tenue vestimentaire, à leur cuisine et à leurs pratiques religieuses. Les groupes ethniques partagent aussi une histoire et une terre d'origine communes. Pourtant, l'ethnicité n'est pas fixe et change constamment avec les circonstances (par exemple, en cas d'immigration vers un nouveau pays comme le Canada). Ainsi, aucun groupe ethnique n'est totalement homogène.

Le Canada est une société pluraliste qui compte parmi ses membres des individus venant de divers coins du monde. En vertu du multiculturalisme canadien (*voir le chapitre 11*), après leur arrivée, les immigrants peuvent conserver leur culture, à condition que leurs traditions ne contreviennent aux lois du pays, mais aussi aux mœurs en vigueur. Même si des Canadiens pratiquent la polygamie derrière des portes closes, comme certains immigrants, ou publiquement, comme une minorité de mormons (*voir le chapitre 7*), il va de soi, par exemple, que les hommes polygynes seront découragés à perpétuer la coutume. En pratique, on s'attend à ce que les immigrants respectent les valeurs de la culture dominante et se conforment aux coutumes locales, que ce soit en matière de langue, de comportement, de tenue vestimentaire, etc. Un individu ou un groupe qui ne le fait pas risque d'être marginalisé, voire ostracisé.

> **Ethnicité**
>
> Identité partagée par un groupe de personnes qui ont une histoire et un territoire d'origine communs. Ces personnes peuvent avoir une langue, des pratiques religieuses et un code vestimentaire distinctifs.

En Europe, les Gitans (ou Roms) se déplacent d'un pays à l'autre. Presque partout où ils s'installent, ils sont marginalisés par les populations avoisinantes. En Italie, en France ou en Espagne, il n'est pas rare de voir des groupes de Gitanes dans les lieux publics.

© Enzo & Paolo Ragazzini/Corbis

L'intolérance ethnique et la discrimination sont présentes dans l'histoire de l'immigration au Canada. Au départ, deux groupes ethniques s'y sont installés: les Français et les Anglais. Plus tard, des vagues d'immigration y ont emmené des habitants de l'Europe orientale et méridionale, de l'Asie et, plus récemment, des Antilles, de l'Amérique latine et d'Afrique. La plupart de ces groupes ont, à différents degrés, subi de la discrimination. Lorsque les Ukrainiens ont commencé à immigrer au Canada, il y a plus d'un siècle, de nombreux Canadiens les ont accueillis froidement, certains allant jusqu'à exiger l'exclusion des populations slaves du pays. Comme c'est encore souvent le cas aujourd'hui, le salaire de ces immigrants était inférieur à celui des Canadiens. De plus, leurs conditions de travail étaient misérables et souvent dangereuses. L'emprisonnement des Japonais lors de la Seconde Guerre mondiale, l'adoption de lois restrictives envers les Chinois (*voir l'encadré L'immigration asiatique au Canada*) et, plus récemment, les attitudes négatives à l'égard des immigrants originaires de pays musulmans attestent aussi l'existence d'une certaine forme de stratification ethnique au Canada.

Aujourd'hui plus que jamais, la précarité du marché du travail engendre, par exemple, des taux élevés de pauvreté et d'exclusion chez les nouveaux immigrants (CNB, 2012). Même s'ils sont en moyenne plus scolarisés que les Canadiens (parmi les 25-54 ans, 36 % détiennent au moins un diplôme de premier cycle universitaire, comparativement à 22 % chez les Canadiens), les immigrants peinent à obtenir un emploi bien rémunéré. À titre d'exemple, en 2009, le taux de chômage des immigrants récents titulaires d'un diplôme universitaire s'élevait à 13,9 %, comparativement à 3,4 % des diplômés universitaires nés au Canada (FCC, 2010). Étant donné que les employeurs canadiens hésitent à reconnaître les diplômes étrangers, de nombreux immigrants doivent accepter d'occuper un emploi pour lequel ils sont surqualifiés. Bon nombre de ceux qui travaillent sont confinés à des emplois sous-payés et comportant peu d'avantages sociaux. La situation des femmes immigrantes qui, comme leurs homologues masculins, sont de plus en plus scolarisées, serait particulièrement préoccupante:

> Si seulement 4 % des femmes travaillaient dans le secteur de la transformation et la fabrication avant leur entrée au pays, elles sont 17,9 % à y travailler après 6 mois de séjour au pays. [...] À l'inverse, si elles étaient 16,8 % à occuper des postes dans le secteur des sciences naturelles et appliquées avant leur arrivée au pays, elles ne sont plus que 6,8 % à travailler dans ce domaine, six mois après leur arrivée au Canada. (Lakrouz, 2006, p. 18)

Au Québec, en 2009, tout comme en Ontario et dans l'ensemble du Canada, les immigrants en général (13,7 %) avaient un taux de chômage plus élevé que les citoyens nés au pays (7,6 %). À ce chapitre, chez les immigrants arrivés il y a moins de cinq ans, les données québécoises se distinguent. Alors que le taux de chômage de ces immigrants est de 22,4 % au Québec, il s'élève à 15 % dans l'ensemble du Canada. Cela dit, au Québec comme ailleurs, ce taux diminue à mesure que la durée de résidence au pays s'allonge. Après 10 ans, il devient identique (8 %) (ISQ, 2011).

Pour comprendre comment fonctionne la stratification ethnique, une analyse plus fine de la situation s'impose. La catégorie «population immigrante» renferme plusieurs groupes distincts qui éprouvent, à des degrés divers, des difficultés à intégrer le marché de l'emploi. «En y regardant de plus près, on constate que parmi l'ensemble des groupes ethniques issus de l'immigration récente, c'est sans conteste les minorités visibles, les Maghrébins et les femmes immigrantes qui font face aux situations les plus précaires» (Arcand et Najari, 2011). Les Maghrébins, notamment, sont nombreux à obtenir l'autorisation d'immigrer au Québec, parce qu'ils maîtrisent le français et sont instruits. Or, à l'instar des autres membres des minorités visibles, les conditions d'emploi de cette population seraient plus précaires qu'en Ontario (Boudarbet et Boulet, 2010). En 2008, par exemple, «le taux de chômage de la population née en Afrique du Nord était de 19,4 %, alors que la population née au Canada présentait un taux de chômage de 6,6 % et celle née en Europe, de 7,7 %» (Arcand et Najari, 2011). En 2008, réunis sous l'égide du Centre de recherche-action sur les relations raciales, des leaders maghrébins du Québec ont dénoncé le taux de chômage très élevé affectant leur communauté : 28 % des immigrants récents étaient sans emploi en dépit du fait qu'ils bénéficiaient d'un taux de qualifications universitaires et techniques plus élevé (45 %) que le reste de la population (31 %) (CRARR, 2008). Au nombre des facteurs invoqués pour expliquer le fait que les Maghrébins ont davantage de difficulté à trouver un emploi au Québec qu'en Ontario, on mentionne leur arrivée plus récente ou leur surqualification (ISQ, 2011), mais aussi la résistance des ordres professionnels québécois et les craintes exprimées par certains employeurs à la suite du débat concernant les accommodements raisonnables (Gagnon, 2010).

Exemple ethnographique

L'immigration asiatique au Canada

À l'exception des Autochtones, les Asiatiques sont sans doute ceux qui ont subi la plus longue histoire de discrimination et de racisme institutionnalisé au Canada (Li, 1998). Aux XIXe et XXe siècles, les sentiments antichinois étaient répandus en Colombie-Britannique. En 1908, par exemple, on a adopté une loi stipulant que les immigrants qui désiraient venir s'y établir devaient faire un trajet continu (donc sans escale). Cette loi visait entre autres à empêcher les citoyens de l'Inde et du Sri Lanka d'immigrer, eux qui étaient alors pourtant des citoyens britanniques. Avec le temps, la scolarisation des citoyens canadiens a contribué à tempérer cette attitude de leur part. Cependant, des générations entières d'immigrants asiatiques ont subi cette intolérance.

Au XIXe siècle, les Canadiens ne percevaient pas les Asiatiques comme des immigrants permanents, mais plutôt comme une source de main-d'œuvre à court terme. Ils s'attendaient donc à les voir regagner leur pays d'origine après leur travail accompli. Le racisme à l'égard des Chinois s'est instauré au cours de cette première période d'immigration, soit de 1858 à 1923, en grande partie à cause des difficultés économiques qui sévissaient en Colombie-Britannique. Les Chinois qui construisaient les chemins de fer étaient alors considérés comme un mal nécessaire. Ils gagnaient moins de la moitié du salaire des Blancs, exécutaient des tâches plus dangereuses, comme le transport d'explosifs, et étaient logés dans des tentes de toile. Il n'est donc pas surprenant que beaucoup d'entre eux soient décédés des suites de maladies ou d'accidents divers.

Les Chinois ont aussi été visés spécifiquement par certaines lois discriminatoires. La première de ces lois a été adoptée en 1885, peu après l'achèvement du chemin de fer du Canadien Pacifique, principalement dans le but de calmer la population qui considérait les Chinois comme une «menace publique». En vertu de cette loi, tout immigrant chinois qui voulait venir s'établir au Canada devait payer une taxe de 50 $, haussée à 100 $ en 1900, puis à 500 $ en 1903, des sommes énormes pour l'époque. En 1923, lorsque la loi concernant l'immigration chinoise a été adoptée, des restrictions aux droits civils des Chinois qui vivaient déjà au Canada ont été imposées. De plus, cette loi empêchait désormais les Chinois d'immigrer au Canada.

En plus de subir des contraintes juridiques, les immigrants chinois étaient victimes d'hostilité et d'agressions raciales, telles les émeutes antichinoises qui ont éclaté à Vancouver en 1887 et 1907. Des foules de vandales ont alors saccagé les maisons des Chinois et tenté de les obliger à partir. Au cours des émeutes de 1907, certaines bannières arboraient des slogans comme «Pour un Canada blanc et sans main-d'œuvre asiatique bon marché» et «Pour un Canada blanc – soutenez votre propre race et le Canada». Dans l'esprit de ces émeutiers, le patriotisme consistait à préconiser un Canada blanc. Les racistes n'épargnaient pas davantage les enfants chinois : on a réclamé que ceux-ci soient tenus de fréquenter des écoles séparées, ce qu'ont effectivement dû faire les écoliers chinois de Victoria en 1922.

Offert par Louis Roy

Après avoir travaillé au XIXᵉ siècle dans les mines et les chemins de fer de l'Ouest canadien, plusieurs Chinois se sont installés dans les grandes villes du pays, dont Montréal. Victimes de discrimination, ils ont été contraints d'habiter des lieux qui leur étaient destinés, les quartiers chinois d'aujourd'hui. Ils y ont ouvert des boutiques, des épiceries, des restaurants et des blanchisseries.

Face à de tels sentiments hostiles, certains immigrants chinois ont quitté la Colombie-Britannique afin de s'établir dans d'autres provinces, dont le Québec. À Montréal, ils ont commencé à arriver vers la fin du XIXᵉ siècle. Dès 1902, on pouvait déjà repérer un quartier chinois centré sur la rue de La Gauchetière, entre les rues Clark et Chénéville, où on trouvait des épiceries et des associations chinoises. Plusieurs Chinois ont ouvert des blanchisseries un peu partout à Montréal. Ils se sont cependant heurtés à des mesures discriminatoires. Par exemple, les blanchisseries étaient fortement taxées. On exigeait une somme annuelle de 50 $ pour leur exploitation (l'équivalent de quatre mois de travail). Le même montant était réclamé aux propriétaires chinois d'auberges et de restaurants de luxe. Certains d'entre eux ont refusé de payer et ont été poursuivis en justice. Par la suite, quelques-uns ont ouvert de petits restaurants (Helly, 1987).

La discrimination à l'égard des Chinois se fondait sur la race : les lois d'exclusion visaient les Asiatiques en tant que groupe racial, qu'ils soient ou non citoyens canadiens. Des mesures comme la taxe d'entrée imposée aux Chinois avaient pour objet de restreindre leur nombre au Canada. Une telle discrimination systématique est qualifiée de racisme institutionnalisé. Elle vise à ce qu'un groupe de personnes détenant peu de pouvoir collectif soit maintenu en marge de la société, afin que celle-ci dispose d'une réserve de main-d'œuvre bon marché et facilement accessible.

Les Canado-Japonais aussi ont été victimes de certaines lois racistes. Ils ont eux aussi travaillé à la construction du chemin de fer transcanadien. Ils étaient également employés dans des mines et des camps de bûcherons. Au début du XXᵉ siècle, plusieurs géraient de petits commerces ou cultivaient des arbres fruitiers dans les vallées de la Fraser et de l'Okanagan. D'autres possédaient des permis de pêche au saumon. Certains citoyens de la Colombie-Britannique craignaient cependant qu'ils prennent le contrôle de la pêche. Au début de la Seconde Guerre mondiale, on a interdit aux Canadiens d'origine japonaise de s'enrôler dans l'armée. Après l'attaque du Japon contre la base américaine de Pearl Harbor en 1941, plus de 22 000 Canado-Japonais en Colombie-Britannique ont été internés dans des camps, parce qu'on craignait qu'ils soient des espions. On les a transférés sur des terres à l'intérieur des Rocheuses et on a confisqué leurs navires de pêche. Leurs biens ont été vendus sans leur consentement pour des sommes dérisoires. Leurs imprimeries et journaux ont été fermés. Certains d'entre eux ont ensuite été envoyés dans d'autres provinces pour effectuer des travaux agricoles. On a même voulu leur interdire de revenir en Colombie-Britannique et on a réclamé qu'ils soient déportés au Japon (alors que plusieurs d'entre eux étaient nés ici). Ce n'est qu'en 1988 que le gouvernement canadien a signé une entente visant à les dédommager pour les pertes subies. Parmi les mesures symboliques de compensation qui ont été incluses dans cette entente, il y a eu la création de la Fondation canadienne des relations raciales, dont l'objectif est d'éliminer le racisme et de favoriser l'harmonie interraciale.

Au lendemain de la Seconde Guerre mondiale, les lois discriminatoires ont été progressivement abrogées. Les Sino-Canadiens ont enfin pu bénéficier des mêmes droits civils que les autres Canadiens à partir de 1947, tandis que les Canado-Japonais ont obtenu le droit de vote en 1948. En 1962, le gouvernement canadien a modifié ses exigences en matière d'immigration et a ouvert ses frontières aux immigrants asiatiques. Il a alors adopté des politiques d'immigration traitant tous les immigrants sur un pied d'égalité.

De nos jours, les immigrants d'origine asiatique ont accès à l'enseignement supérieur et à des postes professionnels et techniques, ce qui a favorisé leur mobilité sociale ascendante. Cependant, il serait erroné de supposer que la «race» n'est plus un obstacle pour eux. La principale cause de leur mobilité sociale ascendante réside dans la transformation générale de la situation socioéconomique au Canada. Cependant, des cas sporadiques de discrimination leur rappellent que, malgré leurs réalisations, certains Canadiens les considèrent encore comme des étrangers.

Les castes

Une **caste** est un type de groupement fortement stratifié auquel les membres sont assignés dès la naissance, et ce, pour toute leur vie. Les castes sont fortement endogames, si bien que les enfants appartiennent automatiquement à la caste de leurs parents. Les individus appartenant à une caste ont une position déjà assignée dans leur société. L'exemple le plus connu est le système des castes en Inde. Ce système se caractérise par une stricte endogamie (les mariages intercastes sont très rares), et une appartenance de caste par ascendance. Chaque caste est étroitement associée à un ensemble précis de professions, de coutumes (alimentaires et vestimentaires) et de rites liés à des notions de pureté et d'impureté.

En Inde, les milliers de castes sont réparties en une hiérarchie comprenant quatre grandes catégories appelées *varnas*. Au sommet de cette hiérarchie, se trouvent les brahmanes, dépositaires des valeurs et de l'ordre universels et détenteurs de la plus grande pureté spirituelle. On retrouve dans cette catégorie, les prêtres, les enseignants et les personnes lettrées. Vient ensuite la caste des *kshatriyas*, composée de rois, de princes et de guerriers puissants quoique moins purs. Ils occupent une position dominante à l'échelle locale et exercent leur contrôle sur toutes les terres villageoises. Au troisième rang, se trouve la caste des *vaisya*, soit les artisans, les agriculteurs, les commerçants et les ouvriers. La plupart du temps, ces derniers ne possèdent pas de titre foncier, mais sont propriétaires de leurs outils de travail. Au dernier échelon de ce système, on retrouve les *sudras*, les serviteurs. Il existe également une catégorie à part, les *dalits*, ou «intouchables», soit des individus hors caste, qui ne possèdent ni terres ni outils et qui sont relégués à des tâches dégradantes et mal rémunérées. Ainsi cette non-caste se charge des métiers tels qu'éboueur, croque-mort, sage-femme, boucher, etc. Plusieurs vivent de la mendicité. Leur contact est perçu comme une souillure, principalement pour les castes supérieures, d'où leur désignation d'«intouchables». Considérés comme les plus impurs, ceux-ci constituent un large bassin de main-d'œuvre à la disposition permanente des dirigeants économiques et politiques, soit la caste des *kshatriyas*. Même si depuis l'indépendance de l'Inde en 1947, il est interdit de considérer un individu comme «intouchable», le concept de castes est fortement enraciné dans la culture. Aujourd'hui, les Indiens lui accordent une place importante, davantage que dans le passé; 60 % considèrent que les castes sont essentielles par rapport à 40 % au lendemain de l'indépendance (Deliège, 2004).

Toutes les sociétés stratifiées offrent une certaine mobilité, ce qui contribue à atténuer les tensions dans tout système inégalitaire. Malgré son idéologie

> **Caste**
>
> Type de groupement fortement stratifié auquel l'appartenance est déterminée à la naissance et ne se modifie jamais.

Fondé au Tennessee en 1865, le Ku Klux Klan prône la suprématie de la « race blanche ». Jusqu'à ce que le mouvement perde de son ampleur après la Seconde Guerre mondiale, ses membres ont pourchassé les Noirs, les Juifs et les immigrants. On estime que le Ku Klux Klan compte encore quelque 5000 membres aux États-Unis, qui ne craignent pas de se manifester en public.

© Tom Kidd/Alamy

rigide, le système des castes hindou peut lui aussi faire preuve d'une certaine flexibilité. D'après l'anthropologue Robert Deliège (2004), la démocratisation de l'Inde et sa modernisation ont contribué d'une certaine façon à renforcer l'appartenance à des castes, mais elle a permis aux castes une relative mobilité sociale. Selon lui, certaines castes ont tiré parti du libéralisme pour se hisser dans l'échelle sociale tout en gardant les traits fondamentaux de la caste (mariage endogame, identité à certaines professions et à des divinités propres). Bien que les individus ne puissent vraiment changer de castes, des groupes peuvent parvenir à grimper dans la société en revendiquant un statut plus élevé et faire reconnaître la légitimité de leurs revendications. Il est intéressant de noter que les personnes situées au bas et à l'extérieur de la hiérarchie du système des castes ne remettent généralement pas en cause l'ensemble de ce système, mais bien leur position particulière dans celui-ci.

RACE, RACISME ET DISCRIMINATION RACIALE

Le concept de race

Outre le genre et l'âge, un autre critère biologique est aussi fréquemment utilisé pour classer les humains et les regrouper au sein de populations jugées distinctes. Le mot **race** est habituellement utilisé pour catégoriser des groupes de personnes en fonction de certains traits biologiques ou physiques, notamment la couleur de la peau. La tendance à attribuer des traits comportementaux ou culturels à ces « races » est très problématique. En effet, de nombreux anthropologues, comme Franz Boas, ont prouvé que ce sont l'histoire culturelle et l'apprentissage qui déterminent le comportement d'un individu, et non ses traits physiques.

De nos jours, les anthropologues reconnaissent que le concept de race est une construction culturelle, employée à des fins socioéconomiques et politiques, plutôt qu'une réalité biologique (*voir l'encadré Le concept de race et les classifications raciales*). Le concept de race a été utilisé surtout à partir du XVIIIe siècle pour justifier l'expansion coloniale et la domination européenne imposée aux peuples autochtones découverts, puis exploités. On utilise couramment la couleur de la peau pour distinguer les races. Pourtant, la pigmentation reflète simplement l'adaptation de l'épiderme à différentes intensités de rayonnement ultraviolet. En réalité, tous les prétendus traits raciaux résultent de l'adaptation biologique au milieu. Ils n'ont donc rien à voir avec l'intelligence, les capacités ou le comportement. Pourtant, certaines personnes insistent encore pour diviser les êtres humains en races, leur attribuer des traits stéréotypés, puis classer ou stratifier les individus en fonction de traits jugés inférieurs ou supérieurs.

C'est sur la base de ces présumés différences raciales entre les populations humaines que certaines d'entre elles ont forgé une idéologie raciste.

> **Race**
>
> Groupe de personnes classées en fonction de leurs traits biologiques et regroupées au sein de populations jugées distinctes.

Le **racisme** désigne la croyance qu'une «race» est supérieure à une autre pour des raisons biologiques et culturelles. Parce qu'il découle d'un sentiment de supériorité, le racisme engendre des iniquités, de la discrimination, voire de l'exploitation. Les exemples de discrimination raciale abondent au XXe siècle, qu'il s'agisse de l'Holocauste lors de la Seconde Guerre mondiale, de l'apartheid en Afrique du Sud ou du génocide au Rwanda. Il est important de souligner que, comme les catégories raciales sont sans fondement biologique, le racisme est en réalité le produit de préjugés à l'égard de l'autre ou de conflits ethniques. Le racisme prend plusieurs formes et se retrouve dans différentes sphères de l'activité humaine, que ce soit en politique ou même en science.

> **Racisme**
>
> Perception selon laquelle certains groupes sont biologiquement et culturellement inférieurs à d'autres.

Perspective anthropologique

Le concept de race et les classifications raciales
par Christiane Mignault

On attribue aux Européens les premières classifications raciales de type scientifique des humains. En effet, lors des Grandes Découvertes, les explorateurs ont rencontré des populations assez différentes des populations européennes. Lorsque les naturalistes ont commencé à classer le monde vivant, ils ont forcément décrit différentes races d'*Homo sapiens*. Rapidement, ces classifications sont devenues des hiérarchies plaçant évidemment la race blanche, ou caucasienne, au sommet. Encore aujourd'hui, beaucoup tiennent pour acquis que la division de l'espèce humaine en races noire, blanche et jaune est juste et bien définie. Or, il n'en est rien, d'autant plus que les généticiens affirment depuis plus de 25 ans déjà que les races humaines n'existent pas. Néanmoins, le mot «race» n'a pas été banni pour autant du vocabulaire. Au contraire, il est omniprésent, et ce, même dans les médias qui l'utilisent régulièrement. Tout cela renforce davantage une conviction profonde chez plusieurs à l'effet que les races existent bel et bien. Pourtant, quand on examine sérieusement les données génétiques, on s'aperçoit qu'il s'agit d'un concept désuet.

UN CONCEPT AVANT TOUT BIOLOGIQUE

Pour comprendre le concept de race, il faut utiliser des notions issues de la taxonomie, soit la science de la classification du monde vivant. On divise le monde vivant en espèces. Chaque espèce regroupe l'ensemble des individus qui ont la capacité de se reproduire entre eux et d'engendrer une descendance viable et féconde. Ainsi, les êtres humains font tous partie de la même espèce puisqu'ils sont tous interféconds. Quant à la race, elle occupe l'échelon inférieur à celui de l'espèce dans les schémas de classification. Pour les biologistes, la race constitue une sous-population qui possède des traits génétiques uniques et qui habite une partie du territoire local d'une espèce. La race désigne également les animaux domestiques (chats, chiens, bœufs, chevaux, etc.) qui, sous l'action de la sélection artificielle entreprise par les humains à force de croisement, aboutit à des variétés différentes de l'espèce initiale ou sauvage.

Cela dit, l'application de ces critères à l'espèce humaine n'est pas chose facile. Tout d'abord, on trouve des êtres humains partout sur la planète et ils occupent les milieux les plus variés. Ils ne forment donc pas de véritables populations isolées. L'espèce humaine a la «bougeotte» depuis ses origines, de sorte que les populations d'*Homo sapiens* n'ont jamais vécu en vase clos. En se baladant ainsi sur la planète, elles ont toujours échangé des gènes, ce qui a empêché toute raciation (division en races distinctes).

Examinons maintenant de plus près l'aspect génétique du concept de race. Les êtres humains sont constitués de milliards de cellules, et chacune de ces cellules abrite un noyau qui contient l'information génétique propre à chaque individu. Chaque individu hérite des gènes de ses parents dès la conception. Pour comprendre le concept de race, il faut savoir ce que sont les gènes. Ainsi, certains gènes varient d'un individu à l'autre, tandis que d'autres ne changent pas. Par exemple, les gènes qui font en sorte que chacun a

© Jean-François Gratton

En Afrique, les albinos sont parfois victimes de discrimination. En Tanzanie, un enfant sur 3000 naît avec cette maladie génétique qui dépigmente les cheveux, les yeux et la peau. Ces enfants à la santé fragile constituent un embarras pour quelques parents qui les abandonnent. Cette discrimination repose parfois aussi sur le fait qu'on les croit dotés de pouvoirs maléfiques. Dans cet orphelinat qui les accueille, on les jumelle avec des enfants non-albinos pour favoriser leur éducation et enrayer la discrimination.

un cerveau, deux poumons et un cœur ne varient pas. On nomme «allèles» les gènes qui peuvent prendre différentes formes. Pour chacun d'eux, il existe donc plusieurs variantes. Les allèles sont notamment à l'origine des différences caractérisant la couleur des yeux, des cheveux, de la peau, etc.

Ce qui précède signifie que, si les races existaient, les membres de chacune des races posséderaient des allèles particuliers qui seraient absents chez les autres. Pourtant, ce n'est pas le cas. Depuis les années 1970, plusieurs travaux de recherche ont porté sur la diversité génétique des populations humaines. L'étude des différences génétiques entre les groupes raciaux traditionnels démontre que la plupart des allèles sont présents dans toutes les populations humaines. Seule la fréquence respective de ces allèles varie. On a découvert, par exemple, que les groupes sanguins (A, B et O) ne variaient pas entre les groupes raciaux (Susanne *et al.*, 2003). Pour renchérir, ces travaux de recherche ont démontré qu'environ 86 % de toute la variabilité génétique humaine est présente à l'intérieur de chacune des populations de la planète. La plus grande diversité s'observe donc au sein de chaque population (Langaney, 1988).

LA DIVERSITÉ HUMAINE: NATURE ET CULTURE

L'humain est le seul primate à occuper toutes les niches écologiques de la planète. De plus, il présente des variations anatomiques notables (taille, couleur de la peau, etc.). Ces traits, qui ont une base génétique, peuvent varier selon le milieu où les individus grandissent. Somme toute, les variations entre les êtres humains sont minimes, comparativement à celles qu'on retrouverait chez des animaux vivant dans des milieux aussi diversifiés. La raison en est très simple. Les êtres humains ont inventé un nouveau moyen de s'acclimater à leur milieu: l'adaptation culturelle. La culture est même devenue le principal moyen d'adaptation de l'espèce humaine. Elle lui a conféré des pouvoirs prodigieux lui permettant désormais de court-circuiter son évolution biologique. Elle a aussi contribué à exacerber les différences entre les peuples. La tenue vestimentaire, les parures, les coutumes et la langue accentuent encore davantage l'idée que les races humaines existent.

Quoique le concept de race ne puisse s'appliquer à l'espèce humaine, il occupe néanmoins une place importante dans l'imaginaire collectif. Pourtant, si on partait de la Scandinavie, où vivent des populations à peau très pâle, pour aller jusqu'en Afrique, il serait impossible de dire exactement où la peau des populations commence à être foncée. Toutefois, beaucoup présument quand même que les races existent vraiment (Boyd et Silk, 2004).

Un fait est néanmoins certain: l'inexistence des races biologiques n'a pas tué le racisme. L'idéologie raciste soutient qu'il existe des différences biologiques entre les groupes raciaux et que ces différences portent aussi sur des aptitudes comme l'intelligence. Que peut-on faire pour lutter contre le racisme? Il faut surtout prendre conscience du fait que la race est d'abord et avant tout une construction sociale et non une réalité biologique. Seule une très petite partie des gènes est à l'origine des différences en matière d'apparence. Il importe donc de se méfier des apparences, qui sont souvent trompeuses.

La ségrégation raciale

La ségrégation raciale constitue une forme organisée de discrimination raciale. Alors que cette dernière repose principalement sur des comportements discriminatoires socialement ancrés, mais essentiellement individuels, la ségrégation repose sur des lois et une acceptation généralisée de la part d'un groupe dominant. Le principe de base est de réglementer la cohabitation entre population de «couleur» ou d'origines différentes. Dans ce contexte, des personnes présumées de «races» différentes sont contraintes d'habiter dans des quartiers distincts, d'aller à des écoles différentes, de fréquenter des lieux publics différents, etc. Nombre de sociétés ont pratiqué la ségrégation à travers l'histoire. En Australie, par exemple, jusqu'aux années 1970, une discrimination contre les non-Blancs les empêchait d'immigrer vers l'Australie, en rendant délibérément difficiles les tests d'admission à l'immigration. Cette Australie que l'on voulait «blanche» et pure appliqua aussi des mesures discriminatoires drastiques à l'égard de sa population aborigène (*voir le chapitre 11*).

De 1948 à 1992, l'apartheid (qui signifie «séparation») a été la politique officielle du gouvernement blanc de l'Afrique du Sud. Minoritaire, la communauté blanche a employé cette ségrégation raciale pour assurer sa domination sociale, économique, culturelle et politique sur tous les citoyens de «couleur» du pays (Kohler, 1996). La vie quotidienne des Sud-Africains était rigoureusement codifiée par un ensemble de lois précises, établies pour chaque communauté, allant jusqu'à assigner les bancs publics à des groupes donnés. Parmi ces lois, notons celles qui distinguaient les individus selon leur «race», interdisaient les mariages mixtes et obligeaient les Blancs et les Noirs à habiter des quartiers différents. En 1994, après l'accession au pouvoir du Congrès national africain dirigé par Nelson Mandela, l'Afrique du Sud s'est affranchie du joug politique de l'apartheid. Cependant, les conséquences économiques de cette discrimination raciale sont encore visibles aujourd'hui. Il suffit de séjourner à Cape Town, une ville aux allures très européennes peuplée de Blancs, et de traverser les quartiers noirs situés en périphérie (les *townships*) pour réaliser que d'importantes iniquités persistent dans ce pays prospère. Quelque 20 ans après la fin de l'apartheid, la population noire du pays demeure majoritairement pauvre. Seulement 10 % de ses membres aurait atteint la réussite sociale et financière. Alors que les plus fortunés sont aujourd'hui qualifiés de *Black Diamonds* (Duyck, 2010), un grand nombre doivent toujours se contenter d'un revenu quotidien de 1,50 $.

En 1865, aux États-Unis, à l'issue de la guerre de Sécession, l'esclavage est aboli. Devenus «libres», les Afro-Américains vont cependant être progressivement marginalisés sur le plan économique et exclus de la vie politique. À la ségrégation de fait qui existait déjà dans plusieurs États du Sud, s'est ajoutée une dimension juridique. En Louisiane, au Mississippi, en Alabama, en Caroline du Nord, en Géorgie, en Virginie et en Floride, la ségrégation est devenue légale avec le vote des lois «Jim Crow», entre 1890 et 1917. Ces lois dites «ségrégationnistes», qui ont perduré jusque dans les années 1960, avaient érigé en système la séparation physique socioéconomique entre les Noirs et les Blancs. D'esclaves, les

© Ed Kashi/Corbis

À l'époque de l'apartheid, cette plage de Durban, en Afrique du Sud, était réservée à l'usage exclusif des Blancs. Aujourd'hui, les Zoulous peuvent s'y baigner librement. Pour la majorité des 40 millions de Noirs du pays, cependant, la fin de l'apartheid ne leur a pas permis pour autant de sortir de la pauvreté.

Afro-Américains sont alors devenus des citoyens de seconde classe, qui devaient se tenir à distance des Blancs. À l'époque, une majorité de Blancs du sud des États-Unis pensaient que les Noirs leur étaient fondamentalement inférieurs (Ndiaye, 2006). La séparation fut d'abord instaurée dans les trains, les tramways et les bateaux, puis dans d'autres lieux publics, comme les autobus, les toilettes et les hôpitaux. En Caroline du Sud et au Mississippi, seules des infirmières noires pouvaient s'occuper de patients noirs (Ndiaye, 2006). Les Noirs ne pouvaient pas fréquenter les mêmes écoles que les Blancs ni boire à la même fontaine publique. À certains endroits, les Noirs étaient aussi exclus des restaurants, des bibliothèques et des jardins publics où l'on affichait des avis tels que « *Negroes and dogs not allowed* » (« Les Noirs et les chiens ne sont pas admis »).

Les lois excluaient aussi les Noirs de nombreux secteurs de la vie économique. En plus de priver les Noirs de nombreux droits civiques et de toute possible participation à l'espace public, la société blanche les maintenait dans une position de subalternes sur le plan économique. Les employeurs et les syndicats leur réservaient, par exemple, les tâches les plus pénibles et les moins bien payées.

En 1963, la grogne se faisant de plus en plus sentir, le président John F. Kennedy a déclaré que « la race n'avait pas de place dans la vie et dans le droit du pays ». Après son assassinat, son successeur, Lyndon Johnson, a poursuivi sa politique et rendu progressivement possible le « rêve » de Martin Luther King, l'un des leaders de la lutte pour l'obtention des droits civiques des Noirs. La grande loi votée en 1964 a interdit toute forme de discrimination et de ségrégation dans les lieux publics (Ndiaye, 2006). Depuis, la marginalisation des Afro-Américains s'est considérablement atténuée, tant sur le plan économique que politique. Comme en Afrique du Sud, les séquelles de la ségrégation sont cependant persistantes.

À l'époque où Barak Obama a été élu à la présidence des États-Unis, les Afro-Américains avaient presque deux fois plus de risques que les Blancs d'être au chômage. En 2009, sur le plan du revenu familial, la différence était considérable : pour les foyers noirs, le revenu médian était de 32 585 $, comparativement à 49 777 $ pour l'ensemble des Américains (BWI, 2011). En 2011, 27 % des Afro-Américains étaient pauvres comparativement à seulement 13 % des Blancs. Au cours des

© Peter Turnley/Corbis

dernières années, un Afro-Américain sur quatre, comparativement à un Américain sur sept, aurait vécu de l'insécurité alimentaire (BWI, 2011). Depuis leur naissance, 85 % des enfants noirs âgés de 15 ans auraient même été contraints d'utiliser au moins une fois des bons alimentaires pour se nourrir, comparativement à 32 % chez les jeunes Blancs (Rank et Hirschl, 2009). Plus pauvres, les Afro-Américains souffrent davantage d'obésité. En 2009, chez les plus de 18 ans, 38 % étaient obèses comparativement à 26 % chez les Blancs. Ils ont également 10 fois plus de risques de contracter le VIH/Sida (Kaiser Family Foundation, 2012).

Ne pas obtenir leur diplôme d'études secondaires, devenir parents dès l'adolescence et être sans emploi représentent des conditions difficiles pour se sortir de la pauvreté. Entre 1968 et 2005, 41 % des enfants noirs nés dans la pauvreté le sont restés jusqu'au début de l'âge adulte. Toutefois, chez les Blancs nés dans la même situation, on ne parle que de 6 % (Tsoi-A-Fatt, 2010). La pauvreté et le désœuvrement peuvent conduire à la délinquance. Même si l'accès à l'éducation supérieure s'est démocratisé et qu'il existe une bourgeoisie afro-américaine instruite, il y a toujours plus de jeunes adultes afro-américains en prison qu'à l'université. Un Afro-Américain sur neuf connaîtra la prison au cours de sa vie. En 2006, 43 % des prisonniers mâles américains étaient noirs, alors que les Afro-Américains ne représentent que 13 % de la population totale des États-Unis (MacArthur, 2006).

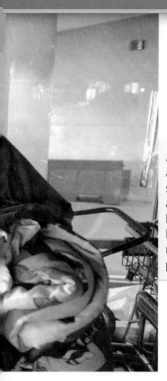

Au lendemain du passage de l'ouragan Katrina à La Nouvelle-Orléans, de nombreuses voix se sont élevées pour dénoncer la lenteur des autorités à venir en aide aux sinistrés, dont la vaste majorité étaient des Afro-Américains. Incapable de quitter la ville par ses propres moyens, cette femme, déjà démunie, a tout perdu dans la catastrophe.

D'une certaine façon, la ségrégation résidentielle instaurée à la fin du XIXᵉ siècle persiste. Bien qu'aujourd'hui, cette dernière soit principalement due à des facteurs socioéconomiques plutôt que strictement raciaux, il n'en demeure pas moins que dans certains États, Noirs et Blancs habitent des quartiers différents (Massey, 2009). En 2009, 46 % des Afro-Américains possédaient une maison comparativement à 67 % de l'ensemble des Américains (BWI, 2011). Cette réalité n'est pas sans avoir de lien avec l'accumulation de richesses, qui permet souvent aux générations suivantes de mieux s'en sortir. Contrairement aux Blancs, qui héritent souvent d'une somme d'argent au décès de leurs proches, la majorité des Afro-Américains n'ont pas cet avantage. Au cours de leur vie, la majorité d'entre eux se contentent de leur seul revenu. Ainsi, même à salaire égal, les Noirs demeurent moins fortunés que les Blancs (Shapiro *et al.*, 2010).

Toutes ces données permettent de mesurer l'ampleur des difficultés structurelles éprouvées par les Afro-Américains et de comprendre pourquoi seule une minorité d'entre eux font partie de la bourgeoisie. Rappelons qu'aux États-Unis, il a fallu attendre 1965 pour que les Noirs obtiennent le droit de vote et 1968 pour qu'ils commencent à voter lors du scrutin présidentiel. Après avoir été très longtemps relégués à la périphérie de la démocratie et 40 ans après avoir obtenu le droit de vote, les Afro-Américains sont parvenus, en 2009, à élire l'un des leurs, Barak Obama, à la tête de la Maison-Blanche.

Les minorités visibles au Canada et au Québec

Depuis les années 1980, en raison de l'immigration, la population canadienne faisant partie d'une minorité visible connaît une croissance inégalée (CNB, 2012). De 5 % qu'elle était en 1981, elle est passée à 16 % en 2006 (Lenoir-Achdjian et Morin, 2008). Au Québec, elle s'élève alors à 9 %. À l'échelle du Canada, plus de la moitié (54 %) de l'ensemble des membres des minorités visibles vivent en Ontario, 20 % vivent en Colombie-Britannique et 13 % au Québec. À elle seule, la ville de Toronto accueille 43 % de l'ensemble de ces minorités (CNB, 2012). Ces populations se caractérisent par la jeunesse de leurs membres. En 2006, les enfants de 14 ans et moins formaient 23 % de la population appartenant à une minorité visible, comparativement à 18 % pour la population n'appartenant pas à une telle minorité (Statistique Canada, 2008a). En 2006, 44 % des personnes issues des minorités visibles âgées de 25 à 64 ans possédaient un certificat ou un diplôme d'études universitaires, par rapport à 25 % des autres Canadiens. Leur revenu médian était alors de 19 100 $, comparativement à 27 100 $ (CNB, 2012).

Si à cette époque, au Canada, les minorités visibles les plus importantes étaient formées de Sud-Asiatiques et de Chinois, au Québec, on retrouvait dans l'ordre : les «Noirs» (29 %), les «Arabes» (17 %) et les «Latino-Américains» (14 %). Parmi les Noirs ayant immigré au Québec, plus de la moitié sont nés en Haïti et plus du quart sont originaires d'un pays africain. Ceux que l'on qualifie d'Arabes sont principalement originaires du Maroc, du Liban et de l'Algérie. Enfin, les Latino-Américains viennent principalement de la Colombie, du Salvador, du Pérou et du Mexique (Statistique Canada, 2008c). Comme ailleurs au Canada, au Québec, les minorités visibles se retrouvent principalement dans les grandes villes. En 2006, la région métropolitaine de Montréal, où l'on trouve 90 % des minorités visibles du Québec, comptait la troisième population de minorités visibles en importance au Canada (12 %), après celles de Vancouver (17 %) et de Toronto (43 %). Dans l'ensemble des Noirs du Canada, 22 % résident à Montréal (Statistique Canada, 2008c).

Au Canada, comme aux États-Unis, les membres des minorités visibles sont encore aujourd'hui victimes de discrimination (*voir l'encadré Le profilage racial au Québec*). Dans les grandes villes canadiennes, où se concentrent les nouveaux immigrants, la «racialisation» de la pauvreté est une réalité préoccupante qui se perpétue (Campagne 2000, 2011). En 2006, chez les minorités visibles, le taux de pauvreté s'élevait à 22 %, alors qu'il n'était que de 9 % chez les autres Canadiens. À Vancouver (58 %) et à Toronto (62 %), plus de la moitié des personnes vivant dans la pauvreté faisaient partie d'une minorité visible (CNB, 2012). Au Québec, l'exclusion sociale, dont sont souvent victimes ces minorités, les amène à vivre dans des quartiers fortement affectés par la pauvreté (CNB, 2012).

En 2006, à Montréal, le taux de pauvreté des Noirs était deux fois plus élevé que celui du reste de la population (39 % par rapport à 20 %). À l'époque, 47 % des enfants noirs de moins de 15 ans vivaient sous le seuil de la pauvreté, comparativement à 22 % chez les enfants blancs. Plus on monte dans l'échelle des revenus, plus les Blancs y sont surreprésentés et les Noirs, sous-représentés (Torczyner, 2010). Alors que le revenu moyen de la population noire était de 22 822 $, celui de l'ensemble de la population québécoise était de 32 074 $ (Gouvernement du Québec, 2010). À Montréal notamment, il est clair que les Noirs sont sous-représentés dans les professions de prestige et lucratives, et surreprésentés dans les professions peu considérées et peu rémunératrices (Torczyner, 2010).

Paradoxalement, sur le plan de la scolarité, la communauté noire présente un profil semblable à celui de l'ensemble des Québécois, tant sur le plan de la proportion des personnes déclarant une scolarité ne dépassant pas le diplôme d'études secondaires (47 % comparativement à 45 %) que de la proportion des diplômés universitaires (18 % comparativement à 17 %) (Gouvernement du Québec, 2010). Au chapitre de l'éducation, deux autres phénomènes sont à noter : les difficultés particulières éprouvées par certains jeunes Noirs du secondaire (McAndrew et Ledent, 2009) et le niveau d'instruction élevé des immigrants noirs récemment arrivés au Québec (Torczyner, 2010).

En dépit du fait que les travailleurs noirs possèdent un taux de scolarisation comparable à la moyenne des autres communautés, on compte un plus grand nombre de chômeurs au sein de la population noire. À Montréal, par exemple, pour chaque niveau d'instruction, on relève proportionnellement deux fois plus de chômeurs noirs que de blancs. Signe que la société québécoise n'est pas exempte de discrimination : «À niveau d'instruction égal, les membres de la communauté noire gagnent nettement moins que le reste de la population. De plus, les Noirs les plus instruits ont un revenu systématiquement moins élevé que les non-Noirs dont le niveau de scolarité est plus faible» (Torczyner, 2010 p. 41).

Faits de société

Le profilage racial au Québec

par Michèle D'Haïti

Les contacts prolongés entre des groupes appartenant à des univers culturels différents provoquent parfois des sentiments d'ambivalence, d'insécurité, la détérioration des rapports et le rejet de l'autre. Cela dépend surtout de la représentation que l'on se fait de l'autre, de celui qui nous est «étranger». Ami ou ennemi ? Semblable ou différent par ses façons de penser, de parler, d'agir ? L'autre n'est-il que l'image que j'ai de lui ?

Chacun d'entre nous a tendance à classer les individus dans une catégorie ou une autre, en fonction de critères précis tels que l'âge, le sexe, la tenue vestimentaire, le travail et les intérêts, et à leur attribuer une manière d'être, d'agir et de penser en conformité avec cette catégorie.

Plus les différences sont marquées dans les croyances et les styles de vie, plus se manifestent les jugements généralisateurs (*Ils sont tous pareils !*) et sans nuances, laissant toute la place aux préjugés, aux stéréotypes, à l'ethnocentrisme (*voir le chapitre 1*). Ces jugements constituent une sorte de réflexe stimulé par la méconnaissance et la peur de la différence. Est-ce à dire que nous sommes racistes ? Si nos attitudes et nos comportements envers ces individus sont déterminés par ces préjugés et ces stéréotypes, on contribue alors à perpétuer l'image dévalorisante que l'on se fait d'eux.

La manifestation du racisme commence d'abord par les mots. Lorsqu'on traite quelqu'un de « maudit terroriste » ou de « sale nègre », on exprime sans ambiguïté l'opinion que l'on a de cette personne. C'est souvent dans notre façon de parler, de voir et de ridiculiser l'autre que prend naissance l'attitude raciste. Nous donnons ainsi une signification et une valeur particulières à des différences biologiques (couleur de la peau, forme des yeux), sociales (règles de politesse), culturelles (nourriture kasher ou halale), religieuses (port du hidjab), tout en catégorisant des individus selon leur groupe d'appartenance.

Le racisme se reconnaît par la présence simultanée de certaines caractéristiques :

- la mise en relief des différences et la catégorisation des individus et des groupes ;
- l'exclusion (symbolique ou réelle) des individus ainsi catégorisés et l'accent mis sur des stéréotypes négatifs à leur égard ;
- la conviction que certaines catégories d'individus ne peuvent être intégrées socialement.

Aujourd'hui, peut-être plus symbolique ou indirect qu'à une certaine époque, le racisme fait référence à la culture (plutôt qu'à la race), à la différence (plutôt qu'à l'inégalité) et à la peur du contact avec les autres (plutôt qu'à la phobie des métissages). Il s'exprime par le rejet de l'autre et des traitements discriminatoires, en apparence plus subtils qu'avant et présentés comme des solutions logiques et légitimes. Le profilage racial en est un exemple concret.

> [Le profilage racial] désigne toute action prise par une ou des personnes en situation d'autorité à l'égard d'une personne ou d'un groupe de personnes, pour des raisons de sûreté, de sécurité ou de protection du public, qui repose sur des facteurs d'appartenance réelle ou présumée, tels que la race, la couleur, l'origine ethnique ou nationale ou la religion, sans motif réel ou soupçon raisonnable et qui a pour effet d'exposer la personne à un examen ou à un traitement différent. (Commission des droits de la personne et des droits de la jeunesse)

Les groupes les plus susceptibles d'être victimes de profilage racial sont les Noirs (2,5 %), les Latino-Américains (1,2 %), les personnes d'origine arabe ou de religion musulmane (1,2 %) et les Autochtones. Le profilage racial se base essentiellement sur des stéréotypes rattachés à l'appartenance ethnique et raciale. Ces préjugés servent le plus souvent d'élément déclencheur aux actions des policiers, du personnel chargé de la sécurité dans un contexte privé (agences privées, portiers, gardiens, etc.) et des propriétaires de commerces (magasins, bars, etc.).

Une vaste consultation menée par la CDDPDJ (Commission des droits de la personne et des droits de la jeunesse), en 2009, a débouché sur des audiences publiques tenues en 2010, sur le profilage racial et ses conséquences. Cette consultation a permis de prendre conscience de l'existence réelle de cette discrimination et de recueillir des centaines de témoignages.

Les exemples les plus fréquents concernent les jeunes des minorités visibles et l'intervention policière : interpellation, contrôle d'identité ou de la circulation routière, contravention, fouille sans raison

Au XXᵉ siècle, les Noirs ont été les principales victimes de la discrimination raciale. En Afrique du Sud, comme ailleurs dans le monde, la pauvreté et l'exclusion sociale touchent cependant aussi les femmes, quelle que soit la couleur de leur peau. Ceux qui pratiquent le profilage racial tendent à faire des généralisations inappropriées et préjudiciables.

valable, etc. Une intervenante de Sherbrooke a rapporté avoir été témoin d'une bataille entre deux jeunes Blancs qu'un jeune homme noir tentait de séparer. En arrivant sur les lieux, les policiers ont arrêté le jeune Noir, sans même poser de questions sur l'événement. Un jeune fonctionnaire d'origine sud-américaine s'est fait interpeller par deux policiers, alors qu'il entrait chez lui vers 22 h. Parce qu'il a demandé le motif de leur intervention, les policiers l'ont tabassé, en se moquant des «Latinos» et des immigrants en général.

D'autres témoignages font ressortir des comportements influencés par des préjugés et des stéréotypes associés aux personnes de minorités visibles, qui seraient considérées comme plus enclines à voler, à commettre des actes violents, à causer du désordre public ou à flâner! Ce n'est pas ce que vous êtes, ni qui vous êtes, mais plutôt ce que vous paraissez être qui compte!

C'est donc dans nos attitudes envers les autres que se manifestent les préjugés, la discrimination, le racisme… ou le respect de l'autre!

LES PEUPLES AUTOCHTONES

Dans le monde, au nombre des groupes souvent victimes d'iniquité, on trouve les populations autochtones, qualifiées tantôt de «peuples premiers», tantôt «d'indigènes» ou d'«aborigènes». Un peu partout, ces groupes «souffrent des conséquences d'une série d'injustices historiques, dont la colonisation, la dépossession de leurs terres, territoires et ressources, l'oppression et la discrimination, ainsi que l'impossibilité de contrôler leur propre mode de vie» (ONU, 2010, p. 1). Quel que soit le pays où ils habitent, ces peuples sont systématiquement surreprésentés parmi les pauvres, les analphabètes et les chômeurs. Le bien-être de ces populations ne se pose pas seulement dans les pays dits «pauvres» du Sud. Dans les sociétés industrialisées, les Autochtones se retrouvent aussi au bas de l'échelle de la plupart des indicateurs de bien-être. Au Nord, comme au Sud, ils ont une espérance de vie plus courte et une éducation et des soins de santé moins bons que leurs compatriotes. Un peu partout, les taux d'obésité, de diabète de type 2 et de tuberculose deviennent préoccupants. Il en va de même avec la prévalence de la toxicomanie et des taux de suicide et d'incarcération. Dans l'ensemble, «ces problèmes sont plus prononcés dans les zones urbaines, où les Autochtones se retrouvent détachés de leur communauté et de leur culture» (ONU, 2010, p. 1). Phénomène inquiétant, même lorsqu'ils arrivent à s'instruire ou à recevoir une formation, il leur est difficile d'en tirer des revenus suffisants pour réduire le fossé qui existe entre eux et les populations non indigènes en termes de pauvreté (ONU, 2010).

Les Amérindiens et les Inuits au sein de la population canadienne

Au Canada, où les Autochtones ont été dépossédés de leurs terres et de leurs modes de subsistance traditionnels, la situation est comparable. Dans le but d'assimiler les Amérindiens et les Inuits à la société des Blancs, on a retiré les enfants autochtones de leurs familles et on les a envoyés dans des pensionnats où ils ont dû apprendre l'anglais ou le français et la culture euro-canadienne (*voir le chapitre 11*).

© Christopher J. Morris / Corbis

Depuis le XVIIIᵉ siècle, les Autochtones ont fait face à des difficultés éprouvantes. Alors que les conditions de vie sévissant dans certaines réserves s'apparentent à celles observées dans de nombreux pays du tiers-monde, les séjours en forêt sont davantage empreints de sérénité. C'est l'occasion pour les parents de transmettre à leurs enfants leur savoir ancestral, comme le fait ici cette mère crie avec ses deux filles.

Dans ces pensionnats, des générations d'Autochtones ont dû abandonner l'usage de leur langue maternelle et de leurs coutumes. Même s'ils font preuve d'une très grande résilience, les Autochtones sont encore aujourd'hui surreprésentés parmi les plus démunis de la société canadienne. Appauvris et en proie à une crise d'identité, ils font face au racisme et aux préjugés, mais aussi à de nombreux problèmes socioéconomiques. Sur le plan individuel, les obstacles à surmonter sont considérables. Les observations du gardien de but Carey Price, un Autochtone de Colombie-Britannique, sont à ce sujet fort révélatrices. Interviewé dans le vestiaire des Canadiens de Montréal en 2011, ses propos sont sans équivoque : « Je ne suis pas censé être ici. J'ai été chanceux. » Selon lui, parce qu'il a été élevé dans une petite communauté isolée où sa grand-mère pêche toujours le saumon et le fait sécher pour se nourrir, il est étonnant qu'il ait atteint la Ligue nationale de hockey (Lortie, 2011).

En 2006, le nombre de Canadiens qui se considéraient comme Autochtones, c'est-à-dire comme Indiens de l'Amérique du Nord (membres des Premières Nations), Métis et Inuits, a franchi la barre du million. Depuis 1996, on parle d'une croissance démographique (45 %) nettement supérieure à celle observée chez l'ensemble des Canadiens (8 %). Longtemps confinée dans les réserves, la population autochtone s'urbanise. En 2006, 54 % des Amérindiens, des Inuits et des Métis vivaient en milieu urbain. Ils formaient aussi une population jeune. Les enfants et les jeunes de 24 ans et moins formaient alors 48 % de leur population comparativement à 31 % pour les non-Autochtones. Leur âge médian est de 27 ans, comparativement à 40 ans pour les non-Autochtones (Statistique Canada, 2008a).

Des iniquités persistantes entre Blancs et Autochtones

Les différents indicateurs socioéconomiques sont très révélateurs des iniquités persistantes entre Blancs et Autochtones. En 2010, chez les 25 à 54 ans, le taux de chômage s'élevait à 12,3 %, comparativement à 6,8 % chez les non-Autochtones. Au sein de la population active (donc disposée à travailler), le taux d'emploi était de 65,8 % chez les Autochtones comparativement à 80,9 % chez les autres Canadiens (Usalcas, 2011). Toujours en 2010, Amérindiens, Inuits et Métis « étaient plus susceptibles de travailler dans les administrations publiques, dans la construction, dans la foresterie, la pêche et l'extraction minière, pétrolière et gazière, et dans les soins de santé et l'assistance sociale que ne l'étaient leurs homologues non autochtones » (Usalcas, 2011, p.18).

Bien qu'il tende à augmenter, le revenu total médian des Autochtones âgés de 25 à 54 ans n'atteignait en 2005 que 22 000 $, comparativement à plus de 33 000 $ pour la population non-autochtone appartenant au même groupe d'âge (Statistique Canada, 2010a). Avec de tels chiffres, il n'est guère surprenant que la pauvreté demeure un problème dans les communautés, ainsi que pour les Amérindiens et les Inuits vivant en milieu urbain. En 2006, 36 % des enfants autochtones âgés de 0 à 14 ans vivaient dans la pauvreté, comparativement à 18 % ailleurs au Canada (Campagne 2000, 2011). Comme pour les non-Autochtones (*voir l'encadré Les inégalités sociales en matière de santé*), la pauvreté a des retombées négatives sur la santé, l'éducation et le bien-être général des individus (Loppie et Wien, 2009). À ce facteur, il faut ajouter le racisme qui fait en sorte que les populations discriminées sont plus à risque d'avoir un moins bon état de santé en raison du stress ainsi causé (Loppie et Wien, 2009).

Des conditions de vie comparables à celles du tiers-monde

L'espérance de vie des Amérindiens et des Inuits est de 5 à 7 ans inférieure à celle des Canadiens non-Autochtones et le taux de mortalité infantile est 1,5 fois plus élevé (APN, 2011). Au nombre des facteurs ciblés comme responsables du mauvais état de santé des mères et des enfants autochtones, on trouve la pauvreté financière, les conditions de vie difficiles ainsi que l'insécurité alimentaire associée au manque d'aliments nutritifs abordables ou faciles à se procurer (CSA, 2011). Méfiantes pour des raisons d'ordre historique (antécédents de traitement paternaliste ou de discrimination), les femmes autochtones « appréhendent la consultation de professionnels de la santé par crainte du racisme ou du jugement de leur comportement ; elles ont peur de l'inconnu ou d'être perçues comme des ignorantes ; et elles sont effrayées à l'idée de révéler quelque chose concernant leurs enfants qui porterait les services de protection de l'enfance à les leur retirer » (CSA, 2011, p. 7).

De manière générale, l'état de santé des Autochtones est plus mauvais que celui de l'ensemble

Offert par Nadine Trudeau

Salluit est l'un des plus gros villages inuits du Québec et compte environ 2000 personnes. On y dénombre quelques centaines de maisons en bois, peintes de différentes couleurs. Comme celles-ci ne sont pas assez nombreuses pour répondre à la croissance démographique, plusieurs générations d'une même famille doivent cohabiter sous le même toit.

des Canadiens. Des maladies, comme le VIH/Sida largement contrôlé au sein de la population canadienne, continuent de sévir au sein de la population autochtone. Bien qu'ils ne représentent que 3,8 % des Canadiens, Amérindiens, Inuits et Métis comptent pour 9 % des nouveaux séropositifs (RCADS, 2009). D'autres maladies aujourd'hui associées au tiers-monde, et pour ainsi dire disparues chez les non-Autochtones, continuent de frapper leurs communautés. Chez les Amérindiens vivant dans des réserves, le taux de prévalence de la tuberculose, par exemple, est 31 fois plus élevé que la moyenne nationale (APN, 2011); chez les Inuits, on parle d'un taux 185 fois plus élevé (Cameron, 2011). Au nombre des facteurs responsables de la situation: les logements inadaptés et surpeuplés, l'insécurité alimentaire et l'accès inapproprié aux services de santé (Cameron, 2011).

Depuis leur sédentarisation, les Autochtones vivent une crise du logement. Bien que les données de recensement montrent que le surpeuplement des logements autochtones tend à diminuer, leurs conditions de vie demeurent problématiques. «Globalement, les Autochtones sont presque quatre fois plus susceptibles que les non-Autochtones de souffrir du surpeuplement, et trois fois plus susceptibles de vivre dans des logements nécessitant des réparations majeures» (Statistique Canada, 2008a, p. 6). Pour de nombreux Autochtones, la vie dans une réserve est devenue moins attirante. Près de 44 % des résidents habitent des maisons ayant besoin de réparations majeures. «La construction de logements sociaux accuse un retard, et le financement est limité pour des services de base dans les réserves, tels que des installations sanitaires, l'éducation et l'accès à des soins de santé de base. Les conditions de logement sur réserve tendent à se détériorer plus rapidement en raison des constructions de mauvaise qualité, du manque d'entretien et du surpeuplement» (CCNSA, 2009, p. 2).

Sur le plan de l'accès à l'eau potable, la situation dans laquelle se trouvent ces communautés ne serait tolérée dans aucune ville canadienne. «En juin 2010, 114 communautés des Premières Nations de l'ensemble du pays étaient visées par un avis concernant la qualité de l'eau potable et les réseaux d'alimentation en eau de 49 communautés des Premières Nations faisaient partie de la catégorie à risque élevé» (APN, 2010). Alors que 25 % des systèmes de traitement de l'eau dans les réserves posent un risque élevé pour la santé, dans 12 % des communautés, les résidents sont contraints de faire bouillir l'eau avant de la consommer (APN, 2011).

Au Canada, comme ailleurs dans le monde, on trouve des Autochtones aux prises avec de graves problèmes de suicide. Aux causes individuelles se greffent des facteurs conjoncturels liés à l'histoire de la colonisation et de leurs interactions avec les institutions sociales et politiques de la société dominante (FADG, 2007). Bien qu'il y ait d'importantes variations dans l'ensemble des collectivités, des bandes et des nations, le taux global de suicide y est 2 fois plus élevé que dans la population canadienne en général; chez les Inuits, il est encore plus élevé, de 6 à 11 fois supérieur (FADG, 2007). Chez les jeunes, cette détresse est particulièrement criante. Dans les réserves amérindiennes, où le tiers de l'ensemble des décès chez les jeunes Autochtones est attribuable au suicide, les 10 à 29 ans risquent 5 à 6 fois plus de mourir de suicide que leurs semblables faisant partie de la population générale (FADG, 2007). Le suicide n'est cependant qu'un des indicateurs de la détresse dans ces communautés.

Pour chaque cas de suicide, il peut y avoir à l'arrière-plan un grand nombre de personnes souffrant de dépression, d'anxiété et d'autres sentiments d'obstruction ou d'empêchement d'agir, d'impuissance et de désespoir. D'autre part, chaque suicide a des conséquences dévastatrices qui bouleversent un grand nombre de personnes – la famille, les proches et les pairs qui trouvent un écho de leur propre situation difficile et qui même, parfois, peuvent être incités à envisager de se suicider face à cet événement. Le cercle du sentiment de perte, de deuil et de détresse comme suite au suicide s'étend à toute la communauté. (FADG, 2007, p. XVI)

La scolarisation en milieu autochtone

Même si le nombre de diplômés postsecondaires est en hausse chez les Autochtones, il faudra deux décennies pour combler l'écart en la matière par rapport aux autres Canadiens. En 2006, le pourcentage d'Autochtones âgés de 25 à 64 ans sans diplôme d'études secondaires (34 %) demeurait supérieur à celui de la population non autochtone faisant partie du même groupe d'âge (15 %). À l'époque, un pourcentage comparable d'individus avait cependant obtenu un diplôme d'études secondaires (21 % comparativement à 24 % en faveur des non-Autochtones) et professionnel ou collégial (33 %). Bien que de nombreux décrocheurs autochtones reviennent sur les bancs d'école pour obtenir leur diplôme d'études secondaires, seulement 8 % détiennent un diplôme universitaire, comparativement à 23 % chez les Canadiens non autochtones (Statistique Canada, 2008b). Fait troublant, les membres des Premières Nations sont plus susceptibles de se retrouver en prison que d'obtenir un diplôme d'études secondaires (APN, 2011). Alors qu'ils représentent 3,8 % de la population canadienne, les Autochtones représentent 22 % de la population carcérale (Bellavance, 2011).

Comme dans les pays du Sud, le système d'éducation autochtone manque de fonds. Contrairement à la croyance populaire qui dépeint parfois les Autochtones comme des privilégiés de l'État, le financement attribué aux écoles situées sur les réserves est inférieur de 2000 $ à 3000 $ par élève à celui accordé aux autres écoles élémentaires et secondaires du Canada (Campagne 2000, 2011). Cela dit, des indices encourageants suggèrent que les jeunes âgés de 6 à 14 ans vivant hors-réserve réussissent aussi bien que leurs camarades de classe non-Autochtones (Statistique Canada, 2010b). En 2006, même si leur taux de décrochage était plus élevé que la moyenne canadienne, 70 % des membres des Premières Nations âgés de 25 à 64 ans vivant hors-réserve avaient terminé leurs études secondaires, comparativement à 50 % chez leurs homologues vivant en réserve (Statistique Canada, 2008b).

Faits de société

Amérindiens et Inuits du Québec

par Louis Roy

Aujourd'hui, 1 % de la population québécoise se dit «autochtone», soit près de 91 600 personnes. On y distingue quelque 80 300 Amérindiens et 11 300 Inuits. Comme au Canada, on parle ici d'une population jeune, où plus de la moitié des individus ont moins de 30 ans. Répartis dans 14 villages inuits et 41 communautés amérindiennes, les Autochtones du Québec appartiennent à 11 nations (*voir la carte des nations autochtones du Québec, au chapitre 8*): les Abénakis, les Algonquins, les Attikameks, les Cris, les Hurons-Wendats, les Innus-Montagnais, les Malécites, les Micmacs, les Mohawks et les Naskapis. Bien que de plus en plus d'Autochtones vivent dans des villages et des villes, dont Val-d'Or, La Tuque et Montréal, quelque 58 000 Amérindiens habitent dans des réserves administrées par un conseil de bande (Gouvernement du Québec, 2011).

> Composés du chef et des conseillers, les conseils jouent un rôle politique et administratif: ils peuvent créer des comités et des organismes chargés des divers aspects de la vie communautaire. Le conseil de bande est l'interlocuteur privilégié des Autochtones auprès des instances gouvernementales. Il exerce un pouvoir plus élargi que celui des conseils municipaux du Québec. En effet, il a la responsabilité de dispenser tous les services à la communauté, y compris ceux qui relèvent de la santé et de l'éducation. (Gouvernement du Québec, 2011, p. 39)

Au Québec depuis une soixantaine d'années, la situation des Autochtones a considérablement changé. Si certaines communautés éloignées ont conservé leur mode de vie traditionnel, elles ne sont plus nomades et isolées comme jadis. «L'urbanité de certaines communautés les a incitées à développer de nouveaux rapports avec la société québécoise et à favoriser leur participation aux projets collectifs» (Gouvernement du Québec, 2011, p. 7). Cela dit, plusieurs indicateurs socioéconomiques demeurent préoccupants et typiques de bien des régions dites «éloignées» du Québec. À l'heure où le gouvernement québécois propose de développer le Nord, de nombreux observateurs profitent de l'occasion pour rappeler à quel point les populations locales vivent dans des conditions souvent méconnues par les non-Autochtones.

DES PROBLÈMES SOCIOÉCONOMIQUES TENACES

Une étude préparée en 2010 par le ministère de la Santé et des Services sociaux révèle un portrait saisissant de la situation et atteste le fait que les Autochtones du Québec vivent aussi dans des conditions apparentées à celles qui sévissent dans plusieurs pays du Sud (Lessard, 2011). Un premier constat : les statistiques déplorables sur la santé et l'espérance de vie ne sont pas réservées aux communautés inuites de l'extrême nord du Québec. Partout sur le territoire au-delà du 49e parallèle, les hommes autochtones vivent moins longtemps qu'ailleurs : au Québec, l'espérance de vie est de 77,7 ans contre 63 ans pour un Inuit et 69 ans pour un habitant de Mashteuiatsh, une communauté innue-montagnaise située près de Roberval au Lac-Saint-Jean. Le constat est semblable chez les femmes, qui vivent 82,8 ans dans l'ensemble du Québec, mais seulement 68,8 ans au Nunavik (Lessard, 2011). Le taux de mortalité infantile est deux fois plus élevé sur le territoire du Nord qu'ailleurs au Québec ; au Nunavik, il est quatre fois plus élevé. Signe que les choses pourraient aller mieux, on recense, comme ailleurs au Canada, un nombre anormalement élevé de morts par accident, dont pour l'essentiel par suicide. Au Nunavik, on meurt six fois plus souvent des suites d'un accident qu'au Québec. Le taux de suicide y est de 9,8 cas par 100 000 habitants. En territoire autochtone, le problème du logement et de la promiscuité est chronique. Au Québec, environ 8 % des logements ont besoin de réparations majeures. Or, 36 % des habitations au Nunavik et 31 % des maisons cries nécessiteraient des travaux importants (Lessard, 2011).

En pays inuit et sur la Basse-Côte-Nord, où vivent les Innus-Montagnais, la moitié des résidents de 25 à 64 ans n'ont aucun diplôme, et la proportion est presque identique à la Baie-James, en territoire cri. On compte deux fois moins de diplômés universitaires dans le Nord que dans l'ensemble du Québec. Le taux de décrochage scolaire y est aussi nettement plus élevé. Si 37 % des jeunes Québécois n'ont aucun diplôme, ce sont 80 % des Inuits et 73 % des Cris de la Baie-James qui sont dans cette situation (Lessard, 2011).

Cela étant dit, à l'échelle du Québec, certaines tendances suggèrent que des changements encourageants s'opèrent. Au cours des dernières décennies, la santé des Autochtones s'est améliorée. « Même s'il reste des défis à relever, on constate une augmentation de l'espérance de vie de même qu'une baisse des maladies infectieuses et de la mortalité infantile » (Gouvernement du Québec, 2011, p. 41). Depuis une trentaine d'années, le niveau de scolarité des jeunes Autochtones s'est accru. Bien que des progrès restent à faire en ce qui concerne le taux de fréquentation des cours offerts au secondaire, au collégial et à l'université, la situation au primaire s'est améliorée. Deux facteurs y auraient contribué : le fait qu'aux trois premières années du primaire, plusieurs communautés offrent l'enseignement en langue autochtone et que les programmes scolaires sont désormais adaptés à leur réalité (Gouvernement du Québec, 2011).

Offert par Nadine Trudeau

À l'école de Kawawachikamach (près de Schefferville), de la maternelle à la 3e année du primaire, les enfants étudient dans leur langue maternelle : le naskapi. À partir de la 4e année, on leur enseigne en anglais, mais ils continuent de recevoir un enseignement en naskapi dans leur cours de culture autochtone. Lorsqu'ils étaient nomades, les Naskapis se déplaçaient sur un très large territoire. Au comptoir de la Compagnie de la Baie d'Hudson à Kuujjuaq, ils ont tissé des liens avec les familles inuites. Les deux nations ont adopté la tuque en laine, comme celle portée par cette enfant naskapi un jour de classe.

DES PRÉJUGÉS PERSISTANTS

À bien des égards, les Québécois continuent d'entretenir des préjugés sur les Amérindiens et les Inuits. On croit qu'ils sont les enfants gâtés du système et qu'ils profitent de nombreux privilèges (Lepage, 2009). À tort, on croit, par exemple, qu'ils ne paient pas de taxes ni impôts ni électricité et qu'ils ont droit à des VTT ou à des motoneiges qui seraient fournis par l'État. À ce propos, trois faits méritent d'être clarifiés. Premièrement, l'exemption sur la taxe de vente ne s'applique qu'aux ventes faites dans une réserve ou sur un bien meuble autre qu'une voiture achetée à l'extérieur, mais livrée par le vendeur sur la réserve. Deuxièmement, il y a bien exemption d'impôts sur le revenu lorsque le travail est exécuté dans une réserve ou pour le compte d'un employeur autochtone, mais il est imposable lorsque l'emploi est exercé en dehors pour un employeur de l'extérieur. Cela dit, l'ampleur du privilège conféré par l'exemption de l'impôt sur les salaires est nettement exagérée, car «dans la majorité des communautés amérindiennes, on tient compte de cette exemption pour déterminer les salaires» (Lepage, 2009, p. 38). Troisièmement, ces présumés privilèges fiscaux ne s'appliquent pas à tous les Autochtones. Les exemptions prévues dans la Loi sur les Indiens ne s'appliquent qu'aux seuls Indiens inscrits dans le registre du gouvernement fédéral. D'office, les Inuits ne sont donc aucunement concernés par cette loi d'exception. Comme tous les contribuables québécois, ils paient donc taxes et impôts (Lepage, 2009).

Toujours sur le plan des préjugés, encore récemment, une majorité de Québécois affirmait que les gouvernements provincial et fédéral s'occupaient assez ou très bien des revendications autochtones, souvent considérées comme démesurées. Parmi les gens sondés, 69 % trouvaient que l'aide financière aux communautés autochtones était suffisante ou excessive. À tort, plus d'un Québécois sur deux réfute aussi le fait que la pauvreté vécue dans plusieurs communautés soit comparable à celle observée dans les pays du tiers-monde (Beauchemin, 2007). Cette pauvreté, bien que réelle, ne concerne cependant pas tous les Autochtones du Québec, qui déplorent non seulement l'ignorance des Blancs, mais aussi leur propension à généraliser à l'ensemble des Amérindiens et des Inuits les problèmes socioéconomiques sévissant dans leurs communautés. On ne le dit pas assez souvent, on retrouve au Québec des entreprises autochtones prospères ainsi que des médecins et des avocats reconnus dans leur profession.

Une série de reportages portant sur la «tragédie» des Inuits, publiée dans *La Presse* en 2012, a soulevé la colère d'une soixantaine de leaders du Nunavik. Dans une lettre envoyée au quotidien, Joseph Paul Flowers, un Inuit diplômé en droit de l'Université McGill, né à Kuujjuaq, souligne que «les articles transpirent les préjugés contre ces citoyens du Grand Nord québécois et ne présentent qu'un côté de la médaille». Il y déplore que le journal décrive les Inuits comme des «meurtriers, alcooliques, décrocheurs, paresseux, itinérants, des parents négligents, et des citoyens insensibles et indifférents aux enjeux auxquels ils font face». M. Flowers constate finalement que «le quotidien n'a fait aucun reportage sur la sagesse des aînés, les succès des jeunes et l'innovation des systèmes de gouvernance, notamment» (Agence QMI, 2012).

RÉSUMÉ

Toute l'attention accordée à la parenté, au mariage et aux systèmes politiques pourrait laisser croire que ce sont les seuls principes d'organisation sociale qui comptent réellement. Il en existe toutefois d'autres. L'avènement d'un grand nombre d'associations d'intérêt commun lié aux changements sociaux et à l'urbanisation rapide en constitue un premier exemple. Bien davantage que dans le cas des groupes de parenté et des associations d'intérêt commun, d'autres types de groupements sociaux occasionnent ou entérinent des inégalités.

Toutes les cultures catégorisent les individus selon leur sexe. L'âge est également un facteur universel qui détermine le statut d'un individu au sein d'une société. Alors que dans certaines sociétés, les aînés sont respectés, voire vénérés, dans d'autres, comme en Occident, il arrive que ces derniers soient victimes de discrimination en raison de leur âge.

Dans un système de stratification sociale, les individus sont classés les uns par rapport aux autres. Ceux qui se retrouvent aux rangs inférieurs ont un accès limité à la richesse, au pouvoir et au prestige. Les groupes humains peuvent être stratifiés selon différents critères, comme la classe sociale, l'origine ethnique et la caste. Alors que les membres d'une classe ont un accès égal ou presque égal aux ressources essentielles et au prestige, l'appartenance à une caste est déterminée à la naissance et ne se modifie jamais. La stratification ethnique ainsi que la discrimination qui s'ensuit existent dans des pays comme le Canada, où cohabitent un grand nombre de groupes ethniques.

Bien qu'erroné, le concept de race est à la base du racisme et de la ségrégation. Le racisme est la croyance selon laquelle les individus censés appartenir à certaines «races» seraient inférieurs aux autres.

Dans le monde, parmi les groupes souvent victimes d'iniquité, on retrouve les populations autochtones. Un peu partout, ces dernières souffrent des conséquences d'une série d'injustices historiques, dont la colonisation et la discrimination. Quel que soit le pays où ils habitent, ces peuples sont surreprésentés parmi les pauvres. Le Québec et le Canada ne font pas exception. Même si de nombreux préjugés persistants se doivent d'être éliminés, les conditions de vie des Amérindiens et des Inuits demeurent, dans de nombreuses communautés, comparables à celles sévissant dans les pays du Sud.

LES VOIES DU CHANGEMENT CULTUREL

© Ahmad Masood/Reuters/Corbis

Le rythme des changements n'a jamais été aussi rapide qu'aujourd'hui. En Afghanistan, comme ailleurs, les peuples traditionnels subissent des pressions pour se moderniser. Cette Afghane, en apparence très traditionnelle puisqu'elle porte une burqa qui lui couvre tout le corps, n'en demeure pas moins « contemporaine ». À l'aide d'une caméra vidéo, elle immortalise une scène, comme on le fait dans les pays industrialisés.

SOMMAIRE

- **Les mécanismes du changement culturel**
- **L'emprunt dans un contexte de mondialisation**
- **De nouveaux agents de changement**

- ◉ Pour quelles raisons et par quels mécanismes les cultures changent-elles ?

- ◉ Qu'est-ce qui distingue l'innovation, la diffusion et l'acculturation dans leur mode d'expression ?

- ◉ Quelles sont les conséquences des changements culturels sur les peuples du monde ?

- ◉ Dans un contexte de mondialisation, comment le changement culturel s'exprime-t-il sur le plan de l'alimentation et du savoir médicinal ?

- ◉ Pour quelles raisons les États modernes sont-ils contraints de s'ajuster au renouveau autochtone et au pluralisme ethnique ?

LES MÉCANISMES DU CHANGEMENT CULTUREL

L'être humain s'est émancipé du besoin de changer sur le plan biologique pour devenir tributaire de l'adaptation culturelle (*voir le chapitre 3*). Les principales institutions culturelles, telles que la famille, le mariage, l'organisation politique, l'économie et la religion, forment un ensemble intégré dont le bon fonctionnement assure un certain équilibre. En règle générale, les cultures demeurent souvent assez stables, jusqu'à ce que se modifient les conditions auxquelles elles sont adaptées. Aucune culture n'est cependant immuable; les institutions qui la constituent se modifient au fil du temps. Ainsi, contrairement aux apparences, la culture des chasseurs-cueilleurs, des éleveurs nomades ou des horticulteurs change tout comme celle des sociétés occidentales.

Dans une culture stable, les changements peuvent se produire de manière harmonieuse et progressive, sans que ses fondements soient touchés. Cependant, des changements peuvent aussi se produire à un rythme accéléré et susciter la transformation rapide et radicale d'une culture. À ce sujet, le monde moderne regorge d'exemples très diversifiés de changements accélérés, qu'il s'agisse de l'émergence économique de la Chine et de l'Inde ou du sort des indigènes de la forêt amazonienne, exposés à l'exploitation de leur territoire. Plus près de nous, les collectivités autochtones du Nord québécois (Cris, Naskapis, Inuits, Innus-Montagnais, Attikameks, Algonquins) ont dû abandonner leur mode de vie nomade et adopter en très peu de temps plusieurs traits de la culture dominante eurocanadienne.

Lorsque les anthropologues parlent de changements, ils ne parlent pas uniquement d'un effet de mode, mais bien de transformations affectant les coutumes et les valeurs des cultures concernées. Ces changements ne sont pas toujours adaptatifs. Ils ne s'inscrivent pas non plus dans un mouvement général «d'évolution» culturelle menant à ce que bien des Occidentaux appellent le «progrès». Comme le démontre le présent chapitre, outre des mécanismes associés aux changements positifs qui surviennent au rythme des innovations technologiques et des emprunts résultant d'un processus de diffusion, il y a les changements imposés et dommageables qui découlent de l'acculturation, un phénomène associé au désir de certains États de «civiliser» les populations dites traditionnelles.

L'innovation

L'**innovation** constitue un premier mécanisme de changement. Elle résulte du recours généralisé par une population à un nouveau comportement, à une nouvelle méthode ou à un outil inédit. L'innovation peut aussi résulter de l'acceptation d'une nouvelle idéologie, ou de la valorisation d'une nouvelle croyance, qu'elle soit religieuse dans le cas du syncrétisme ou associée à un idéal, comme l'émergence du mariage d'amour romantique en Occident.

Une innovation qui découle de la découverte parfois accidentelle d'une «nouveauté» est qualifiée d'«innovation primaire». On peut ici penser à la découverte du feu, de la roue ou de la poterie. Quant à l'innovation issue de la modification délibérée d'une technique, d'un mécanisme ou d'un appareil connus, elle est appelée «innovation secondaire». Le feu, dont la fonction première a possiblement été de tenir à distance les prédateurs, de réchauffer un abri ou de cuire les aliments, est devenu, par une innovation secondaire que constitue le feu de camp, un contexte propice à la socialisation. Ce type d'innovation correspond davantage au modèle de changement qui prévaut actuellement en Occident, où la révolution qui s'est produite dans le domaine des communications offre plusieurs exemples. Pensons seulement aux téléphones qui bouleversent non seulement notre façon de communiquer, mais aussi la nature même de nos rapports sociaux, maintenant qu'ils sont devenus «portables» et «intelligents» grâce à Internet, une autre innovation ayant considérablement changé le monde dans lequel nous vivons. D'abord conçus pour nous permettre de parler, les téléphones servent désormais principalement à faire autre chose, à envoyer des messages textes, à prendre des photos, voire à écouter de la musique, par exemple. L'application Skype, grâce à laquelle on peut voir notre interlocuteur tout en lui parlant, par une caméra intégrée dans un ordinateur, semble en voie de détrôner le téléphone traditionnel.

Parler de réseaux sociaux pour désigner Facebook et Twitter demande de revoir la notion de rapports interpersonnels. Avoir de nombreux amis

> **Innovation**
>
> Mécanisme de changement culturel où le recours généralisé à un nouveau comportement, à une nouvelle méthode ou à un outil inédit engendre des transformations au sein d'une culture.

sur Facebook (la moyenne mondiale est de 131) n'assure pas aux 55 % de Canadiens qui en sont membres (CEFRIO, 2011) la création d'un véritable réseau d'amis sur lesquels ils peuvent compter concrètement. Comme pour Twitter, on parle ici de communautés virtuelles qui viennent s'ajouter à celles tangibles déjà existantes, décrites dans ce livre (famille, parentèle, groupe d'âge, clan, etc.). Ces innovations technologiques présentent de nombreux intérêts et des avantages certains sur le plan des rapports sociaux. D'un point de vue anthropologique cependant, il est permis de se demander si ces «réseaux sociaux» rapprochent ou éloignent les humains. Que ces innovations rapprochent les gens vivant au loin et éloignent les gens vivant à proximité pourrait faire l'objet d'un débat. Ce qui est certain, c'est qu'elles changent concrètement notre façon d'entrer en relation avec les gens, de créer des amitiés, d'entretenir des rapports avec les autres, voire de rencontrer un éventuel conjoint. L'amitié naît généralement lorsque deux personnes partagent une histoire commune et ont l'occasion de faire des choses ensemble. Les amis proches sont possiblement les personnes dont on essaie de prendre régulièrement des nouvelles et que l'on cherche à côtoyer malgré les aléas de la vie. Or, il semble qu'en 2006, les Américains comptaient en moyenne moins «d'amis proches» que 20 ans

auparavant. Dans certains cas, la baisse serait attribuable à l'utilisation des médias électroniques qui auraient pour effet d'amenuiser chez certains les amitiés solides (Proulx, 2010).

Au Québec, en 2011, 59 % de tous les adultes et 73 % des internautes auraient partagé au moins une activité sur les médias sociaux mensuellement (CEFRIO, 2011). Chez les 18 à 24 ans (dont 92 % utilisent Internet), c'est presque tous les internautes (98 %) qui l'auraient fait. À l'image de leurs homologues canadiens, les internautes québécois passeraient en moyenne 5,9 heures par semaine à naviguer sur les médias sociaux. Chez les 18 à 34 ans, ce serait 2,75 heures de plus. On parle donc ici de 8,6 heures par semaine dont ces jeunes ne disposent plus pour interagir en personne avec leurs proches comme autrefois. Cela ne signifie pas que les médias sociaux soient mauvais en soi, mais il semble qu'ils puissent avoir des répercussions sur la nature des rapports interpersonnels, à tout le moins selon l'anthropologue qui étudie les peuples du monde.

Prenons un dernier exemple pour illustrer la nature changeante des rapports que nous entretenons avec notre entourage. Dans plusieurs cultures où les rapports interpersonnels demeurent prioritaires, il serait déplacé de répondre au téléphone et d'entretenir une conversation avec quelqu'un alors qu'une

© Adham Khorshed /Demotix/Demotix/Corbis

En 2011, lors du Printemps arabe, de nombreux observateurs ont souligné le fait que les réseaux sociaux ont permis aux manifestants de s'organiser. Au Caire, en Égypte, comme ailleurs, les manifestants prenaient et transmettaient des photos de ce qui se passait à l'aide de leur téléphone cellulaire, une innovation d'abord créée pour communiquer verbalement...

autre personne est à nos côtés. Or, en Occident, on a parfois l'impression que la personne qui est au loin (donc virtuelle) est plus importante que la personne qui est devant soi. Qui n'a pas déjà remarqué deux personnes marchant ensemble ou assises face à face au restaurant parler au téléphone ou texter avec d'autres personnes (absentes)? Il y a quelques années, une compagnie de téléphonie avait pour slogan: «Si ça sonne, tu pognes.» Elle avait bien saisi ce que recherchent particulièrement les jeunes, soit être populaires et faire partie d'une gang. Plus récemment, la même entreprise faisait la promotion d'un nouveau forfait familial en clamant que c'était maintenant, au téléphone, que l'on passait du temps en famille…

La diffusion

Examinons maintenant un second mécanisme susceptible d'engendrer du changement au sein d'une culture, la **diffusion**. On parle de diffusion comme source de changements importants, lorsque des pratiques, des coutumes ou des valeurs se propagent d'une culture à l'autre ou, encore, quand un peuple emprunte les éléments culturels d'un autre peuple. Après l'établissement permanent des premiers colons dans l'est du Canada, beaucoup d'entre eux sont décédés à cause de la rigueur de l'hiver. En fait, de nombreux autres seraient morts de froid si les Amérindiens ne leur avaient pas fourni des mocassins et des vêtements de cuir et ne leur avaient pas montré comment protéger leurs habitations contre les vents glacials. De plus, d'autres colons seraient morts de faim si les Autochtones ne leur avaient pas appris à reconnaître les plantes comestibles et médicinales.

Les peuples font cependant preuve d'un certain discernement dans leurs emprunts, car ils choisissent parmi de nombreuses possibilités et façonnent en quelque sorte leur propre identité culturelle. En général, leurs choix se limitent aux éléments utiles et compatibles avec leur culture. Dans le cas de l'exemple précédent, les colons ont volontiers adopté les raquettes, le toboggan, les vêtements de fourrure et d'autres éléments de la culture matérielle des Amérindiens, car ces éléments leur permettaient de survivre. Par ailleurs, ils n'ont jamais eu l'intention d'épouser toutes leurs coutumes ou leur vision du monde.

Diffusion

Mécanisme de changement culturel par lequel des pratiques, des coutumes ou des valeurs se propagent d'un peuple à un autre à la suite d'un processus d'emprunt.

Aujourd'hui, les moyens de diffusion les plus puissants du monde contemporain sont sans doute les médias de communication: la télévision, la radio, le cinéma et la littérature. Il suffit de visiter l'Asie ou les Caraïbes, par exemple, pour constater que certains traits de la culture occidentale y sont devenus omniprésents. Diffusés à partir des États-Unis et de l'Europe de l'Ouest, ces éléments culturels sont maintenant partagés par des millions d'êtres humains partout sur la planète. Aujourd'hui, l'individualisme, le matérialisme et la surconsommation ne sont plus l'apanage des Occidentaux, comme on peut le constater tout particulièrement dans les grandes villes des pays du Sud. Même si le phénomène ne relève pas toujours de l'emprunt direct, certaines des coutumes occidentales essaiment à l'étranger. Prenons l'exemple de la conception nord-américaine du mariage qui, par diffusion, se propage d'une certaine façon un peu partout dans le monde.

En Afrique, dans un contexte de profondes mutations économiques, culturelles et sociales, il arrive que l'individu ait désormais préséance sur son groupe d'appartenance. Dans la plupart des sociétés d'Afrique subsaharienne, le mariage correspond à un temps fort de la vie sociale. Si, pour un individu, il constitue comme ici une étape décisive du cycle de vie (*voir le chapitre 6*), pour la collectivité, il organise la filiation et alimente, par le jeu des alliances, les rapports politiques et sociaux entre les groupes. Chez les Bwa du Mali, jusqu'à récemment, la plupart des mariages faisaient suite à un accord formalisé entre la famille élargie de l'époux et celle de l'épouse (Hertrich, 2007). Or, depuis une dizaine d'années, on assiste à une implication croissante des jeunes hommes, mais aussi des jeunes femmes, dans l'initiative et la préparation de leur mariage. Les procédures traditionnelles sont fort complexes et peuvent durer plusieurs années.

Elle commence avec l'accord de la famille de la fille, sollicité par le lignage du jeune homme et transmis par un médiateur. La famille de la fille reçoit dès lors des prestations annuelles (travaux agricoles, remise de grains et, aujourd'hui, remise d'argent). Le temps des fiançailles s'achève par un rapt symbolique («enlèvement»), à la suite duquel la fille est confiée («déposée») à une famille alliée ou amie de celle de l'époux, en attendant la fête du mariage. Cette fête sanctionne l'union et honore la nouvelle épouse au sein du village de son époux. Elle marque aussi le début de la cohabitation conjugale. (Hertrich, 2007, p. 125)

En raison, notamment, de la migration croissante des filles vers la ville, le mariage traditionnel connaît une période de changements marquée par le désengagement des responsables familiaux jadis chargés de jumeler les jeunes célibataires et l'implication accrue des futurs époux autrefois peu engagés dans le processus. Ainsi, alors que les mariages découlant du choix personnel des futurs époux augmentent, l'influence directe de la famille élargie s'atténue. Les biens et les services échangés à la veille du mariage ne concernent plus que la famille immédiate des époux. Lorsqu'elles sont versées en nature, ces compensations dites matrimoniales se limitent désormais aux services agricoles effectués par le jeune homme chez ses futurs beaux-parents. Aussi, en plus de recevoir un trousseau en provenance de leur belle-famille (pagnes, ustensiles de cuisine), les épouses se voient de plus en plus verser personnellement des cadeaux en argent (Hertrich, 2007). Ainsi, le mariage, qui relevait jadis du groupe de parenté élargi (donc du lignage), est en voie de devenir une affaire davantage individuelle, comme c'est généralement le cas ici. Bien que les Bwa n'aient pas directement emprunté cette façon de faire, il appert que le contact de ces ruraux avec la ville les a influencés. Un peu comme ici, le relâchement de l'emprise familiale et parentale sur le mariage serait associé au réaménagement dans l'organisation des familles, à la modification des rapports intergénérationnels et au mouvement d'émancipation féminine.

> Le pouvoir acquis par les femmes sur le mariage porte en fait d'abord sur le calendrier de leur entrée en union. Quand elles se sentent prêtes à se marier, les jeunes filles reviennent au village : une visite qui se prolonge au-delà d'une semaine est un signe de disponibilité, très rapidement les jeunes femmes auront autour d'elles une cour de jeunes hommes, parmi lesquels elles pourront manifester leur préférence, notamment à l'occasion des causeries du soir. (Hertrich, 2007, p. 144)

Dans son essai intitulé *Djihad versus McWorld*, Benjamin Barber (1996) oppose les forces sociales, politiques et économiques qui veulent établir une culture mondiale homogène (le «McWorld») aux puissantes et persistantes forces sociales régionales qui résistent à l'homogénéisation. Le concept de «culture mondiale» s'appuie fortement sur l'observation suivante : l'expansion du commerce et des moyens de communication et de transport rapproche tellement les peuples que ces derniers ont de plus en plus tendance à porter les mêmes vêtements, à consommer les mêmes aliments, à regarder les mêmes émissions de télévision et à communiquer directement entre eux par Internet. Si une telle tendance devait se maintenir, les Nord-Américains qui se rendront en Mongolie ou en Nouvelle-Guinée en 2020 vont-ils rencontrer des personnes qui mènent une vie semblable à la leur ? Rien n'est moins certain, car en dépit des apparences, l'ensemble des valeurs et les habitudes profondément ancrées changent moins facilement qu'il n'y paraît.

Il est certainement frappant de voir à quel point les vêtements occidentaux, le Coca-Cola et les hamburgers de McDonald's se sont répandus un peu partout. Est-il possible que toutes les cultures finissent par se fondre en une seule entité mondiale et que la variabilité culturelle tende à s'atténuer ? Pour l'instant, on peut en douter, car les récentes entités politiques régionales, comme l'Union européenne, n'ont que peu altéré la singularité culturelle des pays qui en font partie. Ce n'est pas parce que la Turquie, la France et le Portugal utilisent la même devise (l'euro) et forment une union économique (l'UE) que leur culture respective converge pour autant. De la même manière, il est normal pour les immigrants de se considérer comme Québécois, tout en conservant certains traits propres à leur culture d'origine. Quiconque voyage à l'étranger constate que la mondialisation est loin d'avoir fait disparaître les particularités culturelles locales. Une visite en Inde, au Japon ou en Chine, par exemple, permet de constater que la tradition demeure bien vivante et que les effets de la mondialisation n'affectent pas tous les citoyens de ces pays de la même manière. En règle générale, la campagne et les milieux moins favorisés sur le plan économique sont nettement moins touchés. Importante, la mondialisation n'est donc pas toute-puissante. Par exemple, les pratiques et les croyances religieuses demeurent très diversifiées malgré le syncrétisme découlant parfois de la diffusion (*voir le chapitre 3*).

Les changements ne sont pas tous accueillis sans résistance dans une culture donnée. Il est certain que les traits culturels diffusés doivent concorder avec les besoins, les valeurs et les objectifs d'une société pour être acceptés. Parfois, une telle concordance ne suffit toutefois pas pour qu'un peuple adopte ladite diffusion. La force de l'habitude fait souvent obstacle. En effet, les individus tendent à s'en tenir à ce qu'ils connaissent déjà, plutôt qu'à adopter un élément nouveau qui exige un effort

Les Inuits du Québec habitent aujourd'hui dans des maisons. On retrouve dans leur cuisine les mêmes installations que dans les maisons du Sud. De nombreux Inuits préfèrent cependant conserver leurs habitudes, comme manger avec leurs mains, assis à même le plancher, la nourriture déposée au milieu des convives.

Offert par Nadine Trudeau

d'adaptation. Les habitudes à table des Inuits en offrent un bon exemple. On sait que ces populations ont adopté plusieurs éléments de la vie matérielle moderne en se sédentarisant. Ainsi, les maisons chauffées et meublées ont rapidement supplanté l'igloo ou la tente d'été. Toutefois, leurs habitudes lors des repas ont peu changé. Bien qu'ils possèdent des tables, des chaises et des couverts, plusieurs Inuits préfèrent manger avec les mains, assis à même le plancher, la nourriture déposée au milieu des convives. Les tables et les chaises servent souvent d'objets de décoration. L'attitude des Quichuas en Équateur à l'égard de la médecine occidentale constitue un autre exemple. Bien qu'ils reconnaissent les bienfaits de cette médecine dans le cas du traitement de maladies graves telles que le cancer, ils restent très réticents à s'y soumettre dans le cas de maladies courantes, comme les infections intestinales et les grippes ainsi que différents maux bénins (mal de dents, de tête, douleurs musculaires, etc.) préférant avoir recours aux remèdes traditionnels à base de plantes que les aînés et les guérisseurs connaissent. S'en remettre à la médecine moderne pour de tels maux, comme le font une majorité d'Occidentaux, n'est toujours pas intégré à la culture des Quichuas. En fait, malgré leur savoir, les médecins leur apparaissent peu «compétents» et le changement, par conséquent, inutile (Perreault, 2009).

L'acculturation

Universel et courant, le changement est en soi un phénomène normal et inoffensif. Dans certaines circonstances, les évènements prennent cependant une tournure non désirée. Il arrive parfois que des étrangers imposent des changements non souhaités, généralement par la voie de la conquête ou du colonialisme. Dans la plupart des cas, il en résulte un phénomène que les anthropologues dénomment **acculturation**, un mécanisme de changements profonds imposés entraînant des conséquences dommageables, voire néfastes, pour le peuple qui en est l'objet.

L'acculturation est le produit de contacts directs et soutenus entre deux peuples, dont l'un domine l'autre. Au terme de ce processus inéquitable, l'un des deux aura été contraint de transformer substantiellement son mode de vie. Soumis à d'intenses pressions, certains peuples ont ainsi été contraints d'abandonner de grands pans de leurs traditions et d'adopter rapidement de nouvelles pratiques culturelles et de nouvelles valeurs imposées par «l'envahisseur». Il faut souligner ici que l'acculturation et la diffusion ne sont pas équivalentes : un peuple peut fort bien emprunter des éléments à des étrangers, même à des peuples conquérants, sans pour autant être totalement acculturé.

> **Acculturation**
> Mécanisme de changement néfaste résultant d'un processus inéquitable au terme duquel un peuple est contraint d'adopter de nouvelles pratiques culturelles et d'abandonner de grands pans de ses traditions.

Divers phénomènes peuvent se produire au cours d'un processus d'acculturation. La plupart du temps, toutefois, une des cultures perd son autonomie tout en conservant son identité en tant que sous-culture prenant la forme d'une caste, d'une classe ou d'une communauté ethnique. Un tel phénomène survient habituellement à l'issue d'une conquête militaire, lorsque l'exercice du pouvoir est arraché aux autorités traditionnelles par des conquérants qui ne connaissent rien de la culture conquise et qui la méprisent. À cet égard, il faut malheureusement reconnaître que l'abandon de certains traits culturels (traditions, rituels, valeurs, etc.) constitue une autre voie empruntée par le changement. Bien que parfois consentis, ces abandons correspondent généralement à une perte non désirée.

Le processus d'acculturation épouse parfois la forme d'une tentative consciente d'**assimilation** forcée. Dans ces conditions, l'objectif est clair: effacer toute distinction culturelle chez un peuple ou un groupe ethnique (langue, religion, tenue vestimentaire, etc.) dans le but d'assurer sa dissolution au sein de la société dominante (Peoples et Bailey, 2012). La finalité poursuivie n'est pas d'exterminer physiquement une population, mais plutôt de voir s'estomper ses coutumes, ses valeurs ou encore sa vision du monde, et ce, soi-disant pour son bien. Dans plusieurs régions du monde, par exemple, les colonisateurs «blancs» ont cherché à assimiler les peuples autochtones pour civiliser ceux qu'ils considéraient alors comme des «sauvages», dépourvus d'une culture valide. Alors que certaines cultures disparaîtront lentement dans le processus, d'autres verront leur effectif démographique diminuer substantiellement. Pour perpétuer leurs traditions et échapper à l'assimilation, certains «résistants» devront apprendre à vivre en marge de leurs territoires ancestraux, comme les Kogis (*voir l'encadré Les Kogis, le changement culturel et nous*), et d'autres devront accepter de se déplacer à l'étranger, comme ont dû le faire les Padaungs (ou Karens) de Birmanie, aujourd'hui réfugiés en Thaïlande (Bernard, 2004).

On s'en doute, l'acculturation et l'assimilation forcée n'ont guère profité aux populations dites «traditionnelles». Celles qui ont échappé à ces changements

Assimilation

Tentative d'effacer toute distinction culturelle chez un peuple ou un groupe ethnique dans le but d'assurer sa dissolution au sein de la société dominante.

imposés et qui contrôlent un tant soit peu leur destinée sont peut-être «pauvres» économiquement, mais leur qualité de vie et de santé est souvent meilleure que celle de leurs compatriotes chassés de leurs terres ancestrales ou confinés dans des réserves. Selon toute vraisemblance, les peuples les plus fortement acculturés souffrent davantage que ceux étant parvenus à conserver leurs traditions. Un peu partout, les taux de dépression, de dépendance, de suicide et de pauvreté se révèlent anormalement élevés. Deux témoignages reproduits par Woodman et Grig (2007) illustrent l'ampleur du problème:

> Les étrangers qui viennent ici prétendent toujours amener le progrès. Mais tout ce qu'ils nous apportent, ce sont des promesses vides. Nous ne voulons que notre terre. C'est ce dont nous avons besoin avant tout. (Arau, un Sarawak de Malaisie)

> Ces lieux [les camps de relocalisation] ont fait de notre peuple des mendiants et des ivrognes. Je ne veux pas de cette vie. D'abord, ils nous poussent à la misère en nous privant de notre terre, de notre chasse et de notre mode de vie. Puis ils nous traitent de moins que rien parce que nous sommes dans la misère. (Jumanda Gakelebone, un Bochiman San du Kalahari)

Ce qui s'est passé en Australie après la conquête anglaise illustre à merveille le phénomène de l'acculturation. Jusqu'en 1992, en Australie, la loi concernant la terre était fondée sur le principe de *terra nullius*, ce qui signifie que le pays était considéré comme vide avant l'arrivée des Britanniques. N'appartenant à personne, le territoire pouvait être légitimement conquis, puis ses occupants colonisés. Dès sa naissance, en 1901, le nouvel État fait de la politique de l'Australie blanche l'un de ses fondements et adopte une Constitution qui entérine l'exclusion raciale. Le gouvernement s'emploie alors à parachever le déracinement des populations aborigènes en les déplaçant dans des réserves où il leur sera interdit de chasser, de pratiquer leurs rites ancestraux et de se marier sans autorisation. «L'une des mesures les plus pernicieuses et les plus destructrices (souvent confiée à la police locale) consiste à enlever de force des milliers d'enfants aborigènes à leurs parents – pour leur bien – et de les envoyer à l'orphelinat ou de les placer comme domestiques dans des familles blanches» (Muecke et Shoemaker, 2002, p. 66). Entre 1905 et les années 1970, un enfant aborigène sur cinq aurait ainsi été enlevé à ses parents. Dans un système de

© Penny Tweedie/Alamy

Les Aborigènes d'Australie, comme les Autochtones du Canada, sont encore victimes de discrimination et de racisme. Après les avoir contraints à se sédentariser, on leur a aussi retiré leurs enfants pour les envoyer dans des « pensionnats » afin de leur inculquer de force la culture anglo-saxonne dominante.

famille étendue, cela signifie que presque toutes les familles sont touchées. Toujours d'actualité, ce problème serait fondamental dans l'état de santé actuel des Aborigènes (Glowczewski, 2006).

Cette entreprise d'assimilation a forcé les Aborigènes à être déplacés, entraînant par le fait même leur appauvrissement et la destruction de leurs communautés. Par rapport aux autres Australiens, ils ont 6 fois plus de risque de mourir dès l'enfance et 22 fois plus pour cause de diabète. Fait troublant, leur espérance de vie à la naissance est de 17 à 20 ans inférieure à celle des Blancs (Woodman et Grig, 2007). Victimes d'acculturation, les Aborigènes d'Australie vivent aujourd'hui avec les séquelles du système d'internat dont le but était de les transformer en « petits Blancs ». Aujourd'hui, le contexte a changé, mais le taux de suicide chez les jeunes Aborigènes se situe parmi les plus élevés au monde. Aussi, alors qu'ils ne représentent que 2,5 % de la population australienne, 78 % des personnes incarcérées sont des Aborigènes et 1 jeune Aborigène sur 5 passera son adolescence en prison (Glowczewski, 2006).

Nous avions honte de nous… Nous avions perdu la maîtrise de nous-mêmes. Nos fils avaient honte de nous. Nous n'avions aucun respect de nous-mêmes et rien à donner à nos fils si ce n'est la violence et l'alcoolisme. Nos enfants sont coincés quelque part entre un passé qu'ils ne comprennent pas et un futur qui ne les acceptera pas et qui ne leur offre rien. (Boniface Alimankinni, dans Woodman et Grig, 2007, p. 28)

Après avoir survécu à deux siècles de violence et d'exclusion, les Aborigènes cherchent aujourd'hui à se libérer de leur condition, à faire valoir leurs droits et à réaffirmer la puissance spirituelle de leur culture. Ils auront dû attendre jusqu'en 1967 pour obtenir d'être considérés comme des citoyens australiens et ainsi obtenir le droit de toucher un salaire, et jusqu'en 1993 pour être reconnus comme les premiers occupants du pays (Muecke et Shoemaker, 2002).

Au Canada, les Autochtones ont subi un sort comparable (*voir l'encadré L'acculturation des Amérindiens et des Inuits au Canada*). Depuis plus de 200 ans, ces derniers ont été confrontés à des tentatives répétées d'assimilation qui, comme en Australie, ont laissé d'importantes séquelles. Ce n'est pas un hasard si de nombreux observateurs étrangers dénoncent le sort réservé aux Premières Nations. En 1996, l'Unicef a d'abord blâmé le Canada pour la pauvreté et le haut taux de suicide chez les Autochtones. En décembre 1998, un comité des Nations Unies a

Comme les Autochtones du Canada, les Aborigènes d'Australie ont été victimes d'acculturation. Malgré les tentatives répétées d'assimilation, la culture aborigène a cependant survécu. Aujourd'hui, son art et sa musique ont acquis une reconnaissance internationale. Dans une rue de Sydney, on aperçoit ici un musicien ambulant orné de parures corporelles traditionnelles.

Offert par Richard Parent

critiqué le pays pour la marginalisation économique des Amérindiens et des Inuits. En 2004, un rapport de la Commission des droits de l'homme déplorait la discrimination dont étaient toujours victimes les peuples autochtones du Canada (Diène, 2004). En 2011, se fut le tour de la Croix-Rouge internationale et de l'émissaire de l'ONU sur les peuples indigènes de dénoncer les conditions de vie «désastreuses» dans certaines réserves autochtones canadiennes (Croteau, 2011).

Perspective anthropologique

L'acculturation des Amérindiens et des Inuits au Canada

par Louis Roy et Nadine Trudeau

Quand on enlève sa culture à un peuple, qu'on lui impose les réserves, des lois spécifiques et une éducation différente dans des pensionnats éloignés, cela entraîne des frustrations immenses, qui dégénèrent en problèmes sociaux.

(Michèle Audet, présidente de l'Association des femmes autochtones du Québec)

A priori naturels et normaux, les changements peuvent rapidement devenir néfastes s'ils ne répondent pas aux aspirations des peuples concernés. À l'origine des problèmes que connaissent aujourd'hui les Autochtones, on retrouve notamment les effets de la colonisation sur les Amérindiens et les Inuits.

Au Canada, depuis la promulgation de l'Acte de l'Amérique du Nord britannique de 1867, l'objectif des autorités fédérales a été clair. Il fallait amener les Amérindiens, désormais placés sous la tutelle de l'État, à reconnaître que leur façon de se gouverner n'était pas la bonne, que leur façon d'éduquer leurs enfants devait être remplacée par une autre, que leur spiritualité était fausse et que leur médecine traditionnelle était fondée sur le charlatanisme (Petawabano *et al.*, 1994).

Ce processus visait essentiellement et délibérément à leur troquer leurs valeurs éducatives et spirituelles, ainsi que leurs normes socioculturelles, économiques et administratives – toutes fondamentalement axées sur la vie et l'harmonie communautaires – contre celles de la société globale ambiante, essentiellement axées sur la confrontation et le succès individuel (Petawabano *et al.*, 1994, p. 67).

LES PENSIONNATS, OUTILS D'ASSIMILATION

L'histoire de l'acculturation des Autochtones du Canada diffère de celle des États-Unis. Au Canada, comme en Australie, les moyens utilisés ont été plus insidieux. Il y a eu peu d'affrontements armés, mais on a placé les jeunes enfants dans des pensionnats afin d'en faire de « bons citoyens canadiens », comme les autres. Instauré officiellement en 1892 (dans les années 1930 au Québec), le régime des pensionnats pour enfants autochtones a été le résultat d'ententes conclues entre le gouvernement fédéral et les Églises chrétiennes. L'objectif de ces pensionnats était clair : la christianisation et l'assimilation graduelle des « Indiens » (Lepage, 2009). Selon certains administrateurs des écoles, il fallait protéger les enfants contre leurs parents, sous prétexte que ces derniers exerçaient une mauvaise influence sur eux.

À l'âge scolaire, les enfants étaient emmenés, parfois par la force lorsque leurs parents s'y opposaient, dans des écoles situées loin de leur collectivité. Là-bas, ils n'avaient pas le droit de parler leur langue maternelle et ils devaient porter un uniforme, manger des mets inconnus et apprendre les « bonnes manières » :

> Cette première année a été très dure. Je voyais mes frères et mes sœurs, mais je n'avais pas la permission de leur parler. Je me souviens qu'un prêtre nous a dit que nous étions des sauvages. Je ne savais pas ce que c'était, mais je savais que c'était méchant. Je ne me souviens pas beaucoup de ma jeunesse, seulement que j'avais toujours peur et que je voulais rentrer à la maison. (Claes et Clifton, 1998, p. 34)

> Nous étions nombreux lorsque nous sommes partis. Je crois que mes frères étaient sur le point de pleurer, mais ils ne l'ont pas fait. Leurs visages étaient très tristes. Avant de partir, ma mère nous a demandé d'être gentils et de faire tout ce qu'on nous demanderait de faire. Ma sœur, qui est […] plus âgée que moi, m'a dit que les religieuses et les religieux étaient toujours stricts et méchants. Elle m'a dit que nous devions désormais parler anglais, sauf lors de la messe, où il fallait parler latin. Ma sœur m'a dit que […] je devais rester tranquille et obéir à tous si je ne voulais pas me faire frapper. (Claes et Clifton, 1998, p. 19)

Bibliothèque et archives Canada

Cette photo prise à Inukjuak, au Québec, montre un groupe de religieuses et d'élèves autochtones à la fin du XIXe siècle. Privés de contacts avec leurs parents et élevés comme des *qallunaaq* (les Blancs, en inuktitut), ces jeunes Inuits devront attendre la fin de leur adolescence avant de pouvoir retourner vivre dans leur communauté.

La mission de ces établissements ne se limitait pas à l'enseignement des matières scolaires : « À la fin de leurs études, les enfants, après avoir été resocialisés et baignés dans les valeurs de la culture européenne, seraient les prototypes d'une magnifique métamorphose : le sauvage devenu civilisé… » (Commission royale d'enquête sur les peuples autochtones, 1996, p. 365). Les longues années passées sans contact avec leurs parents, sauf lors des congés de Noël et de la période estivale, ont entraîné, pour beaucoup d'Autochtones, la perte de leur langue maternelle et d'une partie de leur identité. Pour de nombreux jeunes, le pensionnat rimera aussi avec négligence et agressions physiques ou sexuelles :

> La quatrième année où j'étais là, le prêtre nous a appelés, ma sœur et moi, un soir, tard. Le prêtre nous a demandé de nous étendre sur le lit de camp. Le prêtre nous a dit d'enlever nos caleçons. Ma sœur était étendue près de moi […]. Le prêtre a dit à ma sœur de toucher mes parties intimes et de me frotter là tandis qu'il regardait. C'est la seule fois que j'ai touché ma sœur […]. Je savais que ce que nous faisions était mal. Je me sentais sale et honteux et je savais que j'allais me retrouver en enfer. Ma sœur et moi n'avons jamais parlé de cela jusqu'à ce jour. La honte est trop grande. (Claes et Clifton, 1998, p. 37)

LES CONSÉQUENCES DES PENSIONNATS

Au cours des 150 dernières années, plusieurs générations d'Autochtones ont ainsi été placées dans ces pensionnats. De 1892 à 1969, près du tiers de tous les enfants auraient été confinés dans l'un ou l'autre de la centaine d'établissements recensés (Claes et Clifton, 1998). Même si la plupart des anciens pensionnaires sont aujourd'hui d'âge mûr, il est évident que les séquelles se font toujours sentir (Fondation autochtone de guérison, 2002). Le système des pensionnats a en outre laissé un héritage intergénérationnel où les moyens d'éducation traditionnels et le rôle parental ont été discrédités et se sont perdus.

En 1998, le gouvernement canadien s'est engagé à financer des projets de guérison pour venir en aide aux victimes de sévices et de négligence. De leur côté, en 1986, les Églises responsables ont présenté des excuses publiques aux Autochtones. En 2008, ce fut au tour du gouvernement canadien à le faire officiellement, lors d'une cérémonie solennelle. Au moment de son allocution, le premier ministre Harper a déclaré :

> Le gouvernement reconnaît aujourd'hui que les conséquences de la politique sur les pensionnats indiens ont été très néfastes et que cette politique a causé des dommages durables à la culture, au patrimoine et à la langue des Autochtones. Bien que certains anciens élèves aient dit avoir vécu une expérience positive dans ces pensionnats, leur histoire est de loin assombrie par les témoignages tragiques sur la négligence et les abus émotifs, physiques et sexuels envers des enfants sans défense. (Castonguay, 2008)

Malgré tous les efforts déployés pour les assimiler, les populations autochtones forment toujours des cultures distinctes. En fin de compte, les pensionnats n'auront servi à personne et beaucoup d'individus n'en auront conservé que blessures et détresse. Les compensations financières octroyées aux victimes n'auront pas suffi à panser leurs plaies. Voyons ce que relate Castonguay de ce qu'avait dit le chef algonquin Jimmy Papatie à l'époque :

> J'avais cinq ans quand je suis parti au pensionnat, a-t-il dit. Je suis sorti de là plein de rage. J'ai consommé. J'ai commis des actes de violence. J'avais 19 ans quand j'ai tenté de me suicider parce que je n'étais plus capable de vivre avec des fantômes. Ça fait du mal de voir un petit gars de cinq ans se faire déchirer l'anus par un prêtre pédophile. Même l'argent n'effacera jamais ça de la mémoire. Ce n'est pas le gouvernement qui m'a rendu ma dignité, c'est ma communauté. (Castonguay, 2008)

CONCLUSION

Sur le plan socioéconomique, les conditions de vie des Autochtones demeurent très préoccupantes, n'en déplaise aux 37 % des Québécois qui croient que leurs revendications sont exagérées, aux 69 % qui trouvent que l'aide financière versée aux communautés est suffisante ou excessive (Beauchemin, 2007) et aux 35 % qui pensent qu'ils jouissent de privilèges, comme celui de ne pas devoir payer d'impôts (Léger Marketing, 2002). Pourtant, c'est loin d'être le cas. Comme bien des peuples habitant l'un ou l'autre des pays dits « du Tiers-Monde », les Amérindiens et les Inuits ne peuvent toujours pas exercer un réel contrôle sur l'utilisation des ressources naturelles situées sur leur territoire et n'en récoltent que des miettes. Comme dans ces pays, de nombreuses collectivités autochtones sont aux prises avec de très graves difficultés tant sur le plan de l'emploi et de l'éducation que de la santé et du logement (*voir le chapitre 10*):

> Plus de la moitié des personnes en âge de travailler y sont sans emploi, et le taux de chômage chez les jeunes est trois fois plus élevé (32%) qu'ailleurs au Québec. Plus de 60% des adultes gagnent moins de 20 000 $ par année […]. Quelque 90% des jeunes ne terminent pas leur 5e secondaire avant l'âge de 18 ans. Les problèmes d'obésité, d'alcoolisme, de tabagisme et de diabète y sont beaucoup plus graves que partout ailleurs au pays. On trouve même des cas de maladies que l'on croyait éradiquées, comme la tuberculose […]. La crise du logement est telle que certaines communautés ont des allures de camps de réfugiés avec leurs cabanes sans eau ni électricité. (Desrosiers, 2006)

Les Premières Nations sont habitées par un sentiment d'urgence en raison de la croissance rapide de leurs populations. Pour éviter que le désarroi ne se perpétue davantage, il faut offrir aux jeunes Autochtones un meilleur avenir. On doit désormais tout mettre en œuvre pour favoriser la réconciliation. Selon plusieurs observateurs, l'autonomie gouvernementale et des ententes comme la Paix des Braves, signée en 2002 par Bernard Landry, alors premier ministre du Québec, et Ted Moses, le grand chef cri, sont porteuses d'espoir (*voir le chapitre 8*). Dans un tel contexte, on ne peut que s'étonner du fait que le Canada ait d'abord refusé de signer la Déclaration sur les droits des peuples autochtones adoptée par l'ONU en 2007. Même s'il l'a fait trois ans plus tard, en novembre 2010, il est permis de s'interroger sur la signification de ce délai. D'aucuns diront qu'il s'agit ici, comme en Australie et aux États-Unis, de la réminiscence d'une époque pas si lointaine où les Autochtones étaient considérés comme des citoyens de second ordre dont l'assimilation était souhaitable. Même si les choses tendent à changer pour le mieux dans de nombreuses communautés victimes de l'acculturation, le sort des résidents de la réserve crie d'Attawapiskat, située dans le nord de l'Ontario laisse songeur. En 2011, contrainte d'intervenir pour venir en aide à cette population, la Croix-Rouge a joint sa voix à celle de l'émissaire de l'ONU sur les peuples indigènes pour dénoncer les conditions de vie «désastreuses» dans certaines réserves autochtones du Canada, où les conditions de vie continuent de s'apparenter à celles observées dans maints pays dits «du tiers-Monde» (Croteau, 2011).

En 2012, le président de la Commission de vérité et réconciliation du Canada, qui a le mandat de découvrir ce qui s'est réellement passé dans les pensionnats autochtones, a déposé ses premières recommandations. Si le système d'éducation a servi de véhicule pour les violences et les abus envers les Amérindiens et les Inuits, il doit aujourd'hui être utilisé pour contribuer à leur rédemption. Son rapport intérimaire est clair. Comme les Canadiens en connaissent très peu au sujet des Autochtones, une campagne d'information s'impose pour qu'un plus grand nombre sache que leur situation actuelle est en partie attribuable au système des pensionnats que l'on peu qualifier d'attaque contre leurs enfants, leurs familles et leur culture.

Ethnocide et génocide

Lorsqu'un peuple s'approprie le territoire d'autrui ou abuse de son poids démographique, il arrive qu'on aille au-delà de l'acculturation et que des populations soient menacées d'extinction. Dans ce cas, on ne parle pas de mécanismes de changement, mais bien d'un **ethnocide** ou d'un **génocide**, donc d'une entreprise d'assimilation extrême quant aux moyens utilisés. Alors que l'ethnocide constitue un exemple radical de changements attribuables à l'obligation d'abandonner sa culture, le génocide correspond à l'élimination physique d'un peuple.

Dans son sens anthropologique, un ethnocide désigne la destruction de la culture d'une population par les forces qu'un autre groupe ethnique, qui rejette son droit à la différence, met en place. Dans des contextes de domination, de nombreux peuples ont «perdu» leur culture, du moins, ils ont dû la modifier radicalement pour la calquer en grande partie sur celle du peuple dominant. La perte de la langue est l'un des premiers symptômes d'un ethnocide. Bien que la mort des langues ne

Ethnocide

Destruction d'un peuple ou d'un groupe ethnique par un peuple dominant par la force de la culture.

Génocide

Destruction d'un peuple ou d'un groupe ethnique, notamment par la guerre, l'assassinat, l'introduction de maladies et la privation des ressources de base.

soit pas un phénomène nouveau ou marginal, plusieurs linguistes ont constaté que le rythme de la mortalité des langues s'est accéléré de façon importante depuis les conquêtes colonialistes de l'Europe (Belot et Morin, 2005). Par exemple, depuis la conquête de l'Australie, il s'est perdu plusieurs centaines de langues aborigènes au profit de l'anglais et l'hécatombe se poursuit sous l'effet de la mondialisation et de l'accélération des moyens de communication. Des linguistes estiment que des 6000 ou 7000 langues parlées à l'échelle mondiale, la moitié auront disparu d'ici la fin de notre siècle (Leclerc, 2011). Le linguiste français Claude Hagège, pour sa part, évalue le rythme des disparitions de langues à une tous les 15 jours, c'est-à-dire à 25 par année. C'est en Océanie et en Afrique que la menace de perte linguistique se fait le plus sentir. En Papouasie-Nouvelle-Guinée, plus de la moitié des 860 langues seraient en voie d'extinction (Leclerc, 2011). Même si le phénomène de la disparition des langues demeure complexe et ne pourrait être réduit qu'au contexte de l'ethnocide, il demeure que la langue est le reflet de la culture d'un peuple (*voir le chapitre 1*) et qu'elle est le premier symptôme manifeste de sa disparition.

Le cas du Tibet est un bon exemple de tentative d'ethnocide. Actuellement, de nombreux observateurs s'interrogent sur le comportement du gouvernement chinois à l'égard des Tibétains, dont ils ont annexé militairement le territoire en 1950. Le dalaï-lama, leader spirituel et politique du Tibet, a été contraint à l'exil. De Dharamsala, ville du nord de l'Inde où il a établi ses quartiers, il ne peut que constater la lente et progressive érosion de la culture millénaire de son pays natal. Orchestrée par le gouvernement chinois, cette offensive contre la culture tibétaine semble avoir pour but d'éliminer ses traits distinctifs (langue, religion, institutions, etc.). Devenus minoritaires sur leurs terres ancestrales, les Tibétains peinent à sauvegarder leur héritage culturel. Les soulèvements populaires (matés dans la répression) et les pressions internationales (trop timides aux yeux de plusieurs) n'y peuvent rien. Les Chinois continuent d'occuper ce qu'ils appellent la région autonome du Tibet et de réduire les Tibétains au statut de minorité nationale, dont la survie même est aujourd'hui menacée. Même si quelques monastères et temples ont été reconstruits, les jeunes Tibétains n'apprennent plus désormais que le chinois à l'école. Bien que tous les observateurs ne soient pas prêts à qualifier d'ethnocide ce qui se passe au Tibet, un fait demeure : l'établissement au Tibet d'un nombre important de Hans, ethnie majoritaire en Chine, inonde le territoire et marginalise progressivement la culture tibétaine (Latulippe, 2004).

Ailleurs dans le monde, d'autres peuples voient leur intégrité physique, et non pas seulement leur culture, directement menacée. Dans le nord du Brésil par exemple, dans les années 1980, au moins 1500 Yanomami seraient morts, souvent victimes de massacres, après que les éleveurs de bétail et les mineurs ont envahi leurs terres natales. Vers 1990, 70 % des terres des Yanomami du Brésil avaient été illégalement expropriées. De plus, les poissons qu'ils pêchaient étaient contaminés par le mercure qui polluait les rivières coulant sur leurs terres. En outre, la malaria, les maladies sexuellement transmissibles et la tuberculose y étaient endémiques. Le taux de mortalité des Yanomami atteignait le

Les Yanomami du Brésil formaient une collectivité dynamique et prospère. Dans les années 1980 et 1990, lorsque les orpailleurs ont envahi leur terre, apportant maladie et violence, 20 % d'entre eux sont morts. L'assistance du gouvernement brésilien n'a pas eu l'efficacité souhaitée. Ce dont les Yanomami avaient besoin, c'était leur terre et la maîtrise de leurs programmes de santé.

chiffre alarmant de 10 % par an et leur taux de fécondité était devenu presque nul. De nombreux villages ne comptaient ni enfants ni vieillards, et les survivants appréhendaient leur destin avec une profonde crainte d'extinction (Turner, 1991). Le problème est loin d'être réglé, mais au terme d'une longue campagne menée par un leader yanomami (Davi Kopenawa), Survival International et l'ONG CCPY (Commission Pro Yanomami), leur territoire a été reconnu en 1992 comme parc et les chercheurs d'or en ont été expulsés, dans un premier temps, puis tenus à distance. En 1993, un groupe d'orpailleurs a cependant fait irruption dans un village et tué 16 Yanomami. Peu de temps après, devant des pressions locales et internationales, un tribunal brésilien a, contre toute attente, condamné cinq orpailleurs pour génocide. En 2004, les Yanomami de 11 régions se sont associés pour former une organisation vouée à la défense de leurs droits et à la réalisation de leurs projets, dont celui de l'accès à l'éducation dans leur propre langue (Survival International, 2011).

Au Canada, l'extinction des Béothuks a constitué également une grave tragédie. Pendant de nombreux siècles, ce peuple a vécu sur l'île de Terre-Neuve. Avec les Micmacs, ils ont probablement été les premiers habitants à rencontrer les explorateurs et les pêcheurs européens, puisque les zones de pêche riches en morue se trouvaient en territoire béothuk. D'abord amicales, les relations entre les Blancs et les Béothuks se sont progressivement envenimées. Au XVIIIe siècle, les colons européens les ont peu à peu délogés de leurs terres ancestrales. Ils ont dû quitter le littoral abondant de poissons pour l'intérieur des terres marécageuses et pauvres en gibier. La diminution de leurs ressources alimentaires et la dissémination de maladies comme la tuberculose ont fini par entraîner la disparition de ce peuple. Nous devons aux deux dernières Béothukes survivantes, Demasduwit et Shananditti, l'essentiel de nos connaissances sur ce peuple. Shananditti, la dernière Béothuke, est morte de la tuberculose en 1829 (Friesen, 1997).

Le cas des Béothuks soulève la question du génocide donc d'une extermination organisée contre une population jugée inférieure et indésirable. Dans le cas d'un génocide, l'objectif poursuivi n'est pas seulement la disparition des caractéristiques culturelles d'un peuple ou d'un groupe ethnique, comme dans le cas de l'assimilation ou de l'ethnocide, mais bien la mise en place de mesures destinées

à l'extinction de sa population. Le génocide le plus connu de l'histoire récente a eu lieu lorsque les nazis allemands ont tenté d'éliminer les Juifs européens et les Gitans, au nom de la supériorité raciale. La monstruosité de cet acte donne parfois l'impression qu'il a un caractère unique, alors que ce n'est qu'un exemple parmi d'autres d'un phénomène hélas trop courant. De 1945 à 1987, au moins 6,8 millions de personnes, et peut-être même jusqu'à 16,3 millions, ont été victimes d'un génocide interne (commis au sein d'un État), comparativement aux 3,34 millions de personnes décédées lors des guerres entre différents États, de 1945 à 1980 (Van Den Berghe, 1992). Des exemples récents tels ceux survenus en Bosnie, au Soudan et au Rwanda montrent que de telles atrocités se produisent encore. Rappelons qu'en 1994, près de 800 000 Tutsis ont été massacrés par des Hutus au Rwanda.

L'EMPRUNT DANS UN CONTEXTE DE MONDIALISATION

Maintenant que nous avons distingué trois des principaux mécanismes à l'origine du changement culturel (innovation, diffusion et acculturation) et établi certaines conséquences néfastes du changement (ethnocide et génocide), revenons à la mondialisation (*voir le chapitre 5*), qui incarne aujourd'hui presque à elle seule le phénomène de la diffusion présentée au début du présent chapitre. Deux exemples d'emprunts culturels permettront ici de mieux cerner les enjeux de la mondialisation et de déterminer certains des changements favorisés par ce contexte.

La transition alimentaire

L'histoire de l'alimentation des sociétés est jalonnée par des changements successifs permettant de s'adapter aux modifications de l'environnement et à l'accessibilité de nouvelles denrées. On parle de transitions alimentaires ou nutritionnelles lorsque l'on veut caractériser des changements marqués, comme le passage de la chasse à la cueillette à l'ère de l'agriculture et de l'élevage, ou celui d'une période de carences à une période de prospérité alimentaire, comme celle qui a accompagné l'industrialisation de l'Occident (IRD, 2011). La transition alimentaire ayant cours présentement correspond au passage d'une alimentation traditionnelle à base de céréales et de féculents à une alimentation plus riche en lipides et en sucres. Délaissant l'essentiel de leur alimentation traditionnelle, de nombreuses populations ont adopté certaines habitudes alimentaires nord-américaines, en raison notamment de la prolifération de la restauration rapide. De plus en plus de repas sont pris à l'extérieur de la maison. Parfois de qualité nutritionnelle discutable, l'alimentation offerte dans la rue se révèle cependant commode et bon marché.

En 2008, lors d'une émeute de la faim à Dakar, au Sénégal, un manifestant brandissait une baguette de pain pour symboliser la crise alimentaire que traversait son pays (Dagorne, 2008). Dans un contexte de diffusion culturelle, cette scène est révélatrice de coutumes alimentaires *a priori* disparates qui s'harmonisent, particulièrement en ce qui concerne les céréales (blé, maïs, pain, etc.) et les viandes (bœuf, mouton, volaille). En raison de leur exposition plus hâtive aux importations de denrées alimentaires manufacturées, à la publicité et au marketing de l'industrie agroalimentaire ainsi qu'à des changements importants de leur mode de vie, les citadins de la classe moyenne sont les premiers soumis à cette transition alimentaire d'une ampleur inégalée (Maire et Delpeuch, 2001). Dans plusieurs grandes villes, leur consommation tend vers plus de viande, de sel, de sucre et de produits industriels transformés. Ils détournent «des denrées de base traditionnelles et leur apport de fibres baisse en conséquence. Les fruits et les légumes, qui sont souvent destinés en priorité à l'exportation, peuvent être coûteux» (Hamelin Raynaud, 2009).

Si ce changement comporte des aspects positifs (réduction du nombre de personnes sous-alimentées), elle présente également un risque d'apparition de cas d'obésité et de maladies chroniques. Aussi surprenant que cela puisse paraître, on compte désormais

sur Terre davantage d'individus souffrant d'obésité que de sous-alimentation (Croix-Rouge, 2011). Alors que 15 % de la population mondiale souffre de sous-alimentation, 20 % serait obèse. «En Chine ou au Brésil, on trouve, au sein des mêmes familles, des individus, comme chez les peuples autochtones, atteints de malnutrition par carences et d'autres affectés d'une surcharge pondérale» (Maire et Delpeuch, 2001, p. 102).

Prenons l'exemple du Vietnam, qui goûte désormais à l'urbanisation, à l'industrialisation, à la hausse du niveau de vie et aux travers qui les accompagnent: absence d'activités physiques, popularité des jeux vidéo et mise au rancart des légumes (Deglise, 2005a). Les enseignes de grandes chaînes de restauration rapide, comme *Gà Ràn Kentucky* (Poulet frit à la Kentucky) et McDonald's, font maintenant partie du quotidien de nombreux Vietnamiens. Dans les supermarchés à grande surface, on retrouve certes des téléviseurs, des machines à laver et des lecteurs de DVD, mais aussi des céréales pour le déjeuner, de la tartinade au chocolat, des biscuits contenant des gras trans, des beignes à longue durée de conservation et du pain blanc congelé (Deglise, 2005).

> Sédentarisation et diminution de l'activité physique au quotidien (emplois et loisirs), alimentation riche en énergie, en graisses et en sucres libres, apparition de l'alimentation rapide, des boissons gazeuses ou alcoolisées: tous ces facteurs, avec le tabac et le stress des villes, contribuent à la plus grande fréquence de maladies chroniques telles que le diabète, les maladies cardio ou cérébrovasculaires et certains cancers, ainsi qu'au surpoids et à l'obésité qui en sont souvent les marqueurs précoces. (Maire et Delpeuch, 2001 p.1)

Chez les Amérindiens (Roy, 2003) et les Inuits du Québec (Dubé et Fontaine, 2003), la situation est semblable. Ici comme ailleurs, l'adoption des pratiques alimentaires américaines est une source de problèmes. Dans le Grand Nord comme chez nous, diffusion oblige, on souffre désormais des mêmes

© Éric Nathan/Alamy

Au Qatar, et ailleurs dans les pays du Sud, les grandes chaînes de restauration rapide se bousculent pour y ouvrir des franchises. Au Moyen-Orient, tout comme en Amérique, certains jeunes sont friands de malbouffe. Dans ce centre commercial de Doha, ces derniers ont l'embarras du choix, car on y retrouve un PFK, mais aussi un McDonald's, un Burger King, un Pizza Hut et un Dunkin Donuts.

maux. Au Canada, la prévalence de l'embonpoint et de l'obésité serait plus grande chez les Autochtones que dans le reste de la population. Toutefois, les taux élevés d'obésité ne sont pas propres au Canada: les mêmes tendances sont observées aux États-Unis, en Australie, en Nouvelle-Zélande et dans les îles du Pacifique (Garriguet, 2008). S'il est difficile de présenter un portrait exact de la situation, de nombreuses études canadiennes démontrent que le phénomène prend de l'ampleur et qu'il est particulièrement préoccupant (ICIS, 2011). En 2010, 51 % des Cris de la Baie-James et 28 % des habitants du Nunavik étaient obèses, par rapport à 16 % dans l'ensemble du Québec (Lessard, 2011). Ainsi, le diabète de type II est un syndrome chronique de plus en plus diagnostiqué chez les Autochtones du Canada et des États-Unis de même que chez les Aborigènes en Australie et les Maoris en Nouvelle-Zélande (Roy, 2003). En 2010, 6 % des Québécois étaient frappés par le diabète, c'est trois fois moins que chez les Cris de la Baie-James. Quant à l'hypertension, elle est plus répandue à la Baie-James (24 %) et sur la Côte-Nord (20 %) qu'ailleurs au Québec (16 %) (Lessard, 2011). Les écarts observables entre Blancs et Autochtones peuvent être attribués non seulement aux mauvaises habitudes alimentaires, mais aussi à des différences quant au revenu, à la scolarité et à l'activité physique (Statistique Canada, 2008).

> Le coût humain du développement effréné sur notre territoire traditionnel, que ce soit sous forme de développement hydroélectrique massif ou d'opérations de déforestation totalement irresponsables, n'est pas une surprise pour nous. Le diabète est apparu à la suite de la destruction de notre mode de vie traditionnel et à son remplacement forcé par une économie fondée sur les indemnités de chômage. Aujourd'hui, nous constatons qu'une femme crie enceinte sur sept souffre de diabète, et nos enfants naissent avec un grand risque d'être diabétiques ou le sont déjà dès leur naissance. (Matthew Coon-Come, dans Woodman et Grig, 2007, p. 20)

Du point de vue même des Autochtones: «Le changement des habitudes alimentaires et le déclin de l'alimentation traditionnelle marquent une perte de la culture et de l'identité par leur impact négatif non seulement sur la santé physique des membres des Premières Nations, mais également sur leur santé mentale, émotionnelle, sociale et spirituelle» (CSSS-PNQL, 2006, p. 4). La détérioration des aliments traditionnels et leur rareté croissante accentuent le problème. Dans le Nord, tout comme l'eau, le poisson et le gibier sauvage sont parfois contaminés par l'exploitation du pétrole, du gaz et de l'hydroélectricité. «Des études menées dans le nord-ouest du Canada indiquent que les substances chimiques toxiques déversées dans divers sols et cours d'eau autour du bassin des Grands Lacs sont absorbées et passent dans le lait maternel, une situation très préoccupante pour les femmes de la région d'Akwesasne» (UNICEF Canada, 2009). Chez les Inuits du Québec, on soupçonne que la contamination des mammifères marins par les PCB (polychlorobiphényles), interdits en Amérique du Nord depuis 1977, et d'autres contaminants provenant des usines européennes est à l'origine de nombreux problèmes de santé chez les jeunes (Poliquin, 2008). «Au pays autochtone, les maladies du monde industriel, obésité, diabète, accidents cardiovasculaires, sont les nouveaux ennemis publics. Même contaminée par la pollution industrielle transportée par les courants aériens et marins, la nourriture sauvage demeure le meilleur remède.» (Duhaime, 2001)

La transition alimentaire, l'une des causes invoquées pour expliquer la prévalence de l'obésité au sein des populations autochtones, affecte aussi les immigrants. Aux États-Unis, moins d'un an après leur installation, les immigrants sont nettement moins obèses que les Américains en général. Il faut attendre 15 ans, pour que la prévalence se rapproche de celle observée chez les adultes nés aux États-Unis (Goel et al., 2004). Il en va de même au Canada, où 10 ans après leur arrivée, les immigrants finissent par souffrir autant d'obésité que les Canadiens en général (Tremblay et al., 2005). Sur le plan de la santé, le fait de manger comme une majorité de Nord-Américains ne serait donc pas nécessairement une bonne chose, surtout si l'on tombe dans les mêmes excès que ceux abusant de la malbouffe.

Avec le temps, les traits empruntés aux étrangers s'intègrent à la culture qui les adopte. Plusieurs subissent néanmoins d'importantes modifications. C'est le cas des nombreux végétaux que les premiers Européens arrivés en Amérique ont intégré à leur alimentation, après les avoir empruntés aux Autochtones. Aujourd'hui, des aliments originaires de l'Amérique comme la pomme de terre, l'avocat, le maïs, le haricot, la canneberge, la tomate, l'arachide et le chocolat nourrissent des humains partout dans le monde (Weatherford, 1988). L'exemple du maïs est saisissant. Cultivée en Amérique depuis

7000 ans, puis importée en Europe par Christophe Colomb en 1493, cette céréale pousse aujourd'hui partout dans le monde. Après avoir été cultivé en Espagne, au Portugal, en France puis en Italie, le maïs se retrouve finalement en Chine vers 1550. Aujourd'hui sur Terre, on en cultive davantage que de riz.

La façon d'apprêter ces aliments diffère cependant d'une culture à l'autre et n'a parfois plus rien à voir avec les procédés initialement employés par les Amérindiens. Alors que l'on mange au Québec du maïs sur épis, en Europe, le concept même d'épluchette de « blé d'Inde » est inexistant. Destiné essentiellement à l'alimentation animale, le maïs n'y est consommé par les humains que sous forme de produits transformés ou en grains, mis en conserve. Au Mexique, où les tortillas de maïs remplacent le pain, l'idée de manger du « maïs sucré » comme nous le faisons laisse perplexe. Pour les Mexicains, un épi de maïs se mange habituellement sur un bâton. On l'assaisonne généralement de fromage, de chili broyé et de lime, voire parfois trempé d'une mayonnaise.

La bioprospection et la biopiraterie

Prenons maintenant un second exemple d'emprunt, qui dans le contexte actuel, cause préjudice aux populations dont les connaissances et le savoir-faire sont convoités. Ce qui était au départ un exemple classique de diffusion, est devenu un malheureux cas d'emprunt forcé et de pillage des ressources d'autrui par les pays industrialisés. Après la conquête de l'or noir, donc du pétrole, voici venu celle de l'or vert, soit de la biodiversité, dont 90 % se retrouverait dans les pays du Sud.

Les Autochtones d'Amérique n'ont pas seulement donné à l'humanité le maïs et les variétés de coton qui comblent aujourd'hui la plus grande partie des besoins du monde en matière de vêtements. Ils ont aussi légué de nombreux produits ayant des propriétés médicinales et stimulantes que les Occidentaux ont intégrés à leur pharmacopée. C'est le cas, entre autres, du tabac, de la coca dans la cocaïne, de l'éphédra dans l'éphédrine, du datura dans les analgésiques et de la cascara dans les laxatifs. Les médecins européens ont rapidement dû reconnaître que les Amérindiens possédaient la plus vaste pharmacopée du monde. Ce sont plus de 200 plantes et herbes utilisées par les Amérindiens à des fins médicinales que les Occidentaux ont empruntées.

Aujourd'hui plus que jamais, ces végétaux aux propriétés singulières ainsi que plusieurs autres connus par des peuples indigènes ailleurs dans le monde sont convoités par les géants mondiaux de la pharmacie, de l'agrochimie et de la biotechnologie. Depuis une vingtaine d'années, des plantes telles que l'ayahuasca de l'Amazonie, l'iboga du Gabon, la maca du Pérou, le hoodia d'Afrique du Sud et la kava des Samoas font l'objet d'une convoitise pour la mise au point de médicaments, de produits de beauté ou encore de pesticides (Lasserre, 2007).

Pour découvrir des plantes aux propriétés médicinales, on a souvent recours aux savoirs traditionnels des guérisseurs locaux. Afin d'y parvenir, on pratique une forme d'emprunt et on exerce ce que l'on appelle la « bioprospection », c'est-à-dire un travail de terrain consistant à parcourir le monde, mais principalement les pays du Sud, dans le but d'y découvrir des plantes aux usages reconnus, dont on cherchera ensuite à identifier les propriétés actives et à décrypter le patrimoine génétique. Lorsque les résultats obtenus sont prometteurs, les grandes firmes demandent un brevet, donc un droit de propriété exclusif, sur les gènes de ladite plante. En agissant de la sorte, les entreprises cherchent à protéger leurs investissements et à s'approprier les revenus générés par l'exploitation de la biodiversité.

Comme l'octroi de ces brevets sur le vivant ne reconnaît pas la contribution (ou « l'emprunt ») des connaissances autochtones, de nombreux spécialistes parlent de biopiraterie, pour désigner « l'appropriation et l'exploitation par des sociétés commerciales, dans des conditions jugées illégales ou inéquitables, des ressources biologiques ou génétiques propres à certaines régions » (Gadenne, 2009). Selon le Collectif Biopiraterie qui cherche à défendre les droits des populations victimes de cette pratique : « en niant l'existence et les contributions des cultures des peuples autochtones et détenteurs des savoirs locaux, ces acteurs privent ces derniers de l'opportunité de valoriser leurs richesses dans un contexte mondial qui les accule de plus en plus à abandonner leurs modes de vie traditionnels » (2009, p. 4). Aux yeux de nombreuses ONG telles que ETC Group du Canada et Amazonlink du Brésil, le brevetage du vivant et le pillage des ressources biologiques des pays du Sud doivent être dénoncés. Pour la très engagée Vandana Shiva (2010), il s'agit ici d'une nouvelle forme de colonisation qui doit cesser.

Pour équilibrer le rapport de force, la Convention sur la diversité biologique encadre aujourd'hui la prospection de cet or vert. «Ainsi le brevetage des ressources biologiques liées à des savoirs collectifs est autorisé, à condition que les éventuels profits soient partagés de manière juste et équitable» (Gadenne, 2009). On parle ici d'une avancée positive, mais il reste à déterminer la manière dont on peut parvenir à l'équité. Même si depuis 2010, les profits doivent être répartis équitablement entre les entreprises des pays utilisateurs et les pays d'origine, sa mise en œuvre demeure déficiente. «En effet, le principe selon lequel le pays d'origine et les populations indigènes doivent donner leur consentement préalable pour l'accès aux ressources est presque systématiquement contourné» (Meienberg, 2010, p. 3). Pas de quoi rassurer l'Équatorienne Patricia Gualinga (2010), dont les propos font réfléchir sur les modalités empruntées aujourd'hui par la mondialisation du savoir :

> Lorsqu'un chaman ou yatchak ou toute autre personne qui, par héritage ou transmission, possèdent des savoirs, nous pensons que c'est un don, quelque chose de gratuit que la nature offre afin que nous puissions vivre en harmonie avec elle. [...] Mes grands-parents devaient penser qu'un jour les Blancs en prendraient conscience, mais malheureusement, ce qui me préoccupe est le temps. Peut-être qu'il est déjà trop tard pour certaines choses [...] Nous avons une autre manière de voir les choses. Il y a un respect. Nous allons utiliser une plante ou un objet quelconque, nous nous en approchons avec respect. (p. 9)

Le cas du hoodia, une plante coupe-faim consommée par les Bochimans San du Kalahari, permet d'espérer une diffusion plus juste du savoir traditionnel. Pressentie par le laboratoire Pfizer comme pouvant entrer dans la fabrication d'un éventuel médicament contre l'obésité, cette plante a été sauvée de justesse de la biopiraterie. En effet, après une controverse initiale et des négociations juridiques, «le rôle du savoir ancestral des San et de leur activité innovante dans la découverte initiale et le développement des propriétés du hoodia a été reconnu explicitement» (OMPI, 2003, p. 6). Dans l'éventualité où les produits mis sur le marché auraient été rentables, les San s'étaient organisés pour gérer leurs redevances en créant le San Hoodia Benefit Sharing Trust. Malgré cette victoire, le problème n'est toutefois pas réglé. Maintenant que Pfizer a renoncé au développement d'un produit amaigrissant, c'est au tour d'une autre compagnie pharmaceutique d'avoir obtenu un brevet distinct,

© Richard Vachon

Depuis des générations, les Bochimans San utilisent le cactus Hoodia pour calmer leur appétit et leur soif. Après avoir isolé la composante responsable de cette propriété, des compagnies pharmaceutiques souhaitent pouvoir créer un médicament destiné à enrayer la faim et à lutter contre l'obésité.

pour l'utilisation, cette fois, du hoodia comme traitement contre le diabète. Pour les San, pratiquement tout est à recommencer. En l'absence d'un protocole international juridiquement contraignant, ils doivent à nouveau lutter pour obtenir la reconnaissance de leurs droits et s'assurer une part équitable des éventuels profits générés (Meienberg, 2010).

DE NOUVEAUX AGENTS DE CHANGEMENT

De tout temps, des agents ont incarné et véhiculé le changement associé au mécanisme de la diffusion. Avant d'être ultimement empruntés, les traits culturels et les valeurs faisant l'objet d'une diffusion empruntent des voies pouvant changer d'une époque et d'une région à l'autre. Dans le monde contemporain, ces agents de changement sont nombreux, mais aussi disparates. Trois d'entre eux seront examinés ici : les multinationales, les populations autochtones et les immigrants. Un quatrième agent, soit les femmes, est abordé au chapitre 7, un cinquième, les touristes, est traité au chapitre 12 (*voir*

Offert par Louis Roy

Mondialisation oblige, nous avons aujourd'hui plus que jamais accès à des mets provenant des quatre coins du monde. Les Bánh mì, par exemple, ces sandwichs baguettes vietnamiens issus de la colonisation française, sont offerts accompagnés d'une boisson gazeuse et non d'un thé.

l'encadré Privilégiés au Nord, solidaires du Sud : pour un tourisme responsable et solidaire, au chapitre 12).

L'impact des multinationales

La convoitise des Occidentaux à l'égard des ressources du Sud n'est pas récente. Depuis l'époque des grandes découvertes, de nombreuses régions du monde ont été colonisées, donc occupées et exploitées, par des puissances étrangères d'abord venues d'Europe. Entre le XIVᵉ et le XIXᵉ siècle, les continents d'Asie, d'Afrique et d'Amérique ont été «découverts», explorés, puis conquis ou colonisés. Dès lors, s'est progressivement mis en place un système d'échanges économiques, mais aussi culturels que nous appelons aujourd'hui «mondialisation». Devenus indépendants au XXᵉ siècle, les pays issus du découpage du monde opéré par les Occidentaux ont pour la plupart cessé d'être occupés militairement. Les colonisateurs ont retiré leurs armées, mais ils ont laissé derrière eux des colons (comme au Canada, en Australie, aux États-Unis ou en Afrique du Sud) et surtout un lourd héritage culturel. Il suffit de séjourner dans certaines grandes capitales africaines telles Dakar au Sénégal ou Casablanca au Maroc pour constater à quel point la colonisation française a marqué la culture locale. Au Mexique, comme ailleurs en Amérique latine, la culture espagnole est pour ainsi dire partout. De même, pour comprendre pourquoi on parle le portugais au Brésil et l'anglais comme langue seconde en Inde, il est essentiel de savoir que les Portugais ont conquis la côte est de l'Amérique du Sud et les Britanniques, les Indes.

Aujourd'hui, il semble que de grandes entreprises aient pris le relais des pays colonisateurs et qu'elles soient devenues à leur tour de véritables agents de changement. Répandues depuis les années 1950, les multinationales sont aujourd'hui des géants qui s'affrontent pour conquérir de nouveaux territoires. Profitant du fait que les barrières économiques se sont effacées entre les pays et que les capitaux, les marchandises et la main d'œuvre circulent plus librement que jamais, certains de ces «empires» (non plus coloniaux, mais économiques) occupent à leur façon de nombreux pays du Sud. Par leur immense fortune, ces multinationales sont en mesure d'influencer les marchés, les gouvernements, des organismes internationaux, comme la Banque mondiale, mais aussi la vie et la culture des gens. Avec le temps, elles ont établi un vaste réseau de contacts pour intervenir auprès des élus d'ici et d'ailleurs, dans le but de faire valoir leurs intérêts et de dicter leurs exigences. Comme la portée de ces multinationales s'étend bien au-delà des frontières du pays où se situe leur siège social, d'aucuns soutiennent que leur puissance influe sur le développement économique de très nombreux pays et oriente les changements auxquels sont confrontés des milliards d'humains au nord, comme au sud.

Aujourd'hui, nous constatons [...] qu'une croissance économique effrénée nuit considérablement à l'environnement, aggrave les inégalités socioéconomiques, affaiblit la diversité culturelle, favorise les profits des multinationales au détriment des simples citoyens, génère de la violence sociale [...]. Une vision néolibérale débridée, régie par les impératifs de Wall Street, ignorant totalement les intérêts et les besoins fondamentaux des pays les plus pauvres. (Joseph Stiglitz, dans Levy, 2007)

Le cas de Bechtel, un géant de l'ingénierie américaine, illustre bien comment les multinationales peuvent influer sur le mode de vie des gens un peu partout sur la planète. En juin 1997, la Banque mondiale annonce au président de la Bolivie qu'elle effacera 600 millions de dollars de la dette du pays. Parmi les conditions liées à cette annonce, on exige la privatisation des services d'approvisionnement en eau de Cochabamba (une ville de 600 000 habitants). En situation difficile, le gouvernement bolivien accepte. En 1999, Bechtel prend le contrôle de la distribution de l'eau à Cochabamba. Les tarifs augmentent alors de 200 %. « Le salaire mensuel moyen des travailleurs de la ville est alors de 60 $. On demande à ceux-ci de payer parfois jusqu'à 15 $ par mois pour avoir accès à l'eau courante [...]. Dans certaines familles, il faut maintenant choisir entre l'eau et la nourriture » (Proulx, 2003, p. 33). En avril 2000, après des mois de manifestations, le gouvernement décide d'annuler le contrat conclu avec Bechtel. En novembre 2001, cette société engage des poursuites judiciaires contre le gouvernement bolivien pour obtenir un dédommagement de 25 millions de dollars. « Vingt-cinq millions de dollars américains représentent les revenus que fait Bechtel en une demi-journée. En Bolivie, c'est le coût annuel pour l'embauche de 3000 médecins ruraux ou 12 000 enseignants dans les écoles publiques, ou le branchement de 125 000 familles qui n'ont pas accès au service d'approvisionnement en eau » (p. 35).

Dans un autre secteur d'activité, Gildan, le géant québécois du vêtement de sport, s'est retrouvé au centre d'une controverse. À sa façon, cette multinationale affecte le mode de vie de bien des gens en leur offrant un emploi dans le secteur manufacturier. Comme bien d'autres entreprises du genre, Gildan est contestée. Deux rapports publiés en 2004 ont confirmé que les droits des travailleuses et des travailleurs de son usine de couture au Honduras ont été enfreints. Les infractions aux lois honduriennes comprenaient :

[...] des heures de travail excessives, des heures supplémentaires obligatoires et non rémunérées, le non-paiement des primes prescrites par la loi pour les heures supplémentaires, le non-paiement de la rémunération obligatoire des jours fériés, le harcèlement sexuel par le médecin de l'entreprise, ainsi que le non-respect de l'obligation, en vertu du droit hondurien, de fournir des installations pour la garde des enfants et l'allaitement. (Maquila Solidarity Network, 2004)

En 2005, après avoir été sévèrement critiqué pour ses violations du droit du travail dans son usine d'El Progreso au Honduras, Gildan a finalement décidé de rentrer dans le rang et d'appliquer les recommandations figurant dans les rapports d'enquête établis par la FLA (Fair Labor Association) et le WRC (Worker Rights Consortium). (Congrès du travail du Canada, 2005) Après avoir fait des efforts louables pour respecter les droits de ses travailleurs, Gildan aurait récidivé. Récemment, un rapport fait état de sérieux problèmes dans l'une de ses usines, cette fois située en République dominicaine (WRC, 2011).

Dans leur quête incessante de main-d'œuvre bon marché, les multinationales en sont venues à privilégier le recrutement des femmes pour occuper les postes peu spécialisés dans les usines d'assemblage. Plutôt que de travailler à la ferme comme jadis, elles sont aujourd'hui nombreuses à devoir travailler à l'extérieur pour subvenir aux besoins de leur famille. Peu scolarisées et sans formation professionnelle, ces femmes constatent que seuls des emplois peu rémunérés leur sont accessibles. Les dirigeants d'entreprise préfèrent toutefois embaucher de jeunes travailleuses célibataires auxquelles ils offrent un salaire dérisoire et qu'ils peuvent licencier lorsqu'elles se marient. Les emplois bien rémunérés, ou du moins ceux qui font appel à des compétences spécialisées, sont généralement occupés par des hommes. Les hommes qui ne détiennent pas ces compétences – et ils sont nombreux – sont donc parfois condamnés au chômage.

Examinons maintenant le cas de Wal-Mart, ce géant mondial de la vente au détail dont il faut reconnaître le rôle comme agent de changement. En 2010, le chiffre d'affaires du numéro un mondial de la vente « au détail » s'élevait à 421 milliards de dollars, ce qui, à l'échelle mondiale et sur le plan du produit intérieur brut (PIB), le situerait au 25e rang, devant des pays comme la Norvège, l'Autriche, l'Argentine et la Grèce. Avec ses 9600 magasins, ses 2,1 millions d'employés et ses 200 millions de clients hebdomadaires, Wal-Mart a un impact sur le quotidien d'un nombre effarant d'humains, au nord comme au sud. Un peu comme l'on fait autrefois les grands empires coloniaux, les normes imposées par cette multinationale dictent la conduite à suivre. Partout sur la planète, ses exigences contraignent ses fournisseurs de même que ses employés et leur entourage à s'adapter. Il suffit d'examiner les dures conditions de travail des ouvriers chinois ayant quitté la campagne pour venir travailler en ville pour s'en convaincre (Greenwald, 2005).

Wal-Mart, que l'on accuse, comme Gildan, d'avoir recours à des pratiques douteuses dans les pays du Sud (Greenwald, 2005 ; Paquette, 2005), bafoue aussi les droits de ses employés nord-américains. Aux États-Unis, comme ailleurs, Wal-Mart refuse souvent d'assumer ses responsabilités. Cette entreprise fait systématiquement porter le blâme sur ses directeurs locaux ou sur la direction des sociétés étrangères où elle s'approvisionne. Que ces dernières, établies en Chine ou au Bangladesh, n'aient d'autres choix que d'exploiter leurs ouvriers pour répondre aux exigences de Wal-Mart n'est jamais pris en considération, et ce, même quand la situation est dénoncée par ses propres inspecteurs en Amérique centrale (Greenwald, 2005). Depuis une dizaine d'années, Wal-Mart, le plus gros employeur dans 25 États américains, a été reconnu coupable de refuser à ses employés des périodes de repos et de les forcer à travailler des heures supplémentaires non rémunérées. En 2011, les associés à la vente de Wal-Mart étaient payés 14,5 % de moins que les autres Américains travaillant dans le même secteur d'activité (Jacobs *et al.*, 2011). Il faut savoir que chez Wal-Mart, il suffisait alors de travailler 34 heures par semaine pour être considéré comme un employé à temps plein et que le salaire annuel moyen s'élevait à 15 576 $. Or, aux États-Unis, le seuil de pauvreté pour une famille de quatre personnes était fixé à 22 500 $. Il suffirait pourtant de hausser de 1 cent le prix des paires de chaussettes à 2 $, pour que les employés américains de Wal-Mart obtiennent en moyenne 1800 $ de revenu additionnel par année (Wal-Mart Watch, 2011). Aussi, il n'en coûterait aux clients que 46 cents de plus par visite (total des achats) pour que le taux horaire moyen des employés passe de 8,81 $ l'heure à 12 $ (Jacobs *et al.*, 2011).

Les actions antisyndicales de Wal-Mart sont connues. Au Québec, en 2005, elle a fermé sa succursale nouvellement syndiquée de Jonquière. La raison invoquée : l'absence de rentabilité (Sansfaçon, 2009). Le parcours des employés syndiqués d'un autre magasin, celui de Saint-Hyacinthe a été ardu. Après avoir attendu l'intervention d'un arbitre pour obtenir une première convention collective en 2009, voilà qu'à l'hiver 2011, chose rare, une demande de révocation a été déposée à la Commission des relations du travail (CRT). Saisie du dossier, la CRT a entrepris une vérification sur place de manière à évaluer la façon dont s'est déroulée la campagne de signatures. Aux dires de certains, il y aurait eu de l'intimidation dans le but de forcer les gens à signer des révocations (Desjardins, 2011). Si Wal-Mart n'hésite pas à agir de la sorte ici, on peut imaginer ce qui se passe derrière les portes closes de leurs fournisseurs chinois, dont les ouvriers travaillent dans des conditions difficiles. De toute évidence, les bas prix ont un coût, ici comme à l'étranger, où Wal-Mart s'approvisionne en produits manufacturés (Greenwald, 2005).

En terminant, une étude vient d'établir un lien entre Wal-Mart et la prise de poids. Selon cette étude, aux États-Unis, quand une grande surface ouvre dans une ville ou une région, le taux d'obésité y augmenterait de 2 % en l'espace de 10 ans, à cause du coût peu élevé de certains aliments riches en sodium et en glucides (Courtemanche et Carden, 2010). La prolifération des Wal-Mart pourrait ainsi, à elle seule, expliquer 11 % de l'augmentation du taux d'obésité aux États-Unis, depuis les années 1980. En 2011, dans la foulée de la croisade de Michelle Robinson (épouse du président américain Barak Obama) contre l'obésité, Wal-Mart a pris une décision saluée : «réduire le prix des fruits et légumes vendus dans ses quelque 3500 grandes surfaces aux États-Unis, en plus de diminuer les quantités de sel et de sucre utilisées dans ses produits transformés et d'en éliminer les gras trans» (Lortie, 2011).

Le renouveau autochtone

Les grandes découvertes et les multinationales n'ont pas que favorisé les échanges économiques et l'extraction de richesses naturelles. Comme nous venons de le voir, elles ont aussi influé sur la vie des humains en modifiant leur quotidien et en transformant leur culture. Des peuples ont été envahis, puis colonisés et soumis à l'acculturation. En dépit de l'omniprésence du Coca-Cola et du Big Mac dans le monde et des pressions assimilationnistes exercées sur les sociétés traditionnelles, il est clair que la diversité culturelle demeure bien vivante. En fait, plusieurs indices suggèrent même que les peuples tendent davantage à résister à la mondialisation ou à l'accepter à leurs propres conditions. De nombreux Nord-Américains ont de la difficulté à imaginer que des peuples peuvent ne pas souhaiter leur ressembler. Comme dans un grand nombre de cultures, pendant leur enfance, ils apprennent à croire que «leur» mode de vie est celui auquel tous les humains devraient aspirer. Or, plusieurs peuples ont tenté d'imiter ce mode de vie, en ont été désenchantés, puis y ont renoncé. Aujourd'hui, la perspective de ces populations mérite qu'on s'y arrête. Sans le vouloir nécessairement, elles sont à

Offert par Louis Roy

Certains croient que l'omniprésence des multinationales de l'alimentation témoigne de l'émergence imminente d'une culture mondiale homogène. Au Guatemala, comme ailleurs, la grande majorité des communautés autochtones conservent malgré tout leurs traditions. Dans les rues de Solola, des femmes mayas en vêtements traditionnels font leurs emplettes.

leur tour devenues de véritables agents de changement, dont on commence à reconnaître la valeur.

Au cours des années 1970, les peuples autochtones dans le monde ont entrepris de mettre sur pied des mouvements favorables à l'autodétermination, dont le point culminant a été la création du Conseil mondial des peuples autochtones en 1975. Reconnu officiellement en tant qu'organisation non gouvernementale associée à l'ONU, ce conseil a pour mission de défendre la cause des peuples autochtones auprès de la communauté internationale. Qualifiant leurs collectivités respectives de sociétés communautaires, égalitaires et proches de la nature, les dirigeants du conseil sont bien résolus à tout faire pour qu'elles demeurent ainsi. En 2007, dans la foulée de la Décennie internationale des peuples autochtones, l'Assemblée générale des Nations Unies a adopté la Déclaration sur les droits des peuples autochtones que le Canada, la Nouvelle-Zélande et l'Australie ont tardé à ratifier.

Examinons le cas des Shuars (ou Jivaros), d'Équateur. Menacés de perdre leurs terres à cause du nombre croissant de colons équatoriens qui envahissaient leur territoire, les Shuars ont fondé en 1964 un organisme entièrement indépendant, la Fédération des Shuars, pour mieux maîtriser leur avenir. Reconnue à contrecœur par le gouvernement équatorien, cette fédération a aujourd'hui pour objectif d'améliorer la situation socioéconomique de ses quelques 40 000 membres et de coordonner les projets de développement qui leur sont destinés.

Depuis sa fondation, cette organisation politique est devenue propriétaire de plus de 96 000 hectares de terre, a constitué un troupeau de bétail de plus de 15 000 têtes (principale source de revenus de ce peuple), a pris en main l'éducation donnée en shuar et a lancé ses propres stations de radio et journaux bilingues. Malgré l'ampleur des changements engendrés par ces réalisations, les Shuars ont le sentiment d'avoir préservé leur identité et conservé les traits distinctifs de leur culture: leur langue, la propriété collective de leurs terres, le caractère coopératif de la production et de la distribution de leurs biens, leur économie essentiellement égalitaire et leurs collectivités fondées sur la parenté (Bodley, 1990). Récemment, les Shuars se sont associés à diverses ONG pour lutter contre les compagnies minières canadiennes qui cherchent à exploiter leur territoire. Constructifs dans leur approche, «les habitants de ces régions proposent également des

© Wolfgang Kaehler/Alamy

Les Shuars d'Équateur pratiquent une horticulture sur brûlis. La chasse y est valorisée, mais la pêche et la cueillette jouent aussi un rôle important. L'introduction de l'élevage de bovins et la transformation de la forêt en prairie ont entraîné un appauvrissement des sols et mis à mal leur système économique traditionnel basé sur l'autosuffisance. Aujourd'hui, ils cherchent à revaloriser leur culture, grâce, notamment, à un système éducatif par radiodiffusion.

solutions de rechange à l'activité minière en mettant de l'avant d'autres modèles plus solidaires et communautaires (le développement d'une agriculture diversifiée, autosuffisante et biologique, l'écotourisme, etc.) qui tiennent compte de leur héritage collectif que sont la terre, la forêt, l'eau, la biodiversité et le paysage» (St-Pierre, 2007, p. 2).

Les Shuars, tout comme d'autres peuples de l'Amazonie tels les Yanomami, font face à de nombreux défis. Des 700 groupes distincts qui habitaient l'Amazonie au XVe siècle, il n'en reste environ que 180 aujourd'hui. Toutefois, il apparaît clair que lorsqu'on leur en laisse la possibilité, ces peuples sont capables de maîtriser leur avenir. Il en va de même au Québec et au Canada où les Autochtones cherchent à prendre en main leur destin en revendiquant, entre autres, davantage d'autonomie sur le plan politique. Selon bien des experts, le Canada n'a d'autres choix que de prendre en considération les revendications des leaders autochtones et de contribuer au développement des Inuits et des Premières Nations. «Pour contrer les effets du vieillissement de la population canadienne et assurer la prospérité économique du pays, le gouvernement fédéral doit plus que jamais se tourner vers les communautés autochtones» (Bellavance, 2011). Des documents internes du gouvernement fédéral soutiennent en effet qu'il est dans l'intérêt supérieur du pays d'assurer une participation accrue de ces populations à l'économie canadienne. Mais pour y parvenir, il faudra d'abord s'attaquer à un problème de taille: l'accès des Autochtones à une éducation de qualité (Bellavance, 2011). Dans cet esprit, l'avènement récent d'une nouvelle génération de leaders instruits et bien formés stimule le renouveau autochtone au Québec, comme au Canada.

Davantage présents sur la scène publique, les Autochtones cherchent à faire reconnaître leur culture et sont nombreux à revendiquer fièrement leur identité. Ils s'affirment autant dans des domaines artistiques tels que le cinéma, la littérature et la musique (il n'y a qu'à penser au rappeur algonquin Samian ou à la chanteuse inuite Elisapie Isaac, par exemple) que sur le plan politique où ils sont mieux représentés qu'autrefois (pensons au député cri Roméo Saganash). Grâce à leur savoir-faire, plusieurs autres Autochtones se taillent une place dans d'autres sphères, moins publiques, mais tout aussi dynamiques. Ainsi, ils sont de plus en plus engagés dans l'éducation, la justice, la santé et l'économie de leurs communautés où ils mettent en place des projets qui sont propres à leur culture et qui peuvent être inspirants pour la société canadienne (CIÉRA, 2011).

Aussi, les connaissances de plusieurs groupes autochtones en matière d'environnement ne sont plus à prouver. De plus en plus de groupes écologistes s'appuient sur ces connaissances et s'allient avec des communautés autochtones pour faire valoir leur point de vue. En 2010, par exemple, une entente a été conclue entre des groupes environnementaux, dont la Fondation Suzuki, et 21 compagnies forestières pour protéger plus de 72 millions d'hectares de nature sauvage dont la majorité se trouve sur des territoires ancestraux autochtones (Suzuki, 2010). Cette entente, rare étant donné les positions polarisées des acteurs, a conduit à l'engagement des forestières à cesser la coupe sur près de la moitié de la superficie et à rendre durables leurs méthodes de coupe sur l'autre moitié. Le succès de cet effort est attribuable en grande partie au soutien et à l'initiative des Premières Nations concernées à qui on a reconnu des droits sur ces territoires. Les plans de zones de conservation pour les caribous des bois ainsi que d'autres espèces en voie de disparition ont également été réalisés en collaboration avec les Autochtones qui connaissent mieux que quiconque le mode de vie de ces animaux et leur habitat.

Ailleurs dans le monde, les peuples autochtones sont de plus en plus à l'avant-plan des plus grandes victoires de la cause environnementale, car on reconnaît enfin dans certains milieux leur savoir-faire (Suzuki, 2010). Qu'on pense à la mobilisation internationale qu'ont réussi à susciter les Kaya-pos du Brésil pour faire obstacle à la construction de barrages dans la forêt amazonienne ou à la condamnation à payer une amende d'un milliard de dollars par une compagnie pétrolière à des groupes indigènes de l'Équateur après qu'elle a été accusée d'avoir déversé des millions de litres de pétrole brut dans les cours d'eau (Gariepy, 2011). La voix des Autochtones en faveur de l'environnement semble plus que jamais résonner dans un monde où l'on constate enfin l'ampleur des dégâts.

Exemple ethnographique

Les Kogis, le changement culturel et nous

par Paul Roy

Située au nord de la Colombie, à 5800 mètres d'altitude et en bordure de la mer des Caraïbes, la Sierra Nevada de Santa Marta constitue le territoire de trois peuples autochtones contemporains – les Kogis (Kaggaba), les Arhuacos (Ica) et les Arsarios (Wiwa) – descendants des Tayronas, la civilisation préhispanique de la région. Il y a 500 ans, cette société complexe sédentaire se caractérisait par des centres urbains densément peuplés, des réseaux de routes et des commerces. Elle pratiquait une agriculture intensive sur terrasses avec canaux d'irrigation et avait atteint un raffinement exceptionnel en orfèvrerie.

Depuis les évolutionnistes, au XIXᵉ siècle, on présume que le changement culturel entraîne automatiquement une plus grande complexité des modes de vie et des cultures – de la chasse-cueillette à l'agriculture ou de celle-ci à l'industrialisation – ce n'est pas ce qui s'est produit ici. L'arrivée des Espagnols a forcé les Autochtones à une cohabitation qui a été de courte durée. La population amérindienne s'est alors réfugiée dans la montagne pour échapper à la domination coloniale. Cette situation a provoqué de nombreux changements adaptatifs chez ces réfugiés de même qu'une simplification de leur mode de vie, sur le plan technique (Reichel-Dolmatoff, 1985) : dispersion de la population dans les vallées de haute montagne entre 1500 et 3500 mètres d'altitude, abandon des centres urbains, de la construction de routes, de l'agriculture intensive et de l'orfèvrerie, afin de s'isoler et de se faire oublier par les Conquistadores, intéressés surtout par l'or et les zones de peuplement dense à exploiter.

C'est ainsi que les Kogis (population totale d'environ 25 000 personnes) vivent en autarcie dans une dizaine de vallées jusqu'à récemment protégées par la forêt tropicale humide qui ceinture le versant nord de la Sierra. Ils pratiquent une horticulture où l'on cultive des plantes adaptées à différentes altitudes : par exemple, la banane, le manioc et la canne à sucre à 1500 m, le maïs, l'oignon et l'avocat à 2200 m et les patates à 3000 m. L'élevage de quelques poules, dindes, porcs et bovins, la chasse (agouti, pécari, cerf et tatou) et la collecte (écrevisses, miel, fruits et plantes sauvages) complètent ce tableau des ressources de base. La population, divisée en deux classes sociales – les Mamas (sages, devins, guérisseurs) et les gens du peuple – vit dispersée, ne se regroupant dans quelques villages qu'aux moments des fêtes ou des réunions communautaires. Cet isolement relatif leur a permis d'éviter les bouleversements que la Colombie a connus depuis Colomb (violence coloniale, Guerre d'indépendance et, depuis 50 ans, conflit opposant le gouvernement aux guérillas), contrairement à leurs voisins Arhuacos et Arsarios qui en ont été plus touchés.

En dépit des tentatives d'évangélisation (capucins italiens au XIXᵉ et évangéliques américains au XXᵉ siècle), les Kogis conservent toujours une vision du monde, une religion, une structure sociale et politique et une économie peu influencées par l'Occident. Ils sont persuadés d'être les «Grands frères» de l'humanité, le peuple le plus sage qui soit, et ce sont les rituels de leurs Mamas (caste sacerdotale) qui assurent l'équilibre de notre planète en dépit des catastrophes commises par les «petits frères» que nous sommes dans notre tentative de contrôler notre Mère-Terre (Reichel-Dolmatoff, 1985). Selon eux, nous avons hérité des capacités techniques, mais ne possédons pas une vision globale du monde. En effet, la vision kogie du monde est centrée sur la notion d'équilibre à tous les niveaux de la relation entre l'humain et l'Univers : toute action ou tout prélèvement sur l'environnement doit être compensé par une offrande – fruits, graines et semences de toutes sortes provenant du travail des humains – qui permet le maintien de cet équilibre, c'est la Loi de la Mère-Terre, fondement philosophique qui a pour conséquence de limiter la consommation sous toutes ses formes. En effet, l'idéal pour un Kogi est de manger, de boire et de dormir le moins possible de façon à limiter son empreinte écologique, dirait-on aujourd'hui. Ceci explique sans doute pourquoi la plante sacrée des Autochtones de la Sierra Nevada est la coca (ayllu). Cette plante, considérée femelle, qui traditionnellement ne peut être récoltée que par les femmes, tout en ne pouvant être consommée que par les hommes, assure à ces derniers une résistance accrue à la faim, à la soif et à la fatigue.

Les Kogis possèdent donc une culture fière et sûre d'elle qui n'a pas connu la subordination coloniale ni l'acculturation due à l'endoctrinement chrétien, et qui, par conséquent, à la faveur d'un ethnocentrisme bien vivant, exerce une forte pression sociale chez ses membres à se méfier de tout ce qui vient de l'extérieur. C'est ainsi que lorsqu'un Kogi rencontre un étranger sur les sentiers de montagne, la première question qu'il lui pose est généralement : Quand est-ce que tu t'en vas ?

Mon intégration aux Kogis de la vallée du Palomino s'est donc faite progressivement, et à leur rythme, lors de plusieurs séjours entre 1994 et 1998. C'est avec patience que j'ai fait connaissance avec certains individus qui m'ont ouvert leurs réseaux. Ils ont, en quelque sorte, décidé eux-mêmes en quoi je pourrais leur être utile : tour à tour photographe, chargé du passage de la rivière des animaux domestiques en saison des pluies, professeur d'espagnol, informateur sur le monde extérieur, parrain de plusieurs enfants, chercheur, et, enfin, c'est le plus important, ami. Par l'intermédiaire du système de parenté, j'ai été assigné à une famille élargie – on m'a même construit une hutte – de sorte que j'ai là-bas une parenté et des amitiés chères.

Cela dit, ce peuple n'a jamais été réfractaire à la nouveauté, mais il l'a intégrée de manière très sélective. Si, depuis la Conquête, les Kogis ont adopté bœufs, poules, porcs, canne à sucre, bananes, outils et ustensiles de métal, bottes de caoutchouc ainsi que la culture commerciale du café à petite échelle au cours du XXᵉ siècle, ils n'ont pas pour autant troqué leur autonomie ni leur liberté d'esprit. À preuve, en 1996, ils ont envoyé une lettre de refus à une offre du gouvernement qui voulait construire une école et un dispensaire dans la vallée du Palomino. Ils ont fini par accepter cette offre douze ans plus tard, mais à la condition d'en exercer le contrôle (nomination d'un directeur de l'école kogie, adaptation du programme scolaire, implication des Mamas, sélection des enfants à scolariser). Si, à l'occasion, plusieurs Autochtones descendent sur la côte (voyage de plusieurs jours à pied) pour se procurer des outils de métal – qu'ils échangent contre des animaux domestiques, du café, du manioc ou des sacs confectionnés par les femmes – beaucoup d'autres préfèrent attendre en haute montagne les quelques petits commerçants ambulants qui leur apportent aléatoirement ces marchandises. En 2011, on pouvait remarquer des Kogis portant des souliers, indice d'une plus grande aisance matérielle, et même quelques téléphones cellulaires…

Il faut saluer les efforts de l'État colombien pour établir des relations généralement bonnes avec eux. Les Kogis jouissent apparemment d'une aura de respect parmi la population colombienne. On dit de leur culture qu'elle est aussi riche spirituellement que pauvre matériellement. En 1994, le président Gaviria leur a rétrocédé un territoire de 200 km² leur offrant un accès à la mer et à ses ressources (poissons, sel, coquillages), tout en

Offert par Paul Roy

Les Kogis ont choisi de vivre à l'écart et de ne pas adopter la plupart des changements survenus dans la société colombienne. Jusqu'à aujourd'hui, ils sont parvenus à conserver certains traits culturels particuliers. Dans les familles kogies, par exemple, hommes et femmes ne résident pas sous le même toit.

reconnaissant dans la Constitution leur droit inaliénable d'utiliser et de cultiver la coca. Depuis lors, on assiste à une expansion territoriale (et démographique) de la population : des Amérindiens occupent les terres de basse montagne dans les vallées de Palomino et Don Diego rachetées par le gouvernement à des paysans colombiens qui s'y étaient installés à partir des années 1960-1970. De sorte que dans la vallée du Palomino 2 nouveaux villages kogis se sont ajoutés aux 6 anciens au cours des 15 dernières années. Ils ont également revendiqué et acquis un droit de regard sur la gestion du parc national Tayrona et du site archéologique Ciudad Perdida, notamment en installant sur place des familles de gardiens. Après quelques siècles passés en haute montagne, les Kogis sont actuellement en train de se réadapter au climat tropical (de 0 à 1500 mètres d'altitude). Ce mouvement de population sera inexorablement suivi de contacts de plus en plus fréquents avec la population colombienne de la côte.

Ce peuple a la chance de s'ouvrir à notre civilisation à une époque où l'environnement et le droit autochtone sont des préoccupations plus présentes. Les Kogis sauront sûrement gérer cette ouverture à notre civilisation. Encore faut-il que la réciproque soit vraie.

L'apport des immigrants

Certaines populations, incapables de subvenir à leurs besoins comme le faisaient leurs ancêtres, sont aujourd'hui contraintes de travailler pour des entreprises dont les exigences demandent quotidiennement de nombreux sacrifices. Pendant que les Autochtones d'ici et d'ailleurs réagissent aux changements récents en essayant de faire valoir leurs droits, de nombreux citoyens du Sud décident de quitter leur terre natale pour tenter leur chance dans une ville située à proximité de chez eux. Désireuses d'améliorer leur vie, un nombre grandissant de personnes prennent toutefois les grands moyens et empruntent la voie de l'immigration internationale afin de s'établir dans des pays industrialisés, comme la France, l'Allemagne, la Grande-Bretagne, l'Australie, les États-Unis et le Canada. Ces immigrants, une fois parvenus à destination, deviennent à leur tour des agents de changement, car leur nombre de plus en plus important oblige les nations occidentales à s'ajuster, bref à changer.

Certains s'inquiètent devant la perspective d'une culture mondiale homogène et considèrent que le **pluralisme culturel**, soit la présence de plusieurs cultures dans une société donnée, est davantage porteur d'espoir malgré ses écueils. Le pluralisme culturel favorise l'interaction sociale et politique d'individus ayant des modes de vie et de pensée différents, au sein d'une même société ou d'un même État. En principe, il implique le rejet des préjugés et du racisme, et préconise le respect des traditions culturelles des autres peuples, les considérant comme une source d'enrichissement social. Malheureusement, la réalité est parfois tout autre. De nos jours, l'identité et les conflits ethniques soulèvent

des questions concrètes, puisque de nombreux pays sont pluralistes ou multiethniques. Les problèmes qui sévissent en France depuis quelques années montrent à quel point il est difficile de concilier le besoin des uns (les immigrants et leurs descendants) et le désir des autres (les Français de souche).

Le Canada est un pays pluraliste, comme en témoigne l'éclatante diversité de villes comme Vancouver, Toronto et Montréal. Cette pluralité culturelle est le produit de trois apports : les peuples autochtones, les groupes fondateurs anglophones et francophones, et les immigrants venus du monde entier. Comme toutes les sociétés multiculturelles, le Canada doit relever un défi de taille : assurer le respect des différences culturelles tout en favorisant une citoyenneté partagée et encourager l'intégration sans prôner l'assimilation (Kunz et Sykes, 2007). À cette fin, dès 1971, le Canada s'est doté d'une politique officielle sur le multiculturalisme, une «idéologie qui préconise le respect des droits individuels, la pleine participation de tous les groupes culturels à la vie sociale et politique, la multiplication des échanges entre ces groupes et la mise en valeur de leurs cultures spécifiques» (Gaudet, 2010, p. 182). En 1988, une loi réaffirmant la vision d'un Canada composé d'une mosaïque de groupes ethniques, unifiés par la communication dans les deux langues officielles, est promulguée. En agissant de la sorte, le Canada est devenu le

> **Pluralisme culturel**
>
> Cohabitation de plusieurs groupes de cultures diverses dans une même société où l'intégration et la participation de chacun à la vie publique est possible.

© La Presse canadienne/Paul Chiasson

La société québécoise a besoin d'accueillir des immigrants pour des raisons démographiques et économiques. Contrairement à la croyance populaire, n'entre pas qui veut au Québec. Pour être admis comme immigrant indépendant, il faut remplir un formulaire de demande et attendre, dans son pays d'origine, la réponse du ministère de l'Immigration et des Communautés culturelles. Parler français, avoir de l'argent pour investir et détenir des diplômes sont des atouts importants.

premier pays à instaurer officiellement le **multiculturalisme**, dont le principe de l'unité dans la diversité s'oppose au modèle américain dit du *melting pot*.

Au Québec, le multiculturalisme canadien reçoit un accueil mitigé. Selon ses opposants, cette idéologie réfute la présence d'une culture dominante, nie les clivages sociaux et économiques entre les communautés culturelles et enferme l'individu dans sa différence culturelle en plus de ghettoïser ces mêmes communautés (Gaudet, 2010). Depuis quelques années, au Québec, on parle davantage d'**interculturalisme** (et d'intégration réciproque) que de multiculturalisme (Rocher *et al.*, 2007). Selon cette approche, l'immigrant devient un membre actif de la société d'accueil en s'adaptant à son mode de vie, sans pour autant renoncer à sa propre identité culturelle. L'idéologie de l'interculturalisme «met l'accent sur la nécessité de prendre en compte la culture des autres, de communiquer avec eux et d'apprendre à se connaître, et ce, autant pour les membres de la société d'accueil que pour les immigrants. Elle valorise les relations entre les différents groupes sociaux qui composent la société et une pleine participation de tous ces groupes à la définition d'un projet de société» (Gaudet, 2010, p. 182).

L'intégration ne signifie ni l'adaptation unilatérale ni l'assimilation totale des immigrants. «Elle implique plutôt une approche accueillante de la diversité culturelle et le développement de valeurs communes» (Duarte Sotomayor, 2004, p. 15). Ainsi, les immigrants sont invités à reconnaître la primauté de la culture dominante (franco-québécoise) et de s'y adapter, alors qu'il revient à l'ensemble des Québécois de s'ouvrir à «l'autre» et de lui offrir un accueil susceptible de faciliter son intégration.

Quoi qu'il en soit, aucune formule unique ne saurait garantir la coexistence pacifique des cultures au sein d'un même pays. Ce qui est certain toutefois, c'est que lorsqu'ils sont bien accueillis et qu'ils s'intègrent, les immigrants enrichissent leur société d'accueil. À preuve, depuis toujours, les immigrants ont apporté des savoir-faire qui ont profité à la société dominante. Tout comme les emprunts faits aux Autochtones (la place faite aux femmes, les sports collectifs, la valorisation du consensus en politique, etc.), plusieurs autres proviennent des Québécois et des Canadiens issus de l'immigration. Certaines de nos nouvelles pratiques funéraires, la crémation par exemple, sont inspirées de rituels originaires d'Asie. Dans des villes comme Montréal, Québec ou Sherbrooke, restaurants et épiceries ethniques permettent aux Québécois d'enrichir leurs habitudes alimentaires. Exotiques il n'y a pas si longtemps encore, les tortillas et les tacos mexicains de même que les sushis japonais sont devenus presque aussi habituels que les rouleaux impériaux originaires de Chine. Encore méconnus il y a peu de temps, les sandwichs *shishtaouk* libanais, les *samosas* indiens et les *empanadas* latino-américaines risquent fort de connaître le même sort

Multiculturalisme

Idéologie qui préconise le respect des droits individuels, la pleine participation de tous les groupes culturels à la vie sociale et politique, la multiplication des échanges entre ces groupes et la mise en valeur de leurs cultures spécifiques.

Interculturalisme

Idéologie mettant l'accent sur la nécessité de prendre en compte la culture des autres, de communiquer avec eux et d'apprendre à les connaître, et ce, autant pour les membres de la société d'accueil que pour les immigrants.

dans un avenir rapproché. Plusieurs épiceries ethniques les offrent déjà dans les grandes villes.

Dans un tout autre domaine, des créateurs comme le dramaturge Wajdi Mouawad ou l'humoriste Boucar Diouf proposent à leur auditoire dit «québécois de souche» une perspective différente sur les réalités de ce monde. À leur façon, ils contribuent à enrichir la société québécoise et, en quelque sorte, à la changer en raison de la réflexion que leurs propos peuvent susciter. Sur le plan politique, des personnalités comme Amir Khadir, Maka Kotto, Maria Mourani et Vivian Barbot, tous souverainistes, montrent l'importance pour une société de mettre à contribution ses immigrants et de s'en inspirer.

Offert par Louis Roy

Dans le quartier Parc-Extension à Montréal, une centaine d'ethnies cohabitent dans un quadrilatère d'à peine 1,6 km². Près de 60 % de sa population est née hors du Canada. Après avoir d'abord accueilli des immigrants grecs, le quartier reçoit aujourd'hui de nouveaux arrivants originaires de l'Inde, du Pakistan et du Bangladesh. Les églises grecques orthodoxes y côtoient mosquées et temples sikhs. On trouve des restaurants et des épiceries de différents coins du monde.

RÉSUMÉ

Bien que les cultures puissent être stables, toutes les sociétés connaissent des changements culturels. Ces changements peuvent être le produit d'une innovation, d'une série d'emprunts par un processus de diffusion ou encore résulter d'une démarche planifiée de la part d'un envahisseur. Les réactions des sociétés traditionnelles aux changements imposés que constituent l'acculturation et l'assimilation varient considérablement. Malheureusement, il arrive aussi qu'un groupe dominant décide d'éradiquer une culture (l'ethnocide) ou pire encore d'éliminer une population ou un groupe ethnique (génocide).

La mondialisation incarne aujourd'hui le phénomène de la diffusion. La transition alimentaire correspond au passage d'une alimentation à base de céréales et de féculents à une alimentation plus riche en lipides et en sucres. Délaissant l'essentiel de leur alimentation traditionnelle, de nombreuses populations mangent désormais sensiblement la même chose que les Américains. Si ce changement comporte des aspects positifs, il présente également des risques pour la santé.

Pour découvrir des plantes aux propriétés médicinales on a aujourd'hui recours aux savoirs des guérisseurs traditionnels. Afin d'y parvenir, on pratique une forme d'emprunt et on exerce la bioprospection. Lorsqu'elles mettent la main sur une plante aux propriétés prometteuses, les grandes firmes pharmaceutiques demandent un brevet. On parle de biopiraterie quand les populations qui détenaient le savoir sont exclues de l'exploitation commerciale de ressources biologiques dont elles ont toujours fait usage.

Aujourd'hui, les multinationales semblent avoir pris le relais des métropoles de l'époque coloniale. Répandues depuis les années 1950, ces grandes entreprises sont devenues des géants qui s'affrontent pour conquérir de nouveaux territoires. Par leur immense fortune, elles influencent les marchés, les gouvernements et les organismes internationaux, mais aussi la vie des gens. Comme la portée de ces multinationales s'étend bien au-delà des frontières du pays où se situe leur siège social, d'aucuns soutiennent que leur puissance oriente les changements auxquels sont confrontés des millions d'humains au nord comme au sud.

En dépit de l'omniprésence du Coca-Cola et du Big Mac dans le monde, il est clair que la diversité culturelle demeure vivante. À bien des égards, le renouveau autochtone et le pluralisme culturel sont porteurs d'espoir. Plutôt que de critiquer les Autochtones et de rejeter les immigrants, il faut reconnaître que leur culture mérite d'être connue et leurs apports à la société considérés. En général, lorsqu'elles sont respectées et bien intégrées, ces populations enrichissent la société où elles vivent.

© Jean-François Gratton

LES DÉFIS DE LA MODERNISATION ET LES AVENUES DU DÉVELOPPEMENT

Partout sur la planète, la santé et les conditions de vie des jeunes sont préoccupantes. Dans la majorité des pays du Sud, comme ici en Tanzanie, l'avenir passe par l'éducation des enfants. Favoriser leur alphabétisation constitue un excellent moyen de relever les défis de la modernisation et de favoriser le « développement ».

❯ Quelles sont les principales tendances du processus de modernisation observées dans les pays du Sud ?

❯ Quels indices permettent de croire que d'importantes iniquités perdurent entre le Nord et le Sud ?

❯ Quels défis l'Organisation des Nations Unies cherche-t-elle à surmonter avec les « Objectifs du Millénaire » qu'elle s'est fixés ?

❯ Comment le développement durable et le commerce équitable peuvent-ils procurer aux moins nantis de la planète de meilleures conditions de vie ?

SOMMAIRE

- Le processus de modernisation
- La modernisation de l'agriculture
- L'urbanisation
- La faim dans le monde
- L'injustice environnementale
- Les Objectifs du Millénaire pour le développement
- Le développement durable et le commerce équitable
- L'avenir de l'humanité

LE PROCESSUS DE MODERNISATION

Le terme **modernisation** est parfois utilisé pour qualifier certaines des grandes tendances de changement évoquées au chapitre 11. Dans le présent chapitre, la modernisation sera considérée comme un processus global de changements culturels et socioéconomiques par lequel certains pays dits «du Sud», acquièrent des traits propres aux pays qualifiés d'«industrialisés». Rappelons que les expressions «du Sud» et «Occident» rendent compte d'une réalité économique plutôt que géographique. Les pays du Sud sont plus pauvres et moins industrialisés et les pays occidentaux, globalement plus riches et davantage industrialisés. Dans un certain sens, quand on évoque le fait de «devenir moderne» on renvoie à l'idée de «devenir comme les Occidentaux» qui habitent un pays industrialisé. Puisqu'en Occident, on associe souvent le qualificatif «différent» à «archaïque» et «dépassé», il importe de faire une distinction entre la notion de modernisation et celle de progrès. Les cultures se transforment, mais elles n'évoluent pas forcément, dans le sens où on l'entend souvent. Contrairement à ce que bien des Occidentaux pensent, les voies du changement ne sont pas prédéterminées. Le modèle de société industrialisée et la modernisation qui l'accompagne ne doivent pas être considérés comme l'aboutissement nécessaire d'un «progrès».

En règle générale, l'opinion publique occidentale se félicite de cette modernisation, sous prétexte qu'elle permettrait aux populations jugées traditionnelles «d'évoluer». Malheureusement, une telle vision des choses relève davantage des préjugés occidentaux que de la réalité. Souhaiter que les populations de tous les pays du monde jouissent de la même qualité de vie que celles des pays industrialisés est une chose, croire que pour y arriver il faille se moderniser de la même manière qu'elles en est une autre. Un obstacle majeur rend l'entreprise périlleuse : le niveau de vie occidental est fondé sur un modèle de consommation des ressources non renouvelables en vertu duquel seulement 20 % de la population mondiale consomme 80 % de tous les biens et services produits (UNFPA, 2001). À ce rythme, il est clair que la Terre sera incapable de répondre encore bien longtemps à la demande.

Par leur importante consommation de ces ressources, les pays industrialisés exercent une pression plus grande sur les écosystèmes que la plupart

Offert par Sylvie Loslier

Au Mali, comme dans presque tous les pays du monde, Coca-Cola affiche ses couleurs et fait, d'une certaine façon, la promotion de certaines valeurs occidentales. Inviter les Maliens à boire un coca, c'est en quelque sorte les inviter à se moderniser, bref à goûter au bonheur...

des pays du Sud (WWF, 2010). «Un enfant né aujourd'hui dans un pays industrialisé consommera et polluera, tout au long de sa vie, davantage que 30 à 50 enfants nés dans les pays en développement. L'**empreinte écologique** des plus prospères est beaucoup plus profonde que celle des pauvres et, en bien des cas, excède la capacité de régénération de la planète» (UNFPA, 2001, p. 6). Si chaque habitant de la planète vivait comme un habitant moyen des États-Unis, il faudrait une biocapacité équivalant à plus de 4,5 fois celle de la Terre pour répondre à la demande. Par contre, si tout le monde vivait comme le citoyen indien moyen, l'humanité n'utiliserait même pas la moitié de la biocapacité de la Terre (WWF, 2010). Actuellement, chaque humain dispose de 1,8 hectare de ressources pour se loger, se nourrir, se vêtir et se chauffer. Or, l'empreinte écologique canadienne moyenne est de 7,6 hectares. La moitié de cette empreinte résulterait des émissions de carbone provenant des activités de transport, du chauffage et de la production d'électricité à partir de combustibles fossiles. Annuellement, les Canadiens consomment deux fois plus de ressources qu'un citoyen moyen dans l'ensemble du monde (WWF, 2010 b). Il est

Modernisation

Processus global de changements culturels et socioéconomiques par lequel certains pays du Sud acquièrent des traits propres aux pays industrialisés.

Empreinte écologique

Superficie de terre productive requise pour produire toutes les ressources qu'une personne consomme et pour absorber tous ses déchets.

© Picture Contact BV/Alamy

Sédentarisés depuis plus de 50 ans, les Inuits vivent désormais dans des villages. De très nombreuses communautés ont cependant conservé l'habitude de chasser et de pêcher. Malgré la modernisation de leurs maisons et de leur équipement de plein-air, quelques familles de Gojahven, dans le Grand Nord canadien, continuent de construire des igloos et de les habiter durant leurs expéditions de chasse, par choix et non par obligation.

clair que la Terre ne pourra subir un tel régime encore bien longtemps.

> Aussi facilement qu'il est possible de retirer plus d'argent d'un compte en banque que les intérêts produits par cet argent, il est possible de récolter les ressources renouvelables plus rapidement qu'elles ne sont générées. Il est possible de prélever plus de bois d'une forêt chaque année qu'il n'en repousse et de pêcher plus de poissons qu'il ne s'en reconstitue de stock chaque année. Mais une telle surexploitation n'est possible que pour une période de temps limitée car les ressources finiront à terme par s'épuiser. (WWF, 2010, p. 37)

Quand on examine le processus de modernisation actuellement en cours dans certains pays du Sud, on constate quatre tendances fondamentales : premièrement, le développement technologique, qui correspond au remplacement du savoir traditionnel par le savoir scientifique ainsi qu'au déploiement de moyens techniques dits «modernes», tels que la mécanisation et l'informatisation ; ensuite, le passage de l'agriculture traditionnelle, essentiellement vivrière et tournée vers la subsistance, à l'agriculture industrielle, qui s'accompagne d'une dépendance accrue envers les marchés ; puis, l'urbanisation, qui est marquée par l'exode rural, c'est-à-dire le déplacement des populations de la campagne vers la ville ; et enfin, l'industrialisation, qui signifie le remplacement de la production manuelle par une production mécanisée et fondée sur l'emploi de combustibles fossiles (pétrole, charbon). Bien que ces quatre facteurs soient interreliés, ils n'apparaissent pas selon un ordre prédéterminé.

La modernisation apporte aussi des changements dans la sphère politique. Assez souvent, des partis politiques et un système électoral font leur apparition, accompagnés par le déploiement d'une fonction publique. En matière d'éducation, un système scolaire se met en place, l'alphabétisation se répand et une élite locale scolarisée se constitue. La religion, pour sa part, tend à perdre de son importance, parce que les croyances et les pratiques traditionnelles sur lesquelles elle s'appuie sont ébranlées. De nombreux pays tentent cependant d'associer la modernisation à une présence accrue de la religion, comme c'est le cas pour certains pays musulmans (*voir le chapitre 8*).

Les anthropologues portent parfois un regard critique sur cette modernisation, car, à plus d'un titre, elle pose d'importants défis à l'humanité. Comme nous le verrons, les bienfaits de la modernisation sont souvent assombris par les impacts des changements qu'elle entraîne. Perçue par de nombreux Occidentaux comme un «progrès», la modernisation a un prix pour la majorité des pays du Sud (Bodley, 1985). En effet, même si elle apporte certains bienfaits, de nombreux indices suggèrent qu'elle fait aussi des victimes et des «dommages collatéraux». Dans le cas de la propagation du savoir scientifique, par exemple, le problème n'est pas de permettre l'accès des individus aux soins de santé, mais bien de s'assurer que le riche savoir des guérisseurs traditionnels ne soit pas dénigré. Comme le recommande l'Organisation mondiale de la santé (OMS), ce savoir devrait au contraire être reconnu et conservé. Aussi, faciliter la mécanisation d'une ferme et rendre l'eau plus accessible grâce à un système d'irrigation n'est pas la même chose que d'imposer une monoculture d'exportation au détriment d'une production vivrière et diversifiée.

Cela étant dit, la modernisation n'entraîne pas automatiquement des changements sur tous les

Partout dans le monde, la modernisation de l'agriculture impose le remplacement de l'agriculture de subsistance diversifiée par une agriculture commerciale spécialisée. Les populations ont ainsi de plus en plus de difficulté à satisfaire leurs besoins alimentaires essentiels. Au Brésil, des populations autochtones sont contraintes de s'adonner à la culture de la banane destinée à l'exportation.

© Picture Contact BV/Alamy

plans. Prenons l'exemple des Inuits qui ont remplacé le traîneau à chiens par la motoneige ou celui des Amérindiens qui ont troqué le canot d'écorce pour la chaloupe à moteur. Dans un cas comme dans l'autre, ce n'est pas parce qu'ils utilisent des moyens de transport modernes qu'ils ont pour autant abandonné leur culture traditionnelle. Dans ces exemples, il est clair que la modernisation facilite la pratique des activités de subsistance traditionnelles. Les chiens et le canot demeurent utiles, mais la motoneige et la chaloupe à moteur se révèlent généralement plus rapides en expédition. Aussi, sur la Côte-Nord, au Québec, il n'est pas impossible de voir des familles innues-montagnaises utiliser un hydravion pour atteindre leur territoire de chasse et de pêche.

LA MODERNISATION DE L'AGRICULTURE

Au nom du progrès, les pays du Sud ont été invités à moderniser leur agriculture en s'inspirant du modèle industriel par la mécanisation accrue, la monoculture, l'utilisation massive de produits chimiques et une production destinée aux marchés internationaux (Norberg-Hodge *et al.*, 2005). Plutôt que de mettre en place des mesures de modernisation destinées à aider les paysans de ces

régions à subvenir aux besoins de leurs proches, on les incite souvent à cultiver des produits surtout destinés à l'exportation. «Cultivez ce que les Occidentaux désirent, vendez votre production sur le marché et achetez, avec l'argent ainsi gagné, ce qu'il faut pour nourrir votre famille», leur dit-on. Le raisonnement est simple, mais les résultats sont loin d'être toujours concluants. En apparence alléchante, une telle approche ne tient pas compte du fait que la conversion exige d'importants investissements financiers que la majorité des paysans de ces pays sont incapables d'effectuer, faute de moyens (*voir le chapitre 5*).

À la fin du XXᵉ siècle, plusieurs pays africains se sont mis à cultiver et à exporter des fleurs ornementales, au détriment de leur sécurité alimentaire. L'exemple du Kenya est révélateur à la fois des dérives et des bénéfices possibles de la modernisation. Ce pays d'Afrique est pour l'Europe ce que la Colombie est devenue pour l'Amérique du Nord, c'est-à-dire son principal fournisseur de fleurs coupées. Plutôt que d'investir dans la culture des fruits et des légumes, les industriels locaux ont fait le choix d'investir dans la floriculture. En pays masai, autour du lac Naivasha, où les terres étaient auparavant réservées à l'élevage et à l'exploitation de petites fermes, cette activité est devenue prospère. Elle génère à elle seule 80 000 emplois directs et jusqu'à 500 000 indirects (Perruca, 2010). Les fleurs sont cultivées dans des serres, puis cueillies. Elles sont ensuite transportées en camion à Nairobi, puis par avion jusqu'en Europe. En 24 heures, les roses passent ainsi des serres kenyanes aux grossistes européens. Une autre journée suffira pour qu'elles rejoignent les étales des fleuristes (Pandora Vox, 2010). Aidé par des conditions climatiques favorables, ce pays d'Afrique de l'Est a fait, en moins de 20 ans, du commerce des roses la première source de revenus du pays. «Pour les milliers de Kényans accourus des régions les plus pauvres du pays, la province de Naivasha est synonyme de "vallée du bonheur", car c'est une opportunité unique d'échapper à la misère» (Pandora Vox, 2010). Les multinationales, essentiellement indiennes, néerlandaises et israéliennes, à l'œuvre au Kenya dans cette industrie, prennent parfois le relais de l'État et viennent en aide à leurs employés. «Ainsi les compagnies les plus importantes – qui fournissaient déjà traditionnellement un logement à leurs employés – ont construit des hôpitaux, des écoles, des maternités, etc., pour les ouvriers agricoles. Ce qui fait de la région de Naivasha la mieux desservie en services publics du Kenya (avec celle de la capitale Nairobi)» (Pandora Vox 2010).

Tout irait pour le mieux si le secteur n'était pas aussi prospère que controversé. «On lui reproche de gaspiller l'eau, d'utiliser des pesticides, de sous-payer les salariés, et de les exposer à des produits chimiques dangereux» (Perruca, 2010). Comme les entreprises utilisent l'eau du lac pour arroser leurs fleurs, le niveau du lac Naivasha diminue d'année en année. Le risque d'un assèchement est maintenant grand. La plupart des ouvriers sont des journaliers dont le salaire est de un ou deux dollars par jour. Ils souffrent de différents problèmes de santé: maux de tête, maladies de la peau, vision brouillée, troubles de l'équilibre, de la mémoire, insomnies, dépression, entre autres (Pandora Vox, 2010).

L'URBANISATION

Dans plusieurs régions du monde, tant dans les pays du Sud qu'en Occident, l'écart entre les riches et les pauvres se creuse au lieu de s'amoindrir. Nombreux sont ceux qui, insatisfaits de leur existence rurale, affluent vers les villes (plus «modernes») dans l'espoir d'accéder à de meilleures conditions de vie et d'échapper à la pauvreté. On espère y dénicher un emploi et offrir à ses enfants un avenir plus

prometteur. Le rythme de croissance des villes n'a jamais été aussi effréné. Pour la première fois de son histoire, l'humanité compte aujourd'hui plus de citadins que de ruraux. En 1990, moins de 4 personnes sur 10 vivaient en milieu urbain. Aujourd'hui, cette proportion est passée à plus de 1 sur 2. Au rythme de quelque 60 millions de citadins de plus chaque année, cette proportion pourrait s'élever à 7 sur 10, en 2050 (OMS, 2010). Une trentaine de villes dans le monde comptent aujourd'hui plus de 10 millions d'habitants. Près d'une vingtaine d'entre elles se trouvent dans les pays du Sud. Certaines villes, comme Mexico, Mumbai et Manille, ont même une population de plus de 20 millions, soit presque trois fois la population entière du Québec.

> Cette transition démographique d'un monde rural vers un monde urbain, aussi appelée «urbanisation», a de profondes conséquences. Elle s'accompagne de changements globaux dans l'économie, qui abandonne les activités agricoles pour privilégier l'industrie de masse, la technologie et les services. Les fortes densités urbaines réduisent les coûts de transaction, améliorent la rentabilité des dépenses publiques d'infrastructure et des services et facilitent la production et la diffusion de savoir, autant d'éléments qui stimulent la croissance économique. (OMS, 2010, p. 7)

Dans les pays du Sud, la majorité des ruraux qui quittent la campagne s'installent d'abord dans des quartiers pauvres, quand ce n'est pas carrément dans des bidonvilles, c'est-à-dire des zones résidentielles dotées d'habitations précaires, généralement dépourvues d'eau courante, d'installations sanitaires et d'électricité. Aujourd'hui, près d'un milliard d'humains vivraient dans des bidonvilles, soit un citadin sur trois (FAO, 2010). L'absence ou la mauvaise conception des systèmes d'aqueduc et d'assainissement ou de transport de l'eau constituent un problème courant.

> Beaucoup de citadins sont confrontés à d'autres difficultés et doivent, par exemple, vivre dans des logements inadéquats (qui vont d'immeubles locatifs de grande hauteur de mauvaise qualité à des baraquements ou même des tentes en plastique installées sur le trottoir), surpeuplés et construits ou installés de manière anarchique. Les habitations de ce type sont souvent situées dans des quartiers peu avenants, notamment sur des pentes abruptes, des berges susceptibles d'être inondées ou des zones industrielles. (OMS, 2010, p. 8)

Dans la majorité des pays du Sud, l'urbanisation va de pair avec des taux élevés de pauvreté, de chômage et d'insécurité alimentaire (FAO, 2010). Ceci prouve que l'urbanisation n'est pas nécessairement une panacée. En Éthiopie comme au Niger, les taux de malnutrition infantile dans les bidonvilles sont semblables à ceux relevés à la campagne (Ramin, 2009). Pour pouvoir manger, des millions de personnes vivant dans ces quartiers doivent, paradoxalement, cultiver le moindre bout de terre à leur disposition, dans une arrière-cour, sur les berges des cours d'eau, le long des routes et des voies ferrées (FAO, 2010).

On trouve dans les villes une concentration d'emplois et de services, mais également de dangers pour la santé. Un rapport publié par l'OMS (2010) démontre que la mauvaise santé est liée à la pauvreté en milieu urbain, et pas uniquement parmi les populations les plus démunies. Au Bangladesh, par exemple, «l'urbanisation rapide a engendré des conditions écologiques et sanitaires dégradantes. La diarrhée est presque deux fois plus répandue dans les taudis surpeuplés de Dhaka […] que dans les zones rurales. La prévalence de la malnutrition, de la tuberculose, des maladies évitables par vaccin et des infections sexuellement transmissibles y est aussi plus élevée» (UNFPA, 2002, p. 34). L'accès insuffisant à des installations sanitaires adéquates et les difficultés d'approvisionnement en eau potable sont responsables de nombreux décès prématurés. «Les fortes densités de population que l'on rencontre dans ces zones précipitent aussi les flambées de maladies infectieuses, le surpeuplement étant un facteur déclenchant dans l'apparition de maladies à tendance épidémique comme la coqueluche et la grippe» (Ramin, 2009). Comme les bidonvilles sont souvent situés à proximité d'usines ou de voies de circulation encombrées, on estime à quelque 50 000 le nombre annuel de décès prématurés attribuables à la pollution urbaine (Ramin, 2009). Chaque année dans le monde, 100 millions de personnes sont victimes d'inondations et plus de 50 000 meurent dans des séismes. Or, une majorité d'entre elles vivent en ville et sont donc ainsi victimes de ce qu'on appelle les «catastrophes urbaines». Rappelons que la plupart des 250 000 victimes du tremblement de terre qui a frappé Haïti en janvier 2010 et des 1,3 million de personnes ayant alors été jetées à la rue étaient des citadins.

Les ruraux qui arrivent en ville sont souvent contraints de s'établir dans des bidonvilles. En Inde, un pays où les inégalités sociales sont très grandes, des millions de familles n'ont parfois d'autre choix que de vivre directement dans la rue, comme on le voit ici à Kolkata (ou Delhi). Limitées à quelques rares possessions, ces familles essaient tant bien que mal de survivre. Certaines auront la chance de posséder une chèvre ou une vache susceptible de fournir quotidiennement du lait aux enfants.

© Jan S./Shutterstock.com

LA FAIM DANS LE MONDE

Le monde entier a reconnu le caractère néfaste et condamnable de l'apartheid, un régime de discrimination raciale systématique ayant prévalu en Afrique du Sud jusqu'en 1994 (*voir le chapitre 10*). Il est toutefois troublant de constater que la structure du monde actuel s'apparente à celle qui sévissait en Afrique du Sud à l'époque, même si aucune politique d'apartheid n'est désormais délibérément appliquée. Encore aujourd'hui, près de 75 % de la population mondiale vit dans la pauvreté, tandis que 25 % bénéficie d'une abondance relative, concentrée surtout en Europe, en Amérique du Nord et au Japon. À l'heure actuelle, l'ensemble de cette population dite «pauvre» doit se contenter de 30 % de l'énergie, de 25 % des métaux, de 15 % du bois et de 40 % de la nourriture consommés dans le monde. La plus grande partie de ces ressources et de toutes les autres est accaparée par le quart le plus riche de la population de la planète. Comme en Afrique du Sud, au temps de l'apartheid, la mort et la souffrance occasionnées par les guerres et la violence sont inégalement réparties : c'est dans la tranche de la population mondiale représentant les 70 % des personnes les plus pauvres qu'on retrouve plus de 90 % des cas de mort violente, toutes causes confondues.

Une des conséquences inéluctables de tout système d'apartheid, officiel ou non, régional ou mondial, est le phénomène de la **violence structurelle** : une violence non pas causée par des armes et des coups, mais exercée par des institutions et des structures sociales, politiques et économiques. L'effondrement économique des pays de l'Asie de l'Est en 1997, telles la Corée du Sud et la Thaïlande, constitue un exemple classique de violence structurelle. Pour rétablir leurs finances, ces pays ont dû procéder à des coupes radicales dans les services offerts aux citoyens. De plus, la réduction des effectifs et la faillite de nombreuses entreprises ont entraîné la perte de très nombreux emplois. Pour les victimes de cette catastrophe économique, l'effet est violent, même si la cause n'est pas attribuable à l'acte hostile d'une personne en particulier. Selon Joseph Stiglitz, Prix Nobel d'économie en 2001, la recette économique dictée aux pays de l'Amérique latine a eu des conséquences comparables : instabilité économique et politique, accroissement de la pauvreté et du chômage, hausse vertigineuse des prix des aliments de base, comme la farine, le pain et le sucre (Levy, 2007). Ici, la violence émane d'une structure anonyme : l'économie, et non d'un envahisseur étranger, comme en témoignent les manifestations ayant secoué la Grèce en 2012.

La malnutrition

Après la forte hausse du nombre et de la proportion de personnes sous-alimentées du fait la flambée des prix des aliments et de la crise économique mondiale, la situation s'est stabilisée. Cela dit, le nombre de personnes dont l'apport calorique quotidien est inférieur aux besoins énergétiques demeure inquiétant. Il atteignait 925 millions en 2010 (FAO, 2010). La plupart des humains sous-alimentés (98 %) vivent dans les pays du Sud et à la campagne. Parmi eux, 60 % seraient des femmes qui, dans plusieurs pays, auraient deux fois plus de probabilité d'en mourir (FICR, 2011). Les deux tiers des personnes souffrant de sous-alimentation sont concentrées dans sept pays : Bangladesh, Chine, République démocratique du Congo, Éthiopie, Inde, Indonésie et Pakistan. Plus de 40 % d'entre elles vivent cependant en Chine et en Inde, deux pays dits «émergents», dont l'économie est pourtant en forte croissance (FAO, 2010).

En période de famine, comme celle qui a frappé la Corne de l'Afrique en 2011, des gens en meurent. Dans les régions touchées par cette famine, près de 10 % des enfants de moins de 5 ans succombaient chaque trimestre (Allard, 2011). En règle générale, les gens ne meurent pas de faim, mais bien des conséquences de leur sous-alimentation chronique. «La faim et la malnutrition modifient le comportement des gens et affaiblissent leur corps et leur système immunitaire, ce qui augmente d'autant leur vulnérabilité au VIH/SIDA, au paludisme et à la tuberculose» (De Haen *et al.*, 2005). Chaque année, trois millions d'enfants de moins de cinq ans meurent des conséquences de la malnutrition (FICR, 2011).

Ici, quand on regarde les rayons de nos supermarchés où la nourriture abonde, on pourrait croire que la sous-alimentation épargne les pays industrialisés. Or, dans les pays dits «développés», où l'obésité atteint des proportions alarmantes, il y aurait 19 millions de personnes sous-alimentées (FAO, 2010). Aux États-Unis, en 2010, 40 millions de personnes

> **Violence structurelle**
> Violence, non pas causée par des armes et des coups, mais exercée par des institutions et des structures sociales, politiques et économiques.

L'organisation Banque alimentaire Québec, qui regroupe près de 1000 organismes, aide mensuellement près de 350 000 personnes, dont plus de 100 000 enfants. L'organisme Jeunesse au Soleil, pour sa part, s'active davantage dans le temps des fêtes, mais offre aussi des services toute l'année. En 2011, près de 2000 personnes, comme cette jeune bénévole, ont aidé à constituer des paniers de Noël destinés aux familles montréalaises dans le besoin. Denrées alimentaires et jouets ont été distribués à quelque 18 000 ménages.

Offert par Louis Roy

ont reçu une aide alimentaire faute de pouvoir acheter toute leur nourriture. Au Québec, un nombre insoupçonné de familles luttent quotidiennement pour assurer leur subsistance. En 2003, une enquête sur la santé des Canadiens indiquait que 16 % des ménages de Montréal étaient touchés par l'insécurité alimentaire, en raison du fait qu'ils n'avaient pas un accès physique, social et économique à une nourriture suffisante. Un sondage effectué en 2008 par la Direction de la santé publique rapportait que 10 % des ménages se sont inquiétés d'un manque de nourriture et 8 % en ont manqué au cours de l'année (Bertrand et Marier, 2008).

En mars 2011, 2,5 % des Canadiens ont dû recourir à une banque alimentaire, ce qui représente quelque 850 000 personnes dont 10 % étaient des Autochtones, 11 % des immigrants, 38 % des enfants ayant moins de 18 ans et 47 % des femmes et des jeunes filles. Parmi les ménages y ayant eu recours, 18 % déclaraient recevoir un revenu (Banques alimentaires Canada, 2011). Les résultats de l'enquête Bilan-Faim 2011 démontrent une augmentation de 22 %, de 2008 à 2011, des demandes d'aide alimentaire au Québec. «Tenant compte de la fréquence de visite des personnes aidées au cours du mois de mars 2011, 348 919 demandes d'aide alimentaire d'urgence ont été enregistrées par les organismes d'aide alimentaire au Québec soit plus de 4,3 % de la population

totale de la province» (Banques alimentaires Québec, 2011, p. 3). Le profil des bénéficiaires est fort révélateur. D'abord, 41 % d'entre eux sont des femmes et 23 % des immigrants. Signe des temps, 11 % sont des aînés et 4 % des étudiants vivant de prêts et bourses. Si 61 % des personnes faisant appel à une banque alimentaire vivent de l'aide sociale, 9 % ont un revenu d'un emploi. Finalement, en 2009, tous les midis, un élève sur six fréquentant une école de la Commission scolaire de Montréal bénéficiait de la Mesure alimentaire et pouvait ainsi obtenir un repas complet pour 0,50 $ (Bérubé, 2009).

Que dire maintenant de la situation qui sévit dans le Grand Nord canadien, où jusqu'à 70 % des enfants inuits âgés de 3 à 5 ans auraient vécu de l'insécurité alimentaire à un moment ou à un autre de leur vie (Egeland et al., 2010)? Cela veut dire que 6 enfants sur 10 vivant dans une maison où il y a une forte insécurité alimentaire ont déjà passé une journée complète sans manger parce que leurs parents n'avaient pas assez d'argent pour acheter de la nourriture. «Pour l'instant, les familles les plus sévèrement touchées ont trouvé des solutions, comme réduire les portions (73 %), sauter un repas une ou même deux fois par mois (64 %), manger de la nourriture de moindre qualité (96 %), ou encore acheter des aliments moins dispendieux» (Champagne, 2010).

Les principales causes de la faim

Lorsque vient le temps de cerner les facteurs responsables de la crise alimentaire mondiale, de nombreuses personnes montrent du doigt l'accroissement de la population. En termes simples, il y aurait trop d'humains sur terre par rapport à la quantité de nourriture disponible. Alors qu'elle comptait 1 milliard d'habitants au début du XIXe siècle, la Terre en abrite aujourd'hui quelque 7 milliards, soit 4 milliards de plus qu'il y a 50 ans à peine. Notre planète est-elle capable de produire suffisamment de nourriture pour tous ces individus? L'opinion qui prévaut chez les agronomes est que cela demeure possible à court terme, mais qu'à partir de 2050, où la population mondiale devrait atteindre 9 milliards, les choses risquent de se compliquer sérieusement (Foley, 2011). D'ici 40 ans, la production agricole mondiale va devoir augmenter de 70 % pour répondre aux besoins grandissants des humains au nord comme au sud (Deglise, 2011).

On croyait, les «émeutes de la faim» révolues. Or, depuis 2006, elles réapparaissent en raison du mécontentement des citoyens défavorisés des pays du Sud. Mais, comment en sommes sommes-nous arrivés là? Quatre phénomènes, dont deux ont été abordés précédemment dans ce chapitre, sont en partie responsables de la situation: la répartition inéquitable de la nourriture, l'industrialisation de l'agriculture, la hausse du prix des aliments et la transition alimentaire.

Dans les années 1960, pour pallier ce problème de la faim, on a voulu augmenter la production agricole dans le tiers-monde en mettant au point des semences à haut rendement. Pourtant, malgré quelques gains considérables attribuables à cette «révolution verte», près d'un milliard d'humains demeurent sous-alimentés. La cause première du problème est la suivante: la nourriture, bien que produite en quantité suffisante, n'est toujours pas distribuée de façon équitable à tous.

Le premier facteur invoqué pour expliquer ce problème est le gaspillage généralisé. Selon un rapport de la FAO (2011), le tiers des aliments produits chaque année dans le monde serait perdu ou gaspillé. Alors que les pertes alimentaires au moment de la récolte et de la transformation sont plus importantes dans les pays du Sud, dans les pays industrialisés, c'est le gaspillage qui en est la cause. Chaque année, les consommateurs occidentaux gaspillent presque autant de nourriture que l'entière production alimentaire de l'Afrique subsaharienne. En Europe et en Amérique du Nord, chaque consommateur gaspillerait ainsi annuellement de 95 à 115 kg de nourriture. En règle générale, le consommateur occidental tend à acheter plus de nourriture qu'il n'en a besoin (FAO, 2011). Chaque jour, au Québec comme partout en Amérique du Nord, des producteurs et des commerçants sont contraints de jeter aux ordures des aliments moins frais, mais toujours comestibles. Chez certains détaillants, il n'est pas rare que l'on jette des produits laitiers quelques jours avant leur date de péremption sous prétexte que la plupart des consommateurs refuseraient de les acheter. En 2007, au Canada, «les pertes d'aliments solides ont été estimées à plus de 6 millions de tonnes entre le niveau de vente au détail et l'assiette […] D'autre part, 2,8 milliards de litres de liquides, y compris le lait et les produits du lait, le café, le thé, les boissons gazeuses et les jus, ont également été gaspillés» (Statistique Canada, 2009, p. 41). Et on ne parle pas ici des fruits et des légumes qui, bien que comestibles, se «perdent» parce qu'ils ne répondent pas aux normes de qualité en vigueur qui exagèrent l'importance de l'aspect extérieur (FAO, 2011). Bref, pendant que des millions d'habitants des pays du Sud ne parviennent pas à s'alimenter convenablement, on jette ici annuellement de la nourriture comestible d'une valeur supérieure à ce qui est envoyé pour soulager la faim ailleurs dans le monde.

Ces dernières années, le marché mondial des produits alimentaires a été marqué par une hausse importante des prix. Pour les ménages qui n'ont qu'une faible marge de manœuvre sur le plan financier, cette situation entraîne une diminution du nombre de calories ingérées quotidiennement, de la qualité des repas pris et de l'apport en nutriments. L'augmentation des prix et leur volatilité persistante résulteraient principalement de trois facteurs: l'utilisation accrue des produits agricoles pour d'autres fins que la consommation humaine (biocarburants, consommation animale), les phénomènes météorologiques extrêmes et le changement climatique (ACTED, 2011). Alors que les aléas du climat influent sur le niveau des récoltes, les cultures nécessaires à la fabrication de ces biocarburants «entrent en concurrence avec les produits agroalimentaires, réorientent la production vers les produits non alimentaires (soja, palmier à huile) ou détournent de l'alimentation ces produits (comme dans le cas du maïs), entraînant ainsi une flambée des prix» (Dagorn, 2008). Dans plusieurs pays, la hausse des prix est à ce point importante, que même la classe moyenne en souffre. «Au Mexique, le prix de la tortilla a augmenté de 40 % entre 2005 et 2006. À l'échelle mondiale, le prix de la viande a augmenté de 10 %, celui du lait de 48 % et celui des céréales alimentaires de 80 %, déstabilisant des couches sociales moyennes des États émergents» (Dagorn, 2008). En 2008, au Venezuela, où l'essence est très bon marché, il était plus coûteux et difficile de se procurer du pain que de faire le plein d'essence dans son véhicule.

Comme on l'a vu précédemment dans ce chapitre, l'agriculture traditionnelle des paysans du Sud s'est modernisée. Jadis vivrière et diversifiée, elle est aujourd'hui plus spécialisée et davantage destinée à répondre aux besoins des pays industrialisés. En Afrique, en Asie et en Amérique latine, des dizaines de millions d'hectares auparavant consacrés à l'agriculture de subsistance sont désormais réservés à l'agriculture commerciale à des fins d'exportation, pour satisfaire la demande des pays du Nord en matière de café, de thé, de chocolat, de bananes et de viande de bœuf, par exemple. Ceux qui cultivaient ces terres pour subvenir à leurs propres besoins ont parfois été forcés de s'exiler dans les villes et se sont retrouvés le plus souvent dans des bidonvilles ou des régions impropres à l'agriculture. Au Brésil, des dizaines de millions d'hectares dans le nord-est du pays ont été achetés pour cultiver de la canne à sucre, qui est ensuite transformée en carburant (*voir le chapitre 5*). Les paysans expropriés n'ont reçu en échange que de petites terres situées en Amazonie, d'où ils sont aujourd'hui chassés à nouveau pour faire place à d'énormes ranchs destinés à l'élevage du bœuf à des fins d'exportation.

Au Chili, un pays d'où proviennent plusieurs des fruits et légumes que nous mangeons en hiver, les effets de ce changement se sont fait sentir dès la fin des années 1980. Entre 1989 et 1993, les surfaces consacrées aux cultures vivrières ont diminué de presque 30 %. «Les fruits, les fleurs et les autres cultures destinées à l'exportation y ont remplacé les haricots, le blé et d'autres aliments de base. Les grands fruiticulteurs ont avalé les petits fermiers qui n'avaient pas les moyens d'investir dans ces nouvelles cultures...» (Madley, 2002, p. 85-86)

Comme jamais auparavant, les paysans sont dépendants des marchés agricoles dont la fluctuation des prix a des conséquences sur leur revenu en même temps que sur leurs dépenses. D'abord parce qu'ils sont contraints de vendre leurs produits à un prix qu'ils ne contrôlent pas, ensuite parce qu'ils doivent désormais acheter leur nourriture et ce dont ils ont besoin pour cultiver les terres (carburant, semences, pesticides, etc.). Mondialisation oblige, l'industrie agroalimentaire du Nord s'est ainsi tournée vers le Sud pour s'approprier de nouvelles parts de marché. Alors que de grandes multinationales vendent des semences génétiquement modifiées et des engrais chimiques aux producteurs agricoles des pays «pauvres» pour les «aider» à produire davantage, des producteurs de volaille européens inondent le marché africain avec des parties de poulet, dont veulent de moins en moins les consommateurs, devenus friands de poitrines. Généralement destinées aux animaux, les cuisses, mais aussi les ailes, sont aujourd'hui congelées, puis expédiées en Afrique. Vendu à des prix défiant toute concurrence, ce «poulet» prive les producteurs

Pour de très nombreuses familles dans le monde, il est devenu difficile de boucler le budget et d'acheter suffisamment de nourriture pour se nourrir. Avec la modernisation de l'agriculture, les paysans ont perdu une bonne partie de l'autonomie dont ils bénéficiaient autrefois. Pour reprendre le contrôle de leur destinée économique, le maintien des pratiques ancestrales peut s'avérer profitable. En Équateur, la culture du quinoa, une céréale locale, permet à cette femme de contribuer au mieux-être de sa famille.

Offert par Crystal Martin-Thériault/Optimonde

de volaille d'Afrique de l'Ouest de débouchés sur leurs propres marchés, bref de revenus importants (Dorémus-Mege, 2004).

> L'impact socioéconomique provoqué par ces importations massives se traduit par des pertes d'emplois importantes dans les campagnes. On estime que 110 000 emplois ruraux ont été perdus et que la crise affecte le niveau de vie de plus d'un million d'habitants. Principales victimes de cette concurrence déloyale : les producteurs locaux de poulet, mais aussi les paysans qui cultivent le maïs ou le soja pour nourrir les poulets, les ouvriers agricoles qui vivent des petits boulots de plumage ainsi que ceux qui commercialisent l'engrais de fiente de poulet. Résultat dans ces pays, l'exode rural s'emballe. (Afrique Avenir, 2009)

Des solutions au problème de la faim

L'insuffisance de la production alimentaire risque d'engendrer un accroissement de la violence structurelle et une hausse des taux de mortalité dans les pays du Sud. Déjà, la surpopulation et la pauvreté croissante dans ces pays sont à l'origine d'une augmentation de l'immigration vers les pays plus nantis d'Europe et d'Amérique du Nord. Ces vagues migratoires massives avivent, dans les pays hôtes, l'intolérance, les sentiments hostiles envers les étrangers ainsi que l'instabilité sociale.

Jusqu'au début des années 1950, la croissance de la production alimentaire mondiale était presque entièrement due à l'expansion de la superficie des terres cultivées. Depuis, elle a de plus en plus résulté de l'utilisation d'engrais chimiques (indispensables aux nouvelles variétés de semences à haut rendement), de pesticides, d'herbicides et du carburant qui fait fonctionner les tracteurs et l'outillage mécanique, y compris les pompes d'irrigation. Plus récemment, même si cela ne fait pas l'unanimité, plusieurs pensent que les OGM (organismes génétiquement modifiés) sont nuisibles aux producteurs agricoles du Sud à cause des risques environnementaux qui y sont associés et aux coûts importants qu'ils représentent (Beauval et Dufumier, 2006).

Au cours des dernières années, de nombreux pays du Sud ont pressenti pouvoir fournir à leurs citoyens un niveau de vie comparable à celui dont bénéficient une majorité d'Occidentaux. Seulement

voilà, les ressources nécessaires au maintien d'un tel niveau de vie, même plus modéré, sont en train de s'épuiser (*voir le chapitre 5*). Selon l'ONU, pour répondre aux besoins, la production agricole devra croître de 70 % d'ici 40 ans. Selon l'organisation écologique WWF, la Terre va devoir produire en 40 ans autant de nourriture qu'au cours des 8000 dernières années. Ainsi, si rien ne changeait d'ici 2050, trois planètes seraient nécessaires pour répondre aux besoins des humains (Deglise, 2011). Dans un contexte où il faut accroître les superficies en culture pour répondre à la demande croissante de nourriture, l'achat de terres arables à l'étranger est devenu la solution privilégiée par certains pays désireux d'assurer leur autosuffisance alimentaire (Deininger et Byerlee, 2011).

> Au premier rang des acheteurs, on retrouve les pays fortement peuplés et dont les surfaces agricoles sont insuffisantes, comme la Chine, le Japon et la Corée du Sud. Depuis 2007, Pékin a ainsi déboursé plus de deux milliards d'euros pour acquérir des terres et produire des denrées qui manquent en Chine : riz, maïs, soja. Viennent ensuite les pays pétroliers riches, comme l'Arabie Saoudite et les Émirats arabes unis. La plus grande partie de ces rachats est destinée à produire de la nourriture (40 %) et des biocarburants (35 %). (Berber, 2010)

L'objet de toutes les convoitises : les terres africaines désertées par leurs paysans qui, ayant du mal à survivre, vont tenter leur chance en ville.

Pour régler le problème de la faim tout en respectant la nature, des mesures autres que cet accaparement foncier s'imposent. Nourrir plus d'humains serait d'abord plus facile si moins de denrées étaient destinées aux animaux, qui accaparent 35 % de la production mondiale. Pour ce faire, les Occidentaux devront s'imposer un changement de diète et consommer moins de viande. Délaisser le bœuf pour le poulet ou le porc constituerait déjà un progrès important (Foley, 2011). Les petits producteurs doivent être aidés de manière à respecter leurs véritables besoins et l'agriculture locale doit constituer le centre des priorités de développement. À cette fin, le savoir ancestral des paysans longtemps négligé, devra être respecté. Les pays industrialisés devront aussi cesser d'offrir une concurrence déloyale à l'agriculture des pays du Sud (en subventionnant leurs agriculteurs ou en faisant du *dumping*, comme dans le cas du poulet) et les consommateurs devront prendre

En se modernisant, l'agriculture a généralisé son recours aux produits chimiques, sans nécessairement tenir compte des risques écologiques. À Puerto Limon, au Costa Rica, ce cultivateur doit épandre des pesticides sur ses bananiers pour s'assurer que ses fruits correspondent aux exigences des consommateurs nord-américains quant à l'apparence (et non pas au goût) de ce qu'ils mangent.

© Jan Sochor/Alamy

conscience que leurs exigences ont un impact majeur sur la vie des paysans de ces pays. Comme nous le verrons à la fin de ce chapitre, le commerce équitable offre une avenue prometteuse.

L'INJUSTICE ENVIRONNEMENTALE

Comme pour la faim dans le monde, la violence structurelle liée aux problèmes environnementaux n'affecte pas toutes les populations de la même manière. En dépit des améliorations enregistrées au cours des dernières décennies dans le domaine de la protection de l'environnement, des milliards d'êtres humains continuent de vivre dans un milieu physique inacceptable. Ce sont les pauvres qui sont les plus exposés aux risques associés à cette situation (Bullard, 2001). Alors que l'on parle de plus en plus des réfugiés dits « environnementaux » chassés de chez eux par des phénomènes naturels tels les séismes ou les inondations, le changement climatique pourrait à lui seul faire dérailler les efforts de lutte contre la pauvreté (UNFPA, 2011).

> Il est évident que les pays qui dilapident imprudemment leurs ressources naturelles détruisent le fondement de la prospérité pour les générations à venir, mais peu de responsables politiques sont parvenus à convaincre leurs concitoyens que ce sont les pauvres d'aujourd'hui, et en particulier les femmes et les enfants, qui souffrent le plus de la disparition des forêts et de l'épuisement ou de la pollution des réserves d'eau. (PNUE, 2006, p. 266)

Il est paradoxal de penser qu'une activité aussi vitale que l'agriculture peut constituer un risque pour la santé. « Depuis 1900, l'industrialisation a introduit dans l'environnement près de 100 000 produits chimiques... La plupart de ces produits chimiques n'ont pas été étudiés [...] quant à leurs effets sur la santé. Certains d'entre eux, interdits dans les pays industrialisés en raison de leurs effets nuisibles, continuent d'être largement utilisés dans les pays en développement » (UNFPA, 2001, p. 7). Par l'agriculture, de nombreux produits chimiques se sont ainsi insinués dans l'air, le sol, les aliments et le corps humain. « On y est exposé dès avant la naissance. Certains produits chimiques d'usage agricole ou industriel sont à l'origine de fausses couches et de problèmes de développement, de maladies et de mortalité des nourrissons et des jeunes enfants » (UNFPA, 2001, p. 7).

Ces faits troublants ne constituent qu'une partie d'un plus vaste problème de pollution des milieux de vie. Les activités industrielles produisent des déchets hautement toxiques à un rythme sans précédent, et les émissions des usines contaminent l'air. Par exemple, les gaz issus des cheminées industrielles sont clairement à l'origine des pluies acides, qui ravagent les lacs et les forêts dans tout le nord-est de l'Amérique du Nord. L'air contenant des particules d'eau fortement acides est bien entendu nocif pour la santé. À mesure que les eaux s'acidifient, la solubilité du plomb, du cadmium, du mercure et de l'aluminium augmente considérablement, en même temps que les risques de maladies pulmonaires. La présence d'aluminium dissous, en particulier, prend des proportions alarmantes. Or, la consommation d'aluminium est associée à l'apparition de la démence sénile, de la maladie d'Alzheimer et de la maladie de Parkinson.

Le réchauffement planétaire

La température moyenne de la planète a augmenté d'environ 1 °C au cours du siècle dernier. D'ici 2100, on prévoit une hausse supplémentaire de 1 à 5 °C, en fonction du niveau d'émissions de gaz à effet de serre. Alors que le gouvernement américain a long-temps hésité à reconnaître l'ampleur du réchauffe-ment planétaire causé par l'utilisation du pétrole, le Groupe d'experts intergouvernemental sur l'évolution du climat (GIEC) conclut que la quasi-totalité de la hausse observée des températures dans la seconde moitié du XXe siècle est «très probable-ment» imputable à l'action humaine et que ses effets (vagues de chaleur, fortes précipitations, hausse du niveau des mers alimentée par la fonte des glaces, etc.) seront de plus en plus nocifs. Annuellement, le réchauffement planétaire serait déjà responsable de 350 000 morts et des coûts approchant les 130 mil-liards de dollars (DARA, 2010).

Toutes les régions du monde ne sont pas touchées avec la même intensité et de la même façon par la hausse des températures. Selon le secrétaire général des Nations Unies, Ban Ki-moon, il est «injuste» de «demander aux plus pauvres et plus vulnérables de supporter seuls le poids le plus lourd de l'impact du changement climatique» (Côté, 2011), d'autant plus que ce sont surtout les pays riches qui en sont à l'origine. Selon un récent rapport sur la vulnéra-bilité aux changements climatiques, 80 % des morts

Située entre l'Alaska et la Sibérie, la petite île de Shishmaref compte une population de quelque 600 Inuits. Le réchauffement climatique affecte déjà la vie de ces gens. Comme les glaces qui protègent les berges se forment désormais en décembre plutôt qu'en septembre, les tempêtes automnales érodent la côte. Madame Weyouana se tient à l'endroit où était sa maison avant que l'on soit contraint de la relocaliser en raison de l'érosion des berges.

anticipées (vers 2030) qu'on pourrait attribuer au phénomène seraient celles des enfants d'Afrique subsaharienne et d'Asie du Sud (DARA, 2010).

> Dans les petits États insulaires, la menace prin-cipale est la montée du niveau de la mer, source d'érosion des côtes, de pollution des nappes d'eau, de perte de terres agricoles […] En Afrique de l'Ouest, les modèles climatiques prévoient davan-tage de sécheresses, dans des régions où la mal-nutrition est déjà répandue. En Asie du Sud et du Sud-Est, les scientifiques s'attendent à un double-ment de la fréquence des orages violents. À l'est du continent, les canicules, exceptionnelles, devien-dront plus intenses. (Hood, 2011)

Au bout du compte, comme dans le cas de nom-breux aspects de la mondialisation, ce sont donc les pauvres des pays du Sud qui risquent d'être les plus gravement touchés, même s'ils ne disposent pas des moyens pour affronter les changements et qu'ils n'en sont pas les principaux responsables. Alors que les plus riches de la planète causent la moitié des émissions de dioxyde de carbone, agent majeur du changement climatique mondial, la moi-tié la plus pauvre n'est responsable que de 7 %. Fait révélateur : les émissions dues à une seule personne vivant aux États-Unis équivalent à peu près à celles de 4 Chinois, de 20 Indiens ou de 250 Éthiopiens (UNFPA, 2011).

> Le Bangladesh et les Maldives sont menacés par des forces qu'ils ne peuvent maîtriser – les pollu-tions des autres – et leur destin est bien pire que s'il était dû même à la pire des guerres. Une bonne partie du Bangladesh est constituée par un delta de basse altitude, magnifique pour la culture du riz, mais vulnérable même à de petites modifica-tions du niveau de la mer et fréquemment frappé par des tempêtes mortelles et destructrices. Si, à la suite du réchauffement de la planète, ces tempêtes s'intensifient, le nombre annuel de morts montera en flèche. Si le niveau de la mer s'élève, un tiers du pays sera submergé et les quelque 140 millions de Bangladais auront encore moins d'espace que maintenant. (Stiglitz, 2007, p. 8)

Plus près de chez nous, les populations nordiques vivent une situation apparentée. Depuis près de 20 ans, les Inuits du Canada, du Groenland et de l'Alaska, sont les témoins directs des changements environnementaux causés par le réchauffement climatique. Même s'ils ne sont pas les principaux responsables, ils en constituent les premières victimes. Signe des temps, les Inuits, qui possédaient jusqu'à huit noms de saisons pour décrire les variations annuelles du climat, n'en utilisent plus que quatre. Le savoir traditionnel, qui permettait de prévoir les conditions météorologiques, est devenu moins fiable. «Autrefois maîtres en météo, les anciens se gardent désormais de prédire le temps, répétant que l'Arctique est entré dans l'ère de l'imprévisible. À la Maison des aînés, Sami Peter regarde le ciel: Autrefois, les nuages nous disaient tout du temps des jours à venir. Maintenant, on attend le matin même pour partir à la chasse» (Pélouas, 2006). Ces dernières années, les Inuits ont constaté une formation des glaces plus tardive à l'automne, une dislocation plus précoce des glaces au printemps et des précipitations plus importantes en été (Ford, 2005).

Ces changements sont autant de risques et de menaces pour les communautés locales. La plupart d'entre eux touchent les activités de chasse. Pour les Inuits, la chasse est bien plus qu'un simple passe-temps; «elle est un moyen de subsistance qui sous-tend le tissu social, culturel et économique de la vie communautaire. Les habitants passent une grande partie de leur temps à chasser, camper et séjourner en dehors de leurs lieux de résidence et doivent composer au quotidien avec un environnement naturel changeant» (Ford, 2005, p. 1). Les changements climatiques affectent également les conditions d'accès aux aires de chasse et de pêche. Vendeur de poissons et de viandes sauvages, Jim Currie n'est pas optimiste pour l'avenir: «Notre haute saison de pêche va de décembre à avril. Depuis trois ans, les conditions de gel sont mauvaises et il faut attendre janvier pour s'aventurer sur la banquise. L'hiver dernier, dans le poissonneux détroit de Cumberland, l'eau a tant tardé à geler que les Inuits n'ont eu que quelques semaines pour aller tendre

leurs lignes de pêche sous la glace, entre deux treuils» (Pélouas, 2006).

Bien que les changements climatiques demeurent au premier rang des préoccupations des habitants du Grand Nord, un autre phénomène inquiète tout autant: la désagrégation sociale attribuable aux changements provoqués par la sédentarisation. Ici, problèmes sociaux et environnementaux sont cependant liés. En compromettant les fondements mêmes de la société inuite, le désœuvrement, le suicide et la pauvreté, par exemple, mettent en péril ce qui par le passé permettait aux Inuits de s'adapter aux grands changements naturels.

L'érosion des connaissances traditionnelles des jeunes générations est aggravée par l'érosion des structures familiales traditionnelles et des réseaux de partage, l'émergence de ségrégation intergénérationnelle et du manque de respect des anciens, une plus grande dépendance aux technologies et aux soutiens financiers externes. Tous ces éléments laminent les mécanismes qui, jusqu'ici, ont permis aux Inuits de gérer les conditions climatiques. (Ford, 2005)

La pollution

Chaque année, dans les pays du Sud, on estime que trois millions de personnes meurent prématurément après avoir contracté une maladie véhiculée par l'eau polluée. Les plus touchés sont les nourrissons, les jeunes enfants et les femmes dans les familles rurales pauvres qui sont dépourvues de tout accès à une eau potable. La propagation des maladies à vecteur est favorisée par divers facteurs d'ordre écologique, notamment l'eau polluée et stagnante

La vaste majorité des ruraux qui viennent s'établir en ville n'ont souvent d'autre possibilité que de s'entasser dans des «quartiers» dépourvus de services publics tels que l'eau courante et l'électricité. À Port-au-Prince, en Haïti, quelque 150 000 personnes vivent dans le bidonville de Wharf Jeremie, où il n'y a pas de canalisation. Quand il pleut, tout le secteur est inondé. Comme ce quartier est situé à proximité d'un dépotoir, les ordures s'y accumulent avec les fortes pluies. Des eaux boueuses entrent dans les maisons. Des enfants tombent malades.

ainsi que les égouts à ciel ouvert où prolifèrent les insectes transmettant notamment la dengue, mais surtout la malaria, la plus importante des maladies parasitaires tropicales dans le monde.

La production et le transport des déchets dangereux constituent une autre source de problèmes écologiques (Bullard, 2001). Leur expédition depuis les pays riches vers les pays pauvres constitue un phénomène préoccupant. De nombreuses multinationales ne se gênent pas pour profiter des règles laxistes de certains pays en matière d'environnement et pour faire au Sud ce qui leur est désormais interdit de faire au Nord. Présentes partout dans le monde, les sociétés minières canadiennes mènent des opérations contestées dans de nombreux pays, où elles sont accusées de nuire à l'environnement. Parce qu'elles veulent poursuivre leurs activités au plus faible coût possible, ces sociétés adoptent des pratiques dommageables pour la nature et préjudiciables pour les populations locales vivant à proximité (Denoncourt, 2005). Parmi les cas les plus sombres des dernières années figure celui de l'île de Marinduque, aux Philippines.

> La compagnie a détruit une baie entière en y déversant ses résidus miniers... Aujourd'hui, il y a tellement de résidus au fond de la baie qu'à marée basse on peut rouler en automobile comme sur une route asphaltée pendant sept kilomètres... Des études ont montré que les enfants avaient un très haut niveau de plomb dans leur sang, ce qui représente une grande menace pour leur système nerveux et leur développement intellectuel. (Denoncourt, 2005)

En Amérique du Nord, la situation n'est guère différente. De nombreuses études attestent, en effet, qu'aux États-Unis, les collectivités les plus pauvres sont exposées à davantage de risques sanitaires et écologiques que l'ensemble de la société. «De New York à la Californie, la santé des plus démunis, concentrés dans des zones urbaines particulièrement affectées, pâtit lourdement de la pollution atmosphérique. Plus de 57 % des Blancs, de 65 % des Afro-Américains et de 80 % des Hispaniques vivent dans 437 districts où la qualité de l'air est inférieure aux normes en vigueur» (Bullard, 2001). Les entreprises qui polluent ont engendré de vastes zones abandonnées à leur toxicité. Les États du Sud semblent incapables de s'extirper complètement de la ségrégation (*voir le chapitre 10*). Sacrifiés, ils sont devenus de vastes poubelles où s'entassent les déchets toxiques du reste de la nation. L'application laxiste des lois sur l'environnement a eu pour effet que l'air, l'eau et le sol y sont plus pollués par l'industrie qu'ailleurs (Bullard, 2001).

À Anniston, en Alabama, une petite ville majoritairement noire, les citoyens ont été victimes de sérieux problèmes de santé, dont un nombre anormalement élevé de cancers. Les responsables: les eaux et les sols contaminés par les BPC (biphényles polychlorés, sorte d'huile chimique aujourd'hui interdite) fabriqués pendant 40 ans (de 1929 à 1971) par l'usine de la compagnie Monsanto située à proximité (Robin, 2008). Des 308 000 tonnes de BPC fabriqués, 32 000 tonnes de déchets contaminés ont été déposées dans une décharge à ciel ouvert. À la suite d'un procès, Monsanto, qui aurait caché la toxicité de son produit pendant tout ce temps, a été condamnée à payer 700 millions de dollars pour indemniser les victimes, décontaminer le site et construire un hôpital spécialisé. Aucun de ses dirigeants n'a cependant été poursuivi (Robin, 2008). Pourtant: «Mon petit frère est mort à dix-sept ans, d'une tumeur au cerveau et d'un cancer des poumons... il est mort parce qu'il mangeait les légumes de notre jardin et le poisson qu'il pêchait dans un cours d'eau hautement contaminé! Monsanto a fait d'Anniston une ville fantôme» (Robin, 2008, p. 23).

Aux États-Unis, ce sont cependant les Autochtones qui souffrent le plus de la pollution. Au début des années 1990, plus de 35 réserves ont été choisies pour l'implantation de décharges, d'incinérateurs et d'installations de traitement des déchets radioactifs. Au Québec, les activités des sociétés minières auraient aussi causé d'importants dommages à l'environnement et à la santé de certaines communautés autochtones (Denoncourt, 2005). Un expert a mené une étude sur la contamination de l'eau souterraine et de l'environnement à Oujé-Bougoumou, une communauté crie située à 55 km à l'ouest de Chibougamau. Il a pu constater la présence de taux élevés d'arsenic, de cyanure, de plomb, de mercure et d'autres métaux lourds dans l'eau, les poissons et les tissus humains de ces Cris. Le chercheur a également découvert des taux élevés de métaux lourds dans les poissons pêchés dans les lacs locaux, ainsi que dans les échantillons de cheveux des résidents. D'après ses conclusions, tous les métaux détectés sont nocifs pour la santé humaine et sont reconnus comme des causes possibles de cancer du rein, du foie, du poumon et de la peau et qu'ils ont d'autres effets nocifs sur la santé (Winfield *et al.*, 2002).

Ce couple vit dans la réserve d'Aamjiwnaang avec ses quatre filles et son unique garçon. Ils sont ici photographiés à proximité du centre communautaire local directement situé devant l'usine de produits chimiques Nova Tashmoo. Fait unique dans le monde, il naît ici deux fois plus de filles que de garçons. Selon les spécialistes, la pollution, notamment attribuable aux déversements chimiques, serait en grande partie responsable du problème.

© Aurora Photos/Alamy

Près de Sarnia, en Ontario, dans la réserve Ojibwe d'Aamjiwnaang, la population locale est aux prises avec un phénomène unique au monde. Depuis 1993, la proportion d'enfants mâles d'Aamjiwnaang n'a cessé de diminuer. «Alors que normalement dans le monde il naît de 102 à 108 garçons pour 100 filles, les statistiques dans la réserve indienne indiquent la naissance de 82 garçons pour 100 filles durant la période 1994-1998, et encore moins à partir de 1999 : 53 garçons pour 100 filles ! Des chiffres affolants» (Peyrières, 2006). Au nombre des facteurs responsables : la contamination du sol et des eaux par les installations pétrochimiques avoisinantes qui libèrent des centaines de polluants, dont des dioxines, des pesticides, de l'arsenic, du plomb, du mercure et d'autres composés toxiques. Dans certains cas, ces composés ont des concentrations dix fois supérieures aux limites fixées par le ministère de l'Environnement canadien (Peyrières, 2006).

Partout dans le monde, les femmes jouent un rôle prépondérant dans la gestion, la conservation et l'utilisation des ressources naturelles. Elles sont davantage affectées que les hommes par les effets du changement climatique. Les inégalités de genre et la pauvreté qui caractérisent la vie de nombreuses femmes fragilisent encore davantage leur situation lorsque surviennent des catastrophes naturelles (UNFPA, 2009). Ainsi, le risque de décès par les désastres naturels est 14 fois plus élevé chez les femmes et les enfants que chez les hommes. Plus de 70 % des personnes décédées après le tsunami de 2005, en Asie, étaient des femmes. L'ouragan Katrina, qui a frappé la Nouvelle-Orléans, aux États-Unis, en 2005, a touché majoritairement les Afro-Américaines – qui constituaient déjà la communauté la plus marginalisée et la plus pauvre de la région. Ces mêmes femmes se révèlent cependant de véritables agents de changement dans leur foyer, leur lieu de travail, leur communauté et leur pays et aident à prévenir les catastrophes. Les communautés qui ont recours à l'élaboration des systèmes de prévention des alertes auxquels participent les femmes s'en sortent généralement mieux en cas de désastres naturels (UNFPA, 2009).

LES OBJECTIFS DU MILLÉNAIRE POUR LE DÉVELOPPEMENT

Comme nous l'avons vu dans ce chapitre, le plus grand défi en ce début de millénaire est de répondre aux besoins des quelque sept milliards d'humains, tout en protégeant l'équilibre complexe de la nature qui rend possible la vie sur Terre.

Malgré des tendances globales indicatives d'une réduction de la pauvreté, il existe encore d'énormes écarts de richesse entre les pays et à l'intérieur même de chacun d'eux. Bien que criantes dans la plupart des pays du Sud, ces iniquités n'épargnent pas les sociétés industrialisées, où les écarts de revenus entre riches et pauvres se sont accentués pour atteindre un sommet en 30 ans (OCDE, 2011).

«Dans les pays les plus pauvres, la pauvreté extrême, l'insécurité alimentaire, l'inégalité, les taux de mortalité et de natalité élevés, tous liés entre eux, forment un cercle vicieux. La réduction de la pauvreté par des investissements dans la santé et l'éducation, particulièrement celle des femmes et des filles, peuvent rompre ce cercle» (UNFPA, 2011, p. 4).

Le problème de la planète ne réside pas seulement dans une croissance démographique supérieure à celle de la production alimentaire actuelle, mais aussi dans un accès très inégal à l'emploi, au logement, à de bonnes conditions sanitaires et aux soins de santé. Pour remédier à ces problèmes et aux iniquités criantes entre le Nord et le Sud, l'ONU s'est fixé des OMD (Objectifs du Millénaire pour le développement) (Nations Unies, 2011). Bien qu'il demeure difficile de fixer de la sorte des objectifs, leur examen permet de dresser un portrait d'ensemble des problèmes attribuables à la modernisation auxquels l'humanité fait face. Même si ces objectifs ne font pas l'unanimité, ils font largement consensus et, à ce titre, la modernisation constitue un excellent point de départ pour déterminer les défis qu'une majorité d'humains doivent affronter.

Il semble que le monde soit en voie d'atteindre la cible du premier objectif du millénaire, qui vise à réduire de moitié le nombre d'humains dits «pauvres», donc vivant avec moins de 1,25 $ par jour. De 1990 à 2005, leur nombre est passé de 1,8 à 1,4 milliard. Les succès remportés sont largement dus à des avancées en Asie, notamment en Chine, mais aussi en Inde. Intimement lié à la pauvreté, le nombre d'enfants de moins de 5 ans ayant un poids insuffisant a également diminué, passant de 30 % à 23 % de 1990 à 2009 dans les pays en développement. Malgré ce progrès, l'atteinte de la cible demeure incertaine. Pour y parvenir, des mesures vigoureuses devront être prises.

La nutrition doit être une priorité absolue du développement national si l'on veut atteindre les OMD. Un certain nombre de mesures simples et peu coûteuses à des moments clés de la vie, en particulier depuis la conception jusqu'à deux ans après la naissance, peuvent grandement réduire la malnutrition. Il s'agit, entre autres, d'améliorer la nutrition et les soins maternels, de mettre l'enfant au sein moins d'une heure après sa naissance, de pratiquer l'allaitement exclusif pendant les six premiers mois de la vie et d'offrir en temps voulu une alimentation complémentaire et des prises de micronutriments quand l'enfant a entre 6 et 24 mois. (Nations Unies, 2011, p. 13)

L'ONU s'est fixé comme second objectif de donner à tous les enfants, garçons et filles, les moyens de faire leurs études primaires, donc d'apprendre à lire et à écrire, au moins de manière rudimentaire. La plupart des pays ont fait des progrès sur ce plan, même si ceux-ci varient considérablement d'une région à l'autre du monde. Le nombre total d'enfants non scolarisés est passé de 106 millions à 67 millions entre 1999 et 2009. Près des trois quarts des enfants non scolarisés habitent l'Afrique subsaharienne (31 millions) ou l'Asie du Sud (18 millions). «Le fait d'être une fille, pauvre ou de vivre dans un pays où un conflit fait rage représente l'un des trois facteurs les plus courants expliquant la non-scolarisation des enfants» (Nations Unies, 2011 p. 17). Pour obtenir l'éducation primaire universelle, il faut que tous les enfants du monde terminent le cycle primaire. Toutefois, les dernières statistiques révèlent que l'objectif n'est pas totalement atteint, puisque 13 % des enfants ne terminent pas leur cours primaire dans les pays du Sud et que dans la moitié de ces pays, deux élèves sur cinq au moins abandonnent les cours avant leur dernière année de primaire (Nations Unies, 2011). Pour assurer l'enseignement primaire universel, il serait essentiel d'avoir non seulement suffisamment d'enseignants et de salles de classe, mais aussi les moyens nécessaires pour que les jeunes ne décrochent pas pour aller travailler afin d'aider leurs parents.

L'égalité des sexes est au cœur du troisième objectif poursuivi. Sans elle, on ne pourra vaincre ni la faim, ni la pauvreté, ni la maladie. Donner aux femmes le pouvoir d'intervenir au même titre que les hommes sur les enjeux de société influe sur leur vie et leur donne accès à une précieuse autonomie (Nations Unies, 2011). Dans le but de promouvoir l'égalité des sexes et l'autonomisation des femmes, il serait souhaitable d'éliminer les disparités, et ce, à tous les niveaux de l'enseignement. Si, actuellement, les écarts s'amenuisent au niveau primaire, certaines disparités persistent au niveau des études supérieures.

La pauvreté reste la principale cause d'inégalité dans l'accès à l'éducation, surtout pour les filles en âge d'école secondaire. Dans beaucoup d'endroits, les femmes et les filles sont obligées de passer de nombreuses heures à aller chercher de l'eau et il arrive souvent que les filles n'aillent pas à l'école en raison du manque d'installations hygiéniques convenables. Et puis, si elles sont enceintes, beaucoup se voient refuser l'autorisation de continuer leurs études. (Nations Unies, 2011)

Cette situation n'est pas sans conséquence sur leur place dans le marché du travail. En dépit des progrès accomplis, les hommes continuent d'être plus nombreux que les femmes à occuper les emplois les mieux rémunérés (*voir le chapitre 7*). Même lorsqu'elles exercent un emploi, elles sont généralement moins bien payées. Elles courent plus de risque d'occuper un emploi précaire caractérisé par des conditions de travail inférieures aux normes.

Le quatrième objectif des Nations Unies est de réduire des deux tiers la mortalité infantile. Dans le monde, le taux de mortalité des moins de 5 ans a diminué d'un tiers et est passé de 89 décès sur 1000 naissances vivantes en 1990, à 60 en 2009. Malgré ces progrès, près de neuf millions d'enfants meurent encore chaque année avant d'atteindre leur cinquième anniversaire. Atteindre cette cible est possible, mais seulement si une action substantielle et rapide est mise en place en vue d'éliminer les causes principales de décès.

> En Afrique subsaharienne, la diarrhée, le paludisme et la pneumonie sont responsables de plus de la moitié des décès des moins de 5 ans. En Asie du Sud, plus de la moitié des décès infantiles surviennent pendant les premiers 28 jours de vie, ce qui prouve qu'il est nécessaire d'améliorer les soins postnatals. Dans les deux régions, la sous-alimentation reste la cause sous-jacente d'un tiers de ces décès. Des efforts particuliers pour combattre la pneumonie, la diarrhée et le paludisme, tout en améliorant la nutrition, pourraient sauver des millions d'enfants. (Nations Unies, 2011, p. 25)

Un fait crucial doit être souligné : les enfants dont la mère a un certain niveau d'éducation risquent moins de mourir.

Le cinquième objectif a trait à la santé maternelle. Les cibles sont les suivantes : réduire des trois quarts le taux de mortalité maternelle et rendre universel l'accès à la médecine procréative. Même si le taux de mortalité maternelle demeure élevé, de nouvelles données montrent que la situation s'améliore. Plus de 350 000 femmes meurent chaque année de complications liées à la grossesse ou à l'accouchement. Presque toutes (99 %) vivent dans les pays dits « pauvres ». En Afrique subsaharienne, le risque de mortalité maternelle est de 1 sur 30, alors qu'il est de 1 sur 5600 dans les pays industrialisés (Nations Unies, 2011). Chaque année, plus de un million d'enfants deviennent ainsi orphelins de mère. Ceux-ci ont dix fois plus de chances de

mourir prématurément que les autres (Médecins Sans Frontières, 2008). Ce qui est troublant, c'est que la plupart de ces décès peuvent être évités quand les femmes ont accès à un personnel de santé qualifié et à du matériel adéquat. Comme le risque de mortalité maternelle est le plus élevé chez les adolescentes et augmente à chaque grossesse, le recours à la planification familiale est perçu comme une mesure nécessaire.

> Dans le monde entier, l'accès accru à des méthodes de contraception sûres, efficaces et peu coûteuses donne plus de choix aux femmes, avec davantage de possibilités de prendre des décisions responsables en matière de reproduction. Le recours aux contraceptifs a aussi contribué à des améliorations dans le domaine de la santé maternelle et infantile en empêchant les grossesses non désirées ou trop rapprochées, et les grossesses chez les très jeunes femmes. (Nations Unies, 2011, p. 33)

L'ONU s'est fixé comme sixième objectif, d'enrayer la propagation du VIH/sida et de maîtriser des maladies telles que le paludisme et la tuberculose. La croissance globale de l'épidémie mondiale de sida semble s'être stabilisée. Grâce à un élargissement et à une intensification de l'accès au traitement antirétroviral, la situation s'améliore. Même s'il demeure très élevé, à près de 2,6 millions de personnes (soit plus de 7000 par jour), le nombre annuel de nouvelles infections recule. Il en va de même pour le nombre de décès annuel (près de 1,8 million) et quotidien (environ 5000). Cette baisse globale découle de la disponibilité accrue des traitements antirétroviraux ainsi que des soins et de l'appui aux personnes vivant avec le VIH (ONUSIDA, 2010). Ces progrès mondiaux masquent toutefois des différences régionales substantielles. Encore aujourd'hui, la plupart des citoyens du Sud n'ont pas accès aux mêmes services que ceux des pays industrialisés, où l'on observe l'apparition de nouveaux cas, mais où l'on meure de moins en moins du sida. En Afrique subsaharienne, où l'on retrouve quelque 22 millions de personnes infectées, c'est presque 5 % des gens âgés de 15 à 49 ans qui sont touchés par cette maladie. En 2009, environ 1,3 million de personnes en sont mortes, soit près de 72 % de tous les décès recensés à l'échelle de la planète (ONUSIDA, 2010). Les enfants ressentent de façon aiguë l'impact de l'épidémie de VIH, tant physiquement que socialement. À la fin de 2010, sur la planète, quelque 16,6 millions d'enfants, dont près de 15 millions en Afrique subsaharienne, avaient perdu au moins un de leurs deux parents des suites du sida (UNICEF, 2011). Pour enrayer la propagation de cette maladie et diminuer son incidence dans les pays du Sud, des mesures apparentées à celles déployées dans les pays industrialisés devront être prises : s'assurer que les jeunes comprennent comment la maladie se propage, augmenter le niveau d'utilisation des préservatifs, mais aussi rendre davantage accessibles les thérapies antirétrovirales.

Bien qu'il existe des traitements pour l'éviter, le VIH constitue la principale cause de maladie et de mortalité chez les femmes en âge de procréer (Nations Unies, 2011). En 2009, près de 60 000 femmes enceintes sont décédées à cause de ce virus. Durant la grossesse ou après, environ 370 000 enfants auraient été infectés. Faute de traitement, le tiers des enfants nés de femmes vivant avec le VIH seront infectés par le virus *in utero*, au moment de la naissance ou pendant l'allaitement. « Dans les pays à revenu faible et intermédiaire, trop peu de femmes bénéficient de services de prévention et de traitement liés au VIH pour se protéger ou protéger leurs enfants. Cette inégalité doit changer. La vie d'un enfant et celle d'une mère ont la même valeur, peu importe l'endroit où il/elle est né(e) et où il/elle vit » (ONUSIDA, 2011, p. 6). C'est encore en Afrique subsaharienne que l'on retrouve 91 % des femmes enceintes toujours privées d'un traitement approprié (Nations Unies, 2011). L'objectif du

Plan mondial de lutte contre le sida est clair : rendre accessibles les services de prévention et de traitement à toutes les mères atteintes de la maladie et à leurs enfants (ONUSIDA, 2011).

Même si le problème demeure important, la lutte contre le paludisme a aussi connu des avancées majeures. Sur le plan mondial, les décès attribuables à la malaria ont diminué : ils sont passés de près de 985 000 en 2000, à 781 000 en 2009. Pendant la même période, les cas recensés sont passés de 233 millions à 225 millions en 2009 (Nations Unies, 2011). Cela dit, le paludisme continue de tuer un enfant à peu près toutes les 45 secondes. Comme dans le cas du sida, près de 90 % des décès dus à cette affection ont lieu en Afrique, où elle compte pour un cinquième de la mortalité infantile. Des interventions simples, mais cruciales, telles que l'installation de moustiquaires imprégnées d'insecticide à longue durée, donnent cependant des résultats prometteurs (WHO, 2010).

Le septième objectif fixé par les Nations Unies est la préservation de l'environnement à long terme. Quatre cibles distinctes ont été fixées : intégrer les principes du développement durable dans les politiques et les programmes nationaux et inverser la tendance actuelle à la déperdition des ressources environnementales ; réduire la perte de la biodiversité ; réduire de moitié le pourcentage de la population

© Louise Gubb/CORBIS SABA

Entourée de ses proches, une mère pleure sa fille, morte du sida. Devenus orphelins, les enfants de cette jeune femme devront se réfugier chez leur grand-mère ou se débrouiller seuls pour survivre. Les initiatives visant à prévenir la transmission du VIH de la mère à l'enfant sont déterminantes. Comme le sida fera sentir ses effets pendant encore des générations, il faut déployer des systèmes de santé et de protection sociale vigoureux et durables pour venir en aide aux familles, mais aussi aux orphelins.

qui n'a pas accès à un approvisionnement en eau potable ni à des services d'assainissement de base; améliorer sensiblement les conditions de vie de 100 millions d'habitants vivant dans des taudis. Si beaucoup de travail reste à faire pour que l'on puisse véritablement parler de justice écologique (ATTAC France, 2009), certains signes semblent toutefois encourageants.

Bien qu'il demeure alarmant, le taux de déboisement et de perte des forêts attribuables à des causes naturelles baisse lentement. La riche biodiversité des forêts du monde reste menacée, mais on relève une tendance positive, grâce à la création accrue de zones protégées. Même si quelque 141 millions de citadins et 743 millions de ruraux dépendent toujours de sources d'eau non traitée ou non améliorées pour leurs besoins quotidiens, l'accès à l'eau potable s'est aussi nettement amélioré. Le monde n'est cependant pas près d'atteindre la cible relative à l'assainissement des eaux usées. Encore aujourd'hui, près de la moitié de la population des régions en développement et quelque 2,6 milliards de personnes dans le monde n'utilisent aucune forme d'assainissement amélioré. Entre 2000 et 2010, la proportion de citadins vivant dans des taudis a fortement diminué. Plus de 200 millions d'entre eux ont maintenant accès soit à une source d'eau améliorée, soit à des habitations durables et moins surpeuplées. Parmi les priorités établies par l'ONU sur le plan de l'urbanisation, citons le logement et les services de base, des infrastructures comme l'eau et les installations sanitaires, le transport, l'énergie, la santé et, bien entendu, l'éducation.

LE DÉVELOPPEMENT DURABLE ET LE COMMERCE ÉQUITABLE

Les multiples crises que la planète connaît actuellement (environnementales, financières, économiques) nous forcent à réfléchir à la notion de développement. Malgré certains progrès récents, plus d'une cinquantaine de pays seraient aujourd'hui plus pauvres qu'il y a vingt ans (Cardinal, 2010). Malgré 60 ans d'aide classique au développement, la pauvreté et les inégalités mondiales n'ont pas diminué de manière importante. Force est donc de constater l'échec du modèle d'aide au développement basé sur l'idée que la plupart de pays du Sud sont en retard et qu'ils doivent être soutenus pour atteindre le niveau de confort des sociétés industrialisées, par la modernisation de leur technologie, de leurs connaissances, de leurs pratiques économiques et de leurs valeurs traditionnelles. L'une des principales raisons expliquant ce constat d'échec : le caractère ethnocentrique du modèle dominant qui suppose une supériorité de la civilisation occidentale par rapport aux sociétés qui doivent se rattraper pour rejoindre les pays dits «développés» (Cardinal, 2010). Il n'y a pas si longtemps encore, on parlait allègrement des pays «sous-développés» ou «en voie de développement» pour désigner les pays du Sud que l'on associait clairement à une époque révolue en Occident. Pensés et conçus dans les pays industrialisés, les projets dits «de développement» ont longtemps négligé de considérer le point de vue des populations locales, jugées d'une certaine façon, arriérées. Convaincus que le modèle économique qui avait permis au pays du Nord de se développer était universel, on cherchait à l'imposer aux populations du Sud. Pour résoudre une partie du problème et permettre la réalisation des

© Picture Contact BV/Alamy

Au Brésil, où la déforestation effrénée de la forêt amazonienne cause préjudice à l'environnement et aux populations autochtones, des anthropologues travaillent avec l'organisation non gouvernementale ISA afin d'aider les communautés locales à reboiser. Dans une perspective de développement durable et de revalorisation du savoir autochtone, des mesures sont déployées pour encourager la sylviculture.

Objectifs du Millénaire, le développement durable (Mancebo, 2010) et le commerce équitable (Doussin, 2011) représentent aujourd'hui deux avenues prometteuses, bien que perfectibles, pour les «pays émergents» (Brésil, Chine, Inde et, bientôt, Indonésie) comme pour les pays les plus pauvres (Afghanistan, Bangladesh, Haïti et Soudan).

Le développement durable

La notion de **développement durable** propose une façon différente de faire les choses et constitue une avenue prometteuse pour l'avenir de l'humanité. Élaborée dans les années 1980, son objectif premier est de répondre aux besoins du présent, sans compromettre la capacité des générations futures de satisfaire les leurs (Brunel, 2012). Le principe de base de cette notion, c'est agir localement en pensant globalement. Sur le plan environnemental atteindre l'objectif d'un développement durable signifie veiller à la gestion durable des ressources naturelles (air, eau, sol, vie) et au maintien des savoirs ancestraux à leur égard, afin d'assurer le maintien des grands équilibres naturels (climat, biodiversité, océans, forêts, etc.) et de favoriser l'économie des ressources non renouvelables (pétrole, gaz, charbon, minerais, etc.). Sur le plan économique, le développement durable dépend principalement d'une exploitation respectueuse des milieux naturels d'où provient l'essentiel de notre nourriture par l'agriculture, l'élevage et la pêche. Sur le plan social, le développement durable tient compte des besoins particuliers des populations locales relativement à l'éducation, à l'alimentation, à la santé et à l'habitat, tout en se préoccupant de l'équité entre les individus. Contrairement à l'aide au développement classique, le développement durable doit impérativement consulter les populations locales afin de les mettre à contribution. Le but est de cibler leurs besoins et de mettre à profit leurs connaissances dans une perspective d'entraide, de coopération et de partenariat.

Avant d'imposer aux populations dans le besoin une façon de voir les choses et une solution, il est de mise de commencer par consulter les principaux intéressés. À cette fin, sur le terrain, anthropologues et coopérants établissent un véritable partenariat avec les populations locales qu'ils apprennent à bien connaître et dont, bien souvent, ils partagent le quotidien. Voici ce que pense du développement classique le Yanomami David Kopenawa, lauréat du prix Global 500 pour l'environnement des Nations Unies.

Vous, les *napëpë* (les Blancs) vous voulez que nous devenions comme vous au nom de ce que vous appelez le «développement». Mais nous savons que cela ne nous apportera que maladies et mort. Maintenant, vous voulez acheter des parcelles de forêt tropicale ou cultiver des biocarburants. Cela est inutile. [...] La forêt ne peut être achetée; elle est notre vie et nous l'avons toujours protégée. Sans la forêt, il n'y a que la maladie et sans nous, ce n'est que de la terre morte. Il est grand temps que vous commenciez à nous écouter. Rendez-nous nos terres et notre santé avant qu'il ne soit trop tard pour nous et trop tard pour vous. (Roc, 2008)

Le développement durable ne doit pas rester qu'un «vœu pieu». Comme le démontre la réticence de certains groupes autochtones et environnementaux à l'égard du Plan Nord proposé par le gouvernement libéral de Jean Charest, en 2011, l'utilisation abusive du qualificatif «durable» pour parler du développement ne leurre plus les communautés locales et les groupes de pression, qui considèrent ne pas être suffisamment consultés dans l'élaboration des projets les concernant. Si le développement durable veut demeurer une façon efficace de contribuer au mieux-être des plus démunis de la planète, la prudence s'impose car, aux yeux de certains observateurs, il y aurait un risque que les préoccupations environnementales fassent ombrage à la lutte contre la pauvreté (Rimarski, 2011).

Le commerce équitable

Dans un monde où les multinationales semblent agir en «rois et maîtres», le consommateur occidental considère à tort ne pouvoir rien faire pour contribuer au bien-être des populations du Sud, qui lui fournissent la plupart de ses aliments et de ses biens de consommation. Aujourd'hui, d'autres idéologies démontrent qu'il est possible de contribuer à changer le monde, un geste à la fois. «Que deviendrait Wal-Mart si demain, plus personne ne franchissait la porte de ses magasins? Que deviendrait Tim Hortons si au petit matin, plus une goutte de café n'était versée pour un client?» (Vrins, 2006, p. 2) Comme nous le mentionnons au chapitre 5, le consommateur

Développement durable
Modèle de développement dont l'objectif premier est de répondre aux besoins du présent, sans compromettre la capacité des générations futures de satisfaire les leurs.

détient un véritable pouvoir. Par ses choix, il est en mesure d'influencer le quotidien des populations du Sud bien plus qu'il ne peut se l'imaginer. Pour ce faire, il doit devenir responsable, donc conscient de l'impact de ses décisions en tant qu'acheteur (Marchand *et. al.*, 2005). En plus d'éviter de surconsommer, payer un juste prix pour ce que l'on achète est possible. Mû par un esprit de justice et non de charité, le consommateur responsable n'oublie pas le sort des hommes, des femmes et des enfants qui lui permettent d'obtenir des biens et des denrées.

Comme le souligne l'altermondialiste québécoise Laure Waridel (2005): «Acheter, c'est voter.» Il ne fait plus de doute, «le développement d'échanges plus équitables entre les pays du Nord et du Sud est essentiel à l'amélioration des conditions de vie de millions de paysans et travailleurs, et est une façon pour nous, citoyens et consommateurs, d'agir concrètement pour développer un monde plus solidaire» (Vrins, 2006, p. 5). Pour y parvenir, le **commerce équitable** offre une avenue prometteuse. Conçu comme un système d'échanges économiques respectueux de l'environnement et des droits des travailleurs, ce type de commerce situe le producteur au centre de ses préoccupations. «Le principe fondamental est de leur garantir un juste prix pour leur travail, c'est-à-dire un prix qui couvre leurs coûts de production et leur permet de faire vivre dignement leur famille» (Vrins, 2006, p. 5). Pour y parvenir, l'idée maîtresse est de réduire le nombre d'intermédiaires entre le producteur et le consommateur, donc de traiter directement avec les coopératives et les associations de producteurs. Lorsqu'il achète un produit, l'importateur s'engage à l'acheter à plusieurs reprises à la même coopérative ou association de façon à assurer une certaine constance dans les

Au Guatemala, comme ailleurs en Amérique latine, les enfants doivent aider leurs parents. Les exigences des consommateurs occidentaux ont des répercussions sur la vie des citoyens du Sud. Quiconque boit du café peut contribuer au mieux-être des familles qui en font la cueillette. Acheter «équitable» permet aux paysans de toucher un revenu plus juste pour leurs récoltes.

Offert par Gabrielle Rivard/Optimonde

ventes. Pour favoriser le développement local, une partie des revenus doit nécessairement être réinvestie dans la communauté sous forme de projets liés à l'amélioration de la santé, de l'éducation et de l'environnement (Vrins, 2006). Parmi les produits équitables les plus répandus, on trouve le café et le chocolat. D'autres, comme le sucre, la banane, le thé, l'artisanat et le tourisme gagnent en popularité (*voir l'encadré Privilégiés au Nord, solidaires au Sud: pour un tourisme responsable et solidaire*).

Commerce équitable

Système d'échanges économiques respectueux de l'environnement et des droits des travailleurs dont le principe fondamental est de garantir aux producteurs une rétribution juste pour leur travail.

Perspective anthropologique

Privilégiés au Nord, solidaires du Sud: pour un tourisme responsable et solidaire

par Sylvie Loslier

Le voyage est un moyen privilégié de lien et de compréhension entre les peuples. Il doit permettre l'épanouissement du voyageur et de l'accueillant, sur les plans personnels, culturels et économiques. Ses ressources doivent profiter équitablement aux populations d'accueil et contribuer au développement durable de leur territoire d'accueil.
(Charte du tourisme responsable)

LES PARADOXES (OU LES MAUX) DU TOURISME INTERNATIONAL

Pour plusieurs, synonyme d'évasion, de repos «mérité» et de découvertes culturelles, le voyage permet à la population des pays riches de parcourir des chemins exotiques et d'appréhender la planète. Au XXIe siècle, le tourisme affiche de nombreux visages et constitue un secteur économique prospère. En 2012, le nombre des touristes internationaux aurait atteint un milliard, selon le baromètre du tourisme mondial publié par l'OMT (Organisation mondiale du tourisme). Facilité par l'efficacité des moyens de transport, il permet de multiplier les rencontres interculturelles, provoquant ici et là, une acculturation positive ou négative. C'est aussi ça la mondialisation.

Proposé dans les années 1960 par les Nations Unies, à l'instar de l'UNESCO, comme une façon de combattre la pauvreté de certains pays, le développement touristique, souvent mal maîtrisé et reproduisant des rapports coloniaux et d'inégalité, cause de nombreux méfaits dans les pays visités. On constate, par exemple, que le tourisme de masse a des incidences négatives sur l'environnement, comme sur les modes de vie des populations locales. En effet, pour combler les besoins de confort et de plaisir des touristes, définis comme des consommateurs, certains gouvernements ont délogé des familles de leur territoire traditionnel pour y aménager des lieux touristiques tels que des parcs naturels, des terrains de golf ou des hôtels. Le remplissage et le nettoyage des piscines d'hôtels et l'arrosage de terrains de golf ont mené au détournement de l'eau utilisée généralement pour l'irrigation des terres agricoles autochtones.

La mondialisation favorise les changements culturels et l'émergence d'une culture planétaire fortement imprégnée des valeurs occidentales, tel l'individualisme, et axée sur la consommation à outrance. «Le tourisme globalisé, tout en stimulant la production artisanale, génère une catégorie de produits élaborés spécifiquement pour la vente [...], les danses, les spectacles populaires, les festivités religieuses, bref tout ce qui peut être mis en valeur comme offre touristique, tendent à perdre leur signification culturelle et sociale» (Archambault, 2008). On standardise et on folklorise la culture locale afin de plaire aux touristes, qui ignorent parfois tout des croyances entourant les rites religieux et les coutumes.

Par ailleurs, les retombées financières du tourisme ne profitent pas souvent aux communautés locales, car elles n'en ont pas le contrôle et ne possèdent pas la formation nécessaire pour l'obtenir. De plus, il arrive que le tourisme entraîne une augmentation de la prostitution, du travail des enfants et de la mendicité. Les enfants cherchent à gagner de l'argent pour acheter des bonbons, des objets ou se nourrir. Certains enfants offrent les services de leur jeune frère ou sœur pour une photographie, moyennant quelques sous. Le touriste se dit que si cette photo permet de procurer de la nourriture aux gens défavorisés, elle suscitera aussi des exclamations d'admiration chez ses amis, virtuels ou réels. Sous bien des angles, le tourisme contribue donc à une acculturation négative, à l'appauvrissement des populations visitées et il génère ses propres maux. Quels sont les compromis culturels à accepter? Doit-on les enfermer dans des stéréotypes folklorisants, effets de la pauvreté? (Poulin, 2008)

DU TOURISME RESPONSABLE ET SOLIDAIRE

Pour atténuer les impacts négatifs du tourisme de masse, une approche alternative prône des valeurs humanitaires et environnementales: le *tourisme responsable et solidaire*. Cette forme de tourisme valorise les rencontres socioculturelles et la connaissance des réalités des populations visitées. Le terme *solidaire* fait référence au respect de l'identité ethnoculturelle des groupes visités, de leur environnement et tient compte, au sein de la mondialisation, des inégalités économiques entre les populations.

Le tourisme responsable doit relever d'énormes défis, notamment faire reconnaître ses incidences positives sur l'environnement et les populations visitées. Il constitue une voie d'avenir économique prometteuse pour certains groupes, en leur permettant de participer à l'économie mondiale. Il favorise la mise sur pied de formations spécialisées pour les populations locales, tout en leur assurant des retombées sur le plan social. En Équateur, l'organisation quechua Runa Tupari (qui signifie «rencontre avec indigènes») privilégie le tourisme communautaire, tout en visant l'amélioration des conditions de vie de ses membres, grâce à des projets de développement parallèles: production agroécologique, reforestation, conservation de l'environnement, éducation interculturelle bilingue, revalorisation des cultures autochtones. Au Bénin, le projet du Parc W a pour objectif de valoriser les activités traditionnelles agricoles, l'élevage, l'artisanat et la pêche afin d'attirer les touristes.

Les Mayas, fabricants d'artisanat de haute qualité, ont créé des coopératives qui ont été intégrées dans les parcours touristiques. Au Guatemala, Tikal, un site archéologique maya, a attiré des centaines de touristes, incitant le gouvernement à investir pour la conservation des temples et la construction de chemins écologiques à l'intérieur du parc.

Le droit des peuples à disposer d'eux-mêmes est étroitement lié au droit à un environnement sain. À la suite de la colonisation, des populations autochtones ont été dépossédées de leurs ressources naturelles ; aujourd'hui, grâce à l'écotourisme, elles ont une opportunité de protéger, voire de récupérer leur territoire. Le développement écotouristique, en Amazonie ou aux Îles de la Reine-Charlotte, en Colombie-Britannique, constitue un sérieux prétexte pour empêcher la déforestation et la pollution des mers.

Finalement, le tourisme solidaire, dont les incidences positives sont importantes, encourage l'équité entre les populations, sous l'angle socioculturel. Leur reconnaissance comme partenaires du développement touristique et le refus de les figer dans des stéréotypes folklorisants, contribuent au renforcement de leur identité ethnoculturelle tout en valorisant leur patrimoine. Cette mise en valeur les rend conscientes de leurs particularités culturelles, de leur apport à l'histoire et les encourage à participer au mouvement social de la mondialisation. Le tourisme responsable constitue un tremplin vers un dialogue basé sur la dignité de tous les partenaires.

Le touriste responsable prépare son voyage en s'informant sur les groupes ethnoculturels des pays qu'il veut visiter. Une fois sur place, il privilégie des activités culturelles et, pourquoi pas, l'hébergement dans une famille. Il reconnaît les autorités locales et, au besoin, peut les consulter. Il est préoccupé par la gestion de

Offert par Sylvie Loslier/Sirius

Plusieurs cégeps du Québec offrent à leurs étudiants la possibilité de participer à des projets à l'étranger et de séjourner dans des familles. En Équateur, des cégepiens ont ainsi l'occasion de travailler avec des autochtones Quechuas dans le cadre d'un projet de coopération et de tourisme solidaire. Le dîner communautaire est l'occasion de discuter et d'apprécier la présence des uns et des autres.

ses déchets et peut vouloir s'impliquer dans un projet de développement local, par exemple repeindre une école. Plusieurs organisations touristiques ont adopté un code d'éthique déterminant des comportements responsables et solidaires. En voici quelques exemples :

- s'adapter aux conditions de vie quotidienne de la communauté, en particulier par rapport à la nourriture et à l'hébergement ;
- demander la permission avant de prendre des photos ;
- demander la permission avant d'entrer dans des zones naturelles ou des sites sacrés ;
- ne pas remettre en question les croyances locales ni promouvoir les siennes ;
- éviter de distribuer de l'argent à des particuliers ;
- éviter tout contact intime avec des guides ou des membres de la communauté ;
- utiliser des produits naturels et biodégradables (shampoing, revitalisant, savon, etc.) ;
- ne pas gaspiller l'eau et l'électricité ;
- ne pas faire de promesses que l'on ne pourra tenir, notamment envoyer des photos.

Toutefois, soyons réalistes. Malgré les bonnes intentions du tourisme responsable, les échanges entre voyageurs et les populations locales sont souvent de courte durée. S'ensuivent des perceptions limitées sur les uns et les autres. Parfois, les stéréotypes du pauvre autochtone et celle du riche touriste perdurent, par exemple.

Dans un contexte d'ouverture aux autres cultures, de réflexion sur la mondialisation et le sens à lui donner, il est primordial de se pencher sur les conséquences du tourisme et de redéfinir sa façon de voyager. C'est un domaine où chacun peut avoir un impact. Malgré toute la bonne volonté du voyageur responsable à vouloir changer l'état de fait, ne représente-t-il pas quand même un touriste pour les populations d'accueil ? La responsabilité de s'informer sur les agences de voyages, d'exiger des garanties concernant leur prétention au développement durable et de se comporter de façon responsable et solidaire appartient entièrement au touriste lui-même. Il peut dire non à ceci ou à cela et choisir sa façon de voyager. Bien que le tourisme solidaire affiche de nombreuses vertus, il est plus onéreux et demande donc un engagement citoyen. Sans la participation de tous, peut-il devenir un levier pour la solidarité internationale ?

Avant tout, on doit concevoir les populations locales, en particulier les Autochtones, non comme des obstacles à l'industrie touristique, mais comme des partenaires.

L'AVENIR DE L'HUMANITÉ

Comme nous le constatons à plusieurs reprises dans cet ouvrage, l'humanité est arrivée à la croisée des chemins. Pour relever les défis du XXIe siècle, une réflexion en profondeur, mais aussi des moyens concrets d'action s'imposent (Roy et Crooks, 2011 ; Wright, 2006). En dehors de l'Occident, le « développement » tel que nous le concevons ici ne fait pas l'unanimité. De nombreux peuples ne croient pas que leur survie dépende de la croissance économique, du progrès technologique, de la manipulation du vivant (donc des biotechnologies) et de l'accès à une quantité infinie de biens de consommation. Déjà, de nombreux activistes originaires des pays du Sud revendiquent, pour leurs communautés, le droit de choisir un avenir davantage à leur mesure. Ils proposent de nouvelles avenues basées sur des traditions, un savoir ancestral, des valeurs et une conception du monde différente de celles propres aux pays industrialisés.

Les solutions de rechange au développement par le « progrès », tel que plusieurs décideurs le conçoivent encore, seront d'abord locales, mais aussi nécessairement diversifiées. Parce qu'elle considère important de se rapprocher des gens, de respecter la diversité culturelle, de promouvoir le relativisme et d'être réceptif aux besoins des communautés, l'anthropologie sociale et culturelle est bien placée pour contribuer à revoir le système actuel. Pour le bien-être des générations futures, nous sommes aujourd'hui contraints de reconsidérer nos rapports avec la nature, de voir d'un autre œil les gens des pays non industrialisés et de nous ouvrir à l'autre.

Pour concevoir un monde différent, où les inégalités seront moins criantes entre le Nord et le Sud, mais aussi dans les pays industrialisés entre les Autochtones et les populations non autochtones, il faut commencer par s'inspirer de ce qui se fait ailleurs qu'en Occident, notamment du côté des regroupements de femmes et des communautés paysannes, qui ne cessent d'innover pour survivre. Chez nous, il faudrait aussi reconnaître la pertinence de soutenir l'agriculture biologique (Waridel, 2011), de manger «local» (Norberg-Hodge *et al.*, 2005), de pratiquer la consommation responsable (Marchand *et al.*, 2005) et d'encourager le commerce équitable (Waridel, 2005; Gendron *et al.* 2009), tout en rejetant la surconsommation dont les coûts environnementaux et humains sont devenus déraisonnables (Leonard, 2010). Plusieurs voix s'élèvent aujourd'hui pour rappeler que seule la décroissance permettra d'entrevoir des solutions aux nombreux défis que doivent relever les humains, et ce, tant sur le plan des rapports qu'ils tissent entre eux que des liens qu'ils entretiennent avec la nature (Abraham *et al.*, 2011). Au Nord, la décroissance veut dire l'abandon du culte de la croissance économique et du «progrès», comme seules avenues possibles pour l'avenir de l'humanité. Il s'agit ici de reconnaître que produire davantage de biens matériels ne permet pas d'améliorer automatiquement les conditions de vie de ceux qui les consomment, ni de ceux qui les produisent. C'est une illusion de croire que les Indiens et les Chinois vivant en milieu rural atteindront la qualité de vie des Occidentaux le jour où ils parviendront à consommer, comme nous, bien au-delà de leurs besoins essentiels. Le bien-être individuel peut passer par autre chose qu'un téléviseur, qu'une garde-robe à la mode ou que le dernier modèle de téléphone intelligent. En raison de leur durée de vie respective, tous ces biens devront être remplacés dans un avenir rapproché...

En raison des défis qui attendent la planète, les Occidentaux doivent se remettre en question. Des changements radicaux dans les motivations et les valeurs culturelles, de même que dans les institutions sociales, sont devenus incontournables. L'importance accordée jusqu'à maintenant à l'intérêt personnel, au matérialisme ainsi qu'à la production et à la consommation ostentatoires, qui caractérisent les pays les plus riches du monde, doit faire place à une éthique sociale plus humaniste. Une telle éthique est encore bien vivante chez de nombreux peuples traditionnels. Elle propose une vision du monde où l'humanité fait partie intégrante de la nature. Elle préconise également un sens des responsabilités sociales qui reconnaît qu'aucun individu, aucun peuple ni aucun État n'ont le droit de s'approprier des ressources aux dépens des autres. Enfin, il est essentiel que soit reconnue l'importance des liens sociaux, comme le montre bien la place qu'occupent la famille, la parenté et les autres associations d'individus dans les sociétés traditionnelles. L'humanité saura-t-elle relever le défi? Quoi qu'il en soit, il semble bien que de vastes changements soient nécessaires.

Certains lecteurs pourraient conclure, à la lecture de ce qui précède, que l'avenir de l'humanité est plutôt sombre. Il est vrai que l'humanité a aujourd'hui de nombreux problèmes à résoudre et qu'elle doit le faire impérativement. Cependant, les humains ont toujours fait preuve d'une ténacité extraordinaire et ont su triompher d'obstacles apparemment insurmontables pour survivre. La clé de la survie de l'humanité réside dans sa capacité et sa volonté de considérer la Terre comme un hôte bienveillant plutôt que comme un gisement de ressources à exploiter, et de voir tous les individus comme des partenaires plutôt que comme des concurrents. En tant que partenaires, les humains peuvent trouver des solutions équitables à leurs problèmes. La présence de l'autre, celui qui vient d'une culture différente, doit être considérée comme une richesse et non comme une nuisance (*voir le chapitre 11*).

Dans l'esprit du relativisme culturel, il apparaît important de mettre en valeur la variabilité culturelle et de valoriser la reconnaissance du point du vue de l'autre. Pour relever les défis qui se présentent à elle, l'humanité pourrait s'inspirer de l'anthropologie et prendre en considération ce qui se fait ailleurs, chez ceux qui voient le monde différemment. Partant du point de vue qu'aucune culture n'est supérieure aux autres, un peu d'humilité s'impose à quiconque cherche à trouver des solutions aux maux dont il a été question dans ce chapitre. Dans un monde où la modernisation se propage par la voie de la mondialisation, certaines solutions locales pourraient avoir des retombées globales, si l'on savait en tirer profit, et ce, quelle que soit la nature des défis à surmonter.

Le plus grand danger à cet égard est l'apathie, soit la tendance des humains à prétendre que tout va bien, à attendre que quelqu'un d'autre trouve une solution ou, pire encore, à croire que rien ne peut être fait en raison de l'ampleur de la tâche. En réalité, chacun peut apporter une contribution utile, que ce soit pour l'environnement, les droits de la personne ou la répartition équitable des ressources économiques. Comme l'a souligné l'anthropologue Margaret Mead (1977): «N'oubliez jamais que l'action d'un petit groupe de citoyens réfléchis et engagés peut changer le monde. C'est même seulement ainsi que les choses ont changé dans le passé. » Depuis 2011, les Indignés, qui ont d'abord «occupé» Madrid en Espagne, puis Wall Street à New York, et ensuite plusieurs autres grandes villes dans le monde, dont Montréal et Québec, ont démontré que le statu quo déplaît à un nombre croissant de citoyens et que ces derniers sont de plus en plus nombreux à s'engager pour que les choses changent.

RÉSUMÉ

La modernisation désigne un processus global de changements culturels et socioéconomiques par lequel certains pays du Sud acquièrent des traits des sociétés industrialisées. Ce processus comporte quatre principaux facteurs : le développement technologique, le développement agricole, l'industrialisation et l'urbanisation, qui s'accompagnent d'autres changements dans les domaines de l'organisation politique, de l'éducation, de la religion et de l'organisation sociale. Bien que prometteuse, cette modernisation n'a toutefois pas encore profité à la majorité des humains. Certains soupçonnent qu'elle aurait causé une détérioration plutôt qu'une amélioration de la qualité de vie de millions d'individus.

En tant que système mondial, la structure actuelle permet à une minorité riche de dominer la majorité et de la tenir à l'écart du pouvoir. Ce système engendre divers problèmes tels que la malnutrition. À cet égard, le problème le plus immédiat ne réside toutefois pas dans l'insuffisance de la production alimentaire, mais bien dans sa répartition inéquitable.

Par ailleurs, la pollution est devenue une menace directe pour l'humanité. Les Occidentaux n'ont su protéger leur environnement que lorsque des situations de crise les ont forcés à le faire. Actuellement, leur rythme de consommation effréné continue à entraîner la dégradation de l'environnement dans leurs pays, comme ailleurs. Les sociétés industrielles tardent à reconnaître les responsabilités qui leur incombent à l'égard de la Terre et de ses ressources. À ce sujet, elles auraient beaucoup à apprendre des sociétés traditionnelles, qui estiment faire partie intégrante de la nature.

Pour relever les défis de la modernisation et remédier aux iniquités entre le Nord et le Sud différentes avenues ont été empruntées. Pensés et conçus dans les pays industrialisés, les projets dits «de développement» ont longtemps négligé de considérer le point de vue des populations locales, jugées, d'une certaine façon, arriérées. Convaincus que le modèle économique qui leur avait permis de se développer était universel, les pays du Nord ont cherché sans trop réfléchir à l'imposer aux populations du Sud. Pour résoudre une partie du problème et permettre la réalisation des Objectifs du Millénaire, le développement durable et le commerce équitable offrent aujourd'hui deux avenues perfectibles, mais prometteuses. Alors que le développement durable cherche à répondre aux besoins du présent sans compromettre la capacité pour les générations futures de satisfaire les leurs, le commerce équitable demande que les producteurs soient rémunérés à leur juste valeur pour le travail qu'ils accomplissent.

Ultimement, la résolution des problèmes dans le monde passe par la diminution de l'écart entre le niveau de vie des pays riches et celui des pays pauvres. Cette diminution imposerait une redéfinition radicale du système de valeurs qui prévaut dans les sociétés occidentales, avec leur vision matérialiste axée sur la consommation. Pour survivre, les sociétés industrielles devront étoffer davantage leur sens des responsabilités sociales afin de pouvoir reconnaître que personne n'a le droit de monopoliser les ressources et d'abuser de la nature. N'oublions jamais que l'action d'un petit groupe de citoyens réfléchis et engagés peut changer le monde.

SOURCES CITÉES DANS LE TEXTE

Chapitre 1

ABWUNZA, Judith. *Women's Voices, Women's Power: Dialogues of Resistance from East Africa*, Peterborough, Broadview Press, 1997, 224 p.

ARCAND, Bernard et Serge BOUCHARD. *Quinze lieux communs*, Montréal, Boréal, 1993, 224 p.

ARCAND, Bernard et Serge BOUCHARD. *Du pâté chinois, du baseball et autres lieux communs*, Montréal, Boréal, 1995, 226 p.

ARCAND, Bernard et Serge BOUCHARD. *Du pipi, du gaspillage et sept autres lieux communs*, Montréal, Boréal, 2001, 228 p.

AUGÉ, Marc. *Un ethnologue dans le métro*, Paris, Hachette Littérature, 2001, 124 p.

BARR, R.G. «The Crying Game», *Natural History*, octobre 1997, p. 47.

BEAUCAGE, Pierre. «Organisation économique et parenté à La Tabatière», *Recherches sociographiques*, vol. 11, nᵒˢ 1-2, 1970, p. 91-116.

BEAUCAGE, Pierre et Taller de Tradición Oral. *Corps, cosmos et environnement chez les Nahuas de la Sierra Norte de Puebla. Une aventure en anthropologie*, Montréal, Lux Éditeur, 2009, 414 p.

BEÏDI, Boubacar Hama. *Les Peuls du Dallol Bosso. Coutumes et mode de vie*, Saint-Maur, Sépia, 1993, 188 p.

BIBEAU, Gilles et Marc PERREAULT. *Dérives montréalaises. Itinéraires de toxicomanies dans le quartier Hochelaga-Maisonneuve*, Montréal, Boréal, 1995, 234 p.

BIBEAU, Gilles et Marc PERREAULT. *La gang: Une chimère à apprivoiser. Marginalité et transnationalité chez les jeunes Québécois d'origine afro-antillaise*, Montréal, Boréal, 2003, 391 p.

BILODEAU, Denyse. *Les murs de la ville*, Montréal, Liber, 1996, 202 p.

BODLEY, J.H. *Anthropology and Contemporary Human Problems*, Palo Alto, Mayfield, 1985, p. 69.

CHAMBERS, R. *Rural Development. Putting the Last First*, New York, Longman, 1983, p. 51.

CHAREST, Paul et Marc-Adélard TREMBLAY. «Isolement et vision du monde à Saint-Augustin», *Recherches sociographiques*, vol. 8, nᵒ 2, 1967, p. 151-176.

CONATY, G.T. «Economic Models and Blackfoot Ideology», *American Ethnologist*, vol. 22, nᵒ 2, mai 1995, p. 403-409.

DECLERCK, Patrick. *Les naufragés. Avec les clochards de Paris*, Paris, Pocket Terre Humaine, 2003, 458 p.

DUNN, Sam *et al. Metal: au cœur de la bête*, Montréal, Films Séville, 2006, 1 DVD, 98 min.

GAUCHER, Charles. *Ma culture, c'est les mains. La quête identitaire des sourds au Québec*, Québec, Les Presses de l'Université Laval, 2009, 198 p.

GAULDRÉE-BOILEAU, Charles-Henri-Philippe. «Paysan de Saint-Irénée de Charlevoix en 1861 et 1862», dans Pierre SAVARD, *Paysans et ouvriers québécois d'autrefois*, Québec, Les Presses de l'Université Laval, 1968, 153 p.

GÉRIN, Léon. *Le type économique et social des Canadiens: milieux agricoles de tradition française*, Montréal, Fides, 1948, 223 p.

GOLD, Gerald L. et Marc-Adélard TREMBLAY. «L'anthropologie québécoise et l'étude du Québec: continuités et ruptures», dans Georges-Henri LÉVESQUE (dir.), *Continuité et rupture. Les sciences sociales au Québec*, tome I, Montréal, Les Presses de l'Université de Montréal, 1984, p. 257-297.

GORDON, R. «Interview», Los Angeles, Coast Telecourses, décembre 1981.

HAVILAND, William A. et Marjory W. POWER. *The Original Vermonters*, Hanover, University Press of New England, 1994, 362 p.

HEINRICH, Joseph *et al.* «The Weirdest People in the World?», *Behavioral and Brain Sciences*, vol. 33, nᵒˢ 2-3, 2010, p. 61-83.

HUGHES, Everett. *French Canada in Transition*, Chicago, University of Chicago Press, 1943; traduction française: *Rencontre de deux mondes*, Montréal, Parizeau, 1945, 390 p.

JUNEK, Oscar. *Isolated Communities. A Study of a Labrador Fishing Village*, New York, American Book Company, 1937, 131 p.

LEACH, Edmund. *Social Anthropology*, Glasgow (Écosse), Fontana Paperbacks, 1982, p. 124.

LEVAC, Christian et France LABELLE. *La rue, un chemin tracé d'avance? Parcours de jeunes de la rue*, Montréal, Hurtubise, 2009, 120 p.

LORTIE, Marie-Claude. «Anthropologues, à vos marques!», *La Presse*, 10 septembre 1997, p. D20.

MALINOWSKI, Bronislaw. *Argonauts of the Western Pacific: An Account of Native Enterprise and Adventure in the Archipelagoes of Melanesian New Guinea*, Londres, Routledge & Kegan Paul, 1922, 527 p.

McKENNA, James J. «Bedtime Story», *Natural History*, octobre 1997.

MINER, Horace. *St. Denis. A French-Canadian Parish*, Chicago, University of Chicago Press, 1939; traduction française: *St-Denis. Un village québécois*, Montréal, Hurtubise, 1985, 392 p.

OUDIN, François. «La prise de drogue en *rave*», *Actes du Colloque Nouveau terrains et nouveaux enjeux de l'ethnologie*, Université de Metz, 2004. • http://lapirogue.free.fr/raves.htm

PAQUET, Steve. *Folie, entraide et souffrance. Anthropologie d'une expérience parentale*, Québec, Les Presses de l'Université Laval, 2001, 175 p.

PASTINELLI, Madeleine. *Seul et avec l'autre. La vie en colocation dans un quartier populaire de Québec*, Québec, Les Presses de l'Université Laval, 2003, 175 p.

PASTINELLI, Madeleine. *Des souris, des hommes et des femmes au village global. Parole, pratiques identitaires et lien social dans un espace de bavardage électronique*, Québec, Les Presses de l'Université Laval, 2007, 336 p.

ROBERGE, Martine. *De la rumeur à la légende urbaine*, Québec, Les Presses de l'Université Laval, 2010, 162 p.

SAITOTI, Tepilit Ole. *Ma vie de guerrier masaï*, Paris, Rocher, 2005, 240 p.

SANGARÉ, Boubakar. «Le hockey canadien, ça se joue sur un petit terrain à la surface glissante», *La Presse*, 30 octobre 1992.

SIOUI, Georges E. *Les Wendats. Une civilisation méconnue*, Sainte-Foy, Les Presses de l'Université Laval, 1997, 369 p.

TANKERSLEY, Kenneth B. *et al.* «The Puzzle of the First Americans», *Scientific American Discovering Archaeology*, janvier-février 2000, p. 30-77.

TRUDEL, François *et al. La construction de l'anthropologie québécoise : Mélanges offerts à Marc-Adélard Tremblay*, Sainte-Foy, Les Presses de l'Université Laval, 1995, 472 p.

URBAIN, Jean-Didier. *L'envie du monde*, Paris, Bréal, 2011, 270 p.

VERDON, Michel. *Anthropologie de la colonisation au Québec. Le dilemme d'un village du Lac-Saint-Jean*, Montréal, Les Presses de l'Université de Montréal, 1973, 283 p.

VIAU, Roland. *Enfants du néant et mangeurs d'âmes. Guerre, culture et société en Iroquoisie ancienne*, Montréal, Boréal, 1997, 318 p.

VIAU, Roland. *Femmes de personne. Sexes, genres et pouvoirs en Iroquoisie ancienne*, Montréal, Boréal, 2000, 300 p.

WELZER-LANG, Daniel et Jean-Paul FILIOD. *Les hommes à la conquête de l'espace domestique*, Montréal, VLB éditeur, 1993, 356 p.

WOLF, Daniel R. *Les «Rebels». Une fraternité de motards hors-la-loi*, Montréal, Les Éditions Balzac, 1995, 408 p.

Chapitre 2

APTE, M.L. *Humor and Laughter : An Anthropological Approach*, Ithaca (NY), Cornell University Press, 1985, 317 p.

BARRETTE, C. *Le miroir du monde*, Sainte-Foy, Éditions MultiMondes, 2000, 323 p.

BEDNARIK, R.G. «Concept-Mediated Marking in the Lower Paleolithic», *Current Anthropology*, vol. 36, n° 4, août-octobre 1995, p. 605-634.

BLUMENSCHINE, R. et J. CAVALLO. «Nos ancêtres, des charognards», *Pour la science,* n° 182, décembre 1992, p. 74-81.

BRADLEY, B. et D. STANFORD. «The North-Atlantic Ice-Edge Corridor : a Possible Paelolithic Route to the New World», *World Archaeology*, vol. 36, n° 4, 2004, p. 459-478.

CRUTZEN, Paul J. «Geology of Mankind», *Nature*, vol. 415, 3 janvier 2002, p. 23.

DELOISON, Yvette. *La préhistoire du piéton*, Paris, Plon, 2004, 237 p.

De WAAL, Frans. *La politique du chimpanzé*, Paris, Odile Jacob, 1995a, 216 p.

De WAAL, Frans. «L'activité sexuelle pacificatrice des bonobos», *Pour la science*, n° 211, mai 1995b, p. 34-44.

DIAMOND, J. *De l'inégalité parmi les sociétés, Essai sur l'homme et l'environnement dans l'histoire*, Paris, Gallimard, 2000, 496 p.

ERLANDSON, Jon M. *et al.* «Paleoindian Seafaring, Maritime Technologies, and Coastal Foraging on California's Channel Islands», *Science*, vol. 331, 4 mars 2011, p. 1181-1185.

FALK, D. «Ape-like Endocast of "Ape Man Taung"», *American Journal of Physical Anthropology*, vol. 80, n° 3, 1989, p. 335-339.

FAO. «Recul de la déforestation mondiale, malgré des taux alarmants dans de nombreux pays», 25 mars 2010.
• http://www.fao.org/news/story/fr/item/40893/icode/

FREEMAN, L.G. «Ambrona and Torralba. New Evidence and Interpretation», article présenté lors de la 91e conférence annuelle de l'American Anthropological Association, tenue à Chicago (Illinois), 1992.

GIBBONS, Ann. «A New Kind of Ancestor : *Ardipithecus* Unveiled», *Science*, vol. 326, 2 octobre 2009, p. 36-40.

GOODALL, Jane. *The Chimpanzees of Gombe : Patterns of Behaviors*, Cambridge, Belknap Press, 1986, 673 p.

GOODENOUGH, W.H. «Evolution of the Human Capacity for Beliefs», *American Anthropologist*, vol. 92, 1990, p. 597-612.

GOULD, Stephen Jay. «Dorothy, It's Really Oz», *Time*, 23 août 1999, p. 59.

GREEN, Richard E. *et al.* «A Draft of the Neandertal Genome», *Science*, vol. 328, 7 mai 2010, p. 710-722.

«In the Beginning», *The Economist*, avril 2007, p. 23-25.

KOLBERT, É. «Bienvenue dans l'anthropocène : l'âge de l'homme», *National Geographic France*, mars 2011, p. 51-57.

KRIVINE, Jean-Paul. «La troisième croisade créationniste», *Le Nouvel Observateur hors-série*, décembre 2005/janvier 2006, p. 24-27.

LEONARD, William. «Ressources alimentaires et évolution», *Pour la science*, n° 303, février 2003, p. 46-52.

LEWIN, Roger. «The Earliest "Humans" Were More Like Apes», *Science*, n° 236, 1987, p. 1062.

MELLARS, P. «Major Issues in the Emergence of Modern Humans», *Current Anthropology*, vol. 30, n° 3, 1989, p. 349-385.

MELLARS, P. et J.C. FRENCH. «Tenfold Population Increase in Western Europe at the Neanderthal-to-Human Transition», *Science*, vol. 333, n° 6042, 29 juillet 2011, p. 623-627.

PALMER, D. *L'atlas des origines de l'homme : une histoire illustrée*, Paris, Delachaux et Niestlé, 2007, 192 p.

POLIMENI, J. et J.P. REISS. «The First Joke : Exploring the Evolutionary Origins of Humor», *Evolutionary Psychology*, vol. 4, 2006, p. 347-366.

POPE, G. «Bamboo and Human Evolution», *Natural History*, vol. 98, n° 10, octobre 1989, p. 48-57.

POTTER, Ben A. *et al.* «A Terminal Pleistocene Child Cremation and Residential Structure from Eastern Beringia», *Science*, vol. 331, 23 février 2011, p. 1058-1061.

PRUETZ, Jill et Paco BERTOLANI. «Savanna Chimpanzees, *Pan troglodytes verus*, Hunt with Tools», *Current Biology*, vol. 17, 2007, p. 412-417.

PRUETZ, Jill et Paco BERTOLANI. «Chimpanzee (*Pan troglodytes verus*) Behavioral Response to Stresses Associated with Living in a Savanna-Mosaic Environment : Implications for Hominin Adaptations to Open Habitats», *PaleoAnthropology*, 2009, p. 252-262.

SCOTT, Eugenie C. *Evolution vs Creationism : An Introduction*, Berkeley, University of California Press, 2009, 384 p.

SHULTZ, T.R. «A Cross-Cultural Study of the Structure of Humor», dans A.J. CHAPMAN et H.C. FOOT (éd.), *It's a Funny Thing, Humour*, Oxford, Pergamon Press, 1977, 507 p.

TATTERSALL, Ian et Jay MATTERNES. «Autrefois, nous n'étions pas seuls», *Pour la science*, n° 269, mars 2000, p. 74-79.

VAID, J. «The Evolution of Laughter : Do Those Who Laugh Last?», dans D.H. ROSEN et M.C. LUEBBERT (éd.), *Evolution of the Psyche*, Westport, Praeger Publishers, 1999, 227 p.

VAN HOOFF, J.A.R.A.M. et S. PREUSCHOFT. «A Comparative Approach to the Phylogeny of Laughter and Smiling», dans R.A. HINDE (éd.), *Non-verbal Communication*, Cambridge, Cambridge University Press, 1997, p. 209-241.

WHITEN, Andrew et Christophe BOESCH. «Les cultures des chimpanzés», *Pour la science*, vol. 93, n° 281, mars 2001, p. 86-93.

WOLPOFF, Milford H. «Australopithecus. A New Look at an Old Ancestor (Part 1)», *General Anthropology*, vol. 3, n° 1, 1996, p. 1-7.

WONG, Kate. «Le plus petit humain», *Pour la science*, n° 329, mars 2005, p. 30-36.

Chapitre 3

ANCTIL, Pierre. *Trajectoires juives au Québec*, Québec, Presses de l'Université Laval, 2010, 231 p.

ANCTIL, Pierre et Ira ROBINSON (dir.). *Les communautés juives de Montréal – Histoire et enjeux contemporains*, Québec, Septentrion, 2010, 275 p.

BARETTE, Christian, Édithe GAUDET et Denyse LEMAY. *Guide de communication interculturelle*, Montréal, Éditions du Renouveau Pédagogique, 1993, 171 p.

BILODEAU, Denyse. *Les murs de la ville*, Montréal, Liber, 1996, 202 p.

BISAILLON, Martin. «Changement de fenêtres pour plaire aux Juifs hassidiques», *Le Journal de Montréal*, 8 novembre 2006.

BODLEY, John H. *Victims of Progress*, Mountain View, Mayfield, 1990, 261 p.

CARLE, Martine. *Profils des principaux groupes religieux du Québec*, Québec, Les Publications du Québec, 1995, 171 p.

CAROULIS, Jon. «Food for Thought», *Pennsylvania Gazette*, vol. 95, n° 3, 1996.

DENIS, Véronique. «Pour comprendre la pratique du *squeegee* à Montréal», *Criminologie*, vol. 36, n° 2, 2003, p. 89-104.

DURAND, Monique et Lisa Marie NOËL. «Hypersexualisation des filles. Échec du féminisme?», *La Gazette des femmes*, vol. 27, n° 2, septembre 2005, p. 15-26. • http://www.gazettedesfemmes.ca/ 2816/hypersexualisation-des-filles-echec-du-feminisme/

FOISY, Colette. *Le squeegeeing au centre-ville de Montréal. Perceptions et réalité*, Montréal, Rapport conjoint Ville de Montréal/Spectre de rue, 1999, 101 p.

GAGNON, J.E. «Cohabitation interculturelle, pratique religieuse et espace urbain. Quelques réflexions à partir du cas des communautés hassidiques juives d'Outremont/ Mile-End», *Les Cahiers du GRES*, vol. 3, n° 1, printemps 2002. • http://www.erudit.org/revue/lcg/2002/v3/n1/009429ar.pdf

GAUDET, Édithe. *Relations interculturelles. Comprendre pour mieux agir*, Montréal, Modulo, 2011, 276 p.

HARRIS, Marvin. *Cows, Pigs, Wars, and Witches: The Riddle of Culture*, New York, Vintage Books, 1989, 276 p.

LAURENCE, Jean-Christophe. «Que reste-t-il du Montréal yiddish?», *La Presse*, 25 novembre 2011.

LE BRETON, David. *Signes d'identité. Tatouage,* piercings *et autres marques corporelles*, Paris, Métailié, 2002.

LE BRETON, David. *Anthropologie du corps et modernité*, Paris, PUF, 2005.

LEVAC, Christian et France LABELLE. *La rue, un chemin tracé d'avance? Une recherche anthropologique sur le parcours de 21 jeunes hommes de la rue. Résumé du rapport*, Montréal, Refuge des jeunes de Montréal, 2007, 44 p.

LÉVI-STRAUSS, Claude. *Anthropologie structurale*, Paris, Plon, 1958, 307 p.

LÉVI-STRAUSS, Claude. *Tristes Tropiques*, Paris, Plon, Presses Pocket, 1984, 504 p.

LIOTARD, Philippe. «Corps en kit», *Quasimodo*, n° 7, printemps 2003, p. 7-20.

LIOTARD, Philippe. «Le poinçon, la lame et le feu: la chair ciselée», *Quasimodo*, n° 7, printemps 2003, p. 21-36.

MAROIST, Guylaine et Éric RUEL. *L'été, c'est pas juste Noël…* Montréal, Productions de la ruelle, 2004, 1 DVD, 52 min.

McFADYEN, Scott et Sam DUNN. *Global Metal*, Montréal, Films Séville, 2008, 2 DVD, 95 min.

POULIN, Richard et Amélie LAPRADE. «Hypersexualisation, érotisation et pornographie chez les jeunes», *Sisyphe*, 7 mars 2006. • http://sisyphe.org/article.php3?id_article=2268

RINGUET, Chantal. *À la découverte du Montréal yiddish*, Montréal, Groupe Fides, 2011, 300 p.

ROCHA DA SILVA, Pascal. *La politique de l'enfant unique en République populaire de Chine*, Genève, Département d'Histoire économique et sociale, Faculté SES, Université de Genève, 2006, 160 p.

ROY, Paul. «Québec ne peut fermer une école… qui n'en est pas une», *La Presse*, 29 novembre 2006.

STATISTIQUE CANADA. *Origines ethniques, chiffres de 2006, pour le Canada, les provinces et les territoires.* • http://www12.statcan.ca/census-recensement/2006/dp-pd/ hlt/97-562/pages/page.cfm?Lang=F&Geo=PR&Code=01&Da ta=Count&Table=2&StartRec=1&Sort=3&Display=All&CSD Filter=5000

WHITE, Leslie A. *The Evolution of Culture: The Development of Civilization to the Fall of Rome*, New York, McGraw-Hill, 1959.

Chapitre 4

ACOSTA, Rosario. «La vie quotidienne à Tenochtitlán», *Historia Special, Mayas, Incas, Aztèques, les peuples du soleil*, n° 84, juillet 2003.

AFP. «Congo: les Pygmées se révoltent», *Le Figaro*, 11 août 2011.

ALLARD, Marie. «Encore plus d'OGM dans nos champs», *La Presse*, 4 juillet 2011a.

ALLARD, Marie. «Rôtisserie St-Hubert: le poulet végétal nourri aux farines animales», *La Presse*, 12 août 2011b.

ALLARD, Marie. «Du poulet végétarien toujours en vente au Québec», *La Presse*, 16 août 2011c.

ALLARD, Marie. «Du poulet végétal qui n'en n'est pas», *La Presse*, 24 septembre 2011d.

BACHAND, Nadine et Jean-Frédéric LEMAY. «L'accès aux terres agricoles au Québec: la menace vient de l'intérieur», *Le Soleil*, 26 mars 2010.

BARTH, F. «Nomadism in the Mountain and Plateau Areas of South West Asia», *The Problems of the Arid Zone. Proceedings*, Paris, UNESCO, 1960, p. 341-355.

BERDAN, Frances S. *The Aztecs of Central Mexico*, New York, Holt, Rinehart and Winston, 1982, 195 p.

BÉRUBÉ, Stéphanie. «L'agriculture au Québec: la grande mésentente», *La Presse*, 24 juillet 2010.

CALLIAN, Sara. «Le plaisir urbain de la cueillette sauvage», *Le Courrier International*, 16 décembre 2010. • http://vert.courrierinternational.com/article/2010/12/16/le-plaisir-urbain-de-la-cueillette-sauvage

CARTV. *Statistiques 2010. Usage de l'appellation biologique au Québec. Conseil des appellations réservées et des termes valorisants,* 2011, 12 p. • http://cartv.gouv.qc.ca/statistiques-pour-lappellation-biologique

CASHDAN, E. «Hunters and Gatherers. Economic Behavior in Hands», dans Stuart PLATTNER (dir.), *Economic Anthropology*, Stanford, Stanford University Press, 1989, 487 p.

CHAMPAGNE, Stéphane. «Les travailleurs étrangers désormais indispensables», *La Presse*, 30 juillet 2011.

CSST. «Travailleurs agricoles étrangers», communiqué, 14 juillet 2011. • http://www.csst.qc.ca/salle_de_presse/actualites/2011/14_juillet_travailleurs_agricoles.htm

DEGLISE, Fabien. «Quand manger peut nuire», *Ici Montréal*, 30 novembre 2000.

DOMINIQUE, Richard. *Le langage de la chasse. Récit autobiographique de Michel Grégoire, Montagnais de Natashquan*, Sillery, Presses de l'Université du Québec, 1989, 206 p.

ETIEMBRE, Yvan. «Amazonie terre de vision (2) : les Yanomami et l'esprit de la forêt», *Regard Éloigné*, 23 mars 2009. • http://agoras.typepad.fr/regard_eloigne/2009/03/amazonie-terre-de-visions2les-yanomami-et-lesprit-de-la-foret.html

ETLING, Will. «Food grows on trees!», *Good.is*, 1er avril 2009. • http://www.good.is/post/food-grows-on-trees/

FAO. «La fièvre aphteuse – les Masaï pris entre deux feux», *L'Actualité FAO*, 4 janvier 2002. • http://www.fao.org/nouvelle/2001/011207-f.htm

FORTIN, Gérald. «L'étude du milieu rural», *Recherches sociographiques*, vol. 3, nos 1-2, avril-juin 1962, p. 105-116.

FREEGAN INFO. «What is a Freegan?», 2011. • http://freegan.info/

FRIESEN, John W. *Rediscovering the First Nations of Canada*, Calgary, Detselig, 1997, 286 p.

FRISER, Alice. *Du discours militant à la réalité de marché : la réponse du commerce équitable à la crise du coton en Inde*, mémoire de maîtrise, Université du Québec à Montréal, 2009. • www.irec.net/upload/File/memoires_et_theses/33_version5.pdf

GAGNÉ, Jean-Simon. «Élevage aux hormones de croissance et aux antibiotiques», *Le Soleil*, 23 décembre 2000.

GÉRIN, Léon. «L'habitant de Saint-Justin», *Mémoires de la Société royale du Canada*, vol. 4, mai 1898, p. 139-216.

GUILLEMETTE, Mélissa. «Quand Saint-Rémi devient San Remi», *Le Devoir*, 21 juillet 2010.

HAWKES, Kristen *et al.* «Hadza Women's Time Allocation, Offspring Provisionning, and the Evolution of Long Postmenopausal Life Spans», *Current Anthroplogy*, vol. 38, no 4, 1997, p. 551-557.

HÉRAUD-PINA, Marie-Anne. *Mise en valeur du karst depuis les anciens Mayas jusqu'à aujourd'hui, Pratique de gestion de l'environnement dans les pays tropicaux,* dir. prof. Singaravélou, DYMSET (Dynamiques des milieux et des sociétés dans les espaces tropicaux), 1997.

IGOE, Jim. *Conservation and Globalization : A case study of Maasai herders and National Parks in East-Africa*, Washington, Investment Company Institute, 2003, 200 p.

JAMES, Clive. *État mondial des plantes GM commercialisées*, International Service for the Acquisition of Agri-biotech Applications (ISAAA), 2010, 29 p. • http://www.isaaa.org/resources/publications/briefs/42/executivesummary/default.asp

JEAN, Bruno. *Territoires d'avenir. Pour une sociologie de la ruralité*, Sainte-Foy, Presses de l'Université du Québec, 1997, 318 p.

KENNER, Robert. *Food Inc.,* [Enregistrement vidéo], Montréal, Alliance Vivafilm, 2009, 1 h 34.

LABRECQUE, Marie-France. «Culture et construction de la connaissance : la recherche face au changement», présentation dans le cadre du colloque no 413, *Les langages de l'altérité II*, ACFAS, Montréal, mai 2006.

LALIBERTÉ *et al.* «Évaluation des impacts sociosanitaires de la pêche au fleuve parmi la population défavorisée de Montréal-Centre», *Bulletin d'information en santé environnementale*, vol. 13, no 3, mai-juin 2002, p. 1-8. • www.inspq.qc.ca/pdf/bulletins/bise/BISE-13-3.pdf

LATULIPPE, Hugo. *Bacon, le film,* [Enregistrement vidéo], Montréal, ONF, 2001, 82 min.

LEACOCK, Elenor B. et Nan A. ROTHSCHILD. *Labrador Winter. The Ethnographic Journals of William Duncan Strong, 1927-1928*, Washington, Smithsonian Institution Press, 1994, 235 p.

LEE, Richard B. *The Dobe Ju/'hoansi,* Fort Worth, Harcourt Brace, 1993, 207 p.

LES AMIS DE LA TERRE. *À qui profitent les plantes GM?, La grande escroquerie climatique*, septembre 2010. • www.amisdelaterre.org/IMG/pdf/**OGM**_rapport_complet_2010_.pdf

LÉVESQUE, C., D. DE JURIEW, C. LUSSIER et N. TRUDEAU. *Changement social, culture et alimentation chez les Inuits de la région circumpolaire*, Montréal, INRS-Culture et Société, 2000, 45 p.

LEWINO, Frédéric. «Neuf jours chez les Pygmées du Congo», *Le Point.fr*, 27 juillet 2011.

LORTIE, Marie-Claude. «Un peu d'éthique dans votre assiette», *La Presse*, 15 octobre 2011.

MALONE, Andrew. «The GM genocide: Thousands of Indian farmers are committing suicide after using genetically modified crops», *The Daily Mail*, 3 novembre 2008. • http://www.dailymail.co.uk/news/article-1082559/The-GM-genocide-Thousands-Indian-farmers-committing-suicide-using-genetically-modified-crops.html

MANTHA, René. *Mémoire présenté à la Commission de consultation sur les pratiques d'accommodements reliées aux différences culturelles*, Fondation des entreprises en recrutement de main-d'œuvre agricole étrangère (FERME), 2007, 20 p.

MAUSS, Marcel. «Essai sur les variations saisonnières des sociétés eskimos. Études de morphologie sociale», *Année sociologique*, tome 9, 1904-1905, 1908. • http://classiques.uqac.ca/classiques/mauss_marcel/socio_et_anthropo/7_essai_societes_eskimos/essai_societes_eskimos.html

McMILLAN, Alan D. *Native Peoples and Cultures of Canada. An anthropological Overview*, Vancouver, Douglas & McIntyre, 1995, 376 p.

MIMEAULT, Isabelle et Myriam SIMARD. «Travail agricole saisonnier occasionnel au Québec : espace d'inclusion ou d'exclusion», *Canadian Ethnic Studies*, vol. 33, no 1, 2001, p. 25-45.

MINER, Horace. *Saint-Denis. Un village québécois*, Montréal, Hurtubise, 1985, 392 p.

NANDA, Serena et Richard L. WARMS. *Cultural Anthropology*, 10e éd., Belmont, Thomson Wadsworth, 2010, 426 p.

OUIMET, Michèle. «La bouffe manipulée», *La Presse*, 27 mai 2003.

PELTO, Pertti J. *The Snowmobile Revolution*, Menlo Park, Cummings, 1973, 225 p.

PEOPLES, James et Garrick BAILEY. *Humanity. An Introduction to Cultural Anthropology*, Wadsworth, Belmont, 2012, 476 p.

PROULX, Steve. «Nourrir les pauvres», *Voir Montréal*, 8 juillet 2009. • http://voir.ca/chroniques/angle-mort/2009/07/08/nourrir-les-pauvres/

ROBIN, Marie-Monique. *Le monde selon Monsanto : de la dioxine aux OGM, une multinationale qui vous veut du bien*, Montréal, Stanké, 2008, 377 p.

ROBIN, Marie-Monique. *Notre poison quotidien. La responsabilité de l'industrie chimique dans l'épidémie des maladies chroniques*, Montréal, Stanké, 2011, 512 p.

ROY, Louis, Sylvain PAQUETTE et Gérald DOMON. «La campagne des néo-ruraux», *Recherches sociographiques*, vol. 46, no 1, 2005, p. 35-65.

ROY, Louis, Sylvain PAQUETTE et Gérald DOMON. «More of the Same. L'expérience néo-rurale dans le sud du Québec», *Ruralités nord-sud. Inégalités, conflits, innovations*, Paris, L'Harmattan, 2007.

ROY, Louis et Michel VERDON. «East-Farnham's Agriculture in 1871», *The Canadian Historical Review*, vol. 84, no 3, septembre 2003, p. 355-394.

SAHLINS, Marshall. *Âge de pierre, âge d'abondance. Économie des sociétés primitives*, Paris, Gallimard, 1976, 409 p.

SALZMAN, P.C. «Political Organization Among Nomadic Peoples», *Proceedings of the American Philosophical Society*, vol. 3, 1967, p. 115-131.

SMALL, M.F. «Making Connections», *American Scientist*, vol. 85, 1997.

STEIGMAN, Martha. «Du céleri pas cher... aux frais des travailleurs migrants», *À Babord !*, no 23, février-mars 2008. • http://www.ababord.org/spip.php?article721

SURVIVAL INTERNATIONAL. «Yanomami : l'esprit de la forêt», *Survival International France*, mars 2005. • http://danslapeaudunpapou.survivalfrance.org/content/journal-yanomami-lesprit-foret

VERDON, Michel et Louis ROY. «Les grandes fresques dichotomiques de l'histoire rurale québécoise», *Anthropologie et Sociétés*, vol. 18, no 2, 1994, p. 145-172. • http://classiques.uqac.ca/contemporains/verdon_michel/grandes_fresques/grandes_fresques.html

WARIDEL, Laure. *L'envers de l'assiette*, Montréal, Écosociété, 2003, 173 p.

WOODBURN, James. «An Introduction to Hadza Ecology», dans R.B. LEE et I. DEVOR (éd.), *Man the hunter*, Chicago, Aldine, 1968, p. 49-55.

Chapitre 5

ACDI. *Les enfants de la rue*, Ottawa, Agence canadienne de développement international, 2008, 6 p.

AMNISTIE INTERNATIONALE. *La traite des femmes. Ni ici, ni ailleurs*, Montréal, Amnistie Internationale, section canadienne francophone, 2006, 33p. • http://www.amnistie.ca/traite/femmes/pdf/AI_campagne_traite_femmes_automne06.pdf

ANDRYS, Christine. «Les cadeaux : règles et itinéraires des pratiques de don», dans Isabelle GARABUAU-MOUSSAOUI et Dominique DESJEUX, *Objet banal, objet social. Les objets quotidiens comme révélateurs des relations sociales*, Paris, L'Harmattan, 2000, p. 155-172.

ANGELICO, Irene. *Cola le conquérant, La coca-colonisation*, Montréal, DLI Productions, 1999, 1 DVD, 50 min.

ASSOCIATION DES AIDES FAMILIALES DU QUÉBEC (AAFQ). *Des droits pour les aides familiales en difficulté*, Montréal, AAFQ, 2005, 2 p.

BBC. «Les biocarburants, "un crime contre l'humanité"», *BBC Afrique.com*, 2007. http://www.bbc.co.uk/french/news/story/2007/10/071027_biofuels_food.shtml

BÉLANGER, Mathieu. «Les minières canadiennes à l'étranger : une réputation à défendre», *Rue Frontenac*, 4 mars 2009.

BERRY, E. *Eating and Cooking Around the World. Fingers Before Forks*, New York, The John Day Company, 1963, 96 p.

BIROLLI, Bruno. «L'or perdu des Papous», *Le Nouvel Observateur*, no 1867, août 2000, p. 33-36.

BOUISSOU, Julien. «En Inde, la tribu des Dongria Kondh vit le scénario du film *Avatar*», *Le Monde*, 10 février 2010.

BUREAU INTERNATIONAL DU TRAVAIL (BIT). *Une mondialisation juste. Créer des opportunités pour tous*, Genève, Commission mondiale sur la dimension sociale de la mondialisation, 2004, 210 p.

BUREAU INTERNATIONAL DU TRAVAIL (BIT). *Intensifier la lutte contre le travail des enfants*, Genève, Bureau international du travail, 2010, 25 p. • http://www.ilo.org/wcmsp5/groups/public/@dgreports/@dcomm/documents/publication/wcms_126691.pdf

BUREAU INTERNATIONAL DU TRAVAIL (BIT). *Enfants dans les travaux dangereux*, Genève, Bureau international du travail, 2011, 116 p. • http://www.ilo.org/global/publications/books/WCMS_155430/lang--fr/index.htm

CHAMPAGNE, Sarah. *Portrait des aides familiales au Québec*, Groupe AD DOC pour la promotion du travail décent des aides familiales, 2009, 80 p. • http://www.ciso.qc.ca/wordpress/wp-content/uploads/reponse-du-groupe-ad-doc-sur-les-aides-familiales-qc.pdf

CHERRY, Tamara. «Flesh Trade Targets Natives», *Toronto Sun*, 29 septembre 2008. • http://www.torontosun.com/news/canada/2008/09/29/6916776-sun.html

CHITOUR, Chems Eddine. «Biocarburants ou nécrocarburants?», *ContreInfo.info*, 2010. • http://contreinfo.info/article.php3?id_article=2969

CHOQUETTE, Hélène. *Avenue Zéro*, [Enregistrement vidéo], Montréal, ONF, 2009.

CORNELLIER, Robert, Patricio HENRIQUEZ et Raymonde PROVENCHER. *L'enfance assassinée*, [Enregistrement vidéo], Montréal, Macumba International, 2001, vidéocassette (VHS), 52 min.

DE GROOT, Raphaëlle et Elizabeth OUELLET. *Plus que parfaite. Les aides familiales à Montréal 1850-2000*, Montréal, Les Éditions du Remue-Ménage, 2001, 177 p.

DES DESERTS, Sophie. «Marque ou crève», *Le Nouvel Observateur*, no 1904, 3 mai 2001, p. 106.

DESJARDINS, Richard et Robert MONDERIE. *Trou Story*, [Enregistrement vidéo], Montréal, ONF, 2011.

DUFRESNE, Lucie. *Les Mayas et Cancun*, Montréal, Les Presses de l'Université de Montréal, 1999, 339 p.

DUHAIME, Gérald. *Le Nord. Habitants et mutations*, dans la Série «Atlas historique du Québec», Les presses de l'Université Laval et le Groupe d'études inuit et circumpolaires, 2001.

DUPUY, Francis. *Anthropologie économique*, Paris, Armand Colin, 2001, 192 p.

ECPAT. Brochure d'information d'ECPAT. Bangkok, ECPAT International, 2006, 24 p. • www.ecpat.net/ei/Publications/ ECPAT/Brochure_FRE.pdf

ECPAT. *Stop Sex Trafficking of Children and Young People. Their Protection Is in our Hands.* Summary report. Bangkok, ECPAT International, 2009, 12 p. • http://www.ecpat.net/TBS/ en/Campaign_Resources.html

FAO. *La situation mondiale des pêches et de l'aquaculture*, Rome, Organisation des Nations Unies pour l'alimentation et l'agriculture, 2010, 244 p. • www.fao.org/docrep/013/i1820f/i1820f.pdf

FAO. *La situation mondiale de l'alimentation et de l'agriculture. Les femmes dans l'agriculture*, Rome, Organisation des Nations Unies pour l'alimentation et l'agriculture, 2011, 174 p. • www.fao.org/docrep/013/i2050f/i2050f.pdf

FLAUDER, Gauthier et Chris HILTON. *Advertising Missionaries, ABC Australia*,[Enregistrement vidéo], France 3 et Télévision suisse romande, First Run/Icarus Films, 1996, vidéocassette (VHS), 53 min.

FRIESEN, John W. *Rediscovering the First Nations of Canada*, Calgary, Detselig, 1997, 286 p.

GAUDET, Édithe. *Relations interculturelles. Comprendre pour mieux agir*, Montréal, Groupe Modulo, 2011, 276 p.

GEERTZ, Clifford. *Bali : interprétation d'une culture*, Paris, La Découverte, 1992, 149 p.

GOUVERNEUR, Cedric. «Au Bangladesh, une paupérisation moderne», *Le Monde diplomatique*, août 2005, p. 6-7. • http://www.monde-diplomatique.fr/2005/08/GOUVERNEUR/ 12423

GRAVEL, Nathalie. «Faire plus avec moins : comment survivre à la transition économique au Yucatán, Mexique (1982-2002)», *Cahiers de géographie du Québec*, vol. 48, n° 134, septembre 2004. • http://www.erudit.org/revue/cgq/2004/ v48/n134/011679ar.html

GRÉGOIRE, A.-J. *Le jeûne du ramadan en contexte de migration. Le cas des immigrants d'origine marocaine à Montréal*, mémoire de maîtrise en anthropologie, Université de Montréal, 2001.

GROUPE DE TRAVAIL *AD HOC* SUR LA PROMOTION DU TRAVAIL DÉCENT DES AIDES FAMILIALES. *Toujours serviables, Jamais servantes !* 2010, 5 p. • http://www.aubasdelechelle.ca/assets/files/nos%20actions/ aides%20familiales/depliant-aides-familiales.pdf

HALIMI, Serge. «Wal-Mart à l'assaut du monde», *Le Monde diplomatique*, janvier 2006, p. 1 et 16 à 18. • http:// www.monde-diplomatique.fr/2006/01/HALIMI/ 13083

HAWKES, Kristen *et al.* «Hadza Women's Time Allocation, Offspring Provisioning, and the Evolution of Long Postmenopausal Life Spans», *Current Anthropology*, vol. 38, n° 4, 1997, p. 551-557.

HEILBRONER, Robert I. et Lester C. THUROW. *The Economic Problem*, Engelwood Cliffs, Prentice-Hall, 1984, 669 p.

HUBERT, Annie. «Le repas chez les Yao», dans Jean-Louis FLANDRIN et Jane COBBI, *Tables d'hier, tables d'ailleurs*, Paris, Odile Jacob, 1999, p. 405-436.

HURTEAU, Philippe. *Mondialisation et délocalisation d'emplois*, Montréal, Institut de recherche et d'informations socio-économiques (IRIS), avril 2009, 44 p.

KHARE, R.S. et M.S.A. RAO. *Aspects in South Asian Food Systems. Food, Society, and Culture*, Durham, Carolina Academic Press, 1986, 336 p.

KLEIN, Naomi. *No Logo. La tyrannie des marques*, Montréal, Leméac, 2001, 744 p.

KROWOLSKI, Nelly. «Même le ciel ne foudroie pas la table. Le repas vietnamien», dans Jean-Louis FLANDRIN et Jane COBBI, *Tables d'hier, tables d'ailleurs*, Paris, Odile Jacob, 1999, p. 405-420.

LABRECQUE, Marie-France. «Dans les *maquiladoras* du Yucatan», *Canadian Woman Studies*, vol. 21-22, n° 4, 2002, p. 100-107.

LABRECQUE, Marie-France. *Être Maya et travailler dans une maquiladora*, Saint-Nicolas, Les Presses de l'Université Laval, 2005, 158 p.

LABURTHE-TOLRA, Philippe et Jean-Pierre WARNIER. *Ethnologie, anthropologie*, Paris, Presses Universitaires de France, 2003, 448 p.

LAPOINTE, Esther et Luc MARIOT. *Quand on tourne le dos à la mer*, Montréal, Société Radio-Canada, émission *Zone Libre*, 2003. • http://www.radio-canada.ca/actualite/ zonelibre/03-09/terre-neuve.asp

LES AMIS DE LA TERRE EUROPE. *Afrique : terre(s) de toutes les convoitises*, Bruxelles, Les Amis de la terre Europe, 2010, 36 p. • www.foei.org/fr/publications/pdfs/afrique-terre-s-de-toutes- les-convoitises/view

LES AMIS DE LA TERRE. «L'Union européenne et ses agrocarburants provoquent une ruée sur les terres africaines», *notre-planète.info*, 2010. • http://www.notre-planete.info/ actualites/actu_2503_terres_biocarburants_Afrique_Europe.php

LES DROITS DE L'ENFANT. *Le travail des enfants*, 2011.

MACLEOD, Calum et Lijia. «Les jouets McDonald's sont-ils fabriqués par des adolescents?», *Courrier International*, n° 516, 27 janvier 2000.

MAGDELAINE, Christophe. «Comment les biocarburants détruisent l'Amérique latine», *notre-planète.info*, 2008.

MAHIAS, Marie-Claude. *Manger en Inde. Partage et transaction*, dans Jean-Louis FLANDRIN et Jane COBBI, *Tables d'hier, tables d'ailleurs*, Paris, Odile Jacob, 1999, p. 347-388.

MANIER, Bénédicte. «Travail des enfants, les leçons des pays émergents», *Le Monde diplomatique*, mai 2010.

MANIER, Bénédicte. «Le travail des enfants dans le monde», *La Découverte*, 2011.

MARCOUX, Aude-Marie. «Pêche durable : Metro fait son bilan», *Les affaires*.com, 12 juillet 2011.

McMILLAN, Alan D. *Native People and Cultures of Canada. An Anthropological Overview*, Vancouver, Douglas and McIntyre, 1995, 376 p.

MEUNIER, Hugo. «Tourisme sexuel : le bordel caché des Québécois», *La Presse*, 17 janvier 2011a.

MEUNIER, Hugo. «Le bureau de tourisme de la République dominicaine choqué, inquiet et attristé», *La Presse*, 20 janvier 2011b.

351

MICHEL, Franck. «Vers un tourisme sexuel de masse?», *Le Monde diplomatique*, août 2006.

MORIN, Annie. «Cadbury passe au chocolat équitable», *Le Soleil*, 26 août 2009.

MUTUME, Gumisai. «L'Afrique cherche à préserver ses pêches», *Afrique Relance*, vol. 16, n° 1, avril 2002, p. 12. • http://www.un.org/french/ecosocdev/afrec/vol16no1/161fishf.htm

NEWELL, Dianne et Rosemary E. OMMER (éd.). *Fishing Places, Fishing People. Traditions and Issues in Canadian Small-Scale Fisheries*, Toronto, University of Toronto Press, 1999, 374 p.

OIT. *La lutte contre le travail des enfants dans le secteur du cacao*, 2008. • http://appablog.wordpress.com/2008/12/05/la-lutte-contre-le-travail-des-enfants-dans-le-secteur-du-cacao/

OIT. *Manuel de formation sur la lutte contre la traite des enfants à des fins d'exploitation de leur travail, sexuelle ou autres formes*, 2009. • http://www.ilo.org/ipec/areas/Traffickingofchildren/WCMS_111538/lang--fr/index.htm

OMMER, Rosemary E. «Rosie's Cove. Settlement Morphology, History, Economy, and Culture in a Newfoundland Outport», dans D. NEWELL et R.E. OMMER, *Fishing Places, Fishing People. Traditions and Issues in Canadian Small-Scale Fisheries*, Toronto, University of Toronto Press, 1999, 374 p.

OXFAM. «Une autre vérité qui dérange. Comment les politiques en matière d'agrocarburants aggravent la pauvreté et accélèrent le changement climatique», Oxfam International, 2008, 6 p.

PATAUD-CÉLÉRIER, Philippe. «Les Papous dépossédés de l'Irian Jaya», *Le Monde diplomatique*, octobre 1996, p. 24. • http://www.monde-diplomatique.fr/1996/10/PATAUD_CELERIER/7283

PLATTNER, Stuart. *Economic Anthropology*, Stanford, Stanford University Press, 1989, 487 p.

PNUE. La surpêche, principale menace pesant sur l'écologie maritime mondiale. Progamme des Nations Unies pour l'environnement. *Bulletin d'Alerte Environnementale*, 2004, 4p.

POLANYI, Karl. «The Economy as Instituted Process», dans Edward E. LECLAIR et H.K. SCHNEIDER (dir.), *Economic Anthropology. Readings in Theory and Analysis*, New York, Holt, Rinehart and Winston, 1968, p. 127-138.

REVELLI, Philippe. «Quand le Brésil joue le "pétrole vert" contre la réforme agraire», *Le Monde diplomatique*, avril 2008.

SANA, Eros. «Pêche intensive: comment l'Europe affame l'Afrique», *Sociologias*, 24 mars 2011. • http://sociologias-com.blogspot.com/2011/03/senegal-peche-intensive-comment-leurope.html

SANDAY, Peggy R. *Female Power and Male Dominance. On the Origins of Sexual Inequality*, Cambridge, Cambridge University Press, 1981, 295 p.

SCHNEIDER, Harold K. (sous la direction de). *Economic Anthropology. Readings in Theory and Analysis*, «New York, Holt, Rinehart and Winston, 1968, p. 127-138.

SIMARD, Myriam. *La main-d'œuvre agricole saisonnière transportée quotidiennement de la région de Montréal*, Montréal, INRS-Culture et Société, 1997, 19 p.

SINCLAIR, P.R., H. SQUIRES et L. DOWNTON. «A Future Without Fish? Constructing Social Life on Newfoundland's Bonavista Peninsula After the Cod Moratorium», dans D. NEWELL et R.E. OMMER, *Fishing Places, Fishing People. Traditions and Issues in Canadian Small-Scale Fisheries*, Toronto, University of Toronto Press, 1999, 374 p.

TAILLEFER, Guy. «Un bon gars, le Canada?», *Le Devoir*, 19 janvier 2008.

TUAC. *La situation des travailleurs agricoles migrants au Canada, 2010-2011*, Rexdale, TUAC Canada, 2011, 25 p.

UNICEF. *La situation des enfants dans le monde*, New York, Fonds des Nations Unies pour l'enfance, 2009, 16 p. • http://www.unicef.ca/sites/default/files/imce_uploads/UTILITY%20NAV/MEDIA%20CENTER/PUBLICATIONS/FRENCH/SOWC_Special_Edition_fr.pdf

USA. *The Department of Labor's List of Goods Produced by Child Labor or Forced Labor*, Washington, Departement of Labor, 2009, 194 p. • www.dol.gov/ilab/programs/ocft/PDF/2009TVPRA.pdf

VILLAGARIA, M.G. *et al.* «Groundfish Assemblages of Eastern Canada Examined Over Two Decades», dans D. NEWELL et R.E. OMMER, *Fishing Places, Fishing People. Traditions and Issues in Canadian Small-Scale Fisheries*, Toronto, University of Toronto Press, 1999, 374 p.

VOGT, Evon Z. *The Zinacantecos of Mexico. A modern Maya Way of Life*, Fort Worth, New York, Holt, Rinehart and Winston, 1990, 157 p.

WATSON, Paul. «Nous devons cesser de manger les océans», *GoodPlanet.info*, 2009. http://www.goodplanet.info/Contenu/Points-de-vues/Nous-devons-cesser-de-manger-les-Oceans

WEINER, Anette B. *The Trobrianders of Papua New Guinea*, New York, Holt, Rinehart and Winston, 1988, 184 p.

Chapitre 6

ANDERSON, Sarah E. et Robert WHITAKER. «Household Routines and Obesity in US Preschool-Aged Children», *Pediatrics*, vol. 125, n° 3, 2010, p. 420-428. • http://pediatrics.aappublications.org/content/125/3/420.full

BANGRÉ, Habibou. «Une femme avec une femme. Le mariage entre Kényanes autorisé à des fins sociales», *Afrik.com*, 2004. • http://www.afrik.com/article7132.html

BELL, Duran *et al.* «Defining Marriage and Legitimacy», *Current Anthropology*, vol. 38, n° 2, 1997, p. 237-253.

BOULIANNE, Manon. «La cohabitation intergénérationnelle, le genre et la parenté au Québec», *Recherches féministes*, vol. 18, n° 1, 2005, p. 25-47.

CAI, Hua. *Une société sans père ni mari. Les Na de Chine*, Paris, Presses Universitaires de France, 1998, 371 p.

CAMPAGNE 2000. *Réexaminer la sécurité des familles en cette période d'insécurité. Rapport 2011 sur la pauvreté des enfants et des familles au Canada*, Toronto, Family Service Toronto, 2011, 16 p. • http://www.campaign2000.ca/french/index.html

CASAJUS, Dominique. *La tente dans la solitude. La société et les morts chez les Touaregs Kel Ferwan*, Paris, Maison des Sciences de l'Homme, 1987, 397 p.

CFH. *Regard sur les familles homoparentales*, Montréal, Coalition des familles homoparentales, 2009, 8 p. • http://www.famillleshomoparentales.org/documents/fr/MELS-Promo-final.pdf

CHARBONNIAUD, Marie. «Deux familles sous le même toit. Le défi des familles recomposées», *Bien grandir*, juin 2011, 15 p.

CLARK, Warren et Susan CROMPTON. «Jusqu'à ce que la mort nous sépare? Le risque de dissolution du premier et du deuxième mariages au Canada», *Tendances sociales canadiennes*, été 2006, p. 26-32.

CLICHE, Jean-François. «Premier portrait de la vie de famille élargie», *Le Soleil*, 30 mai 2010.

COHEN, Yehudi. *Man in Adaptation: the Cultural Present*, 2e éd., Chicago, Aldine, 1974.

COLLARD, Chantal. «Parenté et communauté à Rivière-Frémiotte, 1880-1960», *Anthropologie et Sociétés*, vol. 9, no 3, 1985, p. 57-86.

COLLARD, Chantal. «Nous on n'a pas d'enfants, on a juste nos ancêtres… Les célibats laïcs et religieux dans le comté de Charlevoix au Québec (1900-1960)», *Anthropologie et Sociétés*, vol. 18, no 1, 1994, p. 9-27.

COLLARD, Chantal. *Une famille, un village, une nation. La parenté dans Charlevoix, 1900-1960*, Cap-Saint-Ignace, Boréal, 1999, 194 p.

COLLIER, Jane, Michelle Z. ROSALDO et Sylvia YANAGISAKO. «Is There a Family? New Anthropological Views», dans Barrie THORNE et Marilyn YALOM (dir.), *Rethinking the Family. Some Feminist Questions*, New York, Longman, 1982, 246 p.

CORBEIL, Christine et Francine DESCARRIES. «La famille. Une institution sociale en mouvance», *Nouvelles Pratiques Sociales*, vol. 16, no 1, 2003, p. 16-26.

CROS, Roland. *Trois familles en Inde*, Montréal, Ciné-Fête, 2007, 1 DVD, 52 min.

DALLAIRE, Louise. *Portrait statistique des familles au Québec, 2011*, Québec, ministère de la Famille, des Aînés et de la Condition féminine, 2011, 629 p. • http://www.mfa.gouv.qc.ca/fr/Famille/portrait-famille-quebecoise/statistique/pages/index.aspx

DANDURAND, Renée B. «La famille n'est pas une île», dans Gérard DAIGLE (dir.), *Le Québec en jeu*, Montréal, Les Presses de l'Université de Montréal, 1992, p. 357-384.

DE GRANDPRÉ, Hugo. «La polygamie est illégale, tranche la Cour suprême de Colombie-Britannique», *La Presse*, 23 novembre 2011. • http://www.cyberpresse.ca/actualites/quebec-canada/justice-et-faits-divers/201111/23/01-4470882-la-polygamie-est-illegale-tranche-la-cour-supreme-de-c-b.php

DELIÈGE, Robert. *Anthropologie de la parenté*, Paris, Armand Colin, coll. Cursus, 1996, 233 p.

DESROSIERS, Hélène et Micha SIMARD. *Diversité et mouvance familiales durant la petite enfance*, Québec, Institut de la statistique du Québec, série ÉLDEQ, vol. 4, fascicule 4, décembre 2010, 24 p.

DETTINGER, Katherine A. «When to Wean», *Natural History*, vol. 49, octobre 1997.

DUCHARME, Amélie et Hélène DESROSIERS. *La monoparentalité dans la vie des jeunes enfants québécois: une réalité fréquente mais souvent transitoire*, Québec, Institut de la statistique du Québec, série ÉLDEQ, 2008, 2 p.

DUCHESNE, Louis. *La situation démographique au Québec. Bilan 2006*, Québec, Institut de la statistique du Québec, 2006, 340 p.

EXTENSO. *Tout le monde à table. Rapport national*, Sommaire, Centre de référence sur la nutrition humaine, 2011, 23 p.

FONDATION MARIE-VINCENT. *La réalité de l'inceste*, 2006.

FORDE, C.D. «Double Descent Among the Yakö», dans Paul BOHANNAN et John MIDDLETON (dir.), *Kinship and Social Organization*, Garden City, Natural History Press, 1968, 391 p.

FORTIN, Andrée. *Histoire de familles et de réseaux. La sociabilité au Québec d'hier à demain*, Montréal, Éditions Saint-Martin, 1987, 225 p.

FOX, Robin. «Interview», Los Angeles, Coast Telecourses Inc., 3 décembre 1981.

GHASARIAN, Christian. *Introduction à l'étude de la parenté*, Paris, Seuil, coll. Points Essais, 1996, 276 p.

GIRARD, Chantal *et. al. Bilan démographique du Québec 2011*, Sainte-Foy, Institut de la statistique du Québec, 2011, 147 p.

GOODENOUGH, Ward H. *Description and Comparison in Cultural Anthropology*, Chicago, Aldine, 1970, 173 p.

GOODY, Jack. *La famille en Europe*, Paris, Seuil, 2001, 283 p.

GOUVERNEMENT DU QUÉBEC. *Statistiques 2009 sur les agressions sexuelles au Québec*, Québec, ministère de la Sécurité publique, 2011, 29 p.

GROSS, Martine et Dominique MEHL. «Homopaternités et gestation pour autrui», *Enfances, Familles, Générations*, no 14, 2011, p. 95-112.

HEE YHA, Ong. *Sexe, tribu et mariage: amour pur? pur sexe?*, Montréal, Ciné-Fête, 1 DVD, 2007, 50 min.

INGOLDSBY, Bron B. «Family Origins and Universality», dans Bron B. INGOLDSBY et Suzanna SMITH (dir.), *Families in Multicultural Perspective*, New York, The Guilford Press, 1995, 432 p.

INSTITUT VANIER. *La famille compte. Profil des familles canadiennes*, Ottawa, Institut Vanier de la famille, 2010, 187 p. • http://www.vanierinstitute.ca/modules/news/newsitem.php?ItemId=117

ISQ. *Données sociales du Québec. Édition 2009*, Québec, Institut de la statistique du Québec, 2009, 235 p.

JOYAL, Renée. «Parenté, parentalité et filiation. Des questions cruciales pour l'avenir de nos enfants et de nos sociétés», *Enfances, Familles, Générations*, no 5, 2006, p. 53-72.

JULIEN, Lise et Isabelle SAINT-MARTIN. *L'inceste envers les filles. État de la situation*, Québec, gouvernement du Québec, Conseil du statut de la femme, 1995, 119 p.

KEMPENEERS, Marianne et Isabelle VAN PEVENAGE. «Les espaces de la solidarité familiale», *Recherches sociographiques*, vol. 52, no 1, 2011, p. 105-119.

KIRKPATRICK, R.C. «The Evolution of Human Homosexual Behavior», *Current Anthropology*, vol. 41, no 3, 2000, p. 385-413.

LABURTHE-TOLRA, Philippe et Jean-Pierre WARNIER. *Ethnologie-Anthropologie*, Paris, Presses Universitaires de France, coll. Quadrige Manuels, 2003, 448 p.

LANGLOIS, France-Isabelle. «La pauvreté au féminin», *Alternatives*, vol. 11, no 6, 23 février 2005.

LANGLOIS, Simon. «Le Québec en profonde mutation», dans Michel VENNE (dir.), *L'annuaire du Québec 2005*, Montréal, Fides, 2004, p. 126-181.

LE BOURDAIS, Céline et Evelyne LAPIERRE-ADAMCYK. «Changes in Conjugal Life in Canada: Is Cohabiting Progressively Replacing Marriage?», *Journal of Marriage and Family*, vol. 66, no 4, 2004, p. 929-942.

LEMIEUX, Denise. «Maternité, paternité, les deux figures du lien parental aujourd'hui», *Actes du colloque Regards sur la diversité de la famille. Mieux comprendre pour mieux soutenir*, mai 2005. • http://agora-2.org/colloque/cfe2005.nsf/Conferences/Maternite_paternite_les_deux_figures_du_lien_parental_aujourd_hui

353

LEVINE, Nancy E. et Jean B. SILK. «Why Polyandry Fails», *Current Anthropology*, vol. 38, nᵒ 3, 1997, p. 375-398.

LONCKE, Sandrine. *La danse des Wodaabe*, autoproduction et Université Paris 8 Au cœur du Niger, 2010, 1 DVD, 90 min.

MATTISON Siobhan M. «Economic Impacts of Tourism and Erosion of the Visiting System Among the Mosuo of Lugu Lake», *The Asia Pacific Journal of Anthropology*, vol. 11, nᵒ 2, 2010, p. 159-176.

MAYER, Francine et Mireille BOISVERT. «Représentation différentielle des immigrants fondateurs de l'Isle-aux-Coudres (Québec). Unions, parenté biologique, fécondité», *Cahiers québécois de démographie*, vol. 34, nᵒ 2, 2005, p. 201-234.

McMILLAN, Alan D. *Native Peoples and Cultures of Canada. An Anthropological Overview*, Vancouver, Douglas and McIntyre, 1995, 376 p.

MFACF. *Les familles et les enfants au Québec, principales statistiques*, Québec, ministère de la Famille, des Aînés et de la Condition féminine (MFACF), 2005, 16 p.

MICHAEL, B.J. «Patterns of Family Relations», dans Bruce MORRISON et Roderick WILSON (dir.), *Ethnographic Essays in Cultural Anthropology. A Problem-Based Approach*, Belmont, Thomson Wadsworth, 2001, 278 p.

MILAN, Anne et Mireille VÉZINA. *Les femmes âgées*, Ottawa, Statistique Canada, 2011, 41 p. • http://www.statcan.gc.ca/pub/89-503-x/2010001/article/11441-fra.htm

MILAN, Anne, Mireille VÉZINA et Carrie WELLS. *Portrait de famille: continuité et changement dans les familles et les ménages du Canada en 2006*, Ottawa, Statistique Canada, ministère de l'Industrie, 2007, 56 p. • http://www12.statcan.ca/census-recensement/2006/as-sa/97-553/index-fra.cfm

MORISSETTE, Jean. «La consanguinité dans la population de Charlevoix (1680-1852)», dans Gérard BOUCHARD et M. DE BRAEKELEER (dir.), *Histoire d'un génome*, Québec, Presses de l'Université Laval, 1991, 607 p.

NANCY, Dominique. «Fini les ragoûts mijotés, vive le surgelé», *UdeMNouvelles*, 28 janvier 2010.

OBOLER, Regina S. «Is the Female Husband a Man? Woman/Woman Marriage Among the Nandi of Kenya», *Ethnology*, vol. 19, nᵒ 1, 1980, p. 69-88.

OUELLETTE, Françoise-Romaine et Renée B.-DANDURAND. «L'anthropologie des parentés euro-américaines», *Anthropologie et Sociétés*, vol. 24, nᵒ 3, 2000, p. 5-20.

PHILIPPE, Pierre. «L'apparentement génétique au Québec. Risques pour la descendance», *Anthropologie et Sociétés*, vol. 9, nᵒ 3, 1985, p. 177-195.

PHILIPPE, Pierre et Jacques GOMILA. «Structure de population et mariages consanguins à l'Isle-aux-Coudres (Québec)», *Population*, vol. 26, nᵒ 4, 1971, p. 707-716.

POSPISIL, Leopold. *The Kapauku Papuans of West New Guinea*, New York, Holt, Rinehart and Winston, 1963, 102 p.

RAMU, G.N. «Kinship Networks», dans G.N. RAMU (dir.), *Courtship, Marriage, and the Family in Canada*, Toronto, Gage, 1980, 219 p.

RIBERDY, Hélène. *Que sait-on des abus sexuels chez les jeunes?*, Montréal, Direction de la santé publique de Montréal-Centre, 1997, 3 p. • http://jmt-sociologue.uqac.ca/www/html/Bibliographies/stats_jeunes_mtl_centre/sujet_01_abus_sexuels/sujet_01.html

ROBERGE, Andrée. «Réseaux d'échange et parenté inconsciente», *Anthropologie et Sociétés*, vol. 9, nᵒ 3, 1985, p. 5-31.

ROY, Nicole. *L'union de fait au Québec*, Ottawa, ministère de la Justice, 2005.

ROYER, Chantal. «Voyage au cœur des valeurs des adolescents: la famille, grand pilier d'un système», *Enfances, Familles, Générations*, nᵒ 4, printemps 2006, p. 110-128.

SINHA, Maire. «La violence familiale envers les enfants et les jeunes déclarés à la police, 2009», dans *La violence familiale au Canada: un profil statistique*, Ottawa, Statistique Canada, 2011, p. 22-29. • http://www.statcan.gc.ca/bsolc/olc-cel/olc-cel?catno=85-224-XIF&lang=fra#formatdisp

TAUBES, Isabelle. «Les Na: une société sans père ni mari», *Psychologies*, février 1998, p. 62-64.

TOURIGNY, Marc et al. *Étude sur l'incidence et les caractéristiques des situations d'abus, de négligence, d'abandon et de troubles de comportement sérieux signalées à la Direction de la protection de la jeunesse au Québec (ÉIQ)*, Montréal, Centre de liaison sur l'intervention et la prévention psychosociales, 2002, 11 p. • http://www.cecw-cepb.ca/fr/publications/580

TURCOTTE, Geneviève. *Marier de force*, Montréal, Société Radio-Canada, 2007, 1 DVD, 45 min.

TURCOTTE, Martin. «Le temps passé en famille lors d'une journée de travail typique, 1986-2005», *Tendances sociales canadiennes*, nᵒ 83, 2007, p. 1-13. • http://www.statcan.gc.ca/pub/11-008-x/11-008-x2006007-fra.htm

TURCOTTE, Martin. «Se rendre au travail, résultats de l'Enquête sociale générale de 2010», *Tendances sociales canadiennes*, nᵒ 92, 2011, p. 27-39. • http://www.statcan.gc.ca/pub/11-008-x/2011002/article/11531-fra.htm

TURENNE, Martine. «Refus fœtal», *L'Actualité*, 1ᵉʳ juin 2005, p. 58-62.

VERDON, Michel. «Autour de la famille souche», *Anthropologie et Sociétés*, vol. 11, nᵒ 1, 1987, p. 137-160.

VEUGELERS, Paul J. et Angela L. FITZGERALD. «Prevalence of and Risk Factors for Childhood Overweight and Obesity», *Canadian Medical Association Journal*, vol. 173, nᵒ 6, 13 septembre 2005, p. 607-613.

VIAU, Roland. *Femmes de personne. Sexes, genres et pouvoirs en Iroquoisie ancienne*, Montréal, Boréal, 2000, 323 p.

VOGT, Evon Z. *The Zinacantecos of Mexico. A Modern Maya Way of Life*, Fort Worth, Holt, Rinehart and Winston, 1990, 157 p.

XIAODAN, He. *Terre des femmes*, Montréal, Filmoption International, 1 DVD, 2009, 46 min.

Chapitre 7

ARABDIOU, Hakim. «Tunisie: Pas de démocratie sans l'égalité totale entre les hommes et les femmes. Entretien avec la féministe Bochra Belhadj Hmida», *ReSPUBLICA*, 17 février 2011. • http://sisyphe.org/spip.php?article3786

BADINTER, Élisabeth. *L'amour en plus. Histoire de l'amour maternel du XVIIᵉ au XXᵉ siècle*, Paris, Livre de poche, 2001, 472 p.

BANQUE MONDIALE. *Rapport sur le développement dans le monde 2012. Abrégé. Égalité des genres et développement*, The International Bank for Reconstruction and Development/The World Bank Washington, 2012.

BENHABIB, Djemila. *Ma vie à contre-Coran*, Montréal, VLB Éditeur, 2009.

BLAFFER HRDY, Sarah. *Les instincts maternels*, Paris, Payot, 2002, 623 p.

BODDY, Janice. *Wombs and Alien Spirits*, Madison, University of Wisconsin Press, 1989, 399 p.

BONVILLAIN, Nancy. *Women and Men. Cultural Constructs of Gender*, Upper Saddle River, Prentice-Hall, 2007, 374 p.

BOURDIEU, Pierre. *La domination masculine*, Paris, Seuil, 1998, 142 p.

BRENNAN, Shannon. «La violence conjugale autodéclarée 2009», dans Statistique Canada (éd.), *La violence familiale au Canada: un profil statistique*, Ottawa, 2011, p. 8-21.

BRETTELL, Caroline B. et Carolyn SARGENT. *Gender in Cross Cultural Perpectives*, Upper Saddle River, Prentice-Hall, 2005.

BROOKS, Geraldine. *Nine Parts of Desire. The Hidden World of Islamic Women*, New York, Anchor Books, 1995, 272 p.

BROWN, Judith K. «Economic Organization and the Position of Women among the Iroquois», *Ethnohistory*, vol. 17, nᵒˢ 3-4, 1970, p. 151-167.

BULLOCK, K. *You don't Have to Wear that in Canada*, 2001. • http://www.soundvision.com/news/hijab/hjb.canada1.asp

CABRAL, Joao Pina. «Matriarcat et rôles conjugaux dans le nord-ouest du Portugal», *Recherches en anthropologie au Portugal*, vol. 4, nᵒ 1, 1992, p. 37-51.

CAMPBELL, Angela *et al. La polygamie au Canada. Conséquences juridiques et sociales pour les femmes et les enfants*, Recueil de rapports de recherche en matière de politiques, Ottawa, Condition féminine Canada, 2005. • http://www.creum.umontreal.ca/IMG/pdf/rapports_condition_feminine.pdf

CÉZILLY, Frank (dir.). *La sexualité animale*, Paris, Le Pommier, 2009.

CHEMALY, Soraya. «La violence contre les femmes: une pandémie mondiale», 2 décembre 2011. • http://sisyphe.org/spip.php?article4051

COLLARD, Nathalie. «Refuser la polygamie», *La Presse*, le 16 janvier 2009. • http://www.cyberpresse.ca/place-publique/editorialistes/nathalie-collard/200901/16/01-818143-refuser-la-polygamie.php

CONNELL, R.W. «Making Gendered People. Bodies, Identities, Sexualities», dans Myra M. FERREE *et al.* (dir.), *Revisioning Gender*, Thousand Oaks, Sage, 1999, 500 p.

CONSEIL DU STATUT DE LA FEMME (CSF). *Avis – La polygamie au regard du droit des femmes*, 1ᵉʳ novembre 2010. • http://www.csf.gouv.qc.ca/modules/fichierspublications/fichier-29-1254.pdf

COOK, Rebbeca J. et Lisa M. KELLY. *La polygynie et les obligations du Canada en vertu du droit international en matière de droits de la personne*, Ottawa, ministère de la Justice, 2006, 150 p. • http://www.justice.gc.ca/fra/min-dept/pub/poly/poly.pdf

DABRINGER, Maria. «Microfinancement sexo-sensible? Remarques critiques concernant la ''tendance féminine'' dans le secteur du microcrédit», dans «Microfinance et genre: des nouvelles contributions pour une vieille question», *ADA Dialogue*, nᵒ 37, mai 2007.

DARWIN, Charles. *La filiation de l'homme et la sélection liée au sexe*, Paris, Éditions Syllepse, Institut Charles Darwin International, 1999 (1871).

DE GRANPRÉ, Hugo. «La polygamie est illégale, tranche la Cour suprême de C.-B.», *La Presse*, 23 novembre 2011. • http://www.cyberpresse.ca/actualites/quebec-canada/justice-et-faits-divers/201111/23/01-4470882-la-polygamie-est-illegale-tranche-la-cour-supreme-de-c-b.php

DROITS ET DÉMOCRATIE, RÉSEAU CONTINENTAL DES FEMMES AUTOCHTONES ENLACE ET FEMMES AUTOCHTONES DU QUÉBEC (en coll.). *Femmes autochtones des Amériques*, 2ᵉ éd., 2006. • http://www.dd-rd.ca/site/publications/index.php?lang=fr&subsection=catalogue&id=1374

ENDICOTT, Karen L. «Gender Relations in Hunter-Gatherer Societies», dans Richard B. LEE et R. DALY (dir.), *The Cambridge Encyclopedia of Hunters and Gatherers*, Cambridge, Cambridge University Press, 1999, 511 p.

ERRINGTON F. et D. GEWERTZ. *Cultural Alternatives and a Feminist Anthropology. An Analysis of Culturally Constructed Gender Interest in Papua New Guinea*, New York, Cambridge University Press, 1987.

ETIENNE, M. et E. LEACOCK (éd.). *Women and Colonization. Anthropological Perspectives*, New York, Praeger, 1980.

FCDF. *Fiches d'information. Mettre fin à la violence faite aux femmes*, Toronto, Fondation canadienne des femmes (FCDF), 2011, 10 p.

FORD, C.S. et F.A. BEACH. *Patterns of Sexual Behavior*, New York, Harper Torchbooks, 1951.

GAGNON, Lysiane. «Les amis de la polygamie», *La Presse*, 26 novembre 2011. • www.cyberpresse.ca/chroniqueurs/lysiane-gagnon/201111/25/01-4471613-les-amis-de-la-polygamie.php

GEADAH, Yolande. «Polygamie: La liberté de religion comporte des limites», *Le Devoir*, 2 décembre 2011, p. A9.

GODELIER, Maurice. «Anthropologie et recherches féministes: perspectives et rétrospectives», dans Jaqueline LAUFER, Catherine MARRY et Margaret MARUANI (dir.), *Le travail du genre: les sciences sociales du travail à l'épreuve des différences de sexe*, Paris, La découverte/Mage Éditeur, 2003, p. 23-34.

GRUDA, Agnès. «Le dilemme de la polygamie», *La Presse*, 20 novembre 2010. • http://www.cyberpresse.ca/chroniqueurs/agnes-gruda/201011/20/01-4344660-le-dilemme-de-la-polygamie.php

HACHEY, Isabelle. «Des centaines de femmes autochtones tuées dans l'ombre», *LaPresse.ca*, 8 novembre 2011.

HÉRITIER, Françoise. *Masculin-Féminin*, 2 vol., Paris, Éditions Odile Jacob. Réédition de volumes parus séparément, comprend: I, *La pensée de la différence*; II, *Dissoudre la hiérarchie*, 2007.

HÉRITIER, Françoise. *Hommes, femmes: la construction de la différence*, Paris, Le Pommier, 2010.

HÉRITIER, Françoise, Michelle PERROT, Sylviane AGACINSKI et Nicole BACHARAN. *La Plus Belle Histoire des femmes*, Paris, Éditions du Seuil, 2011.

INSTITUT DE LA STATISTIQUE DU QUÉBEC (ISQ). *Le Québec chiffres en main*, gouvernement du Québec, Institut de la statistique du Québec, 2011, p. 28.

KELLY, R. «Withcraft and Sexual Relations», dans P. BROWN et G. BUCHBENDER (dir.), *Man and Woman in the New Guinea Highlands*, Washington, American Anthropological Association, publication spéciale, nᵒ 8, 1976.

KHAN, Shahnaz. «Reconfiguring the Native Informant : Positionality in the Global Age», *Signs*, vol. 30, nº 4, 2005, p. 2017-2035.

KIRSCH, Chantal. «Forces productives, rapports de production et origine des inégalités entre hommes et femmes», *Anthropologie et Sociétés*, vol. 1, nº 3, 1977, p. 15-40.

LANG, Sabine. «Lesbians, Men-Women and Two-Spirits. Homosexuality and Gender in Native American Cultures», dans Evelyn BLACKWOOD et Saskia E. WIERINGA (dir.), *Female Desires. Same-sex Relations and Transgender Practices Across Cultures*, New York, Columbia University Press, 1999, 348 p.

LEDUC, Louise. «Non à la polygamie, dit le Conseil du statut de la femme», *La Presse*, 13 novembre 2010. • http://www.cyberpresse.ca/actualites/quebec-canada/national/201011/13/01-4342401-non-a-la-polygamie-dit-le-conseil-du-statut-de-la-femme.php

MALINOWSKI, Bronislaw. *La vie sexuelle des sauvages du nord-ouest de la Mélanésie. Description ethnographique des démarches amoureuses, du mariage et de la vie de famille des indigènes des Îles Trobriand de la Nouvelle-Guinée*, Paris, Petite Bibliothèque Payot, 1970 (1930), 405 p. • http://classiques.uqac.ca/classiques/malinowsli/vie_sexuelle/vie_sexuelle.html

MALINOWSKI, Bronislaw. *La sexualité et sa répression dans les sociétés primitives*, Paris, Petite Bibliothèque Payot, 1976 (1921), 233 p. • http://classiques.uqac.ca/classiques/malinowsli/sexualite_repression/sexualite_repression.html

MARCEAU, Karina. «Polygamie, ici aussi !», *La Gazette des femmes*, vol. 28, nº 3, novembre-décembre 2006, p. 16-23.

MARTIN, Kay et Barbara VOORHIES. *Female of the Species*, New York, Columbia University Press, 1975, 432 p.

MATHIEU, Nicole-Claude. «Les transgressions du sexe et du genre à la lumière des données ethnographiques», dans M.C. HURTIG, M. KAIL et H. ROUCH, *Sexe et genre : de la hiérarchie entre les sexes*, Paris, CNS éditions, 1991, 281 p.

MATHIEU, Nicole-Claude. «Féminin – féminin et masculin», dans Michela MARZANO (dir.), *Dictionnaire du corps*, Paris, PUF, 2007.

MEAD, Margaret. *Sex and Temperance in Three Primitive Society*, New York, New American Library, 1950.

MEAD, Margaret. *Mœurs et sexualité en Océanie*, Paris, Plon, 1969 (1955), 533 p. • http://classiques.uqac.ca/classiques/mead_margaret/moeurs_sexuelles/moeurs_sexuelles.html

MILOT, Jean-René. «La polygamie au nom de la religion au Canada : L'islam est-il en cause ?», *Cahiers de recherche sociologique*, nº 46, 2008, p. 123-133.

MOGHADAM, Valentine M. «Islamic Feminism and its Discontents : Toward a Resolution of the Debate», *Signs*, vol. 27, nº 4, 2002, p. 1135-1171.

MORRIS, Desmond. *Le singe nu*, Paris, Grasset, 1969, 283 p.

MYLES, Brian. «Jugement de la Cour suprême de la Colombie-Britannique : La polygamie doit rester illégale», *Le Devoir*, 24 novembre 2011, p. A2.

OKONJO, K. «The Dual-Sex Political System in Operation. Igbo Women and Community Politics in Midwestern Nigeria», dans Nancy HAFKIN et Edna BAY (dir.), *Women in Africa. Studies in Social and Economic Change*, Stanford, Stanford University Press, 1976, 306 p.

ONU. «World's Women 2010 : Trends and Statistics», Department of Economic and Social Affairs, United Nations Secretariat, New York, 2010.

ORGANISATION MONDIALE DE LA SANTÉ (OMS). *Faits et chiffres sur la santé des femmes*, mars 2011.

PERREAULT, Mathieu. «Un rapport propose de décriminaliser la polygamie», *La Presse*, 16 janvier 2006, p. A11.

PNUD (Programme des Nations Unies pour le développement). *Rapport arabe sur le développement humain 2009. Les défis de la sécurité humaine dans les pays arabes*, New York, Bureau régional pour les États arabes, 2009.

PNUD (Programme des Nations Unies pour le développement). *Rapport sur le développement humain 2011. Durabilité et Équité. Un meilleur avenir pour tous*, New York, 2011.

POMERANCE, Érica. *Dabla Excision*, Québec, Productions Virage, 2003, 1 DVD, 52 min.

ROUGEON SANTI, Marina. *Sociabilités féminines et transmissions au quotidien : des pouvoirs. De la parole et du corps. Une ethnographie dans les quartiers de la ville de Goias*, thèse de doctorat, Centre de recherches et d'études anthropologiques, Université de Lyon, 2011.

ROY, Anne. «Afghanistan. "Pour les femmes afghanes, la situation n'a pas progressé", selon Carol Mann», *L'humanité*, 29 octobre 2011.

SALADIN D'ANGLURE, Bernard. «Le "troisième" sexe social des Inuit», *Diogène*, nº 208, 2004, p. 157-168. • http://www.cairn.info/revue-diogene-2004-4-page-157.htm.

SANCHÉZ NÉSTOR, Martha. «Construire notre autonomie. Le mouvement des femmes indiennes au Mexique», *Nouvelles questions féministes*, vol. 24, nº 2, 2005, p. 50-64.

SANDAY, Peggy Reeves. *Female Power and Male Dominance : On the Origins of Sexual Inequality*, New York, Cambridge University Press, 1981.

SANTÉ ET SERVICES SOCIAUX. *Violence conjugale*, Québec, Santé et Services sociaux, 2011. • http://www.msss.gouv.qc.ca/sujets/prob_sociaux/violenceconjugale.php

SAUMIER, Geneviève. «Les lois révolutionnaires des femmes au sein du zapatisme : du texte aux acteurs», *Recherches amérindiennes au Québec*, vol. 31, nº 1, 2001, p. 71-82.

SAWADOGO, Alfred Yambangda. *La polygamie en question*, Paris, L'Harmattan, 2006, 144 p.

SPEED, Shannon, R. AÍDA HERNÁNDEZ CASTILLO et Lynn M. STEPHEN (éd.). *Dissident Women : Gender and Cultural Politics in Chiapas*, Austin, University of Texas Press, 2006.

SPEED, Shannon, *et al.* «Remapping Gender, Justice and Rights in the Indigenous Americas : Toward a Comparative Analysis and Collaborative Methodology», *Journal of Latin American and Caribbean Anthropology*, vol. 14, nº 2, 2009, p. 300-331.

VIAU, Roland. *Femmes de personne. Sexes, genres et pouvoirs en Iroquoisie ancienne*, Montréal, Boréal, 2000, 323 p.

WEINER, Annette B. *The Trobrianders of Papua New Guinea*, New York, Holt, Rinehart and Winston, 1988, 184 p.

WEITZ, Rose. «What Price Independence ? Social Relations to Lesbians, Spinsters, Widows and Nuns», dans Evelyn ASHTON-JONES *et al.* (dir.), *The Gender Reader*, Needham Height, Allyn and Bacon, 2000, 498 p.

WEKKER, Gloria. «What's Identity Got to do With It? Rethinking Identity in Light of the Mati Work in Suriname», dans Evelyn BLACKWOOD et Saskia E. WIERINGA (dir.), *Female Desires. Same-Sex Relations and Transgender Practices Across Cultures*, New York, Columbia University Press, 1999, 348 p.

Chapitre 8

AGENCE FRANCE PRESSE. «Présidentielles américaines : les conservateurs doivent accepter les théories scientifiques», *La Presse*, 20 août 2011.

ANCTIL, Pierre. «Quel accommodement raisonnable ?», *Le Devoir*, 11 décembre 2006, p. A7. • http://www.ledevoir.com/2006/12/11/124575.html

BAILLARGEON, Stéphane. «On se calme», *Le Devoir*, 23 mai 2008.

BEAUCHEMIN, Malorie. «Évolution : la position de Goodyear soulève des inquiétudes», *La Presse*, 18 mars 2009.

BOISVERT, Yves. «L'accommodement… c'est aussi la loi», *La Presse*, 19 janvier 2007.

BOISVERT, Yves. «Nos enfants sont déjà ailleurs», *La Presse*, 23 mai 2008.

BONTE, Pierre et Michel IZARD. *Dictionnaire de l'ethnologie et de l'anthropologie*, Paris, Presses Universitaire de France, 1991, 755 p.

BOUCHARD, Gérald et Charles TAYLOR. *Fonder l'avenir. Le temps de la conciliation*. Rapport abrégé de la commission de consultation sur les pratiques d'accommodements raisonnables reliées aux différences culturelles, Québec, 2008, 101 p. • http://www.scribd.com/doc/3053017/rapport-de-la-commission-BouchardTaylor-version-integrale

BRAML, Josef. «The Politics of Religion in the United States», *Lisa e-journal*, vol. 9, no 1, 2011, p. 57-78.

BUZZETI, Hélène. «Des fous de Dieu chez les conservateurs», *Le Devoir*, 7 avril 2011.

CLAY, J.W. «What's a Nation?», dans William A. HAVILAND et Robert J. GORDON (dir.), *Talking about People*, Mountain View, Mayfield, 1996.

CLEMENT, Scott et John C. GREEN. «The Tea Party, Religion and Social Issues», *Pew Research Center Publications*, 23 février 2011.

COPANS, Jean. *Introduction à l'ethnologie et à l'anthropologie*, Paris, Nathan, 1996, 128 p.

DENONCOURT, Frédéric. «Dieu, l'Amérique et Bush», *Voir Montréal*, 28 octobre 2004, p. 5.

DUBUC, André. «10 ans après la Paix des Braves : les Cris empochent 645 millions chaque année», *La Presse*, 8 octobre 2011.

EARLE, T. «Chiefdoms in Archaelogical and Ethnohistorical Perspective», *Annual Review of Anthropology*, no 16, 1987, p. 279-308.

EPSTEIN, A.L. «Sanctions», *International Encyclopedia of Social Sciences*, vol. 14, New York, Macmillan, 1968.

ERVIN, Alexander. *Canadian Perspectives in Cultural Anthropology*, Scarborough, Nelson Thomson Publishing, 2001, 125 p.

EVANS-PRITCHARD, Edward E. *Witchcraft, Oracles and Magic among the Azande*, Londres, Oxford University Press, 1937, 558 p.

FATH, Sébastien. *Militants de la Bible aux États-Unis*, Paris, Éditions Autrement, 2004, 222 p.

FEIT, Harvey A. «James Bay Cree», dans R.B. LEE et R. DALY (dir.), *The Cambridge Encyclopedia of Hunters and Gatherers*, Cambridge, Cambridge University Press, 1999.

FEIT, Harvey A. «Hunting and the Quest for Power. The James Bay Cree and Whitemen in the 20th century», dans R. Bruce MORRISON et C. Roderick WILSON (dir.), *Native Peoples, The Canadian Experience*, Oxford, Oxford University Press, 2004, 504 p.

FRIESEN, John W. *Rediscovering the First Nations of Canada*, Calgary, Detselig, 1997, 286 p.

GAGNON, Alain-G. et Myriam JÉZÉQUEL. «Pour une reconnaissance mutuelle et un accommodement raisonnable. Le modèle québécois d'intégration culturelle est à préserver», *Le Devoir*, 17 mai 2004. • http://www.ledevoir.com/2004/05/17/54731.html

GAGNON, Katia. «Hérouxville édicte un code de conduite rigoureux pour ses futurs immigrants», *La Presse*, 27 janvier 2007.

GIRARD, Mario. «La tolérance des Québécois s'effrite», *La Presse*, 14 janvier 2007, p. A1.

GRUDA, Agnès. «La guerre de Noël…», *La Presse*, 4 mars 2007.

GUILLAUME, Jean. *Ils ont domestiqué plantes et animaux*, Nancy, Éditions Quae, 2010, 453 p.

HALIMI, Serge. «Tunisie, l'ivresse des possibles», *Le Monde diplomatique*, octobre 2011.

JACCOUD, Mylène. *Justice blanche au Nunavik*, Montréal, Méridien, 1995, 383 p.

JOURNET, Paul. «Projet de loi 94 : des "effets dommageables"», *La Presse*, 19 janvier 2011.

KNAUFT, Bruce. «Violence and Sociality in Human Evolution», *Current Anthropology*, vol. 32, no 4, 1991, p. 391-409.

LE BRAS, Hervé. «Les politiques de l'âge», *L'Homme*, nos 167-168, juillet-décembre 2003, p. 25-48.

LESSARD, D. «La face cachée du Plan Nord», *La Presse*, 16 mai 2011.

MAILHOT, José. *Au pays des Innus. Les gens de Sheshatshit*, Montréal, Recherches amérindiennes au Québec, 1993, p. 170.

MALINOWSKI, Bronislaw. *Crime and Custom in Savage Society*, Londres, Routledge, 1951, 132 p.

McDONALD, Marci. *The Armageddon Factor : The Rise of Christian Nationalism in Canada*, Toronto, Random House Canada, 2010, 432 p.

MITCHELL, William E. «A New Weapon Stirs Up Old Ghosts», *Natural History Magazine*, vol. 83, décembre 1973, p. 77-84.

PEOPLES, James et Garrick BAILEY. *Humanity: An Introduction to Cultural Anthropology*, Belmont, Wadsworth, 2012, 476 p.

PERREAULT, Laura-Julie. «Accommodement raisonnable. Vers des solutions sur mesure», *La Presse*, 28 août 2004, p. Actuel1.

PERREAULT, Laura-Julie. «Wendy Brown : neutre, la laïcité ?», *La Presse*, 20 novembre 2010.

PERREAULT, Laura-Julie et al. «Diversité religieuse au Québec. Avez-vous le bon portrait ?», *La Presse*, 4 février 2007, p. A7.

PICARD, Ghislain. «Plan Nord : l'ours est encore vivant !», *Le Devoir*, 12 octobre 2011.

POSPISIL, Leopold. *The Kapauku Papuans of West New Guinea*, New York, Holt, Rinehart and Winston, 1963, 102 p.

RADCLIFFE-BROWN, Alfred R. *Structure and Function in Primitive Society*, New York, Free Press, 1952, 219 p.

RIOUX, Marc et Rodolphe BOURGEOYS. *Enquête sur un échantillon de cas d'accommodement (1998-2007)*, Rapport remis à la Commission Gérard Bouchard et Charles Taylor, 2008.

ROULAND, Norbert. «Les modes juridiques de solution des conflits chez les Inuits», *Études/Inuit/Studies*, n° 3 (hors-série), 1979, p. 1-168.

SALADIN D'ANGLURE, Bernard et IGLOOLIK ISUMA PRODUCTIONS. *Au pays des Inuits, un film, un peuple et une légende (Atarnarjuat, la légende de l'homme rapide)*, Montpellier, Éditions Indigène, 2002, 116 p.

STEMPLE, Tim. «Variations sur le même thème : la justice réparatrice et les Inuits du Canada», Communication faite lors de la Semaine de justice réparatrice, organisée par le Service correctionnel du Canada, 2007.

THOMPSON, Elizabeth. «Accommodement : la moitié des Québécois n'en veulent pas», *Canoë INFOS,* 29 mars 2010.

TOUZIN, Caroline. «Une crise des perceptions», *La Presse*, 23 mai 2008.

VAN DEN BERGHE, Pierre L. «The Modern State. Nation Builder or Nation Killer?», *International Journal of Group Tensions*, vol. 22, n° 3, 1992, p. 191-208.

VAN DER STAPPEN, Xavier. *Les Maasaï*, Tournai, Renaissance du livre, 2002, 222 p.

VIAU, Roland. *Femmes de personne. Sexes, genres et pouvoirs en Iroquoisie ancienne*, Montréal, Boréal, 2000.

WHITEHEAD, Neil L. et R. Brian FERGUSON. «Deceptive Stereotype about Tribal Warfare», *Chronicle of Higher Education*, vol. 40, n° 12, 10 novembre 1993, p. A48.

WOEHRLING, Jean-Marie. «Réflexion sur le principe de fond et de procédure pour guider la recherche d'accommodements raisonnables», *Revue de droit de McGill*, vol. 43, 1998, p. 325-401.

Chapitre 9

ALLARD, Marie. «Sorcières d'aujourd'hui», *La Presse*, 19 novembre 2001.

ARMITAGE, Peter. «Religious Ideology Among the Innu of Eastern Quebec and Labrador», *Religiologiques*, n° 6, 1992, p. 63-110.

BONTE, Pierre et Michel IZARD. *Dictionnaire de l'ethnologie et de l'anthropologie*, Paris, Presses Universitaires de France, coll. Quadrige Dicos Poche, 2007, 842 p.

BOUCHARD, Serge. *Chroniques de chasse d'un Montagnais de Mingan, Mathieu Mestokosho*, Québec, ministère des Affaires culturelles, 1977, 130 p. • http://www.nosracines.ca/f/toc.aspx?id=2065

BOUCHARD, Serge. *Récits de Mathieu Mestokosho, chasseur innu*, Montréal, Éditions du Boréal, 2004, 193 p.

CAUCHY, Clairandrée. «Religion : le paradoxe québécois», *Le Devoir*, 14 mai 2003.

CHAVES, Sylvie. «L'avenir des morts au Viêt Nam», Eurasie.net, 11 juillet 2000. • http://www.eurasie.net/webzine/spip.php?article258

CLARK, Warren et Grant SCHELLENBERG. «Les Canadiens et la religion», *Tendances sociales canadiennes*, été 2006, 8 p. • http://www.statcan.ca/francais/freepub/11-008-XIF/2006001/PDF/religious_81_f.pdf

CROWLY, Vivianne. «Wicca as Nature Religion», dans Joanne PEARSON *et al.* (dir.), *Nature Religion Today. Paganism in the Modern World*, Édimbourg, Edinburgh University Press, 1998, 224 p.

DORAIS, Louis-Jacques et Huy NGUYEN. *Fleur de lotus et feuille d'érable, la vie religieuse des Vietnamiens du Québec*, Montréal, Institut interculturel Monchanin, 1990.

EID, Paul. *Synthèse des résultats. La ferveur religieuse et les demandes d'accommodement religieux : une comparaison intergroupe*, Commission des droits de la personne et des droits de la jeunesse, 2007, 13 p. • www.cdpdj.qc.ca/fr/publications/Documents/ferveur_religieuse_synthese.pdf

EID, Paul. *Portrait ethnoreligieux du Québec en quelques tableaux*, Commission des droits de la personne et des droits de la jeunesse, 2008, 28 p. • www2.cdpdj.qc.ca/Publications/Documents/portrait_ethnoreligieux.pdf

FERMI, Patrick. «Le culte des ancêtres au Viêt Nam», septembre 2006. • http://patrick.fermi.free.fr/cultantr.htm

GAGNON, Mireille. *La Wicca au Québec : portrait d'une religion de sorcellerie contemporaine*, Lewiston, Edwin Mellen Press, 2008, 157 p.

GAUTHIER, François et Guy MÉNARD (dir.). «Technoritualités. Religiosité rave», *Religiologiques*, n° 24, automne 2001.

GOMIS, Dominique et Mamadou MOUSTAPHA, «L'excision au Sénégal : sens, portée et enseignements tirés de la réponse nationale», Rapport final, UNICEF Dakar, août 2008.

LEDUC, Louise. «Les Québécois restent des croyants, selon une enquête», *La Presse*, 14 avril 2001, p. A1.

LEFORESTIER, Jean-Christophe. «Les turfistes. Éléments pour une socio-anthropologie du pari hippique», *Socioanthropologie*, n° 13 (Jeux/sports), 15 novembre 2004. • http://socio-anthropologie.revues.org/document179.html

LEINHARDT, Godfrey. «Religion», dans Harry L. SHAPIRO (dir.), *Man, Culture, and Society*, Londres, Oxford University Press, 1960, 380 p.

LEROUX, Jacques. «Le tambour d'Edmond», *Recherches amérindiennes au Québec*, vol. 22, n°s 2-3, 1992, p. 30-43.

LÉVESQUE, Léa. «Les Canadiens croient aux anges», *Le Droit*, 22 octobre 2001, p. 32.

LORTIE, Pierre-Luc. «Les mutations du sacré et du symbolique dans les sociétés contemporaines : regard sur les festivités rave», *Horizons Philosophique*, vol. 15, n° 1, 2004, p. 79-90.

MACCORMACK, Carol P. «Biological Events and Cultural Control», *Signs*, vol. 3, n° 1, 1977, p. 93-100.

MAIR, Lucy. *Witchcraft*, New York, McGraw-Hill, 1969, 255 p.

MÉNARD, Guy. «Les nouveaux rituels. Déplacement et mutations de la religion dans le Québec contemporain», dans Michel VENNE (dir.), *L'annuaire du Québec 2004*, Montréal, Fides, 2004, p. 283-294.

MEUNIER, E.-Martin, Jean-François LANIEL et Jean-Christophe DEMERS. «Permanences et recomposition de la religion culturelle. Aperçu socio-historique du catholicisme québécois (1970-2006)» dans Robert MAGER et Serge CANTIN (éd.), *Modernité et religion au Québec*, Québec, Les Presses de l'Université Laval, 2010, p. 79-128.

PEOPLE, James et Garrik BAILEY. *Humanity. An Introduction to Cultural Anthropology*, Belmont, Wadsworth, 2012, 476 p.

PERREAULT, Mathieu. «Jésus au Québec : un nouveau chemin de croix», *La Presse*, 3 avril 2010.

RASMUSSEN, Knud. «Entretiens avec des sorciers», dans *Du Groenland au Pacifique. Deux ans d'intimité avec des tribus d'Esquimaux inconnus*, Paris, CTHS, 1994, p. 161-180.

REEVES, Hubert. *Je n'aurai pas le temps*, Paris, Seuil, 2008.

RIVIÈRE, Claude. *Socio-anthropologie des religions*, Paris, Armand Colin, coll. Cursus, 1997, 191 p.

ROUSSEAU, Madeleine et Jacques ROUSSEAU. «Le dualisme religieux des peuplades de la forêt boréale», *Acculturation in the Americas*, Chicago, University of Chicago Press, 1947, p. 118-126.

SAVARD, Rémi. *La forêt vive. Récits fondateurs du peuple innu*, Montréal, Boréal, 2004, 224 p.

SPECK, Frank G. *Naskapi, the Savage Hunters of the Labrador Peninsula*, Norman, University of Oklahoma Press, 1977, 257 p.

STATISTIQUE CANADA. *Recensement de 2001 : série «analyses»*, *Les religions au Canada*, Ottawa, ministère de l'Industrie, 2003, 34 p. • http://www5.statcan.gc.ca/bsolc/olc-cel/olc-cel?catno=96F0030X&chropg=1&lang=fra

TESTARD-VAILLAND, Philippe. «L'hommage aux défunts», dans *Sciences et Vie, Hors-Série, La nouvelle histoire des hommes disparus*, nº 235, 2006, p. 108-112.

TURNER, Lucien. *Indiens et Esquimaux du Québec*, Montréal, Desclez, 1979, 215 p.

TYLOR, E.B. *Primitive Culture*, New York, HarperTorch Books, 1958 (original 1871).

VAN GENNEP, Arnold. *The Rites of Passage*, Chicago, University of Chicago Press, 1960, 198 p.

VAZEILLES, Danièle. *Les chamanes, maîtres de l'univers*, Paris, Les éditions du cerf, 1991.

VINCENT, Sylvie. «Structure du rituel. La tente tremblante et le concept de mistapew», *Recherches amérindiennes au Québec*, vol. 3, nᵒˢ 1-2, 1973, p. 69-83.

WALLACE, Anthony F.C. *Religion. An Anthropological View*, New York, Random House, 1966, 300 p.

WALLACE, Anthony F.C. «Origins of the Longhouse Religion», dans Bruce G. TRIGGER (dir.), *Handbook of the North American Indians, vol. 15, Northeast*, Washington, Smithsonian Institution, 1978, 924 p.

Chapitre 10

AGENCE QMI. «Une série de reportages sur les Inuits est dénoncée», *Canoe.ca*, 29 février 2012. • http://fr.canoe.ca/infos/quebeccanada/archives/2012/02/20120229-191735.html

APN. «Une résolution de l'ONU stipule que l'accès à l'eau potable et à l'assainissement constitue un droit fondamental : le Chef national de l'APN demande l'adoption de mesures concrètes afin d'appuyer cette résolution au Canada», *Bulletin de l'Assemblée des Premières Nations*, 29 juillet 2010.

APN. *Fiche de renseignement – Qualité de vie des Premières Nations*, Ottawa, Assemblée des Premières Nations (APN), 2011, 4 p. • http://www.afn.ca/uploads/files/factsheets/quality_of_life_final_ff.pdf

ARCAND, Sébastien et Maher NAJARI. *Situation des immigrants au marché du travail québécois : bref portrait statistique*, Québec, Comité d'adaptation de la main-d'œuvre pour les personnes immigrantes (CAMO-PI), 2011, 16 p. • http://www.camo-pi.qc.ca/publication.php

BEAUCHEMIN, Malorie. «Les Autochtones, l'autre solitude», *La Presse*, 29 juin 2007.

BELLAVANCE, Joël-Denis. «Le million d'oubliés : les problèmes de pauvreté sur les réserves», *La Presse*, 5 décembre 2011.

BOUDARBAT, Brahim et Maude BOULET. *Immigration au Québec : Politiques et intégration au marché du travail. Rapport de projet*, Montréal, Centre interuniversitaire de recherche en analyse des organisations (CIRANO), 2010, 98 p. • http://www.cirano.qc.ca/pdf/publication/2010RP-05.pdf

BOYD, Robert et Joan SILK. *L'aventure humaine. Des molécules à la culture*, Bruxelles, De Boeck, 2004, 583 p.

BWI. *Fact Sheet. Poverty and Hunger among African-Americans*, Bread for the World Institute (BWI), 2011, 3 p. • http://www.bread.org/what-we-do/resources/fact-sheets/african-american-poverty.pdf

CAMERON, Émilie. *État des connaissances en matière de santé publique des Inuits*, 2011, Centre de collaboration nationale de la santé autochtone, 2011, 76 p.

CAMPAGNE 2000. *Réexaminer la sécurité des familles en cette période d'insécurité. Rapport 2011 sur la pauvreté des enfants au Canada*, Toronto, Family Service Toronto, 2011, 16 p. • http://www.campaign2000.ca/reportCards/national/2011FrenchReportCard.pdf

CCNSA. *Le logement : un déterminant social de la santé des Premières Nations, Inuits et Métis*, Prince George, Centre de collaboration nationale de la santé autochtone (CCNSA), 2009, 4 p. • http://nccah.netedit.info/docs/french%20fact%20sheets/social%20determinants%20fact%20sheets/1689_NCCAH_fs_housing_FR_V2.pdf

CNB. *Un aperçu de la racialisation de la pauvreté au Canada*, Ottawa, Conseil National du bien-être social (CNB), 2012, 21 p. • http://www.ncw.gc.ca/l.3bd.2t.1ils@-fra.jsp?lid=379

CRARR. *Des personnalités maghrébines déplorent l'immobilisme du Québec face aux sérieux problèmes de chômage et de discrimination*, Centre de recherche-action sur les relations raciales (CRARR), 26 mars 2008. • http://www.crarr.org/?q=fr/node/84

CSA. *Comprendre et améliorer la santé maternelle et infantile chez les Autochtones au Canada*, Ottawa, Conseil canadien de la santé (CSA), 2011, 52 p.

DELIÈGE, Robert. *Les castes en Inde aujourd'hui*, Paris, Presses Universitaires de France, 2004, 275 p.

DUYCK, Alexandre. «Black Diamonds, d'un ghetto l'autre», *Le Journal du dimanche*, 20 juin 2010.

FADG. *Suicide chez les Autochtones au Canada*, Ottawa, Fondation autochtone de guérison (FADG), 2007, 211 p.
• http://www.fadg.ca/downloads/le-suicide.pdf

FCC. *Signes vitaux du Canada 2010*, Ottawa, Fondations communautaires du Canada (FCC), 2010, 25 p.
• http://www.vitalsignscanada.ca/nr-2010-index-f.html

GAGNÉ, Denis. «Un problème répandu aux conséquences graves», Radio-Canada.ca, 7 avril 2010. • http://www.radio-canada.ca/nouvelles/societe/2010/04/06/002-malnutrition-personnes-agees.shtml

GAGNON, Lysiane. «Immigrants au chômage», *La Presse*, 4 avril 2010.

GOUVERNEMENT DU QUÉBEC. *Portrait statistique de la population noire recensée au Québec en 2006*, Québec, ministère de l'Immigration et des Communautés culturelles, 2010, 9 p. • http://www.quebecinterculturel.gouv.qc.ca/publications/fr/diversite-ethnoculturelle/com-noire-2006.pdf

GOUVERNEMENT DU QUÉBEC. *Plan d'action gouvernemental pour contrer la maltraitance envers les personnes aînées. 2010-2015*, Québec, ministère de la Famille et des Aînés, 2010, 82 p.
• http://www.mfa.gouv.qc.ca/fr/publication/Documents/Plan_action_maltraitance.pdf

GOUVERNEMENT DU QUÉBEC. *Amérindiens et Inuits. Portrait des nations autochtones du Québec*, Québec, Secrétariat aux affaires autochtones, 2011, 64 p.
• http://www.autochtones.gouv.qc.ca/publications_documentation/publications.htm

GOUVERNEMENT DES ÉTATS-UNIS. *Les Afro-Américains aux États-Unis*, Paris, Ambassade des États-Unis d'Amérique en France, 2005, 10 p. • http://french.france.usembassy.gov/analyse-societe.html

GREENBERG, Lawson et Claude NORMANDIN. *Coup d'œil sur la santé. Variations en matière d'espérance de vie à la naissance*, Ottawa, Statistique Canada, 2011, 15 p.
• http://www.statcan.gc.ca/pub/82-624-x/2011001/article/11427-fra.htm

HELLY, Denise. *Les Chinois à Montréal, 1877-1951*, Montréal, Institut québécois de recherche sur la culture, 1987, 305 p.

ISQ. *Participation des immigrants au marché du travail en 2009*, Québec, Institut de la statistique du Québec (ISQ), 2011, 46 p. • http://www.stat.gouv.qc.ca/publications/remuneration/rapport_immigrant.htm

KAISER FAMILY FOUNDATION. «Fact Sheet. Black Americans and HIV/AIDS», Menlo Park, The Henry J. Kaiser Family Foundation, mars 2012, 2 p. • http://www.kff.org/hivaids/6089.cfm

KOHLER, L. «Global Apartheid», dans William A. HAVILAND et Robert J. GORDON (dir.), *Talking About People. Readings in Contemporary Cultural Anthropology*, Mountain View, Mayfield, 1996.

LAKROUZ, Nadia. *Femmes universitaires immigrantes en emploi dans le secteur manufacturier*, Québec, Comité d'adaptation de la main-d'œuvre pour les personnes immigrantes (CAMO-PI), 2006, 51 p. • http://www.camo-pi.qc.ca/publication.php

LANGANEY, André. *Les hommes. Passé, présent, conditionnel*, Paris, Armand Colin, 1988, 251 p.

LANGLOIS, Simon. «Le Québec en pleine mutation», dans Michel VENNE (dir.), *L'annuaire du Québec 2005*, Montréal, Fides, 2004, p. 126-181.

LEBLANC, Marie-France *et al. Rapport du directeur de santé publique 2011. Les inégalités sociales de santé à Montréal, le chemin parcouru*, Montréal, Agence de la santé et des services sociaux de Montréal, 2012, 144 p.
• http://www.dsp.santemontreal.qc.ca/index.php?id=523&tx_wfqbe_pi1[uid]=1384

LENOIR-ACHDJIAN, Annick et Paul MORIN. *La situation socioéconomique des minorités religieuses du Québec*, Université de Sherbrooke, Département de service social, 2008, 56 p.

LEPAGE, Pierre. *Mythes et réalités sur les peuples autochtones*, Québec, Commission des droits de la personne et des droits de la jeunesse, 2009, 96 p. • http://www.cdpdj.qc.ca/Mythes/Pages/default.aspx

LESSARD, Denis. «La face cachée du Plan Nord», *La Presse*, 16 mai 2011.

LI, Peter S. *The Chinese in Canada*, Toronto, Oxford University Press, 1998, 190 p.

LOPPIE READING, Charlotte et Fred WIEN. *Inégalités en matière de santé et déterminants sociaux de la santé des peuples autochtones*, Prince George, Centre de collaboration nationale de la santé autochtone (CCNSA), 2009, 50 p.
• http://nccah.netedit.info/204/Rapports.nccah

LORTIE, Marie-Claude. «La belle, les recrues et les vétérans», *La Presse*, 17 septembre 2011.

MACARTHUR, John R. «L'apartheid américain», *Le Devoir*, 23 janvier 2006.

McANDREW, Marie et Jacques LEDENT. «La réussite scolaire des jeunes des communautés noires au secondaire», *Publication du Centre Métropolis du Québec – Immigration et métropoles*, n° 39, décembre 2009, 93 p.

NDIAYE, Pap. «États-Unis: un siècle de ségrégation», *L'Histoire*, n° 306, février 2006, p. 46-51.

NOËL, André. «Alarmante proportion de bébés de petit poids», *La Presse*, 17 août 2001.

OMS. *Combler le fossé en une génération, Instaurer l'équité en santé en agissant sur les déterminants sociaux de la santé*, Genève, Organisation mondiale de la santé (OMS), 2009, 32 p.
• http://www.who.int/social_determinants/thecommission/finalreport/fr/index.html

OMS. Global Health Observatory. Organisation mondiale de la santé (OMS), 2012. http://www.who.int/gho/en/#

ONU. *La situation des peuples autochtones dans le monde*, New York, Secrétariat de l'Instance permanente des Nations Unies sur les questions autochtones, janvier 2010, 18 p.

PAQUET, Ginette et Denis HAMEL. «Des alliés pour la santé des tout-petits vivant au bas de l'échelle sociale», *Étude longitudinale du développement des enfants du Québec (ÉLDEQ 1998-2002). De la naissance à 4 ans*, vol. 3, fascicule 4, 2006, 9 p.

PÉPIN, Técia. «Montréal inégale. Les inégalités sociales de la santé», *Voir Montréal*, 20 janvier 2005.

RANK, Mark R. et Thomas A. HIRSCHL. «Estimating the Risk of Food Stamp Use and Impoverishment During Childhood», *Archives of Pediatric and Adolescent Medicine*, n° 11, vol. 163, 2009, p. 994-999.

RCADS. *Stratégie autochtone sur le VIH/Sida au Canada. Pour les Premières Nations, les Inuits et les Métis de 2009 à 2014*, Réseau canadien autochtone du Sida (RCADS), 2009, 26 p.

SALADIN D'ANGLURE, Bernard et IGLOOLIK ISUMA PRODUCTIONS, *Au Pays des Inuits : Un Film, un Peuple, une Légende (Atanarjuat, La Légende de l' Homme Rapide)*, Editions indigènes, 2002.

SHAPIRO, Thomas M., Tatjana MESCHEDE et Laura SULLIVAN. *The Racial Wealth Gap Increases Fourhold*, Institute on Assets and Social Policy, Research and Policy Brief, mai 2010, 4 p.

STATISTIQUE CANADA. *Peuples autochtones du Canada en 2006 : Inuits, Métis et Premières Nations, recensement de 2006*, Ottawa, Statistique Canada, ministère de l'Industrie, 2008a, 59 p. • http://www.statcan.gc.ca/bsolc/olc-cel/olc-cel?catno = 97-558-XWF2006001&lang = fra

STATISTIQUE CANADA. *Portrait de la scolarité au Canada, Recensement de 2006*, Ottawa, Statistique Canada, ministère de l'Industrie, 2008b, 37 p. • http://www12.statcan.ca/census-recensement/2006/as-sa/97-560/index-fra.cfm

STATISTIQUE CANADA. *La mosaïque ethnoculturelle du Canada*, Ottawa, Statistique Canada, Gouvernement du Canada, 2008c. • http://www12.statcan.ca/census-recensement/2006/as-sa/97-562/index-fra.cfm

STATISTIQUE CANADA. *Un aperçu des statistiques sur les Autochtones*, 2010a, 10 p. • http://www.statcan.gc.ca/pub/89-645-x/89-645-x2010001-fra.htm

STATISTIQUE CANADA. *Annuaire du Canada 2010. Peuples autochtones*, Ottawa, Statistique Canada, ministère de l'Industrie, 2010b, 10 p. • http://www.statcan.gc.ca/pub/11-402-x/2010000/chap/ap-pa/ap-pa-fra.htm

STATISTIQUE CANADA. *Estimations démographiques annuelles : Canada, provinces et territoires*, Ottawa, Statistique Canada, ministère de l'Industrie, 2011a, 171 p. • http://www.statcan.gc.ca/bsolc/olc-cel/olc-cel?catno = 91-215-XIF&lang = fra

SUSANNE, Charles *et al.* «Races et racisme», dans C. SUSANNE *et al.* (dir.), *Anthropologie biologique. Évolution et biologie humaine*, Bruxelles, De Boeck, 2003, p. 643-652.

TORCZYNER, James L. *Caractéristiques démographiques de la communauté noire montréalaise : les enjeux du troisième millénaire*, Consortium de formation sur la défense des droits humains de Montréal, Montréal, Université McGill, 2010, 52 p. • http://www.mcgill.ca/mchrat/fr/demographics/2010executivesummary

TRUDEL, Jonathan. «Les années zéro», *L'Actualité*, 15 mars 2005, p. 24-33.

TSOI-A-FATT, Rhonda. «African-Americans Hit Hard by Poverty Spike», *The Grio*, 16 septembre 2010. • http://www.thegrio.com/money/record-increase-in-poverty-hits-african-american-hardest.php

TURCOTTE, Martin et Grant SCHELLENBERG. *Un portrait des aînés au Canada. 2006*, Ottawa, Statistique Canada, ministère de l'Industrie, 2007, 321 p. • http://www5.statcan.gc.ca/bsolc/olc-cel/olc-cel?catno = 89-519-XIF&lang = fra#formatdisp

USALCAS, Jeannine. *Les Autochtones et le marché du travail : estimations de l'Enquête sur la population active, 2008-2010*, Ottawa, Statistique Canada, ministère de l'Industrie, 2011, 29 p. • http://www.statcan.gc.ca/pub/71-588-x/71-588-x2011003-fra.htm

WHITEHEAD, Margaret et Göran DAHLGREN. *Concepts and Principles for Tackling Social Inequities in Health : Levelling Up. Part 1*, Copenhague, Organisation mondiale de la santé, 2006, 45 p.

WILKINSON, Richard et Kate PICKETT. *The Spirit Level : Why Greater Equality Makes Societies Stronger*, New York, Bloomsbury Press, 2009, 359 p.

Chapitre 11

BARBER, Benjamin R. *Djihad versus McWorld*, Paris, Desclée de Brouwer, 1996, 303 p.

BEAUCHEMIN, Malorie. «Les Autochtones, l'autre solitude», *La Presse*, 29 juin 2007.

BELLAVANCE, Joël-Denis. «Le million d'oubliés : les problèmes de pauvreté sur les réserves», *La Presse*, 5 décembre 2011.

BELOT, Laure et Hervé MORIN. «En 2100, les Terriens parleront 3000 langues de moins», *Le Monde*, 31 décembre 2005.

BERNARD, Patrick. *Karen-Karenni. Les bambous de l'espoir*, Fontenay-sous-Bois, Anako, 2004, 1 DVD, 52 min.

BODLEY, John, H. *Anthropology and Contemporary Human Problems*, Palo Alto, Mayfield, 1990, 258 p.

CASTONGUAY, Alec. «Excuses solennelles d'Ottawa aux autochtones», *Le Devoir*, 12 juin 2008.

CEFRIO. «L'engouement pour les médias sociaux au Québec», *NETendances*, vol. 2, n° 1, 2011, 20 p.

CIÉRA. «Initiatives, succès et avancées autochtones», Québec, Université Laval, Colloque annuel du Centre interuniversitaire d'études et de recherches autochtones (CIÉRA), 14 et 15 avril 2011. • http://www.search-document.com/pdf/5/4/autochtone.html

CLAES, Rhonda et Deborah CLIFTON. *Besoins et attentes en matière de réparation pour les sévices commis contre les enfants placés dans les pensionnats pour enfants autochtones*, Ottawa, Commission des droits du Canada, 1998, 210 p.

COLLECTIF BIOPIRATERIE. *Première rencontre internationale contre la biopiraterie. Pour la défense des droits des peuples autochtones sur la biodiversité,* Dossier de presse, Paris, juin 2009, 8 p.

COMMISSION ROYALE D'ENQUÊTE SUR LES PEUPLES AUTOCHTONES. *Un passé, un avenir*, Rapport de la Commission royale d'enquête sur les peuples autochtones, vol. 1, Ottawa, ministère des Approvisionnements et Services, 1996.

CONGRÈS DU TRAVAIL DU CANADA. *Combattons l'exploitation. Creuser pour survivre*, décembre, 2005, 12 p.

COURTEMANCHE, Charles et Art CARDEN. «Supersizing Supercenters? The Impact of Walmart Supercenters on Body Mass Index and Obesity», *Journal of Urban Economics,* vol. 69, n° 2, 2010, p. 165-181.

CROIX-ROUGE. *Rapport sur les catastrophes dans le monde 2010. Résumé*, Genève, Fédération internationale des Sociétés de la Croix-Rouge, 2011, 44 p. • www.ifrc.org/Global/Publications/disasters/WDR/wdr2010/WDR2010-summary-FR.pdf

CROTEAU, Martin. «Attawapiskat : un envoyé spécial de l'ONU veut des réponses d'Ottawa», *La Presse*, 20 décembre 2011.

CSSSPNQL. *Rapport de l'atelier sur les contaminants environnementaux et l'alimentation traditionnelle*, Québec, Commission de la santé et des services sociaux des Premières Nations du Québec et du Labrador (CSSSPNQL), 2006, 44 p.

DAGORNE, René-Éric. «Le retour des émeutes de la faim», *Sciences Humaines*, n° 195, juillet 2008.

DEGLISE, Fabien. «Bouffe et malbouffe – Les paradoxes de la modernité», *Le Devoir*, 22 janvier 2005, p. D4.

DEGLISE, Fabien. «Bouffe et malbouffe – Les poids lourds du Viêt Nam», *Le Devoir*, 29 janvier 2005a, p. D4.

DESJARDINS, François. «Saint-Hyacinthe. Le syndicat est menacé chez Walmart», *Le Devoir*, 18 février 2011.

DESROSIERS, Éric. «Notre tiers-monde», *Le Devoir*, 30 octobre 2006, p. A8.

DIÈNE, Doudou. *Le racisme, la discrimination raciale, la xénophobie et toutes les formes de discrimination*, Mission au Canada, Commission des droits de l'homme, 2004, 27 p.

DUARTE SOTOMAYOR, Eliana. «L'intégration réciproque, une alternative de coresponsabilité», *Vivre Ensemble*, vol. 12, n° 41, 2004, p. 15-19.

DUBÉ, Catherine et Laurent FONTAINE. «La médecine en blanc», *Québec Science*, avril 2003, p. 44-49.

DUHAIME, Gérard. «Le dilemme alimentaire autochtone», *Le Devoir*, 25 août 2001, p. A11.

FONDATION AUTOCHTONE DE GUÉRISON. *La guérison est en marche*, Ottawa, Fondation autochtone de guérison, 2002, 21 p.

FRIESEN, John W. *Rediscovering the First Nations of Canada*, Calgary, Detselig, 1997, 286 p.

GADENNE, Adeline. «Biopiraterie. La ruée vers l'or vert continue», *Plante et santé*, n° 87, janvier 2009, p. 10-11.

GARIEPY, André. «Équateur, la loi de la jungle?», *Une heure sur Terre*, Reportage télédiffusé par Radio-Canada le 25 février 2011.

GARRIGUET, Didier. *L'obésité et les habitudes alimentaires de la population autochtone*, Ottawa, Statistique Canada, 2008, 18 p.

GAUDET, Édithe. *Les relations interculturelles. Comprendre pour mieux agir*, Montréal, Modulo, 2010, 276 p.

GLOWCZEWSKI, Barbara. «Les Aborigènes et la santé. Une approche holistique», *Lettre d'information 80*, 63e rencontre du Crips, septembre 2006, p. 2-3.

GOEL, Mita Sanghavi *et al.* «Obesity Among US Immigrant Subgroups by Duration of Residence», *Journal of American Medical Association*, vol. 292, n° 23, 2004, p. 2860-2867.

GREENWALD, Robert. *Wal-Mart: the High Cost of Low Price*, New York, Retail Project, 2005, 1 DVD, 97 min.

GUALINGA, Patricia. «Intervention. Rencontres sur la biopiraterie», *Ikewa*, n° 76, avril 2010, p. 9.

HAMELIN RAYNAUD, Maryse. «Transition nutritionnelle», *Pôle francophone africain sur le double fardeau nutritionnel* (DFN), janvier 2009. • http://poledfn.org/dfn_transition.php

HERTRICH, Véronique. «Le mariage, quelle affaire! Encadrement social et privatisation de l'entrée en union en milieu rural malien», *Sociologie et Sociétés*, vol. 39, n° 2, 2007, p. 119-150.

ICIS. *L'obésité au Canada. Rapport conjoint de l'Agence de la santé publique du Canada et de l'Institut canadien d'information sur la santé (ICIS)*, Ottawa, Agence de la santé publique du Canada, 2011, 70 p. • https://secure.cihi.ca/estore/productFamily.htm?locale=fr&pf=PFC1636

IRD. «La nutrition. Un défi pour la planète», *Les dossiers thématiques de l'IRD*, Institut de recherche pour le développement, 2011, 10 p. • http://www.mpl.ird.fr/suds-en-ligne/nutrition/index.html

JACOBS, Ken *et al.* «Living Wage Policies and Big-Box Retail: How a Higher Wage Standard Would Impact Walmart Workers and Shoppers», *Research Brief*, Berkley, University of California, 2011, 19 p. • http://laborcenter.berkeley.edu/retail/

KUNZ, Jean Lock et Stuart SYKES. *De la mosaïque à l'harmonie: le Canada multiculturel au XXe siècle*, Projet de recherche sur les politiques, Ottawa, Gouvernement du Canada, 2007, 32 p.

LASSERRE, Sylvie. «Pilleurs d'or vert», *Le Monde*, vol. 2, n° 175, 23 juin 2007, p. 21-27.

LATULIPPE, Hugo. *Ce qu'il reste de nous*, Montréal, ONF, 2004, 1 DVD, 76 min.

LECLERC, Jacques. «L'aménagement linguistique dans le monde», site Internet hébergé par le Trésor de la langue française au Québec, Université Laval, 2011. • http://www.tlfq.ulaval.ca/AXL/

LÉGER MARKETING. *La perception des Canadiens à l'égard des droits des autochtones*, Montréal, Léger Marketing, 2002, 10 p.

LEPAGE, Pierre. *Mythes et réalités sur les peuples autochtones*, Québec, Commission des droits de la personne et des droits de la jeunesse, 2009, 88 p.

LESSARD, Denis. «Plan Nord: autochtones et environnementalistes sont partagés», *La Presse*, 10 mai 2011.

LEVY, Elias. «Démocratiser la mondialisation», *Voir Montréal*, 22 mars 2007, p. 10.

LORTIE, Marie-Claude. «Michelle, les légumes et le pèse-personne», *La Presse*, 22 janvier 2011.

MAIRE, Bernard et Francis DELPEUCH. «Les risques de la transition alimentaire», *La Recherche*, n° 339, février 2001, p. 102-104.

MAQUILA SOLIDARITY NETWORK. «Selon des organismes de surveillance, Gildan viole les droits des travailleuses et travailleurs», 14 septembre 2004.

MEIENBERG, François. *Biopiraterie. Le pillage des ressources naturelles. Une menace pour les pays du Sud et la biodiversité*, Lausanne, Déclaration de Berne, 2010, 12 p.

MUECKE, Stephen et Adam SHOEMAKER. *Les Aborigènes d'Australie*, Paris, Gallimard, 2002, 127 p.

OMPI. «La propriété intellectuelle un levier de croissance. L'expérience africaine», *Revue de l'Organisation mondiale de la propriété intellectuelle* (OMPI), novembre-décembre 2003, p. 6-8.

PAQUETTE, Jean-Luc. *La face cachée de l'empire Wal-Mart*, Montréal, Société Radio-Canada, 2005, 1 DVD, 44 min.

PEOPLES, James et Garrick BAILEY. *Humanity. An Introduction to Cultural Anthropology*, Belmont, Wadsworth, 2012, 466 p.

PERREAULT, Marc (dir.). «Usages "néo-traditionnels" des drogues: perspectives socio-anthropologiques», *Drogues, santé et société*, vol. 8, n° 1, juin 2009.

PETAWABANO, Bella H. *et al.* *La santé mentale et les autochtones*, Boucherville, Gaëtan Morin, 1994, 146 p.

POLIQUIN, Carole. *Homo toxicus*, Westmount, Filmoption international, 2008, 1 DVD, 87 min.

PROULX, Steve. *Boycott*, Montréal, Les Intouchables, 2003, 194 p.

PROULX, Steve. «Mon ami Facebook», *Voir Montréal*, 10 novembre 2010.

REICHEL-DOLMATOFF, Gerardo. *Los Kogis : Una tribu indigena de la Sierra Nevada de Santa Marta*, 2 vol., Procultura, Bogota, 1985.

ROCHER, François *et al. Le concept d'interculturalisme en contexte québécois : généalogie d'un néologisme*, Montréal, Centre de recherche sur l'immigration et l'ethnicité et la citoyenneté (CRIEC), 2007, 66 p.

ROY, Bernard. *Sang sucré, pouvoirs codés, médecine amère*, Saint-Nicolas, Presses de l'Université Laval, 2003, 247 p.

SANSFAÇON, Jean-Robert. «Wal-Mart. Que fera Québec ?», *Le Devoir*, 3 février 2009.

SHIVA, Vandana. «Intervention. Rencontres sur la biopiraterie», *Ikewa*, nº 76, avril 2010, p. 7.

STATISTIQUE CANADA. *Annuaire du Canada 2008. Peuples autochtones*, Ottawa, 2008, 10 p.

ST-PIERRE, Martin. «Le cas des Shuars en Équateur : non aux minières, oui à la vie», *Revue Caminando*, vol. 25, nº 2, 2007, p. 2-3.

SURVIVAL INTERNATIONAL. *Les Yanomami*, 2011.
• http://www.survivalfrance.org/peuples/yanomami

SUZUKI, David. «Les Autochtones sont la clé du succès de l'Entente boréale», *Le Journal des Pays d'en haut*, 7 juin 2010.

TREMBLAY, Mark S. *et al. Obésité, embonpoint et origine ethnique*, Rapports sur la santé, vol. 16, nº 4, Ottawa, Statistique Canada, 2005, 13 p.

TURNER, Terry. «Major Shift in Brazilian Yanomami Policy», *Anthropology Newsletter*, vol. 32, nº 5, 1991, p. 41.

UNICEF CANADA. *La santé des enfants autochtones : pour tous les enfants sans exception*, Toronto, Comité canadien de l'UNICEF, 2009, 60 p.

VAN DEN BERGHE, Pierre L. «The Modern State. Nation Builder or Nation Killer ?», *International Journal of Group Tensions*, vol. 22, nº 3, 1992, p. 191-208.

WALMART WATCH. *Get The Facts. Wages*, 2011.
• http://makingchangeatwalmart.org/factsheet/walmart-watch-fact-sheets/fact-sheet-wages/

WEATHERFORD, J.M. *Indian Givers. How the Indians of the Americas Transformed the New World*, New York, Ballantine, 1988, 272 p.

WOODMAN, Jo et Sophie GRIG. *Le progrès peut tuer*, Londres, Survival International, 2007, 19 p.

WRC. *Gildan Dortex (Dominican Republic)*, Interim Report, Workers Rights Consortium (WRC), 2011, 18 p.

Chapitre 12

ABRAHAM, Yves-Marie, Louis MARION et Hervé PHILIPPE. *Décroissance versus développement durable*, Montréal, Écosociété, 2011, 240 p.

ACTED. *Indices de la faim dans le monde 2011*, Paris, Agence d'aide à la coopération technique et au développement, 2011, 64 p. • http://www.acted.org/fr/indice-faim-dans-monde-2011-0

AFRIQUE AVENIR. «Les importations de poulets congelés européens ruinent les élevages africains», *Afrique Avenir.org*, 1 juillet 2009.

ALLARD, Marie. «La plus grave crise de la planète», *La Presse*, 4 octobre 2011.

ARCHAMBAULT, Yves. «L'impact du tourisme globalisé sur la préservation du mode de vie des populations autochtones en Amérique latine : les cas des Quechuas et des Mayas», *Observatoire des Amériques*, nº 13, juillet 2008.

ATTAC FRANCE. *Pour une justice écologique, libérons le climat des marchés financiers*, Paris, Attac France, 2009, 19 p.
• http://www.france.attac.org/archives/spip.php?article10456

BANQUES ALIMENTAIRES CANADA. *Bilan-Faim 2011*, banquesalimentaires.org, 2011, 36 p.
• http://www.banquesalimentaires.org/221-bilan_faim

BANQUES ALIMENTAIRES QUÉBEC. *Bilan-faim 2011*, banquesalimentaires.org, 2011, 30 p.
• http://www.banquesalimentaires.org/221-bilan_faim

BEAUVAL, Valentin et Marc DUFUMIER. «Les plantes génétiquement modifiées peuvent-elles nourrir le Tiers Monde ?», *Revue Tiers Monde*, nº 188, octobre 2006, p. 739-754.

BERBER, Myriam. «Course aux terres arables : un rapport alarmant», *RFI.fr*, 9 septembre 2009.

BÉRUBÉ, Stéphanie. «La CSDM s'attaque à l'insécurité alimentaire», *La Presse*, 24 mars 2009.

BODLEY, John H. *Anthropology and Contemporary Human Problems*, Palo Alto, Mayfield, 1985, 258 p.

BRUNEL, Sylvie. *Le développement durable*, Paris, Presses Universitaires de France, coll. Que sais-je ?, 2012, 128 p.

BULLARD, Robert. «Les pauvres en première ligne», *Notre Planète*, nº 3, 2001. • http://www.ourplanet.com/imgversn/122/french/bullard.html

CARDINAL, Arianne. *Revoyons le développement*, Document thématique préparé dans le cadre des Journées québécoises de la solidarité internationale, Association québécoise des organismes de coopération internationale, 2010, 84 p.

CHAMPAGNE, Sara. «Beaucoup d'enfants inuits ne mangent pas à leur faim», *La Presse*, 25 janvier 2010.

CÔTÉ, Charles. «Cinq victimes du changement climatique», *La Presse*, 17 novembre 2011.

DAGORN, René-Éric. «Le retour des émeutes de la faim», *Sciences Humaines*, nº 195, juillet 2008. http://www.scienceshumaines.com/le-retour-des-emeutes-de-la-faim_fr_22389.html

DARA. *Climate Vulnerability Monitor 2010. Executive Summary*, Madrid, DARA, 2010, 24 p. • http://daraint.org/climate-vulnerability-monitor/climate-vulnerability-monitor-2010/download-the-report/

DEGLISE, Fabien. «Le défi de l'alimentation. Des insectes et des hommes», *Le Devoir*, 21 octobre 2011.

DE HAEN, Hartwig et Prakash SHETTY (dir.). *L'état de l'insécurité alimentaire dans le monde 2005. Éradiquer la faim dans le monde pour réaliser les objectifs du Millénaire*, Fiche d'information, Rome, Organisation des Nations Unies pour l'alimentation et l'agriculture (FAO), 2005, 40 p.

DEININGER, Klaus et Derek BYERLEE. *Rising Global Interest in Farmland : Can it Yield Sustainable and Equitable Benefits*, Washington D.C., The World Bank, 2011, 264 p.

DENONCOURT, Frédéric. «Heavy Metal», *Voir Montréal*, 28 avril 2005, p. 6.

DORÉMUS-MEGE, Caroline *et al. Exportations de poulets: l'Europe plume l'Afrique! Une campagne pour le droit à la protection des marchés agricoles*, Bruxelles, SOS Faim Belgique, 2004, 20 p.

DOUSSIN, Jean-Pierre. *Le commerce équitable*, Paris, Presses Universitaires de France, 2011, 128 p.

EGELAND, Grace M., Angela PACEY, Zirong CAO et Isaac SOBOL. «Food Insecurity among Inuit Preschoolers: Nunavut Inuit Child Health Survey, 2007-2008», *Canadian Medical Association Journal*, nº 182, vol. 3, 2010, p. 243-248.

FAO. *Développer des villes plus vertes*, Rome, Organisation des Nations Unies pour l'alimentation et l'agriculture, 2010, 19 p. • http://www.fao.org/ag/agp/greenercities/fr/hup/index.html

FAO. *Global Food Losses and Food Waste*, Rome, Organisation des Nations Unies pour l'alimentation et l'agriculture, 2011, 38 p.

FICR. *Rapport sur les catastrophes dans le monde 2011. La faim et la malnutrition*, Genève, Fédération internationale des Sociétés de la Croix-Rouge et du Croissant-Rouge, 2011, 44 p.

FOLEY, Jonathan A. «Can We Feed the World and Sustain the Planet?», *Scientific American*, novembre 2011, p. 60-65.

FORD, James. «Vivre avec les changements climatiques dans l'Arctique», *L'État de la planète magazine*, nº 23, septembre 2005. • http://www.delaplanete.org/Vivre-avec-les-changements.html

GENDRON, Corinne, Arturo PALMA TORRES et Véronique BISAILLON. *Quel commerce équitable pour demain?* Montréal, Écosociété, 2009, 232 p.

HOOD, Marlowe. «Réchauffement climatique: inondations, canicules et sécheresses vont se multiplier», *La Presse*, 12 novembre 2011.

LEONARD, Annie. *Planète jetable: produire, consommer, jeter, détruire*, Montréal, Écosociété, 2010, 393 p.

LEVY, Elias. «Démocratiser la mondialisation», *Voir Montréal*, 22 mars 2007.

MADLEY, John. *Le commerce de la faim*, Montréal, Éditions Écosociété, 2002, 259 p.

MANCEBO, François. *Le développement durable*, Paris, Armand Colin, 2010, 320 p.

MARCHAND, Anne, Pierre DE CONINCK et Stuart WALKER. «La consommation responsable», dans Michel SÉGUIN, *Enjeux environnementaux contemporains: les défis de l'écocitoyenneté*, Montréal, Presses de l'Université du Québec à Montréal, 2005, p. 39-56.

MÉDECINS SANS FRONTIÈRES. *Maternité. Entre la vie et la mort*, Luxembourg, Médecins Sans Frontières, 2008, 16 p.

NATIONS UNIES. *Objectifs du Millénaire pour le développement*, Rapport 2011, 72 p. • www.un.org/fr/millenniumgoals/pdf/report_2011.pdf

NORBERG-HODGE, Helena, Todd MERRIFIELD et Steven GORELICK. *Manger local*, Montréal, Écosociété, 2005, 169 p.

OCDE. *Tour d'horizon des inégalités croissantes de revenus dans les pays de l'OCDE: principaux constats*, Organisation de coopération et de développement économiques, 2011, 27 p. • www.oecd.org/dataoecd/51/32/49177707.pdf

OMS. *La face cachée des villes: mettre au jour et vaincre les inégalités en santé en milieu urbain. Synthèse*, Kobe, Organisation mondiale de la santé, 2010, 20 p. • http://www.hiddencities.org/downloads/ch5_WHO_UN-HABITAT_Hidden_Cities_FR.pdf

ONUSIDA. *Rapport ONUSIDA sur l'épidémie mondiale de sida 2010*, 2010, 364 p.

ONUSIDA. *Plan mondial pour éliminer les nouvelles infections à VIH chez les enfants*, 2011, 48 p.

PANDORA VOX. *Kenya: au nom de la rose*, 29 décembre 2010. • http://www.pandoravox.com/economie/kenya-au-nom-de-la-rose-12.html

PÉLOUAS, Anne. «Le réchauffement climatique bouleverse le quotidien des Inuits», *Le Monde*, 26 septembre 2006.

PERRUCA, Brigitte. «Le parfum sulfureux des roses kényanes», *Le Monde*, 14 février 2010.

PEYRIÈRES, Carine. «La ville où les garçons ne naissent plus», *Science & Vie Junior*, vol. 198, nº 3, 2006, p. 34-40.

PNUE. *L'avenir de l'environnement en Afrique 2. Notre environnement, notre richesse. Synthèse*, Nairobi, Programme des Nations Unies pour l'environnement, 2006, 36 p. • http://www.unep.org/DEWA/Africa/docs/fr/aeo-2/chapters/ae0-2_Executive_Summary_FR.pdf

POULIN, Richard. «Tourisme, marchandisation et "développement durable", dans P. BEAUDET (dir.), *Introduction au développement international*, Ottawa, Presses de l'Université d'Ottawa, 2008, p. 391-413.

RAMIN, Brodie. «Bidonville, changement climatique et santé humaine en Afrique sub-saharienne», *Bulletin de l'Organisation mondiale de la Santé*, vol. 87, décembre 2009.

ROBIN, Marie-Monique. *Le monde selon Monsanto: de la dioxine aux OGM. Une multinationale qui vous veut du bien*, Montréal, Stanké, 2008, 377 p.

ROC, Héloïse. «Protéger les Indiens c'est protéger la forêt amazonienne», *La Grande Époque*, 12 janvier 2008. • http://www.lagrandeepoque.com/LGE/Ecologie-/-Environnement/Proteger-les-Indiens-cest-proteger-la-foret-amazonienne.html

ROY, Mathieu et Harold CROOKS. *Survivre au progrès*, Alliance Vivafilm, 2011, 1 DVD, 86 min.

RYMARSKI, Christophe. «Du développement au développement durable», *Sciences Humaines*, nº 222, janvier 2011, p. 5.

STIGLITZ, Joseph. «La plus globale des questions», *Notre Planète*, nº 1, 2007, p. 7-9.

UNFPA. *L'état de la population mondiale 2001. Population et changement environnemental*, New York, Fonds des Nations Unies pour la population, 2001, 80 p. • http://www.unfpa.org/swp/2001/francais/

UNFPA. *L'état de la population mondiale 2002. Population, pauvreté et potentialité*, New York, Fonds des Nations Unies pour la population, 2002, 84 p. • http://www.unfpa.org/swp/2002/swpmain_fre.htm

UNFPA. *Changement climatique: connexions. Genre, population et changement climatique*, New York, Fonds des Nations Unies pour la population, 2009, 45 p.

UNFPA. *Le monde à 7 milliards d'habitants. Questions majeures – Fiches d'information*, New York, Fonds des Nations Unies pour la population, 2011, 20 p.

UNICEF. *Taking Evidence to Impact. Making a Difference for Vulnerable Children Living in a World with HIV and AIDS*, New York, UNICEF, 2011, 78 p.

VRINS, Murielle. *Guide d'action du commerce équitable*, Montréal, Équiterre, 2006, 14 p. • http://www.equiterre.org/publication/guide-daction-du-commerce-equitable-2006

WARIDEL, Laure. *Acheter, c'est voter. Le cas du café*, Montréal, Écosociété, 2005, 184 p.

WARIDEL, Laure. *L'envers de l'assiette*, Montréal, Écosociété, 2011, 232 p.

WHO. *World Malaria Report 2010*, World Health Organization, 2010, 238 p. • http://www.who.int/malaria/world_malaria_report_2010/en/index.html

WINFIELD, Mark *et al. Sous la surface : une estimation de la valeur du soutien public aux mines et métaux au Canada*, Ottawa, L'Institut Pembina et Mines Alertes, 2002, 58 p. • www.miningwatch.ca/sites/miningwatch.ca/files/belowthesurface-fr.pdf

WRIGHT, Ronald. *Brève histoire du progrès*, Montréal, Hurtubise, 2006, 224 p.

WWF. *Rapport Planète vivante 2010. Biodiversité, biocapacité et développement*, Gland, World Wide Fund, 2010, 120 p. • http://wwf.ca/fr/rapport_planete_vivante_2010.cfm

WWF. *L'empreinte des Canadiens se classe parmi les plus élevées du monde*, World Wide Fund Canada, 2010b. • http://wwf.ca/conservation/arctic/oil_exploration/?8121/WWF-Lempreinte-des-Canadiens-se-classe-parmi-les-plus-leves-au-monde

INDEX

A

Abénakis, 9
  vision du monde, 223
Aborigènes d'Australie, 18
  acculturation, 299
  assimilation, 297
  chasse, 85
  mariage, 148
  partage de la nourriture, 115
  racisme, 298
  rites de passage, 251
  santé, 306
  suicide, 298
Accommodement(s) raisonnable(s),
  75, 228, 229, 230, 231, 232
Acculturation, 10, 296, 297, 300, 341
Adaptation, 28, 29, 30, 35
  culturelle, 49, 57, 58, 82, 278, 292
ADN, 31, 47
Adolescents, sexualité, 136, 176,
  177, 178
Afghanistan, 179, 198, 222
Afrique
  du Sud, 325
  subsaharienne
    mariage, 194
    monoparentalité, 156
    mortalité infantile, 336
    sécheresse, 68
    sida, 336, 337
Afro-américains, 279, 280, 281
  enfants, 186
  monoparentalité, 144
  pollution, 333
Âgisme, 266
Agression sexuelle, 137, 199
Agriculture, 329
  biologique, 105
  industrielle, 100, 101, 102, 105, 328
  intensive, 103, 322
    traditionnelle, 97, 98, 99, 113
  modernisation, 322
  produits chimiques, 100, 101, 322,
    323, 330
  traditionnelle, 103, 328
Agrocarburants, 130, 131, 327, 328
Aides familiales, 126
Aîné(s), 71, 79, 111, 152, 209, 264,
  265, 267, 266
ALENA, 124

Algérie, 191
Alimentation, 84, 85, 115, 122, 305,
  306, 307
  coutume, 121
  histoire de l', 304
Allaitement, 19, 87, 88, 111, 181
Allèles, 31
Alliances, 143
Animatisme, 244
Animaux domestiques, 134
Animisme, 240, 241
Anthropocène, 53
Anthropologie, 2
  appliquée, 11
  approches de l', 2, 12, 13, 17, 19, 22
  comparaisons interculturelles, 18
  de la parenté, 136
  de la religion, 236
  domaine, 4
  économique, 108
  éthique en, 20, 21
  genèse de l', 2
  judiciaire, 11
  médico-légale, 11
  méthodes de l', 12
  physique, 4, 5
  politique, 204, 205
  Québec, 8, 23
  sociale et culturelle, 7, 23
    Voir aussi Ethnologie
Antilles, monoparentalité, 156
Apartheid, 279, 325
Arapesh, rôles sexuels, 185
Arcand, Bernard, 24
Archéologie, 4, 6, 7, 11, 28
Ardipithecus, 40
Art rupestre, 49, 50
Assimilation, 297, 298, 300, 316
Associations d'intérêt commun, 264
Ateliers de misère, 124, 126
Attawapiskat, 302
Australie, 297
Australopithecus, 40, 41, 176
Autochtones, 284, 313, 341
  acculturation, 299
  assimilation, 298
  autodétermination, 312
  autonomie gouvernementale, 214
  Canada, 299, 313

  conditions de vie, 285
  conquête, 223
  crise du logement, 286
  diffusion, 294
  éducation, 284
  environnement, 314
  familles, 172
  femmes, 130, 195, 196, 197, 199
  iniquités, 285
  nation(s), 213
  obésité, 306
  pensionnats, 69, 284, 285, 300, 301
  plantes médicinales, 307
  pollution, 333
  préjugés, 285, 289
  prisons, 221
  Québec, 287, 288, 302, 313
  racisme, 285
  religion, 254
  réserve(s), 69, 289
  rite de la tente tremblante, 254
  santé, 284, 285, 286, 288, 306
  scolarisation, 287
  suicide, 286, 298
  tourisme responsable, 342
  traite des fourrures, 69, 83
Avortement, 171, 187, 227
Aztèques, 99, 100, 119, 120, 226

B

Badinter, Élisabeth, 180
Bakhtiyaris, 92, 93
Bali, 97, 98
  agriculture, 113
  division du travail, 188
  religion, 238
Bande(s), 86, 87, 113, 206, 207, 208
  pouvoir des femmes, 194
Bangladesh, 125, 126, 127, 311, 324,
  331
Banque alimentaire, 326
Bantou(s), 84, 85, 138
Barbeau, Marius, 2, 23
Beaucage, Pierre, 14, 23
Beauvoir, Simone de, 178
Bédouins, 121
Bénin, tourisme responsable, 341
Béothuks, 304
Berbères, 83
Berdaches, 179